国家出版基金项目
NATIONAL PUBLICATION FOUNDATION

中華博物通考

總主編 張述錚

國法卷

本卷主編
華夫

上海交通大學出版社

圖書在版編目（CIP）數據

中華博物通考. 國法卷 / 張述錚總主編 ; 華夫本卷
主編.—上海 : 上海交通大學出版社, 2024.1
ISBN 978-7-313-29819-5

Ⅰ.①中… Ⅱ.①張… ②華… Ⅲ.①百科全書—中
國—現代②法制史—中國 Ⅳ.①Z227②D929

中國國家版本館CIP數據核字(2023)第237824號

特約編審：李偉國
責任編輯：韓敏悦
裝幀設計：姜　明

中華博物通考·國法卷

總　主　編：張述錚
本卷主編：華夫

出版發行：上海交通大學出版社	地　　址：上海市番禺路951號
郵政編碼：200030	電　　話：021-64071208
印　　製：蘇州市越洋印刷有限公司	經　　銷：全國新華書店
開　　本：890mm×1240mm　1／16	印　　張：28.25
字　　數：602千字	
版　　次：2024年1月第1版	印　　次：2024年1月第1次印刷
書　　號：ISBN 978-7-313-29819-5	
定　　價：348.00元	

《中華博物通考》編纂委員會

《中華博物通考》總主編

《中華博物通考》副總主編

《中華博物通考》編務主任

《中華博物通考》學術顧問

（按姓氏筆畫排序）

王　方	王　釗	王子舟	王文章	王志強	仇正偉	孔慶典	石雲里
田藝瓊	白庚勝	朱孟庭	任德山	衣保中	祁德樹	杜澤遜	李　平
李行健	李克讓	李德龍	李樹喜	李曉光	吳海清	佟春燕	余曉艷
邸永君	宋大川	苟天林	郝振省	施克燦	姜　鵬	姜曉敏	祝逸雯
祝壽臣	馬玉梅	馬建勛	桂曉風	夏興有	晁岱雙	晏可佳	徐傳武
高　峰	高莉芬	陳　煜	陳茂仁	孫　機	孫　曉	孫明泉	陶曉華
黃金東	黃群雅	黃壽成	黃燕生	曹宏舉	曹彥生	常光明	常壽德
張志民	張希清	張維慎	張慶捷	張樹相	張聯榮	程方平	鈕衛星
馮　峰	馮維康	楊　凱	楊存昌	楊志明	楊華山	賈秀娟	趙志軍
趙連賞	趙榮光	趙興波	蔡先金	鄭欣淼	寧　強	熊遠明	劉　靜
劉文豐	劉建美	劉建國	劉洪海	劉華傑	劉國威	潛　偉	霍宏偉
魏明孔	聶震寧	蘇子敬	嚴　耕	羅　青	羅雨林	釋界空	釋圓持
鐵付德							

《中華博物通考》編輯出版委員會

《中華博物通考·國法卷》編纂委員會

主　　編：華　夫

副 主 編：侯仰軍

撰 稿 人：華　夫　　侯仰軍　　王　静　　俞　陽　　王天彤　　張亞南　　劉加軍　　
　　　　　張　勃

導　論

——縱論中華博物學的沉淪與重建

引　言

　　在中國當代，西方博物學影響至巨，自鴉片戰争以來，屈指已歷百載。何謂“西方博物學”？“西方博物學”是以研究動植物、礦物等自然物爲主體的學科，但不包含社會領域的社會生活，至 19 世紀後期已完成學術使命，成爲一種保護大自然的公益活動，但國人却一直承襲至今。中華久有自家的博物學，已久被忘却，無人問津，這一狀況實是令人不安。前日偶見《故宮裏的博物學》問世，精裝三册，喜出望外，以爲我中華博物學終得重生，展卷之後始知，該書是依據清乾隆時期皇室的藏書《清宮獸譜》《清宮鳥譜》《清宮海錯圖》（“海錯”多指海中錯雜的魚鱉蝦蟹之類）繪製而成，其中一些并非實有，乃是神話傳説之物。其内容提要稱“是專爲孩子打造的中華文化通識讀本”，而對博物院内琳琅滿目的海量藏品則隻字未提。這就是説，博物院雖有海量藏品，却與故宮裏的博物學毫不相干，或曰并不屬於博物學的研究範圍。此書的編纂者是我國的著名專家，未料我國這些著名專家所認定的博物學仍是西方的博物學。此書得以《故宮裏的博物學》的名義出版，又證我國的出版界對於此一命題的認同，竟然不知我中華久有自家的博物學。此書如若改稱《故宮裏的皇室動物圖譜》，則名正言順，十分精彩，不失爲一部别具情趣的兒童讀物，但原書名却無意間形成一種誤導，孩子們可能會據此認定：唯有鳥獸蟲魚之類才是中華文化中的大學問，故而稱之爲"博物學"，最終會在其幼小心靈裏留下西方博物學的深深印記。

何以出現這般狀況？因爲許多國人對於傳統的中華博物及中華博物學，實在是太過陌生！那麽，何謂"博物"？本文指稱的"博物"，是指隸屬或關涉我中華文化的一切可見或可感知之物體物品。何謂"中華博物學"？"中華博物學"的研究主體是除却自然界諸物之外，更關涉了中國社會的各個方面各個領域，進而關涉了我中華民族的生息繁衍，關涉了作爲文明古國的盛衰起落，足可爲當代或後世提供必要的藉鑒，是我國獨有、無可替代的學術體系。故而重建中華博物學，具有歷史的、現實的多方面實用價值。我中華博物學起源久遠，至遲已有兩千年歷史，祇是初始沒有"博物學"之名而已。時至明代，始見"博物之學"一詞。如明楊士奇《東里續集》卷一八評述宋陸佃《埤雅》曰："此書於博物之學蓋有助焉。"此一"博物之學"，可視爲"中華博物學"的最早稱謂。又，《四庫全書總目提要》卷一三六評清陳元龍《格致鏡原》曰："〔此書〕分三十類：曰乾象，曰坤輿，曰身體，曰冠服，曰宫室，曰飲食，曰布帛，曰舟車，曰朝制，曰珍寶，曰文具，曰武備，曰禮器，曰樂器，曰耕織器物，曰日用器物，曰居處器物，曰香奩器物，曰燕賞器物，曰玩戲器物，曰穀，曰蔬，曰木，曰草，曰花，曰果，曰鳥，曰獸，曰水族，曰昆蟲，皆博物之學。"此即古籍述及的"中華博物學"最爲明確、最爲全面的定義。重建的博物學於"身體"之外，另增《函籍》《珍奇》《科技》等，可以更全面地融匯古今。在擴展了傳統博物學天地之外，又致力於探索浩浩博物的淵源、流變，以及同物異名與同名異物的研究，致力於物、名之間的生衍關係的考辨。"博物學"本無須冠以"中華"或"中國"字樣，在當代爲區别於西方的"博物學"，遂定名爲"中華博物學"，或曰"中華古典博物學"。"中華博物學"，國人本當最爲熟悉，事實却是大出所料，近世此學已成了過眼雲烟，少有問津者，西方博物學反而風靡於中國。何以形成如此狀況？何以如此本末倒置？這就不能不從噩夢般的中國近代史談起。

一、喪權辱國尋自保，走投無路求西化

清王朝自鴉片戰争喪權辱國之後，面對列强的進逼，毫無氣節，連連退讓，其後又遭

甲午戰爭之慘敗，走投無路，於是由所謂"師夷之長技"，轉而向日本求取西化的捷徑，以便苟延殘喘。日本自 19 世紀始，城鄉不斷發生市民、農民暴動，國内一片混亂。1854 年 3 月，又在美國鐵艦火炮脅迫之下，簽訂《神奈川條約》。四年後再度被迫與美國簽訂通商條約。繼此以往，荷、俄、英、法，相繼入侵，條約不斷，同百年前的中國一樣，徹底淪爲半封建半殖民地社會，當權的幕府聲威喪盡。1868 年 1 月，天皇睦仁（即明治天皇）下達《王政復古大號令》，廢除幕府制度，但值得注意的是仍然堅守"大和精神"，并未全部廢除自家原有傳統。同年 10 月，改元明治，此後的一系列變革措施，即稱之爲"明治維新"。維新之後，否定了"近習華夏"，衝決了"東亞文化圈"，上自天皇，下至黎民，勠力同心，在"富國强兵、置産興業"的前提之下，遠法泰西，大力引入嶄新的科學技術，從而迅速崛起，廢除了與列强的一切不平等條約，成爲令人矚目的世界强國之一。可見"明治維新"之前，日本内憂外患的遭遇，與當時的中國非常相似。在此民族存亡的關鍵時刻，中國維新派代表人物不失時機，遠渡東洋，以日本爲鏡鑒，在引進其先進科技的同時，也引進了日本人按照英文 natural history 的語意翻譯成的漢語"博物學"，雖并不準確，但因出於頂禮膜拜，已無暇顧及。況且，自甲午戰爭至民國前期，日源語詞已成爲漢語外來語詞庫中的魁首，遠超英法俄諸語，且無任何外來語痕迹，最難識別。如"民主""科學""法律""政府""美感""浪漫""藝術界""思想界""無神論""現代化"等，不勝枚舉。國人曾試圖自創新詞，但敗多勝少，祇能望洋興嘆。究其原因，并非民智的高下，也并非語種的優劣，實則是國力强弱的較量，國强則國威，國威則必擁有强勢文化，而强勢文化勢必涌入弱國，面對强勢文化，弱國豈有話語權？西方的"博物學"進入中國，遒勁而又自然。

　　那麼，西方博物學源於何時何地？又經歷了怎樣的發展變化？答曰：西方博物學發端於古希臘亞里士多德（公元前 384—前 322）《動物志》之類著述，又經古羅馬老普林尼（公元 23—79）的《自然史》，輾轉傳至歐洲各國。其所謂博物除却動植物外，更有天文、地理、人體諸類。這是西方的文化背景與知識譜系，西人習以爲常，喜聞樂見。在歐洲文藝復興和美洲地理大發現之後，見到別樣的動物、植物以及礦物，博物學得到長足發展。至 19 世紀前半期，博物學形成了動物學、植物學和礦物學三大體系，達於鼎盛。至 19 世紀後期，動物學、植物學獨立出來，成爲生物學，礦物學則擴展爲地質學，博物學已被架空。至 20 世紀，博物學已不再屬於什麼科學研究，而完全變成一種生態與環境探索，以供民衆休閑安居的社會活動。其時，除却發端於亞里士多德的"博物學"之外，也有後起的"文化博物學"（Cultural Museology），這是一門非主流的綜合性學科，旨在研究人類一切文化遺產，試圖展示并解釋歷史的傳承與發展，但在題材視野、表達主旨等方面與中華傳統博物學仍甚有差異。面對此類非主流論説，當年的譯者或視而不見，或有意摒弃，其志在振興我中華。

在尋求救國的路途中，仁人志士們目睹了西方先進文化，身感心受，嚮往久之。"試航東西洋一游，見彼之物質文明，莊嚴燦爛，而回首宗邦，黯然無色，已足明興衰存亡之由，長此以往，何堪設想？"（吴冰心《博物學雜誌》發刊詞，1914 年 1 月，第 1～4 頁），此時仁人志士們滿腔熱血，一心救國。但如何救國，却茫茫然，如墮五里霧中。這一救國之路從表象上觀察似乎一切皆以日本爲鏡鑒，實則迥别於"明治維新"之路，未能把握"富國强兵、置産興業"之首要方嚮，而當年的執政者却衹顧個人權勢的得失，亦無此遠大志嚮。仁人志士們雖振臂疾呼，含泪呐喊，衹飄摇於上層精英之間，因一度失去民族自信、文化自信，而不知所措，矛頭直指孔子及千載儒學，進而直指傳統文化。五四運動前夜，北京大學著名教授錢玄同即正告國人"欲驅除一般人之幼稚的野蠻的頑固的思想"，就必須要"廢孔學"，必須要"廢漢文"（錢玄同《中國今後的文字問題》，載 1918 年 4 月 15 日《新青年》第 4 卷第 4 號）。翌年，五四運動爆發，仁人志士們高舉"德謨克拉西"（民主）、"賽因斯"（科學）兩面大旗，掀起反帝反封建的狂濤巨瀾，成爲中國近現代史上的偉大里程碑，中國人民自此視野大開。這兩面大旗指明了國家强弱成敗的方嚮。但與此同時，仁人志士們又毫不猶豫，全力以赴，要堅决"打倒孔家店"。於是，孔子及其儒家學説成了國弱民窮的替罪羊！接踵而至的就是對於漢字及其代表的漢文化的徹底否定。偉大革命思想家魯迅也一直抨擊傳統觀念、傳統體制，1936 年 10 月，在他逝世前夕《病中答救亡情報訪員》一文中，竟然斷言："漢字不滅，中國必亡！"而新文化運動的主要人物之一胡適更是語出驚人："我們必須承認我們自己百事不如人，不但物質機械上不如人，不但政治制度不如人，并且道德不如人，知識不如人，文學不如人，音樂不如人，藝術不如人，身體不如人。"中華民族是"又愚又懶的民族"，是"一分像人，九分像鬼的不長進民族"（胡適《介紹我自己的思想》，1930 年 12 月亞東圖書館初版《胡適文選》自序）。這是五四運動前後一代精英們的實見實感，本意在於革故鼎新，但這些通盤否定傳統文化的主張，不啻是在緊要歷史關頭的一次群情失控，是中國文化史中的一次失智！在這樣的歷史背景、這樣的歷史氣勢之下，接受西方"博物學"就成了必然，有誰會顧及古老的傳統博物學？

在引進西方博物學之後，國人紛予效法，試圖建立所謂中華自家的博物學，於是圍繞植物學、動物學兩大方面遍搜古今，窮盡群書，着眼於有關動植物之類典籍的縱橫搜求，但這并非我中華的博物全貌，也并非我中華博物學，況且在中華古典博物學中，也罕見西方礦物學之類著作，可見，試圖以西方的博物學體系，另建中華古典博物學，實在是削足適履、邯鄲學步。自 1902 年始，晚清推行學制改革，先後頒布了"壬寅學制""癸卯學制"。1905 年，根據《奏定學堂章程》，已將西方博物學納入中學的課程設置。其課程分爲植物、動物、礦物、人體生理學四種，分四年講授。1912 年中華民國成立後，江浙等地出現過博物學會和期刊，稍後武昌高等師範學校設立了博物學系，出版過《博物學雜誌》，主要研究動物學、植物學及人體生理學，隨後又將博物學系改稱生物學系，《博物學雜誌》也相應改稱《生物學雜誌》，重走了西方的老路。北京高等師範學校也有類似經歷，甚爲盲目而混亂。至 30 年代，發現西方博物學自 20 世紀始，已轉型爲生態與環境探索，國人因再無興趣，對西方博物學的大規模推廣、學習在中國遂告停止，但因影响至深，其餘風猶存。

二、中華典籍浩如海，博物古學何處覓？

應當指出，中國古代典籍所載之草木、鳥獸、蟲魚之類，亦有別於西方，除却其自身屬性特徵外，又常常被人格化，或表親近，或加贊賞，體現了另一種精神情愫。如動物龜、鶴，寓意長壽（其後，龜又派生了貶義）；豺、狼、烏鴉、猫頭鷹，或表殘忍，或表不祥；其他如十二生肖，亦各有象徵，各有寓意。而那些無血肉、無情感的植物，同樣也被賦予人文色彩。如漢班固《白虎通·崩薨》載："《春秋含文嘉》曰：天子墳高三仞，樹以松；諸侯半之，樹以柏；大夫八尺，樹以欒；士四尺，樹以槐；庶人無墳，樹以楊、柳。"足見在我國古老的典制禮俗中，松、柏、欒、槐、楊、柳，已被賦予了不同的屬性，被分爲五等，楊、柳最爲低賤；就連如何埋葬也分爲五等，嚴於區別，從墳高三仞到無墳，成爲天子到庶人的埋葬標志。實則墳墓分爲等級，早在公元前 3300 年至公元前 2300 年的良渚古城遺址已經發現。這些浩浩博物，廣泛涉及了古老民族和古老國度的典制與禮俗，我國學人也難盡知，西方的博物學又當如何表述？

　　可見西方博物學絕難取代中華古典博物學，中華古典博物學的研究範圍，遠超西方博物學，或可說中華古典博物學大可包容西方博物學。如今，這一命題漸引起國內一些有識之士、專家學者的關注。那麼，中華古典博物學究竟發端於何時何地？有無相對成型的體系？如何重建？答曰：若就人類辨物創器而言，上古即已有之，環宇盡同。若僅就我中華文獻記載而言，有的學者認爲當發端於《周易》，因爲“易道廣大，無所不包”（《四庫全書總目提要》卷九），或認爲發端於《書·禹貢》，因爲此書廣載九州山河、人民與物產。《周易》《禹貢》當然可以視爲中華博物學的源頭。而作爲中華博物學體系的領銜專著，則普遍認爲始於晋代張華《博物志》。而論者則認爲，中華博物學成爲一門相對獨立的學科體系，當始於秦漢間唐蒙的《博物記》，此書南北朝以來屢見引用，張華《博物志》不過是續作而已。對此，前人久有論述。如《四庫全書總目提要》卷一四二曰：“劉昭《續漢志》注《律曆志》引《博物記》一條，《輿服志》引《博物記》一条，《五行志》引《博物記》二條，《郡國志》引《博物記》二十九條……今觀裴松之《三國志》注（《魏志·太祖紀》《文帝紀》《吳志·孫賁傳》等）引《博物志》四條，又於《魏志·涼茂傳》中引《博物記》一條，灼然二書，更無疑義。”再如宋周密《齊東野語·野婆》曰：“《後漢·郡國志》引《博物記》曰：‘日南出野女，群行不見夫，其狀晶且白，裸袒無衣襦。’得非此乎？《博物記》當是秦漢間古書，張茂先（張華，字茂先）蓋取其名而爲《志》也。”再如明楊慎《丹鉛總録》卷一一：“漢有《博物記》，非張華《博物志》也，周公謹云不知誰著。考《後漢書》注，始知《博物記》爲唐蒙作。”如前所述，此書南北朝典籍中多有引用，如僅在南朝梁劉昭《續漢志》注中，《博物記》之名即先後出現了三十三次之多。據有關古籍記載，其内包括了律曆、五行、郡國、山川、人物、輿服、禮俗等，盡皆實有所指，無一虛幻。故在明代有關前代典籍分類中，已將唐蒙《博物記》與三國魏張揖《古今字詁》、晋呂靜《韻集》、南朝梁阮孝緒《古今文詁》、唐顏元孫《干禄字書》、宋洪适《隸釋》等字書、韻書并列（見明顧起元《説略》卷一五），足見其學術地位之高，而張華《博物志》則未被録入。

　　至西晋已還，佛道二教廣泛流傳，神仙方士之説大興，於是張華又衍《博物記》爲《博物志》，其書内容劇增，自卷一至卷六，記載山川地理、歷史人物、草木蟲魚，這些當是紀要考訂之屬，合乎本文指稱的名副其實的博物學系統。此外，又力仿《山海經》的體例，旨在記載异物、妙境、奇人、靈怪，以及殊俗、瑣聞等，諸多素材語式，亦幾與《山海經》盡同，若"羽民國，民有翼，飛不遠……去九嶷四萬三千里"云云，并非"浩博實物"，已近於"志怪"小説。張華自序稱其書旨在"博物之士覽而鑒焉"，張序指稱的"博物之士"，義同前引《左傳》之"博物君子"，其"博物"是指"博通諸種事物"，虚虚實實，紛紛紜紜，無所不包。此類記述，正合世風，因而《博物志》大行其道，《博物記》則漸被冷落，南北朝之後已失傳，其殘章斷簡偶見於他書，可輯佚者甚微。後世輾轉相引，又常與《博物志》混同。《博物志》至宋代亦失傳，今本十卷爲采摭佚文、剽掇他書而成，真僞雜糅，亦非原作。其後又有唐人林登《續博物志》十卷，緊接《博物志》之後，更拓其虚幻内容，以記神异故事爲主，多是叙述性文字，其條目篇幅較長，宋代之後也已亡佚。再後宋人李石又有同名《續博物志》十卷，其自序稱："次第仿華書，一事續一事。"實則并不盡然，華書首設"地理"，李書改增爲"天象"，其他内容，間有與華書重複者，所續多是後世雜籍，宋世逸聞。此書雖有舛亂附會之弊，仍不失爲一部難得的繼補之作。李書之後，又有明人游潛《博物志補》三卷，仍係補張華之《志》，旨趣體例略如李石之《續志》，但頗散漫，時補時闕，猥雜冗濫。李、游一續一補，盡皆因仍張《志》，繼其孑遺。以上諸書之所謂"博物"，一脉相承，注重珍稀之物而外，多以臚列奇事异聞爲主旨，同"浩博實物"的考釋頗有差异。游潛稍後，明董斯張之《廣博物志》五十卷問世，始一改舊例，設有二十二類，下列子目一百六十七種，所載博物始於上古，達於隋末，不再因仍張《志》而爲之續補，已是擴而廣之，另闢山林，重在追溯事物起源，其中包括職官、人倫、高逸、方技、典制，等等。其後，清人陳逢衡著有《續博物志疏證》十卷、《續博物志補遺》一卷，對李石《續志》逐條研究探索，并又加入新增條目，成爲最系統、最深入的《續》説。其後，徐壽基又著有《續廣博物志》十六卷，繼董《志》餘緒，於隋代之後，逐一相繼，直至明清，頗似李石之續張華。但《廣志》《續廣志》之類，仍非以專考釋"浩博實物"爲主旨。我國第一部以"博物"命名而研究實物的專著，當爲明末谷應泰之《博物要覽》。該書十六卷，惜所涉亦不過碑版、書畫、銅器、窑器、瑪瑙、珊瑚、珠玉、奇石等玩賞之器物，皆係作者隨所見聞，摭録成帙；所列未廣，其中碑版書畫，尤爲簡陋，難稱浩博，其影響遠不及前述諸《志》，但所創之寫實體例，則非同尋常。而最具權威者，當是明末黄道周所著《博物典彙》，該書共二十卷，所涉博物，始自遠古，達於當朝，上自天文地理，下至草木蟲魚，盡予囊括，并以其所在時代最新的觀點、視野，對歷代博物著述進行了彙總研究。如卷一關於“天文”之考釋，下設“渾天”“七曜”，“七曜”下又設“日”“月”“五星”，再後又有“經星圖”“緯星圖”“二十八宿”。又如卷七關於“后妃”，下設“宮闈内外之分”“宮闈預政之誡”，緊隨其後的即教育“儲貳”之法，等等，甚爲周嚴。

以上諸書就是以“博物”命名的博物學專著。在晚清之前，代代相繼，發展有序，并時有新的建樹。

與這些博物學專著相并行，相匹配，另有以“事”或“事物”命名，旨在探索事物起源的博物學專著。初始之作爲北魏劉懋《物祖》十五卷，稍後有隋謝昊《物始》十卷，是對《物祖》的一次重大補正。《物始》之後，有唐劉孝孫等《事始》三卷，又有五代馮鑑《續事始》十卷，是對《事始》的全面擴展與開拓。《續事始》之後，另有宋高承《事物紀原》十卷，此書分五十五個類目，上自“天地生植”，中經“樂舞聲歌”“輿駕羽衛”“冠冕首飾”“酒醴飲食”，直至“草木花果”“蟲魚禽獸”，較《物祖》《物始》尤爲完備，遂成博物學的百代經典。接踵而來者有明王三聘《古今事物考》八卷，效法《紀原》之體，自古至今，上至天文地理，下至昆蟲草木，中有朝制禮儀、民生器用、宮室舟車，力求完備，較之他書尤得要領，類居目列，條理分明，重在古今考釋，一事一物，莫不求源溯始，考核精審。此書載録服飾資料尤爲豐富，如卷一有上古禮制之種種服式，非常全面，卷六所載後世之巾冠、衣、佩、帶、襪、履舃、僧衣、頭飾、妝飾、軍服等百餘種，考證多引原書原文，確然有據，甚爲難得。就全書而言，略顯單薄。明徐炬又有《古今事物原始》三十卷，此書仿高承《紀原》之體，又參《事物考》之章法，以考釋制度器物爲主，古今上下，盡考其淵源，更有所得，凡日月星辰、山川草木，亦必確究其淵源流變，但此與天地共生之浩浩博物，四百餘年前的一介書生，豈可臆測而妄斷？爲此而輾轉援引，頗顯紛亂。且鳥獸花草之起首，或加偶語一聯，或加律詩二句，而後逐一闡釋，實乃蛇足。其書雖有此瑕疵，却不掩大成。與王、徐同代的還有羅頎《物原》二卷（《四庫》本作一卷），羅氏以《紀原》不能黜妄崇真，故更訂爲十八門，列二百九十三條，條條錘實。如，刻漏、雨傘、鋦子（用於連合破裂器物的兩脚釘）、酒、豆腐之類的由來，多有創見。惜違《紀原》明記出典之體，又背《事物考》之道，凡有考釋，則溷集衆説爲一。如，烏孫公主作琵琶，張華作苔紙，皆茫然不知所本。不過章法雖有差失，未臻完美，但其功業甚巨，《物原》成爲一部研究記述我國先民發明創造的專著。時至清代，陳元龍又撰

《格致鏡原》一百卷。何謂"格致鏡原"？意即格物致知，以求其本原。此書的子目多達一千七百餘種，明代以前天地間萬事萬物盡予羅致，一事一物，必究其原委，詳其名號，廣博而精審，終成中華古典博物學的巔峰之作。

以上兩大系列專著，自秦漢以來，連續兩千載，一脉相承，這并非十三經、二十六史之類的敕編敕修，無人號令，無人支持，完全出自一種無形的力量，出自文化大國、中華文脉自惜自愛的傳承精神，從而構成浩大的博物學體系。在我國學術研究史中，在我國圖書編纂史中，乃至於世界文化史中，當屬大纛獨立，舉世無雙！本當如江河之奔，生生不息，終因清廷喪權辱國、全盤西化而戛然中斷。

三、博物古學歷磨難，科技起落何可悲！

回顧我國漫長的文化史可知，中華博物學是在傳統的"重道輕器"等陳腐觀念桎梏下，以强大的民族自覺精神、民族意志爲推動力，砥礪前行，千載相繼，方成獨立體系，因而愈加難得，愈加可貴。

"重道輕器"觀念是如何出現的？何謂"道器"？兩者究竟是何關係？《周易·繫辭上》曰："形而上者謂之道，形而下者謂之器。"何謂"道"？所謂道乃"先天地生"，無形無象、無聲無色、無始無終、無可名狀，爲"萬物之所然也，萬理之所稽也"（見《韓非子·解老》），是指形成宇宙萬物之本原，是形成一切事理的依據與根由。何謂"器"？器即宇宙間實有的萬物，包括一切科技發明，至巨至大，至細至微，充斥天地間，而盡皆不虛，或有實物可見，或有形體可指。器即博物，博物即器。"道器關係"本是一種有形無形、可見與不可見的生衍關係，并無高下之分，但在傳統文化中却另有解釋。如《周禮·考工記序》曰："坐而論道，謂之王公；作而行之，謂之士大夫；審曲面執，以飭五材，以辨民器，謂之百工。"又曰："智者創物，巧者述之，守之世，謂之百工。百工之事，皆聖人之作也。"此文突顯了"道"對於"器"的指導與規範地位。"坐而論道"，可以無所不論，民生、朝政、國運、天下事，當然亦在所論之中。"道"實則是指整體人世間的一種法則、一種定律，或説是我古老的中華民族所創造的另一種學説。所謂"論道者"，古代通常理解爲"王公"或"聖人"，實則是代指一代哲人。《考工記序》却將論道與製器兩者截然分開，明確地予以區別，貶低萬衆的創造力，旨在維護專制統治，從而確定人們的身份地位。坐而論道者貴爲王公，親身製器者屬末流之百工（"審曲面埶，以飭五材、以辨民器"，謂觀察金、木、皮、玉、土之曲直、性狀，據以製造民人所需之器物）。《考工記序》所記雖名爲"考工"，實則是周代禮制、官制之反映，對芸芸衆生而言，這種等級關係之誘惑力超乎尋常，絕難抵禦，先民樂於遵從，樂於接受，故而崇敬王公，崇敬聖人，百代不休。因而在中國古代，科學技術大受其創。

"重道輕器"的陳腐觀念，在中國古代影響廣遠，"器"必須在"道"的限定之下進行，不得隨意製作，不得超常發揮，"道"漸演化爲統治者實施專政的得力手段。"坐而論道"，似乎奧妙無盡。魏晉時期，藉儒入道，張揚"玄之又玄"，乃至於魏晉人不解魏晉文章，本朝人爲本朝人作注，史稱"玄學"。兩宋由論道轉而談理，一代理學宗師應運而生，闡理思辨，超乎想象，就連虛幻縹緲的天宮，亦可談得妙理聯翩，後世道家竟繪出著名的《天宮圖》來。事越千載，五四運動時期，那些新文化運動主將們聯手痛搗"孔家店"，却不攻玄理，"論道""崇道""樂道""惜道"，滾滾而來，遂成千古"道"統，已經背離《易》《老》的本義。出於這樣的觀念，如何會看重"形而下"的博物與博物學？

那麼，古代先民又是如何看待與博物學密切相關的科學技術？《書·泰誓下》載，殷紂王曾作"奇技淫巧，以悦婦人"，爲百代不齒，萬世唾罵。何謂"奇技淫巧"？唐人孔穎達釋之曰："奇技謂奇異技能，淫巧謂過度工巧……技據人身，巧指器物。"所謂"奇技淫巧"，今大底可釋爲超常的創造發明，或可直釋爲科學技術。論者認爲，"百代不齒，萬世唾罵"者并不在於"奇技淫巧"這一超常的創造發明，而在於紂王奢靡無度，用以取悦婦人的種種罪孽。至於紂王是否奢靡無度，"以悦婦人"，今學界另有考證。紂王當時之所以能稱雄天下，正是由於其科技的先進，軍事的強大，其失敗在於大拓疆土，窮兵黷武，導致內外哀怨，決戰之際又遭際叛亂。所謂"以悦婦人"之妲己，祇是戰敗國的一種"貢品"而已，對於年過半百的老人并無多大"媚力"。關於殷商及妲己的史料，最早見於戰國時期成書的《國語·晋語一》，前後僅有二十七字，并無"酒池肉林""炮烙之刑"之類記載，後世史書所謂紂王對妲己的種種寵愛，實是一種演繹，意在宣揚"紅顏禍水"之說（此說最早亦源於前書。"紅顏禍水"，實當稱之爲"紅顏薄命"）。在中國古代推崇"紅顏禍水"論，進而排斥"奇技淫巧"，從而否定了科技的力量，否定了科技強弱與國家強弱的關係。時至周代，對於這種"奇技淫巧"，已有明確的法律限定："作淫聲、異服、奇技、奇器以疑衆，殺！"（見《禮記·王制》）這也就是説，要杜絕一切新奇的創造發明，連同歌聲、服飾也不得超乎常規，否則即犯殺罪！此文自漢代始，多有注疏，今擇其一二，以見其要。"淫聲"者，如春秋戰國時鄭、衛常有男女私會，謳歌相引，被斥爲淫靡之聲；"奇技"者，如年輕的公輸班曾"請以機窆"，即以起重機落葬棺木，因違反當時人力牽挽的埋葬禮節，被視爲不恭。一言以蔽之，凡有違禮制的新奇科技、新奇藝術，皆被視爲疑惑民衆，必判以重罪。這就是所謂"維護禮制"，其要害就是維護統治者的統治地位，故而衣食住行所需器物的質材及數量，無不在尊卑貴賤的等級制約之中。如規定平民不得衣錦綉，不得鼎食，商人、藝人不得乘車馬，就連權貴們娛樂時選定舞蹈的行列亦不可違制，違制即意味着不軌，意味着僭越。杜絶"奇技淫巧"，始自商周，直至明清而未衰。我國著名的四大發明，千載流傳，未料却如同國寶大熊猫一樣，竟由後世西方科學家代爲發現，實在可悲！四大發明、大熊猫之類，或因史籍隱冷，疏於查閱，或因地處山野，難以發現，姑可不論，但其他很多非常具體的發明創造，雖有群書連續記載，也常被無視，或竟予扼殺。如漢代即有超常的"女布"，因出自未嫁少女之手而得名（見《後漢書·王符傳》），南北朝時已久負盛名，稱"女子布"（見南朝宋盛弘之《荆州記》）。宋代又稱"女兒布"，被贊爲"布帛之品……其尤細者也"（見宋羅濬《寶慶四明志·郡志四》）。其後歷代製作，不斷創新，及至明清終於出現空前的妙品"女兒葛"。"女兒葛"爲細葛布的一種，其物纖細如蟬翼紗，又如傳説中的"蛟女絹"，僅重三四兩，捲其一端，整匹女兒葛便可出入筆管之中，精美絶倫，明代弘治之後曾發現於四川鄰水縣，但却被斷然禁止。明皇甫録《下陣記談》卷上："女兒葛，出鄰水縣，極纖細，必五越月而後成，不減所謂蟬紗、魚子纐之類，蓋十縑之力也。予以爲淫巧，下令禁止，無敢作者。"對此美妙的"女兒葛"，時任順慶府知府的皇甫録，并没給予必要的支持、鼓勵，反而謹遵古訓，以杜絶"奇技淫巧"爲己任，堅決下達禁令，并引以爲榮。皇甫録乃弘治九年（1496）進士，爲官清正，面對"奇技淫巧"也如此"果斷"！此後清代康熙年間，"女兒葛"再現於廣東增城縣一帶，其具體情狀，清屈大均《廣東新語·貨語·葛布》中有翔實描述，但其遭遇同樣可悲，今"女兒葛"終於銷聲匿迹。在中國古代，類似的遭遇，又何止"女兒葛"？杜絶"奇技淫巧"之風，一脉相承，何可悲也。

但縱觀我華夏全部歷史可知，一些所謂的"奇技淫巧"之類，雖屢遭統治者的禁弃，實則是禁而難止，況統治者自身對禁令也時或難以遵從，歷代帝王皇室之衣食住行，幾乎無一不恣意追求舒適美好，爲了貪圖享樂，就不得不重視科技，就不得不啓用科技。如

"被中香爐"（爐內置有炭火、香料，可隨意旋轉以取暖，香氣縷縷不絕。發明於漢代）、"長信宮燈"（燈內裝有虹管，可防空氣污染。亦發明於漢代）的誕生，即明證。歷代王朝所禁絕的多是認定可能危及社稷之類的"奇技淫巧"，并未禁止那些有利於民生的重大發明，也沒有壓抑摧殘黎民百姓的靈智（歷史中偶有以愚民爲國策者，祇是偶或所見的特例而已）。帝王們爲維護其統治地位，以求長治久安，在"重道輕器"的同時，也極重天文、曆算、農桑、醫藥等領域的研究，凡善於治國的當權者，爲謀求其國勢得以强盛，則必定大力倡導科技，《後漢書·和熹鄧皇后紀》所載即爲顯例。和熹皇后鄧綏（公元81—121），深諳治國之道，兼通天文、算數。永元十四年（102），漢和帝死後，東漢面臨種種滅頂之災，鄧綏先後擁立漢殤帝和漢安帝，以"女君"之名親政長達十六年，克服了有史以來最嚴重的十年天災，剿滅海盜，平定西羌，收服嶺南三十六個民族，將九真郡外的蠻夷夜郎等納入版圖，恢復東漢對西域的羈縻，征服南匈奴、鮮卑、烏桓等，平息了内憂外患，使危機四伏的東漢王朝轉危爲安。正是在這期間，鄧綏大力發展科技，勉勵蔡倫改進造紙術，任用張衡研製渾天儀、地動儀等儀器，并製造了中尚方弩機，這一可以連續發射的弩機，其射程與命中率令時人驚嘆，成爲當時世界上最具殺傷力的先進武器（此外，鄧綏又破除男女授受不親的陳腐觀念，創辦了史上最早的男女同校學堂，并通過支持文字校正與字詞研究，推動了世界第一部字典《説文解字》問世）。這就爲傳統的博物研究提供了巨大的空間，因而先後出現了今人所謂的"四大發明"之類。實際上何止是"四大發明"？天文、曆算等領域的發明創造，可略而不論。鄧綏之前，魯班曾"請以機窆"的起重機，出現於春秋時期，早於西方七百餘年。徐州東洞山西漢墓出土的青銅透光鏡，歐洲和日本人稱其爲"魔鏡"，當一束光綫照射鏡面而投影在墻壁上時，墻上的光亮圈內就出現了銅鏡背面的美麗圖案和吉祥銘文。這一"透光鏡"比日本"魔鏡"早出現一千六百餘年，而歐洲的學者直到19世紀纔開始發現，大爲驚奇，經全力研究，得出自由曲面光學效應理論，將其廣泛運用於宇宙探索中。今日，國人已能够恢復這一失傳兩千餘載的原始工藝，千古瑰寶終得重放異彩！鄧綏之後，又創造了"噴水魚洗"，亦甚奇妙，令人大開眼界。東漢已有"雙魚洗"之名（見明梅鼎祚《東漢文紀》卷三二引《雙魚洗銘》），未知當時是否可以噴水。"噴水魚洗"形似現今的臉盆。盆內多刻雙魚或四魚，盆的上沿兩側有一對提耳，提耳的設置，不祇是爲了便於提動，同時又具有另外一個功用，即當手掌撫摩時，盆內還能噴射出兩尺高的水柱，水面形成一片浪花，同時會發出樂曲般的聲響，十分神奇。今可確知，"噴水魚洗"興起於唐宋之間（見宋王明清《揮麈前録》卷三、宋何薳《春渚紀聞》卷九），當是皇家或貴族所用盥洗用具。魚洗能够噴水，其道理何在？美國、日本的物理學家曾用各種現代科學儀器反復檢測查看，試圖找出其導熱、傳感及噴射發音的構造原理，雖經全力研究，但仍難得以完整的解釋，也難以再現其效果。面對中國古代科技創造的這一奇迹，現代科學遭遇了空前挑戰，祇能"望盆興嘆"。

中華民族，中華博物學，就是在這樣複雜多變的背景之下跌宕起伏，生存發展，在晚清之前，兩千餘年來，從未停止前進的步伐，這又成爲中華民族的民族性與中華博物學的一大特點。

四、西化流弊何時休，誰解古老博物學？

自晚清以還，中華博物學沉淪百年之久，本當早已復蘇，時至今日，幸逢盛世，正益修典，又何以總是步履維艱？豈料經由西學東漸之後，在我國國內一些學人認定科學決定一切，無與倫比，日積月纍，漸漸形成了一種偏激觀念——"唯科學主義"，即以所謂是否合於科學，來判定萬事萬物的是非曲直，科學擁有了絕對的話語權。"唯科學主義"通常表現爲三種態度：一、否認物質之外的非物質。凡難以認知的物質，則稱之爲"暗物質"。這一"暗"字用得非常巧妙，"暗"，難見也！於是"暗物質"取代了"非物質"；二、否認科學之外的其他發現。凡是遇到無從解釋的難題，面對別家探索的結論，一律斥爲"僞科學"。三、否認科學範圍以外的其他一切生產力，唯有科學可以帶動社會發展，萬事萬物必須以科學爲推手。

何謂"科學"？中國古代本有一種認識論的命題，稱之爲"格致"，意謂"格物致知"，指深究事物原理以求得知識，從而認識各種客觀現象，掌握其變化規律。這種哲學我國先秦諸子久已有之，雖已歷千載百代，但却未得應有的重視，終被西方科學所取代。自16世紀始，歐洲由於文藝復興，挣脱了天主教會的長期禁錮，轉向於對大自然的實用性的探索，其代表作即哥白尼的"日心説"與伽利略天文望遠鏡的發明，同時出現牛頓的力學，這是西方的第一次科技革命。這一時期已有"科學"其實，尚無後世"科學"之名，起始定名爲英語science一詞，源於拉丁文，本意謂人世間的各種學問，隸屬於古希臘的哲學思想，是一種對於宇宙間萬事萬物的生衍關係的一種想象、一種臆解，原本無甚稀奇，此時已反響於歐洲，得以廣泛流傳。至 18 世紀，新興的資産階級取得政權，爲推行資本主義，又大力發展科學，西方科學已處於世界領先地位。時至 19 世紀 60 年代後期及 20 世紀初，歐洲發生了以電力，化學及鋼鐵爲新興産業的第二次科技革命，英語 science 一詞迅速擴展於北美和亞洲。日本明治維新時期，赴歐留學的日本學者將 science 譯成"科學"，學界認爲是藉用了中國科舉制度中"分科之學"的"科學"一詞，如同將英文 natural history 的語意翻譯成漢語"博物學"一樣，也幷不準確，中國的變法派訪日時，對之頂禮膜拜，欣然接受，自家固有的"格致"一詞，如同國學中的其他語詞一樣被弃而不用，"科學"一詞因得以廣泛流傳。"科學"當如何定義？今日之"科學"包括了自然科學、社會科學、思維科學以及交叉科學。除却嚴謹的形式邏輯系統之外，本是一種具體的以實踐爲手段的實證之學。實踐與實證的結果，日積月纍，就形成了人類關於自然、社會和思維的認知體系，成爲人類評斷事物是非真僞的依據。但科學不可能將浩渺無盡的宇宙及宇宙間的萬事萬物盡皆予以實踐、實證，能够實踐、實證者甚微，因而科學總是在不斷地探索，不斷地補正，不斷地自我完善之中，其所能研究的領域與功能實在有限。當代科學可以在指甲似的晶片上，一次性地裝載五百億電晶體，可以將重達六噸以上的太空船射向太空，幷按照既定指令進行各種探索，但却不能造出一粒原始的細胞來，因爲這原始細胞結構的複雜神秘，所蘊含的奇妙智慧，人類雖竭盡全力，却至今無法破解。細胞來自何處？是如何形成的？科學完全失去了話語權！造不出一粒原始的細胞，造一片樹葉尤無可能，造一棵大樹更是幻想，遑論萬千種，足證"科學"幷非萬能的唯一學問。況且，"暗物質"之外，至少在中國哲學體系中尚有"非物質"。何謂"非物質"？"非物質"是與"物質"相對而言，區别於"暗物質"的另一種存在，正如前文所述，它"無形無象、無聲無色、無始無終、無可名狀"，在中國古代稱之爲"道"。"道"可以不遵循因果關係，可以無中生有，爲"萬物之所然也，萬理之所稽也"，可以解釋萬物的由來，可以解釋宇宙的形成。今以天體學的的視野略加分析，亦可見"唯科學主義"的是非。人類賴以生存的地球，其直徑約爲 12 742 公里，是太陽系中的第三顆小行星。太陽系的直徑約爲 2 光年，太陽是銀河系中數千億恒星之一，銀河系的直徑約爲 10 萬光年，包括 1 千億至 4 千億顆恒星，而宇宙中有一千至兩千億銀河系，宇宙有 930 億光年。一光年約等於 9.46 萬億公里。地球在宇宙中衹是一粒微塵，如此渺小的地球人能創造出破解一切的偉大科學，那是癡人説夢！中華先賢面對諸多奥妙，面對諸多不可思議的現象，提出這一"無可名狀"之"道"，當然幷非憑空想象，自有其觀測與推理的依據，這顯然不同於源自西方的科學，或曰是西方科學所包容不了的。先賢提出的"無可名狀"的"道"，已超越物質的範圍，或曰"道"絕非"暗物質"所能替代的。這一"無可名狀"的"道"，在當今的別樣的時空維度中已得到初步驗證（在這非物質的維度中滿富玄機）。論者提出這一古老學説，旨在證明"唯科學主義"排斥其他一切學説，過分張揚，不足稱道，絕無否定或輕忽科學之意。百年前西學東漸，尤其是西方科學的傳入，乃是我中華民族思維與實踐領域的空前創獲，是實踐與思維領域的一座嶄新的燈塔，如今已是家喻户曉，人人稱贊，任誰也不會否認科學的偉大，但却不能與偏激的"唯科學主義"混同。後世"科學"一詞，又常常與"技術"連稱爲"科學技術"，簡稱"科技"。何謂"技術"？"技術"一詞來源於希臘文"techs"，通常指個人的技能或技藝，是人類利用現有實物形成新事物，或改變原有事物屬性、功能的方法，或可簡言之曰發明創造。科學技術不同於科學，也不同於技術，也不是科學與技術的簡單相加。科學技術是科學與技術的有機結合體系，既是人類認識世界和改造世界的成果或産物，又是人類認識世界和改造世界最有力的工具或手段，兩者實難分割。某些技術本身可能祇是一種技法，而高深技術的背後則必定是科學。

　　出於上述"唯科學主義"偏激觀念，重建中華博物學就遭致了質疑或否定，如有學者認爲，中國古代祇有技術而没有科學，哪有什麼中華博物學？中華博物學被看作"前科學時代的粗糙的知識和技能的雜燴"，是一種"非科學性思考"，没有什麼科學價值，當然也就没有重建的必要，因爲西方博物學久已存在，無可替代。中國古代當真"祇有技術而没有科學"麼？前文已論及"科學"與"技術"很難分割，在中國古代不祇有"技術"，同樣也有"科學"。回眸世界之歷史長河，僅就中西方的興替發展脉絡略作比較，就可以看到以下史實：當我中華處於夏禹已劃定九州、建有天下之際，西方社會多處於尚未開化的蠻荒歲月；當我中華已處於春秋戰國鋼鐵文化興起之際，整個西方尚處於引進古羅馬文明的青銅器時代；當我宋代以百萬册的印數印刷書籍之際，中世紀的西方仍然憑藉修士們成年纍月在羊皮卷上抄寫複製；著名的火藥、指南針等其他重大發明姑且不論，單就中國歷朝歷代任何一件發明創造而言，之於西方社會也毫不遜色，直至清代中葉，中國的科技一直處於世界領先地位。英國科學家李約瑟主編的七卷巨著《中國科學技術史》，即認爲西方古代科學技術85%以上皆源於中國。這是西方人自發的没有任何背景、没有任何色彩的論斷，甚爲客觀，迄今未見异議。此外又有學者指出，中華傳統博物學不祇擁有科技，又超越了科技的範疇，它是"關於物象（外部事物）以及人與物的關係的整體認知、研究範式與心智體驗的集合"，"這種傳統根本無法用科學去理解和統攝"，中華古典博物學"給我們提供的'非科學性思考'，恰恰是它的價值所在"（余欣《中國博物學傳統的重建》，載《中國圖書評論》，2013 年第 10 期，第 45～53 頁）。這無疑是對"唯科學主義"最有力的批駁！是的，本書極重"科技"研究，又不拘泥於"科技"，同樣重視"非科學性思考"。

　　中華古典博物學的研究主體是"博物"，是"博物史"，通過對"博物""博物史"的探索，而展現的是人，是人的生存、生活的具體狀況，是人的直觀發展史。中華傳統博物學構成了物我同類、天人合一的博大的獨立知識體系，是理解和詮釋世界的另一視野，這種視野中的諸多"非科學性思考"的博物，科學無法全面解讀，但卻是真真切切的客觀存在。所謂傳統博物學是"前科學時代的粗糙的知識和技能的雜燴"，是"非科學性思考"的評價，甚是武斷，祇不過是一種不自覺的"唯科學主義"觀念而已。另將"科學"與"技術"分割開來，強調什麼"科學"與否，這一提法本身就不太"科學"。對此，本書前文已論及，無須複述。我國作為一個古老國度，在其漫長的生衍過程中，理所當然地包容了"粗糙的知識和技能"。這一狀況世界所有古國盡有經歷，并非中國獨有。"粗糙的知識"的表述似乎也并不恰當，"知識"可有高下深淺之分，未聞有粗糙細緻之別。這所謂"粗糙"，大約是指"成熟"與否，實際上中華傳統博物學所涉之"知識和技能"，并非那麼"粗糙"，常常是合於"科學"的，有些則是非常的"科學"。英國科學家李約瑟等認定古代中國涌現了諸多"黑科技"。何謂"黑科技"？這是當前國際間盛行的術語，即意想不到的超越科技之科技，可見學界也是將"科學"與"技術"連體而稱，而并非稱"黑科學"。認定中國古代"祇有技術而沒有科學"，傳統博物學是"前科學時代的粗糙的知識和技能的雜燴"之說，頗有些"粗糙"，準確地說頗有些膚淺！這位學者將傳統博物學統稱為"前科學時代"的產物，亦是一種妄斷，也頗有些隨心所欲！何謂"前科學時代"？"前科學時代"是指形成科學之前人們僅憑五官而形成的一種感知，這種感知在原始社會時有所見，但也并非全部如此，如鑽木取火、天氣預測、曆法的訂立、灸砭的運用等，皆超越了一般的感知，已經形成了各自相對獨立的科學。看來這位學者并不怎麼瞭解中國古代科技史，并不太瞭解自家的傳統文化，實屬自誤而誤人。

　　中華博物學的形成及發展歷程，與西方顯然不同。西方博物學萌生於上古哲人的學説，其後則以自然科學爲研究主體，遍及整個歐洲，全面進入國民的生活領域。在這樣的文化背景之下，西方日益强大，直接影響和推動了社會的發展，因而步入世界前列。我中華悠悠數千載，所涉博物，形形色色，浩浩蕩蕩，逐漸形成了中華獨有的博物學體系，但面臨的背景却非常複雜，與西方比較是另一番天地，那就是貫穿數千載的"重道輕器"觀念與排斥"奇技淫巧"之國風，這一觀念、這一國風，其表現形式就是重文輕理，且愈演愈烈。如中國久遠的科舉制度，應試士子們本可"上談禮樂祖姬孔，下議制度輕鬷玄"（見明高啓《送貢士會試京師》詩），縱論古今國事，是非得失，而朝廷則可藉此擇取英才，因而國家得以强盛。時至明代後期，舉國推行的科舉制度竟然定型爲千篇一律的八股文，泯滅了朝廷取才之道，一代宗師顧炎武稱八股之禍勝似"焚書坑儒"（見《日知録·擬題》）。清代後期爲維護其獨裁統治，手段尤爲專橫强硬，又向以"天朝"自居，哪裏會重視什麼西方的"科學技術"？"科學技術"的落伍最終導致文明古國一敗塗地，這也就是"李約瑟難題"的答案！"科學"之所以成爲"科學"，是因爲其出自實踐、實證，實踐、實證是科學的生命。實踐、實證又必須以物質爲基礎，這正與我中華博物學以浩浩博物爲研究主體相合！但中華博物學，或曰博物研究，始終被置於正統的國學之外，這一觀念與國風，極大地制約了中華博物學的發展。制約的結果如何？可以毫不誇張地說，直接阻礙了中國古代社會的歷史進程。

五、中華博物知多少，皓首難解千古謎

中華博物如繁星麗天，難以勝計，其中有諸多別樣博物，可稱之爲"黑科技"者，令人百思不得其解。如八十餘年前四川廣漢西北發現的三星堆古蜀文化遺址，距今約四千八百年至三千年左右，所在範圍非常遼闊，遠超典籍記載的成都平原一帶，此後不斷探索，不斷有新的發現，成爲 20 世紀人類最偉大的考古發現之一。該遺址內三種不同面貌而又連續發展的三期考古學文化，以規模壯闊的商代古城和高度發達的青銅文明爲代表的二期文化最具特點。二期文化中青銅器具占據主導地位，極爲神奇。衆多的青銅人頭象、青銅面具，千姿百態。還有舉世罕見的青銅神樹，該樹有八棵，最高者近 4 米，共分三層，樹枝上栖息有九隻神鳥，應是我國古籍所載"九日居下枝"的體現；斷裂的頂部，當有"一日居上枝"的另一神鳥，寓意九隻之外，另一隻正在高空當班。青銅樹三層

九鳥，與《山海經・海外東經》中所載"扶桑""若木""九日居下枝，一日居上枝"正同。上古時代，先民認爲天上的太陽是由飛鳥所背負，可知九隻神鳥即代表了九個太陽。其《南經》又曰："有木，其狀如牛，引之有皮，若纓、黄蛇。其葉如羅，其實如欒，其木若蘆，其名曰建木。"何謂"建木"？先民認爲"建木"具有通天本能，傳説中伏羲、黄帝等盡皆憑藉"建木"來往神界與人間。由《山海經》的記載可知，這神奇物又來源於傳統文化，大量青銅文化明顯地受到夏商文明、長江中游文明及陝南文明的影響。那些金器、玉器等禮器更鮮明地展現出華夏中土固有的民族色彩。如此浩大盛壯，如此神奇，這一古蜀國究竟是怎樣形成的？又是怎樣突然消失的？詩人李白在《蜀道難》中曾有絶代一問："蠶叢及魚鳧，開國何茫然？"意謂蠶叢與魚鳧兩位先帝，是在什麽時代開創了古蜀國？何以如此茫茫然令人難解？今論者續其問曰："開國何茫然，失國又何年？開失兩難知，千古一謎團。"三星堆的發掘并非全貌，僅占遺址總面積的千分之一左右，只是古蜀文化的小小一角而已，更有浩瀚的未知數，國人面臨的將是另一個陌生的驚人世界。中華民族襟懷如海，廣納百川，中外文化相容并包，故而博大精深。這些百思不得其解的神奇之物，向無答案，確屬於所謂"非科學性思考"，當代專家學者亦爲之拍案。"唯科學主義"面臨這些"黑科技"的挑戰，當然也絶難詮釋。以下再就已見出土，或久已傳世之實物爲例。上世紀 80 年代，臨潼始皇陵西側出土了兩乘銅車馬，其物距今已有兩千二百餘年，造型之豪華精美，被譽爲世界"青銅之冠"，姑且不論。兩輛車的車傘，厚度僅 0.1 ~ 0.4 厘米，一號車古稱"立車"或"戎車"，傘面爲 1.12 平方米，二號車傘面爲 2.23 平方米，而且皆用渾鑄法一次性鑄出，整體呈穹隆形，均勻而輕薄，這一鑄法迄今亦是絶技，無法超越。而更絶的是一號立車的大傘，看似遮風擋雨所用，實則充滿玄機，此傘的傘座和手柄皆爲自鎖式封閉結構，既可以鎖死，又可以打開，同時可以靈活旋轉 180 度，隨太陽的方位變化而變化，亦可取下插入野外，遮烈日，擋風雨，賞心隨意。令人尤爲稱奇的是，打開傘柄處的雙環插銷，傘柄與傘蓋可各獨立，傘柄就成了一把尖鋭的矛，傘蓋就成了盾，可攻可守。這一 0.1 ~ 0.4 厘米厚的盾，其抗擊力又遠勝今人的製造技術，令今人望塵莫及，故國際友人贊之爲罕見的"黑科技"。此外分存於西安與鎮江東西兩方的北宋石刻《禹迹圖》，尤爲奇异。此圖參閱了唐賈耽《海內華夷圖》，并非單純地反映宋代行政區劃及華夷之間的關係，而是上溯至《禹貢》中的山川、河流、州郡分布，下至北宋當世，已將經典與現實融爲一體。此圖長方約 1 平方米，宋朝行政區劃即達三百八十個之多，五個大湖，七十座山峰，更有蜿蜒數千里的長江、黃河等江川八十餘條；不祇是中原的地域，尚有與之接壤的大理、吐蕃、西夏、遼等區域，這些區域的山野江河亦有精準的繪製。作爲北宋時代的製圖人，即使能够遍踏域内、域外，也絕難僅憑一己的目力俯瞰全景。此圖由五千一百一十個小方格組成，每一小方格皆爲一百平方公里，所有城市、山野江河的大小距離，盡包容在這些格子裏，全部可以明確無誤地測算出來，其比例尺與今世幾無差異。如此細密精準，必須具有衛星定位之類的高科技纔能繪製出來，九百年前的宋人是憑藉什麼儀器完成的？此一《禹迹圖》較之秦陵銅車馬，更超乎想象，詭异神奇，故而英國學者李約瑟評之爲 "世界上最神秘、最杰出的地圖"，美國國家圖書館將一幅 19 世紀據西安圖打製的拓本作爲館藏珍品。中國古代 "黑科技"，又何止臨潼銅車馬與《禹迹圖》？

除却上述文獻記載與出土及傳世之物外，另一些則是實見於中華大地的奇特自然景觀，這些百思不得其解的神奇之物，散處天南海北，自古迄今，向無答案，亦屬於所謂 "非科學性思考"，當代專家學者亦爲之拍案。"唯科學主義" 面臨這些 "黑科技" 的挑戰，當然也絕難詮釋。我中華大地這些神奇之物，在當世尤應引起重視，國人必須迎接 "超科技時代" 的到來。如 "應潮井"，地處南京市東紫金山南麓定林寺前。此井雖遠在深山之間，却與五公里外的長江江潮相應，江水漲則井水升，江水退則井水降，同處其他諸井皆無此現象。唐宋以來，已有典籍記載，如《江南通志·輿地志·江寧府》引唐段成式《酉陽雜俎》："蔣山有應潮井，在半山之間，俗傳云與江潮相應，嘗有破船朽板自井中出。"《景定建康志·山川志三·井泉》："應潮井在蔣山頭陁寺山頂第一峰佛殿後。《蔣山塔記》云：'梁大同元年，後閣舍人石興造山峰佛殿，殿後有一井，其泉與江潮盈縮增减相應。'"何以如此，自發現以來，已歷千載，迄今無解。以上的奇特之物，多有記載，名揚天下，而另一些奇物，却久遭冷落，默默無聞。如 "靈通石"，亦稱 "神石" "報警石"，俗稱 "猪叫石"。該石位於太行大峽谷林縣境内高家臺輝伏巖村。石體方正，紫紅色，裸露於地面約 4 立方米，高寬各 3 米，厚 2 米，象是一頭體積龐大的卧猪，且能發聲如猪叫。傳聞每逢大事（包括自然灾害、重大變革等）來臨之前，常常 "鳴叫" 不止，大事大叫數十天，小事則小叫數日，聲音忽高忽低，一次可叫百餘聲，百米之内清晰可聞。但其叫聲祇能現場聆聽，不可錄音。何以如此怪异？同樣不得而知！中華博物浩浩洋洋，漫漫無涯，可謂無奇不有，作爲博物之學，亦必全力探究，這也正是中華博物學承担的使命。

六、中華博物學的研究範圍與狀況，新建學科的指嚮與體式如何？

　　中國當代尚未建立博物學會，也没有相應的報刊，人們熟知的則是博物院館，而博物院館的職責在於收藏、研究并展出傳世的博物，面對日月星辰、萬物繁衍以及先民生息起居等數千年的古籍記載（包括失傳之物），豈能勝任？中華博物全方位研究的歷史使命祇能由新興的博物學承擔。古老中華，悠悠五千載，博物浩茫，疑難連篇，實難解讀，而新興的博物學却不容迴避，必須做出回答。

　　本書指稱的博物，包括那些自然物，但并不限於對其形體、屬性的研究，體現了博物古學固有的格致觀念，且常常懷有濃厚的人文情結，可謂奧妙無窮，這又迥別於西方博物學。

　　如"天宇"，當做何解釋？在中國傳統文化中是與"宇宙"并存的稱謂，重在强調可見的天體和所有星際空間。前已述及，天體直徑可達930億光年以上，實際上可能遠超想象。這就出現了絶世難題：究竟何謂天體？天體何來？戰國詩人屈原在其《天問》篇中，曾連連問天："上下未形，何由考之？""馮翼惟象，何以識之？""明明闇闇，惟時何爲？"千古之問，何人何時可以作答？天宇研究在古代即甚冷僻，被稱爲"絶學"。中國是天宇觀測探索最爲細密的文明古國之一，天象觀測歷史也最爲悠遠，殷墟甲骨、《書》《易》諸經，盡有記載，而歷代正史又設有天文、曆律之類專志，皇家設有司天監之類專職機構，憑此"觀天象、測天意"，以决國策。於是，天文之學遂成諸學之首。天宇研究的主體是天空中的各種現象，這些現象又以各種星體的位置、明暗、形狀等的變化爲主，稱之爲星象。星象極其繁複，難以辨識。於是，在天空位置相對穩定的恒星就成爲必要的定位標志。在人們目力所及的範圍内，恒星數以千計，簡單命名仍不便查找和定位，我華夏先民又將天空劃分爲若干層級的區域，將漫天看似雜亂無章的恒星位置相近者予以組合并命名，這些組合的星群稱之爲星宿。古人視天上諸星如人間職官，有大小、尊卑之分，故又稱星官，因而就有了三垣二十八宿，成爲古天宇學最重要理論依據，這一理論西方天文學絶難取代。

　　再如古代類書中指稱的"蟲豸"，當代辭書亦少有確解。何謂"蟲豸"？舉凡當今動物學中的昆蟲綱、蛛形綱、多足綱，以及爬行動物中的綫形動物、扁形動物、環節動物、軟體動物中形體微小者，皆爲蟲豸之屬。蟲豸形雖微小，然其生存之久、種類之繁、分布之廣、形態之多、數量之巨，從生物、生態、應用、文化等角度，其意義和價值都大异於其他各類動物，或説是其他各類動物所不能比擬的。蟲豸之屬，既能飛於空，亦能游於水，既能潛於土，亦能藏於山，形態萬千，且各具靈性，情趣互异，故古代典籍遍見記叙，不僅常載於詩文，且多見筆記、小説中。先民又常憑藉其築穴或搬遷之類活動，以預測氣象變化或靈异别端，同樣展現了一幅具體生動的蟲文化畫卷，既有學術價值，又充滿趣味性。自《詩》始，就出現了咏蟲詩，其後歷代從蝶舞蟬鳴、蟻行蛇爬中得到靈感者代不乏人，或以蟲言志，或以蟲抒懷，或以蟲爲比，或以蟲爲興，甚至直以蟲名入於詞牌、曲牌，如僅蝴蝶就有"蝴蝶兒""玉蝴蝶""粉蝶兒""蝶戀花""撲蝴蝶""撲粉蝶"等名類。唐歐陽詢《藝文類聚》收集有關蟬、蠅、蚊、蝶、螢、叩頭蟲、蛾、蜂、蟋蟀、尺蠖、螳、蝗等蟲類的詩、賦、贊等數量浩繁，後世仿其體例者甚多，如《事物紀原》《五雜俎》《淵鑑類函》《古今圖書集成·禽蟲典》等，洋洋大觀。不僅詩詞歌賦，在成語、俗語中，言及蟲豸者，亦不可勝數，如莊周夢蝶、螓首蛾眉、金蟬脱殼、螳螂捕蟬、螳臂當車、蚍蜉撼樹、作繭自縛、飛蛾撲火（詞牌名爲"撲燈蛾"）等；不僅見諸歷代詩文，今世辭章以蟲爲喻者，仍沿襲不衰，如以蝸喻居、以蝶喻舞、以蟬翼喻輕薄、以蛇蠍喻狠毒等，比比皆是，不勝枚舉。

　　本博物學所指稱博物又包括了人類社會生活的各方面、領域，自史前達於清末民初，有的則可直達近現代，至巨至微，錯綜複雜。而對於某一具體實物，必須從其初始形態、初始用途的探討入手，而後追逐其發展演變過程，這樣纔能有縱橫全面的認定，從而作出相應的結論，這正是新興博物學的使命之一。今僅就我中華民族時有關涉者予以考釋。今日，國人對於古代社會生活實在太過陌生，現當代權威工具書所收録的諸多重要的常見詞目，常常不知其由來，遭致誤導。如"祭壇"一詞，《漢語大詞典·示部》釋文曰：

　　　　祭壇：供祭禮或宗教祈禱用的臺。劉大傑《中國文學發展史》第一章三："無論藝術哲學都得屈服於宗教意識之下，在祭壇下面得着其發展生命了。"艾青《吹號者》詩："今日的原野呵，已用展向無限去的暗緑的苗草，給我們布置成莊嚴的祭壇了。"亦指上壇祭祀。侯寶林《改行》："趕上皇上齋戒忌辰，或是皇上出來祭壇，你都得歇工（下略）。"

　　以上引用的三個書證全部是現代漢語，檢索此條的讀者可能會認定"祭壇"乃無淵源的新興詞，與古漢語無關。豈不知《晉書·禮志下》《舊唐書·禮儀志三》《明史·崔亮傳》

諸書皆有“祭壇”一詞，又皆爲正史，并不冷僻。《漢語大詞典》爲證實“祭壇”一詞的存在，廣予網羅，頗費思索，連同侯寶林的相聲也用作重要書證。侯氏雖被贊爲現代語言大師，但此處的“祭壇”，并非“供祭禮或宗教祈禱用的臺”，“祭”與“壇”爲動賓語結構，并非名詞，不足爲據。還應指出，“祭壇”作爲人們祭祀或祈禱所用實體的臺，早在史前即已出現，初始之時不過是壘土爲臺罷了。

此外，直接關涉華夏文化傳播形式的諸多博物更是大異於西方。如“文具”初稱“書具”，其稱漢代大儒鄭玄在《禮記・曲禮上》注中已見行用。千載之後，宋人陶穀《清異錄・文用》中始用“文具”一詞。文具泛指用於書寫繪畫的案頭用具及與之相應的輔助用具。國人憑藉這些文具，創造了最具特色的筆墨文化、筆墨藝術，憑藉這些文具得以描述華夏五千載的燦爛歷史。中華傳統文具究有多少？國人最爲熟悉的莫過於“文房四寶”，實際又何止“文房四寶”？另有十八種文房用具，定名爲“十八學士”，宋代林洪曾仿唐韓愈《毛穎傳》作《文房職方圖贊》（簡稱《文房圖贊》，即逐一作圖爲之贊）。實際上遠超十八種，如筆筒、筆插、筆搋、筆洗、墨水匣、墨床、水注、水承、水牌、硯滴、硯屏、印盒、帖架、鎮紙、裁刀、鉛槧、算袋、照袋、書床、筆擱、高閣，等等，已達三十種之多。

“文房四寶”“十八學士”之類中華獨具的傳統文化，今國人熟知者已不甚多，西方博物又何從涉及？何可包容？

七、新興博物學的表述特點，其古今考辨的啓迪價值

當代新興博物學所展現的是中華博物本身的生衍變化以及其同物异名、同名异物等，其主旨之一在於探尋我古老的中華民族的真實歷史面貌，温故知新，從而更加熱爱我们偉大的中華文明。

偉大的中華民族，在歷史上產生过許多杰出的思想觀念，比如，我中華民族風行百代的正統觀念是“君爲輕，民爲本，社稷次之”（見《孟子・盡心下》），這就是強調人民高於君王，高於社稷（猶“國家”），人民高於一切！古老的中華正統對人民如此愛護，如此尊崇，在當今世界也堪稱難得。縱觀朝代更迭的全部歷史可知，每朝每代總有其興起及消亡的過程，有盛必有衰。在這部《通考》中，常有實例可證，如有關商代都城“商邑”的

記載，就頗具代表性。試看，《詩·商頌·殷武》："商邑翼翼，四方之極。"鄭玄箋："極，中也。商邑之禮俗翼翼然……乃四方之中正也。"孔穎達疏："言商王之都邑翼翼然，皆能禮讓恭敬，誠可法則，乃爲四方之中正也。"《詩》文謂商都富饒繁華，禮俗興盛，足可爲全國各地的學習楷模。"禮俗"在上古的地位如何？《周禮·天官·大宰》曰："以八則治都鄙：一曰祭祀，以馭其神……六曰禮俗，以馭其民。"這是説周代統治者以禮俗馭其民，如同以祭祀馭鬼神一樣，未敢輕忽怠慢，禮俗之地位絶不可等閑視之。古訓曰："倉廩實而知禮節，衣食足而知榮辱。"（見《史記·管晏列傳》）此處的"禮節"是禮俗的核心内容，可見禮俗源於"倉廩實"。"倉廩實"展現的是國富民强，而國富民强，必重禮俗，禮俗展現了國家的面貌。早在三千年前的商代，已如此重視禮俗。"商邑翼翼"所反映的是上古時期商都全盛時期的繁華昌明，其後歷代亦多有可以稱道的興盛時期，如"漢武盛世""文景盛世"、唐"貞觀盛世""開元盛世"、宋"嘉祐盛世"、明"永宣盛世"、清"康乾盛世"等，其中更有"夜不閉户，路不拾遺"的佳話。盛世總是多於亂世，或曰温飽時代總是多於飢寒歲月。唐代興盛時期，君臣上下已萌生了甚爲隨和的禮儀狀態，不喜三拜九叩之制，宋元還出現了"衣食父母"之類敬詞（見宋祝穆《古今事物類聚别集》卷二〇、元關漢卿《竇娥冤》第二折），這正體現了"王者以民爲天，民以食爲天"（見《漢書·酈食其傳》）的傳統觀念。中國歷史上的黎民百姓并非一直生活在水深火熱之中，在漫長的歲月中也常有温飽寧静的生活，因而涌現了諸多忠心報國的詩詞。如"但使龍城飛將在，不教胡馬度陰山"（唐王昌齡《出塞二首》之一）；"忘身辭鳳闕，報國取龍庭"（王維《送趙都督赴代州得青字》）；"僵卧孤村不自哀，尚思爲國戍輪臺"（宋陸游《十一月四日風雨大作》）；"奇謀報國，可憐無用，塵昏白羽"（宋朱敦儒《水龍吟·放船千里凌波去》）。

久已沉淪的傳統博物學今得重建，可藉以知曉我中華兒女擁有的是何樣偉大而可愛的祖國！偉大而可愛的祖國，江山壯麗，蘭心大智，光前裕後，莘莘學子尤當珍惜，尤當自豪！回眸古典博物學的沉淪又可確知，鴉片戰争給中華民族帶來的是空前的傷害，不祇是漢唐氣度蕩然無存，國勢極度衰微，最爲可怕的是傷害了民族自信，爲害甚烈。傷害了民族自信，則必會輕視或否定傳統文化，百代信守的忠義觀念、仁義之道，必消失殆盡，代之而來的則是少廉寡恥，爾虞我詐，以崇洋媚外爲榮，這一狀況久有持續，對青少年的影響尤甚，怎不令人痛心！時至當代，正全力弘揚中華優秀傳統文化，全力推行科技創新，踔厲奮發，重振國風，這又怎不令人慶幸！

　　新興博物學在展現中華博物本身的生衍變化進而展現古代真切的社會生活之外，又展現了一種獨具中華風采的文化體系。如常見語詞"揚州瘦馬"，其來歷如何？祇因元馬致遠《天净沙·秋思》中有"西風古道瘦馬"之句。自 2008 年山西呂梁市興縣康寧鎮紅峪村發現元代壁畫墓以來，其中的一首《西江月》小令："瘦藤高樹昏鴉，小橋流水人家，古道西風瘦馬，夕陽西下，已獨不在天涯。"在學界引發了關於《天净沙·秋思》的爭論熱議。由《西江月》小令聯想元代的另一版本："瘦藤老樹昏鴉，遠山流水人家，古道西風瘦馬，夕陽西下，斷腸人去天涯。"於是有學人又認爲此一"瘦馬"當指"揚州藝妓"，意謂形單影隻的青樓女子思念遠赴天涯的情郎——"斷腸人"，但這小令中的"瘦馬"之前，何以要冠以"古道西風"四字？則不得而知。通行本狀寫天涯游子的冷落凄凉情景，堪稱千古絕唱，無可置疑。那麼何以稱藝妓爲"瘦馬"？"瘦馬"一詞，初見於唐白居易《有感》詩三首之二："莫養瘦馬駒，莫教小妓女。後事在目前，不信君看取。馬肥快行走，妓長能歌舞。三年五年間，已聞換一主。"金董解元《西廂記諸宮調》中的《仙呂·賞花時》又載："落日平林噪晚鴉，風袖翩翩吹瘦馬。"此處的"瘦馬"無疑確指藝妓。稱妓女爲人人可騎的馬，後世又稱之爲"馬子"，是一種侮辱性的比擬。何以稱"瘦"？在中國古代常以"瘦"爲美，"瘦"本指腰肢纖細，故漢民歌曰："楚王好細腰，宮中多餓死。""細腰"強調的是苗條美麗。"好細腰"之舉，在南方尤甚，揚州的西湖所以稱之爲"瘦西湖"，不祇是因其狹長緊連京杭大運河，實則是因湖邊楊柳依依，芳草萋萋，又有荷花池、釣魚臺、五亭、二十四橋，美不勝收，較之杭州西湖有一種別樣的美麗。國人何以推崇揚州？《禹貢》劃定九州之中就有揚州，今之揚州已有兩千五百餘年的歷史。其主城區位於長江下游北岸，可追溯至公元前 486 年。春秋時期，吴王夫差在此開鑿了世界最早的運河——邗溝，建立邗城，孕育了唯一與邗溝同齡的運河城；因水網密布，氣候温潤，公元前 319 年，楚懷王熊槐在此建立廣陵城（今揚州仍沿稱"廣陵"），遂成爲中華歷史名城之一。此後歷經魏晋等朝代多次重修，至隋文帝開皇九年（589），廣陵改稱揚州。揚州除却政治地位顯赫之外，又是美女輩出之地，歷史上曾有漢趙飛燕、唐上官婉兒及南唐風流帝王李煜先後兩任皇后周薔、周薇，號稱"四大美女"。隋煬帝楊廣又在此開鑿大運河，貫通至京都洛陽旁連涿郡，藉此運河三下揚州，尋歡作樂。時至唐代，揚州更是江河交匯，四海通達，成爲全國性的交通要衝，故有"故人西辭黄鶴樓，煙花三月下揚州。孤帆遠影碧空盡,唯見長江天際流"的著名詩篇(唐李白《黃鶴樓送孟浩然之廣陵》,今之揚州已遠離長江)。揚州在唐代是除却長安之外的最爲繁華的大都會,商旅雲聚,青樓大興,成爲文壇才士、豪門公子醉生夢死之地。唐王建《夜看揚州市》詩贊曰:"夜市千燈照碧雲,高樓紅袖客紛紛。"詩人杜牧《遣懷》更有名作:"落魄江湖載酒行,楚腰纖細掌中輕。十年一覺揚州夢,贏得青樓薄幸名。"此"楚腰纖細掌中輕"之用典,即直涉楚靈王好細腰與趙飛燕的所謂"掌中舞"兩事。杜牧憑藉豪放而婉約的詩作,贏得百世贊頌,此詩實是一種自嘲、以書懷才不遇之作,却曾遭致史家"放浪薄情"的詬病。大唐之揚州,確是令人嚮往,令人心醉,故而詩人張祜有"人生只合揚州死"(見其所作《縱游淮南》)之感嘆。元代再度大修的京杭大運河弃洛陽直達北京,揚州之地位愈加顯赫。總之,世界這一最古最長的大運河歷代修建,始終離不開揚州。時至明清,揚州經濟依然十分繁盛,仍是達官貴人喜於擇居之地,兩淮鹽商亦集聚於此,富甲一方,由此振興了園林業、餐飲業,娛樂中的色情業也應運而生,養"瘦馬"就是其中的一種,一些投機者低價買進窮苦人家的美麗苗條幼女,令其學習言行禮儀、歌舞繪畫及其他媚人技能技巧,而後以高價賣至青樓或權貴豪門,大發其財。除却"揚州瘦馬"之外,又催生了著名的"揚州八怪",文化藝術色彩愈加分明。

"揚州瘦馬"本是一種當被摒弃的陋習,不足爲訓,但這一陋習所反映出的却是關聯揚州的一種別樣的文化,反映了揚州古今社會的經濟發展與變化,這當然也是西方博物學替代不了的。

結 語

綜上所述可知,中華博物學是學術研究中的另一方天地,無可替代,必須重建,且勢在必行。如何重建?如何展現我中華博物獨有的神貌?答曰:中華博物絕非僅指博物館的收藏物,必須是全方位的,無論是宮廷裏,無論是山野間,無論是人工物,無論是天然品,無論是社會中,無論是自然界裏,皆應廣予收錄考釋。考釋的主旨,乃探索我中華浩浩博物的淵源、流變。此一博物學甚重"物"的形體、屬性及其淵源流變,同時又關注其得名由來,重視兩者間的生衍關係。通常而言(非通常情況當作別論),在人類社會中有其物必當有其名,有其名亦必有其物。此外,更有同物异名,或同名异物之別。探究"物"本體的淵源流變并釐清名物關係，這就是中國古典博物學的使命，這也正是最爲嚴密的格物致知，也正是最爲嚴肅的科學體系。但中國古典博物學，又必須體現《博物記》以還的國學傳統，必須體現博大的天人視野及民胞物與情懷，有助於我中華的再度振起，乃至於世界的安寧和諧。而那些神怪虛無之物，則不得納入新的博物學中，祗能作爲附録以備考。如何具體裁定，如何通盤布局，并非易事，遠超想象。因我中華民族是喜愛并嚮往神話的古老民族，又常常憑藉豐富的想象對某種博物作出判斷與解讀，判斷與解讀的結果，除却導致無稽的荒誕之外，又時或引發別樣的思考，常出乎人們的所料，具有別樣的價值。如水族中的"比目魚"，亦稱"王餘魚""兩鮽""拖沙魚""鞋底魚""板魚""箬葉"，俗稱"偏口魚"，爲鰈形目魚類之古稱。成魚身體扁平而闊，兩眼移於頭的另一端，習慣於側臥，朝上的一面有顏色鮮明的眼睛，朝下一面似無眼睛，先民誤以爲祗有一眼，必須相互比并而行。此一判斷與解讀，始自漢代《爾雅・釋地》："東方有比目魚焉，不比不行。"郭璞注："狀似牛脾……一眼，兩片相合乃得行。今水中所在有之，江東又稱爲王餘魚。"事過千載，直至明代李時珍《本草綱目》問世，盡皆認定比目魚僅有一隻眼，出行必須各藉他魚另一眼（見《本草綱目・鱗四・比目魚》）。傳統詩文中用比目魚以比喻形影不離的情侶或好友，先民爭相傳頌，百代不休，直至 1917 年徐珂的《清稗類鈔》問世，始知比目魚兩眼皆可用，不必兩兩并游（《清稗類鈔・動物篇》）。古人憑藉想象，又認爲尚有與比目魚相對應的"比翼鳥"，見於《爾雅・釋地》："南方有比翼鳥焉，不比不飛。"這一"比翼鳥"，僅一目一翼，須雌雄并翼飛行，如同比目魚一樣，亦用以比喻形影不離的情侶或好友。"比目魚""比翼鳥"之類虛幻者外，後世又派生了所謂"連理枝"，著名詩作有唐白居易《長恨歌》曰："在天願爲比翼鳥，在地願爲連理枝。"何謂"連理枝"？"連理枝"是指自然界中罕見的偶然形成的枝和幹連爲一體的樹木。"連理枝"之外，又出現了"并蒂蓮"之類。"并蒂蓮"亦稱"并頭蓮""合歡蓮"等，是指一莖生兩花，花各有蒂，蒂在花莖上連在一起的蓮花。這種"連理枝""并蒂蓮"，難以納入下述的世界通行的階元系統，也難依照林奈創立的雙名命名法命名，但却又是一種不可忽視的實物，是大自然所形成的另一種奇妙的實物。此一"并蒂蓮"如同"比目魚""連理枝"一樣，亦用以喻情侶或好友，同樣廣見於傳統詩文。歲月悠悠，始於遠古，達於近世，先民對於我中華博物的無限想象以及與之并行的細密觀察探索，令人嘆爲觀止，凡天地生靈、袞袞萬物，無所不及，超乎想象，從而構成了一幅文明古國的壯闊燦爛畫卷。

　　這當是歷經百年沉淪、今得復蘇的我國傳統的博物學，這當是重建的嶄新的全方位的中華博物學。

　　中華博物學除却遵循發揚傳統的名物學、訓詁學、考據學及近世的考古學之外，也廣泛汲取了當代天文、地理、生物、礦物、農學、醫學、藥學諸學的既有成就，其中動植物的本名依照世界通行的階元系統，分爲界、門、綱、目、科、屬、種七類。又依照瑞典卡爾·馮·林奈（瑞文Carl von Linné）創立的雙名命名法命名。“連理枝”“并蒂蓮”“比目魚”“比翼鳥”之屬旁及龍、鳳、麒麟、貔貅等傳説之物，則作爲附録，劃歸相應的動物或植物卷中。這樣的研究章法，這樣的分類與標注，避免了傳統分類及形狀描述的訛誤或不確定性，即可與國際接軌。綜合古今中外，論者認爲《中華博物通考》的研究主體，可劃歸三十六大類，依次排列如下：

　　《天宇》《氣象》《地輿》《木果》《穀蔬》《花卉》《獸畜》《禽鳥》《水族》《蟲豸》《國法》《朝制》《武備》《教育》《禮俗》《宗教》《農耕》《漁獵》《紡織》《醫藥》《科技》《冠服》《香奩》《飲食》《居處》《城關》《交通》《日用》《資産》《珍奇》《貨幣》《巧藝》《雕繪》《樂舞》《文具》《函籍》。

　　存史啓智，以文育人，乃我中華千載國風。新時代習近平總書記甚重民族自信、文化自信，極力倡導“舊邦新命”，明確指出要“盛世修文”，怎不令人振奮，令人鼓舞！今日，我輩老少三代前後聯手、辛苦三十餘載、三千餘萬言的皇皇巨著——《中华博物通考》欣幸面世，并得到國家出版基金资助。這就昭示了沉淪百載的中華傳統博物學終得復蘇，這就是重建的全新中華博物學。“舊邦新命”“盛世修文”，重建博物學，旨在賡續中華文脉，發揚優秀傳統文化，汲取生生不息的精神力量，再現偉大民族的深邃智慧，展我生平志，圓我强國夢！

張述錚

乙丑夾仲首書於山東師範大學映月亭
甲辰南吕增補於歷下龍泉山莊東籬齋

總　說

——漫議重建中華博物學的歷史意義與現實價值

緣　起

　　《中華博物通考》（下稱《通考》）是一部通代史論性的華夏物態文化專著，係"九五""十五""十四五"國家重點出版物專項規劃項目，并得到 2020 年度國家出版基金資助。全書共三十六卷，另有附録一卷，其中有許多卷又分上下或上中下，計有五十餘册，逾三千萬字。《通考》的編纂，擬稿於 1990 年夏，展開於 1992 年春，迄今已歷三十餘載，初始定名爲《中華博物源流大典》，原分三十二門類（即三十二卷）。此後，歷經斟酌修補，終成今日規模。三十餘載矣，清苦繁難，步履維艱，而大江南北，海峽兩岸，衆多學人，三代相繼，千里聯手，任勞任怨，無一退縮，何也？因本書關涉了古老國度學術發展的重大命題，足可爲當今社會所藉鑒，作者們深知自家承擔的是何樣的重任，未敢輕忽，未敢怠慢。

　　何謂中華物態文化？中華物態文化的研究主體就是中華浩博實物。其歷史若何？就文字記載而言，中華物態文化史應上溯於傳説中的三皇五帝時期，隸屬於原始社會。"三皇五帝"究竟爲何人，我國史家多有不同見解，大抵有三説：一曰"人間君主説"，"三皇"分别指天皇、地皇、人皇，"五帝"分别指炎帝烈山氏、黄帝有熊氏、顓頊高陽氏、帝堯陶唐氏和帝舜有虞氏；二曰"開創天下説"，三皇分別指有巢氏、燧人氏、伏羲氏，"五帝"分別指炎帝烈山氏、黄帝有熊氏、顓頊高陽氏、帝堯陶唐氏和帝舜有虞氏；三曰"道治德化説"，認爲"三皇以道治，五帝以德治"，"三皇"是遠古三位有道的君主，分別指太昊伏羲氏、炎帝神農氏及黄帝軒轅氏，五帝則是少昊金天氏、顓頊高陽氏、帝嚳高辛氏、帝堯陶唐氏和帝舜有虞氏。有關三皇五帝的組合方式，典籍記載亦不盡相同，大抵有四種，在此不予臚列。"三皇五帝"所處時間如何劃定，學界通常認爲有巢、燧人、伏羲屬於舊石器時代，有巢、燧人爲早期，伏羲爲晚期，其餘皆屬新石器時代，炎帝、黄帝、少昊、顓頊等大致同時，屬仰韶文化後期和龍山文化早期。"三皇五帝"後期，已萌生并逐步邁進文明史時代。

　　中華文明史，國際上通常認定爲三千七百年（主要以文字的誕生與城邑的出現等爲標志），國人則認定爲逾五千年，今又有九千年乃至萬年之説。後者可以上溯至新石器時代，如隸屬裴李崗文化的河南省舞陽縣賈湖村出土了上千粒碳化稻米，約有九千年歷史，是世界最早的栽培粳稻種子。經鑒定其中百分之八十以上不同於野生稻，近似現代栽培稻種，可證其時已孕育了農耕文化。其中發現的含有稻米、山楂、葡萄、蜂蜜的古啤酒也有九千年以上的歷史，可證其時已掌握了釀造術。賈湖又先後出土了幾十支骨笛，也有七千八百年至九千年的歷史，其中保存最爲完整者，可奏出六聲音階的樂曲，反映了九千年前，中華民族已具有相當高度的生產力與創造力、具有相當高度的文化藝術水準與審美情趣。有美酒品嘗，有音樂欣賞，彼時已知今人所稱道的"享受生活"，當非原始人所能爲。賈湖遺址的發現并非偶然，近來上山文化晚期浙江義烏橋頭遺址，除却出土了古啤酒之外，又發現諸多彩陶，彩陶上還繪有伏羲氏族所創立的八卦圖紋飾，故而國人認爲這一時期中華文明已開始形成，至少連續了九千載。中華文明的久遠，當爲世界四大文明古國之首，徹底否定了中華文明西來之説。九千載之説雖非定論，却已引起舉世關注。此外，江西省上饒市萬年縣大源鄉仙人洞遺址發現的古陶器則產生於一萬九千至兩萬年前，又遠超前述的出土物的製作時間。雖有部分學界人士認爲仙人洞遺址隸屬於舊石器遺址，并未進入文明時代，但其也足可證中華博物史的久遠。

一、何謂 "博物" 與《中華博物通考》？《通考》的要義與章法何在？

何謂 "博物"？ "博物" 一詞，首見於《左傳·昭公元年》："晋侯聞子産之言，曰：'博物君子也。'" 其他典籍也時有記載，如《漢書·楚元王傳贊》："自孔子後，綴文之士衆也，唯孟軻、孫况、董仲舒、司馬遷、劉向、揚雄此數公者，皆博物洽聞，通達古今。"《周書·蘇綽傳》："太祖與公卿往昆明池觀魚，行至城西漢故倉地，顧問左右莫有知者。或曰：'蘇綽博物多通，請問之。'" 以上 "博物" 指博通諸種事物，一般釋爲 "知識淵博"。此外，《三國志·魏書·國淵傳》："《二京賦》博物之書也，世人忽略，少有其師可求。" 唐釋玄奘《大唐西域記·摩臘婆國》："昔此邑中有婆邏門，生知博物，學冠時彦，内外典籍，究極幽微，曆數玄文，若視諸掌。" 明王禕《司馬相如解客難》："借曰多識博物，賦頌所託，勸百而風一。" 這些典籍所載之 "博物"，即可釋爲今義之 "浩博實物"。這一浩博實物，任一博物館盡皆無法全部收藏。本《通考》指稱的 "博物" 既可以是天然的，也可以是人工的；既可以是静態的，也可以是動態的；既可以是斷代的，也可以是歷時的，是古今并存，巨細俱備，時空縱横，浩浩蕩蕩，但必須是我中華獨有，或是中土化的。研究這浩蕩博物的淵源流變以及同物異名或同名異物之著述即《博物通考》，而爲與西方博物學相區別，故稱之爲《中華博物通考》。

在中國古代久有《皇覽》《北堂書鈔》等類書、《儒學警語》《四庫全書》等叢書以及《爾雅》《説文》等辭書，所涉甚廣，却皆非傳統博物典籍。本書草創之際，唯有《中國學術百科全書》《中華百科全書》《中國大百科全書》之類風行於世，這類百科全書亦皆非博物學專著。專題博物學著作甚爲罕見，僅有今人印嘉祥《物源百科辭書》，俞松年、毛大倫《生活名物史話》，抒鳴、鋭鏵《世界萬物之由來》等幾種，多者收詞約三千條，少者僅一百八十餘款，或洋洋灑灑，或鳳毛麟角，各有千秋，難能可貴。《物源百科辭書》譽稱 "我國第一部物源工具書"（見該書序），此書中外兼蓄，虚實并存，堪稱廣博，惜略顯雜蕪。本《通考》則另闢蹊徑，别有建樹，可稱之爲當代第一部 "中華古典博物學"。

《通考》甚重對先賢靈智的追踪與考釋。中華民族是滿富慧心的偉大民族，極善觀察探索，即使一些不足挂齒的微末之物也未忽視，且載於典籍，十分翔實生動。如對常見的鳥類飛行方式即有以下描述：鳥學飛曰翮，頻頻試飛曰習，振翅高飛曰翥，向上直飛曰翀，張翼扶揺上飛曰翚，鳥舒緩而飛、不高不疾曰翔、曰翩，快速飛行曰翼，水上飛行曰㺄，高飛曰翰，輕飛曰翩，振羽飛行曰翻，等等，不一而足。如此細密的觀察探隱，堪稱世界之最，令人嘆服！而關於禽鳥分類學，在中國古代也有獨到見解。明代李時珍所著《本草綱目》已建立了階梯生態分類系統，將禽鳥劃分爲水禽、原禽、林禽、山禽等生態類別，具有劃時代意義。這一生態分類法較瑞典生物學家林奈的《自然系統》（第十版）中的分類要早一百六十餘年，充分展示了我國古代鳥類分類學的輝煌成就，駁正了中國傳統生物學一貫陳腐落後的舊有觀念。此外，那些目力難及、浩瀚的天體，也盡在先民的觀察探索之中，如關於南天極附近的星象，遠在漢代即有記載。漢武帝元鼎六年（公元前 111），滅南越國，置日南九郡事，《漢書》及顏注、酈道元《水經注》有關"日南"的定名中皆有詳述，而西方於 15 世紀始有發現，晚中國一千四百餘年。再如，關於太陽黑子，在我國漢代亦有記載，《漢書‧五行志》載："日黑居仄，大如彈丸。"其後《晋書‧天文志中》亦載："日中有黑子、黑氣、黑雲。"而西方於 17 世紀始有發現，晚於中國一千六百餘年。惜自清朝入關之後，對於中原民族，對於漢民族長期排斥壓抑，致使靈智難展，尤其是中後期以來的專制國策，遭致國弱民窮，導致久有的科技一蹶不振，於是在列強的視野下，中華民族變成了一個愚昧的"劣等"民族。受此影響，一些居留國外或留學國外的學人，亦曾自卑自弃，本書《導論》曾引胡適的評語：中華民族是"又愚又懶的民族"，是"一分像人，九分像鬼的不長進民族"（見胡適《介紹我自己的思想》，1930年 12 月亞東圖書館初版《胡適文選》自序）。本《通考》有關民族靈智的追踪考索，巨細無遺，成爲另一大特點。

　　《通考》遵從以下學術體系：宗法樸學，不尚空論，既重典籍記載，亦重實物（包括傳世與出土文物）考察，除却既有博物類專著自身外，今將博物研究所涉文獻歸納爲十大系統：一曰史志系統，即史書中與紀傳體并列，所設相對獨立的諸志。如《禮樂志》《刑法志》《藝文志》《輿服志》等，頗便檢用。二曰政書類書系統。重在掌握典制的沿革，廣求佚書异文。三曰考證系統。如《古今注》《中華古今注》《敬齋古赾》等，其書數量無多，見重實物，頗重考辨。四曰博古系統。如《刀劍錄》《過眼雲煙錄》《水雲錄》《墨林快事》等，這些可視爲博物研究散在的子書，各有側重，雖常具玩賞性，却足資藉鑒。五曰本草系統。其書草木蟲魚、水土金石，羅致廣博，雖爲藥用，已似百科全書。六曰注疏系統。爲古代典籍的詮釋與發揮。如《易》王弼注、《詩》毛亨傳、《史記》裴駰集解、《老子》魏源本義、《楚辭》王夫之通釋、《三國志》裴松之注、《水經》酈道元注、《世說新語》

劉孝標注等。七曰雅學系統、許學系統，或直稱之爲訓詁系統，其主體就是名物研究，後世稱爲"名物學"。八曰异名辨析系統。已成爲名物學的獨立體系。如《事物异名》《事物异名録》等，旨在同物异名辨析。九曰説部系統。包括了古代筆記、小説、話本、雜劇之類被正統學者輕視的讀物，這是正統文化之外，隱逸文化、民間文化的淵藪，一些世俗的衣、食、住、行之類日常器物，多藉此得見生動描述。十曰文物考古系統，這是博物研究中至爲重要的最具震撼力的另一方天地，因爲這是以歷代實物遺存爲依據的，足可印證文獻的真僞、糾正其失誤，多有創獲。

二、《通考》內容究如何，今世當作何解讀？

《通考》內容極爲豐富，所涉範圍極廣，古今上下，時空縱橫，實難詳盡論説，今略予概括，主要可分兩大方面，一爲自然諸物，二爲社科諸物，兹逐一分述如下：

（一）自然諸物：包括了天地生殖及人力之外的一切實體、實物，浩博無涯，可謂應有盡有。

如"太陽""月亮"，在我中華凡是太空中的發光體（包括反射光體）皆被稱爲"星"，因此漢語在吸納現代天文學時，承襲了這一習慣，將"太陽"這類自身發光的等離子物體命名爲恒星。《天宇卷》研究的主體就是天空中的各種星象。星象就是指各種星體的位置、明暗、形狀等的變化。星象極其繁複，難以辨識。於是，在天空中位置相對穩定的恒星就成爲必要的定位標志。在人們目力所及的範圍內，恒星數以千計，先民將漫天看似雜亂無章的恒星位置相近者予以組合并命名，這些組合的星群稱之爲星宿，因而就有了三垣二十八宿之説。在远古難以對宇宙進行深入探索的時代，先民未能建立起完整的天體概念，也不知彼此的運動關係，僅憑藉直感認知，將所見的最强發光體——"太陽"本能地給予更多的關注，作出不同於西方的別樣解釋。視太陽爲天神，太陽的出没也被演繹成天神駕車巡游，而夸父追日、后羿射日等典故，則承載了諸多遠古信息。先民依據太陽的陰陽屬性、形體形象、光熱情況、時序變化、神話傳説及俗稱俗語等特點，賦予了諸多別名和异稱，其數量達一百九十餘種，如"陽精""丙火""赤輪""扶桑""東君""摩泥珠"等，可見先民對太陽是何等的尊崇。對人們習見的"月亮"，《天宇卷》同樣考釋了其异名別稱及其得名由來。今知月亮异名別稱竟達二百二十餘種，較之"太陽"所收尤爲宏富。如

"太陰""玉鏡""嬋娟""姮娥""顧兔""桂影""玉蟾蜍""清涼宮",等等。而關於"月亮"的所見所想,所涉傳聞佳話,連綿不絕,超乎所料。掩卷沉思,無盡感慨!中華民族是一個明潔溫婉、追求自由、嚮往和平、極具夢想的偉大民族。愛月、咏月、賞月、拜月,深情綿綿,與月亮別有一番不解之緣!饒有趣味者,爲東君太陽神驅使六龍取車的羲和,如同爲太陰元君駕車的望舒一樣,竟也是一位女子,可見先民對於女性的信賴與尊崇。何以如此?是母系社會的遺風流韵麼?不得而知!足證《通考》探討"博物"的意義并不祇在"博物"自身,而是關乎"博物"所承載的傳統文化。

再如古代出現的"雪""雹"之類,國人多認定與今世無多大差異,實則不然。《氣象卷》收有"天山雪""陰山雪""燕山雪""嵩山雪""塞北雪""南秦雪""秦淮雪""廬山雪""嶺南雪""犬吠雪"(偏遠的南方之雪。因犬見而驚吠,故稱),等等,這些雪域不祇在長城内外,又達於大江南北,可謂遍及全國各地,令人眼界大開。這些雪域的出現,又并非遠古間事,所見文字記載盡在南北朝之後,而"嶺南雪"竟見於明清時期,致使今人難以置信。若就人們對雪的愛惡而言,有"瑞雪""喜雪""灾雪""惡雪";若就雪的屬性而言,有"乾雪""濕雪""霧雪""雷雪";若就降雪時間長短而言,有"連旬雪""連二旬雪""連三旬雪""連四旬雪";若就雪的危害而言,有"致人凍死雪""致人相食雪"等,不一而足。此外,雪另有色彩之别,本卷收有"紅雪""綠雪""褐雪""黑雪"諸文,何以出現紅、綠、褐、黑等顏色?這是由於大地上各類各色耐寒的藻類植物被捲入高空,與雪片相遇,從而形成不同色彩。對此,先民已有細微觀察,生動描述,但未究其成因。1892年冬,意大利曾有漫天黑雪飄落,經國際氣象學家研究測定,此一現象乃是高空中億萬針尖樣小蟲,在飛翔時與雪片粘連所致。這與藻類植物被捲入高空,導致顏色的變幻同理。或問,今世何以不見彩色之雪?因往昔大地之藻類及針尖樣小蟲,由於生態環境的破壞而消失殆盡。就氣象學而言,古代出現彩雪,是正常中的不正常,現代祇有白雪,則是不正常中的正常。本卷中有關雹的考釋,同樣頗具情趣,十分精彩。依雹的顏色有"白色雹""赤色雹""黑色雹""赤黑色雹",依形狀有"杵狀雹""馬頭狀雹""車輪狀雹""有柄多角雹",依長度有"長徑尺雹""長尺八雹",依重量有"重四五斤雹""重十餘斤雹",依危害則有"傷禾折木雹""擊殺鳥雀雹""擊殺獐鹿雹""擊死牛馬雹""壞屋殺人雹"等,這些記載并非出自戲曲小説,而是全部源於史書或方志,時間地點十分明確,毋庸置疑。古今氣象何以如此不同?何以如此反常?祇嘆中國古代的科研體系多注重對現象的觀察,而不求其成因，衹是將以上現象置於史志之中，予以記載而已。本《通考》對中華"博物"的考辨，不衹是展現了大自然的原貌、大自然的古今變幻，而且也提供了社會的更迭興替和民生的禍福起落等諸多耐人尋味的思考。

另如，《水族卷》中收有棘皮動物"海參"，其物在當代國人心目中，是難得的美味佳餚和滋補珍品。《水族卷》還原其本真面貌，明確指出海參爲海洋動物中的棘皮動物門，海參綱之統稱，而後依據古代典籍，考證其物及得名由來：三國吳沈瑩《臨海水土異物志》："土肉，正黑，如小兒臂大，中有腹，無口目……炙食。"其時貶稱"土肉"，衹是"炙食"而已。既貶稱爲"土"，又止用於燒烤而食，此即其初始的"身份""地位"，實是無足稱道。直至明代謝肇淛《五雜俎·物部一》中，始見較高評價，并稱其爲"海參"："海參，遼東海濱有之，一名海男子。其狀如男子勢然，淡菜之對也。其性温補，足敵人參，故名海參。""男子勢"，舊注曰"男根"，因海參形如男性生殖器，俗名"海男子"，正與形如女性生殖器的淡菜（又稱"海牝""東海夫人"，即厚殼貽貝）相對應。此一形似"男根"之物，何以又被重視起來？國人對食療養生素有"以形補形"的觀念，如"芹菜象筋骼，吃了骨頭硬；核桃象大腦，吃了思維靈"之類，而因海參似男根，故認定其有補腎壯陽的功能，這就是"足敵人參"的主要根據之一。謝氏在贊其"足敵人參"的同時，又特別標示了其不雅的綽號"海男子"，則又從另一側面反映了明代對於海參仍非那麽珍視，故而在其當代權威的醫典《本草綱目》中未予記載。"海參"在清朝的國宴"滿漢全席"中始露頭角，漸得青睞。本卷作者在還其本真面貌的過程中，又十分自然地釐清了海參自三國之後的異名別稱。如，"土肉""海男子"之後，又有"䖳""沙噀""戚車""龜魚""刺參""光參""海鼠""海瓜""海瓜皮""白參""牛腎""水參""春皮""伏皮"諸稱，"䖳"字之外，其他十三個異名別稱，古今辭書無一收録，唯一收録的"䖳"字，又含混不清。而"海參"喻稱"海瓜"，則爲英文 sea cucumber 的中文義譯，較中文之喻稱"海男子"似有异曲同工之妙，又可證西人對海參也并不那麽重視。

全書三十六卷，卷卷不同。本書設有《珍奇卷》，別具研究價值。如"孕子石"，發現於江蘇省溧陽市蘇溧地區。此石呈灰黃色，質地堅硬，其外表平凡無奇，但當人們把石頭敲開時，裏面會滾出許多圓形石彈子，直徑 21 厘米左右，和母石相較，顏色稍淺，但成分一致。因石中另包小石，好似母石生下的子石，故稱"孕子石"。這種"石頭孕子"史志無載，首次發現，地質學家們同樣百思而不得其解，衹能"望石興嘆"。再如"預報天旱井”，位於廣西全州縣内，每年大旱來臨前二十天，水井會流出渾水，長達兩天之久，附近村民見狀，便知大旱將臨，便提前做好抗旱準備。此外，該井每二十四小時漲潮六次，每次約漲五十分鐘，水量約增加兩倍。此井如同“孕子石”一樣，史志無載，首次發現，對此井的奇特現象有關專家同樣百思不得其解，也祇能“望井興嘆”。

（二）社科諸物：自然物外，中華博物中的社科諸物漫布於社會生活之中，其形成發展、古今變化，尤爲多彩，展現了一種別樣的國情特徵和民族靈智。

如《國法卷》，何謂“國法”？國法係指國家之法紀、法規。國法其詞作爲漢語語詞起源甚爲久遠，先秦典籍《周禮·秋官·朝士》中即已出現，“國法”之“法”字作“灋”，其文曰：“凡民同貨財者，令以國灋行之，犯令者刑罰之。”同書《地官·泉府》中又有另詞“國服”，其文曰：“凡民之貸者，與其有司辨而授之，以國服爲之息。”此“國服”言民間貿易必須服從國法，故稱“國服”。作爲語詞，“國法”“國服”互爲匹配。國法爲人而設，國服隨法而施，有其法必有其服，有法無服，則法罔立，有服無法，舉世罔聞。今“國法”一詞存而未改，“國服”則罕見使用。就世界範圍而言，中國的國法自成體系，具有國體特色與民族精神，故西方學者稱之爲“中華法系”或“東方法系”。本《國法卷》即以“中華法系”爲中心論題，全面考釋，以現其固有特色與精神。中華法系如同世界諸文明古國法系一樣，源於宗教，興於禮俗，而最終成爲法律，遂具有指令性、强制性。中華法系一經形成，即迥异於西方，因其從不以“永恒不變的人人平等的行爲準則”自詡，也沒有立法依據的總體理論闡釋，而是明確標示法律應維護帝王及權貴的利益。在中國古代，從没出現過如古希臘或古羅馬的所謂絶對公正的“自然法”，毋須在“自然法”指導下制定“實在法”。中國古代的全部法律皆爲正在施行的“實在法”，但却有不可撼動的權威理論——“君權天授”説支撑。“天”，在先民心目中是無可比擬的最神秘、最巨大的力量。“天”，莊重而仁慈，嚴厲而公正，無所不察，無所不能。上自聖賢哲人，下至黎民百姓，少有不“敬天意”、不“畏天命”者，帝王既稱“天子”，且設有皇皇國法，條文森然，何人敢於反叛？天下黔首，非處垂死之地，絶不揭竿而起，妄與“天”鬥！故而在中國古代，帝王擁有最高立法權與司法權，享有無盡的威嚴與尊貴。今知西周時又强化了宗族關係，即血緣關係。血緣關係又分爲近親、遠親、异姓之親等。血緣關係成爲一切社會關係的核心，由血緣關係擴而廣之，又有師生、朋友及當體恤的其他人等關係。由血緣關係又進而强化了尊卑關係，即君臣關係、臣民關係，這些關係較之血緣關係更爲細密，爲此而設有"八辟"之法，規定帝王之親朋、故舊、近臣等八種人，可以享有減免刑罰之特權。漢代改稱"八議"，三國魏正式載入法典。其後，歷代常有沿襲。這一血緣關係在我國可謂根深蒂固，直至今世而未衰。爲維護這尊卑關係，西周之法典又設有《九刑》，以"不忠"爲首罪。另有《八刑》以"不孝"爲首罪。"忠"，指忠君，"孝"指孝敬父母，兩者難以分割。《九刑》《八刑》雖爲時過境遷之古法，但其倡導的"忠孝"，已成爲中華民族的一種處世觀念，一種道德規範。作爲個人若輕忽"忠孝"，則必極端自私，害及民衆；作爲執政者若輕忽"忠孝"，則必妄行無忌，危及國家。今世早已摒棄愚忠愚孝之舉，但仍然繼承并發揚了"忠孝"的傳統。"忠"不再是"忠君"，而是忠於祖國，忠於人民，或是忠於信守的理想；"孝"謂善事父母，直承百代，迄今不衰。"忠孝"是人們發自心底的感恩之情，唯知感恩，始有報恩，人間纔有真情往還，纔有心靈交融。佛家箴言警語曰"上報四重恩，下濟三途苦"（見《大乘本生心地觀經》），"四重恩"指父母恩、師長恩、國土恩、衆生恩（衆生包括動植物等一切生靈）。我國傳統忠孝文化中又融入了佛家的這一經典旨意，可謂相得益彰。"忠孝"乃我文明古國屹立不敗的根基，絕不可視之爲"封建觀念"。縱觀我中華信史可知，舉凡國家昌盛時代，必是忠孝振興歲月，古今如一，堪稱鐵律。國家可敬又可愛，所激起的正是人們的家國情懷！"忠孝"這一處世觀念，這一道德規範，直涉人際關係，直涉國家命運，成爲我中華獨有、舉世無雙的文化傳統。

　　中國之國法，并非僅靠威懾之力，更有"禮治"之宣導，而關乎禮治的宣導今人常常忽略。前已述及中華法系如同世界諸文明古國法系一樣，源於宗教，興於禮俗，由禮俗演進爲禮治，禮治早於刑法之前已經萌生。自商周始，《湯刑》《呂刑》（按，《湯刑》《呂刑》之"刑"當釋爲"法"）相繼問世，尤重"禮治"，何謂"禮治"？"禮治"指遵守禮儀道德與社會規範，破除"禮不下庶人"的舊制，將仁義禮智信作爲基本的行爲規範，《孟子·公孫五上》曰："辭讓之心，禮之端也。""辭讓"指謙和之道，尊重他人，由"禮讓"而漸發展爲"禮制"。至西周時，"禮治"已成定制。這一立法思想備受推崇。夏商以來，三千餘載，王朝更替，如同百戲，雖脚色各异，却多高揚禮制之大旗，以期社會和諧，民生安樂。不瞭解中國之禮治，也就難以瞭解中華法制史，就難以瞭解中國文化史。此後"禮治"配以"刑治"，相輔相成，久行不衰。"禮刑相輔"何以行使？答曰：升平之世，統治者無不強調禮制之作用，藉此以示仁政；若逢亂世，則用重典，施酷刑（下將述及），軟硬兩手交替使用。這就組成了一張巨大的不可錯亂、不可逾越的法律之網，這就是中華民族百代信守的國家法制的核心，這就是中華民族有史以來建國治國之道。這一"禮刑相輔"的治國之道，迥別與西方，爲我中華所獨有，在漫長而多樣的世界法制史中居於前沿地位。

在我古老國度中，國家既已形成，於是又具有了不同尋常的歷史意義與價值觀。自先秦以來，"國家"一詞意味着莊嚴與信賴。在國人心目中，"國"與"家"難以分割，直與身家性命連爲一體，故"報效國家"爲中華民族的最高志節，而"國破家亡"則爲全民族的最大不幸。三十年前本人曾是《漢語大詞典》主要執筆者之一，撰寫"國家"條文時，已注意了先民曾把皇帝直稱爲"國家"。如《東觀漢紀・祭遵傳》："國家知將軍不易，亦不遺力。"《晋書・陶侃傳》："國家年小，不出胸懷。"稱皇帝爲"國家"，以皇帝爲國家的代表或國家的象徵，較之稱皇帝爲天子，更具親切感，更具號召力。中國歷史上的一些明君仁主也多以維護國家法制爲最高宗旨，秦皇、漢武皆曾憑藉堅定地立法與執法而國勢强盛，得以稱雄天下，這對始於西周的"八辟"之法，無疑是一大突破。本書《國法卷》第一章概論論及隋唐五代立法思想時，有以下論述：據《隋書・王誼傳》及文帝相關諸子傳載，文帝楊堅少時同王誼爲摯友，長而將第五女嫁王誼之子，相處極歡，後王誼被控"大逆不道，罪當死"，文帝遂下詔"禁暴除惡"，"賜死於家"。《隋書・文四子傳》又載，文帝三子秦王楊俊，少而英武，曾總管四十四州軍事，頗有令名，文帝甚爲愛惜，獎勵有加。後楊俊漸奢侈，違制度，出錢求息，窮治宮室，文帝免其官。左武衛將軍劉升、重臣楊素，先後力諫曰："秦王非有他過，但費官物、營廨舍而已。"文帝答曰："法不可違！"劉、楊又先後諫曰："秦王之過，不應至此，願陛下詳之。"文帝答曰："我是五兒之父，若如公意，何不別制天子兒律？"文帝四子、五子皆因違法，被廢爲庶民，文帝處置毫不猶豫，毫不留情。隋文帝身爲人君，以萬乘之尊，率先力行，實踐了"王子犯法，與民同罪"的古訓。在位期間，創建"開皇之治"，人丁大增，百業昌盛，國人視文帝爲真龍天子，少數民族則尊稱其爲聖人可汗。《國法卷》主編對歷史上身爲人君的這種舉措，有"忍割親朋私情，立法爲公"的簡要評論。這一評論對於中國這種以宗族故交爲關係網的大國而論，正是切中要害。此後，唐太宗李世民、玄宗李隆基、憲宗李純等君王皆有類似之舉，終成輝煌盛世。時至明代，面對一片混亂腐敗的吏治，明太祖朱元璋更設有"炮烙""剝皮"之類酷刑嚴法，懲治的貪官污吏達十五萬之衆，即便自家的親朋故舊，也毫不留情。如進士出身的駙馬，朱元璋的愛婿歐陽倫只因販茶違法，就直接判以死刑，儘管安慶公主及儲君朱允炆苦苦哀求，也絕不饒恕。據《明史・循吏傳序》載："〔官吏〕一時受令畏法，潔己愛民，以當上指……民人安樂、吏治澄清者百餘年。"其時，士子們甘願謀求他職，而不敢輕率爲官，而諸多官員却學會了種田或捕魚，呈現了古今難得一見的別樣的政治生態。明太祖的這類嚴酷法令雖是過當，却勝於放縱，故而明朝一度成爲世界經濟大國、經濟强國。中國歷史上的諸多建國之名君仁主，執法雖未若隋文帝之果决，未若明太祖之嚴酷，但無一不重視國家安危。這些建國名君仁主"上以社稷爲重，下以蒼生在念"（見《舊唐書・桓彥範傳》），故而贏得臣民的擁戴。今之世人多以爲帝王之所以成爲帝王，盡皆爲皇室一己之私利，祇貪圖自家的享榮華富貴而已，實則并非盡皆如此。歷代君王既已建國，亦必全力保國，并垂範後世，以求長治久安。品讀本書《國法卷》，可藉以瞭解我國固有的國情狀況，瞭解我國歷史中的明君仁主如何治理國家，其方策何在，今世仍有藉鑒價值。縱觀我國漫長的歷史進程，有的連續數代，稱爲盛世；有的衰而復起，稱爲中興；有的則二世而亡，如曇花一現。一切取决於先主與後主是否一脉相繼，一切取决於執法是否穩定。要而言之：嚴守國法，則國家興盛，嚴守國法，則社會祥和，此乃舉世不二之又一鐵律。

《國法卷》雖以國法爲研究主體，却力求超越法律研究自身，力求探索法律背後的正反驅動力量，其旨義更加廣遠。因而本卷又區別於常見的法律專著。

另如《巧藝卷》，在《通考》全書中未占多大分量，但在日常社會生活中却有無可替代的獨特地位，藉此大可飽覽先民的生活境遇和精神世界。何謂"巧藝"？古代文獻中無此定義。所謂"巧藝"，專指巧智與技藝性的娛樂及各種健身活動，同時展現了與之相應的家國關係。中華民族的"巧藝"別具特色，所涉内容十分廣泛，除却一般游戲活動外，又包涵了棋類、牌類、養生、武術、四季休閑、宴飲娛樂、動物馴化等等。細閲本卷所載，常爲古人之智巧所折服。如西漢東方朔"射覆"之奇妙，今已成千古佳話。據《漢書・東方朔傳》載，漢武帝嘗覆守宮（即壁虎）於杯盂之下，令衆方士百般揣度，各顯其能，并無一言中的者，而東方朔却可輕易解密，有如神算，令滿座驚呼。何謂"射覆"？"射覆"爲古代猜測覆物的游戲。射，揣度；覆，覆蓋。"射覆"之戲，至明清始衰，其間頗多高手。這些高手似乎出於特異功能，是古人勝於今人麼？當作何解釋？學界認爲這些高手多善《易》學，故而超乎常人，但今世精於《易》學者并非罕見，却未見有如東方朔者，何也？難以作答，且可不論，但古代對動物的馴化，又何以特別精彩，令今人嘆服？

著名的唐代象舞、馬舞，久負盛名，這些大動物似通人性，故可不論，而那些似乎笨拙的小動物，如"烏龜疊塔""蛤蟆説法"之類的馴養，也常常勝過今人，足可展現先民的巧智，"'疊塔''説法'，固教習之功，但其質性蠢蠢，非他禽鳥可比，誠難矣哉！"（見明陶宗儀《輟耕録・禽戲》）古人終將蠢蠢之蟲馴化得如此聰明可愛，藉此可見古人之扎實沉着，心智之專一，少有後世浮躁之風。目前，國人甚喜馴養，寵物遍地，却未見馴出如同上述的"疊塔"之烏龜與"説法"之蛤蟆，今之馬戲或雜技團體，爲現代專業機構，也未見絶技面世。

《巧藝卷》的條目詮釋，大有建樹，絶不因襲他人成説，明確關聯了具體事物形成的歷史淵源與社會背景。如"踏青"，《漢語大詞典》引用了唐代的書證，并稱其爲"清明節前後，郊野游覽的習俗"。本卷則明確指出，"踏青"是由遠古的"春戲"演變而來。西周時曾爲禮制。漢代已有"人日郊外踏青"之俗，同時指出"踏青"還有"游春"的別稱。《漢語大詞典》與本卷的釋文內容差异如此之大，實出常人之所料。何謂"春戲"？所有辭書皆未收録。本卷有翔實考證，兹録如下：

春戲：古代民間春季娛樂活動。以繁衍後代和期盼農作物豐收爲目的的男女歡會活動。始於原始社會末期，西周時仍很流行。《周禮・地官・司徒》："中春之月，令會男女。於是時也，奔者不禁。若無故而不用令者，罰之。司男女之無夫家者而會之。"《墨子・明鬼篇》："燕之有祖，當齊之社稷。宋之有桑林，楚之雲夢也，此男女之所屬而觀也。"《詩・鄭風・溱洧》："溱與洧，瀏其清矣。士與女，殷其盈矣。女曰：'觀乎？'士曰：'既且。''且往觀乎！洧之外，洵訏且樂。'維士與女，伊其將謔，贈之以芍藥。"《楚辭・九歌・少司命》："秋蘭兮麋蕪，羅生兮堂下。綠葉兮素枝，芳菲菲兮襲予。夫人兮自有美子，蓀何以兮愁苦？"戰國以後逐漸演變爲單純的春游活動"踏青"。

《巧藝卷》精心地援引了以上經典，可證在中國上古時期男女歡會非常自然，而且是具有相當規模的群體性活動。此舉在中國遠古時代已有所見，青海大通縣上孫家寨出土的舞蹈紋彩陶盆，已展現了男女携手共舞的親密生動場景，那是馬家窯文化的代表，距今已有五千年歷史，但必須明確，這并非蒙昧時期的亂性之舉。這是一種男女交往的公開宣示。前述《周禮・地官・司徒》曰："中春之月，令會男女……司男女無夫之家者而會之。"其要點是"男女無夫之家者"。這是明確的法律規定，故而作者的篇首語曰："以繁衍後代和期盼農作物豐收爲目的。"這就撥正了後世對於中國古代奴隸社會或封建社會有關男女關係的一些偏頗見解，可證本卷之"巧藝"非同一般的娛樂，所展現的是中華先民多方位的生活狀態。

三、博物研究遭質疑，古老科技又誰知？

《通考》所涉博物盡有所據，無一虛指，如繁星麗天，構成了浩大的博物學體系，千載一脉，本當生生不息，如瀑布之直下，但却似大河之九曲，時有峽谷，時有險灘，終因清廷喪權辱國、全盤西化而戛然中斷，故而迥异於西方。由於西方科技的巨大影響，致使一些學人缺少文化自信，多認爲中國古老的博物學，無甚價值。豈知我中華民族從不乏才俊、精英，從不乏偉大的發明，很多祇是不知其名而已。如《淮南子·泰族訓》："欲知遠近而不能，教之以金目則快射。"漢代高誘注曰："金目，深目。所以望遠近射準也。"何謂"金目"？據高注可知，就是深目。"深目"之"深"，謂深遠也（又説稱"金目"爲黄金之目，用以喻其貴重，恐非是）。"金目"當是現代望遠鏡或眼鏡之類的始祖。"金目"其物，在古代萬千典籍中僅見於《淮南子》一書，别無他載。因屬古代統治者杜絶的"奇技淫巧"，又甚難製作，故此物宫廷不傳，民間絶踪，遂成奇品。上世紀 80 年代，揚州邗江縣東漢廣陵王劉荆墓中出土一枚凸透鏡，此鏡之鏡片直徑 1.3 厘米，鑲嵌在用黄金精製而成的小圓環内，視物可放大四五倍，此鏡至遲亦有兩千餘年的歷史。廣陵墓之外，安徽亳州曹操宗族墓等處，亦有出土。是否就是"金目"已難考證。作爲眼鏡其物，發展到宋代，始有明確的文字記載，其時稱之爲"靉靆"（見明方以智《通雅·器用·雜用諸器》引宋趙希鵠《洞天清録》）。今日學者皆將眼鏡視爲西方舶來品，一説來自阿拉伯，又説來自英國，如猜謎語，不一而足；西方的眼鏡實則是由中國傳入的，如若説是西方自家發明，也晚於中國千年之久。

"金目"其物的出現絶非偶然，《墨子》中的《經下》《經説下》已有關於光的直綫傳播、反射、折射、小孔成象、凹凸透鏡成象等連續的科學論述，這一原理的提出，必當有各式透體器物，如鏡片之類爲實驗依據，這類器物的名稱曰何今已不得而知，但製造出金目一類望遠物，是情理之中的必然結果。據上述《經下》《經説下》記載可知，早在戰國時期，先賢已有光學研究的成就，與後世西方光學原理盡同。在中國漫長的古代日常生活中，隨時可見新奇的創造發明，這類創造發明所展現的正是中國獨有的科學。《導論》中所述"被中香爐""長信宮燈"之外，更有"博山爐"（一種形似傳說中神山"博山"的香爐，當香料在爐内點燃時，烟霧通過鏤空的山體宛然飄出，形成群山蒙蒙、衆獸浮動的奇妙景象，約發明於漢代）、"走馬燈"（一種竹木扎成的傳統佳節所用風車狀燈具，外貼人馬等圖案，藉燈内點燃蠟燭的熱力引發空氣對流，輪軸上的人馬圖案隨之旋轉，投身於燈屏上，形成人馬不斷追逐、物換景移的壯觀情景，約發明於隋唐時期）之類。古老中華何止是"四大發明"？此外，約七千年前，在天災人禍、形勢多變的時代背景之下，先民爲預測未來，指導行爲方嚮，始創有易學，形成於商周之際，今列爲十三經之首，稱爲《周易》，這是今世的科學不能完全解釋的另一門"科學"，其功用不斷地爲當世諸多領域所驗證，在我華夏、乃至歐美，研究者甚衆，本《通考》對此雖有涉及，而未立專論。

那麼，在近現代，國人又是如何對待古代的"奇技奇器"的呢？著名的古代"四大發明"，今已家喻户曉，婦幼皆知，但却如同可愛的國寶大熊猫一樣，乃是西方學者代爲發現。我仁人志士，爲喚醒"東方睡獅"，藉此"四大發明"，竭力張揚，以振奮民族精神。這"四大發明"影響非凡，但在中國傳統文化中亦無重要地位，其中"火藥"見載於唐孫思邈《丹經》，"指南針""印刷術"同見載於宋沈括《夢溪筆談》，皆非要籍鴻篇，唯造紙術見於正史，全文亦僅七十一字，緊要文字祇有可憐的四十三字（見《後漢書・宦者傳・蔡倫》）。而這"四大發明"中有兩大發明，不知爲何人所爲。

在古老中國的歷史長河中，更有另一種科學技術，當今學界稱之爲"黑科技"（意謂超越當今之科技，出於人類的想象之外。按，稱之爲"超科技"，似更易理解，更準確），那就是現代科學技術望塵莫及、無法破解的那些千古之謎。如徐州市龜山西漢楚襄王墓北壁的西邊墻上，非常清晰地顯示一真人大小的影子，酷似一位老者，身着漢服，峨冠博帶，面東而立，作揖手迎客之狀。人們稱其爲"楚王迎賓圖"。最初考古人員發掘清理棺室時，并無壁影。自從設立了旅游區正式開放後，壁影纔逐漸地顯現出來，仿佛是楚王的魂魄顯靈，親自出來歡迎來此參觀的游人一樣。楚襄王名劉注，是西漢第六代楚王，死後葬於此。劉注墓還有五謎，今擇其三：一、工程精度之謎。龜山漢墓南甬道長 55.665 米，北甬道長爲 55.784 米，沿中綫開鑿，最大偏差僅爲 5 毫米，精度達 1/10000；兩甬道相距 19 米，夾角 20 秒，誤差爲 1/16000，其平行度誤差之小，大約需要從徐州一直延伸到西安纔能使兩甬道相交。按當時的技術水準，這樣的墓道是何人如何修建的？二、崖洞墓開鑿之謎。龜山漢墓爲典型的崖洞墓，其墓室和墓道總面積達到 700 多平方米，容積達 2600 多立方米，幾乎掏空了整個山體。勘察發現，劉注墓原棺室的室頂正對着龜山的最高處，劉注府庫中的擎天石柱也正位於南北甬道的中軸綫上。龜山漢墓的工程人員是利用什麽樣的勘探技術掌握龜山的山體石質和結構？三、防盗塞石之謎。南甬道由 26 塊塞石堵塞，分上下兩層，每塊重達六至七噸，兩層塞石接縫非常嚴密，一枚硬幣也難以塞入。漢墓的甬道處於龜山的半山腰，當時生産力低下，人們是用什麽方法把這些龐大的塞石運來并嵌進甬道的？今皆不得而知。

斷言“中國古代衹有技術而没有科學”者，對中國歷史的瞭解實在是太過膚淺，并不瞭解在中國古代不衹有科技，而且竟然有超越科學技術的“黑科技”。

四、當世灾難甚可懼，人間正道何處覓？

在《通考》的編纂過程中，常遇到的重要命題，那就是以上論及的“科技”。今之“科技”，在中國上古曾被混稱爲“奇技奇器”，直至清廷覆亡，迄未得到應有的重視，導致國勢衰微，外寇侵略，民不聊生。這正是西方視之爲愚昧落後，敢於長驅直入，爲所欲爲的原因。因而一個國家、一個民族，要立於不敗之地，必須擁有自家的科技！世人當如何評定“科技”？如何面對“科技”？本書《導論》已有“道器論”，今《總説》以此“道器論”爲據，就現代人類面臨的種種危機，論釋如下：

何謂“道器”？所謂“道”是指形成宇宙萬物之原本，是形成一切事理的依據與根由。何謂“器”？“器”即宇宙間實有的萬物，包括一切科技，一切發明，至巨至大，至細至微，充斥天地間，而盡皆不虚。科技衍生於器，驗證於器，多以器爲載體，是推進或毁壞人類社會的一種無窮力量，故而又必須在人間正道的制約之下。此即本書道器并重之緣由，或可視爲天下之通理也。英國自 18 世紀第一次工業革命以來，其科學技術得以高速而全方位地發展，引起西方乃至全世界的密切關注與重視，影響廣遠。這一時期，英帝國統治者睥睨全球，居高臨下，自我膨脹，發表了“生存競爭，勝者執政”等一系列宏論；托馬斯·馬爾薩斯的《人口論》亦應時而起，其核心理論是：“貧富强弱，難以避免。承認現實，存在即合理。”甚而提出“必須控制人口的大量增長，而戰爭、饑荒、瘟疫是最後抑制人口增長的必要手段”（這一理論在以儒學爲主體的傳統文化中被視爲離經叛道，滅絕人性，而在清廷走投無路全面西化之後，國人亦有崇信者，直至 20 年代初猶見其餘緒）。在這樣的時代背景下，查爾斯 · 達爾文所著《物種起源》得以衝破基督教的束縛，順利出版，暢行無阻。該書除却大量引用我國典籍《齊民要術》《天工開物》與《本草綱目》之外，還鄭重表明受到馬爾薩斯《人口論》的啓示和影響。《物種起源》的問世，形成了著名的進化理論："物競天擇、優勝劣汰，弱肉强食，適者生存。"（近世對其學説已有諸多評論，此略）進化學説在人們的社會生活中留下了深刻的印迹，在世界範圍内引起巨大反響，當時英國及其他列强利用了自然界"生存法則"的進化理論，將其推行於對外擴張的殖民戰争中，打破了世界原有生態格局，在巨大的聲威之下，暢行無阻，遍及天下。縱觀人類的發展史，尤其是近世以來的發展史可知，科技的高下決定了國家的强弱，以强凌弱，已成定勢，在高科技强國的聲威之下，無盡的搜羅，無盡的采伐，無盡的探測實驗（包括核試驗），自然資源和自然環境漸遭破壞，各種弊端漸次顯露。時至 20 世紀中後期，以原子能、電子電腦、信息技術、空間技術等發明和應用爲標志、第三次科技革命的到來，學界稱之爲"科技革命的紅燈時刻"，其勢如風馳電掣，所向披靡，人類社會發生了翻天覆地的變化，時至 21 世紀，又凸顯了另一灾難，即瘟疫肆虐，病毒猖獗，危及整個人類。這一系列禍患緣何而生？天灾之外，罪魁爲人。何也？世間萬種生靈，習性歸一，盡皆順從於大自然，但求自身生息而已，別無他求，而作爲"萬物之靈"的人類，在茹毛飲血，跨越耕獵時代之後，却欲壑難填，毫無節制！爲追求享樂、滿足一己之貪婪，塗炭萬種生靈，任你山中野外，任你江面海底，任你晝藏夜出，任你天飛地走，皆得作我盤中佳餚。閑暇之日，又喜魚竿獵槍，目睹异類掙扎慘死，以爲暢快，以爲樂趣，若爲一己之喜慶，更可"磨刀霍霍向猪羊"，視之爲正常！"萬物之靈"的人類，永無休止，地表搜刮之外，還有地下的搜索挖掘，如世界著名的南非姆波尼格金礦，雖其開采僅起始於百年前，憑藉當代最先進的科技，挖掘深度已超 4000 米（我國的招遠金礦，北宋真宗年間已進行開采，至今深度不過 2000 米左右），現有 370 千米軌道，用以運送巨大的設備與成噸重的礦石，而每次開采都必須用兩千多公斤的炸藥爆破，可謂地動山摇！金礦之外，又有銀礦、鐵礦、銅礦、煤礦、水晶礦（如墨西哥的奈咯水晶洞，俗稱"神仙水晶礦"，其中一根重達 50 噸，挖出者一夜暴富），種種礦藏數以萬計。此外尚有對石油、純浄水，乃至無形的天然氣等的無盡索取，山林破壞，大地沙化，水污染、大氣污染、核污染，地球已是百孔千瘡，而挖掘索取，仍未甘休，愈演愈烈，故今之地球信息科學已經發現地球性能的變异以及由此帶來可怕的全球性灾難。今日世界，各國執政者憑仗高科技，多是從一國、一族或一己之私利出發，或結邦，或聯盟，争强鬥勝，互不相顧，國際關係日趨惡化，人類時刻面臨可怕的威脅，面臨毁滅性的核戰争。凡此種種，怎不令人憂慮，令人悲痛？故而有學者宣稱："科技確實偉大，也確實可怕。一旦失控，後患無窮。"又稱："人類擁有了科技，必警惕成爲科技的奴隸。"此語并非危言聳聽，應是當世的警鐘，因爲人類面對强大的科技，常常難以自控，這是科技發展必然的結果。而作爲"萬物之靈"的人類，具有高智慧，能够擁有高科技，確乎超越了萬物，居於萬物主宰的地位，而執政者一旦擁有失控的權力，肆意孤行，其最終結局必將是自戕自毁，必將與萬物同歸於盡。一言以蔽之，毁滅世界的罪魁禍首是人類自己，而并非他類。

　　面對這多變的現實與可怕的未來，面對這全球性的灾難，中外科學家作了不懈努力，而收效甚微。1988 年 1 月，七十五位諾貝爾獲獎者及世界著名學者齊聚巴黎，探討了21 世紀科學的發展與人類面臨的種種難題，提出了應對方略。在隆重的新聞發布會上，瑞典物理學家漢内斯·阿爾文發表了鄭重的演說："如果人類要在 21 世紀生存下去，必須回頭到兩千五百年前去汲取孔子的智慧。"（見 1988 年 1 月 24 日澳大利亞《堪培拉時報》原文——《諾貝爾獎獲得者説要汲取孔子的智慧》）這是何等驚人的預見，又是何等嚴正的警示！這七十五位諾貝爾獲獎者没有一位是我華夏同胞，他們對孔子的認知與崇敬，非常客觀，非常深刻，超乎我們的想象。這種高屋建瓴式的睿智呼籲，振聾發聵，可惜并没有警醒世人，也没有引起足够多的各國領導人的重視。

　　人類爲了自救，不能不從人類自身發展史中尋求答案。在人類發展史中，不乏偉大的聖人，孔子是少有的没有被神化、起於底層的聖人（今有稱其爲"草根聖人"者），他生於春秋末期，幼年失父，家境貧寒，又正值天下分裂，戰亂不斷，在這樣的不幸世道裏，孔子及其弟子大力宣導"克己復禮"，這是人類歷史上最切實際的空前壯舉。何謂"禮"？《説文·示部》曰："禮，履也。所以事神致福也。"禮本來是上古祭祀鬼神和先祖的儀式。史稱文、武、成王、周公據禮"以設制度"，此即"周禮"。"周禮"的内容極爲廣泛，舉凡國家的政治、經濟、軍事、行政、法律、宗教、教育、倫理、習俗、行爲規範，以及吉、凶、軍、賓、嘉五類禮儀制度，均被納入禮的範疇。周禮在當時社會中的地位與指導作用，《禮記·曲禮》中有明確記載："分争辯訟，非禮不决；君臣上下、父子兄弟，非禮不定；宦學事師，非禮不親；班朝治軍、涖官行法，非禮威嚴不行。"當然也維護了"君臣朝廷尊卑貴賤之序，下及黎庶車輿衣服宮室飲食嫁娶喪祭之分"（見《史記·禮書》），這符合於那個時代的階級統治背景。孔子提出"克己復禮"，期望世人克服一己之私欲，以應有的禮儀禮節規範自己的言行，建立一個理想的中庸和諧社會，這已跨越了歷史局限。孔子的核心思想是"敬天愛人"，何謂"敬天"？孔子強調"巍巍乎唯天爲大"（見《論語·泰伯》），又曰："天何言哉？四時行焉，百物生焉，天何言哉！"（見《論語·陽貨》）孔子所言之"天"，并非指主宰人類命運的上蒼或上帝，并非是孔子的迷信，因"子不語怪力亂神"（見《論語·述而》）。孔子認爲四季變化、百物生長，皆有自己的運行規律，人類應謹慎遵從，應當敬畏，不得違背。孔子指稱的"天"，實則指他所認知的宇宙。此即孔子的天人觀、宇宙觀。"巍巍乎唯天爲大"，在此昊天之下，人是何樣的微弱，面臨小小的細菌、病毒，即可凄凄然成片倒下。何謂"愛人"？孔子推行"仁義之道"，何謂"仁"？子曰："仁者，愛人！"（《論語·顏淵》）即人人相親、相愛。又曰："己所不欲，勿施於人。"意即重正義，絕不損人利己。何謂"義"？"義"指公正的道理、正直的行爲。子曰："不義而富且貴，於我如浮雲。"（見《論語·述而》）這就是孔子的道德觀與道德規範，當作爲今世處理人與自然、人與社會的規範與行動指南。其弟子又提出"親親而仁民，仁民而愛物"（見《孟子·盡心上》），漢代大儒又有"天人之際，合而爲一"的主張（董仲舒在《春秋繁露·深察名號》中，爲維護皇權的需要而建立了皇權天授的觀念），這種主張已遠遠超越了維護皇權的需要，成爲了一種可貴的哲理。時至宋代，大儒張載再度發揚孟子"親親而仁民，仁民而愛物"的襟懷，又有"民吾同胞，物吾與也"（見其所著《西銘》）之名言箴語，即將天下所有的人皆當作同胞，世間萬物盡視爲同類，最終形成了著名的另一宏大的儒學系統，其主旨則是"天人合一"論。何謂"天人合一"？"天人合一"有兩層意義：一曰天人一致，天是一大宇宙，人則如同一小宇宙，也就是說人類同天體各有獨立而相似之處；二是天人相應，這是說人與天體在本質上是相通的，是相互相連的。因此，一切人事應順乎自然規律，從而達到人與自然的和諧。達到人與自然的和諧統一，當作爲今世處理人與自然、人與社會的明確規範與行動指南。這是真正的"人間正道"，唯有遵循這一"人間正道"，人際關係纔能融洽，社會纔能和諧，天下纔能太平。

古老中國在形成"孔子智慧"之前，早已重視人與自然的關係。約在七千年前，我中華先祖已能夠通過對於蟲鳥之類的物候觀察，熟練地確定天氣、季節的變幻，相當完美地適應了生產、生活、繁衍發展的需求，這一遠古的測算應變之舉，處於世界領先地位。約四千年前，夏禹之時，已建有令今人嚮往的廣袤的綠野濕地。如《書·禹貢》即記載了"雷夏""大野""彭蠡""震澤""菏澤""孟豬""豬野""雲夢"諸澤的形成及其利用情況，如其中指出："淮海惟揚州，彭蠡既豬（瀦），陽鳥攸居；三江既入，震澤厎定。篠簜既敷，厥草惟夭，厥木惟喬……厥貢惟金三品，瑤琨篠簜，齒革羽毛，惟木。"這是説揚州有彭蠡、震澤兩方綠野濕地，適合於鴻雁類禽鳥居住，適合於篠竹（箭竹）、簜竹（大竹）生長，青草繁茂，樹木高大，向君主進貢物品有金銀銅等三品，又有瑤琨美玉、箭竹、大竹以及象齒皮革與孔雀、翡翠等禽鳥羽毛。所謂"大禹治水"，并非祇是被動的抗災自救，實則是大治山川，廣理田野，調整人與大自然的關係，使之相得益彰。《逸周書·大聚解》又載，夏禹之時"且以并農力，執成男女之功，夫然則有生不失其宜，萬物不失其性，人不失其事，天不失其時……放此爲人，此謂正德"，此即所謂夏禹"劃定九州"之功業所在。其中"放此爲人，此謂正德"的論定，已蘊含了後世儒家初始的"天人合一"的觀念。西周初期，已設定掌管國土資源的官職"虞衡"，掌山澤者謂"虞"，掌川林者稱"衡"（見《周禮·天官·太宰》及賈疏）。後世民衆，繼往開來，對於保護生態環境，保護大自然，采取了各種措施，又設有專司觀察氣象、觀察環境的機構，并有方士之類的"巫祝史與望氣者"，多管道、多方位進行探測研究，從而防患於未然。《墨子·號令篇》（一説此篇非墨子所作，乃是研究墨學者取以益其書）曰："巫祝史與望氣者，必以善言告民，以請（讀爲'情'）上報守（一説即太守），上守獨知其請（情）。無〔巫〕與望氣，妄爲不善言，驚恐民，斷弗赦。"這裏明確地指出，由"巫祝史與望氣者"負責預告各種灾情，但不得驚恐民衆，否則即處以重刑，絶不饒恕。愛惜生態，保護自然，這是何樣的遠見卓識，這又是何樣的撫民情懷！

是的，自夏禹以來，先民對於大自然、對於與蒼生，有一種別樣的愛惜、保護之舉措，防範措施非常細密，非常全面而嚴厲。《逸周書·大聚解》有以下記載：夏禹時期設定禁令，大力保護山林、川澤，春季不准帶斧頭上山砍伐初生的林木；夏季不准用漁網撈取幼小的魚鱉，此即世界最早的環境保護法。《韓非子·内儲説上》又載：殷商時期，在街道上揚弃垃圾，必斬斷其手。西周時又有更爲具體規定：如，何時可以狩獵，何時禁止狩獵，何樣的動物可以獵殺，何樣的動物禁止獵殺；何時可以捕魚，何時禁止捕魚，何樣的魚可以捕取，何樣的魚禁止捕取，皆有明文規定，甚而連網眼的大小也依季節不同而嚴予區別。并特别强調：不准搗毀鳥巢，不准殺死剛學飛的幼鳥和剛出生的幼獸。春耕季節不准大興土木。《禮記·月令》又載："毋變天之道，毋絕地之理，毋亂人之紀。"這一"毋變""毋絕""毋亂"之結語，更是展現了後世儒家宣導并嚮往的"天人合一"説。至春秋戰國之際，法律法規的範圍更加全面，特別嚴厲。這一時期已經注意到有關礦山的開發利用，若發現了藏有金銀銅鐵的礦山，立即封禁，"有動封山者，罪死而不赦。有犯令者，左足入，左足斷，右足入，右足斷"（見《管子·地數》）。古人認爲輕罪重罰，最易執行，也最見成效，勝過重罪重罰。這些古老的嚴厲法令，雖是殘酷，實際却是一聲斷喝，讓人止步於犯罪之前，因而犯罪者甚微。這就最大限度地保護了大自然，同時也最大限度地保護了人類自己。而早在西周建立前夕，又曾頒布了令人欽敬的《伐崇令》："文王欲伐崇，先宣言曰……令毋殺人，毋壞室，毋填井，毋伐樹木，毋動六畜，有不如令者，死無赦！崇人聞之，因請降。"（見漢劉向《説苑·指武》）這是指在殘酷的血火較量中，對於敵方人民、財産及生靈的愛惜與保護。我中華上古時期這一《伐崇令》，是世界戰爭史中的奇迹，是人類應永恒遵守的法則！當今世界日趨文明，闊步前進，而戰争却日趨野蠻，屠殺對方不擇手段，實是可怖可悲！我華夏先祖所展現的這些大智慧、大慈悲，爲後世留下了賴以繁衍生息的楚山漢水，留下了令人神往的華夏聖地，我國遂成爲幸存至今、世界唯一的文明古國。

五、筆墨革命難預料？卅載成書又何易？

《通考》選題因國内罕見，無所藉鑒，期望成爲經典性的學術專著，難度之大，出乎想象，初創伊始，即邀前輩學者南京大學老校長匡亞明先生主其事。這期間微信尚未興起，寧濟千里，諸多不便，盛岱仁、康戰燕伉儷滿腔熱情，聯絡於匡老與筆者之間，得到先生的熱情鼓勵與全力支持，每逢疑難，必親予答復，但表示難做具體工作，在經濟方面也難以爲力。因爲先生於擔任國家古籍整理領導小組組長之外，又全面主持南京大學中國思想家研究中心的工作，正在編纂《中國思想家評傳》，百卷書稿須親自逐一審定，難堪重任。筆者初赴南大之日，老人家親自接待，就餐時當場現金付款，沒有讓服務員公款記賬，筆者深受感動，終生難以忘懷。此後在匡老激勵之下，筆者全力以赴，進而邀得數百作者并肩携手，全面合作，并納入國家"九五"重點出版規劃中。1996年12月，匡老驟然病逝，筆者悲痛不已，孤身隻影，砥礪前行，本書再度確定爲國家"十五"重點出版規劃項目，并將初名更爲今名。那時，作者們盡皆恪守傳統著述方式，憑藏書以考釋，藉筆墨以達志。盛暑寒冬，孜孜矻矻，無敢逸豫。爲尋一詞，急切切，一目十行，翻盡千頁而難得；爲求善本，又常千里奔波，因限定手抄，不得複印，纍日難歸！諸君任勞任怨，潛心典籍，閱書，運筆，晝夜伏案，恂恂然若千年古儒。至上世紀末，一些年輕作者已擁有個人電腦，各種信息，數以億計，中文要籍，一覽無餘，天下藏書，"千頃齋""萬卷樓"之屬，皆可盡納其中，無須跋涉遠求。搜集檢索，祇需"指點"，瞬息可得；形成文章，亦祇需"指點"，頃刻可就。在這世紀之交，面臨書寫載體的轉換，老一輩學人步入了一個陌生的电脑世界，遭遇了空前的挑戰。當代作家余秋雨在其名篇《筆墨祭》中有如下陳述："五四新文化運動就遇到過一場載體的轉換，即以白話文代替文言文；這場轉換還有一種更本源性的物質基礎，即以'鋼筆文化'代替'毛筆文化'。"由"毛筆文化"向"鋼筆文化"的轉換，經歷了漫長的數千載，而今日再由"鋼筆文化"向"電腦文化"轉換，却僅僅是二十年左右，其所彰顯的是科學技術的力量、"奇技奇器"的力量。作家所謂的"筆墨"，係指毛筆與烟膠之墨，《筆墨祭》祇在祭五四運動之前的"毛筆文化"。今日當將毛筆文化與鋼筆文化并祭，乃最徹底的"筆墨祭"。面對這世紀性的"筆耕文化"向"電腦文化"的轉換，面對這徹底的"筆墨祭"，老一輩學人沒有觀望，沒有退縮，同青年作者一道，毅然決然，全力以赴，終於跟上了時代的步伐！筆者爲我老一輩學人驕傲！回眸曩日，步履維艱，隨同筆墨轉型，書稿也隨之經歷了大修改、大增補，其繁雜艱辛，實難言喻。天地逆旅，百代過客，如夢如幻，三十餘年來，那些老一輩學人全部白了頭，却無暇"含飴弄孫"，又在指導後代參與其事。那些"知天命"之年的碩博生導師們皆已年過花甲，却偏喜"舞文弄墨"，又在尋覓指導下一代弟子同步前進。如此前啓後追，無怨無悔，這是何樣的襟懷？憶昔乾嘉學派，人才輩出，時有"高郵王父子，棲霞郝夫婦"投入之佳話，今《通考》團隊，於父子合作、夫婦合作之外，更有舉家投入者，四方學人，全力以赴。但蒼天無情，繼匡老之後，另有幾位同仁亦撒手人寰。上海那位《天宇卷》主編年富力强，却在貧病交加、孩子的驚呼聲中，英年早逝。筆者的另一位老友爲追求舊稿的完美，於深夜手握鼠標闃然永訣，此前他的夫人曾勸其好好休息，答說"我沒有那麼多時間"！可謂鞠躬盡瘁，死而後已，這又是何樣的壯志，思之怎能不令人心酸！這就是我的同仁，令我驕傲的同仁！

　　自 2012 年之後，因面臨多種意外的形勢變化，筆者連同本書回歸原所在單位山東師範大學，于是增加了第一位副總主編——文學院副院長、古籍整理研究所所長韓品玉，解決了編務與財力方面的諸多困難，改變了多年來的孤苦狀況。時至 2017 年春，爲盡快出版、選定新的出版社，又增加了天津人民出版社總編輯、南開大學客座教授陳益民，中國職工教育研究院常務副院長、全國職工教育首席專家俞陽，臺北大學人文學院東西哲學與詮釋學研究中心主任賴賢宗教授三位爲副總主編，於是形成了現今的編纂委員會。

在全書編纂過程中，編纂委員會和學術顧問，以及分卷正副主編、主要作者所在單位計有：中國國家博物館、中國國家圖書館、中央文史研究館、中國佛教圖書文物館、全國總工會、中聯口述歷史研究中心、河北省文物與古建築保護研究院、河北省文物考古研究院、河北閱讀傳媒有限責任公司、北京大學、浙江大學、南京大學、南京師範大學、東北師範大學、鄭州大學、河北大學、河北師範大學、河北醫科大學、廈門大學、佛山大學、山東大學、中國海洋大學、山東師範大學、曲阜師範大學、山東中醫藥大學、濟南大學、山東財經大學、山東體育學院、山東藝術學院、山東工藝美術學院、山東省社會科學院、山東博物館、山東省圖書館、山東省自然資源廳、山東省林業保護和發展服務中心、濟南市園林和林業綠化局、濟南市神通寺、聊城市護國隆興寺、臺北大學、臺灣成功大學、臺灣大同大學、臺北中國文化大學、臺灣中華倫理教育學會，以及澳大利亞國立伊迪斯科文大學等，在此表示由衷的謝忱！

本書出版方——上海交通大學領導以及上海交通大學出版社領導，高瞻遠矚，認定《通考》的編纂出版，不衹是可推動古籍整理、考古研究的成果轉化，在傳承歷史智慧，弘揚中華文明，增強民族凝聚力和認同感，彰顯民族文化自信等各個方面具有重要意義。出版方在組織京滬兩地專家學者審校文字的同時，又付出時間精力，投入了相當的資金，增補了不少插圖，這些插圖多來自古籍，如《考工記解》《考工記圖解》《考工記圖説》《考古圖》《續考古圖》《西清古鑑》《西清續鑑》《毛詩名物圖説》《河工器具圖説》等等，藉此亦可見出版方打造《通考》這一精品工程的決心。而山東師範大學各級領導同樣十分重視，社科處高景海處長一再告知筆者："需要辦什麼事情，儘管吩咐。"諸多問題常迎刃而解，可謂足智善斷。筆者所屬文學院孫書文院長更親行親爲，給予了全面支持，多方關懷，令筆者備感親切，深受鼓舞，壯心未老，必酬千里之志。此前，著名出版家和龔先生早已對本書作出權威鑑定，并建議由三十二卷改爲三十六卷。本書在學術界漂游了三十餘載終得面世，并引起學界的關注。今有國人贊之曰：《通考》是中華優秀傳統文化創造性轉化、創新性發展的優异成果，是一部具有極高人文價值的通代史論性的華夏物態文化專著，凝聚了中華民族的深層記憶，積澱了民族精神和傳統文化的精髓。又有國際友人贊之曰：《通考》如同古老中國一樣，是世界唯一一部記述連續數千載生機盎然的人類生活史。國內外的評論祇是就本書的總體面貌而言，但細予探究，缺憾甚爲明顯，因本書起步於三十餘年前，三十餘年以來，學術界有諸多新的研究成果未得汲取，田野考古又多有新的發現，國內外的各類典藏空前豐富，且檢索方式空前便捷，而本書作者年齡與身體狀況又各自不同，多已是古稀之年，或已作古，或已難執筆，交稿又有先後之別，故而三十六卷未能統一步伐與時俱進，所涉名物，其語源、釋文難能確切，一些舊有地名或相關數據，亦未及修改，而有些同物异名又未及增補。這就不能不有所抱憾，實難稱完美！以上，就是本書編纂團隊的基本面貌，也是本書學術成就的得失狀況。

　　筆者無盡感慨，卅載一瞬渾似夢，襟懷未展，鬢髮盡斑，萬端心緒何曾了？長卷浩浩，古奧繁難，有幾多知音翻閱？何處求慰藉？人道是紅袖祇揾英雄泪！歲月無情，韶光易逝，幾位分卷主編未見班師，已倏而永別，何人知曉老夫悲苦心情？今藉本書的面世，聊以告慰匡老前輩暨謝世的同仁在天之靈！

張述錚

丙子中呂初稿於山東師範大學映月亭
甲辰南呂增補於歷下龍泉山莊東籬齋

凡　例

一、本書係通代史性的中華物態文化學術專著，旨在對構成中華博物的名物進行考釋。全書三十六卷，另有附錄一卷。各卷之基本體例：第一章爲概論，其後據内容設章，章下分節，爲研究考釋文字，其下分列考釋詞目。

二、本書所涉博物，分兩種類型：一曰“同物异名”，二曰“同名异物”。前者如“女墻”，隨從而來者有“女垣”“女堞”“女陴”“城堞”“城雉”“陴堞”等，盡皆爲“女墻”的同物异名；後者如“衽”，其右上分別角標有阿拉伯數字，分別作“衽¹”（指衣襟）、“衽²”（指衣服胸前交領部分）、“衽³”（指衣服兩旁掩裳際處）、“衽⁴”（指衣袖）、“衽⁵”（指下裳）等，皆爲“衽”的同名异物。

三、各卷詞目分主條、次條、附條三種。次條、附條的詞頭字型較主條小，并用【　】括起。主條對其得名由來、産生年代、形制體貌、歷史演進做全面考釋，然後列舉古代文獻或實物爲證，并對疑難加以考辨，或列舉諸家之説；次條往往僅用作簡要交代，補主條不足，申説相佐；附條一般祇用作説明，格式如即“××”、同“××”、通“××”、“××”之單稱、“××”之省稱，等等。

四、各卷名物，或見諸文獻記載，或見諸傳世實物，循名責實，依物稽名，於其本稱、別稱、單稱、省稱，務求詳備，代稱、雅稱、謔稱、俗稱、譯稱，旁搜博采。因中華博物的形成、演化有自身規律，實難做人爲的斷代分割。如“朝制”之類名物，隨同帝王的興起而興起，隨同帝王的消亡而消亡，因而其下限達於辛亥革命；"禮俗"之類名物起源於上古，其流緒直達今世；而"冠服"之類名物，有的則起源甚晚，如"中山裝"之類。故各卷收詞時限一般上起史前，下迄清末民初，有的則可達現當代。

五、各卷考釋條目中的文獻書證一般以時代先後爲序；關乎名物之最早的書證，或揭示其淵源成因之書證，尤爲本書所重，必多方鉤索羅致；二十五史除却《史記》《漢書》外，其他諸史皆非同朝人編纂，其書證行用時間則以書名所標時代爲準；引書以古籍爲主，探其語源，逐其流變，間或有近現代書證爲後起之語源者，亦予扼要采用。所引典籍文獻名按學術界的傳統標法。如《詩》不作《詩經》，《書》不作《尚書》，《説文》不作《説文解字》等；若作者自家行文爲了强調或區别於他書，亦可稱《詩經》《尚書》《説文解字》等。文獻卷次用中文小寫數字：不用"千""百""十"，如卷三三一，不作卷三百三十一；"十"作〇，如卷四〇，不作卷四十。

六、本書使用繁體字。根據 1992 年 7 月 7 日新聞出版署、國家語言文字工作委員會發布的《出版物漢字使用規定》第七條第三款、2001 年 1 月 1 日施行的《中華人民共和國通用語言文字法》第二章第十七條第五款之規定，本書作爲大量引徵古籍文獻的考釋性學術專著，既重視博物的源流演變，又重視對同物異名、同名異物的考辨，故所有考釋條目之詞頭及文獻引文，保留典籍原有用字，包括異體字，除明顯錯别字（必要時括注正字訂誤）之外，一仍其舊。其中作者自家釋文，則用正體，不用異體，但關涉次條、附條等異體字詞頭等，仍予保留。繁體字、異體字的確定，以《規範字與繁體字、異體字對照表》（國發〔2013〕23 號附件一）及《通用規範漢字字典》爲依據。

七、行文叙述中的數字一律采用漢字小寫，但標示公元紀年及現代度量衡單位時，用阿拉伯數字。如"三十六計"，不作"36 計"；"36 米"，不作"三十六米"。

八、各卷對所收考釋詞條設音序索引，附於卷末，以便檢索。

目　録

序　言

　　《中華博物通考》（下稱《通考》）是一部通代史論性的華夏物態文化專著，係"十四五"國家重點出版物出版專項規劃項目，并得到 2020 年度國家出版基金資助。全書共三十六卷，另有附錄一卷，達三千萬字，《國法卷》即其中的一卷。

　　所謂"國法"，指國家之法紀、法規。其詞作爲漢語語詞，先秦典籍《周禮·秋官·朝士》中即已出現，"國法"的"法"字作"灋"。同書《地官·泉府》中又有另詞"國服"，此言服從國法。作爲語詞，"國法""國服"互爲匹配。國法爲人而設，國服隨法而施。今"國法"一詞猶存，"國服"則罕見啓用。中國古代的國法自成體系，具有國體特色與民族精神，故西方學者稱之爲"中華法系"或"東方法系"。本卷即以"中華法系"爲中心論題，予以考釋，以現其特色與精神。

　　中華法系如同世界諸文明古國一樣，源於宗教，興於禮俗，而最終成爲法律，遂具有指令性、强制性。重要的是中華法系一經形成，即迥異於西方，因其從不以"永恒不變的人人平等的行爲準則"自詡，也没有立法依據的總體理論闡釋，明確標示法律應維護帝王及權貴的利益。在中國古代，從没出現過古希臘或古羅馬的所謂絕對公正的"自然法"，也毋須在"自然法"指導下制定"實在法"。中國古代的全部法律皆爲"實在法"，但却有不可撼動的權威理論——"君權天授"説。"天"，在先民心目中是無可比擬的最神秘最巨大的力量。"天"，莊重而仁慈，嚴厲而公正，無所不察，無所不能。上自聖賢哲人，下至黎民百姓，少有不"畏天命""畏天意"者，帝王既稱"天子"，且設有煌煌國法，條文森然，豈敢反叛？百萬黔首，非處垂死之地，絕不揭竿而起，妄與天鬥！故而在中國古代，帝王擁有最高立法權與司法權，享有無盡的威嚴與尊貴，遠在西周之時即定有"八辟"之法，規定帝王之親朋、故舊、近臣等八種人，可以享有減免刑罰之特權。漢代改稱"八議"，三國魏正式載入法典。其後，歷代常有沿襲。

中國古代之國法，并非僅靠"畏民"，自商周始，《湯刑》《吕刑》（按，《湯刑》《吕刑》之"刑"當釋爲"法"）相繼問世，於法律之外，又重"禮治"。至西周時，"禮刑相輔"已成定制，這一立法思想倍受尊崇。中華信史，三千餘載，王朝更替，如同百戲，雖角色各異，却無一不忘高揚禮治之大旗，以期社會和諧，長治久安。不瞭解中國之禮制，就難以瞭解中國文化史，也就難以瞭解中華法制史。在升平之世，歷代統治者無不强調禮制之作用，藉此以示仁政；若逢亂世，則用重典，施酷刑，軟硬兩手交替使用。西周又進一步强化了宗族關係，即血緣關係。血緣關係又分爲近親、遠親、异姓之親等。宗族關係是一切社會關係的核心，由宗族關係擴而廣之，又有師生、朋友及當體恤的好人等關係。西周之法典《八刑》中就有針對不守以上關係者的不同懲罰條款，以"不孝"爲首罪。由宗族關係又進而强化了尊卑關係，即君臣關係、臣民關係，這些關係較之宗族關係更爲森嚴。爲維護這尊卑關係又設有《九刑》，以"不忠"爲首罪。上下左右，組成了一張巨大的不可錯亂不可逾越的法律之網，這就構成了中華民族世代認同的國家體制。

在中國，國家既已形成，於是又具有了不同尋常的精神力量。《易·繫辭下》曰："君子安而不忘危，存而不忘亡，治而不忘亂，是以身安而國家可保也。"自先秦以來，"國家"一詞常是意味着莊嚴與信賴，直與身家性命連爲一體。是的，在國人心目中，"國"與"家"實在難以分割，故"報效國家"爲中華民族的最高志節，而"國破家亡"則爲全民族的最大不幸。本卷主編三十年前曾是《漢語大詞典》執筆者之一，撰寫"國家"條文時，已注意了先民曾把皇帝直稱爲"國家"。如《東觀漢紀·祭遵傳》："國家知將軍不易，亦不遺力。"《晉書·陶侃傳》："國家年小，不出胸懷。"稱皇帝爲"國家"，以皇帝爲國家的代表或國家的象徵，較之稱皇帝爲天子，更具親切感，更具號召力。中國歷史上的一些明君仁主爲維護法制，爲維護國家的最高權益，亦確曾作出過最大努力。如本卷第一章《概論》中論及隋唐五代立法思想時，有以下引證：隋文帝楊堅少時同王誼爲摯友，長而將第五女嫁王誼之子，相處極歡，後王誼被控"大逆不道，罪當死"，文帝遂下詔"禁暴除惡"，"賜死於家"。(《隋書·王誼傳》)文帝三子秦王楊俊，少而英武，曾總管四十四州軍事，頗有令名，文帝甚愛惜，獎勵有加。後楊俊漸奢侈，違犯制度，出錢求息，窮治宮室，文帝免其官。左武將軍劉昇、重臣楊素，先後力諫曰："秦王非有他過，但費官物，營舍而已……"文帝答曰："法不可違！"劉、楊又先後復諫曰："秦王之過，不應至此。願陛下詳之。"文帝答曰："我是五兒之父，若如公意，何不制天子兒律？"文帝四子、五子因違法，亦皆被廢爲庶民。隋文帝身爲人君，以萬乘之尊，率先垂範，實踐了"王子犯法，與民同罪"的古訓。這對於始於西周的"八辟"之律，無疑是一次徹底否定。其後，唐太宗李世民、玄宗李隆基、憲宗李純等帝君皆有類似之舉。本卷主編曾有"忍割親友私情，立法爲公"的評語，對於中國這種以宗族故交爲關係網的大國而論，切中肯綮。中國歷史上的諸多開國之君，執法雖未若文帝之堅決，但因已汲取前朝覆滅之教訓，甚重國家安危，即所謂"朝夕以社稷爲慮，未敢造次違法"。上行下效，社會因之祥和興盛。有的連續數代，稱爲盛世；有的衰而復起，稱爲中興；另有的則二世而亡，如曇花一現。可見朝廷興衰與否，與法律是否嚴明，執法是否公正，綱紀是否穩定，密不可分。

本卷雖以中國的法律爲研究主體，却力求超越法律研究自身，力求探索法律背後的正反驅動力量，其旨義更加廣遠。因而本卷又區別於常見的法律專著。

作者又注意了中華法系的另一強勢而頑固的立法思想與立法實踐，那就是重文教，輕科技。這較之中華法系中的"重農桑，輕商買"，有過之而無不及。"重農桑，輕商買"確立於商鞅變法之際，而"重文教、輕科技"則始於西周之時。《禮記·王制》載："作淫聲、異服、奇技、奇器以疑衆，殺。"何謂奇技奇器？漢代大儒鄭玄注曰："奇技奇器，若公輸般請以機窆。""機"，指升降機械。此謂以升降機替代人力下葬棺木者即犯殺罪。發明創造之類科學技術，統治者視之爲旁門左道、洪水猛獸，必予斬儘殺絕。這一立法思想與立法實踐，已成後世之一貫國策，百代相繼。如鴉片戰爭時，面對列強的鐵艦、火炮，清廷的社稷重臣猶稱之爲"奇技奇器""祇可呈一時之威""久而必敗"云云。前書《王制》所載"作淫聲、異服"者之罪與作"奇技、奇器"者同。春秋戰國之時即已將科技、文藝之類統稱爲"技巧"，因其"傷農事，王者必禁之"(《六韜·上賢》)，因重農事，漢代已將商買視同罪孽，規定不得以絲綢爲裝，不得乘車騎馬，子孫不得爲官。直至清末，其地位始終未見提高，而古代藝人，其社會地位更在商買之下，被稱爲"賤業"。今世作出"科技是第一生產力"之論斷具有何等意義！序者行文至此，不由感慨繫之。

　　本卷依照全書的編纂宗旨與體例，以中華民族所創造所關涉的浩博實物爲研究主體，上溯遠古，下抵當代，惜有關國法的實物頗難求索，這同本書中之《冠服》《飲食》《居處》《交通》《日用》，乃至草木蟲魚諸卷大有不同。本卷所展現的實物，主要有以下三類：一、衙庭受授用物（包括狀紙、緝物、刑具等）；二、牢獄、特獄、拘所、各式法具等；三、象刑（以衣物示羞辱之刑）、刑象（繪有行刑場面的圖象）、流地、刑所等等。以上三類實物的收列力求其全，對其源流演變、异名別稱有縱橫的探索，這較之一般法律學專著而言，堪稱齊備。如需查閱中國古代法内法外刑具之種類、形制，中國古代流地之分布及今之屬地，展卷即明。固本卷如同全書一樣，具有辭書性質，頗便檢索閲讀。

　　本卷最後一章設定爲《刑名刑典説》，與第一章《概論》遥相互應，具有結篇性質。中國法律的制定，雖旨在維護統治者利益，體現帝王之意志，但常常凝聚了一代思想家的智慧，他們多要顧及、體恤黎民之疾苦，故而得到黎民之認同。相傳中國之第一部法典《禹刑》，即爲舜臣——中國首位正直的大法官皋陶所制定。中國第一部完整的成文法，爲戰國初年魏文侯的恩師——中國首位法學家李悝所纂。其後，歷代立法莫不由社稷重臣相佐，設刑有度，行刑有節，重天時運行節氣，重萬物繁衍規律，春不殺生，夏不決囚，孕婦、老者及未成年、殘疾人等各有憐恤。惜人性善惡，多由天定，而袞袞執法者，代有不同，恩怨利害，時有差异。正直無私者，或有所見，普通百姓，求遇難測；狼心狗肺者，史不乏書，三尺空法，可奈其何？

　　中國古代的刑名，多而怪异，其中以肉刑之殘忍最爲昭著，可謂觸目驚心。本卷所設《刑名考》一節，其中僅就肉刑而言，即有百種之多，其別名异稱等有一百三十餘種。今以正史爲據，舉證如次：《史記》《漢書》皆載有"具五刑"之名。"具五刑"指黥（以墨刺面）、劓（削鼻）、斬左右趾、梟首、菹醢（剁成肉醬）五刑並俱。盛行於秦漢時，用以懲治謀反大罪。秦名相李斯，漢大將韓信皆受此刑。至晋永嘉元年（307），隨同族刑之除而廢止。越數百載，至五代時又設變相之刑罰"凌遲"。"凌遲"即用極慢的速度，將人零割致死。《宋史》《文獻通考》中已將其列爲正刑，元、明、清各代皆沿而不改。據載，宋代凌遲"皆支解臠割，斷截手足"，"四肢分落，而呻咽之聲未絕"。（《宋文鑑》卷四二）據載明武宗正德年間，對宦官劉瑾行刑時連續割了三天，共計四千七百餘刀。全部行刑過程皆在通衢鬧市執行，藉以"儆尤示衆"，可謂殘忍之至，恐怖之至！其他雜刑尚有斷舌、鑿目、抽腸、剥皮、火炙、油烹，不一而足。

歷代統治者對於所謂"要犯"的執法施刑，不祇僅及其身，且又加以"族刑"。族，即前述之宗族。依禮制必須維護，依法制則必須剷除。剷除宗族之刑即族刑。族刑常與酷刑同時進行，由最高統治者發令實施。族刑主要有"門誅"（誅滅犯人全家）、"夷三族"（誅滅犯人父母、兄弟、妻子，計三族親屬）、"夷七族"（誅滅犯人上至曾祖，下至曾孫，計七族親屬）、夷九族（誅滅犯人上推至四世之高祖，下推之四世之玄孫，計九族親屬）。族刑初見於春秋初期，延宕至明清始廢。族刑為重刑，一人犯罪，宗族受誅，連環殺戮，執法應慎之又慎，實則取決於帝王一己之意願而已。如，明初燕王朱棣奪取帝位時，為絕後患，大殺忠於建文帝之舊臣，曾分割景清肢體，滅其九族，分割方孝孺肢體，滅其十族。十族即孝孺之九族加其門生，死者達八百七十三人，無以復加，慘絕人寰。故西學東漸後，仁人志士率先覺醒，為"廢帝制，建共和"，前僕後繼，雖九死而不辭，終於贏得了辛亥革命的成功。

辛亥革命的勝利，宣告了兩千多年封建專制制度的終結。1911 年 12 月 3 日通過《中華民國臨時政府組織大綱》（1912 年 1 月 2 日南京臨時政府成立次日曾加修正），於是在中國歷史上第一次以法律形式宣告廢除封建帝制，確立總統制共和政體。1912 年 3 月 11 日，孫中山先生在南京以臨時大總統的名義公布了《中華民國臨時約法》。該《約法》之第一條指出"中華民國由中華人民組織之"，第二條指出"中華民國之主權，屬於國民全體"。《約法》詳盡地規定了人民享有的權利義務，消除了封建等級制度和等級觀念。此後，臨時政府又頒布了一系列法令，如廢止"體罰"，廢止"刑訊"等等。1912 年 3 月中旬又頒布《大總統通令開放疍戶惰民等許其一體享有公權私權文》。該法令嚴申：凡疍戶（指水上居民）、惰民、義民（相當於奴隸身份的民戶）、丐戶、薙髮者、優娼、隸卒等與其他人民享有一切權利。這就徹底改變了三千餘年來處於社會最底屋的所謂賤民的身份，也徹底改變了人們沿襲數千年的尊卑觀念。而此總統令頒布之前，更有《報律》之頒布事件，可稱之為中國法制史上的不二佳話，令人擊節。1912 年 3 月初，臨時政府內務部製成《報律》三章，電告上海中國報界俱進會。其中規定"流言煽惑關於共和國體，有破壞弊害者"，停止出版，"其發行人，編輯人並坐以應得之罪"；"調查失實，污毀個人名譽者……訊明得酌量科罰"（《臨時政府公報》第三十號），此《報律》始一發出，即遭多方強烈反對。大總統之摯友，臨時政府要員章太炎指責曰："內務部既無造作法律之權，而所定者又有偏黨模糊之失。"（章太炎《却還內務部所定報律議》）3 月 9 日，大總統發布命令，認為內務部有"鉗制輿論"之嫌疑，該律"未經參議院議決，自無法律之效力"，宣布取消。總之，辛亥革命推翻了几千年來的君主專制制度，打開了中國社會各個方面包括法律方面進步的閘門，傳播了民主共和的理念，中華民族也因此逐步跟上了世界發展的潮流。

　　本卷主編華夫爲山東師範大學文學院教授，中山大學、澳大利亞伊迪斯科文大學特約研究員。主要研究方向爲名物訓詁兼古典文献学，著述頗豐，代表作有《中國古代名物大典》《趙翼詩編年全集》等，另有《論詞的民族性、國體特色與詞典編纂》等論文多達百篇。副主編侯仰軍爲中國民間文藝家協會副秘書長、歷史學博士、河南大學客座教授。主要研究方向爲歷史學、考古學和民間文學，著有《考古發現與夏商起源研究》《史真相與文化反思》等，發表《海岱龍山文化與堯舜之鄉考辨》《考古發現與大禹治水真相》等論文一百餘篇。

　　正副主編兩地聯手，前後已歷三十餘春秋，卅載聯手，談何容易！長卷終成，欣以爲序。

張述錚

太歲重光單閼桐月上浣初稿于山東師範大學映月亭
太歲上章困敦臘月下浣定稿于歷下龍泉山莊東籬齋

第一章 概 論

引論——中華法系的淵源與特性

　　中華民族在其發祥的東方本土，代代薪火相傳，五千餘載連綿不絕，是世界四大文明古國中唯一没有消隱、沉淪，唯一擁有主體純潔性與獨立文化的偉大民族。中國的法律也自成系統，是有别於异域的具有國體特色的法律，西方稱之爲中國法系、中華法系或徑稱爲東方法系，故本卷定名爲"國法卷"。

　　"國法"一詞沿稱久遠，先秦典籍《周禮·秋官·朝士》中即已出現："凡民同貨財者，令以國灋行之。犯令者，刑罰之。""灋"同"法"。漢代鄭玄對此有以下解釋："同貨財者，富人畜積者，多時收斂之，乏時以國服之灋出之，雖有騰躍，其贏不得過此。以利出者與取者，過此則罰之，若今時加貴取息坐臧（同'贓'）。"意謂不得囤積居奇，賤買貴賣，亦不許强買强賣，一切按國家規定之法令行事，超過規定，即以暴利之法定罪。"國服"，此處指服事國家，遵守國家法令。可見國法涵義甚廣，不祇包括了一般意義之法律，幾乎涉及了國計民生的各個領域。先秦如是，後世亦然，且愈來愈加完備。不僅歷代漢人王朝甚重國法，即使少數民族所建政權，亦有明細可觀者，如《元史·刑法志》除却規定

"笞、杖、徒、流、死"五刑，以及謀反、謀大逆、不孝、大不敬等罪名外，亦沿襲歷代"八議"之制，即議親（謂帝王之親眷）、議故（謂帝王之故舊）、議賢（謂有大德行者）、議能（謂有大才業者）、議功（謂有大功者）、議貴（謂職事官三品以上、散官二品以上及爵一品者）、議勤（謂有大勤勞者）、議賓（謂承先代之後，爲國賓者）。凡以上八種人犯罪可以赦免或從輕處罰。《元史·刑法志》涉及多種職責，兹擇其要者略叙如次：一曰衛禁。如規定"諸大都、上都諸城門，夜有急務須出入者，遣官以夜行象牙圓符及織成聖旨啓門，門尉辨驗明白乃許啓……違者處死"。二曰職制。如規定"諸有司遺失印信，隨即尋獲者，罰俸一月。追尋不獲者，具申禮部別鑄，元掌印官解職坐罪""諸毀匿邊關文字者，流"。三曰祭令。如規定"諸嶽鎮名山，國家之所秩祀，小民輒僭禮犯義以祈禱褻瀆者，禁之"。四曰學規。如規定"諸蒙古、漢人國子監學官任内，驗其教養出格生員多寡，以爲升遷。博士教授有闕，從監察御史舉之，其不稱職者黜之，坐及元舉之官"。五曰軍律。如規定"諸軍官離職，屯軍離營，行軍離其部伍者，皆有罪……諸臨陣先退者，處死"。六曰户婚。如規定"諸匠户子女，使男習工事，女習黹繡，其輒敢拘刷（謂全予收繳或扣留）者，禁之……諸鰥寡孤獨、老弱殘疾、窮而無告者，於養濟院收養。應收養而不收養，不應收養而收養者，罪其守宰"。七曰食貨。如規定"諸犯私鹽者，杖七十，徒二年，財產一半没官，於没物内一半付告人充賞"。八曰大惡。如規定"諸大臣謀危社稷者誅。諸無故議論謀逆，爲倡者處死，和者流"。其他尚有奸非、盜賊、詐僞、訴訟、鬥毆、殺傷、禁令、雜犯、捕亡、恤刑、平反十一種。如其之"禁令"規定"諸宰相出入，輒敢衝犯者，罪之……倡家（指從事音樂歌舞者）出入，止服皂褙（黑色無袖衣），不許乘坐車馬"等等。可見元代之刑法已涉及了政治、經濟、軍事、文化、教育、娛樂各種社會活動，嚴密無漏，貴賤等級，毫不含混。

中國國法之傳統立法思想甚爲矛盾，一方面是法家的"王子犯法，與庶民同罪"，意謂在法律面前人人平等；另一方面則是"刑不上大夫，禮不下庶人"，意謂貴賤等差，執法有別。前者雖得民心，而罕見實施；後者雖悖法理，却多有效用。國法，民衆常稱之爲"王法"。縱觀中國之法律，幾乎無一不體現帝王之意願，或徑以聖旨上諭代法，同時又每每以禮入法，以禮代法。向有"德主刑輔，明刑弼教"之傳統主張，歷代明君良臣皆努力付諸實踐。這一主張，經南宋理學家朱熹詮釋之後，德刑已無從屬關係，朱氏稱"禮字、法字，實'理'字"，禮、法皆手段，目的在治國，朱熹融合了兩者之間的關係，緩解了兩者間的矛盾，具有明確的創新性。

中國自漢朝始，歷代之正史，凡記載本朝立法、司法活動者，皆設有專志，稱之爲《刑法志》《刑志》(惟《魏書》稱《刑罰志》)，用以陳述關涉國家盛衰存亡之法制大事。設此《刑法志》，同《律曆志》《禮樂志》等并列。不過《刑法志》中的"刑法"一詞，今人頗易誤釋。多以"刑法"之"刑"爲行刑之"刑"、受刑之"刑"，實不盡然。古時"刑"有時即謂"法"，"法"亦謂之"刑"，刑、法二字無嚴格區別。故上古之法典，如《禹刑》《甫刑》《刑鼎》《刑書》，皆可對譯爲《禹法》《甫法》《法鼎》《法書》。對於"刑""法"二字的研究，自漢朝始，代不乏人。今擇其要者簡釋如下。

刑，古作"荆"；法，古作"灋"。《說文·井部》："荆，罰辠（今'罪'）也。從刀井。《易》曰：'井者，法也。'"張舜徽注："'荆'字從井，蓋與'灋'字從水同意。本書《廌部》：'灋，荆也。平之如水，從水。'《水部》：'灋，議辠也。從水，與灋同意。'可知古人言法，皆取象於水之平。人之汲取井水，亦但谷平其器而已，故荆字從井。李尤《井銘》云：'法律取象，不概自平；多取不損，少汲不盈；執憲若斯，何有邪傾。'"按，張云"人之汲取井水，亦但平其器而已"不確，因誤解《井銘》本義。《井銘》義謂，井水不以人汲之多寡而改變其水平面，此即公平之意。可證古代之"刑"與"灋"，皆從水爲義，指秉公議罪。兩者略有區別，"刑"又從刀，表示予以罰懲；"灋"又從"廌""去"，"廌"即神獸獬豸，擅觸理屈者，使脩去之，意謂驅除邪惡。故古代將二者連稱之爲"刑法"，直至民國年間成書的《清史稿》，仍設有《刑法志》。

刑，義同於"法"，故而西周時除却上古肉刑之"五刑"，即"墨、劓、剕、宮、大辟"之外，另有非肉刑之"五刑"，即倫理公約之規範。如《周禮·秋官·大司寇》："以五刑糾萬民。一曰野刑，上功糾力；二曰軍刑，上命糾守；三曰鄉刑，上德糾孝；四曰官刑，上能糾職；五曰國刑，上願糾暴（當作'恭'）。"鄭玄注："刑，亦法也。糾，猶察異之。"可知此處之"刑"即法，五刑即對五種人群的考察要求，而并非懲罰。野刑是對於農民要求重視農功，勤於力耕；軍刑是對於軍人要求重視將令，守於部伍；鄉刑是對於鄉民要求重視道德，善孝父母；官刑是對於官吏要求重視能力，履行職責；國刑是對於朝廷要求重視慎儉，必行恭虔。上述"五刑"，開後世禮教入法之先河。

遠古時代，人類生産能力低下，需要團結一致，共同自衛，共同索取，以維持基本生存。傳說堯舜之初始一度廢止肉刑，以精神懲誡或教示爲主，或使穿戴特異，以示耻辱（見《荀子·正論》），或畫以天象，使其明理（見《書·益稷》）。因其時無重大利害衝突，少見重大犯罪，故無肉刑成爲可能。隨着生產力的發展，有了剩餘財物，產生了私有觀念，一部分人欲占有另一部分人的勞動成果，而氏族部落之間也有了相互掠奪，因而戰爭頻發，被俘者即成勝利者的奴隸，從而產生了不勞而獲者，人類出現了兩大對立的階級。生產剩餘愈多，階級矛盾與部落戰爭愈激烈，到了難以調和之時，就產生了國家。掌握了國家政權的統治階級，爲了維護自己的既得利益，即將自己的意志提升爲國家的意志，其表現形式就是法律。爲保證法律的實施，就產生了刑罰。即所謂"制禮作教，立法設刑……故聖人因天秩而制五禮，因天討而作五刑。大刑用甲兵，其次用斧鉞，中刑用刀鋸，其次用鑽鑿，薄刑用鞭扑，大者陳諸原野，小者致之市朝"（《漢書·刑法志》）。刑罰當源於戰爭，中國古代即有"刑起於兵，兵刑同源"説。《書·甘誓》載："啓（禹之子）與有扈戰於甘之野……恭行天之罰。"又《湯誓》："〔商湯〕遂與桀戰於鳴條之野……致天之罰。"兩篇皆有"天罰"字樣，"天罰"指代天帝進行懲罰。這正是"大刑用甲兵……大者陳諸原野"之謂。其時軍隊與員警無异，兵器與刑具同用。逮至後世，軍隊與員警漸有對外對內的區分，而兵器與刑具亦漸有別，形狀性能不再混一，故而刑法祇是對內而言。

　　法律自身的形成，通常是源於宗教，源於對圖騰或神鬼的畏懼崇拜，由畏懼崇拜而形成禮儀習俗，由禮儀習俗而發展爲法律。禮儀習俗屬公約性，出於自覺自願地遵守，成爲法律之後，則賦予指令性、強制性，必須遵守，不得違犯。法律自身這一形成過程，世界諸文明古國幾乎無一例外。我國的法制當萌生於五六千年前，仰韶文化、青蓮崗文化中的神秘陶飾，江蘇連雲港、廣西寧明、雲南滄源、四川珙縣巖畫中的太陽神之類，皆證明先民已有了原始的宗教信仰。20世紀80年代浙江餘杭良渚文化出土之神人獸面紋玉飾及祭壇遺址、河南濮陽出土的距今約六千四百年的蚌塑龍、內蒙古赤峰紅山文化之玉龍及遼寧西部陸續發現的祭壇遺址，進而證明了中華民族其時已有明晰的天神，有了全民族多數共同崇拜的統一物——龍，并進行了一系列的大規模的祭祀活動。有了祭祀，就有了禮教習俗，有了祭祀、禮教習俗，就有了掌握神權、禮教權（即初起的政權）的統治者，掌權的統治者漸漸擁有非常之財富，就成爲最初的貴族。貴族們爲了確保自己的統治地位與擁有的財產，就憑藉權力推行禮教習俗，形成指令性、強制性的規定，於是產生了法律、法制。據文字確載的歷史及後世大量的考古發現，中國的法制當以公元前21世紀夏王朝的建立爲創始期，其時已有了軍旅，有了所謂《禹刑》，有了監獄，至西周而漸完備，成爲宗法制國家，神權政權合一，禮法難分，其後，直至清末猶見沿襲。

中華法系，歷時五千餘載，朝朝代代，相因相成，相鑒相改，内在聯繫緊密，發展脉絡清晰，形成了獨立的中華法，具有以下鮮明特點：

一、以專制王權或皇權爲歸依

國王或皇帝是最高統治者，擁有最高立法權。帝王發布的詔、令、敕、諭，凌駕於法律之上，具有最高法律效力，可以廢止、修改或解釋既成法律。帝王亦擁有最高司法權，爲全國最高審判官，獄由君斷。

二、行政、司法多不分立

帝王本人、中央和地方各級行政長官，盡皆兼任司法長官。作爲最高司法長官的帝王，對於所謂犯罪的大臣實施謫罰，乃至賜死，有時可行廷杖，即在朝堂之上實施杖打。各級行政長官，對於所謂犯罪的黎民百姓，可代王法或徑由自己決斷實施種種懲罰。商周時雖有司寇之類專職，但依然是在行政管理機構中，且此類職務并未普及於各地行政。

三、禮教與法制相融

自夏代始，禮教與法制就很難分割，甚至以禮教代法制。自西漢始，中國的法制就以儒家思想爲指導，直至清代後期。漢武帝“罷黜百家，獨尊儒術”之後，儒學成爲封建社會的正宗精神，長期居於統治地位。其學説成爲封建立法的準則、司法審判的依據。所謂“德主刑輔”“以禮率法”，致使中國古代法制具有鮮明的倫理道德色彩，廣泛的倫理道德融入法典，規範了法制，以强有力的刑罰確保其實施。所謂“三綱五常”“忠孝節義”，成爲中國古代法制中定刑量刑的基本準則。

四、以成文刑法爲主體，民法爲附帶

所謂刑法指關於犯罪與刑罰的法律規範的總稱，民法則指關於民事主體間一定範圍的財產關係與人身關係的法律規範的總稱。中國古代，自夏商以還，始終以刑法爲主體，且有成文法典，而民法則始終處於從屬地位。何以形成這種狀態？因爲中國古代社會，自給自足的小農經濟處於優勢，民間多有傳統的閭里調解，一些深孚衆望的族長等承擔調解職能，有時可以依祖訓實施懲罰，未形成刑事案件，多不肯訴諸法律，這就導致民事法律關係不明，故而沒形成獨立的成文民事法典。

五、重文政，輕科技；重農桑，輕商賈

自先秦始，直至清末，歷代統治者皆十分重視文章教化、政治理論，科學技術則被視

爲 "奇技淫巧" "旁門左道"。《禮記·王制》曰："凡執技以事上者……出鄉不與士齒","作淫聲、異服、奇技、奇器以疑衆,殺"。何謂奇技奇器？漢代鄭玄注云："奇技奇器,若公輸般（般,一作'盤'）請以機窆。" "機窆",指升降機之類機械。發明機窆代人力下葬棺木,罪即當殺。這一指導思想,一直沿襲至清末。其時面對西方列强的鐵艦、火炮,清廷一些 "正統" 的社稷重臣猶稱之爲 "奇技奇器" "不足畏也"。而天象、天文之類所謂機要研究,則屬皇家專有,民間私自研究者,亦定爲逆反大罪。

重農桑,輕商賈,爲春秋戰國以來一貫法令。自商鞅變法始,幾乎歷代皆有明文規定,提倡墾植,獎勵農桑。另一方面,自秦帝國始,變本加厲,將商賈視同罪犯,而漢代更有明細的限定,不許商賈以絲綢爲裝,禁乘車或騎馬；不許商賈購置土地,"犯者以律論"；不許商賈從政爲官,"犯者以律論"；商賈之賦稅高於百姓一倍,逃避者以律論；等等。開明君主,開明王朝,有如唐初之時,猶規定商賈不得任官,官員亦不得爲商賈。商賈之社會地位,直至清末,始終未見提高。

第一節　中華法系的始創期
——夏商西周時期（約公元前 2070—前 771 年）

一、夏商西周的法制概況及特點

傳說唐虞時已設執掌刑罰的長官,聽命於唐虞二帝,稱之爲 "士",或 "士官"（後又爲牢獄名）；又稱之爲 "理",或 "理官"（後又爲牢獄名）。《書·舜典》："帝曰：'皋陶,蠻夷猾夏,寇賊奸宄,汝作士,五刑有服。'"孔傳："士,理官也。"孔穎達疏："士,即《周禮》司寇之屬。有士師、卿士等皆以士爲官名。"漢蔡邕《獨斷》上："唐虞曰士官,《史記》曰'皋陶爲理'。"《舜典》又有 "流宥五刑" 的記載。即以流放的方式代替五刑,以示寬宥,開流刑之先河。

夏代大抵已具有司法審判制度的雛形。夏王即爲全國最高司法審判長官。王朝中央設 "大理",以協助夏王行使權力；各地方則分設低一級的 "理",亦稱 "士",依王法審理地方管轄的各種案件。據《史記·夏本紀》記載,夏朝已有監獄,名曰 "夏臺"。漢蔡邕所著

《獨斷》又載，夏獄亦稱"均臺"。《左傳·昭公六年》記載，夏朝已有了中國最早的法典《禹刑》。

商承夏制，商王掌管全國最高司法審判權，中央設"司寇"，協助商王審理諸案。地方則設"正""史"等司法長官，各地的諸侯亦分別掌管所封領地的司法權。獄訟通常皆可自決，遇有重大案件須上報司寇復審。《史記·殷本紀》記載，商朝的監獄名曰"羑里"，亦作"牖里"。殷墟中曾有一長 66 米、寬 1.1 米、深 2.7 米之地牢，此是迄今爲止發現最早的地牢實物。《左傳·昭公六年》記載，商朝已有法典，名曰"湯刑"。

迄至西周，司法制度已較完備，各職能機構皆有較明細分工。周天子是最高行政長官兼最高司法長官。中央設大司寇，已成爲專門司法機構，另設司馬專管軍事，有別於夏商兩代。大司寇職在維護京都治安，掌管京都刑獄，復審地方案件，主持刑法的制定與規定諸事宜。大司寇以下設司刑、司刺、司厲、司隸等官，協助司寇處理具體刑事案件；又設司約，掌貨賄，處理貨物稅收及交易中的經濟糾紛案件。而婚姻法律及有關案件另歸與大司寇平行的官署大司徒之下的媒氏掌管。爲不分散大司寇之精力，天子雉門（天子宮門五重，其二重爲雉門）之外的大政，交由小司寇掌管。《周禮·秋官·大司寇》記載，西周時的監獄，名曰"圜土"，亦稱"囹圄"。據《書·呂刑》記載，西周時的法典《呂刑》明確規定了"五刑"與"五罰"，區別"刑"與"罰"各五種。

夏商西周時，已出現以司法長官坐堂問案爲主的審判方式，原告與被告席地相對而坐。至西周時，大夫以上官員與貴族，享有不親自出庭的特權。商西周時訴訟制度大抵已形成。

商代對重大案件要經過三審方可定罪。一審爲地方官員，二審爲大司寇，三審爲三公和商王。在司法審判中開始注重事實的確鑿，如有疑竇，需徵詢民衆意見，民衆仍有疑竇，則予從寬處理，此即所謂"衆疑赦之"。不過，商代崇尚神權，每遇大案疑案，常憑巫卜以斷案情，其失誤可想而知。

西周又進一步，已分刑事訴訟與民事訴訟兩類處理。爲便於訴訟，王宮門外設置了路鼓或肺石。蒙冤者可擊鼓，直訴至國王，或在肺石之上站立三天，巡察官員即可上報案情，失職者治罪。重大案件要有訴狀，并繳納訴訟費——束矢（一百枝箭）或鈞金（三十斤銅）。審訊中除注重原告被告陳述外，尤重被告的口供，無被告供詞，通常不准定案。負責審訊的長官"以五聲聽獄訟"，"五聽"指辭聽、色聽、氣聽、耳聽、目聽。即對被告的言詞、面色、氣息、聰情、睛況等表情表現詳予觀察，作出可靠判斷。這種"五聽"較之商代崇尚神權，憑藉巫卜之舉，無疑是一大進步。

西周時又規定八種人的犯罪須經特別審議，即八種特別法度，稱"八辟"。經審議者，重罪從輕，輕罪則免。《周禮・秋官・小司寇》："以八辟麗邦灋，附刑罰。一曰議親之辟，二曰議故之辟，三曰議賢之辟，四曰議能之辟，五曰議功之辟，六曰議貴之辟，七曰議勤之辟，八曰議賓之辟。"賈公彥疏："案《曲禮》云：'刑不上大夫。'鄭注云：'其犯法，則在八議輕重，不在刑書。'"這八種人的審議處理之法，不載入刑書中。辟，法也。八辟中的"親""故""賢""能""功""貴""勤""賓"，分別指帝王的親戚、帝王的故舊、賢德卓著者、才能過人者、功勛顯赫者、地位高貴者、勤政突出者和前朝王室遺賓。"八辟"成爲歷代封建帝王的親朋、近臣等權貴減免罪行的特權規定。漢代改稱"八議"，三國魏正式載入法典，直至清代之後始廢。

二、夏商西周的法制機構

相傳唐虞時已有執掌刑罰的長官，其長官名亦即刑罰機構名，稱之爲"士""士官""理""理官"。《書・舜典》："帝曰：'皋陶，蠻夷猾夏，寇賊奸宄，汝作士，五刑有服。'"孔傳："士，理官也。"漢蔡邕《獨斷》卷上："四代獄之別名：唐虞曰士官。《史記》曰'皋陶爲理'，《尚書》曰'皋陶作士'。夏曰均臺，周曰囹圄，漢曰獄。"

夏代已有監獄及監獄制度。《太平御覽》卷六四三引晉張華《博物志》："夏曰念室，殷曰動止，周曰稽留，三代之異名也。"夏代監獄除"念室"外，尚有"夏臺""夏宮""鈞臺""均臺"諸稱，即《史記・夏本紀》所云夏桀曾囚商湯之處。

商代監獄除"動止"外，尚有"羑里""牖里"諸稱。"羑里"，即《史記・殷本紀》所云殷紂曾囚周文王處。商代後期，除中央大獄外，各地方亦多有所設，邊境地區尤多。據考，此舉與征戰頻仍有關，或用於罪人守邊，或用於關押戰俘。罪人或戰俘皆强迫從事繁重勞役，常着特製衣服，繫以繩索，以防逃跑。

西周監獄除"稽留""囹圄"之外，尚有"囹圉""囵""圁""圂""圜土"諸稱。所謂"囵"，即牢櫳，藉指監獄；所謂"圁"或"圂"，謂看守之意，引申爲監獄。"圜土"，圜同"圓"，指築土立牆，成圓坑狀之監獄，將犯人圈居於內。因春秋戰國之前尚無磚瓦，所謂房舍皆係真正"土木工程"或"土石工程"。

大司寇之下，全國分地域各設一獄官——士，每一獄官掌管一地之監獄。鄉士掌六鄉之獄，其地距王城百里內，獄設王城中；遂士掌四郊之獄，其地距王城百里以外至二百里；縣士掌縣野之獄，故又名野司寇，其地距王城二百里以外至五百里；方士掌四方采地之獄，采地指王子弟、公卿及大夫封地；訝士則專掌諸侯之獄。又依罪行大小、性質，分押於不同監牢中。如前述之"圜土"，爲輕罪監獄，由司圜掌之，專關押未及五刑的頑民惡民，使"明刑受辱"（背負罪行牌），不得戴冠，不得有佩飾，罰其勞作，使其知困苦而改悔。上罪三年而釋放，中罪二年而釋放，下罪一年而釋放，其不思改悔者殺。出獄後三年不得享受常人待遇。三年之後，即允許社會接納，受肉刑者亦然。如原墨刑犯，可安排守門；原劓刑犯，可安排守關；原宮刑犯，可安排守內院；原刖刑犯，可安排守圜地。

西周設有專職行刑獄官，稱"掌囚""掌戮"。視囚犯罪行輕重，加戴不同獄具，通常分爲梏、桎、拳三種：梏，即頸枷；桎，猶腳鐐；拳，猶手銬，多木製。重罪者三種獄具同時加戴，中罪用梏、桎，輕罪祇用梏。在行刑之前，應將犯人姓名、罪狀上報於王，死刑犯人更需原判機構親自報送，并書寫於梏上，待王有無赦令。有爵位或王之同族犯死罪，交由甸師氏，殺於郊野之隱蔽處，不予抛屍。

三、初始的西周民法與經濟法

西周是以農業經濟爲基礎的專制社會，土地是決定一切的生產資料。而全國的土地皆歸屬於周王，故《詩·小雅·北山》稱"溥天之下，莫非王土"。溥，通"普"。其時，奴隸也是周王的私有財產（下將述及）。武王滅商後，進行了大規模的分封，即將土地、奴隸賜予諸侯、大夫與士，可世代承襲享用，但對土地而言，祇擁有使用權，却無所有權，禁止買賣。《禮記·王制》："田里不粥，墓地不請。"孔穎達疏："田地里邑既受之於公，民不得粥賣；冢墓之地公家所給，族葬有常，不得輒請求餘處。"粥，同"鬻"。公，公家，指周王的分封。上海博物館所藏西周晚期的青銅器"大克鼎"，其銘文即記有周王賞賜克以大片土地及臣妾等一批奴僕。中國國家博物館所藏西周早期的青銅器"盂鼎"，其銘文記周王賜給盂一千七百多名奴僕與諸多財物。陝西博物館所藏西周康王時期的青銅器"旂鼎"，其銘文記周王將原賜給師櫨的三田收回，轉賜給旂，旂作鼎以資紀念。以上典籍記載及金文實例，足可印證王權是如何强大。

　　不過，西周建國不久，隨着社會生産力的提高與商品經濟的發展，一批新興的奴隸主已强大起來，王權逐漸减弱，土地、奴隸開始私有化，可以用之爲交易、賠償或出租。陝西博物館所藏西周共王時期青銅器"衛盉"，其銘文記矩伯以其舍田同裘衛兩次進行貨物交換。第一次以舍田十畝換得價值八十朋玉璋。朋爲貝幣的雙位單位。第二次以舍田三畝換得赤色虎皮兩張、牝鹿皮飾兩件與紋飾的蔽膝一副，價值二十朋。同時報告給執政大臣，經三有司（司徒、司馬、司空）在場爲證。臺北故宮博物院所藏西周中晚期青銅器"散氏盤"（亦名"矢人盤"），記矢人將大片田地移付散氏，并詳載核定田地經界及盟誓事，這是田地交易的一篇契約。《周禮・秋官・司約》："司約掌邦國及萬民之約劑。"鄭玄注："劑，謂券書也。"約劑，即訂立契約之券書。可見西周時秋官司寇之下已設立了掌管國家與百姓契約的機構與官員，祇不過并非專門民事機構而已。司寇之外的其他國家機構亦可對民事糾紛作出判决。如西周中期的青銅器"曶鼎"，其銘記貴族匡季率衆搶走另一貴族曶的禾十秭（秭，多進位數量詞），曶告於上司東宮，要求裁處。其初，匡季承諾以"五田四夫（夫，奴隸）"賠償，不久又賴賬，最後東宮判决匡季加倍賠償。匡季不得已，接受了"田七田，人五夫"的懲罰（曶鼎已失傳，其銘文見於清阮元《積古齋鐘鼎彝器款識》卷四）。上述典籍與金文記載説明，民法的主要存在形式——所有權、債權、仲裁機構、仲裁官員與法律規範，在西周時即已出現，可以説大抵具備民法的要素，已成雛形。

　　西周的婚姻制度承襲了夏商時的一夫一妻制，婚齡更加明確。《禮記・曲禮上》："男子二十冠而字。"鄭玄注："成人矣，敬其名。"這是説男子二十歲時父母爲其舉行加冠禮，表示已經成年，同時停用乳名、學名，莊重地正式取用表字。又《内則》："女子十有五年而笄。"鄭玄注："謂應年許嫁者。女子許嫁，笄而字之。"這是説女子十五歲可以許嫁，父母爲其舉行簪髮禮，也像男子一樣停用乳名，取用表字。又《昏義》："昏（'婚'的古字）禮者，將合二姓之好，上以事宗廟，而下以繼後世也，故君子重之。是以昏禮納采、問名、納吉、納徵、請期，皆主人筵几於廟，而拜迎於門外。"可見古人對婚禮非常重視，首先必須是"合二姓之好"，即同姓不婚，以避近親繁衍、遺患後代，而後就應遵奉一系列禮儀規則。一須"納采"，此謂采擇之禮；二須問名，問其女的名字與出生年月日，以便男方父母赴宗廟問卜，取決於先祖在天之靈；三須納吉，謂男家既卜得吉，即通知女家，以求結納婚姻；四須納徵，謂女家接納聘禮，以示婚事已定，徵，成也；五須請期，謂男方使人商請婚期，以示尊重女方；六必親迎，謂夫婿親至女家迎娶新娘，行交拜合卺禮。以上六禮，除納徵用幣帛外，其餘皆需以雁爲禮品。古以雁隨時而飛南北，不失其節，雁又是隨陽之鳥，具妻從夫之義。其後《唐律》《明律》皆有類似規定，可見六禮影響之廣遠。六禮，初起於西周，較夏商之禮法粗率不明，顯然是一大進步，但其繼承了夏商之問卜，繼而又由家族牢牢控制了男女青年的婚戀權，對後世的遺患也日漸暴露。上述一夫一妻制，多用於一般庶人，但一夫多妻制亦非偶見。據《禮記·昏義》記載，周王則立有六宮、三夫人、九嬪、二十七世婦、八十二御妻。這百餘女子各歸類別，身份地位各有差異。達官貴人中盛行"媵妾制"，或稱"媵婚制"，即女子出嫁時，以其妹侄或位卑女子從嫁。富貴人家尚可買妾，多少無限。這些從嫁女子或被買之妾，其命運取決於夫家與嫡婦。所謂"嫡婦"，是由宗法制決定的。宗法制甚重嫡生，即正宗。輕視庶出，視爲另類。嫡庶有別，嫡子就得以繼承宗祧權位，就保證了封建秩序的正常運轉。嫡庶無別，就導致混亂。嫡子中又分長幼之序，以長爲先，以幼爲後。這嫡庶長幼之別，成爲封建社會權利等級的法定依據。這嫡婦，在天子則爲王后，在貴人則爲正妻。而所謂嫡婦，亦無獨立權力。據《孔子家語·本命解》可知，西周時有"七出"之法，即對休妻有七條規定：一曰不順父母，二曰無子，三曰淫泆，四曰嫉妒，五曰惡疾，六曰多口舌，七曰竊盜。按，《儀禮·喪服》唐賈公彥疏"七出"之法略同，僅"不順父母"作"不事姑舅"，并稱"天子諸侯之妻無子不出，唯有六出耳"。"七出"之法説明，離婚與否，取決於丈夫，更取決於父母，婦女無權維護自身。王與諸侯之權尤重。同"七出"相對應的是"三不去"，指不得休弃妻子的三項法律性規定。《大戴禮記·本命》："婦有三不去：有所取無所歸，不去；與更三年喪，不去；前貧賤後富貴，不去。"即妻離原夫後生活無歸宿、與原夫同經三年守喪期或嫁前貧賤嫁後富貴，遇有以上三種情形時，妻子應得到保護，不准休弃。這"七出""三不去"之法，直至明清，時或沿襲。

據古籍記載，西周曾實行"井田制"。所謂"井田制"是指田地使用制度，以方九百畝爲一里，劃爲九區，形如"井"字，故名。其正中爲公耕之田，其外八區爲家田。八家各有百畝，同養公耕之田。公田一百畝中出除二十畝，歸八家建廬舍所用。公事完成，然後治私事。周代以三百步爲一里。《穀梁傳·宣公十五年》："古者三百步爲里，名曰井田。井田者，九百畝，公田居一。"范寧注："出除公田八十畝，餘八百二十畝，故井田之法，八家共一井，八百畝餘二十畝，家各二畝半，爲廬舍。"按，所謂"公田"，并非對私田而言，"公"是指八家共耕。井田九百畝的所有權歸周王所有。此制至春秋時起，遂漸解體，終被封建生產關係所取代。

據《周禮・地官・司徒》載，西周時之國土管理已十分細密嚴格，設官主事，各司其職。如有"草人掌土化之法以物地"，即設"草人"掌管田土的改良及育種等；有"稻人掌稼下地"，即設"稻人"掌管堰溝蓄水泄水等。"草人""稻人"諸官，職在督導百姓耕作，未見處罰違規的記叙。以下諸官則不衹督，而且要執法。如："山虞掌山林之政令，物爲之厲，而爲之守禁。"鄭玄注曰："'物爲之厲'，每物有蕃界也；'爲之守禁'，爲守者設禁令也。守者，謂其地之民占伐林木者也。"又："仲冬斬陽木，仲夏斬陰木……凡邦工入山林而掄材，不禁。"鄭玄注："陽木生山南者，陰木生山北者。冬斬陽，夏斬陰……掄，猶擇也。'不禁'者，山林國之有，不拘日也。"又："凡竊木者有刑罰。"賈公彥疏："此謂非萬民入山之時，而民盜山林之木，與之以刑罰。"另如："川衡掌巡川澤之禁令，而平其守，以時舍其守。犯禁者，執而誅罰之。"賈公彥疏："此'舍其守'，謂川衡之官時復巡行所守之民，當案視其所守，守人當於其舍申重戒敕之也。"據以上兩例可知，山林與川澤各設官吏，令民各守其地段與物產，何時取用，皆有明確規定，違者必予"刑罰"或"誅罰"，而周王若有不時之需，則可不受禁令限制，故有"邦工入山林而掄材不禁"之舉。爲確保政令的有效執行，主管官吏尚需深入民舍，當面重行戒敕，以防違禁。又據《禮記・月令》記載，西周時每逢仲春之月，禁止"竭川澤""焚山林"，以保護初成的水源水流與初生的草木；季春之月，禁止"田獵""羅網"，以保護乳獸與幼鳥。

西周時期經濟基礎已有相當積纍，夏商時的"百工"，已發展成專司手工業生產的官吏。工，即官。如"攻木之工"，管理宮室、車輿等的製造；"攻金之工"，管理武器、祭器等的製造；"攻皮之工"，管理函甲、鼓鞀等的製造；"摶埴之工"，管理瓦器、陶器等的製造。摶，拍打；埴，黏土。《周禮・考工記》中三十六工，皆爲此類生產管理官吏。周王朝既設有專職管理官吏及生產機構，民間亦必有相應生產，於是就有了集市貿易。據《周禮・地官・司徒》載，西周之集市設有"司市""質人"諸官吏。"司市掌市之治教、政刑、量度、禁令"，就是說"司市"掌管集市貿易的管治教育、政令刑罰及容量長度的規定，其中包括了如何開市經營。如午市，以普通大衆爲主；早市，以商賈爲主；晚市，以販夫販婦爲主。"質人掌成市之貨賄、人民、牛馬、兵器、珍異。"這是說"質人"掌管平衡貨幣交易，包括了奴婢、牛馬、兵器與四時食物之類。"成"，平定。規定了大買賣、小買賣兩種類型。奴婢、牛馬爲大買賣，用長券；兵器、珍異爲小買賣，用短券。古時長券稱"質"，短券稱"劑"，"質""劑"猶今之票證。遇有違禁者，交有關刑罰機構，以違禁性質、程度懲罰。其懲罰分三類，稱之爲"小刑""中刑""大刑"。"小刑"，將違禁者惡行張榜於集市；"中刑"，將違禁者本人亮相於集市；"大刑"，將違禁者當衆撲打於集市。因古代刑事、民事無甚區別，凡違禁犯法，統交行刑機構論處，故概稱之爲"刑"，這與"五刑"之"刑"并不相同。

四、夏商西周的執法與訴訟

相傳在夏禹之前，舜帝即曾任用皋陶掌管司法。皋陶正直無私，執法公平，常憑藉神獸獬豸斷案。此獸形似麒麟而獨角（《説文·廌部》以爲似牛而獨角），能識別人間善惡，逢訴訟難決時，其角總是觸向虧理或犯罪者，是非曲直，一觸即明。此即所謂"神獸決獄"之古代神話。獬豸或爲龍之衍生物，或即龍之同族，皆係華夏民族之原始圖騰，人們因自身的軟弱矇昧，故而賦之於神力與智慧。這一古老的神話，已融入了先民視爲神聖的早期文字中。《説文·廌部》："灋，刑也。平之如水，從水。廌所以觸不直者去之。從廌去。法，今文省。"段玉裁注："此説從廌去之義。法之正人，如廌之去惡也。"王筠句讀："《左傳》有《僕區》之法，有《竹刑》。是知荆灋者，即今律例也。"灋，從水。如荆之從井，皆取象於水之平。廌，同"豸"，即獬豸。廌以其角觸去虧理或枉法之人。不直，即虧理枉法者。

夏代已開始依照不同犯罪事實，劃定罪行類別，確立相應罪名。《左傳·昭公十四年》引《夏書》稱，皋陶所制刑法中，已劃定"昏、墨、賊"三種罪行。"昏"，指掠奪，猶今之強盜罪；"墨"，指不潔，猶今之貪污罪；"賊"，指戮害，猶今之殺人罪。以上三罪，皆處死刑。皋陶之後，至禹時，所劃定罪行當廣於"昏、墨、賊"三種。據古文獻記載，夏代已有《禹刑》，亦稱《贖刑》。《左傳·昭公六年》："夏有亂政而作《禹刑》，商有亂政而作《湯刑》，周有亂政而作《九刑》。三辟之興，皆叔世也。"按，辟，法也；叔世，末世，亂世。楊伯峻注："《尚書·吕刑序》云：'吕命穆王訓夏《贖刑》，作《吕刑》。'……是相傳夏有《贖刑》，亦曰《禹刑》，未必爲禹所作耳。"《禹刑》亦稱《贖刑》，可知禹時已有以物贖罪等刑罰，即輕刑。《書·舜典》："象以典刑，流宥五刑，鞭作官刑，扑作教刑，金作贖刑。”孔傳：“宥，寬也。以流放之法寬五刑。”夏代之劃定罪行已遠超“昏、墨、賊”三種，除流刑之外，尚有官刑、教刑等。當然《禹刑》《湯刑》，皆未必爲禹、湯所作。以王名定刑典之名，或表示對開國君主之尊崇、懷念。

夏代已有輕重不等的刑罰，重刑有五種，稱“五刑”。《書・舜典》：“汝作士，五刑有服。”孔傳：“士，理官也；五刑，墨、劓、剕、宮、大辟；服，從也。言得輕重之中正。”以上五刑，亦按罪行輕重排列，故“得輕重之中正”。今依原文從輕至重次第簡釋如下：墨刑，亦稱“黥刑”，指在罪犯面部刺墨；劓刑，指割去罪犯鼻子；剕刑，亦稱“刖刑”，指截斷罪犯之脚；宮刑，指割去男犯生殖器或封閉女犯生殖器（初時用於淫亂罪）；大辟，指處死。統治者爲最大限度發揮死刑之威懾力、最有效地懲治罪犯，不斷變更死刑的手段。前述《漢書・刑法志》記叙上古用刑時稱：“大刑用甲兵，其次用斧鉞，中刑用刀鋸。”可知夏代砍頭、腰斬之類酷刑當已有之。

商王朝建立後，沿襲了夏朝的重要傳統，也繼承了夏朝的法律及相應措施。同時，依據新的國情及商王之慣習，時或頒布誓、誥、訓、諭等命令，這些命令逐漸形成商朝的新的法律。前引《左傳・昭公六年》已述及：“商有亂政而作湯刑。”這《湯刑》較《禹刑》更爲齊備。如商湯的第十世孫、祖丁之子盤庚，繼承其兄陽甲的王位後曾發布命令：“乃有不吉不迪，顛越不恭，暫遇姦宄，我乃劓殄滅之，無遺育。”（《書・盤庚中》）此處就確立了三條新罪名：一曰“不吉不迪”，謂不善不正，不依商王指定的正道辦事。吉，善；迪，道路。二曰“顛越不恭”，謂狂妄放肆，有不恭商王的行爲。顛，顛墜；越，越軌。三曰“暫遇姦宄”，謂欺詐姦邪，圖謀同商王作對。暫，讀爲漸，義猶欺詐；遇，讀爲隅，義猶姦邪。在外謀亂爲姦，在內犯科爲宄。以上三罪應處以“劓殄”之刑，即要將罪犯本人連同其子孫親眷全部殺死，不留“遺育”。劓，割斷；殄，滅絕；育讀爲冑，指後代。這“劓殄”之刑，或即後世夷九族之濫觴，應是最重的刑罰。

商代“劓殄”之刑，絕非一時之舉。《書・泰誓上》：“今商王受弗敬上天，降災下民。沈湎冒色，敢行暴虐，罪人以族……焚炙忠良，刳剔孕婦。皇天震怒，命我文考肅將天威，大勳未集。”受，即殷紂王。這是周武王秉承先君文王遺願，決心伐商大會諸侯的誓師詞。“敢行暴虐，罪人以族”，即武王指斥紂王的罪狀之一。紂王的這一暴行，已曠日持久，故而導致天怒人怨。“罪人以族”，謂一人有罪，刑及父母、兄弟、妻子。殷墟甲骨中多有記載，其中一片記有一族八十一人同時處以刖刑。“劓殄”當是族刑之最。在中國刑罰史中，商代向以嚴酷殘忍著稱，動輒構人以罪，且以死刑與肉刑爲主刑。死刑除上述諸刑外，尚有戈伐、炮格（亦稱"炮烙"）、醢、脯、剖心諸刑。

戈伐，指以戈殺人，或斬或戮。有一甲骨文刻辭曰："允戈伐二千六百五十人。"這是説允這個權貴以戈殺死二千六百餘人，這或即"大刑用甲兵"之謂，或即戰争，或即集體屠殺。

炮格刑，指置銅格於炭火上，令人赤足踏行，人不支，輒墜入火中燒死（詳本卷第三章第二節"炮格[1]"文）。又説"格"爲塗油之銅柱。（見《史記·殷本紀》"有炮格之法"裴駰集解引《列女傳》）

醢刑，指將人剁成肉醬。《史記·殷本紀》載："九侯有好女，入之紂。九侯女不憙淫，紂怒，殺之，而醢九侯。"殷紂之無道、殘暴可見一斑。春秋戰國時亦見此刑，孔子弟子子路、劉邦大將彭越皆遭醢刑。

脯刑，指將犯人殺死并曬成肉乾。前述殷紂王將不願過荒淫生活的九侯女殺死，并將其父九侯處以醢刑。鄂侯得知此事，斥責紂王暴行，紂王便將鄂侯處以脯刑。（見《史記·殷本紀》）《吕氏春秋·行論》亦有類似記載："昔者紂爲無道，殺梅伯而醢之，殺鬼侯而脯之，以禮諸侯於廟。"高誘注："肉醬爲醢，肉熟爲脯。梅伯、九侯皆紂之諸侯也。梅伯説鬼侯之女美，令紂取之。紂聽妲己之譖，因以爲不好，故醢梅伯，脯鬼侯，以其脯燕諸侯於廟中。""因以爲"，原書作"日以爲"，據畢沅注改。按，鬼侯當即九侯，所受刑非醢而爲脯。

剖心刑，指剖開人的胸膛，挖出心臟。《史記·殷本紀》："紂愈淫亂不止。微子數諫不聽……〔紂之叔父比干〕乃强諫紂。紂怒曰：'吾聞聖人心有七竅。'剖比干，觀其心。"《書·泰誓》《莊子·盜跖》諸書皆有類似記載。

肉刑，則大規模地沿襲了夏代的墨、劓、剕諸刑，更加泛濫，臣民不寧。

西周時，社會經濟有進一步發展，階級矛盾日漸加劇，周王、王室、臣下、僚屬、黎民之間關係錯綜複雜，因而刑法制度也發生了巨大變化。其犯罪類型與罪名甚爲繁夥，如犯弑君王罪、違犯王命罪、不孝不友罪、暴亂罪、殺人罪、劫財罪、殺人劫財罪、奸淫罪、殺人奸淫罪、竊盜拐騙奴婢罪、聚衆酗酒罪，不一而足。

《左傳·文公十八年》載："有常無赦，在《九刑》不忘。"孔穎達疏："有常刑無赦，其事在《九刑》之書，不遺忘也……周作《九刑》，作周公之刑也。"又《昭公六年》："周有亂政而作《九刑》。"杜預注:"周之衰,亦爲刑書,謂之《九刑》。"周公即姬旦,周武王姬發弟。《九刑》,當爲周公輔佐成王姬誦時所作。其時成王年幼,臣下諸侯各擅其政,正是亂世之際。又説《九刑》之作當在西周末世,以"聖人之號,以神其書",并非真出周公之手。説見《周禮・秋官・司刑》"掌五刑之法"賈公彥疏。何謂《九刑》?《九刑》是指西周前期的九種刑罰,亦稱"刑書九篇"。《漢書・刑法志》:"周有亂政而作《九刑》。"顏師古注引韋昭曰:"謂正刑五,及流、贖、鞭、扑也。"正刑五種,即墨、劓、刖、宮、大辟。按,《周禮・秋官・司刑》:"司刑掌五刑之灋,以麗萬民之罪。墨罪五百,劓罪五百,宮罪五百,刖罪五百,殺罪五百。"賈公彥疏:"《九刑》者,鄭注《堯典》云:正刑五,加之流宥、鞭、扑、贖刑。"與此略同。又:"云周公作者,《鄭志》云:'二辟之興,皆在叔世。受命之王所制法度,時不行耳。世末政衰,隨時自造刑書,不合大中,故叔向譏之。作刑書必重其事,故以聖人之號以神其書耳。'若然,《九刑》之名是叔世所作,假言周公,其實非周公也。"

至西周中期,由於周穆王好征戰,喜游樂,揮霍無度,幾乎耗盡周朝前期數十年國力。爲穩定局勢,穆王掠取財富,命司寇呂侯修訂《九刑》。《書・呂刑》:"呂命穆王,訓夏贖刑,作《呂刑》。"孔傳:"呂侯以穆王命作書,訓暢夏禹贖刑之法,更從輕以布告天下。"《漢書・揚雄傳》作"甫刑"。按,呂侯後爲甫侯,故亦稱《甫刑》。其内容重在以貨幣抵罪,或曰"贖罪"。《呂刑》規定,五種常刑皆可以銅贖抵。墨刑罰一百鍰,劓刑罰二百鍰,刖刑罰五百鍰,宮刑罰六百鍰,死刑罰一千鍰。鍰爲先秦銅貨幣單位,一鍰重六兩。這一贖刑授予貴族以特權,使之橫行無忌,而周王卻可達充實國庫之目的,黎民則不堪其苦,尤難安生。除贖刑外,尚規定有衆多刑事法令、刑罰原則、訴訟制度及執法職責等。就總體而論,《呂刑》爲解一時之急,匆匆成書,不够細密。故漢揚雄《解嘲》稱:"《呂刑》靡敝,秦法酷烈。"按,近人認爲《呂刑》非呂侯所作,而是出自春秋時呂國的其王,後經儒者潤色而成。此説見自於郭沫若《十批判書・古代研究的自我批判》。

前述夏商西周的法典,雖已成文,但從未公布於世。這當是遠古時期社會的特點,因爲這一時期的法律刑罰,完全掌握在國王手中,這一狀況一直延續至春秋戰國之際。

相傳自舜帝時起,斷案即十分謹慎,處理疑難案件,寧可偏寬而不依常法,也不錯殺無辜。其刑官皋陶即執行了"與其殺無辜,寧失不經"的原則。"經",即指常法。(見《書・大禹謨》)商湯與周初發布的文告中,亦指斥了夏桀、殷紂濫殺無辜的罪狀。可證夏商王朝在發展期皆强調執行這一原則，周初尤强調"明德慎刑"，即以德教爲主，刑罰爲輔。

殷商時爲樹立法令與執法者的權威，卜者皆參與司法，遇有重大疑案，更要僞託神意以斷罪，實施所謂神判。以上事例，常見於殷墟卜辭中。

至西周時，刑事與民事訴訟大抵有了區分。訴以劫殺之類稱獄，訴以財貨之類稱訟。刑事、民事凡求決斷，通常需原告起訴，民事常口述，刑事者則需訴狀。其時原告、被告皆需交納訴訟費用。刑事訴訟，原告、被告雙方需交"鈞金"，即三十斤銅。用金，義取其堅。民事訴訟需交納"束矢"，即一百枝箭（又説五十枝或十二枝）。用矢，義取其直。一經判定，勝訴者鈞金、束矢皆退還；敗訴者則没入官衙。此一措施，可限制民輕舉枉言。《周禮·秋官·大司寇》："以兩造禁民訟，入束矢於朝，然後聽之。以兩劑禁民獄，入鈞金，三日乃致於朝，然後聽之。"鄭玄注："訟，謂以財貨相告者。造，至也。使訟者兩至，既兩至，使入束矢乃治之也。不至，不入束矢，則是自服不直者也。必入矢者，取其直也。《詩》曰'其直如矢'。古者一弓百矢。束矢，其百个與？……獄，謂相告以罪名者。劑，今券書也。使獄者各齎券書，既兩券書，使入鈞金。又，三日乃治之，重刑也。不券書，不入金，則是亦自服不直者也。必入金者，取其堅也。三十斤曰鈞。"參見本卷《衙庭狀牘説·衙庭衙用考》"鈞金束矢"文。

西周在執法中已較重視證據。如《周禮·秋官·士師》載："凡以財獄訟者，正之以傅別約劑。"這是説凡以財貨打官司者，官府必以"傅別""約劑"加以驗正。所謂"傅別""約劑"皆爲契據，前者中剖爲二，雙方各執其一，以便核對，後者爲交易所用短券。案件一經判定，雙方則需各立字據，以確保不再反悔。此即前書《秋官·大司寇》所稱"以兩劑禁民獄"。"劑"，猶後世之具結狀。

西周在審訊中已積纍了"五聽"的經驗，注意觀察當事人的神態表情。聽，即判斷。前書《秋官·小司寇》載："以五聲聽獄訟，求民情。一曰辭聽，二曰色聽，三曰氣聽，四曰耳聽，五曰目聽。"辭聽，觀察當事人言語是否錯亂；色聽，觀察當事人面色是否有變；氣聽，觀察當事人喘息是否緊張；耳聽，觀察當事人聽力是否集中；目聽，觀察當事人雙目是否失神。

另外，行刑時特別注意天人合一、天人感應的關係。如秋冬萬物蕭殺，故死刑多在秋冬執行，以應天道。西周之道德、法制、人文、朝政，多臻完善。歷代史家罕見指斥者，幾譽之爲理想國。論其不足者，唯非穆王之征戰游樂而已。

第二節　中華法系的奠基期
——春秋戰國秦漢時期（公元前 770—220 年）

一、春秋時期成文法的頒布

春秋時期（公元前 770—前 476 年），是中國奴隸社會向封建社會的轉型期。其間的階級矛盾與鬥争錯綜複雜，關於如何立法，是否頒布成文法，已成爲其矛盾鬥争的重要表現形式，且十分突出。

夏商西周時期（約公元前 2070—前 771 年），以君王爲首的大小奴隸主主宰了整個國家，廣大奴隸處於被驅使被買賣的無人權狀態。其時法律無需公布，奴隸主便可以任意斷罪定刑。春秋時期已有相當實力地位的新興地主階級，竭力要求將法律公布於衆，以便他們據以保護既得的切身利益與私有財産。在百家争鳴的社會形勢下，作爲新興地主階級利益代表的法家強烈呼唤成文法的誕生，這是社會輿論的有力鋪墊。

據《左傳·昭公六年》載，春秋時鄭國執政者子産進行了一系列政治經濟革新，重新確立國都内外上下尊卑的等級秩序，獎忠儉，罰驕奢；重新劃分田界，明確土地所有權；制定賦税交納法，進而保證了擁有田畝的合法性，按比例交納賦税，又激發了力耕多得的熱情。公元前 536 年，爲順應新的社會形勢，鞏固已建立的新的封建秩序，子産將其現行法律條文鑄於鼎上，首開公開頒布成文法的先河，破除往昔刑書祇藏於官府的傳統，此舉對其他諸侯國產生了巨大影響。公元前 513 年，作爲新興地主階級代表人物的晋國大臣趙鞅與荀寅，在汝水之濱（晋所取陸渾地，在今河南省境内）率師築城，乘調撥軍需之便，徵得二百餘斤鐵，將范宣子執政時的刑書亦鑄成刑鼎，公之於世。以上即史稱之“鑄刑鼎”。公元前 501 年，鄭國大夫鄧析不受君命，將其私制刑法書之於竹簡，亦公布於世，史稱“竹刑”。竹刑更勝子産的刑鼎，更符合新興地主階級要求。據《鄧析子·轉辭》記載，鄧析反對禮教，提倡法治，提出“事斷於法”的主張，爲後世法家所推崇。鄧析於編定竹刑之外，還私招門徒，講授法律知識與訴訟方法，并協助指導他人訴訟，創辦了中國法律史上第一個私立專業學校，充當了第一名專職教師與私人律師。一時間，鄭國的革舊圖新浪潮洶湧而起，嚴重危及了新老權貴的統治地位。鄭國執政者駟歂以謀亂罪殺了鄧析，但鄧析的竹刑因順應社會發展需要，深入人心，廣爲流傳，仍被采用。此即所謂 "殺鄧析而傳竹刑"。

"殺鄧析而傳竹刑"，説明奴隸主權貴們已處於窮途末路，實則宣告了他們的失敗。在駟歂之前，權貴們及其代言人亦曾以各種方式表示强烈反對。據《左傳·昭公六年》載，子產鑄刑鼎時，晋國大臣叔向曾致書子產説："以前我對您寄予希望，今日一切都完了。往昔先王議事臨時而斷，不預制刑法，就是懼民產生爭訟之心。於是糾之以政，行之以禮，守之以信，奉之以仁，制爲禄位，以勸其從，猶求聖哲之官，忠信之長，慈惠之師，民於是乎可任使也，而不生禍亂。民知有法，則不畏於上，人皆有爭訟之心，凡事皆據引法律，將來要想百姓服從并治理百姓就不容易了。百姓知道了爭訟，將抛棄禮儀，而徵引刑書，大小事盡行爭辯，案件將越來越多，賄賂各地滋生，四處通行，恐怕在您還活着的時候，鄭國就敗亡了。"（筆者直譯，下同）子產回書答復説："我無才能，難以慮及子孫，我祇是以此挽救當世之急。"子產堅持下來，未改初衷。又據同書《昭公二十九年》載，大儒孔子得知晋國大臣趙鞅、荀寅鑄刑鼎時説："晋國即將衰亡啊，既有法度全喪失了。晋文公所建嚴守於内的制度，貴賤尊卑的秩序，全被廢棄了。民衆祇關心鼎上的法律條文，何以尊敬高貴的人？高貴的人又何以守住自己的地位與財產？若貴賤無序，又何以爲國？"孔子的這番言論，當然阻止不了社會的進步與法律的完善。

成文法的公布與否，其實質是新舊勢力爭奪統治地位的殊死較量。成文法的公布，標志了新興地主階級的勝利，在由奴隸制向封建制的過渡中，邁出了關鍵的一步，在中國法制史上，爲封建法制的建設揭開了新的篇章。

二、戰國時期變法與法典的建設

戰國時期（公元前 475—前 221 年），列國諸侯爲確立封建生產關係與政治體制，以順應社會生產力的急速發展，相繼進行了決策改革。此類重大舉措，史稱 "變法"，變法的成果即列國的法典。這些改革者們，史稱 "法家"。

公元前 445 年，魏文侯始當國，任用李悝爲相。李悝幼習安邦治國之道，長而通習列國國情，係戰國前期著名法家人物，深得文侯賞識。文侯尊之爲師，請其主持變法。於是，李悝對魏國進行了一系列改革。

在政治方面，李悝廢除了世卿世禄的傳統制度，取消貴族階層的一切特權，定立"食有勞而禄有功""使有能而賞必行"的任免獎懲制度，開闢了賜爵制的新路。這就使一大批新興地主階級優秀代表得到參政的機會，極大地充實了統治集團的力量，使決策機制更加靈活。

在經濟方面，李悝主張大力發展農業、家庭紡織業，堅決打擊權貴們驕奢淫逸的行爲。李悝稱："富足者爲淫佚，則驅民而爲邪也。民以爲邪，因以法隨誅之，不赦其罪，則是爲民設陷也。刑罰之起有原，人主不塞其本而替其末，傷國之道乎？"（漢劉向《説苑·反質》"李悝答魏文公問"）這段名言可直譯如下："富人驕奢淫逸，就迫使百姓做壞事。做壞事，就要受法律制裁，而不赦免其罪，就等於爲百姓設下陷阱。刑罰的起始本有其源，君主不堵塞本源却去禁止枝末小事，此豈非危害國家的正道麼？"可見李悝的法治思想在於重視百姓，以農耕爲本，旨在國富民强，打擊爲富不仁的驕奢行爲，這同前代統治者與後世法在治民、輕刑重判的主張迥然不同。爲此，李悝施行"盡地力""善平糴"的政策。"盡地力"，即使國内無閑田，無廢田，不荒不棄；"善平糴"，即豐年由國家平價收購糧食，以免價低傷農，并用以備荒，荒年則由國家平價賣出，以免價高傷民，并防止奸商囤積居奇。

公元前 407 年，李悝依據鄭國改革面臨的現實情況，綜合列國法律，各取其長，編成《法經》。其書分《盜法》《賊法》《囚法》（一作《網法》）《捕法》《雜法》《具法》六篇。據《晉書·刑法志》《唐律疏義》及明董説《七國考》引《新論》的記載，前四篇是懲辦"盜""賊"及加以"囚""捕"的法律。李悝以"王者之政莫急於盜賊"爲要旨，故將《盜法》《賊法》列在六篇前位；"盜""賊"既需囚禁或追捕，故《囚法》《捕法》緊列其後；五六兩篇是重案要案之補充，故置於末位。《雜法》是除却"盜""賊"以外，對其他犯罪或違禁行爲的法律規定。其有所謂"六禁"，一曰"淫禁"，規定對男女淫亂的刑罰；二曰"狡禁"，規定盜竊國璽、符節及誹議國事的刑罰；三曰"城禁"，規定偷越城牆與其他軍事要塞的刑罰；四曰"嬉禁"，規定賭博打鬧的刑罰；五曰"徒禁"，規定擅自聚居與集會的刑罰；六曰"金禁"，規定官吏收受賄賂的刑罰。其中五六兩禁包括了一般處罰，非刑事犯罪，因無獨立民法，故置其中。第六篇《具法》，係按犯罪行爲的不同情節，給予犯人以減輕或加重刑罰的規定。

戰國時，已有卑位告尊位，事不合法而上告之舉，稱之爲“控告”。《左傳·襄公八年》："敝邑之衆，夫婦男女，不遑啓處，以相救也。翦焉傾覆，無所控告。"亦稱“告愬”。《管子·任法》："賤人以服約卑敬悲色，告愬其主，主因離法而聽之。"《吕氏春秋·振亂》："世主恣行，與民相離，黔首無所告愬。世有賢主秀士，宜察此論也，則其兵爲義矣。"高誘注："世主，亂主也。亂政亟行，與民相違，黔首懷怨，無所控告。"

李悝稍後，就是著名的“商鞅變法”。商鞅（前390—前338），通名衛鞅，複姓公孫，其祖本姓姬，係衛國國君宗族。據《商君書》《史記·商君列傳》諸典籍載，“商鞅少好刑名之學”“年雖少有奇才”，崇尚李悝，視之爲己師，爲戰國時法家主要代表人物之一。公元前361年，秦孝公下令招賢，商鞅携《法經》赴秦。其後終得孝公信任并重用，被任命爲左庶長，力主變法，秦得以國富民强。後因功封於商（今陝西商洛市），號商君，史稱“商鞅”。

商鞅以《法經》爲基礎，據秦國國情予以增删，形成新的法典。新法同樣取消了秦國的世卿世禄制度，進而按軍功大小，重新排定官爵等級和待遇。下級士兵勇敢殺敵者可得官爵，臨陣脱逃或投敵者要受嚴懲。凡内訌私鬥者，依情節輕重各予處罰。

商鞅破除“刑不上大夫”的定制，即使位高功大者，觸法決不寬宥。其時正值秦太子觸法，商鞅稱“法之不行，自上犯之”，欲刑太子。但太子爲“君嗣”，即未來的國君，是商鞅輔佐之主。於是劓太子之傅公子虔，黥太子師公孫賈。這樣太子身邊最權威最親近的兩長者，一個被割掉鼻子，一個面部刺了字，這當然是對太子最大的懲罰與羞辱。這在封建王朝實屬不易，連嚴正的太史公司馬遷亦責之曰“天資刻薄”。

商鞅新法的再一重要方面，是發布獎勵農耕的法令。此法令廢除了西周以前的“井田制”，承認土地可以買賣，由國家統一徵收賦税；凡積極耕織者，可免徭役負擔，多餘糧款可買官爵；對棄農經商或因懶惰而致貧者，可罰作婢奴；有二子不肯分家者，則加倍收其賦税，以充分發揮勞動潛力；凡别國逃至秦國者，皆可授田，并免三代徭役，若原係奴隸身份，可改升農民。以上舉措，極大地充實了國力。

另一方面是推行“連坐法”，新法將百姓五家或十家編爲一保，每保相連，相互監督告發。一家有罪，九家舉報，若不舉報，十家共罪。不告奸者腰斬，告奸者與斬敵者同賞，匿奸者與降敵者同罪。

商鞅新法的特點爲"明法重刑"。所謂"明法",是指賞罰分明,即揚棄百家,尤其是儒家的禮治學說,而以國家法律法令統一臣民的思想;所謂"重刑",是指輕罪重罰,即犯輕微的罪行也要處以嚴厲的刑罰。據載,偶有撒灰於街的過失,亦要處以墨刑。這"重刑"也表現在"明刑"的"連坐法"中,何以要一家犯法九家連坐?商鞅此舉實在是站在最高統治者一方,輕民而重君,本末倒置。太史公稱商鞅"天資刻薄",亦屬明察,而維護太子及其傅、師當作別論。商鞅新法較之於李悝之《法經》,少了一些愛民之情而失之峻刻。

三、秦帝國的大一統及其嚴刑酷法

西陲荒僻落後的秦國,經商鞅變法,一舉成爲戰國七雄之首。公元前238年,年僅二十二歲的秦王嬴政,加冕親政,繼孝公之道,再任法家輔國,內除政敵,外行征戰,至公元前221年,歷時十七年,終於兼并了六國,結束了數百年來的諸侯割據局面,建立了中國歷史上第一個大一統的封建帝國。嬴政兼取世人廣爲傳頌的"三皇"與"五帝"的尊號,改"秦王"爲"皇帝",後加"始"字,意謂子孫代代相傳,直至萬世。

皇帝位處至尊,擁有無限權力,無拘無束,集立法、司法、行政、軍事諸大權於一身。皇帝之命稱爲"制",令稱爲"詔",命令即法律。戰國之前,尊卑通稱的印章"璽",尊卑通稱的"我"的代詞"朕",至始皇帝始變爲其本人及歷代皇帝的專稱。稍後,"璽"又規定了用料、尺寸及璽紐(即璽的頂端)的造型,以別於臣下與普通百姓("印璽"之說,詳本書《文具卷》文)。皇帝的宮室、服飾、儀仗亦自獨尊,臣民亦各有別。中國的尊卑貴賤諸等級森嚴自始皇帝而始,直至清末而遺風不絕。始皇帝之下,實行三公九卿制。"三公"爲丞相、太尉、御史大夫,各司其職,分掌政務、軍事、監察諸職,組成中央集權機構。"九卿"爲朝內分理各部事物的官職,有奉常(掌管皇帝宗廟禮儀,漢景帝中元六年更名爲太常)、郎中令(掌管宮門、車騎諸務,內充侍衛,外從護駕)、衛尉(掌管宮廷門衛屯兵)、太僕(本周制,秦漢沿置,掌管皇帝車馬等)、廷尉(掌管中央刑獄)、典客(掌管屬國外交事務及相關禮儀。景帝中元六年更名爲大行令,武帝太初元年更名爲大鴻臚)、宗正(掌管皇族親屬事務)、治粟內史(掌管中央糧穀、棉、鹽、鐵事務。景帝後元元年更名爲大農令,武帝太初元年更名爲大司農)、少府(掌管中央山海池澤之稅收,以供養皇室。《漢書·百官公卿表》"少府"顏師古注曰："大司農供軍國之用，少府以養天子也。"）。在地方上，改分封制爲郡縣制。全國分三十六郡，郡下設縣，開創了中國古代社會中央、郡、縣三級管理制，并沿襲兩千年之久。

由秦始皇始，統一文字書體，統一度量衡標準，統一貨幣，統一車軌，統一政令，統一法度。其中更强調了政令、法度的統一。始皇帝宣布：作制明法，權在皇帝，臣下輔佐，責在執行。皇帝的命令具有最高的法律效力，爲國家最基本的法律形式之一。自秦始皇始，中國建立了大一統的封建帝國。

秦始皇爲王時，已廣招天下賢能，即皇帝位後，又任李斯爲相。李斯，楚上蔡（今河南境内）人，"少從荀卿學帝王之術。學成，度楚王不足事……西入秦"（《史記·李斯列傳》）。他在秦王兼并六國、建立并鞏固大一統集權制的過程中，起到了無可替代的巨大作用。李斯推行"以法治國"的一系列措施，大力維護君權至上的專制統治，以嚴刑峻法防止和鎮壓臣民的不滿、反抗。公元前 213 年，李斯參照前代諸國法典，編定出一套較完備的法典《秦律》。《秦律》包括了刑法、民法、行政法、軍事法及訴訟程式等各類法律法規，内容涉及了農業、手工業、商業、徭役、賦税、官吏任免、軍事獎懲及前述的什伍社會組織等各種領域，乃至臣民的衣、食、住、行各類用物用器皆有數量、顏色的明細規定，各守其分，不得混同。自皇帝、大臣、百官至普通百姓，建立了一整套尊卑嚴格、等級分明的社會體系。這一體系同樣在中國封建社會影響兩千年之久。

秦朝的法律形式有"制""詔""律""令""課""程""答問""例"等。"制""詔"，前已述及，此略。"律"，爲主要法律形式，有田律、厩苑律、倉律、金律、關市律、工律、均工律、效律等二十九種；"令"，爲"律"的重要補充條款，如"田律"之外有"田令"，"金布律"之外有"金布令"；"課"，指如何徵收或交納賦税；"程"，指法式規格，有時亦稱"式"；"答問"，指官吏對法律條文的解釋，官吏的解釋具有法律效力，即成爲該條文的法律；"例"，指中央司法機構依法斷獄已被確認的成例，遇有疑案，可依"例"執行，故"例"亦爲已有法律條文的補充。

秦法在中國法制史上，具有特殊地位，構成了一部繁多細密的法律體系，可惜文獻不足徵引。1975 年 12 月，湖北雲夢睡虎地秦墓發掘出竹簡一千一百五十五枚（另有殘簡八十枚），其中大部分是秦代法律條文與文書，今已整理成《睡虎地秦簡》（簡稱《秦簡》）一書問世。該書雖難反映《秦律》全貌，但却是迄今爲止發現的我國歷史上最早的法律原始文獻，其内容之豐富，唐以前法律條文無過於此者。细查可知，秦法细密、嚴謹，不可一概視爲嚴酷。

秦代立法的主旨就在於維護皇帝及其權威、尊嚴。據《史記·秦始皇本紀》載：始皇三十五年（前 212）規定，皇帝出行，有言其處所者殺。一日始皇帝赴梁山行宫，於山上望見丞相車騎衆多，心中不悦。隨行太監告知丞相，其後丞相自减車騎。秦始皇追查泄事者未得，將知情隨從全部殺掉。又載：始皇三十六年（前 211），有隕石墜東郡，一民刻其石曰："始皇帝死而地分。"始皇聞其事，派御史追查未果，遂將隕石附近的居民全部處死。

始皇帝推行法家的重刑重罰的思想，法網嚴密，刑罰殘苛。據古文獻與今出土簡牘可知，秦律中的罪名有近二百種。如犯蹕犯顔罪（指驚或羞了皇帝），叛亂罪，誹謗妖言罪，以古非今與挾書罪，私藏與偶語詩書罪，妄言與非所宜言罪，違反王令罪，降盗、譽敵罪，瀆職罪，殺人罪，盗竊罪，詐僞罪，乏徭罪，不孝罪，奸情罪，逃亡罪，鬥毆、傷害罪，等等。《秦簡·法律答問》中載：一貧民摘取了地主幾片桑葉，雖不值一文錢，但被罰勞役三十天。

秦代反復定其刑名，愈定愈细密，愈定愈殘酷，亦有數百數千之多。今依其類，分述如下。

（一）死刑

1.族刑，即一人犯罪，全族受誅。2.車裂，即以車分裂肢體。亦稱"磔"，後世稱"五馬分屍"。3.鑊烹，即以大鍋之類器具將人煮死。後世稱之"下油鍋"。4.斬首，即殺頭。5.腰斬，即將人腰斬斷。6.棄市，即將人處死於鬧市，暴屍於衆。7.定殺，即將人抛入水中淹死。亦用於患有傳染病者。8.阬，同"坑"，即活埋。9.鑿顛，指鑿穿人頭頂而致死。顛，頭頂。10.具五刑，指五種刑罰并用，即執行各種肉刑而活活致死，猶後世的凌遲處死。11.梟首，即砍頭後又懸頭示衆。12.戮屍，即將人殺死後，又殘其屍，或人已早死，又開棺殘其屍。梟首、戮屍，旨在解恨并震懾、儆示其餘敵手或普通百姓。

（二）肉刑

即笞、黥、劓、臏、宫五種，與夏代五刑略异。此以笞刑代夏之大辟。笞，以荆條或竹板擊打臀、腿或背。此外尚有示辱性刑罰，一曰耐刑，即剃去鬢髮鬍鬚；二曰髡刑，即剃光頭髮。此二刑通常是附加刑，主刑是罰作勞役。前者二年至五年，後者四至五年。

（三）徒刑

1.城旦，多爲服築城的苦役。祇用於男犯。旦，一説即“築”之音轉；一説爲早晨或白天，即所謂“晝日伺寇虜，夜暮築長城”。一般爲四年刑，受髡刑之後可加爲五年。2.城旦舂，指舂米以供犯人口糧的苦役。通常爲女犯。刑期爲四至五年。3.鬼薪，指爲宗廟砍柴伐薪的苦役。通常爲男犯。三年刑。4.白粲，指爲宗廟舂米以供祭祀的苦役。三年刑。5.隸臣妾，指將犯人及其家屬没爲官府奴婢。男爲隸臣，女爲隸妾，往往另有附加刑。6.司寇，此處指男犯去邊地防禦外寇，兼服勞役。二年刑。7.候，即斥候或斥堠。指在邊防瞭望敵情。一至二年刑。

（四）流刑

1.逐，即驅逐。指將外籍罪人驅逐出境。爲流刑中最輕的一種。2.遷，指遷往邊地或新奪取之地。《史記·項羽本紀》有“秦之遷人皆居蜀”之説。秦之遷刑通常適用於有一定身份的罪人，亦用於罪行較輕者，另則爲赦遷，秦每奪一地，常需赦罪人遷往。3.讁，亦稱“讁戍”。指將犯人遣往邊地戍守或服役。此爲出於軍事上的特殊需要而規定的刑罰。最初，被讁者皆爲罪當受讁，後爲鞏固邊防，充實弱地，即將本判他刑者亦改爲讁刑往發。有時盡發閭左之民（秦時貧賤者居閭巷之左）以充讁戍。秦末以陳勝、吳廣爲首的反秦大軍，即讁戍漁陽的閭左之民。遷、讁二刑類似，但亦有别。遷是發往某地服役或過普通人的生活，而讁戍者必須從事軍事防衛性工作。4.削籍，即削除户口名簿上的名字。凡被逐、遷、讁者，皆先削籍。

（五）貲贖刑

1.貲刑，指罰以錢財抵罪。貲，如同周代的“罰”。秦代之貲刑主要有兩種：一曰貲布，猶周時的罰金。布，爲秦代貨幣形式之一，故貲布即罰錢。二曰貲財，主要有貲甲、貲盾兩種。秦在統一六國之前，即曾效仿春秋時齊國罰甲兵之法。睡虎地秦墓竹簡《秦律十八種·徭律》中有一條規定，讁戍征發時，如失期“六日到旬，貲一盾；過旬，貲一甲”，“令弗行，貲二甲”。這是説讁戍者不能如期趕到服役地，遲到六天至十天，祇罰一盾，過十天，罰一甲，若違令不能去服役者，亦祇罰二甲而已。至秦二世，讁戍征發之貲刑已被取消，變得殘酷而失情理，成爲“失期當斬”，故而陳勝、吳廣之徒，乃“爲壇而盟”，誓死反秦。秦統一六國前所以貲甲盾，出於同齊桓公一樣的主旨，皆爲解決戰爭之急需，戒妄傷人財，富國强兵。2.贖刑，即以錢財贖罪。秦代的贖刑亦有兩種：一曰贖布，即以金錢贖罪；二曰贖財，主要爲盾贖、甲贖兩種。貲刑與贖刑看似無別，實則有异。兩者雖同樣交納錢財，但前者爲官府硬性規定，後者爲犯他罪而藉以自救，如免除笞黥耐髡等。不過，此兩刑皆有利於達官貴人，而不利於貧苦百姓。3.居作。如前所述，在執行貲刑或贖刑交納錢財時，那些貧苦百姓常常力所難及，貧官小富亦然。於是另設居作之刑，即以日居勞役來抵償應交錢財。居作與錢財折算標準爲"日居八錢"；若居作由官府供給飲食，則"日居六錢"，即一天勞役扣除飲食費用净算六錢。若居作時間不足以抵償錢財，亦可以實物或金錢補齊不足部分。貧官小富可以臣、妾、馬、牛代替，貧苦百姓亦可以"耆弱相當"的其他人代替。

秦始皇建立大一統的封建帝國之後，妄圖憑藉嚴刑酷法，維護其統治地位。法網嚴密，用刑殘酷，建國不久，相繼頒布了《焚書令》《挾書律》。這一令一律有極爲繁細的規定：凡藏《詩》《書》、百家之著，三十日不交者處黥刑和城旦刑；偶語《詩》《書》者棄市；以古非今者族，即處族刑；官吏知而不告者同罪。偶語《詩》《書》，以古非今而罹禍遭殺者有多少，史無明載，却令人不寒而慄。公元前211年有儒生議論朝政，秦始皇下令追查，親自定了四百六十餘人死罪，全部在都城咸陽城郊坑殺。以上即史稱之"焚書坑儒"事件。至於肉刑之濫，如同兒戲。據《史記》《鹽鐵論》諸書載，秦代處宮刑者多達七十餘萬，劓刑削鼻積成堆，臏刑斷足裝滿車。結果秦始皇并未得萬世相傳。《鹽鐵論》之《刑德》篇載："昔秦法繁於秋荼，而網密於凝脂。然而上下相遁，奸僞萌生，有司法之，若救爛撲焦不能禁，非網疏而罪漏，禮義廢而刑罰任也。"誠如幾十年後的《過秦論》所云：當年六國名將輩出，謀士如雲，以什倍之地、百萬之衆，叩關攻秦，秦無亡矢遺鏃之費，而天下諸强盡敗，割地賂秦，逐一覆滅，而今陳勝、吳廣氓隸之人、謫戍之徒，率數百烏合之衆，斬木爲兵，揭竿而起，天下雲集而回應，昔日虎狼之强秦，頃刻土崩瓦解，祇二世而終。何也？立法富民者生，酷法虐民者亡，如是而已。

四、秦帝國的民法與經濟法

秦朝自商鞅變法以來，一直奉行耕戰政策。公元前221年，即秦始皇統一中國當年，頒布了"更名民曰黔首"的法令。越二年，公元前219年，秦始皇至琅邪臺刻石頌功云："皇帝之功，勤勞本事。上農除末，黔首是富。普天之下，搏心揖志。"可見秦統一六國之初，仍在實行農戰政策。秦始皇以此爲得意之舉并命令全國專心致志，全力以赴。搏，同“專”；揖，猶“集”。“上農”，指崇尚農業，以農爲本；“除末”，指消除或削弱工商業。“末”，末端，不足取。秦時稱工業爲“末作”，商業爲“末業”，有時亦混稱通用。

又越三年，公元前 216 年，秦始皇公布了“使黔首自實田”的法令，令全國黔首自報占田實數，不論墾殖與否，皆按田畝徵稅，或交穀物，或交飼草。這就進一步以法律形式肯定了田地私有，并鼓勵開墾，否定了祇占不墾，并規定暗移田界標誌者，要判以四年徒刑。誰開墾，誰受益，全國可耕地面積迅速擴大。但能大規模開墾并保證田界不能移動者，多爲人力財力雄厚的權貴。於是“富者田連阡陌，貧者無立錐之地”“邑有人君之尊，里有公侯之富，小民安得不困？”（《漢書·食貨志上》）不過，秦帝國之國庫畢竟藉此充盈起來。

秦朝對農業生產至爲重視，建立了一整套管理制度與管理方法。除却一般的種子保管、作物栽培外，還特別設立了兩大類法規：一是勞動力的重視與調配；二是農田水利、水旱災害、風蟲病毒、牛馬繁殖、草木蟲魚之類生態環境治理、保護與利用。《司空律》規定，一家不得有二人以上同時以勞役抵罪或贖刑；《戍律》規定，不得將一家中的勞動力同時征發戍邊或服役。有關官吏若違反以上規定，予以“貲二甲”的懲罰。《田律》規定縣與縣以下官吏必須掌握農情，風調雨順或旱澇災害，應及時向上司報告受益或受損田畝數量。《廄苑律》規定，對耕牛要在正月、四月、七月、十月，分四期評比，善者獎，劣者罰。《牛羊課》規定，成年母牛十頭，其中若有六頭不育，罰六盾（前已述及，自商鞅始，十家爲“保”，不育者若在六家，則各罰一盾）。秦仿周制，設置專管山林之機構，稱之爲“虞部”，專司生態保護，若今日之重視可持續發展。又明確規定春季不准砍伐森林，不准堵塞水道；夏季不准燃燒草木，不准采摘苗芽，不准捕捉幼獸幼鳥或拾取鳥卵，不准毒殺魚鱉……這些禁令至七月方可解除。違反以上規定，依律定罪，重者棄市。

對手工業生產已設有一整套管理制度與管理方法。如《秦律》規定，凡有手工技術的奴婢，不可派作其他雜役，以盡其能，若升爲黔首後，可繼續以作工爲生。使用新工人，要進行培訓，以兩年爲期。提前學成者賞，如期未成者，需報有司酌處。管理手工業的法律稱之爲《工人程》。其法規定，冬三日收取夏二日的產量。因冬夏晝夜長短有別，纍短爲長，以三抵二。按，古代常日出而作，日落而息，以白晝爲計時單位。又規定，依據工種、性別、年齡、熟練程度，用不同的折算法計算產量。如，善於刺繡的女工匠一人抵男工匠一人，做雜活的女工二人抵男工一人，七歲以上的未成年童工五人抵男工一人等。對產品品質、規定亦做統一標準，改變了戰國時期列國標準各異的狀況。

秦朝統治者將工商業同農業對立起來，實施抑工商興農桑的政策。早在商鞅變法時，即將抑商作爲改革的一項重要内容。李斯繼商鞅之後，更發揚其師荀子的這一主導思想：「省商賈之數，罕興力役，無奪農時，如是則國富矣。」楊倞注曰：「省，減也。謂使農夫衆也。」又：「工商衆則國貧。」楊倞注：「農桑者少。」（《荀子・富國》）荀子將工商視爲一體，無本質區别。《富國》篇的正文中，反復强調了工商多則國貧，工商少則國富。唐人楊倞的注文則從農桑的多少進行闡釋。秦始皇接受了荀子李斯師徒的這一指導思想，制定了相應的法令。在政治方面，規定商賈及其子弟没有完全獨立的人身自由，不能步入仕途，可隨時戍邊或服役。大商巨賈不得久居一地，使無鞏固根基。在經濟方面，裁減工商發展範圍，鹽鐵必須官府生產，糧食必須官府經營，商賈不得涉足；凡商賈不得正式入籍，不得占有土地。秦朝推行的這一國策，在中國歷史上也影響了兩千餘載，形成了一個典型的封閉的農業大國。

秦帝國的民事財產所有權主要爲土地房屋，即所謂田宅，今稱不動產。此外就是牛馬鷄豕之類，即動產。後者包括了奴婢。有了財產權，就有了雇傭、借貸、買賣等法制關係。今擇其要者，簡述如下。

（一）關於財產權

商鞅變法時曾規定，出身卑微者，甚至奴隸，祇要建立軍功，即可得爵位，受田宅衣物等。「明尊卑爵秩等級，各以差次名田宅，臣妾衣服以家次」（《史記・商君列傳》），這是說按爵秩等級，確定擁有田宅及臣妾的數量。始皇三十一年（前 216），下詔「使黔首自實田」（《史記・秦始皇本紀》裴駰集解），就是責令人民向朝廷據實登記自家田畝，承認其所有權。此一詔令，極大地促進了土地所有制的發展。

（二）關於雇傭

《史記・陳涉世家》：「陳涉少時，嘗與人傭耕，輟耕之壟上，悵恨久之，曰：‘苟富貴，無相忘。’傭者笑而應曰：‘若爲傭耕，何富貴也？’」司馬貞索隱：「《廣雅》云：‘傭，役也。’按：謂役力而受雇直也。」可知起義軍首領陳勝（字涉）就曾受雇傭而爲富家耕田，説明當時傭耕已成定制。

（三）關於借貸

《睡虎地秦墓竹簡·法律答問》："百姓有責（債），勿敢擅强質。擅强質及和受質者，貲二甲。"意謂百姓間若有債務，不得擅自强行索取人質爲抵押，即使雙方同意以人質爲抵押，亦視爲犯法，皆處以"貲二甲"的懲罰。同簡《司空律》記載：欠官府債務者，債務到期未還，則傳訊債務人，若其無力償還，當日即令其服官役抵債。官役一日，抵償八錢。服役期間，官府供食者，抵償六錢。又載，若抵債者爲農民，則在農忙期間，准其回家務農二十天。可見秦朝對農業生產的重視。

（四）關於買賣

《睡虎地秦墓竹簡·封診式·告臣》載有一文書，係買賣奴婢之契約。原文大意是官府命少内、佐（官名）依市場標準價格，在縣丞面前將丙（指奴婢）買下。丙係身體正常者，其價若干錢。足見奴婢是秦朝所有權的標志之一，是私有財產，主人可以自由買賣。

五、秦帝國的執法與訴訟

始皇帝統一六國後，仍施行戰國時本國的廷尉制。廷尉成爲九卿之一，擁有更高的司法權力。"廷尉"之"廷"，有二解：一解爲公平之意，另解爲每斷獄必經朝廷之意。"尉"，指軍事統領。因古時兵刑無別，故以此通稱。廷尉執掌皇帝所示與地方上報重案要案，并審核裁決疑案。自秦代始，御史、廷尉等執法官吏皆戴法冠。此冠亦稱"獬豸冠"，象徵如同神獸獬豸一樣神聖無私。

秦朝在地方上實行政令與司法二權合一的制度，由各郡守各縣令兼理其事。郡縣長官可親予審判判決，遇有重案要案及疑案，則需逐級呈報。縣級以下，鄉一級基層組織設有"秩"與"嗇夫"，專司民間糾紛，并協同郡縣緝捕罪犯，必要時亦可受理案件。

秦代的訴訟制度，内外有別，尊卑森然。依據被告情由與原告身份，劃分爲"公室告"與"非公室告"兩類。前類是有一定身份地位的人家，控告盜竊、傷殺諸案，後類是晚輩或奴婢控告家長或家主失德、施虐諸案。後類諸案，官府通常不予受理，如堅持控告，必給原告以懲罰，以維持封建倫理關係及等級制度。對誣告者要反坐，即以所誣告的罪名反加於誣告者。秦代已有犯罪人自首減免刑罰的規定，所謂"先自告，除其罪"。"自告"謂自我告發，即自首。起訴人爲個人者，通常稱之爲"告"；起訴人爲官員者，通常稱之爲"劾"。間或兩者混用，無所區別。

秦帝國已建立了逐級審轉的訴訟制度。從縣級開始，對重案、要案、疑案或不屬本級許可權內的案件，要呈報上一級審理，層層轉報，直至有權作出決斷的一級，該案方可審結。這種層層審轉的過程，常導致"一夕之案，走州過府，累年難止"，世人稱之爲"訟累"。這一制度歷代沿襲，直至清代始廢。

秦帝國規定審案先要勘驗排查，然後方可審訊。據古籍及《秦簡》記載，秦代已重視現場取證與法醫鑒定。一些案例記錄中，載有案發地周邊情況、凶器、知情人、殘留痕迹，以及被害人之衣着、殺傷部位與程度等等，體現了秦帝國執法者的執法態度之嚴、法律水準之高及豐富的執法經驗，同時反映了其時解剖學、法醫學方面已取得了相當的成就。

秦帝國對執法者的職責，曉示明確，追究嚴格。執法者量刑不當，失輕失重，屬"失刑罪"；不依律令，故意增減刑罰，屬"不直罪"；故意緩判、不判或使犯人逃脱，屬"縱囚罪"。三者皆爲重罪，依次遞加，直至死刑。

秦律在重視證人、證言與物證的同時，尤重犯人的供詞。無供詞之案牘，不得審結，不得判決，同時規定不得刑訊逼供。秦代初期，衹在遇有刁頑之徒理屈詞窮、拒不認罪時，方可拷打，且要將刑訊原由與行刑人姓名記入"爰書"（定罪文牘）以上報。至秦二世，趙高專權，始破成例，濫用刑訊，且暴虐至極。震驚當世的"李斯謀亂案"，就是趙高爲竊取大權、一手炮製的冤案。李斯本爲開國重臣、當朝丞相，趙高誣其叛逆，下入死獄，千度拷掠，日夜刑訊，終於屈打成招。在處死李斯時，趙高又施行了慘絕人寰的"具五刑"之法，即逐一施行笞刑、黥刑、劓刑、臏刑、宮刑而致死。《史記・李斯列傳》載："二世二年七月，具斯（李斯）五刑，論腰斬咸陽市。斯出獄，與其中子俱執，顧謂其中子曰：'吾欲與若復牽黃犬，俱出上蔡東門逐狡兔，豈可得乎！'遂父子相哭，而夷三族。"據此可知，李斯"具五刑"之後，復又"腰斬"，已達六刑并具，又加"棄市"與"夷三族"，真千古之慘烈！

六、漢代法制的寬嚴、儒術入法

公元前 206 年，嬴子嬰被誅，秦滅。劉邦稱帝，建漢朝，開始了長達四百餘載的漫長統治。自漢代始，封建生産關係得以大力加强，政治法律制度得以明顯發展。

劉邦率軍進入秦都咸陽時，以誅暴秦、爲民除害的名義，與父老約定，立法三章："殺人者死，傷人及盜抵罪。餘悉除去秦法。"此即所謂"約法三章"。"殺人""傷人"及"盜"，共三章，一改繁苛的秦法，寬簡明瞭，故"秦人大喜，争持牛羊酒食獻饗軍士"。政法既定，大得民心，劉邦迅速建立了關中基業，幾經較量，終於戰勝楚王項羽，取得江山。

江山既定，初入關的三章之法則過於簡約，已難統治全國，必須頒行更爲詳盡的各種法規。於是劉邦命"蕭何次律令，韓信申軍法，張蒼定章程（指曆數、度量衡之標準），叔孫通制禮儀"（《漢書·高祖紀》），漢朝安邦定國之法全面展開。今就與法律法令有關者，分述如下。

蕭何起於沛縣小吏，隨劉邦征戰天下，善謀略，尤喜律令。劉邦破咸陽時，將士紛掠財寶，獨蕭何入秦御史處收繳律令圖書，爲漢朝的立法預做準備。後參照歷朝法典，制定了《九章律》。該律在《法經》六章基礎上，新增三篇：户律、興律與厩律。户律指户籍、婚姻、賦税事項；興律指徭役徵發、城防守衛事項；厩律指畜牧、驛傳事項。合前有六章：盜、賊、囚、捕、雜、具（上文已述及），共九章。新增者屬民事、行政、經濟類的法規。《九章律》爲漢代奠基性法典，歷時四百餘載，雖代有增删，而主要内容却無變化。

叔孫通本爲秦待詔博士，後歸項梁，復率弟子百餘人降劉邦。劉邦稱帝後，拜爲奉常，又徙爲太子太傅。劉邦初就皇帝位於定陶時，依其意"悉去秦苛儀，法爲簡易。群臣飲酒争功，醉。或妄呼，按劍擊柱"，一片混亂，劉邦深感憂慮。於是，叔孫通進言曰："夫儒者，難與進取，可與守成。臣願徵魯諸生與臣弟子共起朝儀。"（《史記·劉敬叔孫通列傳》）叔孫通遂徵得魯儒三十，又率劉邦通學術的近臣及弟子百餘人於野外演練月餘，請劉邦試觀。劉邦認爲可以，乃令群臣習之。高祖七年（前200），適值長樂宫（長安城内東南隅）建成，群臣朝賀。依新定朝儀，殿門内陳車騎、戍卒、衛官，設兵器，張旗幟，傳呼急行，殿下郎中數百人侍帝前兩側，功臣、列侯、諸將軍等依次面東西立，文官丞相以下面西東立。大禮行罷，皇帝輦出，百官執戟，傳聲唱警，諸侯王以下，莫不震恐。"不如儀者，輒引去。竟朝置酒，無敢讙譁失禮者。於是高帝曰：'吾乃今日知爲皇帝之貴也。'"惠帝劉盈即位，仍爲奉常，復制定了宗廟儀法。以上法規，通稱之爲《傍章律》，計十八篇。

其時刑罰，雖有約法三章之寬簡，然死刑"尚有夷三族之令。令曰：當三族者，皆先黥、劓、斬左右趾，笞殺之。梟其首，菹其骨肉於市（顏師古注：'菹，謂醢也。'）。其誹謗詈詛者，又先斷舌，故謂之'具五刑'。彭越、韓信之屬，皆受此誅。"（《漢書·刑法志》）至高后元年（前187），廢除"三族罪""妖言令"，刑罰又進而寬簡。

漢文帝（劉恒）十三年（前167）始，先後廢除了黥、劓、刖、宮四種肉刑。至此步入了封建刑罰制度的改革階段，奴隸制五刑已向封建制五刑過渡。黥刑，以髡鉗（剃髮帶鐐）城旦舂替代；劓刑，以笞三百替代；刖左趾，以笞五百替代；刖右趾及宮刑，以死刑替代。其後發現，所改用的刑罰，"外有輕刑之名，内實殺人。斬右趾者又當死，斬左趾者笞五百，當劓者笞三百，率多死"（《漢書·刑法志》）。景帝（劉啓）元年（前156）下詔改既定之律：笞五百者減爲三百，笞三百者減爲二百。後仍感其重，中元六年（前144）又下詔改新律：笞三百減爲二百，笞二百減爲一百。詔曰："加笞者或至死而笞未畢，朕甚憐之……笞者，所以教之也，其定《箠令》。"（《漢書·刑法志》）景帝認爲笞打罪犯，旨在教育，使其悔改，不可致人死地，并指示制定有關責打之法令。箠，猶策。於是，丞相劉舍、御史大夫衛綰遵詔制定了《箠令》。其《令》中規定，刑具用竹棍。其棍頭直徑一寸（漢制），末端祇半寸，削平竹節。祇許擊打臀部，中間不得更換行刑者。

後元三年（前141），十六歲的劉徹即帝位，是爲武帝，在位五十四年，繼"文景之治"之後，開創了中國封建王朝第一個極盛時期。劉徹因非嫡生，又非長子，即位前曾經歷了一場宮廷血淚傾軋；即位後在雄心勃勃力推新政時，恰值"好黃帝、老子言"的竇太后把持朝政，原任丞相、太尉、御史大夫、郎中令等一批支持新政的重臣，或被免職，或被關押，或被逼自殺。

建元六年（前135），竇太后去世。苦待四年的劉徹立即下詔清除了竇太后安插在朝内的所有親信黨羽，終止了黃老思想指導下的"無爲"政治，采納了董仲舒的新儒家學說，進行了一系列改革。其中《越宮律》《朝律》的設立，即其措施之一。基於前度宮廷傾軋、朝政不穩諸教訓，劉徹對此二律非常重視。《越宮律》計二十七篇，旨在加強宮廷警衛，以防政變或刺殺，由著名法律大家張湯主持制定。《朝律》計六篇，旨在嚴格朝見禮儀，以保皇帝的尊嚴。以上《九章律》九篇，《傍章律》十八篇，《越宮律》二十七篇，《朝律》六篇，構成了所謂《漢律》六十篇。這些律令多已失傳，據清人沈家本《漢律摭遺》、今人程樹德《九朝律考·漢律考》，可略窺其概貌。

漢初之統治者，汲取了暴秦速亡之歷史教訓，曾寬刑罰，薄稅徭，但是待内外穩定、國庫充盈之後，就又啓動嚴刑酷法，作爲鞏固既得利益、圖謀長治久安的重要手段。今擇其要者，分爲以下兩方面，略作叙述。

（一）維護皇權，以防僭越

皇帝的權力至高無上，任何形式的不恭或侵犯，皆被視爲最嚴重的犯罪。法律中有所謂"不敬罪""大不敬罪"，藉以強化皇帝的尊嚴與權威。凡違詔、矯詔（假傳詔令）、闌入宮門（擅入皇帝居住處）、犯蹕驚駕（衝撞皇帝儀仗或車騎）、觸諱犯諱（誤稱或誤用皇帝名字），甚至將皇帝使用過的禮器乃至弓箭置於平地，皆屬"不敬罪"或"大不敬罪"，必處以重刑。漢律中更有"非所宜言"罪與"腹誹"罪。前者用以懲罰那些説了不當説的話的人，後者用以懲罰雖未出口但内心暗有不滿的人。文帝時已廢除的宮刑，至景帝時重予恢復，以代死刑。至武帝時，太史令司馬遷衹因替名將李陵辯冤，而慘遭此刑。此時其已不再是死刑的替代刑，而是武帝決定使用的獨立刑罰。

較之暴秦，漢代又增"阿黨""附益""非正""出界"四大罪名，以強化皇權，制約、打擊王侯的非法活動。"阿黨"罪，指諸侯王犯罪，屬臣不予揭發的行爲。"附益"罪，指朝臣外附諸侯王的行爲。犯以上二罪，皆處重刑。武帝時，淮南王劉安、衡山王劉賜謀反，其僚屬及有關朝臣因"阿黨"或"附益"罪，被誅者達萬人之衆。"非正"罪，指非嫡生而擅繼爵位。"出界"罪，指諸侯王擅越封國國界。

（二）鎮壓反抗，以保江山

漢朝執政者同歷代統治者一樣，視個人反抗或人民起義爲首等大敵，統稱之爲"盜賊"。凡武裝反抗，皆定爲"謀危社稷""大逆不道"，除本人腰斬外，妻子、父母，甚至祖父母盡皆同罪。爲孤立義軍，斷絕其與人民群衆聯繫，定有"首匿罪"，凡首謀藏匿義軍人員，皆棄市。又定有"通行飲食罪"，凡爲義軍指路、供飲食者，皆處死。以上是針對義軍與人民而論，以下是針對懲辦義軍不力的官吏。其一稱"沈命法"（沈，謂隱没；命，謂命令。一説指亡命之"盜賊"），官吏未發覺群"盜"滋生，或發覺而未追捕，二千石（指享有二千石俸祿之高官）以下皆處死。武帝時，"盜賊"蜂起，依"沈命法"處死之官吏甚衆。主管小吏憚於難以及時報案，禍起自己，殃及上級，索性匿而不報，上級亦出於同樣動機，不聞不問，縱容下級，於是上下一氣，互相欺瞞，"盜賊"反而越來越多。其二稱"見知故縱法"，官吏已見已知"盜賊"，捕前藉故使其逃遁，或捕後緩判、輕判，藉故使其越獄，二千石以下皆棄市。漢代統治者所設"沈命法"與"見知故縱法"，其實質是在責令官吏嚴捕、重判，寧錯捕、錯判，而不得錯放，於是屢屢出現錯殺無辜而不糾的冤案。

　　僅憑嚴刑酷法，常激起反抗的怒濤，自武帝始，更加强了思想統治，這就是"罷黜百家，獨尊儒術"。法律自此步入儒化，歷經三國兩晋南北朝逐漸完成。文帝時，賈誼曾提出"法先王、行仁義"的主張，并力陳"刑不上大夫"之古訓。幾經周折，文帝終於接受了賈誼的進諫。景帝時，采納經學博士董仲舒的學說，以儒家宗法思想爲中心，雜以陰陽五行說將神權、夫權貫爲一體，形成封建神學體系。四權之中，看似神權爲上，因"君權神授"，實則是君權高於一切，君權既爲神授，君權即代表神權。至武帝時，終於接受了董仲舒"罷黜百家，獨尊儒術"的建議。儒術融入法制的觀念，其核心則是"三綱五常"。何謂"三綱五常"？三綱指"君爲臣綱""父爲子綱""夫爲妻綱"，被認爲是千古不變的法則。臣絶對服從君，子絶對服從父，妻絶對服從夫，而君又是三綱的統領，臣民皆須絶對服從。五常指父義、母慈、兄友、弟恭、子孝，此五者爲人之常行，故稱。前述之"不敬"或"大不敬"，定爲大罪，即體現"君爲臣綱"；又有"不孝"，定爲重罪，即體現"父爲子綱"；丈夫擁有隨意"休妻"權，即體現"夫爲妻綱"；等等。

　　大儒董仲舒首以《春秋》經義判定獄訟，致使儒家禮教思想成爲司法的最高準則，形成禮主刑輔的儒家宗法思想體系。董仲舒認爲孔子作《春秋》之目的在於討伐亂臣賊子，宣揚"禮義之大宗"。漢律儒化後，即用禮義學說中的是非、善惡以及賢與不肖爲定性、定罪的依據，這樣做的結果是抛棄了規定明細的法律條文，儒家的禮義學說可以任意解釋被告人的行爲是否犯罪及受何種刑罰。其時，《春秋》決獄之風大盛，董仲舒退職後，朝廷之大案要案，仍派廷尉赴董府請教。董氏所著《春秋決事比》（亦稱《春秋決獄》）一書，凡二百三十二事例，已成爲漢代的特殊法典。簡而言之，武帝之後，儒法混同，律無實義。儒術入法與《春秋決獄》一書，其影響所及直至魏晋南北朝而未衰。至此，儒家推崇的西周之"八辟"，庶爲奉行，改稱"八議"，爲不成文法。

　　以上事實表明，漢代最高統治者已從其前代取得歷史教訓，不可一世的秦帝國正是因爲施行苛法暴政而頃刻土崩瓦解，於是漢代統治者改用禮義教化與刑罰鎮壓并行的手段，此即所謂"禮法合體、德威兼施"。

七、漢代的民法與經濟法

　　兩漢的民事法律關係，主要體現在《九章》的《雜律》中。因兩漢法典皆失傳，今就《漢書》略予補敘。

　　關於成年人與未成年人及其行爲能力，兩漢時尚無近代意義的規定，祇能從當時法定百姓承擔徭役的年齡推斷。《漢書·高帝紀上》："〔高祖二年〕五月，漢王屯滎陽。蕭何發關中老弱未傅者，悉詣軍。"顏師古注："孟康曰：'古者二十而傅。三年耕，有一年儲，故二十三而後役之。'如淳曰：'《律》：年二十三傅之疇官。各從其父疇學之。高不滿六尺二寸以下爲罷癃。'《漢儀注》云：'民年二十三爲正。一歲爲衛士，一歲爲材官、騎士。習射、御、騎、馳、戰陳。'又曰：'年五十六衰老，乃得免爲庶民就田里。今老弱未嘗傅者皆發之。未二十三爲弱，過五十六爲老。'師古曰：'傅，著也。言著名籍，給公家徭役也。'"據以上文字記載可知，古者二十已成人，即所謂"二十而冠"，此時已著户籍。而漢代法律規定，男子成年後須在家中從農三年，使其有一年的糧食儲備，至二十三歲再著服役名籍，作爲衛士、材官等學習射箭、駕車、馬術、戰陳之類軍事技能。"疇官"，指秦漢時世代家傳的職業性官職。"材官"，指秦漢時始置的一種預備役兵種。年過五十六之後，方可終身務農，不再服徭役。可知高祖時，年不滿二十三爲弱，五十六爲老。"罷癃"，此處特指已成年而身材矮小者。以上是高祖二年（前205）的法令。又《景帝紀》："二年冬十二月，有星孛於西南。令天下男子年二十始傅。"即景帝二年（前155）始，始將服徭役的年齡由二十三降爲二十。

　　兩漢仍實行嫡婦多妾制。皇帝自身仍是此制典型代表，除卻皇后之外，尚有昭儀、婕妤、美人諸姬等差以及"後宮三千"。此外，達官貴人亦是妻妾成群。據《史記·張丞相列傳》載，張蒼"免相後，老，口中無齒……妻妾以百數，嘗孕者不復幸"。又據《漢書·貢禹傳》載，"武帝時又多取好女至數千人，以填後宮"，宣帝時亦取數千，"諸侯妻妾或至數百人，豪富吏民畜歌者至數十人"。妻妾雖多，而其主從關係不得逾越，若有違制，必予追究。據《漢書·外戚恩澤侯表》載，哀帝元壽二年（前1），皇后父孔鄉侯傅晏"坐亂妻妾位免，徙合浦"。西漢之時，納妾之風甚盛，故而"妾"之別稱亦甚繁多，有"小婦"（《漢書·元后傳》）、"外婦"（《漢書·高五王傳·齊悼惠王劉肥》）、"小妻"（《漢書·枚乘傳》）、"下妻"（《後漢書·光武帝紀》）等。爲恢復和發展經濟，需增加勞動力，惠帝六年

（前 189）曾下詔令："女子年十五以上至三十不嫁，五算。"顏師古注引漢應劭曰："《國語》'越王勾踐令：國中女子年十七不嫁者，父母有罪'，欲人民繁息也。《漢律》'人出一算。算，百二十錢。唯賈人與奴婢倍算'，今使五算，罪謫之也。"據《漢書・惠帝紀》注引應劭所言可知，漢初"欲人民繁息"而規定的女子出嫁的年齡更低於越王勾踐時。漢初限制商賈與奴婢人數，賦稅高於常人一倍，而女子十五至三十不嫁，賦稅竟高達五倍！這是導致兩漢盛行早婚的主要因素。《漢書・王吉傳》《論衡・齊世》對此均有批評。兩漢仍有招贅婚姻，入贅者多因貧困而無力娶妻。贅婿之社會地位甚低，文帝時規定"賈人、贅婿及吏坐贓者，皆禁錮不得爲吏"（《漢書・貢禹傳》）。

關於婚姻的解除，兩漢仍依西周古制，以"七出""三不去"爲律定原則。但自西漢"罷黜百家，獨尊儒術"之後，强調了"三綱五常"。據"夫爲妻綱"的原則，妻子應無條件地終身服從丈夫，服侍丈夫。丈夫可以休妻再娶，可以大量納妾，而妻子却必須保守貞節，從一而終。即便丈夫有劣行，也不准妻子離去。（《白虎通義・嫁娶篇》）即使丈夫死去，亦不得改嫁。（見《後漢書・列女傳》）關於妻子被離棄後的財產分配，兩漢已有明確規定。《禮記・雜記下》："有司官陳器皿，主人有司亦官受之。"鄭玄注："器皿，其本所齎物也。《律》：'弃妻畀所齎。'"孔穎達疏："有司之官陳夫人嫁時所齎器皿之屬，以還主國也。"此處言諸侯棄夫人時須依《漢律》，歸還夫人嫁時財物。士庶同此。

在以農耕經濟爲主的封建社會，盡力維護父權，維護婚姻，以保持家庭的穩定。家庭爲社會的基本單位，封建統治者總是將"齊家"視爲"治國"的前提。《禮記・大學》載："古之欲明明德（鄭玄注："謂顯明其至德也。"）於天下者，先治其國；欲治其國者，先齊其家。"又："家齊而後國治，國治而後天下平。"齊，即治，治理。爲維護父系之家長制，《漢律》設有"不孝"罪，此罪甚重。《漢書・衡山王劉賜傳》："〔衡山王謀反〕孝坐與王御婢奸……太子爽坐告王父，不孝，皆棄市。"爲維護父權，少男劉孝因與王父之婢通奸處死，太子劉爽竟因告發王父謀反罪處死。這"父爲子綱"是何等嚴峻，不可逾越！父綱之上還有君綱，即"君爲臣綱"。普天之下，以君爲至尊。維護至尊，則必須"齊家治國"。

漢代的土地占有形式依然有兩種：一是皇室擁有的"公田"（亦稱"官田""籍田"）；二是達官貴人及百姓擁有的"民田"。兩者在法律上同樣得到明確的保護。漢律規定嚴禁買賣"公田"，違者處死；"民田"則可自由買賣。漢初實行"與民休息"政策，以調整戰亂中凋敝的經濟。當時的租稅甚輕，堅持"約法省禁，輕田租"，實施"什五稅一"，即以收成的十五分之一交租稅。文帝時，先免除農田租稅之半，後實行三十而稅一。不久，又全部免除農田租稅十二年。人頭稅由每人每年一百二十錢，減爲四十錢。徭役由每人每年一次，每次一月，減爲三年一次，每次一月。這些措施極大地減輕了農家負擔，迅速促進了社會經濟的恢復與發展。至武帝時，因連年征戰，國庫空虛，於是又大增田賦，且又別立"算賦""口賦"兩種。"算賦"指十五歲至五十六歲的男女，每人每年納賦一算，即一百二十錢。"口賦"指七歲至十四歲的兒童，每人每年納賦二十錢。致使農家負擔日漸加重，以至於賣田鬻子，權門望族則乘機巧取豪奪，造成大規模的田地兼并局面。因此，武帝、哀帝時曾先後頒行過似後世的《限田令》一類法令，限制或禁止官僚、富商濫占田地，但甚難執行。

　　失去田地或田地不足的農家，就需要租佃或借貸度日。漢代已有租佃契約。《漢書·溝洫志》中載有武帝的此類詔令，這是中國古代有關租佃契約的最早記載。《居延漢簡》中亦有當地官府向屯田士卒收租的文字，可證明租佃之制其時已相當普遍。漢代的借貸關係亦較發達。貸款貸物成爲重要致富手段之一。關於借貸雙方權益，漢律有明確規定。對債權人如何放貸有嚴格要求，違者要追究法律責任。對不按期償還債務者，同樣追究法律責任。據《漢書·高惠高后文功臣表》記載，孝文帝元年（前179），河陽嗣侯陳信，"坐不償人責過六月"，免侯。同書《王子侯表》記載，武帝元鼎元年（前116），旁光侯劉殷，"坐貸子錢不占租，取息過律"，本當免侯，會遇赦而止。"子錢"，指貸給他人以取利息之錢；"占租"，指自報應納之租稅；"過律"，指超過法律規定。可見漢代對放貸要收稅金，而且規定利息不可過高。對於普通民事中的財物借還關係，亦有法律保護，一經裁定，即強制執行。《居延漢簡》載有如下案例：民人趙宣借另人張宗之馬出塞追捕野駝，捕得一駝歸來時，因馬奔跑過疲而突死。趙宣將死馬交還張宗，并以野駝相抵，張宗感到吃虧不肯接受。爲此相互爭執，訴諸官府。經官府判決，趙宣賠償馬價七千錢，趙宣當時交付現金一千六百錢，其餘欠債，定期如數補齊。到期之後，趙宣仍拖延不還。張宗又將拖延案情上告，主管都尉即遣功曹前去追索。漢代在租貸之外，市場經濟亦甚活躍。主要商品爲農產品、禽畜及奴婢等。規定買賣公平，嚴懲欺詐行爲。據《漢書·王子侯表》載，平城侯劉禮，於元狩三年（前120）"坐恐猲取雞，以令買償、免，復譙，完爲城旦"。這裏説平城侯因采用恫嚇威脅手段奪得他人之雞，依律令買雞償還，免其侯爵，但劉禮又抵賴辱罵，故又改判爲保留鬢髮的城旦刑。同時，漢代邊關貿易亦頗具規模，并有細密管理規定。同書《高惠高后文功臣表》載：宋子惠侯許瘛之孫許九於孝景帝中元二年（前148）"坐寄使匈奴買塞外禁物，免"，這是說貿易往來中不得販賣違禁品，許九即因托人買境外違禁品，而被免去侯爵。

漢初，允許郡國私自鑄錢。文帝時，曾下詔"除盜鑄錢令，使民放鑄"，於是"盜鑄如雲而起，棄市之罪不足以禁矣"。這一方面造成錢幣貶值，物價上漲，阻礙了商品流通，另一方面也使一些高官大賈操縱製幣之權，富埒天子，威脅朝廷。如，景帝時"七國之亂"的元凶吳王劉濞，即利用鑄幣、煮鹽暴起，積累了雄厚的經濟實力。吳王在起兵叛亂時稱："寡人金錢在天下者往往而有，非必取於吳，諸王日夜用之不能盡。有當賜者告寡人，寡人且往遺之。"自惠帝二年（前193）以來，錢法先後變了八次。至元鼎四年（前113），武帝下令禁止郡國鑄錢，銷毀各地私鑄錢幣，朝廷於上林苑設立專門的鑄幣機構。由水衡都尉的下屬辨銅、技巧、鐘官三官負責鑄造五銖錢。辨銅負責審查銅之種類，技巧負責刻範，鐘官負責製造。新鑄之錢稱"五銖錢"，亦稱"上林錢""三官錢"。錢重如鑄文，品質甚高，頗便流通。自武帝中葉至隋朝，六七百年間，"五銖錢"成爲封建王朝歷代統一使用的標準貨幣。新幣大受歡迎，一時間違律私造者蜂起，武帝一朝處死者達十萬之衆。

漢初，鹽鐵由私人經營，國家收稅。至文帝時，更取放任政策，權貴豪強往往占有山海，"專山澤之饒"，驅使或雇傭千百之衆，或采礦冶鐵，或煮海製鹽，這不僅阻礙了朝廷的財政收入，亦強化了地方割據勢力，影響了社會安定。武帝爲充盈國庫，消弭隱患，於元狩五年（前118）下令禁止民間從事鹽鐵業，"敢私鑄鐵器煮鹽者，鈦左趾，没入其器物"，將冶鐵、煮鹽等重要工商業收歸朝廷，在全國設置專門的鹽鐵生產經營機構，任命鐵官、鹽官，國家財政收入達億萬之多，削弱了地方割據勢力。但所任鹽鐵官吏常爲鹽鐵商賈，敷衍管理，導致產品品質低下而價格昂貴。諸多貧窮農家苦於購買，竟吃淡食，以木器耕作。

爲遏止投機商賈的囤積居奇活動，改善朝廷徵貢方法，武帝於元封五年（前106）推行均輸、平準新法，由中央統一調劑全國的運輸與物價。均輸，即均衡運輸。由大農令統一在各郡國設均輸官，負責將各地貢品就近轉賣，再買當地特產再轉賣，如此輾轉販運，最後將各地特產集中到長安，以減少直接運輸的損耗。平準，即平衡物價。由大司農於京師設平准官，總管全國均輸官運到京師的財貨，除去皇室貴戚所用外，其餘皆作國家資本由官方經營，"貴則賣之，賤則買之"，調劑有無，平衡物價。這一法令，既增加了國家收入，又避免了商賈趁機倒買倒賣。

有漢一代，甚重抑商揚農政策。高祖時，法令規定商賈不得穿絲織衣服，不得乘車。呂后、惠帝時，又規定商賈子孫不得爲官吏。景帝時，繼續推行"重租稅以困辱之"的法令，向大商人收取算貲錢，即財產稅。凡擁有資財萬錢者，應納一百二十七錢，納稅率爲1.27%。武帝元狩四年（前119），頒布了《算緡令》與《告緡令》。前者就是景帝時的算貲錢，規定商賈財產每二千錢，抽稅一算（二十錢），手工業者的財產每四千錢抽一算。商賈已可有車，但稅率高於一般民間用車的一倍。後者規定凡不如實申報財產者，沒收其全部財產，并罰戍邊一年；凡告發屬實，將沒收財產之半獎給告發者。一時告緡之風遍及全國，據《漢書·食貨志下》載："中家以上大氐（通"抵"）皆遇告……得民財物以億計，奴婢以千萬數，田大縣數百頃，小縣百餘頃；宅亦如之。於是，商賈中家以上大氐破。"此一措施，打擊了不法大商人，一些小有資財的百姓亦蒙受其害，抑制了工商業的正常發展，朝廷則財源一時大增。

漢代堅持實行薄賦輕徭的政策，相對地減輕了農民的負擔，明顯地提高了生產力。同時，統治者十分重視水利建設，采取了一系列治水開渠措施。統治者認識到"河（指黃河）定民安，千載無患"的道理。其時已是"河水高於平地，歲增堤防，猶尚決溢"，故多行疏導，并用以灌田。元封二年（前109），武帝親率將軍以下隨從人員，同數萬民工一道搶修黃河瓠子口（今河南濮陽西南），大功告成。此後八十年間黃河無大水災。治河前後，又有引洛工程、引渭工程、白渠工程、龍首渠工程，使得關中一帶大片農田得以灌溉，可稱之爲沃土萬里。其中龍首渠工程遇有七里寬的商顏山，難以行進，最後以"井下行水"之"井渠法"，從山下開暗渠將水引過，一氣呵成，成爲中國水利史上的創舉。其時，武帝有《瓠子之歌》以紀瓠子之役，平民百姓亦多有歌謠極贊治水或農事之盛。

八、漢代的執法與訴訟

漢承秦制，皇帝掌握最高司法權，更加完善了秦朝的廷尉制度。爲嚴格控制，高祖七年即發詔令，縣司法機構凡有重大疑難案件，均應上報廷尉，廷尉難決者，當奏請皇帝親裁。皇帝有時亦親自審理案件，如宣帝、光武帝皆曾親自決獄。每逢喜慶大典，如立太子、立皇后、新君即位等，皇帝常頒布大赦令或特赦令。皇帝與皇后崩，有時禁止婚娶，以示舉國同悲。文帝崩前，曾下詔明示不禁，以表寬厚仁慈，賜恩百姓。

漢代廷尉地位甚高，有權"平決詔獄"，即秉承皇帝旨意，直接辦理皇帝親自過問的案件。如前所述，凡郡國審判的重大疑難案件，均需上報廷尉平核。廷尉還管理中央一級監獄，稱"廷尉獄"。與之平行的尚有"御史府獄""共工詔獄""掖庭詔獄""若盧詔獄"等。"御史府獄"由御史直管，初稱於西漢，東漢時稱"御史臺獄"，負責拘禁皇帝過問的犯罪官吏；"共工詔獄"由少府屬官共工掌管，少府本爲供百工之職，爲奉詔囚禁官吏之處；"掖庭詔獄"由少府屬官掖庭令丞掌其事，爲奉詔囚禁宮中的女官之處；"若盧詔獄"由少府屬官若盧令丞主管，爲奉詔囚禁皇家親戚婦女之處。"共工詔獄"以下，人犯在囚禁期間或罰作勞役。武帝時中都洛陽有中央級大獄二所，市獄二十六所，以加强鎮壓，維護安定。執法斷獄，在漢代已成爲一種專長，一種職業。《史記·酷吏列傳》曾記著名廷尉張湯幼年往事："其父爲長安丞，出，湯（張湯）爲兒守舍。還而鼠盜肉。其父怒，笞湯。湯掘窟得盜鼠及餘肉，劾鼠掠治，傳爰書，訊鞠論報，並取鼠與肉，具獄磔堂下。其父見之，視其文辭，如老獄吏，大驚，遂使書獄。"這裏有審訊、定罪、判刑，一切獄訟條例程式井然有序，兒時的張湯所作有關審判的"文辭"，竟"如老獄吏"，可見其熟練程度與功夫之深。同書又載，趙禹"以刀筆吏（指掌獄訟之官吏）積勞，稍遷爲御史。上以爲能，至太中大夫。與張湯論定諸律令，作見知"，趙禹同張湯一樣，皆因"刀筆吏"之職而高升。《後漢書·郭躬傳》又載，郭躬之父曾學習"小杜律"（廷尉杜周之子杜延年亦明法律，故稱"小杜"），"郭氏自弘後，數世皆傳法律。子孫至公者一人，廷尉七人"。《郭躬傳》又載，廷尉吳雄"及子訢、孫恭，三世廷尉，爲法名家"。兩漢時，廷尉及御史等執法者仍戴"獬豸冠"。

兩漢如同秦朝一樣，地方司法機構即行政機構，司法級別與行政級別一致，郡縣長官兼理司法。地方司法機構權力甚大，一般案件皆自行審斷，并握有死罪的處決權，即所謂"守令殺人，不待奏報"（清趙翼《陔餘叢考》卷一六），有時連駐地權貴亦難逃脫法網。《後漢書·酷吏傳》載，董宣任北海相時，豪門五官掾公孫丹令其子殺人，董宣即將其父子收審，并判死刑。公孫丹之宗族親黨三十餘人持兵器至府衙"稱冤叫號"，董宣"乃悉收繫劇獄（劇縣之獄），使門下書佐水丘岑（複姓水丘，名岑）盡殺之"。同篇又載，董宣爲洛陽令時，湖陽公主之家奴白日殺人，"因匿主（公主）家，吏不能得。及主出行，以奴驂乘，宣（董宣）於夏門亭候之。乃駐車叩馬，以刀畫地，大言數（數落，指責）主之失。叱奴下車，因格殺之"。湖陽公主即返宮哭訴於光武帝，"帝大怒，召宣，欲箠殺之"，董宣曰"陛下聖德中興，而縱奴殺良人，將何以理天下乎？臣不須箠，請得自殺"，即以頭擊殿柱，血流滿面，帝令小黄門挾持之，令董宣向公主叩頭謝罪，董宣不從。"强使頓之，宣兩手據地，終不肯俯"。其後帝"賜錢三十萬，宣悉以班諸吏。由是，搏擊豪强，莫不震慄"。贅述上例，以見地方司法之權威。

兩漢的起訴分自訴與公訴兩種。官府立案後，按人犯身份采取相應的程式。普通人犯，隨時緝捕；有官爵的人犯，必須馳奏皇帝，始可執法，稱"有罪先請"，緝捕後不加刑具，以示尊卑有別。

兩漢時，告發與彈劾常并稱爲"告劾"。如《史記·酷吏列傳·杜周》："郡吏大府舉之廷尉，一歲至千餘章……吏因責如章告劾，不服，以笞掠定之。"《漢書·淮南厲王劉長傳》："擅罪人，無告劾繫治城旦以上十四人。""劾"，亦指"斷獄"。上訴稱之爲"告訴"，同"告愬"。如《漢書·成帝紀》："刑罰不中，衆冤失職，趨闕告訴者不絶。"若有冤情冤獄，可直接或逐級上書皇帝，稱之爲"趨闕告訴"（或稱"詣闕告訴"）。上引《成帝紀》可證。

兩漢時對人犯進行審訊，稱之爲"鞫"，後世稱"鞫獄"。審訊記録稱之爲"爰書"。爲避免一人審訊雜有愛惡之情，三日後再審，則换他官考實，稱之爲"傳爰書"。斷獄稱"劾"。如《史記·酷吏列傳·張湯》："湯（張湯）掘窟得盗鼠及餘肉，劾鼠掠治，傳爰書，訊鞫論報。"裴駰集解引張晏曰："傳，考證驗也。爰書，自證不如此言，反受其罪，訊考三日復問之，知與前辭同不也。"司馬貞索隱引韋昭曰："爰，换也。古者重刑，嫌有愛惡，故移换獄書，使他官考實之，故曰'傳爰書'也。"審訊完結，須向被告宣讀判詞，稱爲"讀鞫"。如《周禮·秋官·小司寇》"讀書則用灋"鄭玄注引漢鄭司農曰："'讀書則用法'，如今時讀鞫已，乃論之。"賈公彦疏："漢時'讀鞫已，乃論之'者，鞫謂劾囚之要辭，行刑之時，讀已乃論其罪也。"讀鞫之後，如罪犯喊冤，許其請求復審，此舉稱"乞鞫"。乞鞫必須於三月内提出，逾期不予受理。如《周禮·秋官·朝士》："期外不聽"，鄭玄注引漢鄭司農云："若今時徒論決，滿三月，不得乞鞫。"

又如漢王符《潜夫論·述赦》："今主上妄行刑辟，高至死徒，下乃淪冤。而被冤之家，乃甫當乞鞫，告故以信直，亦無益於死亡矣。"

審判時故意輕判，稱爲"故縱"；故意重判，稱爲"故不直"。"故縱""故不直"，統稱之爲"不實"。如武帝時"以貳師將軍騎士"身份,"斬郁成王(西域郁成國王)首"而封新時侯的趙弟,即因斷獄"不實"而判死罪,後以百萬錢始得贖命。《漢書・景武昭宣元成功臣表》:"以貳師將軍騎士斬郁成王首,侯……太始三年,坐爲太常鞠(同'鞫')獄不實,入錢百萬贖死,而完爲城旦。"顏師古注曰:"郁成,西域國名也。如淳曰:'鞠者,以其辭決罪也。'晋灼曰:'《律說》:出罪爲故縱,入罪爲故不直。'"

漢代對死刑的執行,有"秋冬行刑"之定制。其時依據"天人感應"的觀念,認爲春夏不宜殺生。故東漢章帝元和二年(85)重申:《律》十二月立春,不以報囚,《月令》冬至之後,有順陽助生之文,而無鞠獄斷刑之政。"(《後漢書・章帝紀》)李賢注:"報,猶論也。立春陽氣至,可以施生,故不論囚。"(《後漢書・章帝紀》)又:"朕咨訪儒雅,稽之典籍,以爲王者生殺宜順時氣。其定《律》無以十一月十二月報囚。"(《後漢書・章帝紀》)按,十一月、十二月"報囚",論定後而執行時正當春夏,故不宜。除大逆不道等決不待時者外,一般死刑皆須在秋季降霜以後、冬至之前執行。因爲此時"天地始肅",殺氣已至,宜"申嚴百刑",以章明所謂"順天行誅"。此制歷代多有沿襲。

東漢時,已有專用於緊急追捕式查案的快車,多用於緝取欽定要犯要案。因其形近似小使車,故稱"近小使車"。此車赤輪、白蓋、赤帷。爲羈押安全,車廂特設隔斷;爲强化緝捕力量,車後配有騶騎四十人隨行。此制直至晋代猶見行用。詳可參閱《後漢書・輿服志上》《晋書・輿服志》。

第三節　中華法系的穩固期
——三國兩晋南北朝時期(220—581 年)

一、三國兩晋南北朝時期的立法思想

東漢以後,出現了魏、蜀、吴三王朝。魏國處於中原一帶,傳四十五年,公元 265 年,爲司馬氏取代,稱爲晋;蜀國主要處於西南一帶,傳四十二年,公元 263 年,滅於魏;吴國處於東南一帶,傳五十八年,公元 280 年,滅於晋。吴滅後,結束了三國鼎立局勢。但晋統一全國的時間甚短,公元 316 年,便爲匈奴劉氏所滅。自公元 265 年至 316

年，晋先定都洛陽，後遷長安，史稱西晋。西晋亡後，北方陷入五胡十六國的戰亂中。南方琅邪王司馬睿即帝位（元帝），建都建康，史稱東晋。東晋建於公元 317 年，於公元 420 年爲劉裕所滅，劉裕建立了宋。

劉宋之後，中國出現了南北對峙的多代王朝，起於 5 世紀初，終於 6 世紀末。南朝的轄區在淮河以南、長江一帶，歷經宋、齊、梁、陳四朝。其政制多沿自東晋，除王朝更迭、宮廷政變外，同北朝亦有戰争。北朝的轄區大抵在北方。公元 386 年，鮮卑族拓跋珪建魏國，史稱北魏。公元 439 年，北魏太武帝拓跋燾統一北方。其後北魏分裂爲東魏、西魏。再後東魏爲北齊取代，西魏爲北周取代。公元 581 年，外戚楊堅逼北周静帝禪位，自立爲帝，建隋朝。公元 589 年，隋滅陳，結束了南北朝對峙局面。

三國之際，戰亂甚劇，統治者在推行禮治的同時，較爲重視刑罰在治理亂世中不可替代的功用。如曹操即認爲，治太平之世，應以禮教爲首，以正風俗；治動亂之世，應以刑罰爲先，以安定社會。此正是所謂"治定之化，以禮爲首；撥亂之政，以刑爲先"（《三國志·魏書·高柔傳》）。三國時期的統治者多主張建立嚴密的法律體制。蜀有《蜀科》；吳亦曾制定"科條"，修定科令；魏稱《新律》，影響最廣，直達後世。時至兩晋，尤重禮治。建立晋朝的司馬氏，爲東漢的世家望族，以精通儒學而據有特殊的社會地位，取得政權後，即以"貴賤有等，長幼有序"的儒家禮教學説爲立法的指導思想。自此，直至宋齊梁陳，封建正統法制思想的"禮律合一"論，得以全面實施。這一實施，主要體現於以下三方面：

（一）以禮教爲立法的依據，即所謂"禮樂撫於中"

晋武帝泰始四年頒布新律《晋律》，稍後明法掾（制定解釋法律的佐官）張裴"又注律表上之"，其核心思想曰："王政布於上，諸侯奉於下，禮樂撫於中，故有三才之義焉。"（《晋書·刑法志》）意謂君王須居高布法，權要百官須遵奉君王之法下臨百姓，而立法與執法皆須始終貫穿禮樂精神，這樣方能體現天、地、人統一之大義。

（二）以禮教爲執法的原則，即所謂"理直刑正"

《晋律》中的"理直刑正"，是説祇有明瞭立法之"理"，執法才能無枉。而法之理，即"貴賤有等，長幼有序"之禮治。漢武帝時的禮治思想，乃至以《春秋》經義判定獄訟的準則，在晋代得以長足發展。如《晋書·庾純傳》載，御史中丞孔恂"以純父老不求供養，使據《禮典》正其臧否"。這是説孔恂彈劾庾純做官不贍養老父，欲據《禮典》斷其是非。而太傅何曾、太尉荀顗諸大臣予以反駁："凡斷正臧否，宜先稽之《禮律》：八十者一子不從政，九十者其家不從政。《新令》亦如之。按純（庾純）父年八十一，兄弟六人，三人在家，不廢侍養。純不求供養，其於《禮律》未有違也。"這裏太傅何曾諸大臣所依據的是《禮律》與《新令》明確規定的條文，這就勝過了空泛的《禮典》，那麼庾純當屬無罪。

（三）以禮教思想明確地形成法律條文，即所謂"納禮入律"

自晋代始，禮律合一的主張得以充分實現。前述兩漢的《春秋決獄》、曹魏的《八議》（見本節之二）無過於此者。晋代將禮教大範圍納入法律中，禮不再是一種道德模範，而成爲維護士族利益的一種最權威的武器。《晋書・刑法志》載有"峻禮教之防，準五服以制罪"諸語，強調了禮教已處於嚴峻的法律地位，而禮教中維護宗族"親親"關係的"五服"亦成鐵律（"準五服以制罪"，見本節之二）。

二、三國兩晋南北朝時期新五刑的萌生與儒教入律

這一時期的刑罰制度日趨完善。其時已明確區分了律、令的不同性質，建成律、令互補的兩大法典系統，同時又增加了格、式等新形式。這是漢代律、令、科、比的繼承和發展，爲隋唐法律形式奠定了基礎。其刑罰已開始由舊五刑制向新五刑制轉變，今擇其要，略述如下。

（一）限制濫用族刑，縮小連坐範圍

曹魏規定，除大逆反叛罪外，不得連坐親屬，執法者須嚴格把握；一般犯罪，不得連坐。若須族刑，出嫁女子不因父親死罪而連坐同死，其後又改爲不處死而没爲奴婢，連坐處死者祇限爲男性親屬。

（二）減少酷刑，擴展生刑

由於社會動亂，反抗不斷，三國兩晋南北朝時常用酷刑，尤其是北魏初建時，其刑罰中留有北方少數民族的一些原始酷刑，但在其漢化進程中已日漸改進。《晋律》中已廢酷刑，規定爲死刑三等：梟首、腰斬、棄市。與此相對應，生刑漸多，分爲髡、贖、雜抵罪、罰金……計十四等。至北齊時，死刑爲絞、斬、梟首、轘四等，生刑爲流、徒、鞭、杖四類，此爲隋唐五刑制的改進奠定了基礎。

（三）漸除肉刑，以全肢體

漢文帝、景帝時，曾一度取消墨、劓、剕、宮諸肉刑，三國兩晋南北朝時未能完全廢除，但漸以流、徒、杖、鞭等不致殘斷肢體的刑罰取代。其中宮刑尤爲殘忍，受刑者絕子孫，蒙奇辱，曹魏曾禁止，北魏却又復用。從北齊時起，宮刑不再爲法定刑罰。總之，廢肉刑并不僅取決於帝王的惻隱之心，更重要的是可保持民力，即今稱之繁衍力、生產力。

這一時期突出儒家學說，以禮教入律已成風氣。具有以下特點：

（一）"八議" 入律，維護皇室權貴

魏制《新律》之時，沿襲了漢代的 "八議"，并正式入律，至此自西周以來的 "八辟"，成爲歷代封建法典的重要條款。

（二）"準五服以制罪"，維護宗族關係

晋制《晋律》之時，首次將禮教中的 "服制" 列入律典中，作爲定罪量刑的依據。五服，指以古代喪服爲標志，表示親屬間血緣親疏及尊卑，共分五等，故稱。《禮記·學記》："師無當於五服，五服弗得不親。"孔穎達疏："五服，斬衰也，齊衰也，大功也，小功也，緦麻也。"（"麻"，今作 "蔴"）斬衰，五服中最重的一種，表示血緣關係最親。以粗麻製成，左右和下邊不縫如斬。如子、未嫁女爲父母，媳爲公婆，承重孫爲祖父母，妻妾爲夫，皆服此。齊衰，五服中之第二種，表示血緣關係僅次於斬衰。以粗麻製成，衣邊外翻轉縫合。如兒爲養母、繼母，孫爲祖父母，夫爲妻等服此。大功，五服中的第三種，表示血緣關係次於齊衰。以熟麻製成，衣邊外轉縫合。堂兄弟、未婚堂姊妹、已婚姑、已婚姊妹、侄女及衆孫、衆子婦、侄婦等皆服此。小功，五服中之第四種，表示血緣關係次於大功。以熟麻製成，衣邊外轉縫合，較大功做工細小。本宗爲曾祖父母、伯叔祖父母、堂伯叔祖父母，外親爲外祖父母、母舅、母姨等均服此。緦麻，五服中最輕的一種，表示血緣關係處於末位。以細麻布製成，衣邊外轉縫合。本宗爲高祖父母、曾伯叔祖父母、族伯叔父母、族兄弟及未嫁族姊妹，外親中爲表兄弟、岳父母等皆服此。衰，亦作 "縗"，麻製喪服。"準五服以制罪" 規定：服制愈近，以尊犯卑，處刑愈輕；相反，處刑愈重。服制愈遠，以尊犯卑，處刑相對加重；相反，處刑愈輕。准五服以制罪，確立了後世封建親等制度。

（三）"清議" 入律，限制九品中正

清議，即以儒家的倫理道德議定人品。此舉源於西周時的 "鄉論"。指由鄉大夫考核

評論，推舉人才。至東漢成爲"鄉舉里選"制，從鄉里考察推薦人才，其標準已完全儒化。漢獻帝延康元年（220），曹丕曾實行九品中正制，以遏制東漢中期以來權貴世家操縱選官大權。所謂九品，係將人才分爲三等九級：上上、上中、上下；中上、中中、中下；下上、下中、下下。中正爲官名，以有鑒識能力的地方賢達充任，史稱"九品中正制"。此制沿至西晋，其弊害已暴露無遺。《晋書·劉毅傳》載，劉毅曾上疏稱："今之中正，不精才實，務依黨利，不均稱尺，務隨愛憎。所欲與者，獲虛以成譽；所欲下者，吹毛以求疵……是以上品無寒門，下品無勢族。"又："邪黨得肆，枉濫縱橫，雖職名中正，實爲奸府……愚臣以爲，宜罷中正，除九品，棄魏氏之弊法，立一代之美制。"司空衞瓘等已贊其意，西晋統治者并未重視，至東晋漸予采納，至唐代始廢。至梁代復大力推行清議之制，以限制九品中正對於選官的操縱，史稱"清議禁錮"。"士人有禁錮之科，亦有輕重爲差，其犯清議，則終身不齒。"（《隋書·刑法志》）

三、三國兩晋南北朝時期的民法與經濟法

這一時期，中國長期處於分裂狀態，戰爭頻仍，民不聊生，統治階級驕奢淫逸，政治腐敗，一些文化落後的民族趁虛而入，道教、佛教的勢力得以極大發展。這是中國歷史上極度混亂時期，也是北方多民族大融會時期，儒釋道大融會時期。

在此爭亂之時，帝王權貴爲維護既得的統治地位，更加强了封建尊卑等級制度。此時士族集團社會地位極高，擁有入仕升遷等多方面特權。魏晋之際，士人雖地位甚高，却又常遭磨難，甚而身家不保；另一方面却又自恃清高，傲視王侯。《晋書·阮籍傳》載："文帝初欲爲武帝求婚於籍，籍醉六十日，不得言而止。"文帝，指司馬昭；武帝，指司馬炎。阮籍不肯允婚，竟以長醉六十日以示拒絕。至北魏文成帝時，曾明令皇族、王公侯伯及士族，不准與百工、技巧、卑姓爲婚。卑姓，指僻姓、外族或小户人家。南朝時，士族一度殆於政務，由庶族執掌機要，而士族之地位聲望依然顯赫。士庶有別，已成社會公認之習俗。不過，這一時期的民法已較明細，先秦時權貴們隨意懲處百姓之舉已受遏制。如南朝宋劉義慶《幽明録·參軍國鴿》載：晋建威將軍領荊州刺史桓豁（桓溫之弟）之參軍（其屬官）家中馴有國鴿（俗稱八哥），通人性，善人語，時與人問答，參軍愛之如命。某日其家中管事盜物，國鴿密報參軍，參軍恨而未發。又一日復盜牛肉，國鴿再報參軍，參軍

問其證據，國鵒答曰："以新荷裏著屏風後。"參軍驗之，果如所報。於是嚴懲管事。管事銜恨，趁家主不在，以熱湯灌殺之。主人歸，悲傷纍日，遂請殺管事，以償其命。刺史桓豁判定曰："原（意謂推究）殺鸜鵒之痛，誠合治殺；不可以禽鳥故，極之於法。"盜、殺兩罪，并判五歲刑。

東漢末年，天下大亂，年饑物昂，穀一斛五十餘萬錢，百業凋蔽，生靈塗炭。據《三國志·魏書·武帝紀》及他傳載，曹操於建安元年（196），采納棗祇、韓浩建議，在許昌推行屯田制。不久，又推行於中原及江淮地區。屯田區通常選在肥沃地段或軍事要地，由典農中郎將或典農校尉領其事，直屬中央大司農，土地歸國有。屯田戶多爲强徵而來的農民，采用軍事編制，分用官牛與不用官牛兩類，前者按四六向國家交租，後者則對半。屯田戶生活有一定保證，通常不負擔徭役，全力精耕細作，產量可觀。屯田制使此後的曹魏國力殷實，後方穩定，足可應付頻繁征戰。此後三國稱雄，爲保疆域，秣馬礪兵，各有立國良策，無不先籌經濟。據《蜀書·先主傳》載，劉備舉義之初，亦甚重財力積蓄，常與中山大商張世平、蘇雙交往，多得其馬匹、金財，由是可起徒衆。又據《麋竺傳》載，麋竺纍世貨殖，僮客萬人，貲產巨億；竺進妹爲劉備夫人，奴客二千，更輸金銀貨幣，以助軍資。既定蜀，又置司鹽校尉，掌國內鹽鐵之利，而西南邊徼除輸鹽鐵，又輸金銀犀革，同時亦行屯田制，蜀之國力由是大振。另據《吳書·孫堅傳》載，孫堅起事時，即募諸商旅，合得其人力財力，又因之以得淮泗精兵千許人。其後，吳據有揚子江流域，帆檣如織，商賈如雲。其荊州重地，東連吳會，西通巴蜀，南盡交趾，北據漢沔，大江所貫，匯爲富源。同時吳國亦有屯田之舉。讀史者但見三國之時，將猛相賢，艦甲雲從，而不知其要者更在三國之國力，在其經濟實力。三國之統治者更勝衮衮讀史諸公。

三國之後，屯田制漸廢止，豪强對土地與民力之吞併加劇。兩晋時爲確保國家賦稅收入，武帝於太康元年（280）頒行占田令。該令規定，官民皆限定占田數額。一品官五十頃，每低一品，遞減五頃，至九品祇占十頃，占佃客亦依次限定，不得濫占。普通農民每戶丁男占田限額爲七十畝，丁女三十畝，共一百畝。丁男按五十畝交租，丁女按二十畝交租。占田令有利於生產力的發展，十年之後，因"八王之亂"而自毁。

稍後，北魏汲取魏晋土地管理之成法，結合其本民族及北方少數民族習俗，於孝文帝太和九年（485）頒行均田令。該令規定，每一丁男授露田（種穀物）四十畝，丁女二十畝；丁男并授桑田（種樹木）二十畝，丁女十畝，年老免役，身歿歸公。若是麻田，則各減其半，子孫相承，終生不還。四歲以上耕牛授露田二十畝，限四牛。人稠田稀處，可遷善地，田足處不得轉移。

東魏、西魏、北齊、北周皆沿北魏之制，雖各有調劑而無大變，其影響直至隋唐。

三國兩晋南北朝時雖戰爭頻仍，社會動蕩，但其商品經濟却出奇地活躍。魏蜀吳三國鼎立，此疆彼界，壁壘森嚴，互爲仇寇，然商旅往來貿易交通，并未限阻，因互通有無，各有所得也。《三國志》之外，南北諸史多載其事。迨至晋代，"都邑之内，游食滋多，巧伎末業，服飾奢麗，富人兼美，猶有魏之遺弊，染化日淺，靡財害穀，動復萬計"（《晋書·宣五王文六王傳·齊獻王攸》）。據此可見晋代都城商業之盛况。元康之後，貪鄙之風日甚，舉國上下，唯錢是從。故南陽貧士魯褒曾隱其姓名，著《錢神論》以刺時弊。其文曰："錢之爲體，有乾坤之象，内則其方，外則其圓，其積如山，其流如川……故能長久，爲世神寶。親之如兄，字曰孔方，失之則貧弱，得之則富昌……解嚴毅之顔，開難發之口。錢多者處前，錢少者居後，處前者爲君長，在後者爲臣僕，君長者豐衍而有餘，臣僕者窮竭而不足……忿争非錢不勝，幽滯非錢不拔，怨讎非錢不解，令問（指美好的聲名。問，通'聞'）非錢不發"云云。此一狀况，史稱"巧技末作""靡財害穀"，朝廷時予整飭，每加限制。但直至南北朝，此風猶沿而未改。細究其源，在於上行下效，故令行而難禁止。以帝王之尊，皇室之貴，每每樂行商賈販鬻之事。晋愍懷太子司馬遹常於宮中爲市，使人屠牲酤酒，手揣斤兩，竟輕重不差。後宋廢帝劉昱，喜入市里，晨夕馳逐，凡諸買賣，過目則會，錘煉金銀，裁衣作帽，莫不精絶。此類怪事，《晋書》《宋書》多有所載。另，東漢以降，釋教日盛，内外交通頻繁，商業因之大興。至南北朝時，釋教廟宇，僧家田土，遍布大江南北，因朝廷禮佛，其地位驟升，又仗其豐厚財產，得以放債牟利，此實中國高利貸之始。其事可詳見本書《資産卷·店館説·當鋪考》。

四、三國兩晋南北朝時期的執法與訴訟

本時期中央權力機構與地方權力機構皆有重大演進。

東漢時原佐助皇帝文書章奏之尚書臺，自曹魏始，已成爲中央行政機構。至南朝梁改稱尚書省，置尚書令，以左右各一副之，下設六曹，分理政務。北朝設尚書省始於北齊。曹丕稱帝時又設中書省，以中書監、中書令爲長官，因監、令爲皇帝内臣，參與機要，成

爲朝廷發布政令之機構，其權力與宰相等同。秦時之侍中（因侍奉皇帝於中内而得名，職卑而位重），漢魏時已參與機要，至西晉已發展爲門下省，成爲皇帝的參謀、顧問機構。三省制實是在皇權與相權的鬥争中形成，又常相互制約。此制有利於封建帝國的協調統治，後爲歷代所本，至清代始廢。

東漢末年，地方割據甚盛，朝廷派州刺史以監察所統郡縣，後成爲事實上的州行政長官。至三國始，秦漢時的郡縣二級制，逐漸演進爲州、郡、縣三級制。其時由於征戰頻仍，諸多重要州牧乃至郡守，皆兼都督、將軍、使持節等軍職。此一特點，南北朝大抵相同。

這一時期的司法機構以漢制爲主。中央機構仍稱廷尉，北周或稱秋官大司寇，北齊時改稱大理寺，并擴大了編制，執法力度大增。地方司法機構與行政機構仍爲一體，司法權分州、郡、縣三級，各級行政長官即爲各級司法長官。

這一時期甚重法律專職的設置與法律專業的教育。曹魏時，據衛覬之奏請，朝内特設律博士，解釋法律疑難，并教授法律，培養司法官吏。

爲加强統治，這一時期皇帝常親自執法。魏明帝、北魏孝文帝、南朝宋武帝等皆直接録囚徒，折疑獄。其間北周武帝聽訟斷案，曾“自旦及夜，繼之以燭”，足見其重視程度。爲便於更快捷更有效地掌握下情，晋武帝、北魏太武帝皆曾建立直訴制度，於廟堂之外設登聞鼓，有冤情者可擊鼓以上聞，以直達帝闕或中央司法長官。（見《晋書·武帝紀中》《魏書·刑罰志》）重大案件，縣級審判後，須上報至郡守，由郡守遣督郵案驗。死刑則必須皇帝批准，始可付諸執行。

不過，這一時期的刑訊逼供甚爲酷烈。所用刑具或行刑方式，略述如下：晋代曾用“連枷”（兩枷相連），南陳曾用“測立”（鞭笞之後，再令嫌疑犯戴上械杻之類械具站於圓形土垛上）。《隋書·刑法志》載：“自前代相承，有司訊考，皆以法外，或有用大棒、束杖、車輻（上窄下寬，狀如車輻）、鞵底（用以扎脚之刑具，形如鞋底。鞵，同‘鞋’）、壓髁杖杫（用椔棒壓髁骨）之屬，楚毒備至，多所誣伏……至是，盡除苛慘之法。”這是説這些法外之刑，至隋代始除。

第四節　中華法系的成熟期
——隋唐五代時期（581—960 年）

一、隋唐五代時期的立法思想

公元 581 年，北周大臣楊堅篡位，建立隋朝。其後滅陳，結束了三國以來的戰亂分裂局面，再度實現了大一統的封建統治。文帝前期頗重法制，其主持制定的《開皇律》成爲唐律的基礎。但其晚年又自毀法律，甚至廷杖朝臣。煬帝即位，窮奢極欲，法律荒謬無度，視小民如牛馬，賦役繁雜，窮兵黷武，終於在農民大起義的怒濤中覆滅。

隋朝僅傳兩代，前後不過三十餘年。其立法思想，主要表現於初年，計有以下三方面：

（一）汲取正反經驗，寧寬勿苛

楊堅目睹了周宣帝頒行《刑法聖訓》之失敗教訓，即刑罰深刻，羅罪無度，乃至“群心崩駭，莫有固志”（《隋書·高祖紀》）。宣帝死後，楊堅當政，曾“行寬大之典，刪略舊律，作《刑書要制》”，“法令清簡……天下悦之”（《隋書·刑法志》）。楊堅稱帝後，於開皇元年（581）頒行《開皇律》。該律甚寬簡，廢酷刑，減徒役；在訊囚方面，盡除“苛慘之法”，明文規定枷杖大小，拷打不得過二百杖，以免枉濫、屈招。開皇三年（583）、開皇六年（586），遞有減免，化死爲生，以輕代重，天下大悦。

（二）注重執法實踐，不斷改革

《開皇律》初頒之時，人未悉其禁，多有犯法而不知者。文帝詔令各地明法細察，若有枉屈，可逐級上報，直至皇帝。史載文帝常於秋分之前，親閱諸州申奏罪狀，後從刑部奏報中發現仍有繁苛，故決定再修《開皇律》，并在大理寺中設律博士，下屬州縣亦設律生，以習律令。未料開皇五年（585）始平縣出現舞弄刑法、誣陷無辜案，作案者輔恩恰是律生身份，於是文帝下達詔令，撤廢大理寺律博士、尚書刑曹明法及州縣全部律生，規定斷案必須寫明所據律文，輔恩則被處以反坐。次年，詔令諸州長史以下相關官吏皆習律文，并調至京城集中考試，以示律令之權威。

（三）忍割親友私情，立法爲公

文帝少時同王誼爲摯友，長而將第五女嫁王誼之子，即位後又親赴王家，相處極歡。

後王被控"大逆不道，罪當死"，文帝遂下詔"禁暴除惡，宜伏國刑"，"賜死於家"（《隋書·王誼傳》）。文帝三子秦王楊俊，年十二加右武衛大將軍，曾領關東兵三年，遷任秦州總管。後又授任揚州，總管四十四州諸軍事，鎮廣陵歲餘，轉并州總管二十四州諸軍事，頗有令名，文帝聞而大悅，下書獎勵。後楊俊"漸奢侈，違犯制度，出錢求息，民吏苦之。上遣使按其事，與相連坐者百餘人。俊猶不悛，於是盛治宮室，窮極侈麗……上以其奢縱，免官"。左武衛將軍劉昇諫曰："秦王非有他過，但費官物，營廨舍而已，臣謂可容。"文帝答曰："法不可違！"劉昇固諫，上忿然作色，昇乃止。其後，楊素復進諫曰："秦王之過，不應至此。願陛下詳之。"文帝答曰："我是五兒之父，若如公意，何不別制天子兒律？"其後，文帝四子蜀王楊秀，因"違犯制度"，廢爲庶人，這真可稱爲"執法如山"。（見《隋書·秦孝王俊傳》）

煬帝時太原留守李淵父子乘機舉兵，於公元 618 年建立唐朝，直至 624 年始統一了全國。唐朝初期，汲取了隋代滅亡的教訓，尤其是唐太宗李世民，既重法治，又重吏制，薄賦役，興禮教，順應民情民意，社會經濟飛速增長，很快使唐成爲國勢強盛、文化發達的封建帝國。初唐法制及其後的《唐律疏義》被歷代封建統治者奉爲經典。"安史之亂"（755—763）後，其國力急劇衰落，藩鎮割據，外族侵擾，中央集權旁落，吏治、法制一團混亂。

强盛的隋朝，僅兩代而亡，原爲隋臣的唐初統治者不能不引以爲鑒。其時又面對經濟凋敝，天災不斷，社會動蕩，人心不穩，故高祖與太宗時已先後提出"安人靜俗"（《全唐文》卷一）、"安人立國"的總方針。這一總方針，便決定了唐初的立法思想。其主要表現於以下三方面：

（一）德禮爲本，刑罰爲用

唐高宗敕撰《律疏》之《名例》篇疏議云："德禮爲政教之本，刑罰爲政教之用，猶昏曉陽秋相須而成也。"這是說治理國家必須德禮與刑罰兼施，若一天之內有早晚，一年之中有四季，缺一不可。而兩者的關係有主從之別，即以德禮爲主，以刑罰爲從。唐太宗曾明言："君依於國，國依於民，刻民以奉君，猶割肉以充腹，腹飽而身斃，君富而國亡。"（《資治通鑑·唐高祖武德九年》）重視百姓，依賴百姓，始可長治久安，此即德禮爲主的主旨。

（二）立法寬簡，力求穩定

唐高祖當政後，曾反復敕令立法務必寬簡，收效頗佳，太宗即位又令"用法務在寬簡"。貞觀十年（636），復令"國家法令，唯須簡約，不可一罪作數種條"，以防"官人不能盡記，更生奸詐"（《貞觀政要·教令》）。因之《貞觀律》更爲寬簡。所謂寬，即寬大，指立法定罪要從輕，反對峻法嚴刑，輕罪重判，動輒得罪，致使百姓怨苦，乃至鋌而走險。所謂簡，即簡約，指立法條文要簡明，執法之官便於"盡記"，且可避免"一罪作數種條""更生奸詐"，藉以徇私枉法。與此同時，唐太宗又指出："法令不可數變，數變則煩，官長不能盡記，又前後差違，吏得以爲奸。"（《資治通鑑·唐太宗貞觀十年》）法律的修改，必須按嚴格程式進行："諸稱律令式不便於事者，皆須申尚書省議定奏聞；若不申議，輒奏改行者，徒二年。"尚書省審議修改時，須召集七品以上京官反復討論，作出決議，再奏報皇帝裁處。唐初法律，確實保證了穩定，太宗在位，一世未改。如此穩定的法律，便於官長熟記，貪吏難得爲奸。法律的穩定標志了民情的穩定，國家的穩定。

（三）執法審慎，强調覆奏

高祖時已注意了執法審慎，疑案不輕斷。貞觀三年（629），太宗曾訓誡大臣曰："朕以死者不可再生，思有矜愍，故簡死罪五十條，從斷右趾，朕復念其受痛，極所不忍。"按，原依太宗令，以斷右趾代死刑，後又"極所不忍"，改爲"加役流三千里，居作二年"。貞觀五年（631），太宗謂侍臣曰："曹司斷獄，多據律文，雖情在可矜，而不敢違法，守文定罪，或恐有冤。自今門下覆理，有據法合死而情可宥者，宜錄狀奏，自是全活者甚衆。其五覆奏，以決前一日二日覆奏，決日又三覆奏，惟犯惡逆者一覆奏而已，著之於令。"（《舊唐書·刑法志》）

立法之力求穩定，執法之强調復奏，既可防止濫罰枉殺，又可加强中央集權制，實爲智舉。

唐末藩鎮割據的延續發展，導致了五代十國的出現。公元904年，四鎮節度使梁王朱温使人殺唐昭宗，立昭宗子十三歲的李柷爲帝，公元907年又殺，自立爲帝，國號梁，史稱後梁。此後，中原一帶又相繼建立後唐、後晉、後漢、後周，加上前者，史稱"五代"。在五政權周圍，又有吳越、吳、南唐、閩、南漢、楚、荊南、前蜀、後蜀、北漢十個小國，史稱"十國"。

五代十國沿襲唐代的法制，因各自爲政，相互爭奪，戰亂不止，民不聊生，起義不斷，法制形同虛設。因統治者多是割據武夫，轉而推行嚴刑酷法，前後僅歷五十三年而覆亡。惟後周太祖與世宗爲緩和階級矛盾，鞏固統治地位，努力推行政治、經濟革新，在立法方面又改進了唐代法制，爲其後宋王朝的建立，做了先期鋪墊。

二、隋唐五代時期的法制概況及特點

開皇元年（581），隋文帝即位不久，令高熲、楊素諸大臣總結歷代立法經驗"更定新律奏上之"。同年十月頒行時，詔曰：前代沿用已久的酷刑盡予革删，舊法中的"雜格嚴科，並宜除削"。新律較歷代法典甚寬，"以輕代重，化死爲生，條目甚多"（《隋書·刑法志》）。開皇三年（583），文帝審批刑部奏報，發現年斷獄數猶多至萬條，認爲律文仍過嚴密，復命蘇威、牛弘再定新律。兩部新律皆稱《開皇律》，史家通常指後者。

《開皇律》效法《北齊律》之特色："法令明審，科條簡要。"共分十二篇：一、名例，二、衛禁，三、職制，四、戶婚，五、厩庫，六、擅興，七、盜賊，八、鬥訟，九、詐僞，十、雜律，十一、捕亡，十二、斷獄。删除了死罪八十一條，流罪一百八十五條，徒杖等罪一千餘條。其中，《開皇律》將《北齊律》"重罪十條"改爲"十惡之條"，即：謀反、謀大逆、謀叛、謀逆、不道、大不敬、不孝、不睦、不義、內亂，并明確規定："犯十惡及故殺人獄成者，雖會赦，猶除名。"（《隋書·刑法志》）自此，"十惡之條"成爲封建社會不刊之律，歷代沿而不改。《開皇律》之體例對後世封建法典影響深遠。唐律十二篇，除改盜賊爲賊盜外，其餘篇名完全相同。

文帝後期，法制漸混亂，酷刑加重。煬帝即位，爲標榜仁政，於大業二年（606）命吏部尚書牛弘、刑部尚書梁毗等再修律令。大業三年新律頒行，稱之爲《大業律》，共十八篇，五百條。其律早佚，據後世史料判明，其與《開皇律》大抵相同。不同之處有二：

（一）變更篇名

將原衛禁、職制、鬥訟篇分別改爲衛宮、違制、鬥；戶婚分爲戶、婚二篇；厩庫分爲厩、庫二篇；盜賊分爲盜、賊二篇；另增關市、請求、告劾三篇，其餘未改。

（二）減免刑罰

原二百多條款皆改重就輕；原"十惡"條目删除二條，存其八條，移入其他名稱的律文中，又予減輕（"删二存八"説，見於《唐律疏議》"十惡"條疏議）。

　　據近人程樹德《九朝律考・隋律考》稱，煬帝重修新律本是"欲襲制禮作樂之名，本無補弊救偏之意"。煬帝末年，生殺任性，輒用酷刑，大臣楊玄感反，《開皇律》中原已取消的族誅、轘刑、梟首重又使用，甚至"磔而射之，命公卿以下臠啖其肉"，可謂無以復加。

　　唐代立法，前期以修律爲主，兼及令、格、式，這是適應了初唐社會實際；後期主要從事編敕與編刑律統類，因"安史之亂"導致了藩鎮割據和宦官專權，中央統治力量甚弱，祇能遵依前代舊制而已。

　　唐代先後有四次重大修律活動，以武德七年（624）頒行的《武德律》開其端，以貞觀十一年（637）頒行的《貞觀律》集其成，以永徽元年（650）頒行的《永徽律》與永徽四年（653）頒行的《永徽律疏》（後稱《唐律疏議》）續其義，以開元二十二年（734）頒行的《開元律》與《開元律疏》結其局。其中《武德律》係以《開皇律》爲藍本，《貞觀律》對《武德律》作了重大修改，《永徽律》爲《貞觀律》的全面繼承，《開元律》與《開元律疏》大抵是對《永徽律》個別文字、個別條律的修改。

　　另據《舊唐書・刑法志》載，唐宣宗大中七年（853）左衛率倉曹參軍張戣進《大中刑法統類》十二卷，敕刑部詳定奏行之。又據《宣宗紀》載，該《統類》係將唐代律、令、格、式相類者一千二百五十條，分一百二十一門，號曰"刑法統類"。後世之《刑統》，皆源於此。

　　唐律的定罪量刑空前詳明，除采用前代嚴懲十惡、優遇權貴之類外，開始劃分了公罪與私罪，區分了故意與過失，規定了更犯纍科、多罪俱發以重處，規定了涉外案件之論處，所謂"諸化外人同類自相犯者，各依本俗法；異類相犯者，以法律論"。此處之"化外人"即是外國人，這一涉外法律已同近現代主權國家通用的法律一致。

　　唐律對後世封建法典影響巨大而廣遠，如五代的《大梁新定格式律令》，其卷數與篇目與《永徽律》盡同，其後的《宋刑統》多原文照録《唐律疏議》，僅將每篇條文分爲若干門，於律條後另加敕、令、格、式、起請條，并略更改刑制而已。唐律的影響更遠播於四邊諸鄰國，如日本文武天皇大寶元年（701）之《大寶律令》，直至明治六年（1873）之《改定律例》，唐律的基本內容與精神實質，始終體現在日本法律中。而《高麗史》卷八四載："高麗一代之制，大抵皆仿乎唐，至於刑法，亦采唐律，酌時宜而用之。"其他如越南、真臘的古代法典，亦可見唐律的影響所在。

五代立法，主要有後梁《大梁新定格式律令》，後唐《同光刑律統類》《長興敕條》《天成雜敕》《清奏制敕》，後晋《天福雜敕》，後周《大周續編敕》《大周刑統》等，究其内容條例及其精神實質，無一不是在效法唐律。五代立法特點是編敕較多，這是由於五代時期諸王朝統治地位不穩，帝王隨時因人因事而异，以臨時頒敕爲主，成律可改，亦可廢，甚爲順心應手。敕既因人因事而隨時而頒，積少成多，爲避免重複、互抵，編敕則勢在必行。以律爲主，將相關敕、令、格、式彙於其後，分門别類，編爲便於使用的法典，亦是源自唐宣宗大中七年（853）之《大中刑法統類》。《刑統》的編定成爲五代的重要成就。

在五代動蕩的社會背景下，各國統治者雖仿唐律，但其立法却日益繁苛，如普通竊盗罪，唐律之高刑爲加役流，後晋則取唐代後期的竊盗贓滿三匹以上的決殺令，後因標榜"宜伸經典"，始改爲竊盗贓滿五匹處死。後周仍定爲竊盗三匹以上者"集衆決殺"，即當衆決殺。後漢竟公然頒敕稱"天下凡關賊盗捕獲，不計贓多少，按驗不虚，並宜處死"。後漢時，鄆州捕賊使者張令柔曾依法將平陰縣十七個村落的村民全部殺盡。五代之刑罰亦十分殘酷，雖仍沿襲唐律之五刑，却另增刺面、決杖、配流，更有斷舌、決口、折筋、斷足等酷刑。死刑除腰斬之外，又有凌遲處死。所謂"肌肉已盡，而氣息未絶；肝心聯絡，而視聽猶存"，仍"寸而磔之，必至體無餘臠，然後爲之割其勢；女則幽其閉，出其臟腑，以畢其命，支分節解，菹其骨而後已"（清沈家本《歷代刑法考·刑法分考二》引《渭南文集·條對狀》《讀律佩觿》）。其慘無人性之狀，較之暴君殷紂，亦有過之而無不及。

三、隋唐五代時期的民法與經濟法

隋唐時之民法已臻完備，并爲歷代封建王朝所效仿。今就其要旨，略述如下。

（一）民事權益方面

1. 所有權法

所有權指所有者對財物的占有、使用、收益及處置，并排除他人干涉的權力。隋唐法律對所有權已有明確分類，其規定有四：

（1）認定私有田地，并限定面積。

隋唐時實行均田制，所謂"均田"，是變無主荒田爲私田，原有私田皆予保留。因此，均田并不平均。鑒於歷史上土地大規模兼并的惡習，又須承襲歷代按爵位等級占有田地的傳統，隋唐法律規定平民祇能按均田法占有土地，各級權貴則依其等級，自親王一百頃至武騎尉六十畝，各有等差。這些私有田地，稱爲"永業田"，超過限額就構成"占田過限"罪，處以笞十杖，至徒刑一年。但"寬閒之鄉"仍鼓勵開發，"占田過限"不懲罰。惜"占田過限"之法未得暢行。至唐建中元年（780）實行"兩税法"後，規定一年前之私田一律按面積徵稅，這實際上是承認了"占田過限"之合法。

（2）區别公有財産歸屬，禁止壟斷。

隋唐法律規定，山林、礦産"與衆共之"，百姓可以自由開發使用，但不得永久占有（即律之"固占"），違者杖六十。林木不得濫伐，銅鐵礦産必須依法納稅，違者没爲官有。獵物歸獵取者，他人不得奪走，否則以盜竊論罪。

（3）區别埋藏物、遺失物歸屬，明確賞罰。

唐律令稱埋藏物爲"宿藏物"。其《雜令》規定，在公共土地内發現宿藏物，歸屬發現者，他人不得干預；在他人土地内發現宿藏物，發現者與土地所有人各得二分之一，發現者若不報告土地所有人，即視爲犯罪，按坐贓罪減三等處罰。

唐律令稱遺失物爲"闌遺物"。其《補亡令》規定，拾得闌遺物應在五日内送交官府，滿五日不送者，按坐贓罪減二等處罰。官府收闌遺物後應將其公之於衆。若三十日無人認領，暫歸官府保存，若一年後仍無人認領，則歸官府所有。對於漂流的竹木，《雜令》規定，撈取者應將其堆積岸邊，明標記號，并報告官府，若有物主認領，撈取者應得五分之一至五分之二的獎賞。若公布三十日後無人認領，則歸撈取者所有。

（4）違禁品不得私藏，違者嚴懲。

唐律嚴禁百姓私藏朝廷旌旗、幡幟、儀仗、車駕及兵書、天文書、圖讖書、七曜曆、太一雷公式（占卜書）等圖書，違者判徒刑一年；嚴禁百姓私藏甲、弩、矛、矟（長矛）、具裝（全副盔甲）等軍用器物，違者判徒刑一年，私藏三領甲、五張弩者，判絞刑。

2. 契約法

隋唐法律對百姓一般契約規定甚少，百姓間之互惠互利甚宜。唐《雜令》對百姓間的"出舉"（計息消費借貸），通常亦不予干涉，故百姓常有"官有政法，人（人即民，因避太宗諱改）從私契"的信條，其契約無明律可依，多依習慣進行。但以下重要契約卻有明細規定：

（1）買賣契約。

隋唐在城市內設有定時開放的市場，并置"市司"進行市場管理。買賣交易祇允許在市場內開展，市場所用度量衡必須由市司校準，并定期檢查。《雜律》有"市司平物價"條，規定必須統一物價，市司枉法，以"坐贓論"。同時又禁止欺行霸市、詐偽起哄、操縱物價，違者杖八十。"已得贓重者，計利准盜論"。准盜，指略低於盜罪。買賣契約必須有保人具證，以確保契約公平合法。買賣交易的律令，依其性質分爲動産、不動産兩類：

其一，動産類。唐律規定，出賣"器用"，必須是真材實料，牢固可靠；絹布的寬度、長度必須符合標準，通常寬度必須是唐制一尺八寸以上，絹每匹四十尺以上，布每匹五十尺以上，違者杖六十，"得利贓重者，計利準盜論"。買賣奴婢、牲畜，必須於成交後三天內在市司監督下立約，立約後三日內發現所買者有"舊病"，可以廢約，撤銷交易。

其二，不動産類。唐初《田令》規定，王公貴族的賜田、五品以上及勛官的永業田可隨時出賣，民間永業田、口分田（指臨時補給田）祇在家貧供喪葬、自願遷往"寬鄉"時纔可出賣，違者笞十至杖一百，"地還本主，財沒不追"。這實際是限制了土地兼并，有利於貧苦百姓，但"兩稅法"實施後，《田令》的有關規定，已名存實亡。

（2）借貸契約。

唐《雜律》中"負債違契不償"條規定，債務人不能按時清還債務，處笞二十至徒一年。《雜令》規定，民間借貸利率限制在"月利六分"（百分之六）以下，且禁複利。得息纍計與本金相等時，停止計息。中唐之後進一步限制利率，直降至"月利四分"，同樣不得纍計超過本金。

唐《雜律》允許債權人在債務人無力清還債務時扣押債務人的財産，此一措施稱爲"牽掣"。但牽掣前必須向官府報告，經批准後始可進行。未經官府批准，强行牽掣債務人財産，并超過債務原本者，以坐贓罪論。該律又規定，禁止以良人爲奴婢抵償債務，確無財産可抵償者，可"役身折酬"，即驅使債務人及其家屬以勞役抵償債務。

始自南朝的收質放債的機構"質庫"，至唐代已空前興盛，收質的範圍種類更加繁多。其時達官貴人，乃至内宫皇族已多經營。"質庫"，即後世的當鋪。其事本書《資産卷·店館説·當鋪考》已有説述，本考不贅。

（3）寄託契約。

唐代的寄託保管行業亦相當發達，有代客保管金錢財物的"僦櫃"，有代客倉儲批發的"邸店",有代客寄賣物品的"寄附鋪"。唐律中有"受寄財物輒費用"條。該條規定,保存他人財物(含質庫所收質押品)不得私自動用,違者按坐贓罪減一等論處,故意作僞者按詐欺取財罪論處。若受寄財物亡失,必須照價賠償,但寄存的牲畜自然死亡不在此例。《名例律·以贓入罪》律疏又規定,寄存物有孳生蕃息,如"婢産子,馬生駒",皆須歸還原主;經寄存人"出舉",或貿易所得利潤,"皆用後人之功,本無財主之力,既非孳生之物,不同蕃息之限,所得利物,合入後人",此謂功在後人,不在財主。後人指受寄人,財主指寄托人。所得"利物",應歸受寄人所有。

(4)租賃契約。

唐律稱耕地租賃爲"租",出租人稱"田主",承租人稱"佃人"。中唐之後,由於戰亂,一些失去田地的農民爲避賦役而流亡他鄉,這些無戶籍的承租人又稱"佃客""莊客"。這種租賃關係,唐律令中未見詳載。後世出土的唐代文書中却明確規定有田地的品質、數量,承租人的義務,地租的數額,交租期限等,還明確規定承租人的擔保條件,如承租人不能及時交租,田主可"牽掣"其家中財産作抵償,若承租人死亡,則由其"妻兒及收後者償"。"收後",指過繼人或收養其妻兒者。

房屋、車輛、船隻、碾磨等的租賃,唐律令統稱之爲"賃"。《唐律疏議·名例》:"賃,謂碾磑、邸店、舟船之類,須計賃價爲坐。"此處"坐"謂坐實,無爭訟。這類租賃因標准不一,最爲複雜,故唐律中未見具體規定。《新唐書·宦者傳上·高力士》載,高力士曾於"都北偃灃列五磑,日僦三百斛直"。這裏的"磑"指水磨,五個水磨一日租賃費爲三百斛,一個水磨租賃則爲六十斛。以中唐時一農夫一日生産量爲二斗四升計,租一水磨的租賃費爲一農夫日生産量的二十五倍。這一方面是由於當地豪門附炎趨勢故意討好高力士所爲,另一方面可以看出出賃器物難以統一定價。所述中唐一農夫一日生産量,可參見下文"雇傭契約"。

(5)雇傭契約。

雇傭勞動、租借牲畜,先秦、兩漢稱"傭""雇",隋唐沿而未改。"傭"(古多作"庸"),隋唐時又專指受雇者的工錢。《新唐書·嚴郢傳》:"合府縣共之,計一農歲錢九萬六千,米月七斛二斗,大抵歲僦丁三百,錢二千八百八十萬,米二千一百六十斛,臣恐終歲穫不酬費。"僦丁,即雇傭壯丁。據此推算可知,每一壯丁每年傭金爲九萬六千,每月米七斛二斗(即每日二斗四升),這與每一農夫的收入相同。《北史·隋紀上·文帝》:"〔開皇〕三年……始令人以二十一成丁，歲役功不過二十日，不役者收庸。"《新唐書·食貨志一》："用人之力，歲二十日，閏加二日，不役者日爲絹三尺，謂之庸。"可知隋唐時一壯丁一日雇傭費爲三尺絹，故唐律亦作如是規定。據上文可知，三尺絹合二斗四升米。

3. 家族法

唐律十分重視家族權，而家族權的核心是尊長與丈夫。主要體現在《户婚律》《名例》及《户令》《婚姻令》中。實際是將儒教思想具體化、律令化。視摘其要，分述如下。

（1）維護尊長權威。

《唐律·户婚》"同居卑幼私輒用財"條疏議載："凡是同居之内，必有尊長。尊長既在，子孫無所自專。"這裏的"尊長"主要指男性，尊長之權威，實際即父權、夫權。此二權主要表現於三方面：

其一，子孫必須孝敬祖父母、父母，無違其命。唐律將子孫對父祖自生至死的諸多違禮行爲定成重罪，十惡中的"不孝"即其一。據《鬥訟》《賊盜》諸律規定，若尊長與卑幼相犯，不論相告、相毆或相殺，尊長總是輕於常人，卑幼則相反。如尊長毆打卑幼，一般無罪；卑幼毆打尊長，則關係愈親判刑愈重。毆祖父母、父母者，則犯十惡的"惡逆"條，處以斬刑；祖父母、父母因責教而毆殺子孫者，祇處徒刑一年半而已。此外，居父母喪嫁娶，聞祖父母、父母喪不舉哀，詐稱祖父母、父母死等皆爲不孝罪，分處不同重罪。甚而"府號、官稱犯父祖名"者，亦屬不孝罪。如父名魯不得在魯地爲官，祖名揚不得在揚州爲官，父名爲尚不得任尚書職，祖名爲博不得任博士職等。犯者稱"冒榮"，處徒刑一年。

其二，尊長全面掌管家庭理財權。《户婚律》嚴禁尊長在世而子孫"別籍異財"的行爲，即使在居喪期間亦不得妄動，違者處徒刑一年。以尊長爲主，"同居共財"，是維護尊長及封建家族的最有力的物質基礎。《禮記·坊記》載："父母在，不敢有其身，不敢私其財。"這是説父母在世，子女的生命、財産權皆歸父母所有，此即前文所謂"子孫無所自專"之意。這是儒家禮教在律令上的典型表現。

其三，尊長絕對擁有卑幼主婚權。男女成婚，必須遵從"父母之命，媒妁之言"。這是儒家禮教，自先秦而達於清末，數千載沿而未改。男女私定終身，被視爲傷風敗俗、玷辱門庭的醜行。《唐律疏議·户婚·義絕離之》中首次出現"主婚"字樣，這是儒教"父母之命"的法令化。同樣，祖父母、父母有權强令寡孫媳、寡子媳改嫁，而常人迫使寡婦改嫁，則處徒刑一年。

（2）强調丈夫地位。

唐律令在處理丈夫與婦人關係方面，亦以儒教爲準則。如《大戴禮記・本命》："丈者長也，夫者扶也，言長萬物也……婦人，伏於人也。"《白虎通義・三綱六紀》："婦者服也，以禮屈服。"唐律令正體現了儒教所指稱的"夫爲妻綱"，丈夫明顯地處於統治地位。試看以下兩方面：

其一，夫妻關係的成立。唐承古訓，嫁娶時必有"報婚書""有私約""受聘財"之程式，否則即視爲違禮或不合法。"報婚書"，指男女雙方尊長成立書面婚約。先向女方"致書禮請"，提出意願建議，然後由女方"答書許訖"，表明態度。"有私約"，指男女雙方私下已容忍對方的一些特殊情況。但多是女方容忍男方，如大齡、殘疾、庶出、妾生等。女方若有以上情況，男方則不會"致書禮請"，因其操有主動權。"受聘財"，指女方已接受男方聘娶之財物。這是婚約成立的標志，女方祇要收取聘財，即使未得報婚書，仍視爲婚約有效。唐律認定，"婚禮先以聘財爲信。故《禮》云'聘則爲妻'"。這裏唐律依然以儒家經典《禮記》爲準則。

女方尊長在已得報婚書、已有私約或已受聘財後悔婚者，處以杖六十，婚約仍有效。女方若擅自將女兒許嫁他人，未成婚者處以杖一百，已成婚者處以徒刑一年半；後娶者若知情而爲之，處以徒刑一年。未成婚者女方歸先約男方，後約無效；已成婚者若先約男方願娶，女方追歸先約男方，若不願娶，女方退還聘財，後婚約可生效。反之，男方悔婚不受任何處罰，祇是失去原已交付的聘財而已。

其二，夫妻關係的解除。這一關係的解除，仍是將儒教傳統"七出""三不去"法令化。其形式大抵有兩種：

一曰離棄，即不經官府解除婚約。其中又可分爲兩類：一爲"和離"，即男女雙方自願協議解除婚約。男女雙方在婚後皆感到難安生、不和諧，唐律稱之爲"不相安諧"，允許雙方"和離"，雙方可共同擬定"離婚書"，由雙方簽字生效，官府承認其合法性。二爲"休棄"（亦稱"休妻"或"棄妻"），即男方一方解除婚約，休棄妻子。其條件即七出，勿須官府判決。七出的提出，可以是丈夫，亦可以是丈夫之父母。反過來而言，妻妾却絶對無權單方解除婚約。唐律又明確規定，"背夫擅行，有懷他志"，處以徒刑二年；"因擅去而改嫁者"，處以徒刑三年。妻無七出之狀，丈夫强行休棄者，休棄無效，并處以徒刑一年半；妻雖有七出之狀，但有三不去情況，丈夫强行休棄者，休棄無效，處以杖刑一百。

二曰斷離，即由官府判決解除婚約。亦分兩類。一爲"義絶"，即夫妻一方對另一方或雙方親屬有毆打、殺傷、通奸、搶奪等情況，必須解除婚約。不執行判決者，處以徒刑一年。律疏徵引的禮教原則爲"夫妻義合，義絶則離"。這裏有諸多具體條款，其偏向於丈夫的顯而易見。如祇有妻"欲害夫"，而無夫欲害婦；夫對妻之親屬須有毆打、殺傷情節纔構成義絶，而妻僅詈罵、毆打夫之親屬即構成義絶。二爲"違律爲婚"或"嫁娶違律"，皆指違背禮教的不法行爲。下將論述，此略。

（3）恪守婚娶宗法。

前述斷離中的"違律爲婚"或"嫁娶違律"，是恪守婚娶宗法的首要前提。

"違律爲婚"，係指違背婚配條件的行爲。主要表現於以下七方面：

其一，不准同姓爲婚。違者，男女各處以徒刑兩年。"同姓不婚"爲西周以來之傳統禁忌。唐律進而規定，娶妻買妾皆須遵守，甚至聲同字別的兩姓，如張、章之類，亦不例外。

其二，不准親屬爲婚。凡同宗五服以内（緦麻以上）家屬不准爲婚，違者以奸論罪，判徒刑三年。姻親、外戚之類有服親屬，如外公、外婆，外祖父母，舅、甥、姨、表妹等尊卑之間不准爲婚，同父异母、同母异父之兄弟姊妹，不准爲婚，違者亦以奸論罪，判徒刑三年。

其三，不准良賤爲婚。良，指具有人身自由權的普通百姓，如下述之主人即是；賤，指失去人身自由、地位低於普通百姓者如下述之奴婢、官户即是。主人爲奴婢嫁娶良人子女者，主人處以徒刑一年半，女家尊長處以徒刑一年，婚約斷離。奴自行嫁娶良人子女者，主人默許者，主人處以杖刑一百，斷離。主人以奴婢冒充良人，或奴婢自行冒充良人而嫁娶者，處以徒刑兩年，還正其原身份，斷離。其他"官賤"若官户、雜户等亦不得與良人聯姻，違者仍依上律處罰。

其四，禁止妄冒爲婚。妄冒，指男方或女方之出身、年齡、健康、財產等狀況有弄虛作假行爲。唐律規定，女方妄冒者，判離，處徒刑一年；男方妄冒者，判離，罪加一等。因女方妄冒，男方可以休棄或納妾補償，而男方妄冒，則導致女方難以再嫁，故女輕男重。妄冒未成者，解除婚約。

其五，禁止恐猲、强娶爲婚。恐猲娶，指以威脅恐嚇方式而成婚配；强娶，指以暴力强制手段而成婚配。唐律規定，前者加本罪（杖一百）一等，處以徒刑一年，後者處以徒刑一年半，皆斷離。即使有媒聘，亦屬無效。

其六，禁止娶逃亡婦女。若婦女因死罪逃亡而嫁人，或知情而娶者，減一等處以流刑三千里。若女罪原無婚約，又遇恩赦之時，婚約可以認定。

其七，禁止監臨官娶所監臨之女爲妻妾。監臨官，指地方執掌統攝權之長官。《戶令》規定："諸州縣官人，在任之日，不得共部下百姓交婚。"監臨官在通常情形下爲自己，或爲親屬娶部下之女者，監臨官或親屬各處以杖刑一百。若監臨官爲"曲法"目的娶部下妻妾或女者，以奸論罪，加重二等處刑；部下亦爲"曲法"，"行求"監臨官娶自己妻妾或女者，亦以奸論，減二等處刑。

4. 繼承法

隋唐沿用兩漢以還"諸子均分"家産的繼承原則，進一步將其法律化。唐《戶婚律》規定："即同居應分，不均平者，計所侵，坐贓論減三等。"指一家兄弟應分家産，而未能平均，統計其所侵吞數量，以貪贓減三等論罪。《戶令》規定尤詳："諸應分田宅者及財物，兄弟均分；妻家所得（指從妻家帶來）之財，不在分限。兄弟亡者，子承父分；兄弟俱亡，則諸子均分。其未娶妻者，別與（特別預留給）娉財；姑姊妹在室者，減男娉財之半。寡妻妾無男者，承夫分。"這裏明確了父子、兄弟、姑姊妹、妻妾等各種不同身份在可能出現的各種不同情況下，其家産與之相適應的繼承數量。

唐律以前諸款規定猶有不足，又規定了特殊身份與特殊情況的處理。略分述如下。

養子與親子的繼承權利。《戶婚律》及"養子捨去"條疏議規定，被繼承人立養子爲嗣子之後，又生親子，則養子與親子的繼承份額等同。若養子方與親子方同意，養子仍可留在養父母家中，與親子一起繼承家産。

戶絕家産的繼承權利。此指戶主亡而無男嗣，或連女嗣亦無。《喪葬令》規定："諸身喪戶絕者，所有部曲、客女、奴婢、店宅、資財，並令近親轉易貨賣，將營葬事及量營功德之外，餘財並與女。無女，均入以次近親；無親戚者，官爲檢校。若亡人在日，自有遺囑處分，證驗分明者，不用此令。"按：部曲指私人擁有的衛隊，客女指部曲之女，或由他處轉得，或以奴婢充當。部曲、客女身份略高於奴婢。一經主人放免，即同民伍。主人亡故，兩者皆屬家産。唐文宗開成元年（836）七月，又補敕規定："〔絕戶女〕其間如有心懷覬望，孝道不全，與夫合謀，有所侵奪者，委所在長吏嚴加糾察。如有此色，不在給與之限。"

商旅客死錢財的繼承權利。《主客式》規定，商旅死於异鄉，勘問未得親屬者，其錢財由官府暫管。若其後有認領者，待查明確係其父兄子弟，如數退還。文宗大和五年（831）二月又補敕規定，死商有父母、嫡妻及男，或親兄弟、在室姊妹、在室女、親侄男，見（通"現"）相隨者，便任收管錢物；若無父母、妻兒相隨，以後其親屬將文牒（原籍官府出具之證件）認領，應委派專管官切加盤尋，若確爲至親，責令取保後，始可認領。

五代時期，各王朝統治不穩，雖效法唐代律令，但因社會動亂，民情複雜，實難執行。諸帝王據變异情況隨時頒敕，故民法尤爲混亂。史家罕見記載，今以法律較完善的後周爲例，即可推見其他四朝情況。《舊五代史·刑法志》載："〔周太祖廣順二年二月詔〕'有夫婦人被强奸者，男子坐殺，婦人不坐。其犯和奸者，並准律科斷，罪不至死。其餘奸私罪犯，准格律處分……'先是，晋天福中敕，凡和奸者，男子婦人並處極法。至是，始改從律文焉。"據以上詔書可以看出，祗有犯强奸罪者殺頭，犯和奸罪者，已"不至死"。這已勝過後晋天福中敕："凡和奸者，男子婦人並處極法。"足證五代民法并非過濫過苛。

（二）經濟關係方面

1. 土地法

隋朝爲限制權貴豪紳兼并土地、役使大量農民，於是改用北魏以來之均田制，開皇元年（581）頒布均田法。唐初仍地廣人稀，高祖武德七年（624）統一全國後，亦頒均田法。較之隋法，更爲縝密。該法規定，丁男（十八歲以上）與中男（二十一歲以上），各受永業田二十畝，口分田八十畝。老男（六十歲以上）、篤疾（猶重病）及廢疾者各四十畝，寡妻妾各三十畝，若爲户主，再加二十畝，僧人道士亦各三十畝，女尼女冠各二十畝，官户四十畝，老男以下皆爲口分田。商賈雜業諸人所受永業、口分田爲百姓之半，處狹鄉者不授。婦人、奴婢、牛不授（前代此三者有減丁男之半授之者）。授田足額之地稱寬鄉，不足者稱狹鄉，狹鄉口分田減半。永業、口分田之買賣規定，前文已述，此略。唐初之均田法，體恤了老、殘及寡婦，其無力負役，得口分田後，從事較輕勞動，藉以自給，有利國家。官户給田，亦在減輕國家負擔。僧道及商賈諸人亦可受田，係對南北朝以來既成事實狀況的承認。

雖然均田法自隋文帝時，農民受田已多不足，但畢竟限制了田地之劇烈吞并，大量農民擁有了一定量的田地，一些原附耕於權貴豪紳之農民尤爲得利，故隋唐前期經濟之恢復發展甚速。惜其後因戰亂及弄權枉法之日漸惡化，均田之法終於廢止。

2. 賦役法

隋初，以均田爲基礎，其賦役大抵沿用北朝以來之租調力役法。唐初有鑒於隋制，高祖武德二年（619），在頒行均田法之同時，又頒行了租庸調法。租，指按丁納稅的田租；庸，指服勞役，可繳納一定實物免庸；調，指按丁繳納一定的棉麻和織物。該法規定，凡受田者，成丁每年納粟二石或稻三斛；蠶鄉每丁每年納綾、絹或絁（粗綢）二丈，非蠶鄉納布二丈五尺、麻三斤；每丁每年服役二十日，閏年加二日，如求免役，每日納庸絹三尺或布三尺七寸五分。違規者處笞刑四十，重者處死。貴族、官吏等免負租、庸、調。此法詳備、穩定，較之隋煬帝之橫徵暴斂大爲減輕，人身亦漸自由，社會經濟日漸復蘇。

唐代中葉，遭安史之亂，均田制瓦解，土地兼并，人丁流失，户籍難以核實，租庸調法已無法施行。爲解決財政危機，防止人民反抗，德宗建中元年（780），在名相楊炎建議與主持下改行“兩稅法”。該法是以勞力、土地和財產之多寡確定納稅等級，合諸稅賦而爲一，統一徵收。兩稅，指地稅與户稅。地稅，即田畝稅，以大曆十四年（779）墾田數爲依據，按畝納米麥；户稅，即户籍資產稅，不論主户、客户，一律在居住地區登記，編入户籍，以户等高低定稅率。居民分爲九等户，雖以實物計徵，但要折合爲錢幣。全年分兩次徵收，夏稅截至六月止，秋稅截至十一月止。無固定居地之行商，於所在州縣繳納資產三十分之一的稅額，後又改爲十分之一。兩稅法是中國封建社會賦稅制度的一次大變革。至此，自戰國以來通行的以榨取人丁力役爲主的賦稅形態，轉變爲榨取實物爲主的新賦稅形態。這一制度，一直沿用了八百餘年。但其稅額常不固定，總以朝廷需要而設定，下發之日，又常層層加碼，遇有昏君或戰亂之日，人民則困苦不堪，或遠遁他鄉，或起而抗爭，難有寧日。

3. 工商法

爲獲取大量財物，唐代生產管理機構分工細密。中央管理機構有工部、少府監（管理百工技巧）、將作監（管理土木工程）、軍器監（管理弓弩甲冑製造）；地方管理機構有織棉場、鹽場、礦冶監、鑄鐵監等。《唐律》中詳細規定了主管官員的責任及當地供應原料的義務，規定了工廠內部的技術傳授、製作品質等要求與標準。違者必依法制裁。

《唐律》規定徵調全國各地工匠按時服役。“稽留不赴者，一日笞三十，三日加一等，罪止杖一百”。同時工匠的使用、醫療、生產安全亦有明細規定。如勞作中工匠患病，主司不予醫治者，笞四十；致死者，徒一年。又如，錦、羅、紗等幅寬爲一尺八寸，長四丈爲一匹。若不依規格生産，即予沒收，并按違規輕重，分別處以不同的笞刑。爲確保質量，明確責任，規定必須在産品上刻印生産者姓名、生産日期，以便追查。

唐代官民工業作坊空前發達，品質之高，技藝之精，遠勝前代。唐代詩人白居易在其《繚綾》詩中，描述了天台山一帶織絲過程、工藝特點與奇妙的工藝水準。一匹四十五尺的繚綾高懸起來，如同天台山之瀑布在明月映照下飛瀉，且其"中有文章又奇絶，地鋪白烟花簇雪"。法制的完備是這一成就的重要因素，祇不過這美麗繚綾是貢宮廷之需而已。

唐代縣以上城鎮皆有大市，以爲商賈集散之地。都城長安則是國内外貿易中心，城内設東西遥相呼應的商業區，區内貨物以類劃分，稱之爲行，行有行頭，爲商賈自立自衛機構。僅一東市即有貨財二百二十行，店肆五千之衆。海内外之奇珍异貨雲集於此，銷行天下。

唐代已將商業區、居民區分開。市場設市令、市丞、録事、典市等官吏總掌或分掌其事，并徵收商業稅款。凡買賣奴婢、牲畜等大宗交易，皆需簽訂契約，違者笞三十至一百。市場營銷皆有定時，中午擊鼓三百聲開市，日落前三刻擊鉦三百響收市，以便集中百姓，并便官方管理。唐律對市場、物價、度量衡等管理皆有明細規定。凡市場壟斷、强買强賣諸行爲，輕者杖八十，重者以盗論罪。凡物價釐定，必經市令批准。若掌物價之官令價不平，計其加减之價，以坐贓論；若借評物價之機，而得財物入己者，以盗論。凡度量衡之使用，由户部下屬之金部統一標準。民間私製者，必經有司核校、備案後方可使用。使用非標準度量衡者，笞五十；雖標準而未加印署者，笞四十。若其度量衡作弊而有所增减，計其增减之量，以准盗論。

4.外貿法

唐代對外貿易空前發達，陸路有聞名遐邇的"絲綢之路"，水路則有廣州、揚州、明州（寧波）、登州（蓬萊）等重地大港。對外貿易由朝廷統管專營，中央少府監下設互市監，執掌陸路邊關貿易，設市舶使執掌水路貿易。諸國商賈不違唐律，皆可自由往來。朝廷爲限制管理，并保護其生命財産安全，各大口岸皆設"番場"。民間出入邊境海關者，必須官府驗准，頒發證卡——"過所"，始准出入，而兵器、珍珠、牦牛尾、金、銀、鐵器等限制或不准出口。"諸齎禁物，私度關者，坐贓論"，"諸越度關者，徒三年"。是時之唐律仍以天朝自居，有限開放。

　　唐律有涉外爭訟專門條款，十分詳細。凡屬同一國度之外國人之間的爭訟，遵從該國法律與習慣；凡不同國度的外國人之間的爭訟，或涉有本國人的爭論，則一律遵從唐律。這些條款體現了唐朝作爲一個强國的主權，又尊重了各國僑民平等的原則。

　　五代之時，除後唐莊宗遷都洛陽外，後梁、後晉、後漢、後周皆以大梁爲京都，時稱東京。後周世宗顯德二年（955）四月詔曰："東京華夷輻輳，水陸會通，時向隆平，日增繁盛，而都城因舊，制度未恢。諸衛軍營，或多窄狹，百司公署，無處興修。加以坊市之中，邸店有限，工商外至，絡繹無窮，僦賃之資，增添不定……將便公私，須廣都邑，宜令所司，於京四面別築羅城。"（宋王溥《五代會要·顯德二年》）據此可知，海内外商賈雲集東京，至難容納，京城四面又築外城，此外城即商城。宋人文瑩《玉壺清話》卷三又載，後周顯德中，遣大臣周景疏浚汴口，環汴栽榆柳、起臺榭，以壯都會，淮浙鉅賈往來不絕，可見其商業之盛況。但五代執法繁苛，經濟法亦然。後唐律令規定，販私鹽十斤以上者處死，私製鹽鹼，不論斤兩皆處死。爲强化這一規定，又大力推行告發之制，凡告發者，十斤以上，賞錢二十千；五十斤以上，賞三十千；百斤以上，賞五十千。後漢規定，私製麴者，不論斤兩，一律處死。後周改爲私製麴五斤以上者處死。可知後周執法略見寬簡。其商業之盛，亦祇一時而已。

四、隋唐五代時期的執法與訴訟

　　隋代之中央司法機構，已成鼎足三分之勢。三大機構：大理寺、刑部、御史臺，已經完備，但相互之間常有牽制，司職時有交叉。唐代設立了聯三者爲一體的司法系統，簡稱"三司"。

　　大理寺爲最高審判機構。其長官稱大理寺卿，副職稱少卿，屬官有大理正、大理丞等，旨在審理中央百官及京都徒罪以上案件，復審各地上呈的死罪疑案，而對徒、流案件的判決，則必須送刑部復核，死罪的判決則應直奏皇帝批准。

　　刑部爲中央司法行政機構。其長官稱尚書，副職稱侍郎，屬官有郎中、員外郎等，負責復核大理寺轉報的流罪以下及州縣徒罪以上案件。有權駁令原審機構重審，或自行裁決；對死刑案可轉交大理寺重審，而後上奏皇帝批准。

　　御史臺爲中央監察機構。其長官稱御史大夫，副職爲御史中丞，屬官有御史若干。

旨在監督大理寺、刑部的審判是否公正，遇有重大疑案亦參與審判，并直接受理行政訴訟案件。

凡遇大案、疑案，由大理寺卿會同刑部尚書、御史大夫三方共審，稱之爲"三司推事"。三司之間互相配合，又互相監督，加強了皇帝對中央司法機構的控制。三司推事，即後世"三法司"的濫觴。若遇非常案例，皇帝又可命令刑部同中書、門下二者集議，以示慎重。較輕案件，或不便解送京師之大案，則派三司中之副職或屬官前往審理，史稱"小三司"。

隋唐地方司法仍由州、縣行政機構兼理，但唐代屬吏較多。州的法曹參軍具體受理刑事案件，設司户參軍具體受理民事案件。縣設司法佐、史等，具體受理刑、民案件。縣以下無專職，由鄉官里正、坊正、村正處理土地、婚姻等民事案件，握有相應的審判權，不服者可上訴至縣，以求重審；刑事案件則需直報縣衙，無權審理。

隋唐由監察機構或各級有司代表官方糾舉犯罪，稱爲"舉劾"，類似近世之公訴。這一制度在唐代尤爲嚴格，官方有意或無意而未舉劾，必予治罪。一些重大犯罪的告發，人人有責，家屬亦然。知情不告者，亦必治罪。舉劾、告發爲起訴形式的一種。另一種形式是"告訴"，類似近世的自訴。不過，唐律對百姓告訴多有限制。除謀反、謀叛、大逆不道等重罪外，對一般犯罪輒加規範，如晚幼不得告訴其尊長，奴婢不得告訴其主人，若有告訴者必予重刑。在押犯人，與年八十以上、十歲以下及篤疾（不治之症）者，通常無告訴權。無告訴權之告訴案件，有司不得受理；如若受理，必予懲處。

唐代已建立了審訊回避制度。執法官與當事人有親屬關係、師生關係、上下級關係，或舊有恩仇，或曾在本地任重要官職者，皆須迴避，否則無效，或以舞弊罪論處。

審訊中規定"依狀鞫獄"，即依原訴狀所陳事實審訊，不得節外生枝，另求追加，否則"以故入人罪論"。若審訊中發現其他罪行，或有人再檢舉時，則應兩罪或多罪并論。

唐代已實行"衆證定罪"原則，《唐律》規定，必須有三人以上證人始可定罪，即所謂"三人證實，二人證虛"。而在衆證定罪中，口供則是判決的主要證據，即所謂"罪從供定"。《唐律》對證人作證有嚴格規定，凡十歲以下、八十歲以上及篤疾之類缺乏作證能力者，不得作證，同時又強調"親親相隱"的原則，凡犯人親屬不得作證。

既以口供爲判決的主要依據，又須防止刑訊逼供，《唐律》規定刑訊之前，司法官須簽立文書，并得到主管長官同意。拷訊每二十日進行一次，每次祗能拷訊三遍，總共不得超過二百杖；在此限内拷訊致死，不紏其責。違此限之有關官吏，徒二年。對享有議、請、減免等特權的達官貴人，及年十五以下、七十以上并殘疾，不得拷訊，"皆據衆證定罪"，孕婦可待產後再拷。違者杖一百，徒一年半。秦漢以來，刑訊規定之嚴格細密，無過於唐代。但由於封建社會權出一人，隨社會形勢的需要或帝王個人的因素，唐代亦常自毀其刑訊之法，武后當道時，拷訊之酷烈，不遜前代。

《唐律》規定，定罪判刑必須"引律、令、格、式正文"，"如無正文則依《名例律》所定比附原則行事"，即使皇帝臨時就某人某事發布之"敕"，凡未編入永格者，亦不得引爲"後比"，若任意引用而導致斷罪不當，事屬故意，以"故意出入人罪"論處；事屬過失，以"過失出入人罪"論處。

隋代的"三復奏"制，從唐太宗時起，地方沿而不改，在京師則實行"五復奏"。太宗先後因怒而誤殺了大理寺丞張蘊古與交州都督盧祖尚，追悔莫及，自責"不審"，未斥臣僚未加諫阻，認爲隋代之"三復奏"，即死刑前向皇帝請示三次之規定，難以適用。太宗稱："比來決囚，雖三核奏，須臾之間，三奏便訖，都未得思，三奏何益？"（《舊唐書·刑法志》）於是決定死刑前一二日復奏，執行之日又三復奏之制。這一決定，爲死囚提供了驗其失誤，或情有可原，獲得免死的機會。

隋代據罪刑不同有不同執行規定，至唐尤爲明確。縣級執行笞、杖刑，京師執行徒刑、流刑。徒刑應按期執行，男犯送將作監所服勞役，女犯送少府監所服勞役，流刑則按期解送配所，延誤者一日笞三十，三日加一等；死刑應在三復奏或五復奏之後，得皇帝批准，越三日執行，并依法定方式執行，應處斬刑者處絞刑，或應處絞刑者處斬刑，則處司法官一年徒刑。隋唐承襲漢代以來秋冬行刑制度，死刑應在秋分節氣之後執行，因其時天地間充滿蕭殺之氣；如果在立春至秋分之間執行，則要處司法官一年徒刑，因其時爲萬物生長之季。對孕婦之死刑，又有限制性規定，即必須在產後滿一百日執行，未產或未滿百日而行刑，司法官應處二年或一年徒刑。另《唐六典·刑部》尚規定："婦人犯罪非斬者，絞於隱處。"即處絞刑而非斬刑的婦人，可以隱蔽處死，盡力消弭其影響。

隋唐在京師、州、縣均設監獄，各設主管官獄丞、獄吏，分級管理，其組織系統比較完備。《唐律·斷獄》規定，犯人按罪情輕重分別處以不同監押方式：死囚帶枷，輕罪散禁，役作犯尚可十日一休息，患病就醫服藥，重病者可准家屬入獄陪護。刑部每年正月必派使臣巡獄，以示仁政，同時要進行監察，以去其弊。又規定，囚犯應戴刑具而脱掉，或擅自改用其他刑具，主管獄吏應處笞或杖刑。凡應給囚犯衣食，應就醫服藥，應准家屬入護，應脫刑具而不予脫，以上未執行之獄吏，杖六十。獄吏竊減囚犯口糧而致死者，處絞刑。

《唐律》規定，不服原判者可以逐級上訴。不服縣判決者，可上訴至州；不服州判決者，可上訴至尚書省，由左右丞詳審；再不服"得向三司陳訴"。三司指御史大夫、中書令、門下侍郎。受理上訴之官員，應更加審慎決裁，違者笞五十。通常情況，不得越級上訴。

有唐一代，除却前述上訴制度外，尚有四種非常程式，稱爲"直訴"，俗稱"告御狀"。其一爲"撾登聞鼓"，即在東西兩京（長安、洛陽）城闕之下懸一大鼓，申冤者可擊鼓以聞，由有司直訴皇帝，請求復審。《唐律》規定，撾登聞鼓不實，杖八十；主司不即受理，加罪一等。其二爲"申冤甌"。武則天時在廟堂内設置四個銅匣，名曰"甌"，其中"申冤甌"專受訴狀，并設有"理甌使"負責處理。其三爲"上表"，即直接向皇帝上表章，披陳冤枉之情。其四爲"邀車駕"。通常是在皇帝車駕馳過時，攔路喊冤，遞交呈狀。但申冤者祇能在儀仗隊外俯首陳遞，衝入儀仗内者，杖六十；若申訴不實，杖八十。

五代無一不承唐之法，執行中雖隨時而變，但萬變而難違其宗。後周顯德三年（956）之前，其重臣和凝已撰有《疑獄集》。稍後，其子和㠓又續而成之。前後共四卷。清代紀昀評之曰："所記皆平反冤濫、抉摘奸慝之事。俾司憲者觸類旁通，以資啓發。雖人情萬變，事勢靡恒，不可限以成法，而推尋故迹，舉一反三，師其意而通之，於治獄亦不無裨益也。"（《四庫全書總目提要·子部·法家類存目》）此書關涉了偵查學、法醫學、審訊學及犯罪心理學等各種刑獄理論。這一專書之問世，對於古今之"司憲者"（即執法者）皆可"觸類旁通，以資啓發……舉一反三，師其意而通之"（出處同前）。《疑獄集》之成書，一方面反映了五代時確有獄治冤濫之情，另一方面又可看出官方對於昭雪冤獄之重視，并可看出當時偵查、法醫等科學技術之進步，而對該書之評價與布世，又可看出五代後期君主之膽識與開明。

第五節　中華法系的起伏期
——兩宋遼金元明清時期（960—1840 年）

一、兩宋遼金元明清時期的立法思想

後周顯德七年（960）春，重臣趙匡胤發動陳橋兵變，奪取政權，建都汴京（亦稱東京，即今開封），史稱北宋，是爲太祖。宋太祖、太宗歷經二十年的鬥爭，結束了五代十國的分裂局勢，大抵統一了全國。靖康二年（1127）春，金兵南侵，俘獲了徽宗、欽宗二帝。當年夏季，康王趙構（欽宗弟）於南京應天府（今河南商丘）即位，年號建炎，是爲高宗。後遷臨安（今浙江杭州）爲都，史稱南宋，形成金宋對峙局面。兩宋共歷十八帝，三百二十年。

兩宋統治者於儒家立法正統外，又崇尚黃老，重視理學，其特色亦甚鮮明，茲概述如下。

（一）強化中央集權，以防割據分裂

宋太祖起於五代紛爭之末世，通過兵變取得政權，深知“節鎮太重，君弱臣強”之危險，故在建國之初，即采取了“強幹弱枝”的一系列行政措施。在法制建設方面，力求集權，禁削枝蔓，如設立最高監審機構“審刑院”，分立審理權與判決權，查革科舉制中的恩師門生關係等。

（二）抑武崇文，兼采黃老

太祖稱帝後，面對五代以來重武輕文之習尚，全力宣導文治，重視文臣之治國方略。因策劃陳橋兵變而成開國重臣的趙普“寡聞學術”，太祖即勉其讀書。趙普遂潛心研究儒家經典《論語》，并用之於管理朝政，其後果有大成，被譽之爲“半部《論語》治天下”。其時朝內朝外，舉國上下，紛予效法，蔚成風氣。

宋初統治者甚爲重視法治之道，太宗云：“治律之書，甚資治理，人臣若不知法，舉動是過。苟能讀之，益人智識。”（《宋朝事實類苑》卷二）其時規定武臣須讀書學法，由“律學博士”授課，并行考核，考核居末位者，處以罰金（《宋史・選舉志三》）。同時又起用明法之文人任官，海內悉平，文教寖盛，“士初試官，皆習律令”（《宋史・刑法志一》）。

宋初法制主導思想，是傳統儒學與黃老兼用。太宗甚喜《道德經》，嘗言：“伯陽（老

子李耳字）五千言，讀之甚有益，治身治國，並在其內。"（《宋朝事實類苑》卷三）南宋之後，理學漸居主導地位，其法制指導思想，終成獨尊理學之特徵。理學宗師朱熹曰："政者，爲治之具；刑者，輔治之法；德禮則所以出治之本，而德又禮之本也，此其相爲終始。"（《論語‧爲政》朱熹集注）此即宋代中後期以德禮爲治國之本的簡明總結，亦即其時立法的指導思想。

（三）大度慎法，始寬轉嚴

宋太祖由兵變稱帝，在加強中央集權之同時，非常慎法，自稱"不敢以誅夷待舊勳""不敢以苛法督責吏民"。慎法之目的在於籠絡臣屬，安撫百姓。大臣呂蒙正云："水至清則無魚，人至察則無徒。小人情僞，君子豈不知之？若以大度兼容，則萬事兼濟。"（《宋朝事實類苑》卷三、清王夫之《宋論》卷一）可見慎法是爲求得"萬事兼濟"，便於穩固趙氏王朝的統治地位。

慎法思想初行時大抵收到了預期效果，後期則發生了如下變化：在統治階級內部實爲"大度相容"，形成疊床架屋、封官養官、冗官遍地的狀況，并導致貪官污吏官官相護，有恃無恐；對於平民百姓而言，慎法漸向反面，趙宋王朝漸傾向於重刑，朱熹亦轉而提出，當政者"當以嚴爲本，而以寬濟之"（《朱子語類》卷一○八），認定"刑愈輕而愈不足以厚民之俗，往往反以長其悖逆作亂之心，而使獄訟之愈繁"（《朱子語類》卷一四），故主張"懲其一以戒百……使之無犯"（《朱子語類》卷一○八）。朱熹之論述正反映了當時立法指導思想的變化。

宋初之慎法，發展至極端，導致怯於立法。其重要法典，唯《宋刑統》而已。此《刑統》大抵是照錄《唐律疏議》，無甚創意。慎於立法，慎於變法，乃有宋一代根深蒂固之統治思想，結果是僵化、陳腐、難有大成。這就顯然有別於自漢代以來，每逢新皇朝建立，必修新律，以示新朝新象之舉。

（四）重視經濟，妙用儒學

太宗、神宗皆曾先後下詔，責令朝臣學習理財之道，并有"政事之先，理財爲急"之明示。王安石云："理財乃所謂義也，一部《周禮》，理財居其半，周公豈爲利哉！"（王安石《答曾公立書》）此即將儒學作爲理財世務的理論依據，頗有說服力地將二者統一起來。王安石之學說，實爲宋代經濟立法思想的代表。宋代之經濟立法十分活躍，其法規內容、實施方法至爲細密，注意了國家職能與經濟活動之關係協調，順應了商品經濟的規律，對朝廷收入及人民生財盡皆有利。"慶曆新政""熙寧新政"時期所定經濟法規，尤有創意，可稱空前之舉，對後世有廣遠之影響。

後梁貞明二年（916），契丹首領阿保機仿漢人體制建國，國號契丹（後改國號爲遼）是爲太祖，建都上京（今内蒙古巴林左旗南）。治下有契丹人、漢人、渤海人、女真人等。天祚帝保大五年（1125），滅於金國。歷九帝，共二百一十年。因契丹本爲北方落後之少數民族，其立法指導思想鮮明地體現出求開化、求進步的傾向。概述如下。

（一）民族分治，終向漢化

遼建國初年，對契丹等少數民族采用特殊民族法律，對漢族采用隋唐以來的漢制。其法制明文規定，契丹人與漢人相毆傷亡，執法量刑輕重有别。自第二代皇帝太宗始，逐漸擴大漢制適用範圍，至第六代皇帝聖宗即位後，開始全面翻譯唐宋律令，一方面廢止民族自立之特殊法規，一方面推行"十惡""八議"等漢制，終於向大規模的漢化邁進。

（二）保護農桑，實行賦税

契丹本北方游牧民族，不善且輕視耕作。遼代中後期開始采取了發展農桑的措施，指令地方官"勸農"，嚴禁契丹人砍伐桑梓，放牧農田。與此同時，普遍實行了賦税制，所俘掠之奴隸不再殺辱，不再爲奴，使之從事農耕，轉爲向朝廷納税之編民。這一措施極大地穩定了社會形勢，增强了國力。

宋徽宗政和五年（1115），世居東北的女真族首領阿骨打建大金國，是爲太祖。金初建都會寧（今黑龍江阿城南），先後遷都中都（今北京）、開封等地，治下有女真人、漢人、契丹人、渤海人等。末帝天興三年（1234），在南宋與蒙古聯合攻擊下滅亡。歷十帝，共一百二十年。

女真同契丹一樣，皆北方游牧民族，不善且輕視耕作，其立法指導思想亦同遼國。不過金太祖建國之初，其接受漢制遠遜遼初。金之法制主要采用女真祖傳習慣法，尚無成文法典。攻遼之後，又在原遼轄地廢除已漢化的遼法，强以女真習慣法取代之。僅越三年，至天輔二年（1118），金太祖即頒詔曰："國書詔令，宜選善屬文者爲之。"表明金統治者已開始重視成文法的制訂。三十年後，至皇統期間，終"以本朝舊制，兼采隋唐之制，參遼宋之法"（《金史·刑志》），制訂了一部其時號稱先進的律文《皇統制》，是爲全國第一部成文法典。金國法制漢化的措施較遼國更有力，步伐更快捷。

南宋寧宗開禧二年（1206），"大蒙古國"成立，鐵木真即大汗位，號"成吉思汗"，是爲太祖。其統治集團性好掠奪，於統一漠北後，即開始大規模征服鄰國。至元八年（1271），世祖忽必烈在進攻南宋的凱歌聲中，建立元朝，號稱"大元"，取《易經》中"乾元"之義，視自己爲中原歷代百王之繼續。建元前四年，已定都中都（今北京）；建元次年改稱大都。至正二十八年（1368）秋，朱元璋的明軍直逼大都城下，僅交戰數日，元即滅亡。從元世祖忽必烈建大元始，至順帝妥懽貼睦爾，歷十一帝，共九十八年。蒙古爲典型的游牧民族，其貴族率部以馬上征戰而得天下，落後野蠻，傲視他族。入主中原後，其政治中心不斷南移，其立法指導思想雖不得不趨向漢制，却留有明顯的蒙古族特點。茲概述如下。

（一）暗習漢法，廢名用實

中統二年（1261），儒臣許衡奏請忽必烈"必如古者《大學》之道，以修身爲本"（《元史·許衡傳》）。另一儒臣竇默又以欲國泰民安，必實施"三綱五常"答忽必烈之垂問。（《元史·竇默傳》）後之仁宗，又喜儒釋道之貫通，嘗言："明心見性，佛教爲深；修身治國，儒道爲切。"（《元史·仁宗紀三》）尤喜南宋真德秀所著《大學衍義》，因該書有致知、誠意、正心、修身、齊家諸內容，仁宗視之爲經世妙策，贊曰："治天下，此一書足矣。"（《元史·仁宗紀一》）但以蒙古貴族爲主體的元朝統治者，既以武力戰敗諸國，睥睨一切，視戰敗者爲臣僕，欲其"下從臣僕之謀，改就亡國之俗，其勢有甚難者"（《元史·許衡傳》）。故元朝統治者視該族之舊有典章制度與傳統習俗爲優越，不甘心接受漢法。於是袛能"以國朝（指元朝）之成法（即舊制），援唐宋之故典，參遼金之遺制，設官分職，立政安民，成一代王法……緣飾以文，附會漢法"（元郝經《立政議》）。"緣飾以文，附會漢法"，即元代理學家吳澄在《大元條例綱目後序》中所稱的"其於古律，暗用而明不用，名廢而實不廢"。

（二）保存蒙權，壓迫他族

元朝建立後，將人民分爲蒙古、色目、漢人、南人四等，目的在於保存其本民族特權，同時利用民族矛盾，分而治之。故其入主中原後，仍將舊有的民族法《大劄撒》奉爲聖典，捨弃了已漢化并行之有效的金國《泰和律》。在難以維持統治的情況下，不得不采納漢法，但仍不捨其本族舊制，故改制後，猶留有落後之律令條文。有元一代，直至滅亡，未能制訂一部《唐律》式法典，這是歷史的倒退。

元朝在紅巾軍大起義中崩潰。朱元璋作爲紅巾軍首領之一，於1368年建立政權，即明朝，是爲太祖。幾經征戰，至 1387 年統一全國。明朝已出現資本主義萌芽，封建社會末期的重重矛盾暴露無遺，農民起義達數十次之多。明朝統治者在加強中央集權的同時，尤注意立法執法以鞏固其基礎。崇禎十七年（1644），終於在李自成所率農民軍衝決下滅亡。明朝歷十八帝，共二百七十六年（維持了二年的南明小王朝未計）。明初統治者多起自社會下層，身受多重壓迫，對於元末官府的貪贓枉法深惡痛絶。既親歷目睹了元朝的覆滅過程，亦即決定了明初立法的指導思想。兹概述如下。

（一）始用重典，後施惠政

明初統治者認爲，元朝之滅亡在於行高壓而無嚴法，綱紀紊亂，天下離散。因而明朝建立伊始即啓用"刑亂國用重典"的傳統理論。太祖朱元璋曾訓示曰："胡元以寬而失，朕收平中國，非猛不可。"（明劉基《皇帝手書》之一）太祖之重臣劉基亦爲之謀曰："宋元以來，寬縱日久，當使綱紀振肅而後惠政可施也。"即準備先建立穩定社會秩序，然後再施惠政。劉基之謀，太祖早即認同。其晚年曾誡其嫡孫明惠帝朱允炆曰："吾治亂世，刑不得不重；汝治平世，刑自當輕。所謂刑罰，世輕世重也。"（《明史・刑法志一》）故修《明史》者評之曰："蓋太祖用重典以懲一時，而酌中制以垂後世……相輔而行，未嘗偏廢也。"（《明史・刑法志二》）

（二）德刑并重，禮法結合

明初統治者在"始用重典"的同時，從未忽略綱常禮教對於穩固江山的作用。洪武三十年（1397），《大明律誥》修成之日，太祖曾臨午門諭群臣曰："朕仿古爲治，明禮以導民，定律以繩頑，刊著爲令。"這就是説對於順民導以禮教，對於"頑民"則繩之以法，兩手并用。中國傳統的法制思想是"德主刑輔，先禮後法"，明初統治者是將兩者并列，德刑不分主輔，禮法不分先後，利用刑罰推行德禮，利用德禮以助刑罰。惠帝即有類似訓諭。

崇禎十七年（1644），清軍趁李自成所率農民軍滅明之際，發兵入關，攻入北京。其後又陸續鎮壓了各地所有農民軍，并消滅了南明，至 1661 年統一了全國。清王朝全面汲取了歷代傳統安邦治國之術，極力維持封建關係，在其前期一度出現了"康乾盛世"，形成了難得的多民族的統一大國。然而就世界潮流而言，清王朝已進入封建社會的末期，至 19 世紀鴉片戰爭始，中國已逐步變成半殖民地半封建的國家。清代統治者入主中原後，以奉天命、繼正統自命，這就決定了其後的立法指導思想。兹概述如下。

（一）張揚漢制，推行明律

清統治者入關後，宣稱爲鎮壓"流寇"，替明皇朝復仇而奉天命，舉義師，自己代表了正統，推崇明朝法律制度，并在歷次法典制訂中竭力保持明律原貌。因爲明律完全合乎清統治者維護高度君主中央集權的需要，也因爲滿族祇有幾十萬人口，唯有維護漢制，推行明法，纔能籠絡廣大漢人，適應統治之需要。

（二）推崇儒學，禁絕异説

清入關後，竭力推崇儒學，以儒家正統自詡。康熙至嘉慶四朝皇帝欽定、御纂《易》《書》《詩》《禮》《春秋》五經方面之著述達數十部，故嘉慶二十一年（1816）秋《十三經注疏》刊刻初成時，阮元於前記中稱"我大清儒學，遠軼前代"。自康熙至乾隆期間，尤重程朱理學，《朱子全書》《性理精義》諸書皆聖祖敕纂，高宗主持修訂之《大清律例》中，即貫徹了"明刑弼教""正人心，厚風俗"的理學思想。

康熙五十三年（1714）上諭曰："治天下以人心、風俗爲本，欲正人心、厚風俗，必崇尚經學，而嚴絕非聖之書，此不易之理也。"（《聖祖實錄》卷二四九）以此爲由，開始禁絕一切不利清朝專制統治的所謂异端邪説，包括了有獨立見解的"修身、齊家、治國、平天下"的學説與傳播於里巷間的俗文學作品。至此大興"文字獄"，禁書、毀書、囚繫、誅戮，其時竟有因一書而殺盡親友數百人者，其強化思想文化統治之手段可謂酷烈。

（三）寬嚴之用，因乎其時

康熙、雍正、乾隆三帝爲清代歷史上所謂明智之君，深諳儒家"有治人，無治法""刑罰世輕世重"之傳統思想。在強調"人治"時，皇帝本人親掌刑罰。清初諸帝皆重立法與司法，如此則皇帝永操臣民的榮辱生殺大權。同時，他們又十分注重司法官員是否效忠皇帝。清聖祖宣諭："用律用例，俱在得人也。"（《聖祖聖訓》卷二五）清世宗更申其義曰："凡立法行政，孰可歷久無弊？從來有治人無治法。文武之政，佈在方策，其人存則其政舉，朕謂有治人即有治法。"（《清世宗實錄》卷一五九）這就是説，祇有高明的司法官纔能體現法律，法律的成敗取決於司法官素質的高下。清世宗在其遺詔中稱："國家刑罰禁令之設，所以詰奸除暴，懲貪黜邪，以端風俗，以肅官方者也。然寬嚴之用，又必因乎其時。"（出處同前）此後，"寬嚴之用，因乎其時"成爲清朝立法指導思想的重要原則之一，即強調法律要因形勢需要靈活運用，要爲統治者服務，絕不作繭自縛。

二、兩宋遼金元明清時期的法制概况及特點

宋律雖以唐律爲本，但其法律體系却獨成一家。《宋刑統》爲其正式法典，宋代史籍稱律者多指此。律所不載者，則從編敕。編敕，是編纂歷年所頒敕文之立法活動，其編訂之文集亦稱編敕，爲高於《宋刑統》的另種法律。編敕之外，則是令、格、式。令，指行政命令，非刑罰條文，違者依律、敕中對應之刑罰規定；格，指令在執行中的定量性規定，是執行該令之保障措施，是關於如何獎勵、如何懲罰等的具體措施，十分詳明，頗便執行；式，指公私文書之法定體式，包括了避諱用語。隨同審判過程，常出現有普遍借鑒價值的判例，將這些具有指導意義的判例編纂成集之立法活動，稱爲編例，編訂的判例文集亦稱編例。以上就是兩宋的法律體系。

兩宋之刑罰，沿襲隋代以來的五刑制。但其罪級分類與量刑原則却十分明細，特色顯著。宋太祖以兵變手段奪取政權，内部形勢甚爲複雜，外部又有契丹族的遼朝覬覦，這一情况持續了數代。於是不得不對《宋刑統》不斷予以修正補充。主要表現於以下幾方面：

（一）維護皇權，强化重地

爲維護皇帝的絶對權威，凡涉皇室尊嚴之物，則設重法以維護其神聖，如真宗大中祥符七年（1014）規定："天地壇，非執事輒臨者斬。"爲確保首都及其他要地之安全，仁宗嘉祐年間，首創"重法地"制度。所謂重法地，指在該地區實施嚴法重罰。此法最初祇適用於汴梁及周邊諸縣，稍後此制漸有擴展，又將認定必須保護之其他地區定爲重法地，或將非重法地之特定犯罪施以重法，如所謂"群行州縣之内，劫掠江海船柂之中，非重地，亦以重法"。"重法地"制推行了四十餘載，哲宗元符三年（1100）廢止。

（二）維護生産，嚴懲盜竊

爲確保統治基礎，長治久安，北宋統治者十分重視維護生産。如真宗大中祥符間，曾編《農田敕》五卷，這在前代已屬罕見。南宋推行以桑柘皮爲造紙原料後，偷剥他人桑柘皮之風驟起，大違古代以農桑爲本之傳統。因此寧宗慶元年間規定："重盜剥桑柘之禁，枯者以尺計，積四十二尺爲一功，三功以上，抵死。"（《慶元條法事類·雜門·采伐山林》）即枯死桑柘周長之和達宋制一百二十六尺時，判處死刑。宋代對於盜竊財物罪，懲罰非常嚴厲，動輒定爲死罪。太祖時詔敕規定，盜竊"五貫足陌奏裁"。陌，通"佰"，爲古代錢制之計算單位。"足陌"，即"足陌錢"。古代錢制，每貫十足爲百枚，稱"百枚錢"。即盜

竊數額達"五貫足陌"時，已構成死罪，就必須上報皇帝核准行刑。太宗時判罪數額，雖已減於唐朝，但其施行之急切，仍過前代。（見《宋史·刑法志一》）

（三）推行刺配，復用凌遲

刺配，爲宋代特有刑罰，指對犯人施以墨刑後，押送規定場所服役。所服役分勞役、軍役兩種。後者俗稱"配軍"，配軍通常需加墨刺。配爲主刑，刺爲附加刑。配之重者加刺，輕者不加，刺祇從屬於配，并不獨立使用，有別於古代作爲主刑的墨刑。在刺配的同時，又將前代的"決杖配流"之"決杖"納入"刺配"中，成爲刺、杖、配三合一的刑罰。刺配，原祇用於"雜犯至死貸命"之重犯，體現了"慎刑"的主旨。後因刺、杖、配頗有威懾力，當權者遂擴大其適用範圍。

凌遲，始見用於五代，指逐一分割受刑者之肢體，使其緩慢死去的酷刑。宋真宗以前爲非法之刑，僅用以懲罰"劫殺人、白日奪物、背軍逃走與造惡逆"等不赦之罪。仁宗天聖九年（1031）頒詔，凌遲處死"殺人祭鬼"首犯，此刑遂被正式啓用。至南宋之《斷過大辟人數式》，已將死刑定爲凌遲、處斬、處死（絞刑）三等（見《慶元條法事類·刑獄門·決遣》），凌遲法定爲死刑之第一等。

（四）減刑量刑，條文明確

太祖乾德元年（963）創立"折杖之制"，即除反逆、強盜等死刑罪外，將笞、杖、徒、流四刑減輕刑量或將另外三刑折抵爲杖刑。規定最高笞刑由五十減至十，以下遞減；最高徒刑三年折抵爲杖二十，免除勞役，以下遞減；最高杖刑由一百減至二十，以下遞減。最高流刑加役流折抵杖二十，原判勞役就地執行，以下遞減。笞、杖刑減數後仍擊臀部，稱"臀杖"；徒、流折抵之杖刑，則仍擊背脊部，稱"脊杖"。臀杖、脊杖使用刑具規格相同。徽宗大觀三年（1109），重改笞刑數，最高笞刑增爲二十，而刑具隨之改小，與其他刑種同用之刑具有別。"折杖之制"使"流罪得免遠徙，徒罪得免役年，笞杖得減決數"，確實體現了宋代的慎刑思想。即使刺配，亦有明細規定，所刺部位、標記與深淺，亦因罪行不同而予以區別，或刺"強盜"二字於額部，或刺環形於耳後，深度或四分，或五分，或七分。至於凌遲，雖爲尤不當之酷刑，有宋一代，尚未泛濫。

遼、金等國是由經濟落後的游牧漁獵民族所建立，皆經歷了逐步汲取、采納漢制的過程。遼國最重要的律文《咸雍重修條例》、金國最重要的律文《泰和律義》，皆已全面漢化，與唐宋律文幾無差別，本文不予細論。

元朝建立之前，原有適用於古代蒙古游牧部落之《劄撒》。所謂"劄撒"，祇是鐵木真（成吉思汗）口頭發布之命令。此後，在原《劄撒》的基礎上，重新頒布了命令，1225 年用文字正式記錄，史稱《大劄撒》或《劄撒大全》，并命諸宗王各領一部，珍藏於寶庫中，每逢新帝即位，或有軍國大事，即以《大劄撒》爲據，照章行事。元朝建立後，誦讀《大劄撒》作爲一種朝儀繼續下去。

《大劄撒》已佚，其部分條款散見於漢文各種史籍或雜著中。其特點是刑罰嚴酷，觸冱者常被"誅其身""誅其家"；另反映了立法的原始性，如對天帝的迷信、民族陋習的維護及其他一些禁忌等等。

蒙古國建國初年，成吉思汗接受了金國降將郭寶玉建議，制訂并頒布了《條畫五章》。其主要條款有以下三端：第一，出軍不得妄殺；第二，刑獄除重罪不得濫殺，他罪量情笞決；第三，僧道無益於國有損於民者禁絕。《條畫五章》是蒙古政權漢化之立法，係元朝"一代法律之始"（《新元史·刑法志上》）。成吉思汗招降的金國大臣耶律楚材，在元太宗（窩闊臺）即位後，上陳《便宜一十八事》，如："郡宜置長吏牧民，設萬戶總軍，使勢均力敵，以過驕橫；中原之地，財用所出，宜存恤其民，州縣非奉上命，敢擅行科差者罪之……監主自盜官物者死；應犯死罪者，具由申奏待報，然後行刑"等等。這《便宜一十八事》較《條畫五章》更爲具體，又進一步漢化了。元世祖（忽必烈）即位後，認爲上述諸法仍嫌簡薄，參照金《泰和律義》，於中統二年（1261）頒行《中統權宜條例》，襲用了《泰和律義》的主要內容，祇對行刑制度做了一些修改。如："世祖定天下之刑，笞杖徒流絞五等，笞杖罪既定，曰：'天饒他一下，地饒他一下，我饒他一下。'自是合笞五十，止笞四十七，合杖一百十，止杖一百七。"（明葉子奇《草木子·雜制》）至此形成元代笞杖刑量以七爲尾數的特殊制度，共十一等。元世祖仍以金朝刑罰爲嚴苛，仿宋代折杖之法，在金朝刑制基礎上，折杖爲笞，折徒爲杖。金代笞杖二刑共十等，徒刑七等，笞杖徒共十七等。爲折算方便，笞杖徒折變爲十一等，即折變爲十至一百十，計十一等，另按世祖"天地我各饒一下"，指令各減其三，遂成七至一百零七之十一等。至成宗（鐵穆耳）元貞元年（1295）七月，徒刑又全面恢復，折杖法廢止，杖刑更成爲他刑之附加刑，本擬減刑，終而加厲。

元代之流刑始終未行折杖，不折爲示嚴懲。死刑仍保留有宋代之凌遲、處斬，祇二等，廢絞刑。

　　宋代之刺字亦予保留，祇是方式略有不同。元代之刺字雖仍爲附加刑，但不一定用於流配犯。刺字對象與部位另有規定："諸竊盜初犯，刺左臂，謂已得財者；再犯刺右臂，三犯刺項。"（《元史·刑法志三》）刺字不適用於蒙古人、色目人及婦女。

　　元朝建立之後，相繼有三部法典問世。其一爲《至元新格》，是元世祖至元年間頒行的一部諸法合體的綜合性法典。其二爲《大元通制》，是元英宗至治年間編成的一部法律集成。其三爲《經世大典》，全稱《皇朝經世大典》，是文宗時朝官奉敕修成的政治、經濟、法律制度的綜合體政書。以上三部法典，皆經皇帝親自過問而頒行全國。而另一部法典《大元聖政國朝典章》，省稱《元典章》，則是由地方官吏自行編製的一部法律彙編，由《前集》和《新集》兩部組成。其羅致廣博，體例新穎，首開"吏、户、禮、兵、刑、工"六部分類之先河，并列有五服圖。對後世法典，有重大影響。

　　元代之犯罪分類及量刑原則較前代多見明細。除却所謂反叛之類政治向背有之外，凡宋金法律所定犯罪行爲，在元代亦同。由於元代統治政策帶來的社會生活的複雜化，故其犯罪分類愈加具體。

　　元代在量刑原則上亦有別於前代。其於五刑之外，屢用酷刑。據《元史·世祖紀》載，至元十九年（1282），一年中就動用過醢刑、戮刑、黥刑、剥皮等多種法外酷刑。順帝至元二年（1336）八月，又制訂了適用於盜竊犯的黥刑、剕刑的專令："盜牛馬者剕；盜驢騾者黥額，再犯剕；盜羊豕者墨項，再犯黥，三犯剕，剕後再犯者死……著爲令。"（《元史·順帝紀二》）其五刑的量刑，隨同入主中原大局之確定，大抵趨向於立輕典處輕刑。不過蒙漢异法，却成爲有元一代的特殊規定。據《元史·刑法志》載，漢人刑事案件由刑部所隸官府管轄，而蒙古、色目人則由大宗正府治之（大宗正爲蒙古族之族治）；犯盜竊罪者，漢人附加刺字，蒙古人則可免除；漢族犯殺人罪者死，并賠償燒埋銀（喪葬費），而蒙古人殺死漢人雖亦罰交燒埋銀，却祇處以出征之罪。除却蒙漢异法之外，元律又確認了蓄奴的合法性。奴婢或稱"驅口"，或稱"流民"，世代受主人驅使，可以買賣，形同牲畜。

　　在中國古代法制史中，歷代開國君主皆重立法修律，朱元璋最爲顯著。1364 年，朱元璋攻剋南昌之時，明王朝尚未建立，即召見議律官，討論如何"正綱紀，立法度"，汲取"元氏昏亂，威福下移"，法度荒廢，招致敗亡之教訓，認定治亂世，刑不得不重，不可不猛，同時認定"法貴簡當，使人易曉"。洪武元年（1368），朱元璋即帝位後，即命儒臣、刑官赴朝爲其日講唐律二十條，爲制訂新法做準備，此後又做了預修，親審樣律。洪武七年，《大明律》初成，共十二篇，"篇目一準於唐"，無甚創意。洪武十八年，朱元璋汲取元朝法律錯雜無度導致亡國的歷史教訓，遵奉"刑亂國用重典"的古訓，效法周公訓誡殷商臣民的"大誥"，定《明大誥》四篇，二百三十六條。這是一部超出五刑的酷法，其法任意擴大了族誅、凌遲等酷刑的使用範圍，細密地將挑筋、斷指、斷手、刖足、割鼻、閹割等條文，明載於《大誥》之中，甚至作爲國子監學和科舉考試之必須課程，下令"全國軍民人人誦習"。但如此之酷法，何可久長，未幾已見怨情，於是再修明律。又越十七年，至洪武三十年，新修《大明律》終於完成，共三十卷，四百六十條。新修《大明律》打破了唐律十二篇的舊有傳統，借用《元典章》之六部分類法，即吏律、戶律、禮律、兵律、刑律、工律，六部之首加名例律，作爲總説，共七篇，該律簡明易行，中央集權制得以生動體現。該律較之唐律，處輕罪而尤輕，處重罪而尤重。朱元璋使用硬軟兩手，在該律中表現得甚爲突出。較之宋律，尤爲嚴明實用。

　　至明孝宗（朱祐樘）時，《大明律》已歷百載，已不適應當朝社會變化，弘治十三年（1500），又制訂了《問刑條例》二百七十九條，作大明律的補充。其《條例》除加重官吏瀆職罪及加強鹽業、礦業禁令之外，一般犯罪皆從輕發落，并擴大了贖刑的適用範圍。又越五十載，至明世宗（朱厚熜）嘉靖年間，因推行新政，再度修訂了《問刑條例》，加強了公私財產的保護權，對於威脅社會安定的嘯聚流民施行了重法。至神宗（朱翊鈞）萬曆年間，對於《條例》復加修訂，解決了量刑上的含混不清、區別不明之弊端，復加強了私鹽販賣罪的處罰。《問刑條例》的三朝修定，改變了朱元璋嚴刑爲宗的成法，完善了明律的規範與執行的統一，對於加強明朝的中央集權、社會穩定，起了重大作用。

　　明律具有三方面特點，茲分述如下。

（一）嚴懲貪官，強化吏治

　　朱元璋出身寒門，深受上層巧取豪奪之苦，痛恨貪官污吏。稱帝後，即以重典整飭吏治，頒布了專懲公侯的《鐵榜》。據《醒貪簡要録》載，貪銅錢一貫以下杖七十，八十貫以上處絞刑，貪贓銀六十兩以上者，梟首，并處以剥皮刑，京城衙側之土地廟被改作"皮場廟"，府衙內常以貪官之皮塞草，做成貪官形象，納之於公堂座椅之上，以此訓誡新任官吏。對監督執法的御史，明示不得赦免，否則亦加追究。洪武十八年（1385），刑部獲悉戶部侍郎郭桓與北平二司官吏勾結營私，侵吞官糧。朱元璋下令拷訊，六部侍郎以下有數百人處死，各直省官吏有數萬人株連入獄，追獲貪糧七百萬石。一部《明大誥》，竟有80%以上的條款係爲懲貪而設，處刑亦重於明律。朱元璋整飭吏治、懲處貪官之立法與行刑，在中國刑法史上是空前之堅決果斷。

（二）動用刑罰手段，强化文化統治

明王朝初建之時，爲加强思想控制，一度大興文字獄。朱元璋因出身貧賤，懷有頗重之自卑感。他十分注意臣民的言辭奏章，尋覓是否暗藏詆毀之意。因其做過和尚，故凡關涉和尚之"僧""生""光""秃"諸字，均以爲不恭，諸多臣民常在茫然中喪命。如尉氏縣教諭許元，爲本府作上奏《萬歲賀表》，祇因文章中有"體乾法坤"等字樣，即被斬首。因法坤音同"髮髡"（即剃髮）。

（三）鎮壓臣民，强化專制統治

明律設立了所謂"奸黨罪"的專條，嚴查臣下朋比爲奸。犯此條之在朝官員盡斬，妻子爲奴，財產入官；内外官勾結，賣官鬻爵，盡斬；大臣親眷非奉聖旨，嚴絕授官。法不虛立，洪武十三年（1380），朱元璋以私通蒙古罪處斬胡惟庸，并廢除中書省，竟取消了秦漢以來的丞相制度，將其原轄之"吏、户、禮、兵、刑、工"六部獨立出來，直隸於皇帝。胡案株連被殺之文武官吏，竟達三萬之衆。明律對於百姓的謀反罪、謀大逆罪，不論首從，一律凌遲處死。株連範圍尤廣，凡年滿十六歲以上的子孫及其祖父、父、兄、弟、兄弟之子，不限户籍异同，不論重病廢殘，一律斬首。

縱觀明律條款可發現，涉及思想言論給予懲處者甚衆。如，凡收藏禁書與私習天文者，杖一百；凡奸邪進讒言，左使（謂使弄）殺人者，斬；凡造讖緯、妖書、妖言，及傳用惑衆者，斬。（見《明律·吏律一·奸黨》）此外，律中無規定，則依慣例，如奏章中使用犯諱文字者處死等等。朝野之内，一時間開口怕錦衣衛，提筆懼文字獄，局面恐怖，人人自危。

清王朝較其他入主中原之少數民族，更重法制建設，一開始就表現出棋高一籌的統治經驗。1644年入關伊始，即設置律例館，組織滿漢官員全面進行立法活動。順治三年（1646）制定了《大清律集解附例》，翌年頒行全國。這是明律的通盤沿襲。康熙時，予以校正。雍正五年（1727），再度頒行。乾隆五年（1740），做較大修改，編成《大清律例》，簡稱《大清律》，共七篇，四十七卷，三十門，律文四百三十六條，附例一千〇四十九則，"刊布中外，永遠遵行"。後世皇帝皆恪守"祖宗成憲"，不復修改，祇是相繼增補附例，以適應發展變化的形勢。附例，其初祇是作爲正律的補充，其後地位越來越高，形成以例代律之局面。《大清律》經四朝始定，歷百年而完善，内容豐富，條文詳備，集百代法律之大成，是封建王朝最後一部完整法典。

自康熙至光緒，皆仿明制，編修會典，先後編成《康熙會典》《雍正會典》《乾隆會典》《嘉慶會典》《光緒會典》五部。以上會典較《唐六典》《明會典》尤完善，體例益臻嚴謹，全面總結了國家行政管理經驗，記載了清王朝各部屬之編制、職掌及事例。

清王朝除了强化律令統一外，又根據少數民族不同情況，因地制宜，靈活制訂了諸多單行法規。如《回律》《苗律》《番律》《蒙古律》等等。這些單行律令，爲鞏固多民族國家的團結統一起了不可低估的作用。

清律雖集百代法律之大成，其正負兩面影響，均十分明顯，兹分述如下。

（一）爲維護皇帝絶對權威，加大犯上罪名

清律規定，凡反逆，不分首從，皆凌遲處死。上書奏事犯諱，以反逆論罪；异姓結拜，以謀叛論罪；傳習邪教，處絞刑；甚而御用輿服保管有誤，製造御用舟車不符標準，亦要依危害皇帝安全罪論處。

（二）爲維護社會安定，加大强盜罪的條款

清律對盜竊罪處罰十分堅決，對竊田、占田罪皆處重刑；對强盜罪，十分嚴厲，對已盜得財者不論首從，皆斬，已實施犯罪而未得財者，杖一百，流三千里。乾隆二十六年（1761），首定“江洋大盜罪”，凡在濱海或沿江劫掠客船者，皆屬此罪，祇要得財，不論首從，盡皆處斬。至嘉慶、道光年間，對江洋大盜罪判處更重，一經捕獲，立斬并梟首，拒捕者，凌遲處死。

（三）爲維護尊卑制度，不惜衆刑并用

清朝權貴家族廣開私刑，打死奴僕亦不犯律例。雍正皇帝有明諭曰：“凡旗人奴僕違反教令，家主依法決罰致死及過失殺者，仍照例不論。”這就將此前的私刑，完全合法化了。爲了維護全社會的封建秩序，《大清律》加大了重罪的使用，該律中適用斬絞的罪名，竟達一千條以上。斬絞之外，又恢復了往朝的酷刑，如凌遲、梟首、開棺戮屍、焚骨揚灰等。

（四）禁錮臣民思想，連續大興文字獄

禁錮臣民的所謂“异端”思想言論，連續四朝大興文字獄，爲有清一代法制的突出特點。所謂"异端"，係指具有民族意識的社會輿論與反封建專制的啓蒙民主主義思潮。順治時，震動朝野的"莊廷鑨修史案"首發其端。廷鑨因購得前明故相朱國楨《明史稿》，特聘名士修輯，并補入崇禎朝事，名曰《明史輯略》，尚未刊行。因書中稱努爾哈赤爲建州都督、祇寫南明年號諸史實，被其所在地歸安知縣吳之榮告發。其時，廷鑨已死，清廷下令開棺戮屍，其兄弟、子侄及保存、審閱、傳讀、刻寫者七十餘人，盡皆處死。其後，康熙、雍正、乾隆三朝所興文字獄有百起之多。康熙、雍正時，主要針對上層士大夫，乾隆朝主要針對下層知識分子。雍正、乾隆時最爲殘酷。絶大多數文字獄皆爲望文生義，捕風捉影，諸多詩文常常不明就裏地被指斥爲反清復明，招致殺身滅族之橫禍。如乾隆時徐述夔《一柱樓》詩集中有一首《咏正德杯》詩曰："大明天子重相見，且把壺兒擱半邊。"認定"壺兒"即罵清廷爲"胡兒"。卓長齡著有《憶鳴詩集》，認定"憶鳴"即"憶明"，圖謀不軌。乾隆帝怒斥卓氏一家"喪盡天良，滅絶天理，真爲覆載所不容"。有人感嘆米貴，寫了一篇《吊時文》，被斥責爲"生逢聖世，竟敢以弔時爲題"。大理寺卿尹嘉銓，因年過七十，自稱"古稀老人"，未料乾隆也自稱"古稀老人"，於是觸犯了聖諱。這些詩文作者，輕則抄家，罰邊充軍，重則殺頭，滿門抄斬，已死者則開棺戮屍，焚骨揚灰。何處發生文字獄案，何處地方官員就有"失察"之罰，或貶官長流，或同罪處死。文字惡獄漫歷百餘載，士子文人噤若寒蟬，地方官員朝不保夕，朝野上下，惶惶不可終日，這是臣民的灾難，也是釀就清王朝最後敗亡的禍根之一。

三、兩宋遼金元明清時期的民法與經濟法

兩宋之民法，廣采唐律之長，但又突出了禮儀教化及民間習慣法之地位。茲扼要分述如下。

（一）民事權益方面

《宋刑統》中全部保留了《唐律疏議》所載均田制之條文及其疏議。宋王朝一邊盡力限制田畝的大量兼并，一邊又不得不承認既成事實；一邊竭力避免貧富懸殊，一邊又必須拉攏富貴的田畝擁有者。宋律確認了大地主與自耕農的土地私有權，由官府發給加蓋官印的紅契，亦有民間買賣雙方私行的白契，官府通常亦不予追究。全國 70% ~ 85% 的耕地爲朝廷、官僚、地主占有。《宋刑統》規定，盜公私田者，輕者笞刑，重者徒刑。失去田

畝的農民，就充當了地主的雇傭，地主則出讓土地收取地租。《宋刑統》規定有雙方的"租佃契約"，以確保雙方權益。契約未滿，禁止佃户逃離，也不允許地主單方撤佃。佃户欠租，官府則幫地主索取。佃户的社會地位高於家僕與奴婢。

租佃契約之外，又有典當契約。典當，兩宋又稱"典賣"。所謂"典賣"，指將土地、房屋等不動産典押給他人，收取一定的典價，可在官府規定的時限内贖回。由於出典者多爲窮困無告的農民，典價遠低於賣價，豪强不僅可乘機廉價取得使用權，又可以遷延時限，取得所有權。因爲《宋刑統》規定，祇有典契驗證無誤者，方可允許出典者回贖。其實質無疑是損害了出典者的權益。

關於財産繼承法，較之唐律又有明顯進步。北宋初年繼承法沿襲了唐律，將養子分爲同宗養子與异宗養子（亦稱"异姓養子"）兩類。同宗養子又分兩類：一曰"立繼子"，指夫婦（或其一方）生存之時收養的同宗養子；二曰"命繼子"，指夫婦雙亡後，由近親尊長指定的同宗養子。异宗養子，指在本宗族外收養的擬同宗養子，异宗同姓亦屬此類。兩宋對同宗養子之"立繼子"與"命繼子"之財産繼承權有明細規定，對於异宗養子尤嚴。南宋後期，依民間習慣法將各類養子的繼承權一律按"親子孫法"對待。

關於婦女的財産繼承權，北宋將"歸宗女"（因喪夫或被休而回歸母家者）視同在堂諸女（未出嫁者），可全額繼承絶户遺産。南宋則規定："諸户絶財産，盡給在堂諸女，歸宗者减半。"（《名公書判清明集·户婚門·立繼》）即歸宗女祇得在堂女份額之半數。其他種種情況，亦各有相應規定。

關於遺囑繼承，唐律之《喪葬令》爲現存最早之法規，宋初完全沿襲其制。天聖四年（1026），補充了新的法規"户絶條貫"，即在"身喪户絶"前提下，遺囑繼承高於法定繼承，可以此剥奪兒女的法定繼承權。至南宋中期，遺囑之前提又有變化。由《喪葬令》、"户絶條貫"之"身喪户絶"，改爲"財産無承分人"。這樣，兒女的法定繼承權又高於遺囑了，遺囑祇在"財産無承分人"前提下有效。對遺囑之確認，亦更加嚴格，由立囑人亡故後之"證驗分明"，改爲亡故前"自陳，官給公憑"，"經官印押"，否則無效。此爲現代遺囑公證之濫觴。南宋對遺囑繼承人之繼承份額亦有明確限定："其得遺囑之人，依現行成法，止合三分給一。"

北宋出現了另一種財産形式，即族産，其時稱之爲"義莊"。義莊指宗族集體擁有的産業，其財産最初來源於宗族中富有者的捐獻。據《宋史·范仲淹傳》載，此舉乃仲淹首創。其後多有效仿，南宋時官府又常將絶户之部分遺産劃歸義莊。義莊之財産，主要用於族人的公益事業，如祭祀宗廟、接濟族衆、資助科舉、賑救族灾等等。族産的出現，對於凝聚宗族起了不可低估的作用。《水滸傳》中之祝家莊、扈家莊，即設有義莊。

（二）經濟關係方面

兩宋甚重農業，礦産、織業、瓷器製造以及印刷、火藥諸業，皆較唐代發達。此時商行出現，城市擴展，海外貿易急劇擴大，紙幣開始流通。經濟的興盛，推動了立法的發展。主要表現在以下三方面：

其一，方田均税法。

該法是宋熙寧五年（1072）王安石在神宗支持下提出并執行的。該法規定，每年九月由縣官主持丈量田畝，以東西南北各一千步爲一方，按土地高低、肥瘦分五等，重新均定田税。查田之舉，查出了瞞而未報的大量田産，僅六七年時間，即大見成效，國家税收劇增，基本扭轉了財政入不敷出的局面。此外，王安石又進行了一系列變法，如"均輸法""市易法""農田水利法""青苗法""募役法""保甲法"等等，極大地推動了社會生產力的發展。但因祇是朝内興起的改革，一朝天子一朝臣，神宗一死，變法即告失敗。哲宗即位，任用司馬光爲相，司馬光"以復祖宗法度爲先務"，很快又恢復了舊制。

其二，鹽、茶、酒專賣法。

鹽法。宋初實行官府控制的專賣制度，稱之爲官賣。同時允許商賣，商賣則須官批。因此常常出現官商混雜，以商充官的狀況，且鹽價難以控制。徽宗時，宰相蔡京改鹽法，提高并穩定了鹽價，全面實施了"鹽引制"。"鹽引"是鹽業行銷憑證，一式二份，一份存鹽場，一份商人自持。鹽引之上明標鹽價與重量，商人向官府買得鹽引，始可運輸、銷售。鹽場核對鹽引，依價依量放鹽，鹽商售完鹽，則將鹽引交給所在地鹽行。鹽引分長引、短引兩種，長引繳銷期爲一年，短引繳銷期爲三月，地點亦各有限定。此爲我國歷史上鹽引之始。

茶法。宋初實行官賣制度。"園户"（即茶户）所製茶葉，由官府統購批發。茶商須至東京（今開封）"榷貨務"（官府特設之主管批發的部門）交款，領取"茶引"，到官府設定之場務提茶，方可從事買賣。兩宋茶法嚴密而多變，直至政和二年（1112）始定"茶引"之制，其後歷代沿襲，直至清末始廢。

酒法。兩宋酒禁甚嚴。酒類包括酒麴，統稱爲"榷酤"。自北宋始，官府在三京地區

（三京即東京、西京、南京，其地域分別爲今之開封、洛陽、商丘）衹控制酒麴專賣，民間釀酒必須用官製酒麴；各州府則由官營"造酒務"全部壟斷酒類釀造銷售；縣、鎮以下允許民自釀自銷，但必須繳納稅。神宗熙寧四年（1071）規定了"買樸法"，即官營酒務不善者，允許民間投資經營。官府於半年前出榜承招，願承買者在兩月內"實封投狀"，擬定價格，至期開封驗狀，選定出價最高者。承買者付清價款後，即可釀造銷售，爲期通常爲三年。高宗建炎三年（1129）又制定"隔槽法"，即設置官吏主管釀酒，百姓可運米至官府釀造，官府收取釀造費，酒則歸百姓買賣。

其三，市場管理法與市舶法。

兩宋時商品經濟甚爲活躍。同業商戶組成了商行，入行商戶稱"行户"。東京一地有一百六十行，行户達六千四百之多。熙寧五年（1072），王安石制定了"市易法"，在東京設立"市易務"，作爲官府管理市場交易的專職機構，出巨資平抑物價，收購出售貨物，控制協調商業貿易，同時向商人貸款收取利息。

兩宋，尤其是南宋，是中國封建時代大規模對外貿易的重要時期。神宗元豐三年（1080），修訂有《廣州市舶條法》，已初具海外貿易法雛形，史稱"市舶法""元豐法"。南宋時與中國通商的國家和地區多達五十餘個。紹興末年，泉州、廣州兩市外貿净收入爲二百萬緡，約占南宋朝廷年度財政收入的二十分之一。《市舶法》規定，商舶出航前，必須向駐地官府呈報客商姓名、籍貫、船重、船上貨物、船上工作人員姓名。開航前，由州縣中與市舶司無關之官員點檢，并由當地富户三人擔保，然後發給出海公據。舶商出海，不得挾帶兵器、寶物、婦女、奸細、逃亡軍人，不得自稱奉使，妄作表章，妄自稱銜，衹能認定商販身份。對海外來華貿易銷量巨大者，朝廷授予一定官職；管理外貿的官員發展通商關係顯著者，朝廷必予晉升。

隨同商業與商行組織的發展，北宋時已出現信用交易"賒賣"和官營匯兌機構"便錢務"，并出現了中國最早的紙幣"交子"。"交子"可以兌換流通，三年一届，再發新券，以換舊券，往還不止。仁宗天聖元年（1023）欽准設定"交子務"，嚴禁私造"交子"，正式確認了紙幣的法定價值。

遼國本東北契丹部落所建，"舊俗其富以馬，其彊以兵，縱馬於野，弛兵於民。有事而戰，彍騎介夫，卯命辰集，馬逐水草，人仰湩酪，挽强射生，以給日用，糗糧芻茭，道在是矣，以是制勝，所向無前。"（《遼史·食貨志上》）這完全是游牧民族之習俗，兵馬皆在民，糧草隨野而取，人食乳酪，彎弓以射鳥獸，遇有戰事，朝命辰集，故稱之爲“所向無前”。立國以來，得燕雲十六州之後，版圖驟增，物產大富。其本部地域，“馬猶有數萬群，每群不下千匹。祖宗舊制，常選南征馬數萬匹，牧於雄、霸、清、滄間，以備燕、雲緩急，復選數萬，給四時游畋，餘則分地以牧。”（《遼史·食貨志下》）其時雖力效唐宋律令，但舊習猶存，婚嫁常以族長爲是從，以馬牛財貨爲信物，乃至有寧遠軍節度使蕭白强掠鄰部民女爲妻之舉（見《遼史·刑法志下》），其上京（今内蒙古巴林旗東北）雖甚繁華，市肆林立，但交易多不用錢幣，而祇用布帛。

金國本爲女真部落，崛起於北方，以游牧爲生，後滅遼破宋，深入黃淮流域，奄有中國半壁江山。據《金史·食貨志一》載，金之户口“男女二歲以下爲黄，十五以下爲小，十六爲中，十七爲丁，六十爲老，無夫爲寡，妻妾諸篤廢疾不爲丁，户主推其長充内。有物力者爲課役户，無者爲不課役户。令民以五家爲保”。可見金制男女之法律年齡無差别，凡十七歲，不論男女皆稱“丁”，成丁則有納税服役之義務，有别於漢族男子“二十而冠”，女子“十五而笄”。其婚嫁不論男女，皆以十七爲準。主婚者爲户長，即前文之“户主推其長充内”。其户籍管理，每三年一查，“自正月初，州縣以里正主首，猛安、謀克則以寨使，詣編户家責手實，具男女老幼年與姓名，生者增之，死者除之。正月二十日，以實數報縣，二月二十日，申州，以十日内達上司，無遠近皆以四月二十日到部呈省，凡漢人、渤海人不得充猛安、謀克户。”此制在全國推行，漢人、渤海人亦無例外。按，“渤海人”，指靺鞨族；“猛安”“謀克”，指金初軍政合一的基層政權單位。前書《食貨志二》又載，其田制“量田以營造尺五尺爲步，闊一步長二百四十步爲畝，百畝爲頃。民田業各從其便，賣質於人無禁，但令隨地輸租而已。凡桑棗，民户以多植爲勤，少者必植其地十之三。猛安、謀克户，少者必課種其地十之一。除枯補新，使之不闕”。金之田制允許田業買賣租賃，祇要“隨地輸租”即可，强調有田者漢人、渤海人“必植其地十之三”，猛安、謀克可予寬限。

其時，落後之民族陋習淺見，直接影響其經濟之發達。金人交易，喜用實物，不解錢幣之功用。其時雖常造錢幣，因難廣予流通，故多藏於官家。故世宗（完顔雍）之時，有使者自山東還，太子問其民間有何苦？答曰：“錢難最苦，官庫錢滿，有露積者，而民間無錢。”宋范成大《攬轡録》稱：“金嘗效中國楮幣，於汴京置局，造官會（指會子），謂之交鈔，擬見錢行使，而陰收銅錢，悉運而北，過河即用錢，不用鈔。”其落後以至於此。故

《金史・食貨志一》稱："其間易交鈔爲寶券，寶券未久，更作通寶，準銀並用，通寶未久，復作寶泉，寶泉未久，織綾印鈔，名曰珍貨，珍貨未久，復作寶會，汔無定制，而金祚訖矣。"這就是説金自入主中原以來，其幣制從未穩定，直至覆亡。

唐宋以來，影響國民經濟發展的極重要的兩種商品茶鹽，在金國則甚無生機，至爲小氣，令後世齒冷。金之茶源，除自宋人歲貢之外，盡購於宋界之権場。章宗（完顔璟）承安初年，始設官製茶，於淄、密、寧海、蔡州各置一茶坊造茶，并依南方常例，一斤一袋，每袋六百文。因不習商務，積壓難運，即以官代商，命山東、河北轉運司，以各路按户口統計，交由各下屬縣銷售。推行未久，尚書省奏稱："茶，飲食之餘，非必用之物。比歲上下競啜，農民尤甚。市井茶肆相屬，商旅多以絲絹易茶，歲費不下百萬，是以有用之物而易無用之物也，若不禁，恐耗財彌甚。"（《金史・食貨志四》）尚書省之愚見竟被朝廷采納，遂命七品以上官員之家方許飲，并規定不得私賣及送禮。其後因金故地臨海而産鹽，改用鹽及雜物易茶，其後廣開鹽場，以增加財收。

元朝統治者本蒙古游牧民族，未數代而驟然興起，遂至入主中土，威震亞歐，建立亘古未有之大國。雖憑其悍猛之武力，而其法制，尤其是民法與經濟法之建設，亦曾助其一時之大成。今扼要闡述如下。

（一）民事權益方面

其土地所有權，襲用了金代法律，對土地之買賣兼并概不限制，雖最終導致了貧富懸殊，但却得到權貴們、大地主們的擁護，其結果是元代統治者一度獲得了有力的經濟基礎。其土地買賣手續極爲嚴格，下將論述。據《元典章》之《户部五》《户部八》載，其作爲經濟紐帶的契約，已臻完善。下分三種類型，分予論述：

其一，土地、房屋等不動産買賣。

據《元典章》之《户部五》《户部八》載，首先要"經官給據"，即買賣前必須向官府報告，領取官府授予的憑證。這樣既可確保官府的賦税收入，又可避免日後的糾紛。其次要"先問親鄰"，即給親鄰以優先購買權。這是沿用了金代"舊例"，藉此可維護親鄰的和睦相處。再次要獲得"印契税據"，即雙方買賣契約必須加蓋官印并領取手續費收據。這也是沿用了金代"舊例"。這樣買賣雙方都有了法律依據，官府又增加一次收入。最後是"過割賦税"，即雙方成交的同時，必須將賣主原有的賦税義務轉到買主一方，以確保官府賦税收入不因雙方交易流失。

其二，"借貸契約"。

蒙古本國曾有"羊羔兒利"的高利貸，其制"如羊出羔，今年而二，明年而四，又明年而八。"（《通制條格·田令》）如此翻番劇增之高利貸，常使借債者家破人亡。入主中原後其利率遞有縮減，至元十九年（1282）四月，將利率限定於月利百分之三以下。

其三，"典當契約"。

元代此類契約較宋代有明顯變化。一是"雖年深，賃契收贖"，即祇要雙方同意，且契約在手，年久亦可贖回，但絕非無限期，再三延期後，業主可以逕賣。一旦賣出，則典主的親戚、鄰人分別爲第一、第二優先權人，典主本人退爲第三優先權人。這同宋代的以三十年爲最高收贖期、以典主爲第一優先收買權人不同。

作爲"損害賠償"，蒙古入主中原後，有重大變化。蒙古本族對於侵犯人身及財產行爲一律以行刑處置，少有損害賠償。建元所推行之法律，已明確規定了損害賠償，如"養濟之資""醫藥之資"等。對於殺人致死者，除判死刑外，殺人犯之家屬尚需承擔"燒埋銀"（如今之喪葬費）五十兩，無銀者可以中統鈔十錠充抵；若逢赦免，殺人犯及其家屬承擔之"燒埋銀"需加倍付給苦主（受害家屬），但"殺有罪之人，免徵燒埋銀"（《元史·刑法志四》）。

元代婚姻制度頗有建樹，有一套完整的嫁娶離異法律。茲擇其要，分述如下：

一爲婚書的訂立。至元六年（1269）規定，"今後但爲婚姻，須立婚書"。婚書亦稱"嫁娶禮書"，由男家婚書與女家回書兩方構成。男家婚書寫明聘禮數額，由婚主（通常爲男方父母）和媒妁簽字畫押；女方回書寫明收受聘禮數額，由嫁主（通常爲女方父母）和媒妁簽字畫押。兩份禮書須翻背對接，騎縫大書"合同"二字，雙方各執其一，以備勘驗。若發生糾紛，勘驗婚書。未履行以上規定，則視爲無效，或以僞造婚書論罪。

二爲媒妁的管理。至元八年（1271）七月補充條理規定，"今後媒妁"，祇有經地方官吏、里巷長老等保薦的"信實婦人"始可充任，并由官府登記在籍，嚴格管理。媒妁的身份是普通百姓，有別於先秦時邦國公職"媒氏""掌媒"，亦有別於宋代爲宗女所設之"官媒"。元代限定了媒妁定額及媒錢數額。

三爲贅婿的規定。贅婿，指男就女家成婚。此制上古即有，而元代尤盛。故至元六年（1269）婚書法中有專款規定，以加強管理。元代之贅婿大抵有三種類型：一曰"養老贅婿"，即入贅之婿必須在女家養其岳父母至終老；二曰"年限女婿"，其實質爲勞役婚。男方多家境貧寒，無力承擔聘禮；女方多衹有幼兒，需要成年男性勞力接替，故贅婿至女家勞作若干年權充聘禮，屆時可携妻返男家；三曰"接脚婿"，亦稱"接脚夫"，即寡婦招贅之女婿。元代之入贅雖盛，而并不放任。有關律令，一再頒行。至元九年九月規定，富室獨子不得入贅，貧家獨子可作"年限贅婿"。至元十年閏六月規定，軍戶之長子或獨子不得入贅。

四爲收繼婚的漢化。收繼婚，指兄弟收娶家族中寡婦爲妻。寡婦改嫁，兄弟享有先娶權。此本爲蒙俗，其入主中原後，亦傳入漢人、南人中，經至元八年（1271）十二月元世祖敕令，逐漸合法。在此前後的禁令，并未生效，生效者衹是"子收庶母"，因"子收庶母"，爲漢族禮俗所不容。弟繼兄妻，多限定在親兄弟之間，遠房兄弟通常不予承認。即使是親兄弟，亦必待寡婦守喪期終了方可收繼；若爲"守志婦人"（指不肯改嫁的寡婦），"應繼人不得騷擾"。可見收繼婚已被漢族接受，且被漢族禮俗化了。（見《元典章・户部四・不收繼》）

此外，元律對於寡婦、離异婦、絕户女的繼承權諸方面，亦有明細條文。如大德七年（1303）規定，寡婦、離异婦若改嫁，原夫家財産及原隨嫁妝奩不允"搬取隨身"，但"無故出妻"者例外。《大元通制》規定：絕户在室女，有權繼承全部遺産；絕户已嫁女，則以"三分爲率"，即繼承娘家遺産總數的三分之一，另三分之二收歸官府。

（二）經濟關係方面

蒙古入主中原後，在承襲唐宋經濟立法的同時，亦進行了一系列整改，兹分三方面扼要闡釋如下：

一爲賦稅制。其制分北南兩方，分述如下：

在北方主要爲稅糧與科差兩類。稅糧指以糧食爲主的賦稅，其中又分丁稅與地稅兩種。丁稅，指成年男子每人必徵之稅。每丁每年徵粟二石。地稅，即土地稅。按畝徵收，每畝每年徵粟三升。不同職業人員賦稅有別，兩稅中衹徵其一。如民户、官吏等徵丁稅，工匠、僧道等徵地稅。科差指向普通民户徵收的包銀、俸鈔及絲料。包銀，憲宗（蒙哥）時定爲每户四兩；俸鈔，至元四年（1267）五月規定：每户於包銀外再增徵白銀一兩（可折鈔輸納），作爲官吏俸禄之需；絲料，太宗時規定：每兩户出絲一斤，以供國家之需，每五户出絲一斤，供貴族勳臣度支，史稱"二五絲户"。

在南方主要爲夏秋兩稅，皆以稅糧爲主。分爲夏秋兩季，係因地域不同，穀物成熟有早晚。徵收辦法，大抵沿襲南宋舊制。

二爲專賣法。主要爲鹽、酒、茶三類，茲以次闡釋如下：

自太宗始，鹽法已漸成爲獨立法規，世祖時，在主要產鹽區設“都轉運鹽使司”，專司鹽政，其外地區則設立“鹽課提舉司”，以確保鹽課收入。元代鹽法分“行鹽法”與“食鹽法”兩類。“行鹽法”基本沿襲宋制，由鹽商向官府購買“鹽引”，再憑鹽引赴指定鹽場提鹽，而後向規定地區運銷。規定行銷地區稱“行鹽區”，故此銷法稱“行鹽法”。“食鹽法”係強制配售給民户食用的專賣法。因產鹽區民户，購鹽管道甚多，行鹽法難以施行，於是官府將鹽場周圍百里之內定爲“食鹽區”。食鹽區内按户預收鹽錢，故稱“食鹽法”。食鹽法確保了朝廷在產鹽區內的稅收。此法越推越廣，食鹽區擴張至八百里之周邊。原每户每月配售三斤，其後每户每月可增至四至五斤之多。

蒙古國時期一度實行酒類專賣。自建元之後，取消酒榷，允許百姓釀酒，既可“造酒食用”，亦可“造酒發賣”。造酒食用者，必須承擔酒課；造酒發賣者，於承擔酒課外，尚須別行納稅。

蒙古族本不喜飲茶，其茶法多變，幾無定制。至元十三年（1276），其據有江南後，變用宋代茶引法。茶葉售完後，必須於三日內將茶引退還榷茶司。起初，所繳引錢約爲茶價的三分之一，此後遞有增加。元代末年，引錢已高越茶價。北方民户少有飲茶者。

三爲市舶法。元沿宋制，仍設市舶使，强化管理，更擴海權，茲簡述如下。

世祖時曾“十下璽書，招諭諸蕃”，強令朝貢之外，并通商賈。至元三十年（1293），參照宋代《市舶條法》，制定了《市舶則法》，亦稱《整治市舶司勾當》或《市舶抽分雜禁》，共二十二條，頒行全國。此法較之《市舶條法》更爲完備，更爲嚴密，主要表現於以下幾方面：

其一，實行市舶公據制。

公據即官府頒行的許可證之通稱。前述之酒引、茶引亦屬公據之類。公據采用“半印勘合”式，皆有統一編號。《市舶則法》中之公據，分公驗、公憑兩種。前者用於舶商大船，後者用於零星小船。兩者皆需詳記貨物及貿易狀況。

其二，實行抽解分則制。

抽解亦稱“抽分”，指對貨物按比例抽稅。元承宋法，祇抽進口稅，免抽出口稅。

其三，實行外籍查核制。

即外商、國使抵岸，必須出示其貨物或貢品清單，報請當地市舶司檢驗，經查實別無携帶後，始可入關，朝貢者更需向都省申請入京。經檢驗無誤之"番人番物"，需逐一記録於公驗中，由市舶司依法抽解分則。

此外，元代沿用宋制，對外出船舶，仍實行定時定地往返制。若因風浪，無奈"打往他國"者，經查實後，可承認其原守市舶法。

至元二十一年（1284），元代首倡"官本船"制："官自具船，給本，選人入番，貿易諸貨；其所獲之息，以十分爲率，官取其七，所易人得其三。凡權勢之家，皆不得用己錢入番爲買，犯者罪之，仍籍其家産之半；其諸番客旅，就官船賣買者，依例抽之。"（《元史·食貨志二》）這是一種官船官資（即本）招商經營的貿易制度，禁絶一切本朝人私營海外貿易，祇允許外商（番客）"就官船賣買"，且依法抽其商税。"官本船"制之目的在於朝廷壟斷海外貿易權，但此舉之結果，導致生意蕭條，走私加劇，遂後私官開禁，官私并行，直至元末。

元代又大力擴展對外貿易港口。至元十四年（1277），設泉州、慶元（今寧波）、上海、澉浦（今海鹽）四口岸，并設市舶司，後又增廣州、温州、杭州市舶司口，其後多次變更，時廢時立，時又歸併。至治三年（1323），復立泉州、慶元、廣州三市舶司，直至元末。據阿拉伯人伊本·拔圖塔《印度支那游記》載："泉州爲世界最大港之一，實則可云唯一之最大港，余見是港有大海船百艘，小者無數。"馬可·波羅之《游記》亦有類似之記載，稱泉州港之巨大，遠在另一世界巨港亞歷山大之上。元代海外貿易之盛，由此可見一斑。

如前所述，明太祖朱元璋起自下層，深受多重壓迫欺凌，稱帝後懲貪平暴，重民意民力，對於元代异法陋習，甚爲痛恨。在民事與經濟方面，其亦切實予以革新：

（一）民事權益方面

在勞作所得、買賣借貸、平抑物價諸方面，較之元代更爲嚴明，總體傾向於保護平民百姓。

其一，確立勞作所得權，重訂遺物歸屬法。

據《農政全書》卷三載：明初，爲確保土地利用，回聚流民，太祖曾詔令全國，凡逃棄荒田，准後開墾者所有，并給予免税獎勵。即使原田主歸，也無權索回。官府祇能於附近另撥田地，惟墳墓、房舍可退還。洪武二十七年（1394），"額外墾荒，永不起科"。即自墾荒田不僅歸自己所有，且永不納稅。這在中國歷史上是空前之舉。至明中期，由於賦役苛重，百姓逃散，土地重荒。自嘉靖時起，進行賦役改革，推行"一條鞭法"，將名目繁多的田賦附徵麥米與各種性質的徭役，一律合并徵銀。徭役中的力役，可納銀以代，且按地畝承擔，不再按戶丁分派。這就取消了害民的"人頭稅"，惟一以田畝爲准，辛勤勞作，必有收穫，仍可體現所得權。且變實物爲錢幣，促進了商品經濟的發展。

明律又一改唐宋以來遺物歸屬法，在《户律·錢債》"得遺失物"條中規定：對於古物，除"古器、鐘鼎、符印、異常之物"外，"若於官私地内掘得埋藏之物者，並聽收用"。對於今物，"凡得遺失之物，限五日内送官，官物還官；私物招人識認，於内一半給予得物人充賞，一半給還失物人。如三十日内無人識認者，全給。"全給，指逾期三十日無人認領，拾得人就擁有了遺失物的全部所有權。

其二，嚴禁和買和雇，限定借貸利息。

宋代有和買之制，即官府預先付錢，民人至夏秋交穀物，故亦稱預買，元代稱和雇。其後官府常不付錢，夏秋時仍收穀物，民人不堪其苦。明初，太祖詔令全國，朝内朝外，官吏不得以和買和雇擾害於民。《明律·户律》專設"違禁取利"罪，規定借貸利息不得超過"月利三分"（即百分之三），纍計利息總額不得超過本金，違者笞四十；債務人欠債不還，杖六十；債權人強以債務人財産抵債，杖八十。較之元律，尤傾向於保護債務人權益。明律對於買賣、典當等的雙向關係，皆傾向於普通百姓。

其三，平抑貨物價值，校勘商用器具。

太祖規定，凡民間市肆，買賣貨物，其價值須從州縣衙門按月從實申報上司，不得擅自變更，上司置辦軍需等要務，應照價收買。每月初旬，各府州縣查核諸物，不允高擡少估，亦按時價，毋縱胥吏等作弊。對於全國表率之京師與中介市場管理尤嚴。太祖曾下詔中書省，令在京兵馬司巡查市司，每三日一校勘街斛、斗、秤、尺，稽考牙儈物價。牙儈，即今時之中間人。

（二）在婚姻制度與財産繼承方面，大改元法，推行禮教

其一，恢復漢俗，强化夫權。

《明律·户婚律》規定，庶民四十以上無子嗣者，得允娶妾，違者笞四十。嚴禁"中表婚"（姑舅、兩姨表兄妹姊弟之間通婚），"若娶己之姑舅兩姨姊妹者，杖八十，並離異"。嚴禁"收繼婚"，若"兄亡收嫂，弟亡收弟婦"者，處絞刑。明太祖視中表婚、收繼婚爲胡俗，有辱中華，特予嚴懲，我國法制史上無過此者。同時，《户婚律》又規定，婦人犯罪，除犯奸及死罪收禁外，其餘雜犯，責付其夫收管。丈夫於奸所捉獲并登時殺死奸夫婦者無罪。丈夫罵詈、毆打妻子，減刑二等；妻子罵詈、毆打丈夫，則加刑二等。

在宋代"存天理、滅人欲"之理學道統影響下，明律進一步推行節婦之制。《大明律》規定，民間寡婦，三十歲以前"守志"，五十以後不"改節"者，建樹貞節牌坊，免除差役。寡婦無子"守志"者，可繼承夫家財産；但若改嫁，其夫家財産連同原娘家妝奩皆不可自隨，即喪失一切所有權。

其二，直系繼承，男女有别。

明律對於家庭財産的繼承，詳盡地規定了範圍與次第，保護被繼承人直系後代的權益，鼓勵無親子家庭立繼嗣子，以防家産旁落。第一位法定繼承人爲親生子，即與父親有直接血緣關係者。第二位法定繼承人爲嗣子。立嗣的順序是親侄、堂侄、族侄、遠房宗侄，最後爲同姓不同宗之晚輩。第三位法定繼承人爲親生女。既無子，又無嗣子時，親生女纔可取得繼承權。若亦無親生女，則家産入官。家有贅婿（養老女婿），必須另立嗣子，始可均分家産。祇有贅婿者，亦祇得家産之半，另半入官。

關於繼承分配，《大明律·户令》規定：凡妻、妾、婢生，等同均分，奸生之子，祇得他子之半。如别無子，立應繼之人爲嗣，可與奸生子均分。如無嗣子，奸生子方可繼承全額。

至清代，商品經濟較之明朝尤爲活躍，超經濟剥削之勢趨弱，民事與經濟兩方面的法律皆有相應的變化。兹分述如下。

（一）民事權益方面

其一，確認墾荒所有權，保護宗族公産。

清初，爲使由戰亂導致的荒廢土地恢復利用，曾發布"墾荒令""更名田"，即官府對新開墾的土地的所有權予以肯定，廢止舊主，更換新名，頒給"印信執照"，其制有如前代。至乾隆二年（1737），復頒"承墾荒地之令"，使此制更加規範。此令規定，凡開荒廢土地者，必須先向官府呈報，批准後必須向朝廷納稅；私自墾荒者，稱盜耕，其行爲如同盜賣、冒認或强佔他人田宅者一樣，依律治罪。

清律强調保護宗族公産，尤其是滿人的宗族公産，嚴禁任一族人擅自侵吞或處置，更不得授予外人，藉此鞏固清廷賴以存在的宗族經濟基礎。

其二，典賣制度尤爲明確，契約形式更加完善。

隋唐以後，典當與買賣之法律關係不甚清楚，清初亦沿舊制。乾隆十八年（1753）有了典賣的明確規定："嗣後民間置買產業，如係典契，務於契內注明回贖字樣；如係賣契，亦於契內注明絕賣永不回贖字樣。"（《大清律例·戶部則例》）這就區別了典賣關係，建立了典賣兩契，互不混淆，同時規定了乾隆十八年前典賣契約不明情況的處理方式，解決了清初以來的典賣不清的懸案。乾隆三十五年（1770）又規定，典當契約統以十年爲限，十年內出典人無錢回贖，其典押財產即歸典權人所有。若雙方約定之典契超過十年，官府即視爲無效，轉爲賣契處理，原出典人必須交納賣契稅。

典賣等一系列契約內容皆已區別界定，其形式亦有了顯著進步。其時，無論是田宅、作坊、牛馬、農具之典賣，或雇工、合夥、借貸、婚娶，盡以契約確立雙方權益。至雍正時，既有官版契紙，亦有民用契紙；既有加蓋官印之"紅契"，亦有未蓋官印之"白契"。若立契雙方遇有爭訟，則必以契約爲據。"紅契"，猶今世已經公證之合同，法律效力高於"白契"。

其三，不准轉佃戶爲奴婢，禁止罰債務人勞役。

自雍正五年（1727）《欽定例》始，至乾嘉兩朝，對於東家與佃戶之關係，時見明細規定，如"無主僕名分"，乃有"共坐同食，彼此平等"諸文。佃戶通常可以自由退佃，東家不可隨意支配佃戶人身，不得隨田買賣佃戶。私置刑具責打佃戶者，杖八十；占佃戶婦女爲婢妾者，絞監候。

對於債權人與債務人的關係，禁止債權人迫使債務人"投身折酬"。"投身折酬"，即在一段時間內失去人身自由，以私罰勞役抵償債務。禁"投身折酬"，如同前述"無主僕名分"諸規定一樣，改變了先秦以來民事關係中的超經濟剝削，提高了普通百姓的人身權。

其四，取消工匠的終生匠籍，提高雇工的人身地位。

自明代始，爲確保手工藝人不至轉行流失，爲其專設戶籍管理，以爲官府服役，或備不時之需，私脫匠籍外逃者，必予嚴懲。清順治三年（1646）詔令，取消匠籍，永不追究。匠人可以重謀職業，自由遷徙，如同普通百姓，擺脫了人身羈絆。在封建社會，失去土地的農民，祇能依靠出賣勞動力謀生，受雇於人，除從事農耕外，亦有在豪門大宅充當僕役者，其身份近似家奴。乾隆年間修訂之《雇工人法》規定，雇主擅殺無文契受雇五年以內雇工人，罪同"殺凡"，即以殺死普通百姓之法律論處。

其五，允許奴婢自贖爲民，豁免賤民同列甲户。

清代蓄養奴婢之風甚盛。清初之戰事，稍後之文字獄，有大量漢人及其親眷被没入官，淪爲奴婢；另有大批喪失土地、無家可歸、在人口市場被售賣或自賣的窮人。凡奴婢皆入另册，失去人身自由，主人可隨意處置，直至打死，官府不予追究。由於奴婢數量日增，反抗不斷，清廷視爲隱患，被迫修訂了有關奴婢的法律，允許奴婢向主人交納規定身價銀後，得以贖身爲民。此外，清代尚存在被列入賤籍的群體，這一群體處於社會最下層，被剥奪了種種權利，其地位似略勝奴婢，而從所謂正統角度看，又似低於奴婢，呼之爲賤民。如河南的"丐户"，山西、陝西的"樂户"（始自南北朝，專供人取樂的人户，以吹彈歌唱爲業，名隸樂籍，史稱"樂户"），兩廣、福建的"疍户"（始自元明，以船爲家，從事捕魚、采珠或運輸之業户）。這些所謂"賤民"，不堪凌辱、盤剥，常群起抗爭，清廷以爲有礙社會安定，乾嘉時即明令"豁免爲民""與齊民一同列甲户"。

（二）經濟關係方面

其一，廢除明代三餉舊制，推行攤丁入畝法。

清朝入主中原後，及時廢除了引發明末農軍蜂起之"三餉"。三餉指"遼餉""剿餉""練餉"，皆爲巧立名目的苛捐雜税。順治十四年（1657），頒行了《賦役全書》，即根據土地、人丁的在籍實數，以確定田賦、丁銀數量。《全書》的頒行，爲朝廷徵派與地方官府財政收支，建立了全國統一奉行的法律依據。隨同土地兼并的加劇，失去田畝的農户愈來愈多，他們雖免繳田賦，却又一一負擔丁銀，爲此多有隱匿人丁或逃亡他鄉而不報户籍。於是，官府即將漏收之丁銀分攤於在籍之丁男，在籍者不堪其苦。清聖祖（玄燁）爲革舊弊，并示德政，於康熙五十一年（1712）頒布法令，規定今後丁銀總額以康熙五十年爲準："滋生人丁，永不加賦。"就是説康熙五十年以後成丁（年滿十六的男子），不再追加丁銀。全國丁銀總額永遠以康熙五十年的三百三十五萬兩爲準。

康熙後期，漸生人役負擔不均之弊。雍正年間，又進一步在全國推行"攤丁入畝"之賦役新制。即將已固定之丁銀數額均攤至田賦銀上，丁銀成爲田賦銀之附加税，税額依據不同省份之不同情況而確立。如山東規定每一畝賦銀負擔丁銀一錢五分五釐。這就是説丁銀不再以人丁數爲計量單位，而是以所擁有的田畝數多少爲準，史稱"地丁合一"，田賦銀與丁銀亦不分計，合稱"地丁銀"。這一新制經歷一百五十餘載，至此完成了自唐兩税法以來賦稅合一的演變，是中國賦役制度的重大改革。數千年來無償徵發徭役、橫加人頭稅的惡習舊制得以廢止。

其二，適度放寬手工業的生產銷售，大力加強采礦業經營管理。

前已述及，清順治三年（1646）曾下令廢除匠籍，清廷的這一舉措除卻提高了匠人的社會地位之外，也放寬了匠人的生產銷售範圍，不再僅爲朝廷或官府服役，也不再囿於一方一地，可以自由流通，極大地活躍了市場經濟。但武器、錢幣等的經營，必須由官府統管，匠人不得涉足。所謂匠人，即廣大手工業者。

清初曾一度鼓勵民間開礦，以緩解戰亂之後的經濟凋敝。康熙四十年（1701），頒布禁礦令，以止濫采盜賣，并防礦徒聚衆叛亂。康熙四十四年，又部分開禁，在邊陲雲南省城設立"銅官店"，由民間製銅，官府則壟斷買賣權，凡銅品衹允售給官銅店，不得私自銷行，違令者没其銅，以盜竊論罪。

其三，推行恤商之策，固守重農之制。

清朝入關之前，以提倡商業爲其基礎，太祖曾開撫順、清河、寬甸、靉陽四關口，與明互市，所得甚豐。太宗天聰二年（1628），與朝鮮約布羅，一年後又與朝鮮互市，設監市官，迄朝鮮降服，交易益盛，并定懲處漏稅私商之律，以益國庫。康熙四年（1665），令禁各關違例收稅，或故意遲延勒索，并禁地方官吏濫收私派，監察御史等失察者，一律坐罪。越兩年，復詔令王公以下文武大小各官家眷不准擅占關津要地妨礙商務，違者必受刑罰。康熙二十四年（1685），又命光禄寺置買各物，俱按實價付給，定爲條款。又諭江、浙、閩、粵海關，免沿海捕捉魚蝦及日用貨物之稅。洋船海船，衹收貨物正稅，減免雜費。雍正時復設重刑，懲處權貴凌商之惡行。乾隆元年（1736），更嚴行侵吞商旅資本之禁，又以各省關稅每多無名之徵，并令釐剔裁減。七年，特免直省豆、米、麥日需穀物之稅。清廷以上舉措，史稱"恤商之政"。

清代全盛時期，雖頻頒恤商之政令，但未能捨棄重士傳統國策，仍固守重本抑末之道，獎勵農桑，輕視商賈。康熙二十九年（1690），曉諭衆臣曰："阜民之道，端在重本。"逾十年，專諭户部曰："國家要務，莫如貴粟重農。"雍正二年（1724），通諭諸省督撫曰："四民以士爲首，農次之，工商其下也。農民勤勞作苦，以供租賦，養妻子，其敦龐淳樸之行，豈惟工商不逮，亦非不肖士人所能及。"復令各州縣歲舉勤儉卓著老農一人，授八品頂帶，以示獎掖。乾隆二年（1737），曉諭群臣以農桑爲政治之本，又曰："朕欲天下之民，使皆盡力南畝，歷觀三朝，如出一轍。"可知清代亦重農抑商，恤商而未敢重商。全國上下，皆以爲四民莫貴於士，乃以商居四民之末。

其四，加强海禁自固，限制對外貿易。

清朝入主中原後，厲行明制，閉關鎖國，以圖長治久安，清初尤甚。爲了阻止鄭成功領導的海上反清義軍登陸，順治十二年（1655）首頒禁海令，沿海地區片帆寸板不得下海，凡入海與鄭氏通商者，一律處斬，貨物入官，家產付賞告發人。爲徹底斷絕義軍與沿海民衆的聯繫，順治十八年、康熙元年（1662）、康熙十七年，連續三次頒布遷海令，强制閩、廣、蘇、浙沿海居民舉家内遷。初定爲遷三十里，後改爲五十里。其時拆房屋，毀城塞，燒船隻，堵港口，致使四千里海岸人烟絕迹，一片凄涼，海外貿易亦因之中斷。這一法令整整實施了二十八年，直至康熙二十二年（1683）鄭氏政權歸順之後，翌年始宣布"開海"，允許百姓回遷。

康熙二十三年（1684），海禁開放之後，手工業、造船業發展速度甚快。同年清廷設立了廣州、漳州、寧波、雲臺山（今連雲港）四處海關，負責船隻進出，徵收關稅，但無統一法規，稅率各異。四海關中，唯廣州、寧波允許夷船入港，但仍嚴禁國人出洋擅自經商或移居外洋，違者依私通反叛律，處斬立決。出洋貿易者須得官府批准，授予印票，并取保登記。商船載重不得超過五百石，梁頭不得超過一丈八尺。水手人數亦有定量，且須佩挂腰牌，牌上標明姓名、籍貫、年齡、體貌特徵。同時禁止兵器、金屬、火藥、硫磺、書籍、牛馬、糧食出口。出口的絲綢、茶葉、瓷器、大黃亦有嚴格限量。康熙五十六年，再度頒布禁海令，停止與南洋的貿易，嚴禁賣船給外國人，違者，船主及造船人皆斬立決。直到雍正五年（1727），再次開放南洋貿易，而乾隆二十二年（1757），又取消了三個口岸，衹留廣州一關，又設指定代理商"十三行"壟斷商務，包銷進口商品，代繳關稅，采購出口商品，并充當外商在華行止的保證人，實爲外商的全權代表。十三行在廣州城外設商館，供外商起居辦事。外商之一切請求皆由行商轉報，清朝官府之一切法令亦由商行傳達。

清廷長期禁止或限制海上交通，阻礙了中外貿易的正常交流，束縛了萌發的資本主義經濟的發展。這一狀況，持續至 18 世紀中葉，歐美列强以罪惡的鴉片爲武器，憑藉炮艦政策，轟開了清廷緊鎖的國門。

四、兩宋遼金元明清時期的執法與訴訟

　　兩宋仍沿襲隋唐以來之三大司法機構，即大理寺、刑部、御史臺。不過，三大司法機構常是"建官而不任其事，位事而不命以官"，也就是説在位者不主事，不在位者却握有實權，旨在"權歸於上"，一統於皇帝。故宋初大理寺不設正卿、少卿，太宗淳化二年（991），大理寺竟停審案件，創"宮中審刑院"，以代其職。"審刑院"設知院事一人，下設詳議官、詳斷官、詳復官數人，以上官員皆皇帝身邊或京師内"明法令"之親信，直屬皇帝統轄。神宗元豐三年（1080）推行變法時，裁撤了權勢顯赫的審刑院，恢復了大理寺與刑部的職責。不過，兩宋司法機構的混亂狀態并未根本改變。

　　兩宋司法機構之明顯改進，是詣闕投訴的直授制。其時已完善了登聞鼓院、登聞檢院、理檢院的三級投訴，確保直達皇帝。有所謂"初詣登聞鼓院，次檢院，次理檢院"，三院次第審理，若均不接受，可攔駕直訴，面見皇帝。專司攔駕投狀之官員，稱"軍頭引見司"，經巡查確係三院失察者，即進奏皇帝。另有京畿府衙，更屬司法重權機構。北宋時爲開封府，設尹、牧爲長。尹多以親王出任，太宗、真宗爲親王時皆親任其職。但并非定制，通常以"權知開封"之知府爲主管。開封府受理京畿地區之案件，又直受皇帝親示大案，勿需上報刑部、御史臺。開封府一改訴訟人不得徑入官庭之舊制，大開正門，直上大廳，面陳曲直。南宋之京畿府衙臨安府之地位與開封府對應，其司法職責亦與開封府相近，祇是缺乏開封府包拯式的司法、監察清官，故臨安府之名不顯。

　　爲加强集權，地方各路設置由朝廷直轄之"憲司"，或稱"提刑司"，其屬官稱"提刑"。職在核查所統州縣的判決，審閲每十月一上報的"囚帳"。提刑即後世巡按御史之濫觴。兩宋又加强了御史臺的職責，時常派出推勘官分赴各地審查大案，發現徇私枉法官員可奉旨處置。爲防止官官相護，勾連舞弊，律令禁止提刑或推勘官接受州郡邀宴。

　　兩宋之審判制度較之隋唐尤爲具體明細。宋徽宗時之定制，明令知州知縣必須親自審案，違者徒二年。兩宋已推行了鞫讞分司與翻异別推制。鞫讞分司，指鞫訊與讞決各司其職，即審與判分別由不同官員承擔。前者稱"鞫司"，或稱"推司"；後者稱"讞司"，或稱"法司"，這就避免了審、判"以一而斷"的主觀隨意性。翻异別推，指犯人翻供應予重審。翻异，謂犯人否定原口供；別推，亦稱"別勘""別鞫"，謂改換審判官員重審重判。律令規定，翻异通常不得過三次，弄虚作假，妄行翻异者，別推時必予重判。兩宋之前，

雖亦有類似翻异別推之舉，多偶或爲之，不成定制。兩宋時甚重證人證言與物證定罪，已有明確的核驗之制，即核驗現場，核驗傷亡情狀。其時在"慎刑"思想指導下，核驗平反之專書叠出。宋太宗至道間，吏部大臣和嶸續成其父和凝之《疑獄集》四卷，刊行於世。此後繼有鄭克之《折獄龜鑑》八卷，桂萬榮之《棠陰比事》一卷、《附錄》一卷，宋慈之《洗冤錄》兩卷等等，反映了兩宋核驗技術與斷獄手段之高明，在世界刑獄史、法醫史上皆處於當時領先水準。

　　遼金之執法與訴訟多無建樹，唯可稱道者乃遼太祖（耶律阿保機）神册六年（921）本族契丹與漢人、渤海人分立分法之舉。"漢人則斷以律令，仍置鐘院，以達民冤。至太宗時，治渤海人，一依漢法"（《遼史·刑法志上》）。鐘院之設，甚爲便捷，漢及渤海百姓每有冤情，可擊鐘上訴，直入朝門之内。穆宗時不堪其擾，一度廢置鐘院。景宗保寧三年（971），因"窮民有冤者無所訴，故詔復之。仍命鑄鐘，紀詔其上，道所以廢置之意"（同上）。據此可見鐘院功效之巨，并證最高統治者之重視。至金代，尚書省之權尤重，常直干刑法，御史臺之外，更增按察司，以巡糾鞫讞。兩宋遼金常刑訊逼供，刑具輕重不一，有失公平，頗難掌握。金章宗承安三年（1198），"上以法不適平，常行杖樣多，不能用。遂定分寸，鑄銅爲杖式，頒之天下。"至泰和五年（1205），"尚書省奏，以見行銅杖式輕細，奸究不畏，遂命右司量所犯用大杖，且禁不得過五分"（《金史·刑志》），即大杖寬不得超過五分，至此遂成定制。

　　至元入主中原後，建立了一套由蒙古上層統治者所操縱的多元司法機構。中央一級除沿用漢制之刑部、御史臺之外，另設專管蒙古貴族事務且獨立司法的"宗正府"，以審理京師轄内蒙古人與色目人的訴訟案件。僧侶群體則專設宗教審判機構"宣正院"。僧侶間案件，由寺院主持僧審理；僧俗間糾紛，則由地方府衙會同寺院共審；涉重大案情，則徑報宣正院，刑部與御史臺通常不得過問。佛教在元朝向被崇信，僧侶在司法中亦享有特權。與宣政院職能相近的是"道教所"。此外，尚有兩大特殊司法機構，一曰"中政院"，旨在執掌宫廷事務，審理内廷官吏妃嬪諸案；二曰"樞密院"，旨在執掌軍事大權，審理校尉軍務諸案。

　　元律雖也規定有越訴制、登聞鼓制、審訊迴避制、死刑復奏制等，但因其法以人分，且又輕重任意，故其執法與訴訟形同虛設，更因蒙古最高統治者的落後、野蠻，導致了中國刑法史上的極度混亂。元代對後世影響最著者，乃進一步嚴禁訴訟中的"干名犯義"，規定除却反叛、謀逆、故意殺人罪外，凡子告其父、奴告其主、妻妾弟侄告夫兄叔伯者，皆屬"干名犯義"，有傷風化。違者，即使查有其事，被告以自首論，從輕發落，原告則必懲罰。這一規定，明清一脉相承，沿而不改，强化了封建倫理道統。此外，由於大一統之下帶來各族的大融合，經濟交往亦日漸活躍，民事糾紛加劇，田宅、牛馬、婚姻、繼承等案件頻發迭起，於是產生了訴訟代理制，這顯然勝於前代。在審理方式上，出現了民間調解與官方調解并行的局面，兩種調解同樣具有法律效力。

元代王與撰《無冤錄》二卷，彭天錫撰有《政刑類要》一卷，取前代的《疑獄集》《洗冤錄》之長，稍有駁正，各有建樹。明代的司法機構與唐宋相近，但職司略有不同，所設刑部、大理寺、都察院合稱"三法司"。刑部受理地方上訴或重大案件兼審朝廷百官案件；大理寺職在復審刑部之定案，不受理訴訟；都察院爲中央監察機構，職在監督刑部與大理寺的司法情況，并參與審理大案，平反冤獄。三者逐級負責，又通力合作，遇有重大疑案，則舉行"三法司會審"。

明朝皇帝爲確保君位，監視鎮壓百官百姓，設有遺惡千古的錦衣衛與東西廠，兹分述如下。

錦衣衛，指錦衣親軍都指揮使司，洪武十五年（1382）始設，原爲直屬皇帝的掌管皇宫禁衛軍與皇帝出入儀仗之官署。明太祖常親審案件，以錦衣衛之鎮撫司爲法庭，錦衣衛之職權漸大，後演變爲皇帝心腹，授予巡察緝捕權力，兼管刑獄。其所屬有南北鎮撫司十四所，所隷有將軍、力士、校尉、掌直駕侍衛、巡察緝捕。其中北鎮撫司，簡稱"北司"，專司皇帝交辦之要案，稱"詔獄"，其權尤重。

東廠，指替皇帝監視百官權貴日常活動、刺探社會各界情況、可密捕刑訊的宦官機構。成祖爲燕王時，密謀稱帝，陰結京師宦官爲内應；既取帝位，疑朝臣多有不服，永樂十八年（1420），設東廠於京師東安門北，派親信宦官掌管，監視諸官，鎮壓百姓，日夜無休，輪番審理"緝訪謀逆、妖言、大奸惡"等所謂要案。

西廠，憲宗成化十三年（1477）所設，以宦官汪直爲提督，人員和權力皆超東廠，查緝範圍自京師而遍及全國。後因東廠宦官嫉恨作祟，汪直被裁。武宗時，宦官劉瑾專權，一度恢復，殘害朝野數千之衆。劉瑾被誅，始廢。

東廠、西廠與錦衣衛合稱"廠衛"，係皇帝多疑而專權的產物。其司法權遠超三法司，遇有要案可以憑君權獨裁，又可參與各種大案會審，監督各司法機構之拷訊審判活動，進而可派出提督監視三法司官衙，直報皇帝，稱爲“聽記”。東廠、西廠所設牢獄合稱“廠獄”，所囚禁者恒有萬人，其用刑慘烈，哀號之聲，常聞鐵窗之外。

明初，太祖爲整飭吏治，嚴懲貪官，曾詔諮百姓直訴帝闕，甚而可由“年高有德者”持《大誥》率衆捆縛害民官赴京，沿途官員膽敢阻攔，則一體治罪。一時間治安混亂，朝廷疲憊，太祖不得不重發詔令：“凡軍民詞訟，皆須自下而上陳告。若越本管官司輒赴上司稱訴者，笞五十。”其後數朝遞加嚴禁，乃至規定赴訴者必判充軍。成化十七年（1481）又規定：縣有十宗以上越訴，府十五宗以上，省布政司、按察司三十宗以上，該縣、府、司主官罰減俸三月。

與此同時，明朝進一步加重對誣告罪的懲罰。《明律・刑律・訴訟》：“凡誣告人笞罪者，加所誣罪二等；徒流杖罪，加所誣罪三等。”即所誣人罪愈重，誣告者反坐之罪越重，形成倍懲之制。誣人死者，亦必處死。又永樂間定制：“誣三四人，杖徒五六人，流三千里；十人以上者陵遲，家屬徙化外。”（《明史・刑法志二》）而死罪以下“各罪止杖一百，流三千里”（《明律・刑律・訴訟》），以防其濫。加倍反坐之同時，尚規定有土地、房屋、醫藥、交通等的連帶賠償處罰。而對連名結夥誣告者，除依律治罪外，更“用一百二十斤枷枷號兩個月”（《問刑條例》），爾後重行發落，其判徒流刑者，改判發邊充軍，以防不規。

太祖甚重民事，明初於各鄉遍設“申明亭”，由本鄉推舉忠厚長者三五人，出任亭長，并報官備案。遇有本鄉糾紛，由亭長召集糾紛各方，彙聚於申明亭以事調解。調解中可用竹篦責打理屈者，調解無效，方可訴於官府。太祖於《教民榜文》中曾規定：“民間戶婚、田土、鬥毆、相爭一切小事，不許輕便告官，務要經里甲老人理斷。若不經由者，不問虛實，先將告人杖六十，仍發里甲老人理斷。”明代中期之後，申明亭制漸廢弛。朝廷又在各地推行“鄉約堂”制，劃每里爲約，設約正、約副、約講、約史各一人，於本里選定空閒堂屋樹立“聖諭”及“天地神明紀綱法度”兩牌位，每半月彙聚里人於其中，宣講兩牌文，調解里中半月來之糾紛。其通常以約正、約副主持，約講宣講，約史記錄。調解有效，則記入特備的“和簿”中，并由當事人簽字畫押；調解無效，始可上訴官府。

申明亭、鄉約堂之制，實乃有明之首創。西周時雖亦有鄉里調解之舉，多無强制之實權，朝廷亦多不干預。明代統治者一反元代不重民事、粗暴强橫之常態，大力推行儒家“明刑弼教”之思想，以維護皇權，確保江山社稷之安定。惜申明亭、鄉約堂之制雖稱完備，卻多被當地不法豪紳掌握，僅助其稱霸一方。

　　傳統的會審制，至明已空前完備。有關會審的參與者、案件的種類、審訊的時限及
"恤刑""錄囚"等皆有明細規定。就其常見三種會審方式，茲分述如下。

　　一曰熱審，指暑期來臨前有關機構會同三司對未決囚犯審理發落之制。每年小滿後十
日起，至立秋前一日止（立秋在六月內者，改以七月一日止），因天氣炎熱，爲體現"恤
刑"仁政，凡死刑以下，流、徒、笞、杖，例從減等處理。因於熱季審訊，故稱。其制始
於永樂二年（1404），初祇決輕罪，令出獄候傳。至成化間，又有輕罪減等、枷號疏放、
重罪矜疑等條例，屆時京城未決囚犯，由司禮監太監、錦衣衛首領會同三法司審理；省城
內未決囚犯，由巡按御史會同布政使、按察使、都指揮使審理；各府、州、縣未決囚犯，
由分巡道會同知府、知州、知縣審理。難決之疑犯，逐級上報，直至皇帝。

　　二曰朝審，指秋後行刑前，由朝廷重臣會同三司復審死囚之制。始於天順三年
（1459）。其時英宗取法漢唐聖君之"慎刑"，以"人命至重，死者不可復生"，故規定"每
至霜降後，但有該決重囚，著三法司奏請，會多官人等，從實審錄，庶不冤枉，永爲定
例"（《明史·刑法志二》），屆時由公、侯、伯、駙馬、內閣學士、六部尚書、侍郎、五軍
都督會同三法司，由吏部尚書主持，在承天門外會審。若認爲案件可疑、可矜（憐憫），
或若死囚待決犯喊冤，難以決斷，則奏請皇帝裁定。

　　三曰大審，指由皇帝親派內使定期會同三法司復審囚犯之制。其制取法漢唐聖君之
"錄囚"，始於憲宗成化十七年（1481）。每越五年之首年，皇帝必親遣司禮監太監至大理
寺，會同三法司復審囚犯，尤重纍訴冤枉或死罪可疑可矜待決者。南京則命內守備行之；
外地由刑部、大理寺派員至各省城，會同巡按御史審理；府、州、縣則提前報省，依次進
行。因其復審結案，皆須上報皇帝，故稱"大審"。其事可參閱《明史·刑法志二》、明劉
若愚《酌中志·大審平反紀略》。

　　此外，尚有"寒審"。其制略同"熱審"。成祖因"既非死罪，而久繫不決，天氣沍
寒，必有聽其冤死者"，故亦效漢唐之"恤刑"而成此制，其始於永樂四年（1406），多於
十一月仲冬進行，至憲宗成化時漸成定制。其制可參閱《明史·刑法志二》。

　　明代刑部尚書王概所撰《王恭毅駁稿》二卷，首列參駁文書式九條，而以其所駁諸案
分載於後，法理深明，案例中正，全書有理有據，頗具說服力。稍後又有刑部要員陳永所
編《法家裒集》一部，尤有特色。書中設爲問答，剖析異同，甚得明慎之旨意。其論止毆
追捕及罪犯拒捕二條與《唐律疏議》相合，疑其親閱《唐律》。僅此二書亦可見其承前啓

後之功。

清代的中央司法機構與明代大抵相同，仍沿襲三法司之制。其最高審級爲"九卿會審"。九卿指吏、戶、禮、兵、刑、工六部尚書與都察院左都御史、通政使并大理寺卿。每年的熱審、朝審、秋審，九卿盡皆參加。下將論及，此略。

清朝旗人之司法機構，爲駐防各地八旗軍中的理事廳、理事通判、理事同知，相當於省、府、縣三級之府衙。各省八旗最高軍官都統無大案終審權。京城的步軍統領衙門，爲滿族司法機構。宗人府，爲清朝皇族的司法機構。慎刑司，爲清宮廷的司法機構。滿人起訴，自成系統，無嚴格要求，顯然享有特權。

清代的訴訟制度與明代已大抵相同，但嚴格限制漢民起訴。清律規定，每年四月初一至七月三十日，除殺人、搶劫等大案外，凡戶婚、田土、牛馬、錢債之類所謂"細事"，不得起訴，巧定其名爲"農忙止訟"。其餘八個月，亦非每日受理，各地府衙皆規定"詞訟日"，或稱"放告日"。清初一月三天，中後期一月兩天，如此一年之中之准訴不過幾十天。同時又規定，訴狀必須由府衙指定的"代書"填寫，加蓋官印，字數多限在二百字以內，被告、證人、原告之名址及主要事實、要求，必須簡要明確。除老幼篤疾與婦女外，皆須在"詞訟日"內親呈府衙。以上要求稍有缺失，即予逐出。

滿人與漢人之間的訴訟，由滿理事同知與漢地方州縣官員會審，貌似公平，實則前者之審判權遠大於後者。

清代沿襲了明代的會審制，更擬"朝審"方式，又增設了"秋審"。其制始於順治十五年（1658），要求諸省於每年四月，對判死刑尚未執行的案犯，先行審議，分爲"情實""緩決""可矜""可疑"四類，報送刑部，隨後則將案犯集中於省城關押。至八月間，以三法司主其事，行九卿會審，最後報請皇帝批准執行。定爲情實者，則於霜降後、冬至前處死；定爲緩決者，因介於可殺可不殺之間，政治形勢無大變化則待下一年秋審，如連經三次秋審仍定爲緩決，則可免死，減一等判罪；定爲可矜者，則亦免死減等判罪；定爲可疑者，則駁回原省重行審理。雍正間，又增"留養承嗣"一條。若死囚是獨子，祖父母、父母老邁，可改死刑爲杖一百，枷號示衆三月放歸。清朝之朝審與明之朝審亦略有別，它采取九卿會審京城中之斬監候與絞監候之制，會審時間在秋審之前。於是，明代之限於京城之內的朝審，又擴展爲京城之外的各省省城之中。明代原有的"熱審""寒審"，則予廢止。

清代核驗平反之專書甚爲豐富，更勝歷代。如陳士鎮撰有《折獄卮言》一卷，魏裔介撰有《風憲禁約》一卷，王明德撰有《讀律佩觿》八卷，陳芳生編《疑獄箋》四卷。後者以五代和凝、和㠓父子《疑獄集》爲主體，增補有關序文於卷後，末又輯昔賢論説讞獄成法，別爲一卷。大旨主於輕刑全活，發古人恤欽之意，頗有説服力。但略有矯枉過直之弊，間有據引佛經、神仙傳爲重生之典要，則又不足取。

第六節　中華法系的突進期
——太平天国及清末民初時期（1840—1912 年）

一、太平天国及清末民初的立法思想

自 1840 年鴉片戰争後，中國社會逐漸半殖民地半封建化。列强迫使清廷簽訂了一系列不平等條約，在索取巨額所謂戰争"損失賠款"之外，又强占或"租借"了諸多重要港口城市，步步進逼，漸漸控制了中國的經濟命脉，甚而干預、左右中國内政。清王朝表面打着獨立大國的旗號，實質已動摇了根基，主權外落，已處於受列强擺布的半傀儡狀態。清政府將大筆軍費和巨額賠款的沉重負擔轉嫁給勞動人民，捐税年增，民不聊生；地主加緊盤剥，土地兼并更爲嚴重。又加外國資本的入侵，動摇了數千年來自給自足的小農經濟基礎，沉重打擊了中國傳統的家庭副業和手工業，廣大農民陷入水深火熱之絶境，終於在1851 年爆發了規模空前的太平天國革命。天國所建之法治，一開始就針對着清王朝反動腐朽的統治，反映了農民階級的追求和嚮往，體現了樸素的民主自由思想。同時因其以"天兄、天父、天国"爲號召，又帶有鮮明的宗教色彩、濃重的空想成分。

清王朝勾結列强，撲滅了太平天國革命。光緒二十六年（1900）接踵而起的義和團運動，又極大地震撼了清王朝，并粉碎了列强瓜分中國的美夢。清廷與列强爲維護各自的切身利益，加强了相互勾結。曾嚴厲鎮壓康梁維新運動的保守勢力，摇身一變，接過了"變法維新"的口號。與此同時，以孫中山爲首的反清民主革命勢如熊熊烈火，而清廷内部的君主立憲派，亦趁機加緊活動，企圖穩住清廷統治地位，并通過立憲提高自身權力，達到以下目的："一曰皇位永固，一曰外患漸輕，一曰内亂可弭。"（中國近代史資料叢刊《辛亥

革命·君主立憲·清方檔案·奏請宣布立憲密折》）清廷正可以此爲策略，蒙蔽瓦解革命黨人，并拉攏君主立憲派，以穩固帝制，而這也正是列强所期待的。英、美、日、葡諸國皆曾以"允棄治外法權"爲誘餌，促使清廷早日完善"律例"及其"審斷辦法"。列强亦望清廷能效仿其本國法律，擬定各項法律。

1905 年，孫中山先生在組織同盟會時，即確定了"驅逐韃虜，恢復中華，建立民國，平均地權"的革命宗旨。同年，在《民報發刊詞》中提出了最初的三民主義這一政治綱領。三民主義，即民族主義、民權主義、民生主義。民族主義，指推翻清朝統治，恢復漢族政權；民權主義，指推翻君主專制，建立民國；民生主義，指反對土地兼并，平均地權。1911 年 10 月 10 日，辛亥革命爆發。12 月 29 日，孫中山先生當選爲臨時大總統。翌年 1 月 1 日，中華民國南京臨時政府宣告成立。此時掌握中國北方的軍閥袁世凱擁兵自重，與南京相抗衡，清帝尚未退位，形成了南北議和的局面。於是，臨時政府決定制定《中華民國臨時約法》，希冀以此體現辛亥革命的成果，推行三民主義，藉此在議和中同袁世凱討價還價，議和一旦達成，又可藉此限制袁世凱專權，雖總統易人，而共和制得以延續不變。爲此，代行參議院職權的各省代表於同年 1 月中旬，召開了《臨時約法》首次起草會議。稍後，《臨時約法草案》擬就。同月 28 日，臨時參議院成立，又召開了第二次約法起草會議。2 月 7 日，臨時參議院正式審議約法草案。2 月 13 日，孫中山先生向臨時參議院提請辭職。3 月 8 日，《草案》三審通過。3 月 10 日，袁世凱於北京就草案宣誓任職。3 月 11 日，孫中山先生以臨時大總統名義公布了《臨時約法》，4 月 1 日，正式辭職。

二、太平天国及清末民初的立法概況及特點

1853 年，太平天国定都天京後頒布了《天朝田畝制度》。《天朝田畝制度》關涉了政治、軍事、官制、訴訟審判等一系列根本法規，確立了以土地分配制度爲核心的建國法典。茲擇其要，分述如下。

其一，實行理想的大同農耕所有制。

天国首領提出了億萬民衆所嚮往的境界："有田同耕，有飯同食，有衣同穿，有錢同使，無處不均匀，無人不飽暖。"廢除土地私有制，將土地依肥瘠分爲九等，以户爲單位，按人口平均分配，不分貴賤，不論男女，好壞搭配，十五歲以下未成年人減半。各盡其

力，"人人不受私，物物歸上主"。每户耕作所得，留下必須之糧食布帛，以供消費，其餘皆歸國庫所有，遇有婚喪大事，所需錢財由兩司馬依例支付。

其二，實行兵農、軍政一體制。

天國境内，凡成年男子皆一身兩任，亦農亦兵。而軍事、行政亦不分設，軍政無別。一切軍政大事，皆由天王"降旨主斷"。天王之下設有軍師、丞相、檢點、典執法等中央軍政機構。檢點、典執法即監察、司法部門。在地方則設有省、郡、縣三級政權。縣以下組織，仿《周禮·地官·小司徒》之制，以次編爲伍、兩、卒、旅、師、軍六級。五家爲伍，設伍長；五伍爲兩，設兩司馬；四兩爲卒，設卒長；五卒爲旅，設旅帥；五旅爲師，設師帥；五師爲軍，設軍帥。

其三，實行鄉官保舉及定期考核制。

天國定制，凡軍帥、師帥、旅帥、卒長、兩司馬，平時管理鄉政及訴訟之類，戰時則爲軍官，泛稱爲"鄉官"。鄉官"每歲一舉，以補諸官之缺"。所推舉者，必"能遵守條命及力農"，逐級審核，最後由天王決定，可據其才越級任命。凡"舉得其人，保舉者受賞"；反之，"舉非其人"，則"保舉者受罰"。一切鄉官，每三年必行考核，以決定升降、獎懲。

其四，實行神教及天王終審制。

天國確立了上帝至尊之天條，加强了神的意志教育。其認爲軍、師、旅、卒之首領爲上帝優秀兒女，須分赴各"兩"（基層單位）宣講教義，"凡内外諸官及民，每禮拜日聽講聖書"，以净化心靈，驅除邪念，以免犯天條。遇有訴訟，天王代天帝握有終審裁決權。

《天朝田畝制度》鮮明地體現了廣大農民對土地的渴望和擺脱對建剥削的强烈要求。它以法律形式確立按平均主義原則重新分配土地并實行"聖庫"制度，否定了沿襲數千載的土地私有制。該制度還規定了太平天國地方政權的形式與職能。其鄉官保舉考核制徹底否定封建官制，具有樸素的民主主義精神，初期不僅保證了軍需糧餉的正常供應，而且對保護農民利益、動員農民參加地方政權建設，對太平天國政權的建立和穩固發揮了重要作用。同時它也否定了沿襲數千載的買賣婚姻，確立了"凡天下婚姻，不論財"之定制。《天朝田畝制度》以政治上的平等與經濟上的平均作號召，極大地激發了天國廣大軍民的鬥志，極大地推動了革命的發展。

同年，太平天國頒布《太平刑律》，目的在於鎮壓"妖""怪"（指清皇朝等外在敵人）

及天國内部的叛徒等。因其已列入本卷第五章第三節之《近現代法典》中，此不贅述。

然而，《天朝田畝制度》却不能調動農民的生産積極性。因爲它脱離現實而過於空想：規定消滅一切私有財産，平均一切社會財富，這不僅否定了地主土地所有制，也否定了農民土地所有制；"聖庫"制度還將農民的生産資料、生活資料所有權統統廢除掉，這就極大地損害了農民的利益，違背了農民的願望，也與中國初萌於明代的城鄉資本主義需求發展的時代方向相違背。事實上，該制度無法實施下去，後來迫於形勢，爲緩解太平軍的軍需供應，太平天國給地主發田憑，設收租局，規定農民"照舊交糧交税"，農民對土地的需求得不到解決，負擔沉重，對天國失望日增。

定都天京後，太平天國政權迅速异化，領導人建立了嚴格的等級制，規定等級特權享受，從反皇權到迷戀皇權，從而形成了另一代皇權。其鄉村的基層組織也逐步异化，鄉官和鄉官制愈來愈不能維護農民的利益，甚至走向農民的對立面，這就極大地動摇了太平天国的政權基礎。

1859 年，天国在緊急關頭，又公布了《資政新篇》，作爲太平天國繼續反對建反侵略的綱領。它是先進的中國人最早提出在中國發展資本主義的方案，明確提出學習西方先進的政治制度和先進的科學技術，主張平等外交等。它集中反映了當時先進的中國人向西方尋找真理和探索救國救民道路的迫切願望，符合中國社會發展的方向，具有强烈的革命性和進步性。但它没有把發展資本主義與消滅封建剥削制度聯繫起來，没有同太平天國當時的現實鬥争聯繫起來，隻字未提農民最關心的土地問題，既非農民鬥争實踐的産物，也缺乏社會、經濟和階級基礎，因此得不到太平天国廣大將士的擁護；而且天国外部的惡戰不斷，也不具備實行的客觀環境，所以《資政新篇》根本無法實施奏效。

太平天國雖亡，而清王朝懾於日漸猛烈的新的革命運動，也爲了拉攏君主立憲派，又加八國聯軍攻占北京後，爲了既得利益軟硬兼施，緊逼清廷改其律令，以維護列强既得利益，終於在光緒二十八年（1902），被迫下達修律之諭旨。

光緒三十四年（1908），清憲政編查館制訂并頒布了《欽定憲法大綱》。《大綱》分"正文"與"附録"兩大部分，共二十三條。其中正文爲"君上大計"，計十四條；附録爲"臣民權利義務"，計九條。該《大綱》第一條規定："大清皇帝統治大清帝國，萬世一系，永永尊戴。"皇帝有頒行法律、發交議案、召集及解散議會、設官制禄及黜陟百司、統帥陸海軍、編訂軍制、宣戰議和及訂立條約等權力；而臣民祇有納税、當兵及遵守國家法律之義務。《大綱》雖規定臣民"有言論、著作、出版及集會、結社等"權利，但必須限定在"法律範圍內"，皇帝有權隨時頒布詔令予以限制。可見所謂《憲法大綱》，祇是以立憲爲招幌，其實質則是竭力維護清廷之專制統治。故《大綱》頒行不久，即被億萬民衆徹底否定，無法實施。

宣統二年（1910）五月，《大清現行刑律》頒行。該《現行刑律》是作爲"推行新律基礎"之過渡性法典，名曰《刑律》，實未脫傳統法律之窠臼，仍屬"諸法合體"。編定《現行刑律》之原則，是將原《大清律例》加以"修改、修併、續纂、删除"。其形式方面，取消了吏、户、禮、兵、刑、工六部總目，改爲三十篇，正文三百八十九條，附例一千三百餘條，另附《禁烟條例》與《秋審條款》。其内容方面，設置了罰金刑、徒刑、流刑、遣刑、死刑五刑，改變了舊有刑罰體系，删改了若干不適時宜的條款，如"結社立盟""違禁下海"之類，增設了新的罪名，如危害乘輿、毁壞電訊等。此外，仍將"十惡"視爲重罪，置於律首，仍强調尊卑關係、主僕關係。可見《現行刑律》因循守舊，無甚建樹，實乃清廷爲應對内外危機而亮出的虛僞招牌。

宣統二年十二月（1911年1月），《大清新刑律》頒布。這是中國近代第一部名實相符的刑法典，或曰第一部專門法典，也是清代最重要也最有創意的法典。《新刑律》首次以規定犯罪與刑罰爲唯一内容，采用了近代西方刑法的編纂體例，其正文開列總則與分則兩編。總則十七章，分則三十六章，共五十三章。正文後附有"暫行章程"五條。其精神要旨，集中表現於光緒帝頒布新法之詔令中："折衷各國大同之良規，兼采近世最新之學說，而仍不戾乎我國歷代相沿之禮教民情。"其創新進步十分鮮明，其頑固守舊亦顯而易見。兹扼要闡釋如下。

《新刑律》實行罪刑律定，删除了傳統的"十惡"重罪名目，删除了"比附"之法，取消了原法定的等級特權，增添了有關妨害邦交、選舉、交通及公共衛生等新罪名，明確了罪與非罪的界限，明確了故意、過失、正當防衛、緊急避險等行爲性質，明確了既遂與未遂、纍犯與初犯等屬性，明確了緩刑與假釋規定。最終建立了近代刑罰體系，將刑罰分爲主刑與從刑兩大類。主刑有罰金刑、拘役刑、有期徒刑、無期徒刑與死刑；從刑有褫奪公權。以上爲其創新進步方面。另一方面又頑固守舊，具有突出的封建專制性與賣國妥協性。《新刑律》極力維護君主之權威尊嚴，嚴厲鎮壓人民的反抗鬥爭。如"侵犯皇室罪""内亂罪"皆處以重刑。它亦極力維護封建倫理綱常，嚴厲懲處有違禮教、祖制的行爲，如

"親屬相犯""親屬相奸"諸罪，皆有別於普通犯罪，處刑甚嚴。其表現於所附五條《暫行章程》中，尤爲顯著。它還極力維護列强在華特權，嚴厲制裁違規的言論舉止，如對"污漫外國教會""妨害國交"等罪，處罰亦極偏苛。

宣統三年（1911）十一月三日，清廷又頒布了《憲法重大信條十九條》。其時辛亥革命已勢如烈火，熊熊而起，清廷一邊調兵遣將，四處反撲，一面下"罪己詔"，平息民憤，并命資政院立刻起草全新之憲法。經三日三夜，《十九信條》倏而擬就，并試圖取代已被萬衆唾棄的《欽定憲法大綱》。《十九信條》極力仿效英國憲法，内行責任内閣制，縮小和限定了君權，較之《憲法大綱》有所進步，而對民權却避而不提，并又堅持"皇統萬世不易""皇帝神聖不可侵犯"的律統，帶有明顯的欺騙性、反動性，并未達到消弭革命、挽救覆滅的目的。詳見本卷《刑名刑典説・刑典考》"近現代法典"諸文。

清末之律學研究空前興盛，蔚成大觀。除設法律館外，又別設法律學堂，數年間畢業近千人。刑部尚書薛允升撰有《漢律決事比》《讀例存疑》《唐明律合編》《唐明清三律彙編》諸律學專書，堪稱中國傳統法學的終結者。刑部侍郎、修律大臣沈家本撰有《漢律摭遺》《峻令考》《歷代刑官考》《歷代刑法考》等。清末之新律，多出其手，被譽之爲中國近代法學的開山者。可參閱《清史稿・薛允升傳》《清史稿・沈家本傳》，田濤《唐明清三律彙編發現始末》（載《中華讀書報》1999.7.21）。

辛亥革命勝利伊始，革命軍首領宋教仁即起草了《中華民國鄂州約法》，1911 年 11 月 9 日由湖北軍政府公布。共六十條，分總綱、人民、都軍、政務委員、議會、司法、補則七章。該法首次將人民的權利與自由以法律形式確定下來，首次參照西方政權理論，并以法律形式確立了中國的民主政治制度，有利於唤起人民的政治覺悟。惜由於形勢的急劇變化，該法未得全面實施，後成爲《中華民國臨時約法》之藍本。

1912 年 3 月，由南京臨時政府制訂并公布了《中華民國臨時約法》。該法包括總綱、人民、參議院、臨時大總統、副總統、國務院、法院和附則，亦七章。它確立了中華民國爲西方民主共和國性質的主權國家；確立了"三權分立"的組織體制，即參議院爲立法機構，臨時大總統領導下的内閣爲最高行政機構，法院爲司法機構，三大機構相對獨立，各司其職；確立了中華國民享有人身、財産、居住、言論、出版、集會、結社、通信、信仰及選舉、被選舉、考試、請願、陳訴、訴訟等一切公民權，同時負有納税、服兵役等義務。

《臨時約法》是中國近代憲政運動史上唯一一部權威的帶有西方共和憲法色彩的文獻，體現了孫中山先生學習西方文明而不拘泥於西方，切實結合中國國情的指導思想，具有劃時代的歷史意義。《臨時約法》徹底否定了兩千多年來的君主專制制度，使民主共和國的觀念深入人心。在相當長的一段時期内，民主革命派將《臨時約法》視爲民國的象徵，《臨時約法》在，則民國在；《臨時約法》亡，則民國亡。在同以袁世凱爲首的北洋軍閥的議和中，革命派即力圖以《臨時約法》爲武器，以約束袁世凱，以確保民國。袁世凱騙取政權，南京臨時政府解散。1914 年 5 月，即將《臨時約法》廢除，代之以袁記專制獨裁的所謂《中華民國約法》。此後，革命派又掀起了"倒袁""護法"一系列鬥爭。

三、太平天国及清末民初的民法與經濟法

太平天国之民法與經濟法，集中體現在其建國初期所頒布的《天朝田畝制度》中。其總體理想與原則，即所謂"有田同耕，有飯同食，有衣同穿，有錢同使，無處不均勻，無人不飽暖"。其均田之法，按早晚兩季產量，將田分爲九等，畝產一千二百斤爲上上田，依次每減一百斤降一等，至四百斤，爲九等下下田。"不論男婦"，照人口多寡計，"雜以九等"，"好醜各半"。十五歲以下未成年者減半。人人平等，男女平等，所有田户，皆按軍事編制，亦農亦兵。盡忠力農者，皆可爲官。官不分級别，可相互保升奏貶。户户種地、種桑、養蠶、縫衣、織布，户户皆須養雞五、猪二。收成時，兩司馬督促伍長，留足每人所需，其餘麥、豆、麻、布、雞、犬及銀錢諸物，皆上繳國庫。國庫以兩，即二十五户爲單位。各户遇有嫁娶、生育、疾病、喪葬諸事，經兩司馬按規定標準，由國庫統一開支。鰥寡孤獨及殘弱者，亦經兩司馬依定制由國庫供其所需。天国實行一夫一妻制，嚴禁納妾（其上層領導實已破例），廢除收授聘禮之陋習，"凡天下婚姻不論財"。平時由伍長督帶務農，戰時由伍長户抽出一人爲卒殺敵。無男則出女，天国設有女軍。每兩設一禮拜堂，各户兒童聽講其中，由兩司馬教讀太平天国印行的《真命詔旨書》等。凡禮拜日，分別男行女行，由伍長率領至堂中，由師帥、旅帥、卒長輪流宣講神理政教，兼察聽講者是否遵從條令及其勤惰情况。此外，陶、冶、木、石等手工業，以兩爲單位，由伍長與伍卒於農隙間完成。師軍以上，多設諸匠營與百工衙，以製造武器及其他軍需物品，兼以指導設置征戰所需之陸營、水營、土營（壕塹地道之類）。據現有資料可知，太平天国已推行

了人人平等、男女平等及作爲基層政權的鄉官制度，但并没真正實施均田制與國庫制，而"照舊繳糧納税"。詳可參閱中國近代史資料叢刊《太平天国·天国檔案》。

1840 年之後，外戰頻仍，割地、賠款不斷，民怨沸騰，反抗四起。爲緩解矛盾、穩定局勢，清廷於光緒三十三年（1907），令修訂法律館主持起草《大清民律草案》，歷時四年，於宣統三年（1911）春擬成。《草案》模仿西方大陸諸國法系之德意志式民法擬成，計有五編：一總則，二債權，三物權，四親屬，五繼承。爲加强編纂力量，全面瞭解掌握有關内容、體例，前三編委托日本法學家松岡義正、志田鉀太郎通力協助，後兩編則邀禮儀館共同起草。《草案》擬成後，即交資政院審議，其時各地反清浪潮洶湧而起，同年 10 月 10 日，辛亥革命成功，《草案》未及公布。故而清末尚無真正實行的專門民法，但該《草案》爲此後的民法確立，提供了足資藉鑒的藍本，其内容、體例皆有可取之處，甚有影響。

清末沿襲舊制，未設新的經濟法，但由於外資的不斷侵入，刺激了中國工商業的發展，尤其是對外貿易日漸擴大，海禁既開，交涉日繁，於是清廷於光緒三年（1877）設南洋大臣，九年設北洋大臣，兼管通商；二十九年七月設商部，九月以農工兩部并入商部，改稱農工商部。稍後清廷效仿西方與日本，采取"民商分立"之體制，設定民商兩法。其民法前已述及，擬成較晚，未及施行。其商法分爲兩類，一爲隨時頒行之單行法，二爲專門頒行之商律草案。

光緒二十九年（1903）夏，商部勸諭商界之較巨者，先於京師倡設商會，外省亦願籌辦者，則責成地方官隨時詳報，督撫咨部等不得阻止。同時商部奏報《商會簡明章程》二十六條，附則六條，十一月獲准頒行。該《章程》及其附則，順應了商情，一蹴而就。其所設商會之制，直至民國，猶沿而未改。同年九月，其奏《獎勵華商公司章程》，亦於十一月獲准頒行。

光緒二十九年（1903）夏，商部草擬了《商人通例》與《公司例》，報呈清廷批准，次年一月得以頒行。前者共九條，屬商法總則性質，多爲准與不准之類原則性規定；後者共一百三十一條，附則六條，包括公司分類、股份、股東、董事局等，甚爲明細。如公司分類分爲合資公司、合資有限公司、股份公司、股份有限公司等；如董事局規定有董事局構成、董事局選舉、董事局權力、董事局職責等。《商人通例》與《公司例》，在其時商務之組織、運籌諸方面，無疑起了巨大作用，對後世亦影響廣遠。

光緒三十二年（1906）春，爲適應國際交流，商務司訂出《出洋賽會章程》三十二條。凡國外會場之管理，商人赴會之呈報，參賽之物品，及物品之免稅諸項，規定甚詳。此前，商部"調查東西各國破產律及各埠商會條陳、商人習慣"，草成《破產律》，奏准頒行。後因難以實施，次年冬明文廢止。光緒三十二年（1906），頒行《獎給商勳章程》；三十三年，修訂重頒《獎勵華商公司章程》；同年擬推行《度量權衡暫行章程》，未果；光緒三十四年，頒行《銀行通行則例》；宣統三年（1911），頒行《輪船公司注册給照章程》。

光緒三十四年（1908），修訂法律館特聘日本法學博士志田鉀太郎協編《大清商律草案》，越二年完成。該《草案》包括總則、商行爲、公司法、票據法、海船法等，共一千單八條，甚爲詳備。嗣後，交發全國商界討論，各地商會認爲《草案》多采日制，不符國情，農工商部轉呈《商法調查案》，奏請資政院審議，未及頒行，清朝覆亡。

清末因經濟凋敝，社會動蕩，商業亦處於失利地位，海關貿易尤差。其出關者多爲絲茶，入關者多爲洋布鴉片。以絲易布，係以原料易成品，損失頗大；以茶易鴉片，係以益物易毒品，受害更烈。故白銀大量外流，國庫虧萎，民力疲瘁，病困交加。但清末一系列之生效商法，雖有其歷史局限，却皆具積極意義，順應了世界潮流，有助於社會的發展，爲後世商法的確立，奠定了基礎，提供了藉鑒，這也包括了那些雖已擬就而未及頒行的商法。

辛亥革命之初，正值新舊交替之際，社會混亂，經濟凋敝。民國始建，雖和戰紛紜，但民心思定，全國秩序漸趨平穩。南京臨時政府日理萬機，在僅存的九十天内，建立并推行了一系列法制法令。除却前述之大法《臨時約法》外，更有以下諸法令，兹按民法與經濟法兩類，分述如下。

（一）關於民法方面

民國元年（1912）3月中旬，孫中山以臨時大總統名義發布了《通令開放疍户惰民等許其一體享有公權私權文》。該《通令》嚴正申明：凡疍户（舊指水上居民）、丐樂户、惰民（無正當職業者）、義民（舊指所謂發功臣暨披甲家爲奴者）、剃髮者、優娟、隸卒之類，"對於國家社會之一切權利，公權若選舉、參政等；私權若居住、言論、出版、集會、信仰之自由等，均許一體享有，毋稍歧异，以重人權而彰公理"。同月28日，中山先生猶念及民生塗炭，國本所關，電令各省都督，切實保護人民人身及財產權利。同年3月初，孫中山又頒行《大總統令内務部禁止買賣人口文》。該令指斥了前清入主中原之後，"民生憔悴，逃死無所，妻女鬻爲妾媵，子姓淪爲皁隸……尤可痛者，失教同胞艱於生計，乃有奸徒誘以甘言，轉販外人，牛馬同視”，嚴令“嗣後不得再有買賣人口情事……從前所結買賣契約，悉予解除”(《辛亥革命資料·臨時政府公報二十七》)。稍後，據荷蘭華僑呈文，孫中山又下達《禁止販賣華工及保護華僑令》，嚴令立即“禁止豬仔出口”。“豬仔”，即指清末以來被販國外之苦工。責令外交部采取緊急措施，以斷其路，并確保華僑人身財產安全。(《辛亥革命資料·臨時政府公報四十二》)

此外，臨時大總統又頒發有《大總統令禁烟文》(按，此烟指鴉片)《大總統令內務部曉示人民一律剪辮文》《大總統令內務部通飭各省勸禁纏足文》，以及批示《內務部報告禁賭呈》《革除前清官廳稱呼》等令。最後一令，看似小事，實則重要的歷史變革。該令宣稱：“官廳爲治事之機關，職員乃人民之公僕，本非特殊之階級。”規定此後官廳人員“咸以官職相稱”，不得復稱“大人、老爺”之類；官廳之外，“民間普通稱呼則曰先生、曰君”，令至即改，不得有誤。

爲提高國民新的文化道德素養，民國初年，教育部即頒布了《普通教育辦法》十四條，規定“初等小學可以男女同校”，提倡并獎勵女學。“小學讀經科，一律廢止”，“清學部頒行之教科書，一律禁用”。同年 9 月教育部頒布的《中學校令》規定：“中學校以完足普通教育，造成健全國民爲宗旨。”稍後，又有《大學令》頒行。但因民國伊始，國弱民窮，缺乏師資、校舍及實驗設備等，無力依令興辦綜合類或理工科大學；另一方面，新生的國民政府急需一批具有民主共和新知識的各級官員，其師資可從歸國留學生中選用，校舍可因陋就簡，且無需實驗設備，於是法政類高校驟興，今之評者譽譏之曰“一枝獨秀”。故而民國五年（1916）9 月，教育部又頒布《修正大學令》，放寬綜合類、理工科大學的辦學限制。

民國元年（1912）3 月初，內務部制成《報律》三章，通電上海中國報界俱進會，規定一切新聞出版從業人員皆須依法注册，規定“流言煽惑，關於共和國體有破壞弊害者”，不許出版，“其發行人、編輯人并坐以應得之罪”；規定“調查失實，污毀個人名譽者……經被污毀人提起訴訟，得酌量科罰”等等。這些條款被認定不合《臨時約法》，有違人民享有言論、著作、出版、信仰等自由之律文，內務部并非立法機構，亦無權立法。《報律》惹起軒然大波，被報界斷然拒絕。臨時政府要員、《大共和日報》主編章炳麟親自撰文抨擊，指責《報律》有違共和體制，獨斷專行，且“內務部既無作法造律之權，而所定者又有偏黨模糊之失"云云。同月 9 日,孫中山發布大總統令,指出内務部"雖出補偏救弊之苦心",但有"鉗制輿論"之嫌,該律"未經參議院議决,自無法律之效力",宣布即日即予取消。《報律》之興廢始末及其風波,可證臨時政府立法之嚴肅認真,民權民主之深入人心。

(二)關於經濟法方面

民國初年,即開始竭力整飭國民經濟。組織臨時政府時確定了"實業爲民國將來生存之命脉"的主旨,特建實業部,以統領國家經濟建設,以期振興百業。臨時政府移權北京後,分爲農林、工商兩部,正式政府成立,復并爲農商部。臨時政府始建之 1 月 28 日,發布了《保護人民財產令》,共五條。該令宣布臨時政府轄内的人民,其私產概歸本人所有。人民的範疇,包括了無確實反對民國證據的清廷官員,這一方面反映了臨時政府高度重視人權,另一方面又體現了臨時政府的分化政策策略。2 月下旬,清帝退位後,臨時政府外交部立即照會各國使領官員,清廷國庫一切財產,均屬民國所有,不得私相授受,嚴正維護了民族利益,嚴防帝國主義趁機劫掠。3 月上旬,又發布《大總統令内務部通飭各省慎重農事文》。該令旨在盡快消除戰亂給農村帶來的巨大影響,迅速恢復農業生產。該令强調必須切實保護農民,置辦農具,不誤農時,指出此"爲國計民生所繫"。臨時政府對於商業亦尤爲重視。辛亥革命,其導火之端,實啓自商人。其時清廷擬收商辦鐵路爲國有,商人忿而抗争,各界群起而爲後盾,風潮驟發,民軍乘時發難於武昌。武昌首捷,各省相繼獨立,全國商界及海外僑商,慷慨輸財,以供軍需。故時人有言,民國之建立,商界當在首功之列。同月上旬,臨時政府實業部擬定了《商業注册章程》,交由大總統示下參議院討論。未及議决,政權移交北京。民國三年(1914),仿清末體制,先後頒行《商人通例》與《公司條例》。2 月初,實業部通電各省,爲切實經營農、工、商、礦、山林、漁獵及度量衡,應儘快成立實業司。後因各省各自爲政,及至割據一方,少見實效。

此外,臨時政府尚有行政立法與軍事立法,因非本卷體例所及,此略。

四、太平天国及清末民初的執法與訴訟

太平天国實行傳統的行政、司法合一的制度,各級行政首領兼掌司法審判權。其中層設專職執法官,稱"典執法";高層設專職監察官。但二者皆隸屬行政機構,不能完全獨

立。其最基礎的司法審判長官爲兩司馬，最高裁決者爲天王。各家有爭訟，雙方同赴兩司馬，兩司馬審其曲直；未決，兩司馬挈雙方赴卒長，卒長審其曲直；未決，卒長逐級上其事於旅帥、師帥、典執法及軍帥，軍帥會同典執法予以審斷。一旦判決，軍帥必將判決書上報監軍，監軍則依次上報總制、將軍、指揮、檢點及丞相，丞相稟軍師，軍師奏天王。反過來，天王降旨，命軍師、丞相、檢點等，再詳核其判決書，若無出入，再直奏天王決審。於是，天王始降旨決斷，軍師遵旨執行。可見天國執法、訴訟其程序甚爲嚴格。其制，《天朝田畝制度》中有詳明規定。但因戰事頻仍，非重大案件，多由總制或檢點裁定。

太平天國建國初期的審訊、判決，其科學性、公證性勝過歷朝歷代，其時效法西方先進國家，開中國近現代司法之先河。其時已廢止刑訊，重調查，重舉證，審判活動多公開進行，允許旁聽，原告、被告及證人全部到庭，當面對質，原被兩造或犯罪嫌疑人皆有依法進行辯護的權利。無至明至確之罪證，不准判決或責罰任何一個人。官民平等，民可告官，無所限定，嚴禁錢權交易，依法保護窮人。凡調查結案，必向被判決人宣讀，宣讀無疑，則經被判決人簽字畫押，爾後出示判決書。每逢重大案件，常舉行群衆大會，宣布罪狀，然後執行，以警示萬民。英國人哈里所著《太平天國革命親歷記》一書記天國審判活動甚詳，可資參考。從今存之天国文物資料中，可知其時已有結婚證書、離婚判決書之類，可見天国之刑法、民法皆甚嚴明，其男女平等之說已形諸法律。惜天国集團內部腐敗漸生，天王有後宮，諸王亦納妾，貪贓枉法，無異舊朝，初始之司法文明，若曇花一現而已。

天国之刑罰雖言簡明，却無序而殘酷。由於戰事頻繁，疆域不穩，罕用徒、流。主要有枷、杖、死刑三種。枷無定式；杖自五乃至二千板，常杖未畢而人已斃；死刑則有斬首示衆、點天燈及五馬分屍等。天国後期洪仁玕之刑罰改制方案未能實施。

光緒三十二年（1906），清廷宣布"預備立憲"之後，在進行官制改革的同時，也關涉了司法機構的調整。同年頒布了《大理院審判編制法》，三十三年頒布了《各級審判廳試辦章程》，宣統二年（1910）又頒布《法院編制法》，至宣統二年十二月（1911年1月）《大清新刑律》頒定，清廷之執法與訴訟制度革新已全部完成。其新的司法體系主要表現於以下幾方面。

其一，改刑部爲法部，統管全國司法行政及司法監督；改省級按察使司爲提法使司，職能同法部。其二，改大理寺爲大理院，爲全國最高審判機構，決定幷監督各級地方審判活動，并有解釋法律的權力。其下設刑事科、民事科及相應的審判庭；各省、府（直隸州）、縣依次設高等審判庭、地方審判庭、初級審判庭。省、府、縣三級審判庭之下，亦各分設民、刑兩庭。其三，實行檢審并列合署制。在中央及各級審判機構中相應設總檢察廳、高等檢察廳、地方檢察廳及初級檢察廳。檢察廳的職能爲偵查刑事案件，提起公訴，監督審判，同時充當民事案件的訴訟當事人或公益代理人。

清末啓用了一系列西方近代訴訟審判制度與程式。其一，實行四級訴訟審判制。凡民事、刑事案件，由初級審判廳起訴者，經該廳審判後，如有不服，准赴地方審判廳控訴；判決後如再不服，准赴高等審判廳上告；判決後如仍不服，准赴大理院上告。其二，實行法官與檢察官考試任用制。凡司法執法官員，皆需入西式專業學堂學習，學習期滿，經考試合格後見習一年，復進行考試，再度合格後方可任職。其三，實行公訴、私訴及代理制。清末之法律公布了刑事案件公訴制、公訴附帶私訴制、民事案件之自訴及代理制，但限制婦女充當代訴人，同時承認了律師的合法地位，但又規定"其言語、舉動如有不當，審判長得禁止其代理、辯護"，訴訟與律師，皆依法收費。其四，實行法官參審及程式規範制。審判必須公開，同原被兩造或犯罪嫌疑人有親仇關係者必須迴避，規定了預審、合議、公判、復判等節制保證措施，力求公正。其五，明確并改善獄制。以修法大臣沈家本爲代表的法理派提出了新的管理觀念："設獄之宗旨，非以苦人辱人，將以感化人。"改變了專事懲罰鎮壓的固有傳統。與之相適應，設置了"罪犯習藝所"，以促成罪犯學藝向善。同時，建立了取證立證之制，證據不足的犯罪嫌疑人不得收獄，可拘禁於看守所，在規定時間內仍無確證，則必須解禁。嫌疑人或病弱者，允許保釋。詳可參閱《各級審判廳試辦章程》《法院編制法》《清史稿·刑法志三》。

鴉片戰爭後，清廷已屈從於帝國主義列强的炮艦政策，訂立了一系列不平等條約，在涉外領域已完全喪失主權。

道光二十三年（1843），英國通過《中英五口通商章程》，首先在中國取得了"領事裁判權"。該"裁判權"規定英國通過其駐中國五港口領事等在中國領土之內對其本國國民依其本國法律行使司法權，即英國國民在中國領土內肇事犯法，由英國自行裁處，中國政府不得干預。翌年，美國在《中美望廈條約》中亦取得了領事裁判權，其要求益加苛刻。《中法黃埔條約》《中俄天津條約》之後，法國、俄國、德國、日本、奧匈帝國、意大利、比利時、西班牙、葡萄牙、丹麥、挪威、荷蘭、秘魯、墨西哥、智利、瑞典、瑞士、巴西、阿根廷，相繼取得領事裁判權。許多國家爲行使其領事裁判權，在中國境内設立了專門法院。如美國在其所占各口岸設駐華法院，共十八處，其級别相當於該國聯邦區法院；英國在上海設立了在華最高法院，在其他口岸則設立省一級法庭；等等。在第二次世界大戰期間，在各國民族解放運動風起雲湧的形勢下，列强被迫於 1943 年宣布取消領事裁判權。同治三年（1864），英、法、美三國駐上海領事脅迫清廷在其租界内設立會審公廨，其後在武漢、鼓浪嶼等地的租界内亦相繼設立。所謂"會審公廨"，是專以中國居民爲被告的審判機構，審判官由外國領事或由其派員充任，與中國法官"會同審理"，但會審官必須由領事團委任，中國方面實際失去了審判權，中國公民的命運掌握在外人之手。帝國主義者以所謂據其本國法律程式，實行一審終審制，不允再議再審。在北伐戰争節節勝利聲中，迫於中國人民的反帝壓力，帝國主義者於 1927 年宣布取消"會審公廨"制。自光緒二年（1876）《中英烟臺條約》、光緒六年《中美續約附款》之後，又形成了所謂"觀審"制。即遇有涉外案件，即使外國人爲原告，其屬國可以派員觀其審判，實則是中國人在本土有所謂侵犯外國人的行爲，中國不得自行裁處，外國領事必須干預。1943 年帝國主義雖被迫承諾取消"觀審"制，但并未完全實施，直至 1949 年 10 月 1 日中華人民共和國成立後始徹底解决。

在南京臨時政府成立之後，最終完成了立法、執法與監察三權分立的三大機構。"三權"即立法權、司法權及考試監察權。在此之前的《中華民國臨時政府組織大綱》中，即有以下規定："臨時大總統得參議院之同意，有設立中央審判所之權。"臨時政府成立後，對上述《組織大綱》復加審議，成爲《修正中華民國臨時政府組織大綱》。該《修正大綱》愈加明細完備。據前後兩部《大綱》可知，"中央審判所"應是民國初建時的最高審判機構，但該所始終未見設立，代行其事的是中央行政九部之一的司法部。《中華民國臨時政府中央行政各部及其權限》第四條規定："司法部長管理關於民事、刑事訴訟事件，户籍、監獄、保護出獄人事務，并其他一切司法行政事務，監督法官。"稍後，所頒《中華民國各部官職令通則》在"民事刑事訴訟事件"之下，又增"非訴訟事件"一項。臨時政府解職前夕，又制定了《司法部分職細則》。該《細則》規定司法部下設承政廳、法務司及獄務司。承政廳相當於今之辦公廳，法務司分管法院系統，獄務司分管監獄系統。在全國各省設立相應的司，以掌管司法行政。司法部之下的直接審判機構是法院。《中華民國臨時約法》第六章第四十八條至第五十二條明確了法院的屬性及職責："法院由臨時大總統及司法總長分別任命之法官組織之。法院之編制及法官之資格，以法律定之。"又："法院依法律審判民事訴訟及刑事訴訟；但關於行政訴訟及其他特別訴訟，別以法律定之。"由於時局不穩，各省機構建制未能統一。如，湖北之審判機構是臨時審判所，上海地區則設立初級審判廳、地方審判廳與高等審判廳。

另，軍事系統設有獨立之審判機構。湖北軍政府時期先稱之爲"執法處"，後稱爲"執法科"。南京臨時政府成立後，將執法科改爲軍法局。陸軍司法由陸軍部負責，其司法機構稱"軍法會議"，衛戍總督設執法處、監察處，各地總督之下通常設軍事執法處或執法科；海軍與陸軍大抵相同，有時設臨時執法處與監察處。爲整飭并加强軍紀，打擊冒充軍人爲非作歹者，民國之初公布了《維持地方治安臨時軍律》。

在建立司法機構的同時，南京臨時政府又進行了一系列訴訟審判制度的改革。1912 年 2 月初，頒布了《大總統令内務司法兩部通飭所屬禁止刑訊文》。該文指出刑事立法的根本原則是"維持國權，保護公安"，"非快私人報復之私，亦非以示懲創"。其中有以下激切言辭："本總統提倡人道，注重民生，奔走國難二十餘載，對於亡清虐政，曾聲其罪狀，佈告中外人士，而於刑訊一端，尤深惡痛絶，中夜之思，情逾剥膚。今者光復大業幸告成功……當肅清吏治，休養民生，蕩滌煩苛。"在歷數亡清虐政酷刑諸罪之後，嚴令内務司法兩部："不論行政司法官署及何種案件，一概不准刑訊；鞠獄當視證據之充實與否，不當偏重口供；其從前不法刑具，悉令焚毀；仍不時派員巡視，如有不肖官司日久故智復萌，重煽亡清遺毒者，除褫奪官職外，付所司治以應得之罪。"同時還指出"罪責自負，反對株連"，并應在案例中貫徹執行；反對以思想定罪，即使有過激的政見，但"未見於行動，自不必深究"。同月稍後，又頒布了《大總統令内務部司法部通飭禁止體罰文》。該文指出"體罰制度，爲萬國所摒棄，中外所譏評"，清末之法律本已廢除，但因"督率無方，奉行不力，禁而不絶"。民國初年，開化如上海者，仍沿用杖刑，雖婦女而難免，故而大總統嚴令内務、司法兩部："不論司法行政各官署審理及判決刑民案件，不准再用笞杖、枷號及其他不法刑具，其罪當笞杖、枷號者，悉改科罰金、拘留。"以上兩道大總統令，體現了孫中山"提倡人道，注重民生"之真誠與堅定，反映了民國先驅者對數千載封建暴政的指斥與清算。

爲維護司法與執法的尊嚴，南京臨時政府非常重視法官與律師的選定任用，爲此民國元年（1912）3 月又頒布了諸多相應的單行法規。如，《臨時中央審判所官職令草案》《法官考試委員會官職令》《法官考試令》等。臨時政府之所以一再頒布法官資格之法令，一個重要方面是出於推行司法獨立之考慮，高尚無私而又精通法律之法官，是司法獨立之基石與棟梁。因而臨時政府以多道法令予以規範、限定，法官必須能够主持正義與公道，成爲法律的代言人，必須經過人品考察、專業培養，經考試合格，始可試用。試用一年之後，復經考試，而後就職。若有劣迹或受過處罰者，一律不用。關於律師，亦設有單行法規。如《律師法草案》中即有詳細規定，民國元年（1912）3月，大總統在該《草案》上批示曰："查律師制度與司法獨立相輔爲用，夙爲文明各國所通行，現各處既紛紛設立律師公會，尤應亟定法律，俾資依據。"因而，臨時政府恪守律師辯護這一法制原則，以確保原被兩造的訴訟權利，尤防被告孤苦難言，妄害無辜，并藉辯護律師的訴訟權利牽制司法權，更防司法專橫腐敗。

　　臨時政府爲實現司法公正公開，從各方面進行了不懈的努力。在立法方面，《中華民國臨時約法》第五十條明確規定："法院之審判，須公開之，但有認爲妨害安寧秩序者，得秘密之。"臨時政府雖執政時間極短，前後不過三個月，但却竭力予以實踐，并十分注意學習當時西方先進的陪審制度。大總統與他的政府要員同心同德，身體力行。其中以審判原山陰縣令姚澤榮擅殺案，頗富代表性。審案伊始，司法總長伍廷芳自滬致電上報臨時大總統，電文曰："民國方新，對於一切訴訟，應采文明辦法。况此案情節極大，尤須審慎周詳，以示尊重法律之意。擬……特派精通法律之人承審，另選通達事理、公正和平、名望素著之人爲陪審員，并准兩造聘請辯護士到堂辯護，審訊時任人旁聽。如此則大公無私，庶無出入之弊。"大總統欣然同意，立即復電：依新法執行。姚案之新式審判，震動海內外，影響廣遠，廢除歷朝相因的舊制，開一代新風。

　　辛亥革命的成功，中華民國南京臨時政府的建立，《臨時約法》及各種單行法令法規的頒行，徹底否定了沿襲數千載的封建法制。

　　以上將中華法系分爲六個時期，略予論述。六段分期爲相對而言，雖各有不同，總的發展趨勢則十分鮮明。其中每一相對獨立之分期，僅取其主要特徵，亦非絕對而言。如三國兩晋南北朝之穩固期、隋唐五代之成熟期內，亦皆有動蕩之時，但畢竟有別於兩宋遼金元明清之起伏期，而起伏期中亦有穩固成熟之時，絕無嚴格劃一之定則。本卷所指稱之國法，除側重上述法制自身的產生發展研究之外，尤側重於體現本書之既定宗旨，即在於全方位體現中華物態文化。中華物態文化是指中華民族興起以來，生存、進取所形成的浩浩博物文化。這博物文化可以是静態的，也可以是動態的，但無一不是有形可尋的。本卷之物態文化則指以法制爲中心的方方面面的各類實體物品、場所，包括卷宗、拘票、刑具、牢獄、官衙、刑地、法典及其在各歷史時期的形態、方式等等。以下各章將分類述之。

第二章　衙庭狀牘說

第一節　衙庭衙用考

所謂 "衙庭衙用"，係指中國古代特有的執法與行刑的官署，以及與之相配屬或相對獨立使用的實物。

據傳遠在夏代即已設有治獄之官，稱爲 "大理"。《韓非子·外儲說左下》："夷吾不如弦商，請立以爲大理。" 陳奇猷集釋引太田方曰："《禮·月令》注：'理，治獄官也。有虞氏曰士，夏曰大理，周曰大司寇。'" 至秦朝始稱 "廷尉"，屬九卿之一。漢初因襲，秩中二千石。景帝六年復稱大理，武帝建元四年（前137）又復稱廷尉。東漢後，或稱 "廷尉"，或稱 "大理"。北齊始稱 "大理寺"，直至明清，沿而未改。秦漢之後，漸由官名轉爲官署，其職責偏重於處置欽犯。周代又有 "大司寇" 之職，專司刑獄、糾察，爲六卿之一。至隋代始稱 "刑部"，正式成爲官署，沿襲至明清。故清代別稱刑部尚書爲 "大司寇"，侍郎爲 "少司寇"。西漢又設御史府，成爲皇帝直屬的官署，旨在監察彈劾官吏的過失，常參與審理重大案件。東漢初改稱 "御史臺"，又名 "蘭臺寺"。梁及後魏、北齊亦稱 "南臺"，後周則稱 "司憲"。隋唐皆稱 "御史臺"，其間唐一度改稱 "憲臺" 或 "肅政臺"，旋復舊稱。明洪武十五年改稱"都察院"，直至清代後葉始廢。"大理寺""刑部""都察院"三大系統，在中國法制史上稱爲"三法司"，常會同審處重大司法案件。

相傳堯帝時曾設諫鼓，用以聽取臣民之機要諫奏或重大冤情。臣民凡遇上述情況，即可擊鼓以上聞。其鼓多置於朝堂門口或京都帝闕之下。據《周禮·夏官·太僕》記載，西周時將此鼓置於路寢門外，謂之"路鼓"，這是現今可知的最早稱謂。至晉代徑稱之爲"登聞鼓"。登，謂上達、報上。如《晉書·衛瓘傳》："瓘女與國臣書曰：'先公名謚未顯，無異凡人，每怪一國蔑然無言。《春秋》之失，其咎安在？悲憤感慨，故以示意。'於是，繇（劉繇）等執黄旛，撾登聞鼓上言。"自唐以還，鼓訴有明確限制，撾鼓而訴不實者，杖八十，雖實而自毀傷者，笞五十。同時衙門中常設衙鼓，用以升堂、退堂或報時。此制宋元時猶見行用。可詳本考"衙鼓""散堂鼓"文。至宋景德四年（1007），始設"登聞鼓院"，隸屬左司諫、左正言管轄。其擊鼓上達的範圍益加廣泛而明細，鼓院之上另有"登聞檢院"，若擊鼓而受阻，則可直詣檢院。檢院隸屬左諫議大夫。兩院皆置於闕門之前。《宋史·職官志一》："登聞檢院，隸諫議大夫。登聞鼓院，隸司諫、正言。掌受文武官及士民章奏表疏。凡言朝政得失、公私利害、軍期機密、陳乞恩賞、理雪冤濫，及奇方異術、改換文資、改正過名，無例通進者，先經鼓院進狀。或爲所抑，則詣檢院，並置局於闕門之前。"按，鼓一作"鼓"。登聞鼓院省稱"登聞"。如宋吳處厚《青箱雜記》卷一〇："於是承珪乃爲犍改名中正，俾詣登聞，始得召見。"元佚名《陳州糶米》第一折："遍衙門告不成，也還要上登聞，將怨鼓鳴。"鼓院之制，直至清代始廢。此制之淵源流變，可參見本考"登聞鼓"文，參閲《管子·桓公問》、《隋書·刑法志》、宋高承《事物紀原·律令刑罰·登聞鼓》、宋吳曾《能改齋漫録·事始二》。

在中國古代，帝王之宮庭即最高的執法官署，又時或於宮庭中行刑，所謂"庭杖"即其實例。自西周始，宮庭門外即有懸法昭民之兩觀，即宮庭門外建有二臺，上作樓觀，巍然高大，上圓下方，兩觀對峙，以懸法令於其上，中央闕然爲道，故稱"魏闕"。因臺上有觀，故亦稱"魏觀"；因其觀有二，故亦稱"兩觀"；因高懸治象之法於其上，故亦稱"象魏"；因出列教令記於此門闕，故亦稱"冀闕"。冀，記也。《莊子·讓王》及王先謙集解、《淮南子·俶真訓》及高誘注，皆載其事。據南朝梁江淹《雜體詩》中之《效王侍中粲〈懷德〉》篇"崤函復邱墟，冀闕緬縱横"可知，嬴秦時尚有魏闕，漢代始廢。

西周時，九卿官署之前皆植棘槐。凡重大國事，三公卿士皆參聽於棘木之下。凡報上的重大案件，大司寇亦必聽訟於棘木之下。棘槐百年始成，蒼勁樸老，古以爲吉木，故大司寇必於其下斷案。此説見於《禮記·王制》及宋王讜《唐語林·補遺四》諸書。或棘或槐，皆負使命，後世多以“棘槐”“棘木”或“棘林”代指斷案處，猶指今之法庭。

至西漢時，官署内設有缿筒，用以受納告密文書或訴狀。其物以竹、陶或鐵製成，初爲長頸瓶狀，口小腹大，投書可入而不可出，後亦有直筒而密封者。至宋代始，已見以其物連指訴訟機構，稱“缿廳”。如吕南公《送劉賢甫之餘干尉》詩：“崔澤察奸行繚繞，缿廳參論坐盤桓。”

魏晋至宋元間，官署常於閣内懸鈴，引索於門外，遇有要務可掣索振鈴，以警官吏。因官署并審案，故亦以“鈴閣”或“鈴齋”藉指訟庭。晋干寶《搜神記》卷七已載其事，有“狂花生枯木，又在鈴閣之間”諸語。“鈴閣”，亦別稱“鈴軒”“鈴齋”。宋蘇轍《次韵毛國鎮趙景仁唱和三首·一贈毛一贈趙一自咏》：“治劇從容緩策衛，鈴軒無事日清談。”宋柳永《早梅芳》詞：“鈴齋少訟，宴館多歡。”按，唐韓翃《寄裴鄆州》及《贈鄆州馬使君》兩詩中皆有“鈴齋”之稱。

北齊至明清時，官吏辦公審案之處又稱“衙門”。如《北齊書·宋世良傳》：“世良施八條之制，盗奔他境……後齊天保中大赦，郡先無一囚，群吏拜詔而已。獄内穢生桃樹，蓬蒿亦滿。每日衙門虚寂，無復訴訟者。”清李漁《玉搔頭·奸圖》：“只指望討幾封薦書，往各衙門走走。”按，衙門亦特指宫庭大門。

唐代至明清時，因《詩·邶風·簡兮》中“公庭”本指君主廳堂或廟堂，故藉以指“訟庭”。如唐王勃《梓州玄武縣福會寺碑》：“懷道術於百齡，接風期於四海，依然梵宇欣象，教之將行，莞爾公庭，惜牛刀之遂屈。”明阮大鋮《燕子箋·謁浣》：“風聲泄漏到公庭，爲避羅鉗造狄門。”“訟庭”亦稱“公堂”。《詩·豳風·七月》中“公堂”原指君主所用之廳堂，明清時用以指訟庭。《老殘游記》第一六回：“老殘聽到這裏，怒氣上沖，也不管公堂重地，把站堂的差人用手分開，大叫一聲：‘站開！讓我過去！’”公堂俗稱“大堂”，晚清及近現代小説中多有所見。

至唐代始，已出現訴訟場所的專稱“訟庭”。如唐李白《贈從弟宣州長史昭》詩：“訟庭垂桃李，賓館羅軒蓋。”亦稱“訟堂”“訟閣”。前者如王昌齡《送歐陽會稽之任》詩：“緩帶屏紛雜，漁舟臨訟堂。”後者如錢起《送張中丞赴桂州》詩：“戍樓雲外静，訟閣竹間清。”至元代始，又有“訟廳”之稱。如李直夫《虎頭牌》第三折：“則這斷事處，誰教你可便來這裏？這訟廳上可便使不著你那家有賢妻。"其時雖有以上專稱，却并沒有專設訴訟機構，依然是官署兼訴訟之用。這衹是語詞自身的發展，并非因新機構的産生而引起的變化。

宋真宗景德四年（1007），始設登聞鼓院與登聞檢院，前者隸屬左司諫、左正言管轄；後者隸屬諫議大夫管轄。兩院皆爲向帝王上達下情的官署，皆置於闕門之前。前者可擊鼓以上聞，後者司高一級監察之職，或爲所阻，可直接受理。哲宗元祐元年（1086），曾置"訴理所"。這是一所專門處理冤假錯案的機構，凡神宗熙寧元年正月以後至元豐八年三月八日大赦前的已判命官及諸色人等，皆可自訴。事見《宋史·哲宗紀一》、宋朱弁《曲洧舊聞》卷五諸書。

遼太祖神册六年（921），內外平定，爲仿效漢族律治之道而置"鐘院"。鐘院仿宋代之鼓院。百姓訴冤可擊鐘上達。穆宗時一度廢止，導致民冤難訴，景宗保寧三年（971）復置，重新鑄鐘，并紀詔其上，以明廢而復置之旨。事見《遼史·刑法志上》。

元雜劇《盆兒鬼》中，已出現"法堂"一稱。晚清文學中亦見行用。法堂原指演說佛法之大堂，元時用以指審理案件的公堂，并非專設機構。

清代黃六鴻《福惠全書·禀啓附》中又出現"刑館""法置"兩稱，其義無別，皆指審理案件之衙置，亦非專設機構。至清末始出現"法院""法庭"諸詞，係效仿西方所建專司審案之場所。同時改刑部爲"法部"，改大理寺爲"大理院"。可參閱1906年《大理院審判編制法》與1907年《各級審判庭試辦章程》。

與訟庭、鼓院相搭配者，尚有以下機構與部門。一是執行機構，如宋代有"司捕房"，爲捕役居住之處，事見《宣和遺事》後集；有"使臣房"，專用於緝捕武官和暴徒。另有一特殊部門，即獄神廟。宋元時死囚押赴刑場前，需在神案前吃長休飯，飲永別酒。古人以爲此舉衙獄可得獄神陰察庇佑，死囚可得順利轉生。其事見元關漢卿《四春園》第四折及清黃六鴻《福惠全書·刑名·監禁》。爲減輕官府斷處訴訟壓力，明代於民間特設"申明亭"，遴選閭里德高望重的老人，調解民間糾紛，以申明是非功過，書之於里間，以示勸懲。凡婚姻、田土、鬥毆常事，里老皆可斷於亭內。事載清顧炎武《日知錄·鄉亭之職》。

今河南內鄉縣衙是目前全國唯一一座保存較爲完整的古縣衙。始建於元朝大德八年（1304），清光緒二十二年（1896）官居正四品的知縣章炳燾重建。尚存房屋一百一十間，其中大堂、二堂、三堂、迎賓廳院等主要建築保存完好。大堂面闊五間，單檐九檁，磚木結構。大堂正中是知縣審案的"暖閣"，公案上留有文房四寶和知縣大印，還有捕人的火簽、動刑發令的令箭。"暖閣"兩邊置放着"肅靜、回避"牌、十八般儀仗兵器和男女各異的刑具板杖。公案下邊有兩塊跪石，當時打官司的原告、被告，都得先在跪石上跪下，申訴辯解，回答詢問。原告跪左石，被告跪右石。離開大堂，經過東西兩廂的皂房，穿過"重光門"進入二堂院。二堂名叫"琴治堂"，是知縣處理一般民事案件的公堂，陳設和大堂基本相同。"琴治堂"取自《呂氏春秋·察賢》中的彈琴理案的典故。春秋末期，魯國單父有個人叫宓子賤，頗有才幹，但官職低微，上任後似不理政事，一邊彈琴，一邊審批案卷，單父大治，百姓稱頌。二堂以"琴治"爲名，是縣太爺以宓子賤自詡。從"琴治堂"出來往北，就是俗稱"三尺禁地"的迎賓廳和三堂。迎賓廳是迎接上級官員的地方，三堂又叫公署，是商議政事、處理疑難案件的地方。三堂之間的兩座院內，各有一棵雙季金桂，均爲元代所栽，枝大葉茂，每逢中秋季節，花香四溢。縣衙內還遺存有一批珍貴文物。如有六百多年歷史的縣官審案時用的三尺法案、清咸豐皇帝降下的聖旨、宣講聖諭廣訓的招牌、關押重犯的腳鐐等。

　　執法所用之示衆文字載體，最早當爲商代的"誥"，即古代文告、布告。誥，既可用於兵刑，亦可用於民事，多書於簡牘。至漢代則有榜，是官民皆可用的公開的文字載體。宋元稱之爲"告示"。凡重要事情，皆以其遍告大衆。官用則常是法令，民則可用以求助。至唐官府專用之文書，稱之爲"牒文"，或單稱"牒"，具有法律效力，可手持，可懸掛，有別於榜。詳見本考所列諸文。

　　古代訴訟之受理，相傳始於堯舜之世。堯帝始立進諫之鼓，舜帝則立誹謗之木，皆在朝門之外，每逢要事冤情，可擊鼓或書之於木，以上達帝王。至南朝梁天監元年（502），武帝於公車府立謗木、肺石各一，并各置一函，以體下情，納異言。此時臣民有冤枉者，可擊木以上聞。公車府，爲設於朝門之官署，專司傳達馳報，兼司警衛，西漢已設。

　　梁代之所謂"肺石"，西周時已行用。其石赤色，設於朝門外，凡孤獨老幼有冤苦欲報於上，而地方長官不肯通達者，可站立石上，三日內，有司必轉告，并罰其長官。設肺石之制，唐代仍見行用。何稱"肺石"？古以肺屬火，色赤，表忠直，故稱。公車府之謗木、肺石旁所置之函，各有專用。有橫議者，投謗木函；有求達或申冤者，投肺石函。此制至唐代更有發展，武則天垂拱二年（686），於廟堂置一銅匭，分東南西北四門，標以青丹白黑四種方色。東稱"延恩"，求達獻頌者投之；南稱"招諫"，進諫者投之；西稱"申

冤"，訴冤者投之；北稱"通玄"，灾异軍機者投之。此銅函，史稱"匭函"。玄宗天寶九

載（750），以匭音同"鬼"，一度改稱"納獻"，乾元初復其舊名。事見《梁書·武帝紀中》

《舊唐書·則天皇后紀》《文獻通考·職官一四》。與匭函近似者，西漢已有"鈶筒"，單稱

"缿"或"鈶"，爲受納告密文書的容器。其物以竹、陶或鐵製成，初爲長頸瓶狀，受納

口狹小，投書可入而不可出，其後亦有直筒而密封者。三國時稱"密事筒"，宋代稱"訟

缿""訟筒"。事見《史記·酷吏列傳·王温舒》《漢書·趙廣漢傳》。

　　前已述及，自晉代始，署衙内常懸鈴索於門外，民有訴訟則掣索擊鈴以告急，此鈴則

稱之爲"訟鈴"。事見宋强至《送宣州太守沈司封》詩，詳見本考"鈴閣"文。至元代，

又有"放告牌"，爲府衙受理案件的公告牌。放告，指府衙下達每月定期坐堂時日。出示

放告牌之舉，多載於元明文學作品中，詳本考"放告牌"文。

　　自西周始，原告與被告皆需繳納訴訟費用。刑事案件，雙方需繳納"鈞金"，即三十

斤銅，用金，義取其堅；民事案件，雙方需繳納"束矢"，用矢，義取其直，即一百枝箭

（又説五十枝或十二枝）。不繳納者，即自認不直。一經判定，原費用退還勝訴者，敗訴

者，不退。以此一措施，限制民人輕舉枉告。

　　中國古代用以緝捕之物，主要有兩大類。一爲函證類。其中又分三類：（一）公告類。

每逢大案要案，常畫影圖形，明示賞格，旨在廣泛吸引調動民衆，使罪犯無處藏匿。漢陸

賈《新語·道基》稱，四千年前虞舜時之執法官皋陶，即曾"立獄制罪，懸賞設罰"。懸

賞之舉，後世已成爲大有實效的緝捕手段，古籍中時見記載，如《史記·伍子胥列傳》中

所記之伍子胥過昭關、渡長江即爲顯例。其時，子胥渡江得救，欲以值百金之寶劍酬謝漁

父。漁父不受，答曰："楚國之法，得伍胥者賜粟五萬石，爵執珪，豈徒百金劍邪！"此處

的"賜粟五萬石，爵執珪"，即楚王之賞格。不設賞格的一般招貼，亦每每使用，因書有

人犯之年齡特徵，或繪有其形貌，故亦屢屢奏效。可見本考"招貼"文。（二）憑證類。其

物皆由府衙簽發，因其具有權威性，所到之處，通行無阻。其形式有三種。1.牌類。以木

板或金屬板製成。今可知者多起於唐宋時，如朱牌、銀牌、金字牌、憲牌、捕牌、廣捕牌

等。2.籤類。以竹片製成。多行用於元明時，如籤票、火籤、朱籤、火票等。3.票類。多

以紙張製成。多行用於元明時。如拘票、票子、勾頭、拘頭等。（三）查單類。其物亦由

府衙簽發，交有關部門稽查，皆秘密進行。其形式有二種。1.訪單，指備稽查填寫的文書。

提供罪證或有關綫索者，可不填具姓名。此舉始見於明代，爲痛革匿名信之弊而設。2.訪

案，指特令稽查的案件。亦爲暗中進行，多爲要案大案。作爲專稱，清末始見記載。暗訪之舉，元明文學作品已見其事。二爲車具類。除却常備緝捕武器刀槍之類外，主要是交通用具，今可知者爲漢代的小使車。其赤輪，白蓋，赤帷，車廂有隔斷，便於羈押人犯。其車後有驂騎四十人跟從。因其形制近似漢代的小使車，故有此稱。因其輕捷嚴密，裝備精良，警員强悍，多用於緊急抓捕欽定要犯。此車制晉代猶見行用，車蓋改爲黑色。可參閲《後漢書・輿服志上》《晉書・輿服志》。

古代審訊犯罪嫌疑人，或決囚之時，見於典籍記載的施用物件，多帶迷信色彩，偶或用以爲心理震懾手段。大抵有以下幾種：一曰"木囚"。其物爲以梧桐雕刻的囚犯形象。鑿地爲埳，以蘆葦爲樟，將木囚卧置其中。若所判定之罪正確，則木囚不動；若所判之罪冤屈，木囚必動出。古以梧桐爲吉木，囚犯之精神必附着於木中，故有以上應驗。事載漢王充《論衡・亂龍》及唐段成式《酉陽雜俎・物異》。二曰"狼筋"。爲狼大腿中筋。狀如大蝸，黄色，兩端光潔。一説呈織絡之囊狀。又説爲小蟲所結之網囊，上端有口，顏色大小，皆似赤棗。傳説若盜不可辨，焚狼筋熏之，則爲盜者必攣慄無所容。事載唐段成式《酉陽雜俎・廣動植・毛篇》、明李時珍《本草綱目・獸二・狼》及清梁紹壬《兩般秋雨盦隨筆・狼》中。三曰"決囚燈"。爲判決囚犯生死之燈。南唐後主李煜決囚時，輒於佛前燃燈，視燈之明滅長短，以確定是否處死。事載元韋居安《梅磵詩話》卷中。以上述"木囚"等物定罪量刑，無一可信，而何謂"狼筋"，迄無可驗，尤屬荒誕。可知中國古代之執法，除却權利人情干擾之外，也如同世界其他文明古國一樣，難以擺脱神巫之影響。相對而言，中國之神巫影響微乎其微，幾可不計。

重事實，重調查取證，重法律法令與決事比，乃是中國傳統。《遼史・刑法志上》稱："神册六年，克定諸夷。上謂侍臣曰：'凡國家庶務，巨細各殊，若憲度不明，則何以爲治？群下亦何由知禁？'乃詔大臣定治契丹及諸夷之法。漢人則斷以律令，仍置鐘院，以達民冤。"在少數民族政權遼國心目中，漢族已建成了法治國家，凡事"斷以律令"，故而又效爲"鐘院"。關於審案定罪，中國之執法官員甚重勘察甄別。諸官員除却學習當世律令外，尚需學習藉鑒歷代法制、獄治之經典。如先秦之《鄧析子》《商君書》《韓非子》及後世判辨古今疑案之《疑獄集》《折獄龜鑑》《洗冤録》等，涉及了刑名學、法制學、偵察學、法醫學等方面。僅《洗冤録》一書中有關他殺、自殺、他傷、自傷、蟲獸死傷、雷電死傷等檢驗之法，已達五十餘種，爲世界古代法醫學之祖典。詳可參見下節《案狀獄牘考》。

犯罪嫌疑人一旦入獄，即改換囚服。相傳虞舜之時無肉刑，令犯死刑者著赭衣，其色赤褐，無衣領，象殺，以此示其耻辱并儆戒。其事可參見本卷第四章第一節"赭衣"文。後世無論犯死刑與否，皆服囚服，以示耻辱儆戒之外，另有防逃并便管理之意。與"囚服"并行的則有囚糧，凡囚犯所食，多有限定，令其飢苦，似成定制。此即所謂"服易色，食減量"。宋元時，臨刑前牢獄中常賜予死囚長休飯、永别酒，且多在獄神案前食飲。據傳，此舉爲獄中求得慈悲陰佑，囚犯則得轉世再生。

中國最早的赦免之物，當屬"赦書"。對於犯有過失者的赦免，《書·舜典》中即有"眚災肆赦"的記載。眚，即過錯。《周禮·秋官·司刺》更載有"司刺掌三刺、三宥、三赦之灋"。宥，寬也；赦，舍也。可見西周時已對不同過失犯罪，作出相應減免措施。《史記·越王句踐世家》明載"〔楚王〕明日遂下赦令"諸文。"赦令"，通常指減輕或免除罪刑或賦税的命令。有赦令，則必有"赦書"。也就是説先秦時已有"赦書"其物。而"赦書"作爲專有名詞，今可知者，始見於《魏書·高恭之傳》。隋唐後，"赦書"多以黄麻紙書寫，遣專使傳遞。漢高祖時，曾頒行"丹書鐵契"，爲賜給功臣的特權信物。上書其父祖輩姓名、功勳及免罪減禄之數。通常剖爲左右兩部，左頒功臣，右藏内府，以防作僞。因多以丹砂書寫，以鐵爲契，故稱。唐代之後，不用丹書，改用嵌金，直至明代。此物流傳久遠，後世通稱"丹書鐵券"，亦稱"鐵券丹書""金書鐵券""金書鐵契"，省稱"丹書""金券"等。《漢書》《後漢書》《東觀漢記》《北史》等史書，乃至《水滸傳》《蠡勺編》等小説雜著中屢有記載描述。若逢大赦儀式，則有金雞之設。其物雞形金首，下赦書時懸於長杆之巔，并於閶闔門外右側，勒集囚徒於闕前，撾鼓千聲，釋其枷鎖。其制始見於北齊，以星占認定，天雞星動，當有赦，故製此以順天意。至唐代，杆長七丈，雞高四尺，黄金飾首，口銜絳幡，承以彩盤，繫以絳繩。其後歷代沿襲，直至明清。何時施赦，先秦時多取決於帝王的仁慈惻隱；兩漢之後，凡帝王之吉日，如誕辰、即位、改元、婚配、生太子之類大事皆有"大赦天下"、頒行赦書之舉。

光緒三十二年（1906），清廷實行官制改革，改刑部爲法部，統一司法與行政，改大理寺爲大理院，專司審判。同年公布了《大理院審判編制法》，大理院爲全國最高審判機構。其下又設高等審判廳、地方審判廳與初級審判廳三級，形成四級審判制。次年法部奏頒《各級審判庭試辦章程》。宣統二年（1910），法律館奏頒《法院編制法》，將《大理院審判編制法》規定在大理院和各級審判廳所設檢察局,改爲相應的總檢察廳、高等檢察廳、地方檢察廳和初級檢察廳,負責對刑事案件實行偵查,提起公訴,充當民事案件的公益代理人,并監督審判及判決之執行。這一階段爲中國司法與行政分立之始,爲中國審判權與檢察權分立之始,也是"法院"這一名稱在法律中使用的開端。

中華民國南京臨時政府成立之後,提出"建立一個真正的共和國"必須實行"五權憲法":在立法權、行政權、司法權之外,再加考試權與監察權。根據"五權憲法"設立行政、立法、司法、考試、監察五院。孫中山認爲五權分立遠勝西方之三權分立,中國古代之監察考試大有可取。"五權憲法"確立後,由全國各縣人民投票選舉總統,由當選之總統組織行政院。各省人民選舉代議士(人民代表),以組織立法院。其餘三院院長,由總統徵得立法院之同意後委任,委任後之三院皆不對總統、立法院負責。但五院皆需對國民大會負責。國民大會爲全國最高立法機構,專司憲法之修訂及公僕之失職。各院職員失職,由監察院向國民大會彈劾;監察官員失職,由國民大會自行彈劾罷黜。國民大會與五院職員,及全國大小官吏,其任職資格,皆由考試院考定。民國期間實行的實則衹是立法、司法與監察三權分立。

衙庭

大理寺 [1]

古代掌管刑獄之官署。相傳夏朝設有治獄之官稱大理(見《韓非子·外儲說左下》"請立以爲大理",陳奇猷集釋引太田方注),至秦朝始稱廷尉,爲官名,屬九卿之一。漢初因襲,秩中二千石。景帝六年(前151)改稱大理,武帝建元四年(前137)復稱廷尉。東漢後,或稱廷尉,或稱大理。北齊至明清,皆稱大理寺。官名大理寺卿,其職責偏重於處置欽犯、官犯。明清時,大理寺與刑部、都察院爲三法司,會同處理重大司法案件。參閱《漢書·百官公卿表上》《隋書·百官志中》《宋史·職官志五》《續文獻通考·職官十三》《歷代職官表》《明史·職官志一》《清通典·職官五》。

【寺棘】

即大理寺。古代聽訟於棘木之下,大理寺爲掌管刑法的中央官署,故稱。宋王禹偁《謫居感事》詩:"縣花聊主管,寺棘且羈縻。"自注:"予九年授大理評事,知蘇州長洲縣。"

刑部

古代掌管刑法、訴訟事務的官署,屬六部之一。相傳夏商即有掌管刑獄、糾察之官職,稱大司寇,至周代爲六卿之一。春秋列國亦多設其職,至隋代始有刑部之稱,沿襲至明清。《通典·職官三》開皇三年:"改都官爲刑部尚書。"清代別稱刑部尚書爲大司寇,侍郎爲少司寇。參閲《書·洪範》《周禮·秋官·大司寇》《隋書·刑法志》《舊唐書·職官志二》及張德澤《清代機關考略》。

都察院

古代監察彈劾官吏并參與審理重大案件之官署。西漢時稱御史府，專司彈劾之職。東漢初改稱御史臺，又名蘭臺寺。梁及後魏、北齊亦稱南臺，後周則稱司憲。隋唐皆稱御史臺，其間唐一度改稱憲臺或肅政臺，旋復舊稱。明洪武十五年（1382）改爲都察院，清沿襲，御史臺之名遂廢止。《明史·職官志二》："十三道監察御史，主察糾内外百司之官邪，或露章面劾，或封章奉劾……而都察院總憲綱。"參閲《通典·職官六》《明會要·職官五》。

鈲廳

指接納訴訟的官署。因古代官廳常設鈲筒，以受理訴訟，故稱。西漢時官署内設有鈲筒用以受納告密文書或訴狀。其物以竹、陶或鐵製成，初爲長頸瓶狀，口小腹大，投書可入而不可出。其後亦有直筒而密封者。其物之形狀或用途，可參閲《史記·酷吏列傳·王温舒》及《玉篇》《集韵》等字書韵書。至宋始見此稱。宋吕南公《送劉賢甫之餘干尉》詩："崔澤察奸行繚繞，鈲廳參論坐盤桓。"

匭院

專司匭函的官署。唐武后垂拱二年（686）始置，屬中書省，以諫議大夫或補闕、拾遺一人爲匭使。玄宗天寶九載（750），以匭音同"鬼"，改稱"獻納院"。肅宗乾元初復其舊名。代宗寶應元年（762），命中書門下擇正直清白官一人知匭，以給事中、中書舍人爲理匭使。德宗建中二年（781），以御史中丞爲理匭使，

諫議大夫一人爲知匭使。其職設一方函，函分四門，塗以青丹白黑四方之色，列於署外，晨出暮收。凡臣民懷才自薦，匡政救弊，申辯冤屈及進詩獻頌者，皆可依其色，分投各門，以達上聞。後蜀廣政十一年（948），再度回改。參見本卷《衙庭狀牘説·衙庭衙用考》"匭函"文。參閲《舊唐書·刑法志》《新唐書·百官志二》《唐六典》及唐封演《封氏聞見記·匭使》。

【獻納院】

即匭院。亦稱"獻納司"。《通雅·官制》："唐之獻納院，宋之檢院，古納言也……垂拱置匭，以諫議充知匭，使中丞爲理匭使。天寶九載改爲獻納使。宋雍熙改匭爲檢。景德改登聞檢院。"唐杜甫《贈獻納使起居田舍人澄》詩："知禰（禰衡）不能薦，羞稱獻納臣。"

【獻納司】

即獻納院。此稱唐代已行用。見該文。

登聞鼓院

省稱"鼓院""登聞"。指向帝王上達下情的官署。通常皆置於闕門之前，并備有一面大鼓，凡有機要或大冤諸事，可擊鼓以上聞。相傳帝堯時已有諫鼓，用以聽取重要下情。今可確知者，西周時已有路鼓，其用略同。前者見載於《管子·桓公問》，後者見載於《周禮·夏官·太僕》。至宋景德四年（1007），始設"登聞鼓院"，隸屬左司諫、左正言管轄。其擊鼓上達的範圍益加廣泛而明細。《宋史·職官志一》："登聞鼓院，隸司諫、正言，掌受文武官及士民章奏表疏。凡言朝政得失、公私利害、軍期機密、陳乞恩賞、理雪冤濫，及奇方異術、改換文資、改正過名，無例通進者，先經鼓院進狀。"宋吴處厚《青箱雜記》卷一〇："於是承

珪乃爲犍改名中正，俾詣登聞，始得召見。"參見本卷《衙庭狀牘說·衙庭衙用考》"登聞檢院"文。

【鼓院】

"登聞鼓院"之省稱。此稱宋代已行用。見該文。

【登聞】[1]

"登聞鼓院"之省稱。此稱宋代已行用。見該文。

登聞檢院

省稱"檢院"。指向帝王上達下情的官署，與登聞鼓院相配，司高一級監察之職，亦置於闕門之前。太宗雍熙元年（984），改唐制匭院爲登聞院，真宗景德四年（1007），與鼓司改爲登聞鼓院之同時，改登聞院爲此院。"檢"，特指密封書狀。派遣在職朝官一人主院事，史稱"判院"，隸屬諫議大夫統轄。專司處置登聞鼓院不予受理之書狀，未經鼓院者，不得接納。《宋史·職官志一》："登聞檢院，隸諫議大夫……無例通進者，先經鼓院進狀。或爲所抑，則詣檢院。並置局於闕門之前。"

【檢院】

"登聞檢院"之省稱。此稱宋代已行用。見該文。

理檢院

指向帝王上達下情的官府。與登聞鼓院、登聞檢院相配，司最高一級監察之職，亦置於闕門之前。始於宋景德四年（1007）。爲最終理問投狀登聞鼓院、登聞檢院鳴冤者的機構。《宋會要輯稿·職官三》："初詣登聞鼓院，次檢院，次理檢院。"逐級進呈，不允逾越。其前期"凡登聞院、鼓司進狀人，有冤沉屈者，即送理檢院審問。"後嚴守其制，未經登聞檢院者，理檢院不得接納。以上三院皆不受理，或受理不當，負屈者可邀駕直訴皇帝。朝廷接納邀駕直訴之官員爲"軍頭引見司"，"引見司"查得實情，事屬三院不受，或受而不當者，即進奏皇帝。

州院

諸州所設掌管刑獄之官署。見於南宋時期。清錢大昕《十駕齋養新錄》卷一〇："乾隆戊戌歲，瓜州浚河，得南宋官印，文曰：'宿州州院朱記'。初不解州院爲何職，後讀羅端良《新安志》，乃知每州有州院與司理院，皆刑獄之稱。州院則錄事參軍主之……若州升爲府，則稱府院。"按，州院爲官署，亦爲官職。中國古代常以官署名爲官名。

司理院

諸州所設監察刑獄之官署。見於南宋時期。見"州院"文。

訴理所

省稱"訴理"。審理刑獄之處所。宋元祐元年（1086）置。旨在重新審理已判命官及諸色人等案件。時限爲熙寧元年正月以後至元豐八年（1085）三月八日大赦以前。《宋史·哲宗紀一》："〔元祐元年〕三月辛未……置訴理所，許熙寧以來得罪者自言。"宋朱弁《曲洧舊聞》卷五："〔王孝先等〕爲大理卿……數年以來，鍛鍊刑獄，至二萬二千餘事，而訴理所纔八百餘事。"宋岳珂《桯史·永泰挽章》："其二言元祐置訴理所，以雪先朝得罪之人。"

【訴理】

"訴理所"之省稱。此稱宋代已行用。見該文。

鐘院

百姓擊鐘訴冤之所。遼太祖神册六年（921），爲效仿漢族律治之道而特置，穆宗時廢，景宗保寧三年（971）又置。《遼史·刑法志上》："神册六年，克定諸夷。上謂侍臣曰：'凡國家庶務，鉅細各殊，若憲度不明，則何以爲治？群下亦何由知禁？'乃詔大臣定治契丹及諸夷之法。漢人則斷以律令，仍置鐘院，以達民冤……保寧三年，以穆宗廢鐘院，窮民有冤者無所訴，故詔復之，仍命鑄鐘，紀詔其上。道所以廢置之意。"

魏闕

亦稱"魏觀"。宮廷門外懸法昭民之兩觀。古宮廷門外建有二臺，上作樓觀，上圓下方，兩觀雙植，以懸法令於其上，中央闕然爲道。魏，謂巍巍高大；闕，謂闕然爲道處。周代已有其物，下文有釋。《莊子·讓王》："身在江海之上，心居乎魏闕之下。"王先謙集解引《釋文》："象魏，觀闕，人君門也。許慎云：天子兩觀也。"《淮南子·俶真訓》："身處江海之上，而神游魏闕之下。"高誘注："魏闕，王者門外闕，所以懸教象之書於象魏也。巍巍高大，故曰魏闕。"《事物異名録·宮室部·皇宮》："闕在門兩旁，中央闕然爲道，故謂之闕，又謂之魏觀。"參見本卷《衙庭狀牘説·衙庭衙用考》"象魏""象闕"文。

魏闕

【魏觀】

即魏闕。此稱宋代已行用。見該文。

【兩觀】

即魏闕。亦稱"雙闕"。《周禮·天官·大宰》："正月之吉，始和，布治於邦國都鄙，乃懸治象之灋於象魏，使萬民觀治象。"鄭玄注引鄭司農曰："象魏，闕也。"賈公彦疏："鄭司農云'象魏闕也'者，周公謂之象魏，雉門之外，兩觀闕高巍巍然。"《左傳·定公二年》："夏五月壬辰，雉門及兩觀災……冬十月，新作雉門及兩觀。"孔穎達疏："然則其上懸法象，其狀魏魏然高大謂之象魏，使人觀之謂之觀也。是觀與象魏、闕，一物而三名也。"《詩·鄭風·子衿》："挑兮達兮，在城闕兮。"孔穎達疏："孫炎曰：'宮門雙闕，舊章懸焉，使民觀之，因謂之觀。'……此言'在城闕兮'，謂城之上別有高闕，非宮闕也。"《梁書·何胤傳》："一者欲正郊丘，二者欲更鑄九鼎，三者欲樹雙闕……闕者謂之象魏，縣象法於其上，浹日而收之。象者，法也；魏者，當塗而高大貌也。"

【雙闕】

即兩觀。此稱南北朝時期已行用。見該文。

【象魏】

即魏闕。魏，高也；懸治象之法於其上，故稱。《左傳·哀公三年》："季桓子至，御公立於象魏之外。命救火者傷人則止，財可爲也，命藏象魏。"《周禮·天官·大宰》："正月之吉，始和，布治於邦國都鄙，乃縣治象之灋於象魏，使萬民觀治象。"鄭玄注引鄭司農曰:"象魏,闕也。"賈公顏疏:"周公謂之象魏,雉門之外,兩觀闕高魏魏然,孔子謂之觀……以其有教象可觀望。"

【象闕】

即魏闕。《文選·王融〈永明九年策秀才文〉》之一:"審聽高居,載懷祗懼,雖言事必史,而象闕未箴。"呂延濟注:"象闕,天子闕也。"南朝梁陸倕《石闕銘》:"居因業盛,文以化光,爰有象闕,是惟舊章。"唐楊炯《渾天賦》:"南河北河,象闕於是乎增峻;左轄右轄,邊荒於是乎自寧。"唐杜甫《奉送嚴公入朝十韵》:"鼎湖瞻望遠,象闕憲章新。"

【冀闕】

即魏闕。冀,記也。因出列教令記於門闕,故稱。《史記·商君列傳》:"居三年,作爲築冀闕宮庭於咸陽,秦自雍徙都之。"司馬貞索隱:"冀闕即魏闕也。冀,記也。出列教令,當記於此門闕。"晋潘岳《西征賦》:"嗟主暗而臣嫉,禍於何而不有。窺秦墟於渭城,冀闕緬其湮盡。"南朝梁江淹《雜體詩·效王侍中粲〈懷德〉》:"既傷蔓草別,方知杖杜情。崤函復邱墟,冀闕緬縱橫。"明周祈《名義考·地部·象魏冀闕兩觀》:"〔象魏、冀闕、兩觀〕名雖殊,其實一也。"參閱清沈自南《藝林彙考·棟宇篇》。

棘木之下

省稱"棘木",亦稱"棘槐""棘林"。聽訟之所。古聽訟多於棘槐林下,故稱。《禮記·王制》:"史以獄成告於正,正聽之。正以獄成告於大司寇,大司寇聽之棘木之下。"鄭玄注:"司寇聽之朝,王之外朝也。"《孔子家語·刑政》:"王命三公卿士,參聽棘木之下。"《漢書·王尊傳》:"上不得以功除罪,下不得蒙棘木之聽。"顏師古注引張晏曰:"《周禮》:'三槐九棘,公卿於下聽訟。'"《文選·王融〈永明九年策秀才文五首〉之三》:"自萌俗澆弛,法令滋章,肺石少不冤之人,棘林多夜哭之鬼。"李善注引漢《春秋元命苞》:"樹棘槐,聽訟於其下。"宋王讜《唐語林·補遺四》:"九寺皆樹棘木,大理則於棘下訊鞫其罪。所謂'大司寇聽刑於棘木之下'。"

清代重修內鄉縣署及其牌樓

【棘槐】

即棘木之下。此稱漢代已行用。見該文。

【棘木】

"棘木之下"之省稱。此稱漢代已行用。見該文。

【棘林】

即棘木之下。此稱南北朝時期已行用。見該文。

官署

單稱"署"。官員辦公之場所,或徑指訟庭。《篇海類編·器用類·綱部》:"署,官舍曰署。"《國語·魯語上》:"臣立先臣之署,服其車服。"又:"夫署,所以朝夕虔君命也。"《漢書·霍光傳》:"受璽以來二十七日,使者旁午,持節詔諸官署徵發,凡千一百二十七事。"唐白居易《和楊尚書罷相後夏日游永安水亭兼詔本曹楊侍郎同行》詩："遥愛翩翩雙紫鳳，入同官署出同游。"明何景明《嗤盗文》："孟冬始魄，永寧官署。"清龔自珍《題蘭汀郎中園居三十五韵》："羸馬嘶黄塵，默默入冷署。"元明清時常以府縣名冠於署前，以示官舍。如今河南省仍保存有元代始建清代重修的"南陽府署""内鄉縣署"兩所。附圖中牌樓匾額題曰"菊潭古治"。"菊潭"，亦稱"菊水"，水清澈甘冽，傳説飲之可長壽。因菊潭在内鄉縣内，故以代稱。

【署】

"官署"之單稱。此稱先秦時期已行用。見該文。

鈴閣

亦稱"鈴齋""鈴軒"。指官署或訟庭。古代二者無甚區別，可辦公亦可審案。閣内懸鈴，引索於門外，有要務或訴訟者，可掣索振鈴以警官吏。晋干寶《搜神記》卷七："太興四年，王敦在武昌，鈴下儀仗生花如蓮，花五六日而萎落……今狂花生枯木，又在鈴閣之間，言威儀之富，榮華之盛，皆如狂花之發，不可久也。"唐韓翃《寄裴鄆州》詩："官樹陰陰鈴閣暮，州人轉憶白頭翁。"又《贈鄆州馬使君》詩："他日鈴齋内，知君亦賦詩。"宋柳永《早梅芳》詞："鈴齋少訟，宴館多歡。"宋蘇軾《次韵毛國鎮趙景仁唱和三首，一贈毛一贈趙一自詠》："治劇從容緩策衛，鈴軒無事日清談。"

【鈴齋】

即鈴閣。此稱唐代已行用。見該文。

【鈴軒】

即鈴閣。此稱宋代已行用。見該文。

公庭

亦稱"公堂"，俗稱"大堂"。原指廳堂或朝堂，《詩·邶風·簡兮》已見其稱。後亦指訟庭。唐王勃《梓州玄武縣福會寺碑》："懷道術於百齡，接風期於四海，依然梵宇欣象，教之將行，莞爾公庭，惜牛刀之遂屈。"唐賈島《酬姚合校書》詩："公堂朝共到，私第夜相留。"宋郭昭符《秋日同知州潘贊善朝陽岩閑望歸郡中書事》詩："歸來刁斗轉分明，永夜公堂守幽獨。"元佚名《抱妝盒》第二折："盒子裏藏的是儲君，我肚皮裏懷的是鬼胎。雖不見公庭上遭横禍，赤緊的盒子裏隱飛災。"明阮大鋮《燕子箋·謁洴》："風聲泄漏到公庭，爲避羅鉗造狄門。"明王鏊《震澤長語·官制》："英（郭英）又於公堂獨咄尚伯，則僕射之尊大，亦可見矣。"《老殘游記》第一六回："老殘聽到這裏，怒氣上沖，也不管公堂重地，把站堂的差人用手分開，大叫一聲：'站開！讓我過去！'"《二十年目睹之怪現狀》第九一回："〔憲太太的轎〕一直擡上大堂，穿過暖閣，進了麒麟門，到二堂下轎。"巴金《滅亡》一七章："女人也跪在青天大老爺底公堂上，被人拉著她底兩手，隔著她底寬大的衣服，用皮鞭敲她底背。"

【公堂】

即公庭[2]。此稱唐代已行用。見該文。

【大堂】

"公庭[2]"之俗稱。此稱唐代已行用。見該文。

【堂】

即公庭[2]。"公堂"之省稱。《儒林外史》第三二回："朝廷試過，就是去做知縣、推官，穿螺螄結底的靴，坐堂，灑籤，打人。"《紅樓夢》

第四回："老爺明日坐堂，只管虛張聲勢。"

衙門

　　封建時代官吏辦公審案之處所。《北齊書·宋世良傳》："世良施八條之制，盜奔他境……後齊天保中大赦，郡先無一囚，群吏拜詔而已。獄內穭生桃樹，蓬蒿亦滿。每日衙門虛寂，無復訴訟者。"元佚名《爭報恩》第二折："衙門自古向南開，怎禁那探爪兒官吏每貪財！"清李漁《玉搔頭·奸圖》："只指望討幾封薦書，往各衙門走走。"舊有膠東民謠云："衙門口向南開，有理無錢莫進來！"按，衙門亦特指宮庭大門。參閱《舊唐書·張仲方傳》。

訟庭

　　亦稱"訟堂""訟閣""訟廳"。官署中審理案件的場所。唐李白《贈從弟宣州長史昭》詩："訟庭垂桃李，賓館羅軒蓋。"唐王昌齡《送歐陽會稽之任》詩："緩帶屏紛雜，漁舟臨訟堂。"唐錢起《送張中丞赴桂州》詩："夙仰敦詩禮，

訟庭
（明天許齋刻本《全像古今小説》）

嘗聞偃甲兵。戍樓雲外靜，訟閣竹間清。"元李直夫《虎頭牌》第三折："則這斷事處，誰教你可便來這裏？這訟廳上可便使不著你那家有賢妻。"

【訟堂】

　　即訟庭。此稱唐代已行用。見該文。

【訟閣】

　　即訟庭。此稱唐代已行用。見該文。

【訟廳】

　　即訟庭。此稱元代已行用。見該文。

鎖闈

　　原謂禁宮或官府重地，後多泛指掌管刑獄的官署。唐令狐楚《宮中樂五首》之五："九重青鎖闈，百尺碧雲樓。"宋周密《齊東野語·慶元開慶六士》："與權（陳與權）自閩帥擢秋官，居鎖闈。"

法堂

　　原指演説佛法之大堂，後亦指審理案件的公堂。元佚名《玎玎璫璫盆兒鬼》："你這老兒，這是法堂上，不是你弄虛頭的去處。"《二十年目睹之怪現狀》第二五回："這一座法堂，權不自我操，怎麼問起我來？"

法署

　　亦稱"刑館"。官府重地，審理案件之衙署。元虞集《道園學古錄》卷四一："始從事浙西帥府，攝清流、武平二縣之長，新行至元銀鈔，法署進義副尉爲濮州平准行用庫提領。"清黄六鴻《福惠全書·稟啓附·候許刑館》："風霜嚴法署，九霄分使者之符。"

【刑館】

　　即法署。此稱清代已行用。見該文。

法庭

原指佛家作法事之庭堂，後指清末效仿西方始建之審案場所。南朝宋謝靈運《廬山慧遠法師誄并序》：“朗朗高堂，肅肅法庭，既嚴既靜，愈高愈清，從容音旨，優游儀形，廣演慈悲，饒益衆生。”容閎《西學東漸記》第一六章：“教徒遇有民事訴訟事件，竟由教會自由裁判，不經中國法庭訊理。”

暖閣

官署大堂設置公案之閣。因閣内三面是屏風，公案設在中間，故稱。《西游記》第二三回：“春裁方勝著新羅，夏換輕紗賞緑荷。秋有新蒭香糯酒，冬來暖閣醉顔酡。”《儒林外史》第二三回：“我要下驢，差人不肯，兩個人牽了我的驢頭，一路走上去。走到暖閣上，走的地板格登格登的一路響。”《老殘游記》第一六回：“老殘走上，將差人一扯，説道：‘住手！’便大摇大擺走上暖閣。”《二十年目睹之怪現狀》第九一回：“〔憲太太的轎〕一直攙上大堂，穿過暖閣，進了麒麟門，到二堂下轎。”

捕司房

古代捕役所居之房。《宣和遺事》後集：“至燕京北門，宿捕司房。”

使臣房

古代緝捕武官暴徒之班房。《水滸傳》第七回：“且説兩個防送公人把林沖帶來使臣房裏，寄了監。”《古今小説·宋四公大鬧禁魂張》：“五個男女甦醒，見土庫門開著，藥死兩個狗子，殺死一個婦女，走去覆了員外。員外去使臣房裏下了狀，滕大尹差王七殿直王遵看賊蹤由。”許政揚校注：“使臣房，緝捕武官的監獄。”

班房 [1]

明清衙署、府第差役值班的地方。明湯顯祖《牡丹亭·鬧宴》：“怕進見之時，考一首《太平宴詩》……且在這班房裏蹭著，打想一篇，正是有備無患。”清洪昇《長生殿·賄權》：“丞相爺尚未出堂，且到班房少待。”

附文

旌善亭

亭名。明洪武中建於各里邑。亭中設版榜，記載人之善行，以示勸勉。與申明亭并立，相配使用。清查繼佐《罪惟録》卷一：“籍伏誅。録有司續著於旌善亭，犯法者揭申明亭。”當由堯舜時之“進善旌”發展而來。參見下條“申明亭”文。

申明亭

亭名。明洪武初年建於各里邑。遴選民間德高望重長者三五人，受理鄉間訴訟，調解民衆糾紛，以申明是非功過，故名。明太祖在《教民榜文》中規定：“民間户婚、田土、鬥毆一切小事，不許輕便告官，務要經本管里甲老人理斷。若不經由者，不問虚實，先將告人杖六十，仍發里甲老人理斷。”明鄒守益編輯《王文公年譜》一：“國初舊制，慎選里正三老，坐申明亭，使之委曲勸諭，民胥悔勝氣囂訟，至有涕泣而歸者。”老人理斷時可以竹篦責打理屈者。調解無效，方可告官。凡民有善惡，皆張榜於亭，以示勸懲。太祖開國之初，爲懲元朝貪官，曾將其縛至亭內，以戒後任。清顧炎武《日知錄·鄉亭之職》：《太祖實錄》：洪武二十七年四月壬午，命有司擇民間高年老人公正可任事者，理其鄉之詞訟。"原注："宣德七年正月乙酉，陝西按察僉事林時言，洪武中，天下邑里，皆置申明、旌善二亭，民有善惡，則書之以示勸懲，凡戶婚、田土、鬥毆常事，里老於此剖決。今亭宇多廢，善惡不書，小事不由里老，輒赴上司，獄訟之繁，皆由於此。"《明史·刑法志二》："太祖開國之初，懲元季貪冒，重繩贓吏，揭諸司犯法者於申明亭，以示戒。"明代中期之後，申明亭之制漸廢弛，代之而起的則是"鄉約堂"。

鄉約堂

堂屋名。明朝中期朝廷借用的鄉間里邑，旨在全國各地推行鄉約制。每里爲一約，設約正、約副、約講、約史各一人，選本鄉空閑堂屋，樹立"聖諭"及"天地神明紀綱法度"兩牌位，每半月彙聚里人於其中，宣講兩牌文，調解鄉里半月來之糾紛。通常以約正、約副主持，約講宣講，約史記錄。調解有效，則記入特備的"和簿"中，并由當事人簽字畫押；調解無效，始可上訴官府。

便民房

官府所設供訴訟者歇宿之處所。清黃六鴻《福惠全書·刑名·設便民房》："便民房者，乃爲訟事之人而設也。鄉人訟事入城，必投歇家；其歇家，非包攬官司之人，即希圖賺打官司人錢之人。"

漏澤園

本指古代官設之叢葬地。凡無主屍骨或貧無葬處者，由官家劃地叢葬，意謂補澤皇恩漏失之園。據宋代徐度《却掃編》卷下載，此制始於北宋元豐間。其後亦指官衙停屍驗屍之所。《古今小説·蔣興哥重會珍珠衫》："縣主道：'有傷無傷，須憑檢驗。既説打死，將屍發在漏澤園去，俟晚堂聽檢。'原來宋家也是個大户，有體面的……兒子怎肯把父親在屍場剔骨？"

煖匣

古代的一種冬用取暖具，爲可保暖的禁錮裝置。始見載於元代。《元典章新集·刑部·禁司獄用刑》："冬月糊塞窗户，措置煖匣拘鈴。"

近現代院廳

法院

行使審判權的國家機關。中國古代無"法院"這一稱謂，審判機關在秦、漢時稱廷尉，北齊以後除元朝外皆稱大理寺。中央有相對獨立的審判機關，地方則是行政長官兼理司法。清朝末年（1906），清廷實行官制改革，改刑部爲法部，統一司法行政，改大理寺爲大理院，專司審判。同年公布了《大理院審判編制法》，次年法部奏頒《各級審判廳試辦章程》，宣統二年（1910）法律館奏頒《法院編制法》。這一階段是中國司法與行政分立之始，也是"法院"這一名稱在法律中使用的開端。根據《法院編制法》的規定，法院分爲初級審判廳、地方審判廳、高等審判廳和大理院四級。實行四級三審制，即由初級起訴之案不服，可控由地方而至高等，由地方起訴之案不服，可控由高等而至大理院。大理院設正卿、少卿各一人，刑科、民科推丞各一人，推事二十八人，典簿廳都典簿一人，典簿四人，主薄六人，八九品錄事三十人。正卿掌申枉理讞，解釋法律，監督各級審判以一法權，少卿佐之。推丞分掌民、刑案件，參議疑獄。刑科掌被旨推鞠宗室官犯，披詳刑事京控上訴法狀。民科掌宗室靜濁，披詳民事京控上訴法狀。都典簿掌簿罪囚。典簿掌出納文移。大理於重罪爲終審，凡法庭審判，推事五人會鞠之，是爲合議制。京師高等審判廳設廳丞一人，掌治廳務，監督下級審判廳，刑科、民科推事十二人，典簿廳簿二人，九品錄事六人，於重罪爲二審，輕罪爲終審，審判合議制。京師地方審判廳設廳丞一人，刑科、民科推事三十人，典簿二人，主簿二人，錄事十四人，於重罪爲初審，輕罪爲二審，推事三人會鞠之，亦合議制。京師初級審判廳，刑科、民科推事各一人，錄事二人，於輕罪爲初審，推事一人訊斷之，是爲單獨制。

民國之北洋軍閥政府時期，將法院分爲普通法院、兼理司法法院、特別法院三種，仍爲四級三審制。普通法院：（一）大理院爲全國最高審判機關，設院長一人，綜理全院事務，監督其行政事務，有統一解釋法令、必應處置之權。院設民事庭、刑事庭，各庭設庭長一人，監督該庭事務。大理院管轄下列案件：其一，不服高等審判廳第二審判決而上訴之案件；其二，不服高等審判廳第一審判決而上訴的案件；其三，不服高等審判廳之決定或其命令，按照法令而抗告之案件；其四，不服特別高等審判廳判決而上訴之案件；其五，依法令屬於大理院特別許可權之案件。根據《法院編制法》（1915年修訂）的規定，各省因距京較遠，或交通不便，得於該高等審判廳內設大理院分院。大理院審判權，以推事五人組成合議庭行之。（二）高等審判廳設廳長一人，綜理全廳事務，并監督其行政事務。設民事庭、刑事庭，各置庭長一人，以該庭推事充任，監督該庭事務。高等審判廳審判案件，以推事三人組織合議庭，審判上告案件時，高等審判廳廳長得根據案件情形，臨時增加推事爲五人。高等審判廳分廳各庭組織亦同，但當以推事三人開庭時，其中一人得以地方審判廳推事充任。以推事五人開庭時，其中二人得以地方審判廳推事充任。高等審判廳管轄下列案件：其一，不服地方審判廳第一審判決而上訴的案件；其二，不服地方審判廳第二審判決而上訴的案件；其三，不服地方審判廳之決定或其他命令，按照法令而抗告之案件；其四，內亂罪、外患罪及妨害國交罪案件之第一審；其五，高等審判廳兼理地方事件時，審判一切初級管轄及地方管轄之民刑案件。同時高等審判廳分廳審判一切不服本廳所爲初級管轄及地方管轄事件之裁判而上訴之案件，及該管轄區內不服兼理司法事務縣知事及縣司法公署之裁判而上訴之案件，初級管轄案件之第三審。（三）地方審判廳設廳長一人，綜理全廳事務，并監督行政事務。置民事庭、刑事庭，各設庭長一人。在本轄區內可設立分廳。其管轄權爲：其一，屬於初級管轄及不屬大理院特別許可權內之案件；其二，不服初級管轄法庭判決而控訴之案件；其三，不服初級管轄法庭之決定或其命令，按照法令而抗告之案件。初級審判廳除個別地方外多未設立，《法院組織法》也未作規定。兼理司法法院：凡未設普通法院之縣，皆由縣知事兼理民刑案件，稱兼理司法法院。該制多有變遷，民國二年於未設普通法院之各縣設審檢所，三年廢止，制定《縣知事兼理司法事務暫行條例》作爲縣知事處理司法事務的法律依據。五年改設縣司法公署，未實行，仍由縣知事兼理。審理案件不分審判、檢察事務，皆由縣知事辦理，承審員協助之。特別法院：（一）陸海軍軍事審判機關，分爲常設機關和非常設機關兩種。常設審判機關爲陸海軍高等軍法會審和軍法會審。高等軍法會審審判陸海軍將官及同等軍人犯罪案件；軍法會審審判陸海軍所屬校官以下及同等軍人犯罪案件。陸軍臨時軍法會審審判校官以下及同等軍人於其所守備地方犯罪案件；海軍臨時軍法會審審判校官以下及同等軍人於艦上或艦艇所駐區域犯罪案件。陸海軍軍事審判機關在戰時或宣布戒嚴時，對非軍人犯罪案件也有管轄權。根據《陸軍審判條例》和《海軍審判條例》，其審判時不准旁聽，不准請人辯護，且可以棍刑六百或流刑代替普通刑罰。（二）平政院即行政訴訟法院，僅設有一所，其管轄權是：其一，"人民對於中央或地方最高級行政官署之違法處分，致損害人民權利時所提取之行政訴訟"。其二，"中央或地方行政官署之違法處分，致損害人民權利，經人民訴訟至最高級行政官署，不服其決定時所提取之上訴。"平政院審理權以特別法官稱爲平事者行之。雖平政院形同虛設，然此乃中國行政訴訟之始。1927年武漢國民政府進行司法制度改革，將全國審判機關統稱爲法院。中央法院分爲二級，即最高法院和控訴法院，最高法院設在國民政府所在地，控訴法院酌設省城。地方法院也分

二級，即縣市法院和人民法院。縣市法院設於縣或市，人民法院設於鎮或鄉村。最高法院管轄的案件是：其一，對於不服縣市法院第一審判決之有關法律問題的訴訟案件；其二，對於不服控訴法院第一審判決的案件；其三，對於不服控訴法院第二審判決死刑的案件。最高法院的判決皆爲終審判決。控訴法院管轄的案件是：其一，不服縣市法院第一審民事、刑事、人事（指行政訴訟）判決的上訴案件，即終審，但死刑案件除外。其二，對於反革命之內亂罪、外患罪、妨害國交罪。縣市法院管轄的案件：民事案件，訴訟標的物價格在三百元以上者及人事訴訟；刑事案件，主刑爲四等有期徒刑以上的案件。人民法院對於民事案件，訴訟標的物價格在三百元以下及其他現行法規定由其管轄的案件。對於刑事案件，主刑爲五等有期徒刑、拘役、罰金之犯罪案件，以及户外竊盜罪及贓物罪。

1932年南京國民政府頒布《法院組織法》，將法院分爲三級，即地方法院、高等法院、最高法院，實行三級三審制。地方法院設在縣、市，但其區域狹小者，得合數縣市設一地方法院，其區域遼闊者，得設地方法院分院。凡未設地方法院的縣，由縣政府司法處行使審判職能。地方法院院長由推事一名兼任。推事在六人以上的，分設民事審判庭和刑事審判庭，管轄民、刑一審案件和非訟案件。審判一般案件采用獨任制，案情重大的由推事三人組成合議庭審理。高等法院設在首都、省會城市、院轄市或特別區。區域遼闊者，應設高等法院分院。高等法院分設民庭和刑庭，審判實行合議制。其管轄權是：於內亂、外患及妨害國家罪

爲第一部；不服地方法院第一審判決而上訴的民、刑案件；不服地方法院及其分院裁定而抗告的案件。最高法院設在中央政府所在地，是全國最高審判機關，其判決爲終審判決。最高法院管轄下列案件：其一，不服高等法院及其分院第一審判決而上訴的刑事訴訟案件；其二，不服高等法院及其分院第二審判決而上訴的民事、刑事訴訟案件；其三，不服高等法院及其分院裁定而抗告的案件；其四，非常上訴案件。最高法院置院長一人，綜理全院行政事務，并兼任推事。分置民事、刑事庭，各設庭長一人，除由院長兼任者外，餘就推事中選任，監督該庭各種事務。據 1932 年南京政府頒布《行政法院組織法》，行政法院掌全國行政訴訟審判事務。該院設院長一人，綜理全院行政事務，兼任評事并得充任庭長。根據事務繁簡設立審判庭，庭置庭長一人，除由院長兼任者外，餘就評事中選任。由評事五人組成合議庭審判案件。

大理院

清末（1906）民初（1927）中央最高審判機關。見“法院”文。

審判廳

清末民初地方審判機關。見“法院”文。

檢察機關

行使檢察權的國家機關。中國古代没有檢察機關，但某些機關的職能與其相似，如秦及以後各朝的御使臺，包括始於明代的都察院，都具有“糾察百官”“辨明冤枉”“糾司刑獄”及參與重大案件的審判等職能。中國檢察機關的正式建立，始於清朝末年。光緒三十二年（1906），實行官制改革，清廷頒布《大理院審判編制法》，改大理寺爲大理院，爲全國最高審判機構，其下設高等審判廳、地方審判廳和初級審判廳。在大理院和地方各級審判廳設檢察局，負責對刑事案件提起公訴，并監督刑事案件的判決和執行。宣統元年（1909）十二月二十八日頒行《法院編制法》，規定在大理院和地方各級審判廳相應設立檢察廳，即總檢察廳、高等檢察廳、地方檢察廳和初級檢察廳，負責對刑事案件實行偵查，提起公訴，充當民事案件的公益代理人，監督審判及判決之執行。總檢察廳設廳丞一人，檢察官六人，主簿二人，録事四人。京師高等檢察廳設檢察長一人，檢察官四人，典簿、主簿各一人，九品録事二人。京師地方檢察廳設檢察長一人，典簿、主簿、録事各二人。京師初級檢察廳設檢察官二人，録事一人。清末檢察制度的建立，標志着審判權和檢察權分立的開端，打破了幾千年延續下來的審、檢不分的司法制度。民國初年，北洋軍閥政府因襲了清末的法律和司法制度，在大理院和各級審判廳相應設立總檢察廳、高等檢察廳、地方檢察廳和初級檢察廳。各級檢察廳與審判廳分立，各司其職。

1915 年和 1916 年，北洋政府兩次修改《法院組織法》，撤銷了約三分之二的地方檢察廳和全部初級檢察廳。在地方檢察廳附近的縣設地方檢察廳分廳，未設分廳的縣設司法公署，由縣知事執行檢察職務。檢察官行使以下職權：對於刑事案件實行偵查處分，提起公訴，實行公訴，管理司法警察，充當民事案件的訴訟當事人和公益代理人，并有權監督審判之執行。據《司法官條例》（1918 年北洋政府公布）規定，檢察官分爲五個等級，其中一、二等檢察官爲簡任官，由大總統任命，三、四等檢察官爲薦任官，由主管長官呈請大總統批准任命。廣州和武漢國民政府時期，進行司法改革，廢止檢察廳，在法院內設檢察官，使檢察和審判同屬於法院的一個組成部分。檢察官行使以下職權：對直接侵害國家利益之犯罪及刑事被害人（或其家屬）放棄訴權之非親告罪，向法院提起公訴，指揮軍警逮捕刑事犯，并執行刑事判決及其他法定職務。南京國民政府於民國二十一年（1932）頒布《法院組織法》，該法規定，在最高法院設檢察署，各級地方法院設檢察處。檢察署置檢察官若干人，以一人爲檢察長，其他法院及分院檢察處，置檢察官若干人，以一人爲首席檢察官，員額爲一人時，不置首席檢察官，若員額爲六人以上者，得分組辦事，每組以一人爲主任檢察官，監督各組事務。檢察官行使以下職權：實施偵查，提起公訴，協助自訴，擔當自訴及指揮刑事裁判之執行，其他法令所定職務之執行。檢察官管轄區域與其所配置的法院相同，但遇有緊急情形時不在此限。

檢察廳

即檢察機關之一。此稱多行於 1909 年後。見“檢察機關”文。

檢察署

即檢察機關之一。此稱多行用於 1932 年後。見“檢察機關”文。

涉外法庭

會審公廨

亦稱“會審公堂”。清末民初，帝國主義列強依據與清廷簽訂的嚴重損害中國主權的不平等條約，在中國領土上設立的行使領事裁判權的審判機關。1840 年鴉片戰争後，美、英、法、意、日等帝國主義國家，强迫清廷簽了一系列不平等條約，如 1843 年 10 月中英《五口通商章程》，1844 年中美《五口貿易章程》等，强迫清廷承認帝國主義者在華享有治外法權，即領事裁判權。列强始在中國設有“領事法院”（英國）、“領事法廳”（美國、法國、日本等）。1868 年上海與英、美領事共同簽訂了《洋涇浜設官會審章程》（清廷總理衙門於同治七年十一月十五日公布）。遴委同知一員，會同各國領事審理華洋訴訟。委員應用的通事、翻譯、書差人等，由該員自行招募，并雇洋人一二名看管一切。委員審斷案件及訪拿人犯，須設立一印簿，將爲何拿人、如何定斷緣由，逐日記明，以便上司考查。倘辦理不善或名聲平常，由道隨時參撤，另行派員接辦。章程還規定，凡遇案件牽涉洋人必應到案者，必須領事官會同委員審問，或派洋官會審。凡爲外國服役及洋人延請之華民，如經涉訟，先由該委員將該人所犯案情移至領事館，立將應訊之人交案，不得庇匿。至訊案時，或由該領事官或由其派員，准其來堂聽訟。華洋互控案件，如係無領事管束之洋人，則由委員自行審判，仍邀一外國官員陪審。會審公廨管轄的案件爲：一切華人爲被告和無約國洋人爲被告的民、刑案件。關於民事案件、錢債交易各事，不論價額多少，都有管轄權；關於刑事案件，限於枷杖以下罪名，徒、流以上案件，由上海縣審斷。清末制定的新刑律，改爲五年以下有期徒刑的案件。會審公廨的地域管轄範圍，以租界爲限。帝國主義列强乘辛亥革命爆發之機，竊取了會審公廨的領導權，駐滬各國領事團竟然發出通告，擅自任命"公廨華官"。中國官員反成了洋人的雇員。列强爲適應需要，還將會審公廨改組擴充，設正副會審官五人（一正四副），由其自行任免。置檢察處，設檢察處長一人，檢察員十二人，均爲洋人，由工部局推薦，領事團委任。案件管轄權一再擴大，民、刑案件無所限制，且剥奪了當事人的上訴權。對華人案件，也皆由洋人參加會審，正是"外人不受中國之刑章，

而華人反就外國之裁判。"（《清史稿·刑法志》）中華民國成立後，中國政府與帝國主義國家交涉，收回會審公廨。1926年江蘇省政府與駐滬各國領事簽訂了《收回上海公共租界會審公堂暫行章程》，在租界設"上海臨時法院"，但法權仍未能全部收回。1930年南京國民政府與英、美等六國簽訂《上海公共租界特區法院協定》，祇是名義上廢止了領事裁判權，直到中華人民共和國成立後，纔從根本上解決了這一痼疾。

【會審公堂】

即會審公廨。此稱行用於1930年之前。見該文。

受物

謗木

亦稱"誹謗之木"。朝廷門外所立之木板。民有謗議冤屈，書之於木或擊木聞上。相傳始於堯舜之世，戰國時猶行用，至秦廢棄，西漢復置（説見《史記·孝文本紀》"誹謗之木"裴駰集解、司馬貞索隱）。南朝梁代，武帝於公車府立謗木、肺石，并各置一函，以體下情，納异言。《淮南子·主術訓》："堯置敢諫之鼓，舜立誹謗之木。"高誘注："書其善否於表木也。"《後漢書·楊震傳》："臣聞堯舜之世，諫鼓謗木立之於朝，殷周哲王，小人怨詈，則還自敬德。所以達聰明，開不諱，博採負薪，盡極下情也。"李賢注："《帝王紀》曰：'堯置敢諫之鼓，舜立誹謗之木。'"《文選·任昉〈天監三年策秀才文三首〉之三》："問：'朕立諫鼓，設謗木，於兹三年矣。'"劉良注："立鼓於朝，有欲諫君擊之；設謗木於關，有誹謗使人擊之，武帝立

之已三年矣。"按《史記·孝文本紀》"誹謗之木"，裴駰集解、司馬貞索隱稱，"謗木"爲橋梁兩端立柱上橫貫之木板，如後世之華表，板上書謗議之類文字以上達。

諫鼓謗木圖
（明隆慶六年版《帝鑑圖説》）

【誹謗之木】

即謗木。此稱漢代已行用。見該文。

進善旌

上古堯帝時爲進善言者所設的專用旗幟，有進善言者則立於旌下而言。旌設於交通要衝

處，派專人視記。《史記·孝文本紀》："古之治天下，朝有進善之旌，誹謗之木，所以通治道而來諫者。今法有誹謗妖言之罪，是使衆臣不敢盡情，而上無由聞過失也。"裴駰集解："應劭曰：'旌，幡也。堯設之五達之道，令民進善也。'（按，《漢書·文帝紀》所載略同）如淳曰：'欲有進善者，立於旌下言之。'"唐柳道倫《進善旌賦》："帝堯有君人之大德，恢理國之令圖，將啓納善之懷於四方之士，乃立進善之旌於五達之衢。"

登聞鼓

亦稱"路鼓""諫鼓""諫鼙""敢諫之鼓"，省稱"登聞"。大鼓，響鼓。帝王或最高司法官署爲直接聽臣民諫議或訴冤所設，多置於朝堂門口或京都帝闕之下。因以擊之上聞，故稱。相傳始於堯時，歷代承襲。周代置於路寢門外，謂之"路鼓"；晋代始稱"登聞鼓"。自唐以還，鼓訴有明確限制。唐律規定，撾鼓而訴不實者杖八十，雖實而自毀傷者笞五十；宋遼始置"登聞鼓院"，有要案上達，必先經鼓院；明律規定，非大冤或機密重情者不得擊鼓；清代則規定，唯奇冤大辱或事關邦國軍政者始可。《周禮·夏官·太僕》："建路鼓於大寢之門外，而掌其政。"鄭玄注："大寢，路寢也。其門外則內朝之中，如今宮殿端門下矣。政，鼓節與早晏。"賈公彥疏："此鼓所用，或擊之以聲早晏，或有窮遽者擊之以聲冤枉也。"《管子·桓公問》："舜有告善之旌，而主不蔽也；禹立諫鼓於朝，而備訊矣。"《新唐書·裴諝傳》："諝上疏曰：'諫鼓、謗木之設，所以達幽枉，延直言。'"《晋書·武帝紀》："西平人麴路伐登聞鼓，言多祆謗。有司奏棄市。帝曰：'朕之過也。'捨而

不問。"《魏書·刑罰志》："〔神麚中〕闕左懸登聞鼓，人有窮冤則撾鼓，公車上奏其表。"《隋書·刑法志》："有枉曲縣不理者，令以次經郡及州省，仍不理，乃詣闕申訴，有所未愜，聽撾登聞鼓，有司録狀奏之。"宋王禹偁《宣示宰臣以下復百官轉對御劄》："朕聞古之王者，樹謗木、懸諫鼙，所以求己之過也。"宋高承《事物紀原·朝廷注措部》："昔堯置敢諫之鼓，即其始也。用下達上而施於朝，故曰登聞。晋施廣盜官幔，令棄市，子宗及雲撾登聞鼓。"《明史·刑法志二》："登聞鼓，洪武元年置於午門外，一御史日監之，非大冤及機密重情不得擊，擊即引奏。"明沈德符《萬曆野獲編·科場·王國昌》："此後國昌屢至京師奏辨，無有肯爲昭雪者。國昌乃具疏，擊登聞，謂既斥於順天之浙籍，再斥於應天之徽籍。"《明史·呂維祺傳》："初慎刑獄，今有下詔獄者。且登聞頻擊，恐長囂訟風。"

【路鼓】

即登聞鼓。此稱先秦時期已行用。見該文。

【諫鼓】

即登聞鼓。此稱先秦時期已行用。見該文。

【諫鼙】

即登聞鼓。此稱宋代已行用。見該文。

【敢諫之鼓】

即登聞鼓。此稱宋代已行用。見該文。

【登聞】 [2]

"登聞鼓"之省稱。此稱明代已行用。見該文。

肺石

赤石。設朝廷門外，凡惸獨老幼有冤苦欲報於上，而地方長官不肯通達者，可立石上，

三日内，有司必轉告之，并罰其長官。設肺石之法，直至唐代仍見行用。古以肺屬火，色赤，表忠直，故稱。《周禮·秋官·大司寇》："以肺石遠〔達〕窮民，凡遠近惸獨老幼之欲有復於上，而其長弗達者，立於肺石，三日，士聽其辭，以告於上而罪其長。"鄭玄注："肺石，赤石也；窮民，天民之窮而無告者。"賈公彦疏："《陰陽療疾法》：'肺屬南方火。'火色赤，肺亦赤，故知名肺石是赤石也，必使之坐〔立〕赤石者，使之赤心不妄告也。"《魏書·高恭之傳》："如此則肺石之傍怨訟可息，叢棘之下受罪吞聲者矣。"《南齊書·明帝紀》："〔建武元年〕十二月壬子詔曰：'上覽易遺，下情難達，是以甘棠見美，肺石流詠，自月一視黄辭，如有含枉不申，懷直未舉者，蒞民之司，並任厥失。'"唐封演《封氏聞見記·匭使》："梁武帝詔於謗木、肺石旁各置一函，横議者投謗木函，求達者投肺石函。"宋沈括《夢溪筆談·器用》："長安故宫闕前，有唐肺石尚在。其制如佛寺所擊響石而甚大，可長八九尺，形如垂肺。"後世據沈氏所記，推斷肺石形如垂肺，敲擊之以報帝闕，可備一説。

缿筒

亦作"缿箇"，單稱"缿""鉎"，亦稱"授密事箇"。古代受納告密文書的容器。其物或竹或陶或鐵所製。始見於漢代，初爲長頸瓶狀，受納口狹小，投書可入而不可出。其後亦有直筒而密封者。《玉篇·缶部》："缿，如坛，可受板書箇，令密事。"《集韵·上講》："缿，如瓶，可受投書。"《史記·酷吏列傳·楊僕》："吏苛察，盗賊惡少年投缿購告言奸，置伯格長以牧司奸盗賊。"裴駰集解引徐廣曰："缿音'項'，器名

也，如今之投書函中。"司馬貞索隱："缿……受投書之器，入不可出。"按，清乾隆四年（1739）武英殿本"缿"作"鉎"。《漢書·趙廣漢傳》："又教吏爲缿筒。及得投書，削其主名，而託以爲豪桀大姓子弟所言。"顏師古注："孟康曰：'箇，竹箇也，如今官授密事箇也。'師古曰：'缿，若今盛錢臧瓶，爲小孔，可入而不可出。或缿或筒，皆爲此制，而用受書，令投於其中也。'"宋劉克莊《送陳叔方侍郎》詩之一："八郡皆知德度寬，缿箇罷設訟堂閑。"

【缿】

"缿筒"之單稱。此稱漢代已行用。見該文。

【鉎】

"缿筒"之單稱。"鉎"同"缿"。此稱漢代已行用。見該文。

【授密事箇】

即缿筒。此稱三國時期已行用。見該文。

【缿箇】

同"缿筒"。此體宋代已行用。見該文。

【訟缿】

亦稱"訟箇"。即缿筒。宋王安石《上泉州畢少卿啓》："僅審履和嘉月，静事雄堂，訟缿書清，道環天粹。"宋王珪《送人東歸》詩："繞閣雲山吟有助，高談終日訟箇稀。"

【訟箇】

即訟缿。此稱宋代已行用。見該文。

匭函

亦稱"獻納""獻納函""匭匣"，單稱"匭"。朝廷所設納諫或受訴之箱匣。唐宋後漸變指設有匭函的納諫、受訴之官署。南朝梁天監元年（502），武帝於公車府之謗木、肺石旁各置一函，有横議者投謗木函，有求達或申冤者投肺

石函（見《梁書·武帝紀中》）。唐武則天垂拱二年（686），於朝堂置一銅匭，分東南西北四門，標以青丹白黑四種方色。東稱"延恩匭"，求達獻頌者投之；南稱"招諫匭"，進諫者投之；西稱"申冤匭"，訴冤者投之；北稱"通玄匭"，灾异軍機者投之。玄宗天寶九載（750），以匭音同"鬼"，一度改稱"獻納"（見《新唐書·百官志二》），乾元初復其舊名。後蜀廣政十一年（948）後改稱"獻納函"。宋金沿唐制，宋太宗雍熙元年（984）改匭函之稱，其東稱"崇仁檢院"，南稱"思諫檢院"，西稱"申明檢院"，北稱"招賢檢院"。《舊唐書·則天皇后紀》："〔垂拱二年〕三月初，置匭於朝堂，有進書言事者，聽投之。由是，人間善惡事多所知悉。"同書《刑法志》載之尤詳，祇是設匭時間概言之爲"垂拱初"。唐元稹《獻事表》："凡今之人，以諫鼓匭函爲虛器，謂拾遺補闕爲冗員。"《資治通鑑·後漢高祖乾祐元年》："蜀主以張業、王處回執政，事多壅蔽，己未，始置匭函，後改爲獻納函。"《金史·程寀傳》："或置匭匣，以伸冤枉，或遣使郡國，問民無告，皆古巡狩之事。"參見本卷《衙庭狀牘說·衙庭衙用考》"匭院"文。參閱《舊唐書·刑法志》《宋史·太宗紀一》《文獻通考·職官十四》。

【獻納】

即匭函。此稱唐代已行用。見該文。

【獻納函】

即匭函。此稱五代時期已行用。見該文。

【匭匣】

即匭函。此稱金代已行用。見該文。

衙鼓 [1]

亦作"衙皷"。古代衙門中所設之鼓，用以升堂、退堂或報時。唐白居易《南賓郡齋即事寄楊萬州》詩："衙鼓暮復朝，郡齋卧還起。"又《晚起》詩："卧聽鼕鼕衙鼓聲，起遲睡足長心清。"按，白詩"衙鼓"一作"衙皷"。元貢師泰《又寄王魯川推官》詩："曹吏盡隨衙鼓散，理官獨抱獄書歸。"

【衙皷】 [2]

同"衙鼓"。此體唐代已行用。見該文。

散堂鼓

官吏審案完畢或告一段落所打之鼓，因公堂已散，故稱。元關漢卿《竇娥冤》第二折："左右，打散堂鼓。將馬來，回私宅去也。"

訟鈴

古代署衙懸鈴索於門外，民有訴訟則掣索擊鈴以告急。此制晋代已見。晋干寶《搜神記》卷七所載，"太興四年（321）王敦在武昌，鈴下儀仗生花如蓮"，其中之"鈴"即指訟鈴。宋强至《送宣州太守沈司封》詩："訟鈴閑郡閣，吟筆動江樓。"參見本卷《衙庭狀牘說·衙庭衙用考》"鈴閣"文。

放告牌

古代府衙開堂受理案件的公告牌。放告，指府衙下達每月定期坐堂時日。元李行道《灰闌記》第二折："今日坐起早衙，左右，與我擡放告牌出去。"明鄭若庸《玉玦記·陽勘》："拿放告牌出去，有告狀的著他入來。"《金瓶梅詞話》第四八回："話說安童領著書信，辭了黃通判，徑往山東大道而來。打聽巡按御史在東昌府住扎……自思：我若説下書的，門上人決不肯放。不如等放告牌出來，我跪門進去，連狀帶書呈上。"

轉斗

投放重要函劄或訴狀的容器。因其形似斗，且便運轉，故稱。清李漁《比目魚·肥遯》："莫説我做官的人，離了職守，無拘無束，竟如神仙一般，就是做管家的，離了轉斗，也便放心樂意，做起醉漢來。"清黄六鴻《福惠全書·蒞任·發各告示》："如吏書傳送僉套或緊急文稿，許擊梆，從轉斗内投進。"又同書《蒞任·馭衙役》："轉斗，宜令老實童子看管。"

鈞金束矢

省稱"金矢"。三十斤銅，一百枝箭。三十斤曰"鈞"；"束矢"爲百枝（又説五十枝或十二枝）箭。古代原告、被告繳納的訴訟費用。一經判定，勝者得以退還，敗者則没入官府。此一措施，可禁民輕舉枉告。用金，義取其堅；用矢，義取其直。語本《周禮·秋官·大司寇》："以兩造禁民訟，入束矢於朝，然後聽之。以兩劑禁民獄，入鈞金三日，乃致於朝，然後聽之。"鄭玄注："訟，謂以財貨相告者。造，至也。使訟者兩至，既兩至，使入束矢乃治之也。不至，不入束矢，則是自服不直者也。必入矢者，取其直也。《詩》曰'其直如矢'，古者一弓百矢。束矢，其百个與？……獄，謂相告以罪名者。劑，今券書也。使獄者各齎券書，既兩券書，使入鈞金。又，三日乃治之，重刑也。不券書，不入金，則是亦自服不直者也。必入金者，取其堅也。三十斤曰鈞。"賈公彦疏："訟'謂以貨財相告者'，以對下文'獄'是相告以罪名也，此相對之法。若散文則通，是以衛侯與元咺訟，是罪名亦曰訟。云'古者一弓百矢'者，《書·文侯之命》平王賜晉文侯，及僖二十八年襄王賜晉文公，皆云'彤弓一、彤矢百'，故知一弓百矢。云'束矢其百个與'者，彼是所賜，此乃入官，約同之，故云'與'以疑之。《泮水》詩云：'束矢其搜'。毛云：'五十矢曰束。'彼，鄭從之者，彼，或據在軍，矢數與受賜者異，故從毛傳也。"孫詒讓正義："故《周易·噬嗑》爲獄訟之象，其九四爻辭云'得金矢'，又六五云'得黄金'，即謂訟得直而歸其鈞金束矢也。"按，又説"束矢"爲十二枝箭。《國語·齊語》："索訟者三禁，而不可上下，坐成以束矢。"韋昭注："十二矢爲束。"清何琇《樵香小記·鈞金束矢》："鈞金束矢之制，儒者所疑，此以後世律三代也。"

【金矢】

"鈞金束矢"之省稱。此稱先秦時期已行用。見該文。

緝物

懸賞

亦稱"購賞""信賞"。執法中公布賞格，以緝捕逃犯。漢陸賈《新語·道基》："於是皋陶乃立獄制罪，懸賞設罰，異是非，明好惡。"據傳皋陶爲虞舜時的執法官，可知懸賞之舉，史前即已有之，後世成爲行之有效的緝捕手段，典籍中時有記載。如《史記·伍子胥列傳》："伍胥懼，乃與勝俱奔吳。到昭關，昭關欲執之。伍胥遂與勝獨身步走，幾不得脱，追者在後。至江，江上有一漁父乘船，知伍胥之急，乃渡伍胥。伍胥既渡，解其劍曰：'此劍直百金，以與父。'父曰：'楚國之法，得伍胥者賜粟五萬石，爵執珪，豈徒百金劍耶！'"此處的"賜粟五萬石，爵執珪"，即楚王的賞格。"執珪"，指可執珪而朝的爵位，屬高官重臣。《漢書·張敞傳》："敞到膠東，明設購賞，開群盜令，相捕斬，除罪。"宋王安石《縣尉李執中可察推制》："此朕所以嚴追胥之令，信購賞之科，不以歲凶多暴之時而爲之廢格。"《水滸傳》第一一回："畫影圖形，出三千貫信賞錢捉拿正犯林沖。"

【購賞】

即懸賞。此稱漢代已行用。見該文。

【信賞】

即懸賞。此稱明代已行用。見該文。

畫影圖形

執法中緝捕逃犯的公告。因繪有逃犯的形貌，故稱。此公告常與懸賞并用。前文"懸賞"中所述伍胥到昭關，至江上，其地在大江之西，爲吳楚邊境，守關者與漁父何得認識伍胥？因楚王已畫影圖形之故。據該《列傳》所載可知，楚王亦是公告與懸賞并用。戰國時繪畫技巧已甚高，且甚重視。如《莊子·田子方》："宋元君將畫圖，衆史皆至，受，揖而立。"漢代凡功勛卓著者皆繪其像，懸於殿堂，凌烟閣之類皆如是。畫影圖形，多見於後世文人作品中。如元李致遠《還牢末》第一折："可不是梁山泊賊人黑旋風山兒李逵？如今上司畫影圖形，排門粉壁，捉拿他哩！"《三國演義》第四回："卓遂令遍行文書，畫影圖形，捉拿曹操。"

榜格

指懸賞緝捕之公告。晋袁宏《後漢紀·章帝紀上》："而有司執事，未悉奉承，治獄者急於榜格，執憲者煩於詐欺。"《明史·岳正傳》："或爲匿名書，列曹吉祥罪狀。吉祥怒，請出榜購之。帝使正（岳正）撰榜格。正與吕原入見，曰：'爲政有體，盜賊責兵部，奸宄責法司，豈有天子出榜購募者？且事緩之則自露，事急之則愈匿。'"按，"榜格"見載典籍頗晚，而其施行則甚早。參見本卷《衙庭狀牘說·衙庭衙用考》"懸賞"文。

招帖

亦作"招貼"，亦稱"招子""招示""招紙"。指用以詢訪或宣傳的張貼物。《二刻拍案驚奇》卷三八："有矜疑他的，教他出了招帖，許下賞錢，募人緝訪。"又"黃節只得寫下了招子，各處訪尋，情願出十貫錢做報信的謝禮……黃節道：'我妻子失去，遍貼招示，誰不知道？'"《說岳全傳》第六三回："元帥歸天，乃是臘月除夕之事，所以無人知道。不如寫一招紙，貼在驛門首。如有人得知屍首下落，前來報信者，謝銀一百兩。"《今古奇觀·十三郎五歲朝天》："家人每道：'相公便不著落府裏緝捕，招貼也寫幾張，或是大張告示，有人貪圖賞錢，便有訪得下落的來報了。'"《老殘游記》第二回："白妞是何許人？説的是何等樣書？爲甚一紙招貼，便舉國若狂如此？"

【招貼】

同"招帖"。此體清代已行用。見該文。

【招子】

即招帖。此稱明代已行用。見該文。

【招示】

即招帖。此稱明代已行用。見該文。

【招紙】

即招帖。此稱清代已行用。見該文。

訪單

　　古代官府稽查罪犯的公文。提供罪證或有關綫索者可不填具姓名。明高拱《本語》卷五："此（匿名文書）宜痛革，只當各具訪單，呈於都察院，會於都科，則害人者不得行其計矣。"明沈德符《萬曆野獲編·吏部一·考察訪單》："今制，匿名文書禁不得行，唯内外大計，吏部發出訪單，比填注繳納，各不注姓名。"

訪案

　　官衙指令稽查的案件。《二十年目睹之怪現狀》第九五回："又叫我作爲訪案，又叫我嚴辦，却又只説得他'不守清規'四個字，叫我怎樣嚴辦法呢？"《文明小史》第二八回："起先西卿的左鄰右舍，見西卿拜縣裏大老爺不見，就造了多少謡言，説他吃了訪案，縣裏正要拿他。"

牌[1]

　　亦稱"白牌""手牌"。官府所用憑證。多以木板或金屬板製成，拘捕犯人時多用之記載犯人姓名。唐王建《贈胡泟將軍》詩："朱牌面上分官契，黄紙頭邊押敕符。"《金瓶梅詞話》第九二回："委的兩個公人，一面白牌，行拘陳經濟、娼婦馮金寶，並兩鄰保甲，正身赴官聽審。"《二刻拍案驚奇》第三五回："程家兒子們聽了這話……送到官司告理。四兒到官，把首尾一十一五説了，事情干連著二女，免不得出牌行提。"清孔尚任《桃花扇·會獄》："净扮獄官執手牌，雜扮校尉四人點燈提繩急上。"清陳康祺《郎潛紀聞》卷八："〔番役〕飲博恣肆。知縣聞即捕之，至庭不跪，以牌示知縣曰：'吾提督差也。'"參見本書《朝制卷·牌符票證説·牌符考》"牌"文。

【白牌】

　　即牌[1]。此稱明代已行用。見該文。

【手牌】

　　即牌[1]。此稱清代已行用。見該文。

憲牌

　　俗稱"信票""牌票"。省稱"牌"。代表執法機構的照牌，可張貼懸挂，亦可持爲憑證。其物可爲紙製亦可木製。《喻世明言·陳御史巧勘金釵鈿》："次日，察院小開門掛一面憲牌出來，牌上寫道：'本院偶染小疾，各官一應公務，俱候另示施行。'"《二刻拍案驚奇》卷四："謝廉使審得真情，即發憲牌一張，就差史應、魏能兩人齎到新都縣，著落知縣身上，要僉事楊某正身，係連殺五命公事，如不擒獲，即以知縣代解。"又，"謝廉使審得真情，即發憲牌一張……又發牌捕衙，在紅花場起屍。"明胡宗憲《籌海圖編·大捷考》："令成器遣諜持信票數百，入巢散其脅從，由是賊勢日孤。"《儒林外史》第四回："現今奉旨禁宰耕牛，上司行來牌票甚緊。"《醒世姻緣傳》第八九回："〔縣官〕分付該房出了信票，差了快手，拘那狄希陳的左右兩舍、鄉約、地保，赴縣糾察。"《紅樓夢》第九三回："這是本官不知道的，并無牌票出去拿車……既是老爺府裏的，我便立刻叫人去追辦。"清李漁《比目魚·奏捷》："求老爺賞憲牌一紙，待小將扮著捕人前去緝獲。"

【牌】[2]

　　"憲牌"之省稱。此稱明代已行用。見該文。

【信票】

　　"憲牌"之俗稱。此稱明代已行用。見該文。

【牌票】

　　"憲牌"之俗稱。此稱清代已行用。見該文。

捕牌

亦稱"吊牌"。緝捕憑證。多在一定地區內施用。《貪歡報》第三回："原來文甫到了本州，先到州官處投下了捕牌，出了兩個差人，正要到家尋他，不期撞見，竟鎖了到官。"《西游補》第八回："行者又出吊牌一起：'秦檜。'"

【吊牌】

即捕牌。此稱明代已行用。見該文。

【勾牒】

即捕牌。清蒲松齡《聊齋志異·田士郎》："勾牒雖出，而隸不捕，官亦不問。"又《趙城虎》："宰叱之，亦不畏懼。又憐其老，不忍加以威怒，遂給之，諾捉虎。嫗伏不去，必待勾牒出，乃肯行。"

廣捕牌

亦稱"廣緝文書""訪牌"。用以廣泛緝捕的憑證。此憑證由官衙簽發，可派役吏執行，亦可由原告自行攜帶，跨越原官衙管轄地區進行，提請外地官衙捉拿。《貪歡報》第三回："知縣想道：'此人必回浙江，隔省關提甚爲不便，不如簽一紙廣捕牌與原告，回家到本州下了，差人捉拿，押至本縣便了。'文甫領了牌，回至主人家下。"《初刻拍案驚奇》卷二："〔姚公〕又在休寧縣告明緣由，使用些銀子，給了一張廣緝文書在身，倘有不偕，當官告理。"《儒林外史》第一九回："刑房拿出款單來，這單就黏在訪牌上。那訪牌上寫道：'訪得潘自業本市井奸棍……如此惡棍，豈可一刻容留於光天化日之下！爲此，牌仰該縣，即將本犯拿獲，嚴審究報，以便按律治罪。'"

【廣緝文書】

即廣捕牌。此稱明代已行用。見該文。

【訪牌】

即廣捕牌。此稱清代已行用。見該文。

虎頭牌

亦稱"虎頭金牌"。古代府衙捉拿罪犯的憑證。牌趺作伏虎形或於牌上繪以虎頭，以示威嚴，因以稱。本爲宋代皇帝賜與文武官員的隨身符信。符趺作伏虎形，佩之者權力甚大，遇事可當機立斷。《宋史·輿服志六》："外有臣下虎頭金牌三，銀牌八十四，塗金印三，及諸官署銅印三百一十二顆。"宋汪元量《湖州歌九十八首》之一："江南郡守列金階，内裏華筵日日排。文武官僚多二品，還鄉盡帶虎頭牌。"明清之後，用於府衙辦案，府衙門首又常懸虎頭形額牌，亦稱"虎頭牌"。《長春真人西游記》卷上："成吉思汗皇帝遣侍臣劉仲禄懸虎頭金牌，其文曰：'如朕親行，便宜行事。'"清李漁《玉搔頭·收奸》："烏鴉先作虎頭牌，唧音去，報人來。"參見本書《朝制卷·牌符票證説·牌符考》"虎頭牌"文。

【虎頭金牌】

即虎頭牌。此稱宋代已行用。見該文。

逃牌

古代記載逃亡者姓名的木牌或金屬牌。清黃六鴻《福惠全書·刑名·逃人總論》："又分當日有無投遞逃牌，今時解部，應否鞭刺。未遞逃牌，未經鞭刺，亦不得與計功並論。"

籤票

亦作"簽票""僉票"。省稱"籤""簽"。府衙用以拘捕人犯的憑證。多以竹片製成。明馮惟敏《不伏老》第一折："我將這一通文卷，交在至公堂上，領了籤票，出場去來。"《貪歡報》第三回："知州大怒，即時掣籤，一面拿章

明代籤票

必英，一面去拿李禁，并拿監犯宋七、仲賢。一時間衆人跪在堂上。"清孔尚任《桃花扇·餘韻》："今奉本官籤票，訪拿山林隱逸，只得下鄉走走。"清黄六鴻《福惠全書·刑名·差拘》："又有奸惡之徒……買托城市光棍，預通蠹棍虎差，然後設謀興詞，架虚哄准，僉票入手，勾連夥黨，如捕盜賊，使被告不知就理，魂飛膽裂。"清昭槤《嘯亭雜録·武虚穀》："公擒至署中，取捕役籤票視，票惟書二公役名，而同夥行者凡十五人。"《儒林外史》第四三回："不由分説，撒下一把籤來，兩邊如狼似虎的公人，把舵公拖翻，二十毛板，打的皮開肉綻。"《紅樓夢》第四回："〔賈雨村〕便發籤差公人立刻將凶犯家屬拿來拷問。只見案旁站著一個門子，使眼色不叫他發籤。"明代已有紙質的籤票，當稱"緝捕令"。今中國國家博物館藏有明萬曆二十九年（1601）五月吳縣縣衙所簽發的紙質實物。

【僉票】

同"籤票"。此體清代已行用。見該文。

【簽票】

同"籤票"。此體清代已行用，見該文。

【籤】

"籤票"之省稱。此稱清代已行用。見該文。

【簽】

即籤票。"簽票"之省稱。此稱清代已行用。見該文。

【火籤】

亦稱"朱簽""火票"。即籤票。因多塗成紅色，以示火急，故稱。《儒林外史》第五一回："祁太爺立即拈了一枝火籤，差原差立拿鳳鳴岐，當堂回話。"清蒲松齡《聊齋志異·詩讞》："先生標朱簽，立拘南郭某肆主人。主人懼，莫知所以。"清顧炎武《天下郡國利病書·嘉定縣誌·田賦》："而每扇置火票二三張，納如限數者徑歸頑户，多欠者糧長填所欠數於票即付。"清遯廬《童子軍·毆隸》："如今雖奉了火票，只好詐他一注財交罷了。"

【朱簽】

即火籤。此稱清代已行用。見該文。

【火票】

即火籤。此稱清代已行用。見該文。

拘票

俗稱"票子"。官衙傳訊或拘捕人犯之票證。《儒林外史》第一回："王冕道：'頭翁，你有所不知，假如我爲了事，老爺拿票子傳我，我怎敢不去！'"又第一三回："看了關文和本縣拿人的票子。"清陳貞慧《書事·防亂公揭本末》："初見其拘票，首予，次吳應箕，次仲馭弟周鑣。"

【票子】

"拘票"之俗稱。此稱清代已行用。見該文。

【勾頭】

亦稱"拘頭"。即拘票。元王實甫《西廂

記》第三本第二折："這的是先生命慳，須不是
紅娘違慢。那簡帖兒到做了你的招狀，他的勾
頭，我的公案。"吳曉鈴校注："勾頭，拘票。"
元馬致遠《岳陽樓》第三折："則爲你愚不省，
將勾頭來吊你。"元孫仲章《勘頭巾》第二折：
"請新官題判時，先呈與個押解牒文，後押上個
拘頭僉字。"

【拘頭】

即勾頭。此稱元代已行用。見該文。

差票

差役傳人之憑證。《儒林外史》第五回："現
今出了差票在此，怎樣料理？"清黃六鴻《福
惠全書・錢穀・革保歇圖差》："何內衙傳送差
票，而轉鬥因之爲利。"

賊曹車

古代緊急追捕或查案的馬車。駕二馬，意
在輕捷。《後漢書・輿服志上》："大使車，立乘，
駕駟，赤帷，持節者重導從；賊曹車、斧車、
督車、功曹車皆兩。""賊曹"，漢代官署名，主
管捕盜。

近小使車

古代緊急追捕或查案的馬車。多用於緝取
欽定要犯。車廂有隔斷，赤輪，白蓋，赤帷，
駕四馬以上，有驪騎四十人跟從。因其形制近
似小使車，故稱。此稱漢代已見行用。《後漢
書・輿服志上》："近小使車，蘭輿，赤轂，白
蓋，赤帷，從驪騎四十人。此謂追捕考案有所
敕取者之所乘也。"此車晉代猶見行用，車蓋改
爲黑色。參閱《晉書・輿服志》。

其他

木囚

木雕的囚犯模型。傳說古執法官員置木囚
於穴桿，視其動靜，以斷冤否。其木爲梧桐，
古以梧桐爲靈木。漢王充《論衡・亂龍》："李
子長爲政，欲知囚情，以梧桐爲人，象囚之形，
鑿地爲埳，以盧爲桿，臥木囚其中。囚罪正，
則木囚不動；囚冤侵奪，木囚動出。不知囚之
精神着木人乎？將精神之氣動木囚也。"按，
唐段成式《酉陽雜俎・物異》引述此事，埳作
"臼"，盧作"蘆葦"。

狼筋

亦作"狼巾""狼勔"。狼大腿中筋。狀如
大蝸，黃色，兩頭光潔。一說呈織絡之囊狀。
又說爲小蟲所結之網囊，上端有口，顏色大小

皆似赤囊。傳說若盜不可辨，焚熏以示，則爲
盜者孿慄無所容。唐段成式《酉陽雜俎・廣動
植一・毛篇》："〔狼〕胜中筋大如鴨卵，有犯
盜者，薰之，當令手孿縮。或言，狼筋如織
絡，小囊蟲所作也。"明李時珍《本草綱目・獸
二・狼》："狼筋。時珍曰：按李石《續博物志》
云：'唐時有狼巾，一作狼筋，狀如大蝸，兩頭
光，帶黃色。有段祐失金帛，集奴婢於庭焚之，
一婢瞼瞤，乃竊器者。'……愚謂其事蓋術者
所爲，未必實有是理。"《金瓶梅詞話》第四四
回："頭裏聽見娘說，爹使小廝買狼筋去了，唬
的他要不的，在廚房問我：'狼筋是甚麼？'教
俺每衆人笑道：'狼筋敢是狼身上的筋，若是那
個偷了東西不拿出來，把狼筋抽將起來，就纏

在那人身上，抽攢的手脚都在一處。'"按：狼筋，一作"狼勐"。清梁紹壬《兩般秋雨盦隨筆·狼巾》："山舟學士舊藏蟲窠一枚……其色棗赤，狀之大小長短亦絕似，不鏤自雕，如細目之網，緣督爲經，又若小口之囊。一面附著樹枝處，痕深陷而直，貫徹上下，以是知爲蟲所結也。"又："少宗伯金海住先生（原注：姓）曾有詩詠之……學士歿後，是物爲張岐山少尉（原注：問萊）乞去，攜入川中矣。許周生駕部（原注：宗彥）云，是物名狼巾，不知何據。"

【狼巾】

同"狼筋"。此體宋代已行用。見該文。

【狼勐】

同"狼筋"。此體明代已行用。見該文。

令箭

箭狀竹籤或木籤。置於訟庭几案之筒內，動刑時掣出一枝擲於皂隸，以示令出如箭，立即執行。今河南清代內鄉縣署大堂之几案上仍保存有一束令箭，盛於筒內。其物起於何時，已難確考，當由軍中之令箭演變而來，而軍中令箭起於何時，亦難確考。辛亥革命成功，南京臨時政府成立後，隨同肉刑的廢止，訟庭几案之上不復有令箭。

決囚燈

判決囚犯生死之燈。南唐後主李煜決囚時，輒於佛前燃燈，視燈之明滅長短，以確定是否處死。元韋居安《梅磵詩話》卷中："曾景建《金陵百咏·決囚燈》詩云：'五詳三覆始施刑，明滅蘭膏豈足憑？可惜當年殺嚴續，無人爲益決囚燈。'序云：'後主聽死囚，然佛燈決之。囚家賂左右，竊益膏油，輒得不死。'"

赦書

指帝王頒布赦令的文書。隋唐後多以黃麻紙書寫，遣專使傳送。先秦典籍《周易·解卦》中，即有"君子以赦過宥罪"之語，與《書·舜典》"眚災肆赦"意同。《周禮·秋官·司刺》已載有"司刺掌三刺、三宥、三赦之灋"。宥，寬也；赦，舍也。西周時已對不同過失，作出相應減免措施。《史記·越王句踐世家》更有"〔楚王〕明日遂下赦令"諸文，"赦令"通常指減輕或免除罪刑或賦役的命令。有"赦令"，必有"赦書"。不過"赦書"一詞出現甚晚，今可知者，始見於《魏書·高恭之傳》："及爾朱榮之死也，帝召道穆（高恭之之字）付赦書，令宣於外。"其後諸種古籍時見記載敘寫。如宋趙昇《朝野類要·文書》："赦書，常制恕刑之命也。"清丁澎《風霾行》："黃麻如飛赦書下，父老涕泣祈昇平。"

丹圖

以紅色畫押之契約，爲後世"丹書鐵券"之濫觴。《周禮·秋官·司約》："小約劑，書於丹圖。"鄭玄注："丹圖，未聞。或有雕器簠簋之屬，有圖象者與？《春秋》傳曰：'斐豹，隸也，著於丹書。'今俗語有鐵券丹書，豈此舊典之遺言？"按，司約爲掌管盟約之官。劑，謂券書。小約劑，指萬民之盟約。鄭玄指出時人以爲丹圖當是雕繪於一般禮器上的圖象，未悉是否。鄭以爲當是《左傳》之'丹書'（《襄公二十三年》文），即漢代當世之"鐵券丹書"。而《左傳》之"丹書"，自晉代杜預注爲"以丹書其罪"後，後世又多以"丹書"爲罪書。今按，"以丹書其罪"僅指其時的一種法律認定性質，丹書與罪書不可等同。

丹書鐵券

亦稱"丹書鐵契""鐵券丹書""世券"。帝王賜給功臣之特權信物,上書其父祖輩姓名、功勳及免罪減禄之數。通常剖爲左右兩部,左頒功臣,右藏内府,以防作僞。因多以丹砂書寫,以鐵爲券,故稱。唐代以後不用丹書,改用嵌金,直至明代。《漢書·高帝紀下》:"又與功臣剖符作誓,丹書鐵契,金匱石室,藏之宗廟。"《資治通鑑·漢高帝十二年》引此文,胡三省注曰:"丹書鐵契者,以鐵爲契,以丹書之。"《後漢書·祭遵傳》:"丹書鐵券,傳於無窮。"《周禮·秋官·司約》"書於丹圖",漢鄭玄注:"今俗語有鐵券丹書。"宋王安石《讀漢功臣表》詩:"漢家分土建忠良,鐵券丹書信誓長。"《水滸傳》第五一回:"丹書鐵券護家門,萬里招賢名振。"明湯式《一枝花·贈人》套曲:"一人下萬人上,鐵券丹書姓字香,萬代輝光。"《明史·吳良傳》:"洪武三年,進都督同知,封江陰侯,食禄千五百石,予世券。"明李贄《劉伯温》:"襲封誠意伯,且予世券。"

【丹書鐵契】

即丹書鐵券。此稱漢代已行用。見該文。

【鐵券丹書】

即丹書鐵券。此稱漢代已行用。見該文。

【世券】

即丹書鐵券。此稱明代已行用。見該文。

【丹書】[1]

"丹書鐵券"之省稱。漢司馬遷《報任少卿書》:"僕之先,非有剖符丹書之功。"明張居正《擬唐回鶻率衆内附群臣賀表》:"丹書錫誓,既崇日逐之封;赤芾疏榮,仍戀秩宗之賞。"《東觀漢記·桓帝紀》:"〔延熹〕八年,妖賊蓋登

稱太皇帝,有璧二十,珪五,鐵券十一。後伏誅。"清凌揚藻《蠡勺編·鐵券》:"台州民錢允一,有家藏吳越王鏐唐賜鐵券。洪武初,太祖欲封功臣,遣使取其式而損益之。其制如瓦,第爲七等。公二等(一高尺,廣一尺六寸五分;一高九寸五分,廣一尺六寸),侯三等(一高九寸,廣一尺五寸五分;一高八寸五分,廣一尺五寸;一高八寸,廣一尺四寸五分),伯二等(一高七寸五分,廣一尺三寸五分;一高六寸五分,廣一尺二寸五分)。外刻歷履恩數之詳,以記其功;中鑴免罪減禄之數,以防其過。字嵌以金。凡九十七副,各分左右。左頒功臣,右藏内府。有故,則合之以取信。"

【金書鐵券】

即丹書鐵券。省稱"金券",亦稱"金書鐵契"。明王三聘《古今事物考·鐵券》:"漢高祖封功臣,始制鐵券。其内鏤字,以金塗之,名曰'金書鐵券'。歷代因之,因賜功臣。"《北史·節義傳·堯君素》:"朝廷又賜金券,待以不死,君素卒無降心。"唐羅隱《代武肅王錢鏐謝賜鐵券表》:"臣鏐言,優承恩旨,賜臣金書鐵券一道。"明馮夢龍《智囊補·上智·李賢》:"自古有軍功者,雖以金書鐵券,誓以永存,然其子孫不一再而犯法,即除其國,或能立功,又與其爵。豈有累犯罪惡,而不革其爵者?"明王佐《新增格古要論·雜考上·金書鐵契》:"於是申以丹書之信,重以白馬之盟,始作鐵契,其内鏤字,以金塗之,故名金書鐵契。"省稱"金券"。

【金券】

"金書鐵券"之省稱。此稱南北朝時期已行用。見該文。

【金書鐵契】

即金書鐵券。此稱明代已行用。見該文。

金雞

大赦儀式所用之物。"雞"同"鷄"。鷄形金首。古星占認爲天鷄星動，當有赦，故製此以順天意。下詔書時，立於長杆之巔。《太平御覽》卷九一八引《三國典略》："齊長廣王湛即皇帝位於南宮，大赦，改元。其日將赦，庫令於殿門外建金雞。宋孝王不識其義，問於光禄大夫司馬膺之：'赦建金雞，其義何也？'膺之曰：'案《海中星占》曰，天雞星動，當有赦。'由是，帝王以雞爲候。"《隋書·刑法志》："〔北齊〕赦日，則武庫令設金雞及鼓於閶闔門外之右，勒集囚從於闕前，撾鼓千聲，釋枷鎖焉。"《新唐書·百官志三》："樹金雞於仗南，竿長七丈，有雞高四尺，黃金飾首，銜絳幡長七尺，承以綵盤，維以絳繩。"唐李白《流夜郎贈辛判官》詩："我愁遠謫夜郎去，何日金雞放赦回？"明屠隆《彩毫記·妻子哭別》："浮生逐馬蹄，遇的是山精木魅，何日裏蒙雨露，赦金雞。"

第二節　案狀獄牘考

所謂"案狀獄牘"，係指在訴訟立案與刑獄存檔過程中所需要的文字載體。

案狀，指訴訟立案所需文本，包括訴狀、辯狀、供狀等，其中也包括了特殊性質、特殊狀態的謗書。獄牘，指經訴訟之後，刑獄用以定案的卷宗。案狀、獄牘發展至現代，則同先進的西方法制接軌，有了迄今仍在使用的起訴書、傳票、搜查證、判決書之類法定書狀。我國之案狀獄牘起源甚早。夏商兩代既已建立國家，有了獄訟，當必有原告、被告兩造，亦必有上訴、答辯諸程式，但其案狀、獄牘已難詳考。今就可確知者分述如下。

西周之案狀已近完備，其時已將訴訟分爲兩類。一類稱"訟"，指民事糾紛。原告與被告皆需上繳束矢（百枝箭），一經判定，勝者得以退還，敗者没入官府。此一措施可禁百姓輕舉枉告。（見《周禮·秋官·大司寇》文及注）。一類稱"獄"，指刑事案件。原告與被告皆需上繳鈞金（三十斤銅），一經判定，勝者得以退還，敗者没入官府。同罰束矢一樣，亦用以禁百姓輕舉枉告。刑事案件，除交鈞金之外，原告、被告兩方尚需遞交訴訟文本，稱爲"兩劑"。何謂"劑"？劑即訴狀、辯狀之類，漢代稱爲"券書"。《周禮·秋官·大司寇》云："以兩造禁民訟，入束矢於朝，然後聽之。以兩劑禁民獄，入鈞金三日，乃致於朝，然後聽之。"鄭玄注："訟，謂以財貨相告者。造，至也。使訟者兩至，既兩至，使入束矢乃治之也……獄，謂相告以罪名者。劑，今券書也。使獄者各齎券書，既兩券書，使入鈎金。又三日，乃致之，重刑也。不券書，不入金，則是亦自服不真者也。"漢代已有"訟書"之稱。如《後漢書·馬援傳》："帝召責松、固，以訟書及援誡書示之。"可用以告發，亦可用於答辯。晋代始稱"訴辭"。如《晋書·劉隗傳》："百姓諠譁，士女縱觀，咸曰其冤。伯息忠訴辭稱枉。"亦作"訴詞"。宋宋祁《初到郡齋》詩之二："攘臂貪豐粟，裝懷倦訴詞。"元代方有今稱"狀本兒""狀子"等。如元佚名《神奴兒》第一折："你常存見官的心，準備着告人的意，則你那狀本兒如瓶注水。"元孟漢卿《魔合羅》第三折："將狀子來我看！"明代之後，又有"呈子""呈狀"諸稱。如《初刻拍案驚奇》卷二："待我立刻糾合本鄉人在此處的十來個，做張呈子到太守處呈了……怕不立刻斷還？"《貪歡報》第一〇回："小姐，你寫了一紙呈狀，秋鴻認做小姐，與你救出許相公可好？"此外，南北朝至唐代又有公訴之類文書"牒狀""告牒"諸稱。如《魏書·源子恭傳》："子恭奏曰：'徐州表投化人許團并其弟周等，究其牒狀……真偽難辨，請下徐揚二州密訪，必令獲實。"《新唐書·王銲傳》："〔天寶〕十一載四月，絳與銲謀引右龍武軍萬騎燒都門，誅執政作難。先二日事覺，帝召銲，付告牒。"

　　以上爲"訴狀"。經審理之後，即有了招供之類材料。這類材料，夏商周時當已有其物，無此則難以定案。其形式、名稱已無從查考。至唐始有"手狀"之稱。"手狀"，指親自書寫的招供狀。如唐皇甫枚《三水小牘·王公直》："所由領公直至村，先集鄰保，責手狀皆稱實。"宋代稱"招狀""招伏狀"。如《宣和遺事》前集："楊志上了枷，取了招狀，送獄推勘。"《宋元戲文輯佚·趙普進梅諫》："將那斷腸篇寫作招伏狀……痛設設分釵剖鸞鳳。"亦稱"首狀""供招"，義皆相近。金元好問《續夷堅志·劉生青詞之譴》："榮輔聽罷，惶懼殊甚，手寫首狀，言自後更不敢作青詞。"《初刻拍案驚奇》卷一一："知縣取了〔王甲〕親筆供招，下在死囚牢中。"

　　"獄牘"，在夏代已見其使用之端倪。《書·甘誓》所記夏啓征討有扈氏，恭行天罰，指斥"有扈氏威侮五行，怠棄三正"，即不敬金、木、水、火、土所謂天地之正道，輕慢正德、利用、厚生三大政事。（見《尚書易解》）"威侮""怠棄"之指斥，即可視爲獄牘中之判狀，或曰罪書。今可確知的最早的獄牘見於西周。1975年2月陝西岐山董家村出土一件獸形匜，狀似站立之小猪。該匜之蓋部與腹底有一百五十七字銘文，記載了領班頭目名牧牛者誣告奴隸主僕騙走五名奴隸，審訊官伯揚父判決抽打牧牛五百鞭，罰銅三百鋝（一鍰爲六兩）。奴隸主𠑆用其勝訴所得之銅，鑄此匜并銘刻其事，遂成此完整之判决詞。此匜考古界稱爲“𠑆匜”，今藏陝西岐山博物館。作爲語詞，初稱之爲“爰書”，語出《史記·酷吏列傳·張湯》。漢代始見行用，至唐代始有今名，稱之爲“判詞”或“判狀”。如唐康駢《劇談録·崔道樞食井魚》：“其後有判詞云：‘崔道樞所害雨龍（指一井魚，傳爲雨龍），事關天府，原之不可。’”又柳宗元《段太尉逸事狀》：“〔農〕且飢死，無以償，即告太尉。太尉判狀，辭其巽。”此外尚有一些特殊的訴狀、判狀。訴狀類有所謂“謗書”，指以攻訐、恐嚇爲目的之書信，多不署名或不署真實姓名。先秦已見此舉并有其名。事見《戰國策·秦策二》。南北朝時亦稱“匿名書”，事見《周書·柳慶傳》。判狀類有“離書”，指古代丈夫離棄其妻的文書，具有法律效力。其稱首見唐劉肅《大唐新語·公直》。宋代又稱“休書”，其稱首見宋施德操《北窗炙輠録》卷下。

唐代已有花押之形式，但未專用於供詞之上。至宋元之時，供詞上必須有罪人之花押方有效，稱爲“准伏”。元王仲文《救孝子》第四折：“但凡刑人，必然屍親有准伏，方可定罪。”明清之後，“准伏”之名漸廢，復稱“花押”，其制如同唐代，亦不限於供詞。在處决死刑犯人前，則需有公布罪狀之告示。其物稱“犯由牌”，多以木板或紙製成，可張貼於街衢，亦可隨罪犯示衆。元關漢卿《蝴蝶夢》第一折：“不能勾金榜上分明題姓氏，則落得犯由牌上書寫名兒。”《初刻拍案驚奇》卷一九：“太守命牢中取出申春等死囚來，讀了犯由牌，押赴市曹處斬。”亦稱“犯由榜”。元佚名《村堂樂》第二折：“這金釵兒是二人口内的招伏狀，更壓着那十字街頭犯由榜。”省稱“犯由”。《水滸傳》第一一〇回：“劊子手叫起‘惡殺都來’，恰好午時三刻，將王慶押至十字路頭，讀罷犯由，如法凌遲處死。”《醒世恒言·勘皮靴單證二郎神》：“監斬官讀了犯由，劊子手叫起‘惡殺都來’，一齊動手，剮了孫神通。”

此外，獄牘尚有“傷單”“屍格”之類，以備存檔查閲。傷單，指官方出具之傷痕檢驗單，通常用於受傷或因傷致命之重大案件。多由州縣長官親自填寫，以作審理之依據。如《初刻拍案驚奇》卷一四：“〔知縣〕取了傷單，回到縣中，將一干人犯口詞取了。”清黄六鴻《福惠全書·刑名·印官親驗》：“凡傷痕等項，俱宜本官親筆填記，口供令刑書寫記。記畢，本官看明判日，同親記傷單，親帶回衙。”屍格指官方驗屍之記録表格，上填死亡原因及死亡時間等内容。通常一式三份，一交苦主，一存檔，一報上司。如《水滸傳》第二七回：“把這一干人押到紫石街，檢驗了婦人身屍，獅子橋下酒樓前，檢驗了西門慶身屍，明白填寫屍單格目，回到縣裏，呈堂立案。"《古今小説·蔣興哥重會珍珠衫》:"若不見貼骨傷痕，凶身怎肯伏罪？没有屍格，如何申得上司過？"許政揚校注:"屍格，驗屍單格，也叫驗狀。明代制度，各府刊印檢屍圖式，發給州縣，驗屍時填具三份，一份與苦主，一份黏附在案卷上，一份申繳上司。"同屍格相近的檢驗報告，尚有屍圖。屍圖爲官方對屍體病傷情况的檢驗圖録。清黄六鴻所著《福惠全書·刑名·檢驗》中，對於屍格、屍圖各有記述。記屍圖時稱:"誠恐原州縣檢不確，草率申報，仵作暗買屍圖。"據此可知屍圖較之屍格尤爲詳明確切。仵作，指古代官府中檢驗死傷的差役或以殯葬爲業者。既是仵作，對於屍格、屍圖用途的高下，當然十分明瞭，最終買下的是屍圖，以備重審，可證屍圖之重要。

以上所論"案狀""獄牘"諸稱，皆以典籍已確指其名者爲依據，書證較晚。實則在所引典籍之前，早已有"案狀""獄牘"其物，祇是不知其稱謂而已。如《史記·酷吏列傳·張湯》:"張湯者，杜人也。其父爲長安丞，出，湯爲兒守舍。還而鼠盗肉，其父怒，笞湯。湯掘窟得盗鼠及餘肉，劾鼠掠治，傳爰書，訊鞫論報，並取鼠與肉，具獄磔堂下。其父見之，視其文辭如老獄吏，大驚，遂使書獄。"裴駰集解引三國魏張晏曰:"傳，考證驗也。爰書，自證不如此言，反受其罪，訊考三日復問之，知與前辭同不也。鞫，一吏爲讀狀，論其報行也。""具獄"，《漢書·于定國傳》"乃抱其具獄，哭於府上"顔師古注曰:"具獄者，獄案已成，其文具備也。"據以上引文及注文可知，兩漢時之審訊已甚嚴密，其獄案已臻完備，而其審訊過程及獄案的終結，竟出於一個孩子之手，可證其時案狀、獄牘早已定型，已爲世人所熟知。至於屍格、屍圖之類檢驗報告圖録，五代和凝父子所撰《疑獄集》中已記其事，祇是未見其名而已。宋人宋慈所撰《洗冤集録》所載尤詳，僅檢驗種類即有自縊、打勒死、假自縊、溺死、他物手足傷死、自刑、殺傷、火死、湯潑死、服毒、病死、針灸死、受杖死、跌死、塌壓死、堵塞口鼻死、牛馬踏死、雷震死、車輪拶死、虎咬死、蛇蟲傷死、酒食醉飽死、築塌内損死、男子作過死等等五十餘種。以上檢驗方法之全面，在當時可稱世界之最。《洗冤録》作爲法醫典籍，早於歐洲三百餘年。

立案辦公所需之"丹筆""公案"（几案）、"讞篋"（放置案狀獄牘之箱子）、卷匣之類，亦列入本考中，以求完備。

訴狀辯狀

兩牘

指原告訴狀與被告辯狀。清黄六鴻《福惠全書·刑名·立狀式》："兩牘當前，殊難黑白。"按，"兩牘"作爲實物，西周當已有之。據《周禮·天官·大宰》載："大宰之職，掌建邦之六典，以佐王治邦國。一曰治典，以經邦國，以治官府，以紀萬民。"此處的"以紀萬民"，即指以法律約束仲裁天下民衆，有約束仲裁，則必有肇事，必有糾紛，有肇事糾紛，則必有"兩牘"。其時已有"兩劑"。所謂"兩劑"，即訴、辯兩方所立文本（見《周禮·秋官·大司寇》"以兩劑禁民獄"鄭玄注），可證此前當先有"兩牘"。《禮記·曲禮下》所載天子之五官中有"司寇"，漢代學者鄭玄斷爲殷制，而"司寇主除賊寇"（據唐代學者孔穎達疏文），非民事糾紛。夏代有無"兩牘"，文獻不足徵。《書·舜典》："汝作士，五刑有服。"孔傳："士，理官也。五刑，墨、劓、剕、宫、大辟。服，從也。"孔穎達疏："士，即《周禮》'司寇'之屬。有士師、卿士等，皆以士爲官名。鄭玄云：'士，察也。主察獄訟之事。'"可知夏制當同殷。

兩劑

訴訟雙方所立文本，猶訴狀與辯狀。西周時已行用，但多限於刑事訴訟。《周禮·秋官·大司寇》："以兩劑禁民獄，入鈞金三日，乃致於朝，然後聽之。"鄭玄注："劑，今券書也。使獄者各齎券書，既兩券書，使入鈞金。又三日，乃治之，重刑也。不券書，不入金，則是亦自服不直者也。"賈公彦疏："則劑謂券書者，謂獄訟之要辭。"孫詒讓正義："蓋與今籍獄之具結狀略相類。"按，孫氏正義不確。劑謂陳述證據、理由之契券，猶今時之訴狀或辯狀。據鄭注可知，乃"各齎券書……又三日，乃治之"，即兩劑應於訴訟前三天呈上，故賈疏云"則劑謂券書者，謂獄訟之要辭"，并非"具結狀"。尚未斷獄，何以"具結"？參見本卷《衙庭狀牘説·衙庭衙用考》"鈞金束矢"文。

【券書】

即"兩劑"。訴訟之文本。猶訴狀或辯狀。古人重誠信，故券書具有保證性質，負有法律責任。西周時已行用，但多限於刑事訴訟。見"兩劑"文。

訴狀

亦稱"訴辭""訴詞""文狀""詞紙"。訴訟之呈文。可以告發，亦可答辯。諸告人罪者，須明注年月，指陳實事，不得稱疑。《元史·刑法志四》曾明確記載："誣告者抵罪反坐，越訴者笞五十七。"明代曾有專供填寫的"狀式"，如《拍案驚奇》卷一一："蔣氏關了房門，又哽咽了一會……苦啾啾的捱到天明，央鄰人買狀式寫了，取路投長洲縣來。"本考"兩牘"文中已闡明，周代已有訴狀之類呈文，其物泛稱爲"劑"，有無他名，尚待考辨。此稱南北朝時期已見行用。《晋書·劉隗傳》："百姓諠譁，士女縱觀，咸曰其冤。伯息忠訴辭稱枉。"《宋書·文五王·竟陵王誕》："又獲吳郡民劉成、豫章民陳談之、建康民陳文紹等，並如訴狀，則奸情猜志，歲月增積。"宋宋祁《初到郡齋》詩之二："攘臂貪豐粟，裝懷倦訴詞。"《三國志平話》

卷上："手持文狀一紙……叫屈伸冤不止。帝接文狀於御案上展開看之。"《水滸傳》第二回："〔高俅〕因幫了一個生鐵王員外兒子使錢……被他父親開封府裏告了一紙文狀。"《二刻拍案驚奇》卷三八："楊二郎彼時還在監中，得知這事，連忙寫了訴狀，稱是'與己無干，今日幸見天日'等情投遞。"清李汝昭《鏡山野史》："每逢聽訟，未看詞紙，先查糧册，量你家資取得幾何，有錢曲可爲直，無錢是反爲非。"

【訴辭】

即訴狀。此稱晉代已行用。見該文。

【訴詞】

即訴狀。同"訴辭"。此體宋代已行用。見該文。

【文狀】

即訴狀。此稱元代已行用。見該文。

【詞紙】

即訴狀。此稱清代已行用。見該文。

【訟書】

即訴狀。亦稱"訟詞""訟牘""訟牒""訟諜"。《後漢書·馬援傳》："書奏，帝召責松、固，以訟書及援誡書示之。"《册府元龜》卷八五〇曰："戴至德高宗朝爲僕射，與劉仁軌更日受訟詞。"宋趙抃《次韵趙給事見寄》："訟牘自憐無日暇，詩筒翻喜入秋新。"宋韓琦《答孫植太傅後園宴射》詩："鈴索聲沉訟牒稀，優游大司養疏拙。"元方回《送劉都事五十韵》："與人素寡和，況又畏訟諜。"《正字通·片部》："古人訟詞曰牒。"

【訟詞】

即訟書。此稱宋代已行用。見該文。

【訟牘】

即訟書。此稱宋代已行用。見該文。

【訟牒】

即訟書。此稱宋代已行用。見該文。

【訟諜】

即訟書。同"訟牒"。此稱元代已行用。見該文。

【詞牒】

即訴狀。亦稱"詞狀""狀詞""告詞"。《北齊書·唐邕傳》："然既被任遇，意氣漸高，其未經府寺陳訴，越覽詞牒，條數甚多，俱爲憲臺及左丞彈糾，並御注放免。"《舊五代史·周書·世宗本紀四》："起今後應有人論訴陳詞狀，至二月三十日權停。若是交相侵奪、情理妨害、不可停滯者，不拘此限。"宋俞文豹《吹劍三録》："令外臺者，耳目之所寄也，急在平獄訟，伸民枉，而引放詞狀，既排日分州，又厄以書鋪之費。"宋司馬光《齊山詩呈王學士》："君來踵其迹，詞牒日清簡。"宋葉適《朝請大夫陳公墓志銘》："及思誠，所至則延問窮民；遮道詞牒，皆灼見庚隱，予奪中情。"宋朱熹《公移·約束榜》："輒行攔轎下狀，或投白紙。今立約束：攔轎狀詞並不受接。"《宋史·范純仁傳》："全臺言蘇軾行呂惠卿告詞，訕謗先帝，黜知英州。"《二刻拍案驚奇》卷一四："大夫取個大甌，一頭吃，一頭罵。又取過紙筆，寫下狀詞。"又卷二八："馬家兒子見説，才曉得父親不見了十年，果是被人殺了，來補狀詞，王通判准了。"又卷二："〔小道人〕當下寫就了一紙告詞，竟到幽州路總管府來。"《儒林外史》第四四回："初九日宗師行香，初十日掛牌收詞狀。"

【詞狀】

　　即詞牒。此稱五代時期已行用。見該文。

【狀詞】

　　即詞牒。此稱宋代已行用。見該文。

【告詞】

　　即詞牒。此稱宋代已行用。見該文。

【狀】

　　即訴狀。亦稱"狀本兒""狀子""狀兒""狀紙"。《後漢書·孝明八王傳·彭城靖王恭》："元初三年，恭以事怒子酺，酺自殺。國相趙牧以狀上，因誣奏恭祠祀惡言，大逆不道。有司奏請誅之。恭上書自訟，朝廷以其素著行義，令考實，無徵。牧坐下獄，會赦，免死。"元佚名《神奴兒》第一折："你常存見官的心，準備着告人的意，則你那狀本兒如瓶注水。"元孟漢卿《魔合羅》第三折："將狀子來我看。"《水滸傳》第一〇二回："爺，兒子今日遭恁般屈官司，叵耐牛老兒無禮，逼我寫了休妻的狀兒，才把銀子與我。"明朱有燉《香囊怨》第二折："我去尋丈夫劉鳴高與他說知，遞個狀兒與色長。"《初刻拍案驚奇》卷二："那潘公、潘婆認定了姚家藏了女兒，叫人去接了兒子來家。兩家都進了狀，都准了。"《二刻拍案驚奇》卷一八："〔玄玄子〕又是個無根蒂的，没個親戚朋友與他辯訴一紙狀紙，活活的頂罪罷了。"

【狀本兒】

　　即狀。此稱元代已行用。見該文。

【狀子】

　　即狀。此稱元代已行用。見該文。

【狀兒】

　　即狀。此稱元代已行用。見該文。

【狀紙】

　　即狀。此稱明代已行用。見該文。

【呈子】

　　即訴狀。爲民間俗稱。《初刻拍案驚奇》卷二："待我去糾合本鄉人在此處的十來個，做張呈子到太守處呈了，人衆則公，亦且你有本縣廣緝滴珠文書可驗，怕不立刻斷還？"另指呈文。

【呈狀】

　　亦稱"呈詞""呈紙""狀呈""訴呈"。即訴狀。《貪歡報》第一〇回："小姐，你寫了一紙呈狀，秋鴻認做小姐，與你救出許相公可好麼？"《初刻拍案驚奇》卷二四："我們少不得到縣裏動公舉呈詞，何不就此把此事禀知縣相公，倒憑知縣相公做個主，豈不妙哉？"清黄六鴻《福惠全書·刑名·不准呈狀示式》："每期准過呈狀，付經管掛號。"《紅樓夢》第八五回："大哥人命是誤傷，不是故殺。今早用蝌（薛蝌）出名，補了一張呈紙進去，尚未批出。"清黄六鴻《福惠全書·刑名·總論》："一切狀呈，俱勒有據實直書之甘結。"《儒林外史》第四五回："差人望著裏邊一人道：'這余二相要寫個訴呈，你替他寫寫。'"

【呈詞】

　　即呈狀。此稱明代已行用。見該文。

【呈紙】

　　即呈狀。此稱清代已行用。見該文。

【狀呈】

　　即呈狀。此稱清代已行用。見該文。

【訴呈】

　　即呈狀。此稱清代已行用。見該文。

人命狀

　　特指事關人命的訴狀。《二刻拍案驚奇》卷

三一：“府裏見是人命，發下理刑館。那理刑推官，最是心性慘刻的，喜的是簡屍，好的是入罪，是個拆人家的祖師。見人命狀到手，訪得洪家巨富，就想在這椿事上顯出自己風力來。”

冤揭

鳴冤的揭帖。亦稱“冤黃”。因用紙多爲黃色，故稱。胡士瑩《話本小説概論》引明《民抄董宦事實》：“亦共有冤揭粘貼，娼妓龜子游船等項，亦各有報紙相傳。”清王士禛《池北偶談·談藝八·名媛詩》：“曹近刊冤揭云：‘與惺（鍾惺）素無仇怨，惺何不自惺？’”清李漁《慎鸞交·計竦》：“把冤黃遍貼將人告，道是男兒不死不相饒。”

【冤黃】

即冤揭。此稱清代已行用。見該文。

告牒

亦稱“狀牒”。告發文書。唐代已見行用。《新唐書·王鉷傳》：“〔天寶〕十一載四月，綷與鉷謀引右龍武軍萬騎燒都門，誅執政作難。先二日事覺，帝召鉷，付告牒。”又《宋申錫傳》：“大和五年，遣軍候豆盧著誣告申錫與漳王謀反……僧孺等見上出著告牒，皆駭愕不知所對。”《續資治通鑑長編·宋仁宗嘉祐元年》：“舊制，凡訴訟，不得逕造庭下，府吏坐門，先收狀牒，謂之牌司。”宋陸游《老學庵筆記》卷四：“有司稍按治，輒劫持之曰：‘某官乃元祐奸黨，蘇某親舊，故觀望害我。’公形狀牒。”

【狀牒】

即告牒。此稱宋代已行用。見該文。

【牒狀】

即告牒。亦稱“牒訴”“訴牒”。《魏書·源子恭傳》：“子恭奏曰：‘徐州表投化人許團并其

弟周等，究其牒狀，周列云己蕭衍黃門侍郎，又稱心存山水，不好榮宦，屢曾辭讓……真偽難辨，請下徐揚二州密訪，必令獲實。’”《文選·孔稚珪〈北山移文〉》：“敲撲諠囂犯其慮，牒訴倥傯裝其懷。”呂向注：“牒，文牒也；訴，告也。”《宋史·文苑傳一·何承裕》：“每覽牒訴，必戲判以喻曲直，訴者多心伏引去。”宋陸游《老學庵筆記》卷一：“張德遠以元樞輒受三省樞密院訴牒，雖是勳德重望，亦豈當如此！”清王夫之《姜齋詩話》附錄：“〔茅坤〕説得任譬髻可畏，想訟魁代人作訴牒時，當如此下筆。”清王夫之《薑齋詩話》卷二：“《春秋》則以俗吏爰書、訟魁牒狀醜詆之詞，取已往之君臣，恣其詬厲。”

【牒訴】

即牒狀。此稱南北朝時已行用。見該文。

【訴牒】

即牒狀。此稱宋代已行用。見該文。

【首狀】[1]

即告牒。宋羅大經《鶴林玉露》卷九：“其人與卒急詣湛（馮湛）告變。時張定叟作帥，湛攜首狀告定叟。”《喻世名言》卷三六：“老漢情願到府中出個首狀，若起不出真臟，老漢自認罪。”《二刻拍案驚奇》卷三八：“幸逢當官遞上一紙首狀，狀云：‘首狀人幸逢，係張家灣民，爲舉首略賣事。本灣徐德失妻莫氏，告官未獲……本婦稱係市棍郁盛略賣在彼是的。販良爲娼，理合舉首。所首是實。’”

狀副

指訴狀的副本。《後漢書·楊秉傳》：“南陽太守張彪與帝微時有舊恩，以車駕當至，因傍發調，多以入私，秉（楊秉）聞之，下書責讓

荆州刺史，以狀副言公府。"

甌書

特指投入甌函之訴狀。宋葉適《劉公墓志銘》："隆興初元，甌書千至。天子驚嗟，曰纔一二。"參見本卷《衙庭狀牘説·衙庭衙用考》"甌函"文。

供狀

供狀

亦稱"狀結""供詞""招詞""招卷""招册"。訴訟中原告被告雙方提供的原始材料。宋胡太初《畫簾緒論·聽訟》："若婦女，未可遽行追呼，且須下鄉審責供狀，待甚緊急，方可引追。"《元典章·刑部四·雜例》："順天路取問得狗主李海狀結：'所養母狗一隻，從來不曾咬人，以此不曾標識。'"《水滸傳》第四六回："知府隨即取了供詞，行下公文。"又第一二回："衆鄰舍都出了供狀，保放隨衙，聽候當廳發落。"又第二七回："當下縣吏領了公文，抱着文卷并何九叔的銀子、骨殖、招詞、刀仗帶了一干人犯上路。"《初刻拍案驚奇》卷一四："知縣就把文案疊成，連人解府。知府看了招卷，道是希奇，心下有些疑惑。"清黃六鴻《福惠全書·刑名·釋供狀》："鞫審之際，兩造以口具白事之始末也。上官訊問，犯證對答，夾而叙之，後開取供年月日，令在詞人犯按名畫押。"《紅樓夢》第九九回："臣等細閲各犯證屍親前後供詞不符，且查《鬬殺律》注云：'相争爲鬬，相打爲毆。必實無争鬬情形，邂逅身死，方可過失殺人定擬。'應令該節度審明實情，妥擬具題。"清袁枚《隨園隨筆·招册》："今官府審案皆有招册，序事之原尾及兩造口供。按，《漢書·外戚傳》，宣帝即位，尋求外家，求得王媪，媪有供詞一段，歷言翁須嫁劉仲卿事。"

按，今《漢書·外戚傳》未見袁氏所引"供詞"一詞。

【狀結】

即供狀。此稱元代已行用。見該文。

【供詞】

即供狀。此稱元代已行用。見該文。

【招詞】

即供狀。此稱元代已行用。見該文。

【招卷】

即供狀。此稱明代已行用。見該文。

【招册】

即供狀。此稱清代已行用。見該文。

【案款狀】

即供狀。省稱"案款""款狀"。《宣和遺事》後集："有番吏持文字前來白帝曰：'新同知到來，要你文字，須便供寫。'……帝不得已，乃書，如今之案款狀。"宋樓鑰《論郊廟之禮》："州郡成案恐未必一一是其本情，近有乞奏裁之獄，悉以原勘始末，案款繳申大理寺，使之反復閲實，然後奏聞報決。臣竊是之。"《水滸傳》第二一回："婆惜道：'有那梁山泊晁蓋送與你的一百兩金子，快把來與我，我便饒你這一場天字第一號官司，還你這招文袋裏的款狀。'"《清平山堂話本·簡帖和尚》："案款已成招狀了，棒殺髡囚示萬民。"

【案款】

"案款狀"的省稱。宋代已行用。見該文。

【款狀】

"案款狀"的省稱。明代已行用。見該文。

親供

訴訟當事人親自填寫或陳述事實的供狀。《二十年目睹之怪現狀》第八回:"繼之道:'這個很可以遞個親供,分辯明白。事情的是非黑白,是有一定的,那裏好憑空捏造。'"

伏狀

亦稱"伏辯""伏辨"。案犯之認罪書。漢荀悦《漢紀·宣帝紀一》:"昭信令奴殺之。後捕奴得辭,伏狀。"此處"伏狀"指承認罪狀,其後多指認罪書。宋呂陶《奏爲乞復置糾察在京刑獄司并審刑院狀》:"不過引囚讀示,再取伏辯而已。"宋宋慈《洗冤集錄·頒降新例》:"將所招情罪,從頭一一對衆讀示,再三審復,委無冤抑,取本人伏辨。"元關漢卿《竇娥冤》第二折:"既然招了,著他畫了伏狀,將枷來枷上,下在死囚牢裏去。"《水滸傳》第二七回:"讀了朝廷明降,寫了犯由牌,畫了伏狀,便把這婆子推上木驢。"

【伏辯】

即伏狀。此稱宋代已行用。見該文。

【伏辨】

即伏狀。此稱宋代已行用。見該文。

【招狀】

即伏狀。《宣和遺事》前集:"楊志上了枷,取了招狀,送獄推勘。"《京本通俗小說·錯斬崔寧》:"當下讀了招狀,大牢內取出二人來,當廳判一個'斬'字,一個'剮'字,押赴市曹行刑示衆。"《水滸傳》第三九回:"蔡九知府即取了招狀,將一面二十五斤死囚枷枷了,推放大牢裏收禁。"清黄六鴻《福惠全書·刑名·問擬餘論》:"問擬罪案,止以初招爲主,招狀又以口供爲主。"

【招伏狀】

即伏狀。亦稱"招狀紙"。《宋元戲文輯佚·趙普進梅諫》:"將那斷腸篇寫作招伏狀,此情怎當……痛設設分釵剖鸞鳳。"元喬吉《山坡羊·冬日寫懷》:"攢家私,寵花枝,黄金壯起荒淫志,千百錠買張招狀紙。"

【招狀紙】

即伏狀。此稱元代已行用。見該文。

【手狀】

即伏狀。唐皇甫枚《三水小牘·王公直》:"所由領公直至村,先集鄰保,責手狀,皆稱實知王公直埋蠶,實無惡迹。乃與村衆及公直同發蠶坑,中唯有箔角一死人,而缺其左臂,取得臂附之,宛然符合。"《資治通鑑·唐則天順聖皇后中之下·神功元年》:"太后謂侍臣曰:'頃者周興、來俊臣按獄多連引朝臣,云其謀反。國有常法,朕安敢違?中間疑其不實,使近臣就獄引問,得其手狀,皆自承服,朕不以爲疑。自興、俊臣死,不復聞有反者。然則前死者不有冤邪?'"

【首狀】[2]

即伏狀。金元好問《續夷堅志·劉生青詞之讟》:"榮輔聽罷,惶懼殊甚,手寫首狀,言自後更不敢復作青詞。"

【供招】

即伏狀。省稱"招"。《水滸傳》第三六回:"當下宋江一筆供招"。《初刻拍案驚奇》卷一一:"〔王甲〕只得招道:'與李乙有仇,假裝强盗，殺死是實。'知縣取了親筆供招，下在死囚牢中。"《貪歡報》第一四回："蘇院又問了然有何説話，了然低頭無語，畫了供招，上了長板。"又第三回："繼修（丘繼修）道：'爺爺，實係隱情，不敢明告，願一死無疑。'隨即畫招承認。"

【招】

"供招"之省稱。此稱明代已行用。見該文。

伏罪文約

亦稱"服罪求饒文書"。一種私了的認罪約定書。《醒世姻緣傳》第九回："外邊男人把晁大舍一把揪翻……叫晁大舍同了計家衆人跪在當面寫立服罪求饒文書。寫道：'立伏罪文約晁源，因娶娼婦珍哥兒爲妾，聽信珍哥讒言，時常凌逼正妻計氏……計氏受屈不過，本日夜，不知時分，用紅鸞帶在珍哥門上吊死。今蒙岳父看親戚情份，免行告官。晁源情願成禮治喪，不得苟簡。六月初八日，晁源親筆。'"

【服罪求饒文書】

即伏罪文約。此稱清代已行用。見該文。

甘結

簽字畫押的認罪書或保證書。元郭畀《客杭日記》："到省中領文書，取回甘結。"明高明《琵琶記·義倉賑濟》："左右與他取了甘結。"按，此詞宋代已見。宋宋慈《宋提刑洗冤集録·聖朝頒降新例·檢驗法式》："仍取苦主并聽檢一干人等，連名甘結，依式備細開寫，當日保結回報，明白稱説各處相離里路，承發檢驗日時，飛申本管上司。"此處指甘結行爲，非名物詞。

匿名書

匿名書

亦稱"謗書""投書""匿名文書""匿名帖"。指以攻訐、恐嚇爲目的不署名或不署真實姓名的書信。先秦時期已見。其時對寫匿名書者處以極刑，漢魏因之。至唐代改爲流二千里，宋因唐制。遼金同律，改爲徒刑四年。明清則處以絞刑。《戰國策·秦策二》："魏文侯令樂羊將攻中山，三年而拔之。樂羊反而語功。文侯示之謗書一篋。樂羊再拜稽首曰：'此非臣之功，主君之力也。'"《睡虎地秦墓竹簡·法律答問》："有投書，勿發，見輒燔之；能捕者購臣妾二人，繫投書者鞫審讞之。"《三國志·魏書·國淵傳》："時有投書誹謗者，太祖疾之，欲必知其主。"《周書·柳慶傳》："〔柳〕慶以賊徒既衆，似是烏合，既非舊交，必相疑阻，可以詐求之，乃作匿名書。"唐長孫無忌等《唐律疏議·鬥訟律》："諸投匿名書告人罪者，流二千里。"《金史·章宗紀一》："〔明昌二年十一月〕甲子，制投匿名書者，徒四年。"《明律·訴訟》："凡投匿隱姓名文書告人罪者，絞。"按，古通稱"謗書"，後世之"匿名書"與"謗書"已有區別。"匿名書"雖匿名，有時并不失真；"謗書"雖謗，有時并不匿名。明沈德符《萬曆野獲編·吏部一·考察訪單》："今制，匿名文書禁不得行，唯内外大計。吏部發出訪單，比填注繳納，各著姓名。"清唐訓方《俚語徵實》卷中下引《鑑撮》："明武宗朝有投匿名帖於丹墀者，帖主劉瑾亂政。"

【謗書】

即匿名書。此稱先秦時期已行用。見該文。

【投書】

即謗書。此稱秦代已行用。見該文。

【匿名文書】

即匿名書。此稱明代已行用。見該文。

【匿名帖】

即匿名書。此稱明代已行用。見該文。

【飲章】

即匿名書。《後漢書·蔡邕傳》："臣一入牢獄，當爲楚毒所迫，趣以飲章，辭情何緣復聞？"李賢注："飲猶隱却告人姓名，無可對問。章者，今之表也。"清周亮工《圍暫解送陳立三返里》詩："莫向殘疆頻悵望，飲章羽檄苦交縈。"

飛書

亦稱"飛文""飛章""飛條"。類似匿名書，因其無根而至，似橫空飛來，故稱。《漢書·劉向傳》："是以群小窺見間隙，緣飾文字，巧言醜詆，流言飛文，譁於民間。"《後漢書·梁松傳》："遂懷怨望，四年冬，乃懸飛書誹謗，下獄死。"李賢注："飛書者，無根而至，若飛來也，即今匿名書。"又《寇榮傳》："以臣婚姻王室，謂臣將撫其背，奪其位，退其身，受其執。於是遂作飛章以被於臣，欲使墜萬仞之阬，踐必死之地。"又《宦者傳·呂強》："陛下不密

其言，至令宣露，群邪項領，膏唇拭舌，競欲咀嚼，造作飛條。"李賢注："飛條，飛書也。"按，"飛書"亦指以箭投設之書函或指緊急文書，與"匿名書"不盡相同，"飛章""飛條"亦爲多義詞。

【飛文】

即飛書。此稱漢代已行用。見該文。

【飛章】

即飛書。此稱漢代已行用。見該文。

【飛條】

即飛書。此稱漢代已行用。見該文。

枉狀

誣告狀。《後漢書·孔融傳》："曹操既積嫌忌，而郗慮復搆成其罪，遂令丞相軍謀祭酒路粹枉狀奏融。"又《彭寵傳》："又與吳漢、蓋延等書，盛言浮（朱浮）枉狀，固求同徵。"

鄧思賢

流行於民間的一種訴訟方法書。多偏於誣告。本爲人名，因其善於傳授訴訟方法和技巧，後人習之，故以其姓名命書。宋沈括《夢溪筆談·雜志二》："世傳江西人好訟。有一書名《鄧思賢》，皆訟牒法也。其始則教以侮文，侮文不可得，則欺誣以取之，欺誣不可得，則求其罪劫之。蓋'思賢'人名也。人傳其術，遂以之名書。"

保狀

保狀

亦稱"保結"。古時向官府擔保他人身份，行爲清白之證明文書。亦作官吏應選童生科舉

應考證明身份或買賣無訛之憑據。多具有規定之格式，以示嚴明。宋蘇軾《經進東坡文集事略》卷三五，記北宋推行"青苗法"時，有

"鄰里相保結狀請錢，一家不至，九家連坐"之語。按此處之"相保結狀"，已具下文"連狀"之義。《醒世恒言·灌園叟晚逢仙女》："有這等冤枉的事！不打緊，明日同合村人，具張連名保結，管你無事。"《儒林外史》第四八回："這鄧質夫的父親是王玉輝同案進學，鄧質夫進學又是王玉輝做保結，故此稱是老伯。"《儒林外史》第九回："兩位老爺發了帖，現有妻府家人具的保狀。"清黃六鴻《福惠全書·錢穀·催徵》："公舉則責之本甲，印官驗果堪充，取其糧房總書保狀，實保結得某里甲某堪應戶頭，總催某年分本甲花戶錢糧。"

【保結】

即保狀。此稱明代已行用。見該文。

連狀

亦稱"連名狀"。數人連名所呈上之書狀，以示集體保證。漢代已見其物，但未見其名。《漢書·霍光傳》："群臣以次上殿，召昌邑王伏前聽詔，光與群臣連名奏王。"作爲動詞，唐代之前。已見行用。《晉書·外戚傳·王蘊》："蘊遷尚書吏部郎，性平和不抑寒素，每一官缺，求者十輩，蘊無所是非……輒連狀白之曰：'某人有地，某人有才，務存進達，各隨其方，故不得者無怨焉。'"《資治通鑑·唐昭宗光化三年》："庚寅，季述召百官，陳兵殿庭，作胤（崔胤）等連名狀，請太子監國，以示之，使署名。"宋李上交《近事會元禁選人帶京債許債借料錢》："今年三銓於遠官，許連狀相保，户部各保量加給料錢，衣食稍足，可責清廉。"《小腆紀年附考》卷九："孫可望之有事於漢東而還也，僞官連名狀，迓之於郊。"

【連名狀】

即連狀。此稱唐代已行用。見該文。

圖片

官府所出的一種擔保、保證文書。清代由八旗佐領所出并蓋有圖記。猶清時漢族官員之印結制度。參閲《清會典·禮部·鑄印局》《清史稿·輿服志三》。

獄牘

獄牘

亦稱"獄讞""具獄""案具""獄辭""讞牘"。監獄用以定案的卷宗。《韓詩外傳》卷三："不教而聽其獄，殺不辜也。三軍大敗，不可誅也。獄讞不治，不可刑也。"《史記·酷吏列傳·張湯》："〔張〕湯掘窟得盜鼠及餘肉，劾鼠掠治，傳爰書，訊鞫論報，並取鼠與肉，具獄磔堂下。"《漢書·于定國傳》："于公爭之，弗能得，乃抱其具獄，哭於府上，因辭疾去。"顏師古注："具獄者，獄案已成，其文具備也。"宋蔡條《鐵圍山叢談》卷四："〔李鬱林〕時因公事過河鎮，偶監鎮夜同會坐，數人相與共徵鬼神事。鎮官爲言……李鬱林者聞是，始大不然，鎮官即於坐命左右索其獄牘來，視之乃信。"《宋史·吳育傳》："楊儀嘗爲三司判官，近自御史臺移劾都亭驛，械縛過市，人人不測爲何等大獄。及聞案具，乃止請求常事。"《説郛》卷一九引宋曾三異《因話錄》："岳武穆獄案，今在莆陽陳魯公家。始者無獄辭也，但大書'天日昭昭，天日昭昭'八字。"清紀昀《閲微草堂筆記·灤陽消夏録二》：“南皮張副使受長，官河南開歸道時，夜閱一讞牘。”

【獄讞】

即獄牘。此稱漢代已行用。見該文。

【具獄】

即獄牘。此稱漢代已行用。見該文。

【案具】

即獄牘。此稱宋代已行用。見該文。

【獄辭】

即獄牘。此稱宋代已行用。見該文。

【讞牘】

即獄牘。此稱清代已行用。見該文。

【獄牒】

即獄牘。《梁書·裴子野傳》：“俄遷兼廷尉正。時三官通署獄牒，子野嘗不在，同僚輒署其名，奏有不允，子野從坐免職。”《南史·梁昭明太子統傳》：“令注刑止三歲，士人免官。獄牒應死者必降長徒，自此以下莫不減半。”

【款案】

即獄牘。亦稱“詞案”“法案”。唐康騈《劇談録·袁相雪换金縣令》：“紛紜枉撓，結成獄具，備以詞案上聞。”《宋史·刑法志二》：“孝宗究心庶獄，每歲臨軒慮囚，率先數日，令有司進款案披閱，然後決遣。”宋樓鑰《論六曹法司》：“紹興元年，臣僚申請七司各有掌法案，止係收掌文書，即不共檢條法，乞將掌法案改爲檢法案。”清黃六鴻《福惠全書·稟啓附·候許刑館》：“法案對青天，滿袖清風。”

【詞案】

即款案。此稱唐代已行用。見該文。

【法案】

即款案。此稱宋代已行用。見該文。

【罪案】

即獄牘。宋朱熹《晦庵先生朱文公文集》卷一六：“昨於淳熙四年十一月丙申，樞密院乞奏劫賊倪敏忠罪案，其罪狀明白，初無可疑。”清紀昀《閱微草堂筆記·灤陽消夏録一》：“不知李林甫、秦檜即不傾陷善類，亦作宰相，徒自增罪案耳。”

丹書 [2]

古時記載犯人罪狀的文書。因多爲朱色，故稱。《左傳·襄公二十三年》：“初，斐豹隸也，著於丹書。”杜預注：“蓋犯罪没爲官奴，以丹書其罪。”《文選·陸機〈謝平原内史表〉》：“苟削丹書，得夷平民。”李周翰注：“丹書，定罪之書。”

【爰書】 [1]

指備交換的審訊筆録或案情報告書。秦代已見行用。《史記·酷吏列傳·張湯》：“其父爲長安丞，出，湯爲兒守舍。還而鼠盗肉，其父怒，笞湯。湯掘窟得盗鼠及餘肉，劾鼠掠治，傳爰書，訊鞫論報，並取鼠與肉，具獄磔堂下。”司馬貞索隱引韋昭云：“爰，换也。古者重刑，嫌有愛惡，故移换獄書，使他官考實之，故曰‘傳爰書’也。”參閱《睡虎地秦墓竹簡》。

公案 [1]

官家文書，刑獄案卷。唐子蘭《寄乾陵楊侍郎》詩：“步量野色成公案，點檢樵聲入奏聞。”宋蘇軾《辨黃慶基彈劾劄子》：“今來公案，見在户部，可以取索案驗。”元王實甫《西廂記》第三本第二折：“那簡帖兒倒做了你的招狀，他的勾頭，我的公案。”

訊簿

審訊之案卷。亦稱“訊牒”。《宋書·武三

王傳·江夏文獻王義恭》："訊前一二日，取訊簿密與劉湛輩共詳，大不同也。"《南齊書·崔思祖傳》："廷尉誠非釋之，寧容都無訊牒。"

【訊牒】

即訊簿。此稱南北朝時期已行用。見該文。

判狀

亦稱"判詞""判語"。判決書，太尉判狀辭定罪書。唐柳宗元《段太尉逸事狀》："〔農〕且飢死，無以償，即告太尉。太尉判狀辭甚巽。"唐康駢《劇談録·崔道樞食井魚》："其後有判詞云：'崔道樞所害雨龍，事關天府，原之不可。'"宋王讜《唐語林·補遺三》："有大辟者，俾先示以判語，賜以酒食而付去。"

【判詞】

即判狀。此稱唐代已行用。見該文。

清濰縣令鄭燮判詞局部
大字：鄭燮手書；小字：已難考知
（判詞殘卷藏山東省博物館）

【判語】

即判狀。此稱唐代已行用。見該文。

【讞書】

即判狀。省稱"讞"。亦稱"讞詞""審單""看語""讞語""讞稿"。《禮記·文王世子》："獄成，有司讞於公。其死罪，則曰'某之罪在大辟'；其刑罪，則曰'某之罪在小辟'。"孔穎達疏："成，平也；讞，言白也。謂獄斷既平定其罪狀，有司以此成辭，言白於公。"明沈德符《萬曆野獲編·府縣·金元焕》："邑令知守意，竟論金抵償，讞詞上之郡，上之兵道，俱如擬。"明歸有光《震川先生別集》卷九中有"王哲審單""陳大德審單"等。清黃六鴻《福惠全書·刑名·釋看語》："看語即審單也，亦曰讞語。"又《稟啓附·候許刑館》："布福於詮筆讞書，洽恩於泣車湯網。"清汪輝祖《續佐治藥言》："几上紙翻動有聲，急起視，即擬讞稿也。"清陸以湉《冷廬雜識·張八愚比部詩》："張由文安縣令捐陞郎中，素識刑名學，有所評論，衆皆服其公允，遂主讞稿。"

【讞】

"讞書"之省稱。此稱漢代已行用。見該文。

【讞詞】

即讞書。此稱明代已行用。見該文。

【審單】

即讞書。此稱明代已行用。見該文。

【看語】

即讞書。此稱清代已行用。見該文。

【讞語】

即讞書。此稱清代已行用。見該文。

【讞稿】

即讞書。此稱清代已行用。見該文。

【獄文】

即判狀。《漢書·酷吏傳·嚴延年》："〔延年〕尤巧爲獄文，善史書，所欲誅殺，奏成於手。"

【爰書】[2]

即判狀。語本《史記·酷吏列傳·張湯》，原指供交換的審訊筆錄或案情報告書。唐柳宗元《酬韶州劉使君寄道州呂八大使》詩："聖理高懸象，爰書降罰鍰。"清蒲松齡《聊齋志異·詩讞》："周元亮先生分守是道，錄囚至吳，若有所思……又將爰書細閲一過，立命脱其死械，自監移之倉。"清李漁《慎鸞交·訂游》："幾曾見，爰書定下瞧人罪。"參見本卷《衙庭狀牘説·案狀獄牘考》"爰書[1]"文。

【判花】

即判狀。宋劉克莊《送洪使君書》："判花人競誦，詩草士深藏。"按，"判花"原指判狀後所簽之花押。

【堂斷】

即判狀。清林則徐《關防告示》："至上控案件，除州府縣批語堂斷，應准鈔黏外，其有鈔錄屬詳者，該民人何由得見？"

休書

亦稱"離書""休狀"。古代丈夫離异其妻的文書。唐劉肅《大唐新語·公直》："今日得離書，明日改醮。"宋施德操《北窗炙輠錄》卷下："〔姜八郎〕乃謂其妻曰：'無他策，惟有逃耳。'顧難相挈以行，乃僞作一休書遣之。"《喻世明言》卷一："王公見女兒不接而回，也自駭然。在婆子手中接書，却是休書一紙。上寫道：'立休書人蔣德，係襄陽府棗陽縣人。從幼憑媒聘定王氏爲妻，豈期過門之後，本婦多有過失，正合七出之條。因念夫妻之情，不忍明言，情願退還本宗，聽憑改嫁，并無異言。休書是實。成化二年　月　日　手掌爲記。"《初刻拍案驚奇》卷二九："太守即時叫吏典取紙筆與他（辛氏），要他寫了情願休羅家親事一紙狀詞，行移本縣……就把密書并辛氏休狀與幼謙看過，説知備細。"

【離書】

即休書。此稱唐代已行用。見該文。

【休狀】

即休書。此稱明代已行用。見該文。

花押

亦稱"押署""花書""花字"。指舊時文書契約訂立後的簽名或替代簽名的特殊符號，多置於文書契約之末尾。唐代之前，常用簽名之外的符號形式，多稱"押署"。唐代之後，則多簽以自己的名氏。唐張彦遠《法書要錄》卷四引唐韋述《叙書錄》："〔陸〕元悌等又割去前代名賢押署之迹，惟以己之名氏代焉。"唐谷神子《博異志·許漢陽》："寫畢，令以漢陽之名押之。展向前，見數首皆有人名押署，有名仲方者，有名巫者，有名朝陽者，而不見其姓。"唐太宗時規定群臣上書任用真草，唯簽名不得草，遂以草名爲"花押"。唐唐彦謙《宿田家》詩："公文捧花押，鷹隼駕聲勢。"宋張淏《雲谷雜記·書後花押》："唐文皇（即唐太宗）令群臣上奏，任用真草，惟名不得草，遂以草名爲花押，韋陟五朵雲是也。"宋葉夢得《石林燕語》卷四："唐人初未有押字，但草書其名，以爲私記，故號花書，韋陟五雲體是也。花書之起，其必始此矣。"宋程大昌《演繁露·花書》："國初人簡牘往來，其前起語處皆書名，後結語處即以花書代名，不再出名也。花書云者，自書其名，而走筆成妍狀，如花葩也。""花書"，宋高似孫《緯略》卷一〇藉指花俏的鳳尾筆勢。

宋邵博《聞見後録》卷一〇:"有自西南夷得皋授故君長牒,於'皋'位下書若'皋'字,復塗以墨,如刻石者,蓋皋花字也。"《水滸傳》第八回:"林冲當下看人寫了,借過筆來,去年月下押個花字,打個手模。"參閲清趙翼《陔餘叢考·花押》。

【押署】

即花押。此稱唐代前已行用。見該文。

【花書】

即花押。此稱唐代已行用。見該文。

【花字】

即花押。此稱宋代已行用。見該文。

准伏

特指供詞上的花押。元王仲文《救孝子》第四折:"但凡刑人,必然屍親有准伏,方可定罪。"元佚名《盆兒鬼》第四折:"取官綿紙一張,着司房責下口詞,等他夫妻兩個畫了准伏,當堂判個'斬'字。"

手模

亦作"手摹",亦稱"指節"。押在供狀,契紙或其他文書上的指紋印。宋黃庭堅《涪翁雜説》:"今婢券不能書者,畫指節,及江南田宅契亦用手摹也。"元高文秀《遇上皇》第一折:"動不動要手模,是不是取供狀。"《老殘游記》第一九回:"令他畫個十字,打個手模。"

【手摹】

同"手模"。此體宋代已行用。見該文。

【指節】

即手模。此稱宋代已行用。見該文。

囚册

亦稱"囚籍""罪籍"。囚犯名册。《新唐書·柳宗元傳》:"假令萬一除刑部囚籍,後爲士

列,亦不堪當世用矣。"宋陸游《老學庵筆記》卷四:"吕吉甫在北都甚愛晁之道,之道方以元符上書謫官,吉甫不敢薦,謂曰:'君才如此,乃自陷罪籍,可惜也。'"《貪歡報》第三回:"不期廣東恤刑,爲人極慈善,到了衙門,府縣送了囚册,逐起細細審過去。"

【囚籍】

即囚册。此稱唐代已行用。見該文。

【罪籍】

即囚册。此稱宋代已行用。見該文。

犯由牌

亦稱"犯由榜"。古代公布死刑犯人罪狀的告示。其物多以木板或紙製作,可張貼街衢,亦可隨罪犯示衆。元關漢卿《蝴蝶夢》第一折:"不能金榜上分明題姓字,則落得犯由牌書寫名兒。"《水滸傳》第四〇回:"那衆人仰看那犯由牌上寫道:'江州府犯人一名宋江,故吟反詩,妄造妖言,結連梁山泊强寇,通同造反,律斬。'"元佚名《村堂樂》第二折:"這金釵兒是二人口内的招伏狀,更壓着那十字街頭犯由榜。"《初刻拍案驚奇》卷一九:"太守命牢中取出申春等死囚來,讀了犯由牌,押赴市曹處斬。"

【犯由榜】

即犯由牌。此稱元代已行用。見該文。

【犯由】

"犯由牌"之省稱。《水滸傳》第一一〇回:"劊子手叫起'惡殺都來',恰好午時三刻,將王慶押至十字路頭,讀罷犯由,如法凌遲處死。"《醒世恒言·勘皮靴單證二郎神》:"監斬官讀了犯由,劊子手叫起'惡殺都來',一齊動手,剮了孫神通。"《警世通言·計押番金鰻産

禍》："慶奴不合因奸殺害兩條性命,押赴市曹處斬。但見:犯由前引,棍棒後隨,前街後巷,這番過後幾時回?"

傷單

官方出具之傷痕檢驗單。通用於受傷或因傷致命之重大案件。多由州縣長官親自填寫,以作審理之證據。《初刻拍案驚奇》卷一四:"〔知縣〕取了傷單,回到縣中,將一幹人犯口詞取了,問成於大郊死罪。"清黃六鴻《福惠全書・刑名・印官親驗》:"凡傷痕等項,俱宜本官親筆填記,口供令刑書寫記。記畢,本官看明判日,同親記傷單,親帶回衙。"

屍格

亦稱"屍單格目""驗狀"。亦作"尸格"。官方驗屍之記錄表格。上填有死亡原因及時間等內容。通常一式三份,一交苦主,一存案卷,一報上司。《水滸傳》第二七回:"把這一幹人押到紫石街,檢驗了婦人身屍,獅子橋下酒樓前,檢驗了西門慶身屍,明白填寫屍單格目,回到縣裏,呈堂立案。"《古今小說・蔣興哥重會珍珠衫》:"若不見貼骨傷痕,凶身怎肯伏罪?沒有屍格,如何申得上司過?"許政揚校注:"屍格,驗屍單格,也叫驗狀。明代制度,各府刊印檢屍圖式,發給州縣,驗屍時填具三份,一份與苦主,一份黏附在案卷上,一份申繳上司。"屍,一作"尸",清黃六鴻《福惠全書・刑名・檢驗》:"然後照報,硃筆填入屍格。"《二十年目睹之怪現狀》第五六回:"回到衙門,把凶刀和屍格一對,竟是一絲不錯的。"

【屍單格目】

即屍格。此稱元代已行用。見該文。

【驗狀】

即屍格。此稱明代已行用。見該文。

【尸格】

同"屍格"。此體明代已行用。見該文。

屍圖

亦作"尸圖"。官方對屍體病傷情況的檢驗圖錄。《明史・刑法志二》:"檢驗屍傷,照磨司取部印屍圖一幅,委五城兵馬司如法檢驗。"、清黃六鴻《福惠全書・刑名・檢驗》:"誠恐原州縣檢不確,草率申報,仵作暗買尸圖。"《清史稿・刑法志三》:"仵作據傷喝報部位之分寸,行凶之器物,傷痕之長短淺深,一一填入尸圖。"

【尸圖】

同"屍圖"。此體清代已行用。見該文。

讖篋

亦稱"葦方笥"。放置案狀獄牘的箱子。《太平御覽》卷七一一引漢應劭《風俗通》:"孝靈帝建寧中,京師長者,皆以葦辟方笥爲粧。其時有識者竊言:葦方笥,郡國讖篋也,今珍用之,天下皆當有罪,讖於理官也。""葦辟方笥"事亦見載於《後漢書・五行志一》,文字稍異。

【葦方笥】

即讖篋。此稱漢代已行用。見該文。

卷匣

放置案卷的箱匣。清黃六鴻《福惠全書・蒞任・出堂規》:"門人入捧卷匣、儀門各鑰匙陞堂。"

丹筆

特指專用於書寫罪人名籍的朱筆。《初學記》卷二〇引三國吳謝承《後漢書》:"盛吉爲廷尉,每至冬節,罪囚當斷,妻夜執燭,吉持丹筆,夫妻相對,垂泣決罪。"《北史・儒林傳下·劉炫》："隱顯人間，沉浮世俗，數忝徒勞之職，久執城旦之書，名不掛於白簡，事不染於丹筆。"按，亦泛指作重要標示的朱筆。

公案[2]

官府審案時所用的几案。元佚名《陳州糶米》第四折："快把公案打掃的乾凈，大人敢待來也。"

第三章　囚處法具説

第一節　牢獄拘所考

中國古今牢獄與古今拘所，皆爲囚禁人犯所用，故統稱之爲囚處。但其體制較爲複雜，其中有古代之牢獄、拘所與近現代監獄、看守所等區別，標示了由古代文明向現代文明過渡的歷程，兹逐一論述如下。

牢獄謂羈押犯人之場所。此稱已見載於先秦典籍，迄今沿用。如《管子·度地》："當冬三月，天地閉藏……利以填塞空郄，繕邊城，塗郭術，平度量，正權衡，虛牢獄，實廥倉。"葉聖陶《倪焕之》之一："四角方方的教室，不再是生趣索然的牢獄。"古今牢獄雖同名，功用却不盡同。古代牢獄主要羈押有罪待决或者已决待執行的犯人，通常不在獄内執行刑罰。牢獄，清代亦稱"監獄"，今作爲法定名稱。監獄同牢獄之功用，自清代始已漸有區別。據《清史稿·刑法志三》載，光緒三十二年（1906），監獄與看守所分設，牢獄纔成爲執行刑罰的場所，始開近現代監獄之端。民國時期的牢獄，已多采清末之制。

中國之監獄起於何時？《漢書·胡建傳》載："黄帝《李法》曰：'壁壘已定，穿窬不繇路，是謂奸人。奸人者殺。'"顏師古注："李者，法官之號也，總主征伐刑戮之事也，故稱其書曰《李法》……爾，小寶也，音‘踰’。繇，讀與‘由’同。”這是説黃帝臣李氏所製《李法》規定，穿人壁壘，不走正路者，即爲奸人。奸人，依法當殺。五帝之首黃帝爲少典之子，史稱“軒轅氏”，號“有熊氏”。其時代當在四千五百年前。其時既已有法，有刑，亦應有獄，但未見文字記載。《書·舜典》《史記·夏本紀》諸典籍屢見記載的則是堯舜時之士官皋陶。士官即最高法官，其所設之獄亦稱“士”。據載皋陶世居曲阜偃地，故賜姓偃。皋陶爲人賢良聰慧，明辨善惡，創立了“五刑”：墨、劓、刖、宫、大辟（死刑）。漢代史游所撰《急就章》有“皋陶造獄，法律存”之語，宋代陳彭年等所撰《廣韻·入燭》亦稱“獄，皋陶所造”。依據以上記載，中國古代建造監獄時多設有皋陶神廟，或設皋陶神龕。宋人稱其神爲“青面聖者”，死囚押赴刑場前，需在神案前吃長休飯，飲永别酒。（見元關漢卿《四春園》第二折、《水滸傳》第四○回）設皋陶神像，表達後世對造獄始祖之尊崇懷念，同時表明神的公正威嚴，不可侵犯，并求神力相助，以庇護執法。漢蔡邕《獨斷》卷上：“四代獄之别名：唐虞曰士官。《史記》曰‘皋陶爲理’，《尚書》曰‘皋陶作士’。夏曰均臺，周曰圄圜，漢曰獄。”蔡氏對上古監獄作了最簡要最明晰的説明。

　　今學者認爲，中國監獄之設置當始於夏。據夏君王世系表可知，夏王自禹傳啟，直至桀，共歷十四代，立十七王，約四百七十年。王下設有管理各種國事的官卿，已擁有軍隊，由王與軍事長官統帥征戰。此時已有了以夏王爲中心的完整的權力機構，這一權力機構即國家。有了國家、軍隊，則必然有了法律、監獄。《左傳·昭公六年》載有“夏有亂政而作《禹刑》”諸語。這是説在夏王朝社會動亂之時，以禹的名義頒行了法律，《禹刑》即禹法（刑之本義與法相近）。據相關古籍記載，此時的法律已關涉了倫理道德、投機取巧、公約紀律、社會犯罪等各種領域，如不孝、悖逆、掠人美名、不聽命、偷盜劫掠、貪贓敗國、殺人無忌、造反叛亂等等。爲遏止違法犯罪，就有了肉刑、贖刑與最初的刑制“五刑”，與此同時也出現了監獄。據今本《竹書紀年》“帝癸”篇載，夏桀二十二年，桀令囚禁前來朝拜之商侯履於夏臺。又據《史記·夏本紀》載，夏末暴君桀肆虐無道，諸侯怨恨，商族首領成湯有德，諸侯皆歸順之。夏桀“乃召湯，而囚之夏臺”，唐代司馬貞釋“夏臺”曰：“獄名。夏曰‘均臺’。皇甫謐云‘地在陽翟’是也。”也就是説夏臺本稱“均臺”，夏臺當爲後世史家追述之語。據今人考證，陽翟在今河南禹縣境内，故夏代可視爲中國設獄之濫觴。

　　其後，商湯初年即有立法，史稱《湯刑》，且十分嚴格。據《孟子·萬章上》《史記·殷本紀》載，湯死後，其孫太甲繼位，暴虐亂德，不遵湯法，當國之相伊尹即將其逐出朝外，幽禁於桐宮，令其思過悔改，三年後太甲痛改前非，復迎其回宮。這就是說，國王犯法，亦不饒恕，足證《湯刑》之嚴。據《書·盤庚》、今本《竹書紀年·祖甲二十四年》載，盤庚初年、祖甲二十四年又有兩次重大修改。又據《呂氏春秋·孝行》引《書》之《商書》篇曰："刑三百，莫重於不孝。"可見《湯刑》之條律已達三百之多，且又以"不孝"罪爲最重，已將倫理道德融入法典，在上古已是極大進步。同時又出現了中國第一部懲治官吏腐敗的單行刑事法規，史稱《湯之官刑》。(《墨子·非樂上》)

夏商之時已有司寇之職。周沿其制，爲六卿之一，曰秋官司寇，掌管刑獄、糾察諸事，春秋戰國亦多設置。商代聲名昭著的監獄當爲"羑里"。商末，紂王荒淫無道，亂殺無辜，殘害忠良，大臣西伯(即稍後之周文王)痛而嘆息，紂王得知，立"囚西伯於羑里"。事見《史記·殷本紀》，今本《竹書紀年·帝辛二十三年》亦有記載。據《初學記》卷三〇引晉代張華《博物志》云，商代另有監獄曰"動止"，意謂禁止犯人行動。甲骨文中已有"冰圉""爻圉""乍圉""戈圉"諸稱。"圉"字，爲"圄"之初字，即監獄。如卜辭曰："王問，東對造圉，吉否？"吉，則建東對圉。據此可知，商代在東對、冰、爻、乍、戈等包括邊塞與异族在內的地區增設了監獄，其獄已遍及全國。據《墨子·尚賢中》載，帝武丁在傅巖之野發現了着褐衣帶繩索、罰作築道苦役之傅說，舉以爲相。《史記·殷本紀》亦載，商末賢臣箕子因諫紂王而淪爲囚奴。可證商代中期之後，監獄除却囚禁之外，已有罰役之舉，開後世徒刑之先河。

至西周時，上古之獄制已臻完備。除却承襲夏商之五刑外，更確立了勞役刑及鞭刑，尤其是確立了"明德慎罰""刑不上大夫"之獄政宗旨。例如：

罪疑從輕。規定案件無據，罪名難定，應從輕或赦免。可參閱《書·呂刑》《禮記·王制》。

罪人不孥。規定一人犯罪一人當，禁止族誅連坐。孥，謂孥戮，指夏商罪及兒女子孫之酷刑。可參閱《左傳·昭公二十年》注引《書·康誥》佚文。同書《僖公三十三年》注引《書·康誥》佚文。

矜老恤幼。規定八歲以下、八十歲以上的人犯罪，不受刑罰。參閱《周禮·秋官·司刺》。

區分慣偶。規定一貫或故意犯罪者從重，偶然或過失犯罪者從輕。可參閱《書·康誥》

《周禮·秋官·司刺》。

同罪异罰。規定權貴及其親朋犯罪從寬處置，有别於黎民百姓。可參閱《周禮·秋官·小司寇》。

西周又特增司刑之官，專掌五刑之法，又將相傳少昊氏所置之司空作爲六卿之一，兼掌工程及徒刑。其時監獄之功用已甚全面，形態業已完善，表現於以下三端：

一爲囹圄。囹，《説文·囗部》作""，像罪人頸戴械而跪囚之狀；圄，音義皆同"圉"。圉，甲骨文作，像罪人手戴械而跪囚之狀。可知囹、圄皆爲犯人戴械而被圍於"囗"内。囹、圄二字連綴成詞，今始見於《韓非子·三守》："至於守司囹圄，禁制刑罰，人臣擅之，此謂劫刑。"又《禮記·月令》："〔仲春之月〕命有司，省囹圄，去桎梏。"這是説每逢仲春，萬物生長之時，應省視監獄，將犯人的械具去掉。據《周禮·秋官·掌囚》載，囹圄是由掌囚官監管的囚禁重刑犯的監獄。其中有等待行刑的已决犯，亦有等待審訊的未决犯，監獄所具有的羈押職能非常明確。其中已决犯依罪行大小、性質，分爲上罪、中罪、下罪三等，分施不同獄具。上罪戴梏、拲、桎全套械器。械手曰梏，械足曰桎，兩手共械曰拲。中罪去拲，各械手足。下罪又去桎，祇械手而已。施用械具旨在使犯人"幽閉思衍"，即羈押思過，令其從善。經審查確係無辜者，必予開釋。

二爲圜土。據《周禮·秋官·司圜》及《大司寇》載，圜土是由司圜官監管的施行强制教化的監獄。其犯人主要是"罷民"，指無正當職業，不事勞作，爲百姓所苦，或過失傷人之類未入五刑者。依罪行大小、性質，亦分爲上罪、中罪、下罪三等，分判不同年限。上罪三年，中罪二年，下罪一年。一至三年間不受肉刑，不處罰金，但要"任之以事"，强制勞役，且要"明刑"受辱，即將犯人姓名、罪行書於版牘，背負以示衆，也不許戴冠或有其他飾物。收教之中，悔改者放歸原鄉，但要再受三年監督，方可取得百姓身份。若不思悔改而逃離圜土者，則格殺勿論。

三爲嘉石。據《周禮·秋官·大司寇》及《地官·司救》載，嘉石是由司救、朝士兩官監管的施行强制教化的有紋理之大石。此石立於外朝門左。其犯人亦爲罷民，但其罪又輕，祇是"侮慢長老""語言無忌"之類"邪惡者"，尚不足以入圜土。其罰有兩種，一是僅坐嘉石而思過，無其他處罰；二是坐滿罰日即赴司空（掌管水利土木的機構）服勞役。依過錯大小、性質，分爲五等。重罪坐石十三日、勞役一年；其次坐石九日，勞役九月；其次坐石七日，勞役七月；其次坐石五日，勞役五月；下罪坐石三天，勞役三月。坐嘉石時必須戴桎梏，去冠飾，以示恥辱。坐滿、役滿後，由地方長老保釋回里。司救之職責是對萬民中有犯邪惡、過失者以禮治施行挽救；朝士之職是管理外官及有關刑獄。可見西周執法官員職司明確，羈押條理清晰，監獄之建設與管理已甚嚴格，且以禮刑結合、禮刑相輔爲治，影響所及，達於整個古代社會，直抵近代。

戰國之後，中國步入封建社會，且發展甚速，至秦漢之際，封建獄制業已定型。其獄除却羈押黎民百姓之外，對於達官貴人亦有明確法規，發展了《湯之官刑》。就整體而言，自秦漢之後，歷代獄制多轉爲嚴密、嚴苛。秦代始設廷尉之職，爲九卿之一，掌管刑獄。漢初因之，官俸爲中二千石。景帝中元六年（前144），更名大理，光武帝建武四年（28），復稱廷尉。東漢以後，或稱大理，或稱廷尉，或稱廷尉卿。北齊至明清皆稱大理寺卿。宋初一度廢止，至元豐元年（1078），又恢復（歷代職官志皆詳其事，可資參閱。以下御史府、御史臺等亦同）。秦漢之後之牢獄，多隨官名而定，或稱"廷尉獄"，或稱"大理獄"，或稱"大理寺獄"，或徑省稱"廷尉"。自西漢始，設有直隸皇帝的御史府，職司彈劾，爲監察機構。東漢初改稱御史臺，亦名蘭臺寺。南朝梁、後魏、北齊或稱南臺，後周又稱司憲。隋至宋元皆稱御史臺，唐一度改稱憲臺或肅政臺，旋復舊稱。明洪武十五年（1382），改稱都察院，清代沿襲，御史臺之名遂廢。與之相對應者，則有"御史臺獄""蘭臺寺獄""南臺獄""肅政臺獄""都察院獄"諸稱，省稱"御史獄""臺獄"等。如《漢書·刑法志》："高皇帝七年制詔，御史獄之疑者，吏或不敢決，有罪者久而不論，無罪久繫不決。自今以來，縣道官獄疑者，各讞所屬二千石官。二千石官以其罪名當報之，所不能決者，皆移廷尉。"《新唐書·刑法志》："其諸司有罪，及金吾捕者，又有大理獄。"《宋史·蘇軾傳》："御史李定、舒亶、何正言摭其（蘇軾）表語，並媒蘗所爲詩，以爲訕謗，逮赴臺獄，欲實之死。"西漢綏和元年（前8），曾一度罷御史大夫官，效法周制，設司空之職，進而分爲都司空（大司空）、獄司空兩職，雖皆掌徒刑，又有職權範圍之大小。詳可參閱《史記·儒林列傳·轅固生》、漢應劭《漢官儀》。

以上之"大理獄"（初稱"廷尉獄"）、"御史臺獄"，係秦漢之後依法定獄制而設。自西漢前期始，又大興詔獄。所謂"詔獄"指奉詔拘禁犯罪官吏的監獄。奉詔所設之獄有"廷尉詔獄"，囚禁要犯，隸屬廷尉；有"中都官詔獄"，囚禁四方犯罪官吏，隸屬中都官，中都官，漢代京師各官署的統稱；有"共工詔獄"，囚禁內官，隸屬共工，共工，係供百工之官；有"北寺詔獄"，囚禁將相大臣，隸屬黃門令，因署在宮省之北，故亦稱"黃門北寺獄”，唐代稱“制獄”。如《史記·酷吏列傳·杜周》：“至周（杜周）爲廷尉，詔獄亦益多矣。二千石繫者，新故相因……大抵盡詆以不道以上。廷尉及中都官詔獄逮至六七萬人，吏所增加十萬餘人。”《新唐書·狄仁傑傳》：“會爲來俊臣所構，捕送制獄。”又如，《後漢書·陳敬王劉羨傳》：“靈帝不忍復加法，詔檻車傳送憺、遷，詣北寺詔獄。”又《李雲傳》：“帝得奏震怒，下有司逮雲……送黃門北寺獄，使中常侍管霸與御史、廷尉雜考之。”

作爲監獄，古代有官獄、野獄之別。前者指官府所設之獄所，後者指鄉野之牢房。官獄，單稱“獄”。《説文·㹜部》：“獄，确也。从㹜，从言。二犬所以守也。”意謂獄墻堅确，二犬看守；言，爭訟也。野獄，初稱“犴”“岸”“豻”。本謂勇猛而善守之野狗，故代指鄉野之牢房。“犴”“豻”諸稱，先秦時期已行用。如《詩·小宛·小雅》：“哀我填寡，宜岸宜獄。”陸德明釋文：“〔岸〕《韓詩》作‘犴’，云：‘鄉亭之繫曰犴，朝廷曰獄。’”《資治通鑑·晋惠帝元康九年》：“奸偽者因以售其情，居上者難以檢其下。事同議異，獄犴不平。”元胡三省注：“野獄曰犴。”《漢書·刑法志》：“原獄刑所以蕃若此者……獄豻不平之所致也。”顔師古注引服虔曰：“鄉亭之獄曰犴。”唐宋之後，野獄之制已廢止。先秦至兩漢，凡獄犴連稱者，多分指官野兩類監獄。直稱“官獄”，始見於西漢。如漢焦贛《易林·暌之咸》：“三牛五羊，重明作福，使我有得，疾人官獄，憂在心腹。”“官獄”一稱，後世少見行用，但官獄之制歷代沿襲，迄今難衰。

牢獄，古時亦稱“牢”“牢檻”“牢犴”“牢圉”“牢坑”“法獄”“獄”“獄牢”“獄庭”“獄犴”“獄狱”“犴獄”“監”“監牢”“監獄”“監鋪”“樊監”“監倉”“陛”“㹜”“囹”“圄”“圍”“囹圄”“圄囹”“圉囹”“幽囹”“圜土”“圓土”“圜牆”“法室”，以上爲泛稱。别稱有“㹜犴”“㹜牢”“㹜獄”“犴㹜”“犴圉”“圉犴”“北扉”“牢扉”“獄户”“犴户”“陛户”“圜門”“圜扉”“圜㹜”“圓門”“圓扉”“叢棘”“嚴棘”。泛稱常見諸經史，別稱多用於詩文。兩稱合計約五十種，各種皆設專文於後，可查其淵源，知其本義。另有專獄專稱及今時之俗稱皆未計入。專獄專稱係相對而言，其中有原爲專稱、後爲泛稱者，亦如前例，各設專文於後，以備檢閱。

中國古代獄制，自西周始已行文明管理，前已述及。如《周禮·秋官·司刺》明載“矜老恤幼”之制，即八歲以下、八十歲以上的人犯罪，不受刑罰，當然亦不得入獄羈押。後世又有不刑孕婦，孕婦産而受刑；無後死囚，可令其婦入宿懷孕之制。又據《禮記·月令》：“〔仲春之月〕命有司，省囹圄，去桎梏。”這是説每逢仲春，萬物生長之時，應省視監獄，將犯人的獄具去掉。“省囹圄”之先制，至西漢已發展爲“録囚”定制，即每逢春季朝廷省察監獄，甄別囚徒。其時自郡守、刺史，直至皇帝皇后皆依例錄囚，其中刺史又必須於秋冬行刑前“省察治狀”。“錄囚”之舉，《漢書》《後漢書》屢見記載。其後，錄囚之制歷代沿而不輟，且時見賜囚之舉，即增囚犯以衣食，給予醫藥。此即所謂“賞以春夏，刑以秋冬”（《左傳·襄公二十六年》）。

先秦時已甚重古代禮制，認爲“男女授受不親”。因此除却普通監獄之外，又特設女牢，稱之爲“圄”。（見《説文·土部》“圄”及諸家注文）明清之後多稱之爲“女監”，今世亦然。本考之下設有專文，此不贅述。秦漢時，由於宮庭鬥争，女牢大增，且有虐囚之舉。最早見於典籍記載的女牢當爲“永巷”。永巷，原爲秦宮巷，後作官署名，掌後宮人事，以宦官爲令丞。戰國秦昭王之前已用於囚禁宮人、女官，漢武帝太初元年（前104），改稱“掖庭”，後以爲後宮女牢，由少府屬官掖庭令掌其事。東漢又分爲二，各設掖庭令、永巷令。如《史記·范雎蔡澤列傳》：“於是范雎乃得見於離宮，詳爲不知永巷而入其中。”張守節正義：“長安故城本秦離宮，在雍州長安北十三里也。永巷，宮中獄也。”《資治通鑑·漢武帝後元元年》：“後數日，帝譴責鈎弋夫人，夫人脱簪珥，叩頭。帝曰：‘引持去，送掖庭獄！’”胡三省注：“掖庭屬少府，有秘獄，凡宮人有罪者下之。”因“掖庭獄”多爲奉詔秘密監禁，故史書多稱之爲“掖庭詔獄”或“掖廷秘獄”。如《漢書·劉輔傳》：“上使侍御史收縛輔，繫掖庭秘獄。”顏師古注引《漢書舊儀》：“掖庭詔獄，令丞宦者爲之，主理婦人女官也。”按，收縛男官諫大夫劉輔爲偶或之舉，稍後即改繫“共工獄”。同“掖庭詔獄”性質相近者尚有“若盧詔獄”，省稱“若盧獄”，爲西漢前期奉詔囚禁皇家親戚婦女之監獄，由少府屬官若盧令丞主其事。若盧，本爲主藏兵器之官。其獄光武帝一度省之，和帝復置。如，《漢書·百官公卿表上》：“〔少府，秦官。有六丞〕屬官有……樂府、若盧。”顏師古注：“服虔曰：‘若盧，詔獄也。’鄧展曰：‘舊洛陽兩獄，一名若盧，主受親戚婦女。’如淳曰：‘若盧，官名也。藏兵器。’”又《和帝紀》：“〔永元九年十二月〕己丑，復置若盧獄官。”此外，尚有“暴室”，或稱“薄室”。本爲漢代掖庭中織作染練之所，宮中婦人有病者亦居此。後亦爲囚禁后妃之宮內監獄，罰作以上勞役，由宮中主管官暴室掌其事。如《漢書·宣帝紀》：“〔宣帝劉詢〕既壯，爲取暴室嗇夫許廣漢女。”顏師古注：“暴室者，掖庭主織作染練之署，故謂之暴室。取暴曬爲名耳。或云‘薄室’者，‘薄’亦暴也……蓋暴室職務既多，因爲置獄主治其罪人，故往往云‘暴室獄’耳。”囚禁普通女妃則有“洛陽獄”。事見《後漢書·安帝紀》永初二年紀。此制至後世而不衰，明代又設“洗衣局”，爲女囚服役浣衣之所。事見明沈德符《萬曆野獲編·佞倖·主上外嬖》《明史·徐珪傳》。

與上述文明管理相對的則是虐囚，視犯人生命如草芥，或置之死地而後快。如西漢永始、元延年間酷吏尹賞所設"長安獄"，深廣數丈，其口如井，蓋之以巨石，數日一啓，犯人嘗相枕藉，窒息而死，時人喻之爲"虎穴"。南北朝之後，已有掘土爲室、構築於地下之監獄，稱之爲"地牢"，後世已時見設置。南漢暴君劉龑始設"水獄"，聚毒蛇於池內，齧犯人慘死。後晋天福七年（942），另一暴君石敬瑭亦效其法，有過之而無不及。明清至近代亦有"水牢"，而未聞聚蛇之舉。

在中國古代，亦有區別於普通監獄之拘所。所謂拘所，多不定罪，不行刑，旨在禁止或限制被拘者之自由。拘所之設置，最早見於商代。湯帝之孫太甲即位，暴虐亂德，三年而"不尊湯法"，當國之相伊尹囚其於桐宮，令其思過，又三年太甲自責歸善，伊尹乃迎太甲返回亳都，授之以政，復其帝位。桐宮故地一說在今河南商丘，一說在今河北臨漳境。後世常以桐宮藉指幽禁帝王之處。西漢設有"請室"或稱"清室"，專用於囚禁官吏，意謂請罪之室。南北朝之後多稱之爲"禁所"，與請室相近，多囚禁要犯，中斷其與外界聯繫，削其權力，以待審訊定罪。

另一類型之拘所即質宮，爲古代囚禁人質之場所，故稱。最早見於春秋戰國之際。一國或一方爲達到既定目的，即關押以對手之至親爲條件，令其屈從。據《墨子》之《號令》篇載，質宮亦稱"葆宮"。葆，通"堡"。葆宮之牆至少有三重，牆上塗瓦多重，以防逾越。諸門有忠信之吏，四周有敦厚之戍卒，出入關門，他人必持太守之符節方可通行。此類質宮，魏晋時亦見設置，隋唐之後無聞。

中國古代獄制，連同上述之拘所，綿延四千餘載，已度過了東方古代漫長的文明期，然其深隱之弊端日漸暴露，自鴉片戰争之後逐漸改進。清末，沿海諸大省之州縣監獄以吏目、典史爲管獄官，知州知縣爲有獄官，司監則設按司獄。各監有内監，以禁死囚；有外監，以禁徒流以下；婦女別置一室曰女監。徒以上鎖收，杖以下散禁。囚犯日給倉米一升，寒給絮衣一件，鎖杻常洗滌，薦薦常鋪置，夏備飲涼，冬設暖床，病給醫藥。此舉惜未遍及全國，施行時間又甚短。刑部分内外兩監。額設司獄八員，提牢二員，掌管獄卒，稽查罪囚，輪流分值，每月派御史查監，有瘐斃者，亦報御史相驗，年終并由刑部彙奏一次。光緒二十八年（1902），刑部議准山西巡撫奏請各省通設罪犯習藝所，開監獄收押已決犯并教習技藝之先河。光緒三十二年始，將舊式監獄中之已決犯劃歸法部，仍稱監獄，其制多采自日本，監房有定式，并附設工廠，以便囚犯服役。未決犯則劃歸大理院管轄，大理院設看守所，以羈押犯罪之待訊者。監獄與看守所分設之制，民國時沿而未改。

牢獄

牢獄

亦稱"牢檻""牢犴""牢圄"。關押犯人之場所。皆堅牢難破，以防逃竄，故稱。《說文・犾部》："獄，确也。"段玉裁注："堅剛相持之意。"《釋名・釋宮室》："獄，又謂之牢，言所在堅牢也。"今法定名稱爲"監獄"。古代監獄主要羈押有罪待決或者已決待執行的犯人，一般不在獄內執行刑罰。據《清史稿・刑法志三》載，光緒三十二年（1906），監獄與看守所分設，牢獄纔成爲執行刑罰的場所，始開近現代牢獄之端。民國時期的牢獄，已多采清末之制。據《竹書紀年》《獨斷》諸書記載，唐虞時已有法律與監獄。後世所稱之"五刑"，甲骨文中皆有相應之字形。"牢獄"一詞，先秦時已行用。《管子・度地》："當冬三月，天地閉藏，暑雨止，大寒起，萬物實熟。利以填塞空郤，繕邊城，塗郭術，平度量，正權衡，虛牢獄，實廥倉。"《漢書・蕭望之傳》："於是望之仰天嘆曰：'吾嘗備位將相，年逾六十矣，老入牢獄，苟求生活，不亦鄙乎！'"《後漢書・李業傳》："未聞求賢而脅以牢獄者也。"又《度尚傳》："乞傳尚詣廷尉，面對曲直，足明真僞，尚不徵者，磐埋骨牢檻，終不虛出，望塵受枉。"《梁書・武帝紀》："斷弊之書，日纏於聽覽；鉗鈦之刑，歲積於牢犴。"宋蘇軾《黃州還回太守畢仲遠啓》："道德龔黃之右，牢圄坐空；風流王謝之間，嘯歌自得。"

【牢檻】

即牢獄。此稱漢代已行用。見該文。

【牢犴】

即牢獄。此稱南北朝時期已行用。見該文。

【牢圄】

即牢獄。此稱宋代已行用。見該文。

【牢】

即牢獄。甲骨文作"〔图〕"，或作"〔图〕"。前者"〔图〕"內爲"牛"，後者"〔图〕"內爲"羊"。商承祚《殷虛文字類編》引羅振玉曰："牢爲獸欄，不限牛，故其字或從羊。""〔图〕"或"〔图〕"即豢養牛羊之柵欄。後引申爲堅牢或監牢義。漢司馬遷《報任少卿書》："故士有畫地爲牢，勢不可入，削木爲吏，議不可對，定計於鮮也。"《說岳全傳》第六一回："我只道是揚子江中的風波，誰知牢中也有什麼風波亭。"

【牢坑】

即牢獄。《紅樓夢》第一五回："你要怎麼樣，除非我出了這牢坑，離了這些人纔好呢。"又第三六回："你們家把好好兒的人弄了來關在這牢坑裏學這個還不算，你這會兒又弄個雀兒來，也幹這個浪事。"

【牢房】

即牢獄。金董解元《西廂記》卷八："有子有牢房地匣，有子有檻車夾畫。"元古杭書會《小孫屠》一五出："哽咽淚汪汪，親孃無資訊，共我兄弟何方？不道我落在牢房。"

【獄】[1]

即牢獄。其稱先秦時期已行用,《説文·㹜部》:“獄,确也。从㹜从言。二犬所以守也。”桂馥義證引《荀子·宥坐》“獄犴不治”楊倞注:“二犬象所以守也。”《詩·小雅·小宛》:“哀我填寡,宜岸宜獄。”朱熹集傳:“岸,亦獄也,《韓詩》作‘犴’。鄉亭之繫曰犴,朝廷曰獄。”漢蔡邕《獨斷》卷上:“四代獄之别名:唐虞曰士官……夏曰均臺,周曰圜圉,漢曰獄。”唐韓愈《唐故朝散大夫商州刺史董府君墓志銘》:“糧料吏有忿争相牽告者,事及於公,因徵下御史獄。”清方苞《獄中雜記》:“余在刑部獄,見死而由竇出者,日三四人。”

【獄犴】

即牢獄。亦作“獄豻”“獄狂”,亦稱“獄牢”“獄庭”。此稱先秦時期已行用。《荀子·宥坐》:“獄犴不治,不可刑也。”楊倞注:“犴,亦獄也。”漢桓寬《鹽鐵論·刑德》:“幽隱遠方,折乎知之,室女童婦,咸知所避,是以法令不犯,而獄犴不用也。”《漢書·刑法志》:“原獄刑所以蕃若此者……獄犴不平之所致也。”《隸釋·漢外黄令高彪碑》:“獄狂生中,邦無怨聲。”洪適釋:“狂即‘犴’字。”《淮南子·説山訓》:“執獄牢者無病,罪當死者肥澤。”漢袁康《越絶書·外傳記吳地傳》:“吳獄庭,周三里,春申君時造。”金元好問《資善大夫集慶軍節度使蒲察公神道碑銘》:“正大二年被詔審理冤獄,時所在獄犴填滿。”

【獄豻】

同“獄犴”。此體漢代已行用。見該文。

【獄狂】

同“獄犴”。此體漢代已行用。見該文。

【獄牢】

即獄犴。此稱漢代已行用。見該文。

【獄庭】

即獄犴。此稱漢代已行用。見該文。

【法獄】

即牢獄。《南史·宋竟陵王誕傳》:“上使有司奏誕罪惡,宜絶屬籍,削爵土,收付法獄。”南朝梁任昉《奏彈曹景宗》:“臣謹以劾,請以見事免景宗所居官,下太常,削爵土,收付廷尉法獄治罪。”

【犴獄】

即牢獄。亦作“豻獄”,亦稱“犴庭”。《梁書·武帝紀中》:“凡犴獄之所,可遣法官近侍,遞録囚徒,如有枉滯,以時奏聞。”唐韓愈《赴江陵途中寄贈三學士》詩:“何況親犴獄,敲搒發奸偷。”宋蘇軾《北京謝韓丞相啓之一》:“而況旱氣方退,流民未還,盜賊縱横,犴獄填委,是健吏屬精竭力而不足之日,非庸人偷安自便而能辦之時。”《明會要》卷七四二:“朝列清班,暮幽犴獄。”明楊繼盛《和商中丞獄中生瓜》:“天意昭殊節,犴庭産異瓜。可憐成落寞,徒自吐英華。”清秋瑾《精衛石》第一回:“戕殘骨肉何其忍,一似犴庭受刖刑。”

【豻獄】

同“犴獄”。此體明代已行用。見該文。

【犴庭】

即犴獄。此稱明代已行用。見該文。

【圉】

即牢獄。圉,《説文·囗部》作“圉”,甲骨文“令”作“圉”,金文作“圉”,象罪人跪而頸戴械,環圍於“囗”内。故許氏釋之曰:“圉,獄也。”徐鍇繫傳稱:“圉者,檻也。櫳檻之名。"當非是。漢張衡《周天大象賦》:"彼貫索之爲狀,實幽圄之取則。"唐韓愈《答張徹》詩:"下險疑墮井,守官類拘圄。"宋韓維《和象之夜飲》詩:"煩憂忽以去,曠如出幽圄。"

【圉】

即牢獄。亦作"圉"。"圉"爲古字。王襄《簠室殷契類纂》曰:"圉(甲骨文),從執,從口。執,許說'捕罪人也'。口,古'圍'字。捕罪人而拘於圉中。"《説文・幸部》:"圉,囹圄。所以拘皋人也。"《晏子春秋・諫下一》:"景公藉重而獄多,拘者滿圉,怨者滿朝。"《漢書・王褒傳》:"昔周公躬吐捉之勞,故有圉空之隆。"顏師古注:"一飯三吐飧,一沐三握髮,以賓賢士,故能成太平之化,刑措不用,囹圄空虛也。"《宋書・孝武帝紀》:"廷尉遠邇疑獻,平決攸歸,而一蹈幽圉,動逾時歲。"明謝讜《四喜記・奔告強婚》:"雖不能片言折獄,亦可喜縣獄空圉。"

【圄】

同"圉"。此體先秦時期已行用。見該文。

【監】

即牢獄。亦稱"檻"。《廣雅・釋宮》:"檻,牢也。"《晉書・紀瞻傳》:"時有詐作大將軍府符收諸暨令,令已受拘,瞻覺其詐,便破檻出之,訊問使者,果伏詐妄。"《水滸傳》第二七回:"知縣叫取長枷,且把武松同這婆子枷了,收在監內。"《儒林外史》第九回:"縣主老爺見是監務的事,點到奉丞,把這先生拿到監裏坐著追比。"

【檻】[1]

即監。此稱三國時期已行用。見該文。

【監鋪】

即牢獄。亦作"監舖"。《警世通言・鈍秀才一朝交泰》:"德稱因腹餒,緩行了幾步,被地方拿他做火頭,解去官司,不由分説,下了監鋪。"清朱雝《十五貫・廉訪》:"湊巧得極,正遭着倒運的'強遭瘟',恰好也揹了十五貫銅錢,同了丫頭走路,竟被地方追着,捉到當官,替我打,替我夾,替我坐監鋪,替我問斬罪,真正是十足替死鬼。"

【監舖】

同"監鋪"。此體明代已行用。見該文。

【監牢】

即牢獄。宋劉克莊《除匠監直華文閣辭免狀》:"出命便蕃,附心震灼,念某近者陳情甚苦,被旨弗俞,複將求於叢詞,忽晉長於繕監牢……"《兒女英雄傳》第一八回:"可憐就把個鐵錚錚的漢子立刻革職拿問,陷在監牢,不上幾日,一口暗氣鬱結而亡。"《官場現形記》第二二回:"不到一月,司裏、府裏、縣裏三處監牢,都已填滿。"

【樊監】

即牢獄。明文震亨《長物志・室廬小序》:"要須門庭雅潔,室廬清靚……若徒侈土木尚丹堊,真同桎梏樊監而已。"

【狴犴】

即牢獄。單稱"狴""陛",亦稱"犴狴"。《廣韵・去齊》:"陛,《説文》曰:'牢也,所以拘罪也。'狴,同陛"。漢揚雄《法言・吾子》:"劍客論曰:'劍可以愛身。'曰:'狴犴使人多禮乎?'"佚名音義:"犴,音岸,獄也。""犴""獄"混言之無別,細分之則异,見後文"野獄"。《孔子家語・始誅》:"孔子爲魯

大司寇，有父子訟者，夫子同狴執之。”王肅
注：“狴，獄牢也。”《陳書·後主紀》：“眷茲狴
犴，有軫哀矜，可克日於大政殿訊獄。”唐杜牧
《上李太尉論江賊書》：“鄉閭安堵，狴犴空虛。”
宋朱熹《楊文靖公墓志銘》：“今茶法獨許根究，
追呼蔓延，犴狴充斥，宜即革之。”《明史·閹
黨傳序》：“明代閹宦之禍酷矣……衣冠填於狴
犴，善類殞於刀鋸。”明楊珽《龍膏記·羅織》：
“奸謀，歡鄒陽難免犴狴窮愁。”清蒲松齡《聊
齋志異·江城》：“生日在蘭麝之鄉，如犴狴中
人，仰獄吏之尊也。”《清史稿·刑法志三》：“院
（大理院）設看守所，以羈犯罪之待訊者……於
是法部犴狴空虛，別設已決，監於外城。”寧調
元《書感》詩：“天陰雨驟晝聞雷，犴狴重重即
夜臺。”後世附會爲龍之九子之一，稱其形似虎
而好訟，故立其像於獄門，或作爲門上的獸吻，
并用以藉指牢獄。參閱明楊慎《龍生九子》、胡
侍《真珠船·龍九子》。

【狴】

“狴犴”之單稱。此稱魏晋時期已行用。見
該文。

【陛】

即狴犴。此稱宋代已行用。見該文。

【犴狴】

即狴犴。此稱宋代已行用。見該文。

【狴牢】

即牢獄。亦稱“牢狴”“狴圄”。漢焦贛《易
林·比之否》：“失意懷憂，如幽狴牢。”《舊唐
書·劉瞻傳》：“兩家宗族枝蔓，盡捕三百餘人，
狴牢皆滿。”唐李白《萬憤詞投魏郎中》：“蒼蒼
之天，高乎視低，如其聽卑，脫我牢狴。”唐
李嶠《攀龍臺碑》：“狴圄空而京坻實，奸回息

而禮義興。”明黃瑜《雙槐歲抄·龔指揮氣節》：
“時睿皇帝歸自北狩，尊爲太上皇，居南宮，幽
閉如狴牢，至穴牆以通飲食。”

【牢狴】

即狴牢。此稱唐代已行用。見該文。

【狴圄】

即狴牢。此稱唐代已行用。見該文。

【狴獄】

即牢獄。漢揚雄《太玄·窮》：“次七，正其
足，蹲於狴獄，三歲見録。”《北史·魏收傳》：“欣
戚更來，得喪仍續，至有身禦魑魅，魂沉狴獄。”

【圄犴】

即牢獄。亦稱“犴圄”。《後漢書·皇后紀
序》：“身犯霧露於雲臺之上，家嬰縲絏於圄犴
之下。”《宋書·孝武帝紀》：“昔姬道方凝，刑
法斯厝；漢德初明，犴圄用簡。”《梁書·武帝
紀中》：“今退邇知禁，圄犴稍虛，率斯以往，
庶幾刑措。”

【犴圄】

即圄犴。此稱南北朝時期已行用。見該文。

【北扉】

即牢獄。原指北寺之門。北寺原爲東漢囚
禁將相大臣之所，後藉稱牢獄。唐杜牧《華清
宮三十韻》：“北扉關木索，南面富循良。”參見
本卷《囚處法具説·牢獄拘所考》“北寺詔獄”
文。

【牢扉】

即牢獄。亦稱“牢户”。本指牢門，藉指
牢獄。漢焦贛《易林·大過之明夷》：“牢户之
冤，脱免無患。”《南齊書·竟陵文宣王子良傳》：
“負罪離鬱，充積牢户。”《舊唐書·崔隱甫傳》：
“由是自中丞、侍御史已下，各自禁人，牢扉常

滿。"

【牢户】

即牢扉。此稱漢代已行用。見該文。

【獄户】

即牢獄。此稱晋代已行用。晋陸機《謝平原内史表》:"重蒙陛下愷悌之宥,回霜收電,使不隕越,復得扶老携幼,生出獄户。"北齊顏之推《顏氏家訓·風操》:"江南諸憲司彈人事,事雖不重,而以教義見辱者,或被輕繫而身死獄户者,皆爲怨讎,子孫三世不交通矣。"唐李白《萬憤詞投魏郎中》詩:"獄户春而不草,獨幽怨而沉迷。"

【犴户】

即牢獄。北周庾信《周大將軍趙公墓志銘》:"犴户苔生,囹闌簷動。載酒屬車,幸無冤氣。"《新唐書·后妃傳上·則天武皇后》:"肆斬殺怖天下……宗姓侯王及它骨鯁臣將相駢頸就鈇,血丹狴户,家不能自保。"《通雅·宮室》:"念室、動止、稽留,皆拘繫之稱,因指圜土;若因諸、尉氏、居室、若盧、共工、發于、東冶,皆因官因地而有獄有繫,非定以此皆犴户之名也。"

【狴户】

即犴户。此稱唐代已行用。見該文。

【犴户】

同"犴户"。此體明代已行用。見該文。

【獄垣】

即牢獄。指獄墻。亦藉指牢獄。《漢書·司馬遷傳》中即有"幽於圜墻之中"句,顏師古注曰:"圜墻,獄也。"參見本卷《囚處法具說·牢獄拘所考》"圜土"文。

【圜門】

亦作"圓門"。本指獄門,藉指監獄。《文選·江淹〈詣建平王上書〉》:"下官抱痛圓門,含憤獄户。"吕延濟注:"圓門亦獄門。"清吳兆騫《閏三月朔日將赴遼左留別吳中諸故人》詩:"身嬰木索入圜門,白日陰沉欲斷魂。"清王士禎《池北偶談·談故二·朝鮮疏》:"金墉十年,内外隔絶,圜門棘户,穴通飲食。"參見本卷《囚處法具說·牢獄拘所考》"圜土"文。

【圓門】

同"圜門"。此體南北朝時期已行用。見該文。

【圜扉】

即圜門。亦作"圓扉"。《文選·王融〈三月三日曲水詩序〉》:"稀鳴桴於砥路,鞠茂草於圜扉。"吕向注:"圓扉,獄也。"唐駱用弱《集異記·凌華》:"華昔日曾宰劇縣,甚著能績,後有缺行敗其成功,謫官圜扉,伺其修省。"唐劉長卿《罪所上御史惟則》詩:"誤因微禄滯南昌,幽繫圜扉晝夜長。"宋王禹偁《南郊大禮》詩之八:"萬國梯航歸大國,一聲雷雨破圜扉。"明張煌言《祭四叔父文》:"今逆虜棄天經,斁人彝,株連波纍,致叔父畢命圜扉。"

【圓扉】

同"圜扉"。此體南北朝時期已行用。見該文。

【圜狴】

即牢獄。唐沈佺期《則天門赦改年》詩:"聖人宥天下,幽鑰動圜狴。"參見本卷《囚處法具說·牢獄拘所考》"圜土""狴"文。

叢棘

即牢獄。亦稱"嚴棘"。古多於獄所垣墻布

棘，因稱。《周易·坎》："上六係用徽纆，寘於叢棘，三歲不得，凶。"孔穎達疏："用其徽墨之繩，置於叢棘，謂囚執之處，以棘叢而禁之也。"《魏書·高恭之傳》："如此則肺石之傍怨訟可息，叢棘之下受罪吞聲者矣。"《後漢書·寇榮傳》："尚書背繩墨，案空劾，不復質確其過，寘於嚴棘之下，便奏正臣罪。"李賢注："嚴棘，謂獄也。"

【嚴棘】

即叢棘。此稱漢代已行用。見該文。

【縲紲】

即牢獄。亦作"累紲""纍紲"。謂以黑索捆綁罪犯，後又藉指爲牢獄。此稱先秦已行用。《論語·公冶長》："子謂公冶長：'可妻也，雖在縲紲之中，非其罪也。'"《史記·仲尼弟子列傳》作"累紲"，裴駰集解引孔安國曰："累，黑索也，紲，攣也。所以拘罪人。"《史記·孔子世家》："〔秦穆公〕身舉五羖，爵之大夫，起纍紲之中，與語三日，授之以政。"又《管晏列傳》："越石父賢，在縲紲中。"

【累紲】

同"縲紲"。此體漢代已行用。見該文。

【纍紲】

同"縲紲"。此體漢代已行用。見該文。

福堂

即牢獄。據古訓"人居幽苦則思善"之意而得名。《魏書·刑罰志》："夫人幽苦則思善，故囹圄與福堂同居，朕欲其改悔，而加以輕恕耳。"明胡侍《真珠船》卷三："余向繫錦衣獄，睹壁上有大書'福堂'，字甚偉……近閱《吳越春秋》，大夫文種祝詞有云'禍爲福根，憂爲福堂'，因知出處。"清鈕琇《觚賸·兩大文章》：

"世有視終南爲捷徑，而絕裾不顧，藉檻車爲福堂，而繫頸自甘者，彼何人哉！"參閱《魏書·刑罰志》。

【福舍】

即福堂。《太平廣記》卷三三七引南朝齊王琰《冥祥記·趙泰》："泰出獄門，見有二人，齎文書來說獄吏，言有三人，其家爲於塔寺中懸幡燒香，救解其罪，可出福舍。俄見三人，自獄而出。"

獅子口

獄門之俗稱。傳說中之狴犴，其狀類獅，常塑其像於獄門口，以爲標志，時人誤以爲名。《水滸傳》第四九回："當日樂和拏著水火棍，正立在牢門裏獅子口邊，只聽得拽鈴子響。"

禁

本爲圈養禽獸處，引申爲囚禁犯人之所，類似牢獄。《晋書·苻丕載記》："徐義爲慕容永所獲，械埋其足，將殺之……至夜中，土開械脫，於重禁之中若有人導之者，遂奔楊佺期。"《水滸傳》第六六回："獄囚遇赦重回禁，病客逢醫又上床。"《紅樓夢》第八六回："生兄在禁，具呈訴辯，有干例禁。"

監倉

猶言監獄與禁閉室。按罪之輕重劃分，輕者常備食物，稱"倉獄"；重者不備食物，即普通監獄。有時二者無別。漢衛宏《漢舊儀》："家令秩千石，主倉獄。"《通典·職官一五》："後漢令、長、國相，各置丞一人，署文書，典知倉獄……凡諸縣丞，皆銅印黃綬，進賢一梁冠。自晋後無丞，宋時唯建康有獄丞，隋及大唐縣丞各一，通判縣事。"《後漢書·郎顗傳》："臣恐立秋以後，趙、魏、關西將有羌寇畔戾之患，宜豫宣告諸郡，使敬授人時，輕徭役，薄賦斂，勿妄繕起，堅倉獄，備守衛，回選賢能，以鎮撫之。"《宋書・索虜傳》："德祖遣振威將軍河陰令竇晃五百人戍小壘，緱氏令王瑜四百人據監倉。"《續資治通鑑・宋神宗熙寧四年》："奏疏，安石欲竄摯嶺外，帝不許，但謫監倉，繪尋出知鄭州。"明呂坤《實政錄・風憲約・監禁十款》："往見一縣令，懶於問辭，輕於聽信，拘到人犯，皂快稟收監倉……甚者，監倉皆滿，而送之冷鋪。"清潘杓燦《未信編》："罪有輕重之分，則禁有監倉之別。"清黃六鴻《福惠全書・刑名・檢驗》："如人命果真，當堂將凶犯重責收監，其餘犯應收監倉者，分別投監寄倉。"

倉獄

猶禁閉室。此稱漢代已行用。見"監倉"文。

獄室

亦稱"睞""庚""獄舍""圜室"。獄中房舍。此稱魏晉時已行用。《集韻・入曷》："睞，《博雅》：'庵也。'一曰獄室。或省。"《廣韻・入曷》："庚，《廣雅》曰：'庵也。'亦獄室也。"宋真德秀《通判和州葉氏墓志銘》："調筠州錄參獄舍，故湫隘遇暑潦，囚多疫，公自郡一新之，由是無病死者。"《明史・刑法志三》："初，衛獄附衛治，至門達掌問刑，又於城西設獄舍，拘繫狼籍。"明瞿佑《歸田詩話・和獄中詩》："永樂間，予閉錦衣衛獄……時孫碧雲、蘭古春二高士亦同在圜室。"明陳汝元《金蓮記・廷讞》："一生詩舌偏爲禁，孤燈夜雨，枯樹寒灰，都付與圜室螢飛。"

【睞】

即獄室。此稱三國時期已行用。見該文。

【庚】

即獄室。此稱三國時期已行用。見該文。

【獄舍】

即獄室。此稱宋代已行用。見該文。

【圜室】

即獄室。此稱明代已行用。見該文。

【監房】

即獄室。《水滸傳》第五四回："宋江心中憂悶，尋到一處監房內，却監着柴皇城一家老小。"明張景《飛丸記・全家配遠》："這官府還是好方便的，廊下雖則凄涼，尤勝監房囉唕。"《清史稿・刑罰志三》："於是法部犴狴空虛，別設已決監於外城……並令各省設置新監。其制大都採自日本，監房有定式，工廠有定程。"

匣 [1]

亦作"柙"。原爲囚獸之牢籠，後以藉指，類似獄室。《論語・季氏》："虎兕出於柙，龜玉毀於櫝中，是誰之過與？"何晏集解引馬融曰："柙，檻也。"《漢書・文三王傳・梁懷王劉揖》引作"匣"。《新編五代史平話・梁史平話卷上》："朱溫便尋鬧，揮拳打落了鄉人兩齒，被地方投解徐州，送左獄禁勘，恰與劉文政同匣。是夜三更，風雨驟作。溫打開匣，脫了柙，同那劉文政躍身從氣樓走出。"參見本卷《囚處法具說・牢獄拘所考》"地牢"文。

【柙】

同"匣"。此體漢代已行用。見該文。

班房 [2]

類似獄室。《歧路燈》第三〇回："小姚兄弟，先把這兩個費油鹽的押到班房去。"《二十年目睹之怪現狀》第一〇回："他還要伸説時，已經有兩個差人過來，不由分説，拉了下去，送到班房裏面。"

獄神廟

亦稱"獄神祠"。古代祭祀獄神的祠廟。宋代已見設立。其神色青綠，相傳爲皋陶所化。據《書·舜典》《史記·夏本紀》諸書記載，皋陶，亦稱"咎陶""咎繇"，生於曲阜（今山東曲阜），係東夷部族首領。因居曲阜偃地，後賜姓偃。舜帝時任皋陶作"士"，爲最高執法官。其爲人賢良聰慧，明辨善惡，首創"五刑"之法，即墨、劓、刖、宮、大辟，并創建了監獄。據《荀子·非相》載："皋陶之狀，色如削瓜。"唐人楊倞注之曰："如削皮之瓜，青綠色。"中國古代建造監獄時多設有皋陶神廟，或設皋陶神龕。宋人稱其神爲"青面聖者"。設皋陶神像，以表達對創立五刑、造獄始祖之尊崇，同時表明神的公正威嚴，不可侵犯。死囚押赴刑場之前，需在神案前吃長休飯，飲永別酒（見《水滸傳》第四〇回）。元關漢卿《四春園》第二折："令史將這小廝枷鎖開了，拏他去獄神廟裏歇息。"清黃六鴻《福惠全書·刑名·監禁》："宜於犴狴門內分爲四層，第一層近獄神祠者爲軟監。"另據《山西通志》《洪洞縣志》載，皋陶生於山西洪洞縣南十五里之皋陶村，因其曾任士師，又稱士師村，爲高陽氏八才子之一。今其村猶存，村裏有皋陶墓、皋陶臺等遺址。

【獄神祠】

即獄神廟。此稱清代已行用。見該文。

諸獄

官獄

單稱"獄"。官府之獄所。《説文·㹜部》："獄，确也。从㹜，从言。二犬所以守也。"按：确，堅也。言，爭訟也。二犬，守之以防逃。《詩·小雅·小宛》："哀我填寡，宜岸宜獄。"陸德明釋文："〔岸〕《韓詩》作'犴'，云：'鄉亭之繫曰犴，朝廷曰獄。'"多設於都市之中，同犴之類鄉間獄所相對而言。漢焦贛《易林·睽之咸》："三牛五牂，重明作福，使我有得，疾人官獄，憂在心腹。"按《墨子·非樂上》曰："先王之書，湯之《官刑》有之。"可知商湯時已有專對官之刑法。既有官刑，亦必有官獄。《漢書·刑法志》："自今以來，縣道官獄疑者，各讞所屬二千石官，二千石官以其罪名當報之。"按，獄與犴相對而言指官獄，散而言之，獄、犴皆泛指監獄。

【獄】[2]

"官獄"之單稱。此稱先秦時期已行用。見該文。

野獄

亦稱"犴""岸""豻""埇""亭部"。謂鄉野之監獄，與朝廷之官獄相對，屬拘留性質，多拘輕罪人犯。犴，傳説中的野獸，其狀如狐而黑，身長七尺，頭生角，能食虎豹，因其勇而善守，故以代指鄉野之牢房。犴，已行用於先秦。《説文·土部》："埇，徒隸所尻也。一曰女牢，一曰亭部。从土，昌聲。"尻，一作"居"。段玉裁注："蓋謂鄉亭之繫也。"《集韵·去翰》："豻，野犬。犬所以守，故謂獄爲豻。或作犴。"《詩·小雅·小宛》："哀我填寡，宜岸宜獄。”陸德明釋文：“〔岸〕《韓詩》作‘犴’，云：‘鄉亭之繫曰犴，朝廷曰獄。’”《資治通鑑·晋惠帝元康九年》：“奸僞者因以售其情，居上者難以檢其下。事同議異，獄犴不平。”胡三省注：“野獄曰犴。”亦作“豻”。《漢書·刑法志》：“原獄刑所以蕃若此者……獄豻不平之所致也。”顔師古注引服虔曰：“鄉亭之獄曰豻。”唐宋之後，野獄之制廢止。按，犴與獄相對而言指野獄。散而言之，犴、獄皆泛指監獄。又按，另説“野獄”即《周禮·秋官·司寇》中縣士所掌之獄，距王城二百里至五百里。故縣士又稱“野司寇”。參閲《淮南子·道應訓》“青豻”高誘注、明李時珍《本草綱目·獸二·貘》附録引《禽書》。

【犴】

即野獄。此稱先秦時期已行用。見該文。

【岸】

即野獄。同“犴”。此稱先秦時期已行用。見該文。

【豻】

即野獄。同“犴”。此稱漢代已行用。見該文。

【埍】[1]

即野獄。此稱先秦時期已行用。見該文。

【亭部】

即野獄。此稱漢代已行用。見該文。

士官

亦稱“士”“理”“理官”。相傳唐虞時獄名。《書·舜典》：“帝曰：‘皋陶，蠻夷猾夏，寇賊奸宄，汝作士，五刑有服。’”孔傳：“士，理官也。”按，上古時官名與機構名常混用。漢蔡邕《獨斷》卷上：“四代獄之别名：唐虞曰士官。《史記》曰‘皋陶爲理’，《尚書》曰‘皋陶作士’。夏曰均臺，周曰囹圄，漢曰獄。”

【士】

即士官。此稱先秦時期已行用。見該文。

【理】

即士官。此稱先秦時期已行用。見該文。

【理官】

即士官。此稱先秦時期已行用。見該文。

夏臺

亦稱“夏宫”。夏代監獄。夏桀嘗置獄於夏臺，後世因以稱。故址在今河南禹州南。《廣雅·釋宫》：“獄，犴也。夏曰夏臺，殷曰羑里，周曰囹圄。”《尸子》卷下：“桀爲璿室、瑶臺、象廊、玉床，權天下，虐百姓。於是湯以革車三百乘，伐於南巢，收之夏宫。天下寧定，百姓和輯。”《史記·夏本紀》：“桀不務德而武傷百姓，百姓弗堪，乃召湯而囚之夏臺，已而釋之。”司馬貞索隱：“獄名。夏曰均臺。皇甫謐云‘地在陽翟’是也。”

【夏宫】

即夏臺。此稱先秦時期已行用。見該文。

【鈞臺】

即夏臺。亦作“均臺”。《左傳·昭公四年》：“夏啓有鈞臺之享，商湯有景亳之命。”杜預注：“河南陽翟縣南有鈞臺陂，蓋啓享諸侯於此。”按：鈞臺在今河南禹州南。本爲地名，有高臺。漢蔡邕《獨斷》卷上：“夏曰均臺，周曰囹圄，漢曰獄。”北魏酈道元《水經注·潁水》：“時人謂之嵎水……東南歷大陵西連山，亦曰啓筮亭，啓享神於大陵之上，即鈞臺也。”南朝宋顔延之《三月三日曲水詩》序：“悵鈞臺之未臨，慨酆宫之不縣。”參閲《嘉慶重修一統志·開封府·古迹》。

【均臺】

同"鈞臺"。此體漢代已行用。見該文。

念室

夏代監獄之別稱。《初學記》卷二〇引晋張華《博物志》:"夏曰'念室',殷曰'動止',周曰'稽留',三代之異名也。"《通雅·宮室》:"念室、動止、稽留,皆拘繋之稱,因指圜土。"參見本卷《囚處法具説·牢獄拘所考》"圜土"文。

【動止】

商代監獄之別稱。意謂禁止行動。此稱魏晋時期已行用。見"念室"文。

羑里

亦作"牖里"。商代監獄。商紂王嘗囚周文王於羑里城,後因以藉稱。其地在今河南湯陰縣北八九里處。因城北有羑水而得名。《太平御覽》卷六四三引漢應劭《風俗通》:"《周禮》三王始有獄……殷曰羑里,言不害人,若於閭里,紂囚西伯羑里。"按,應曰"言不害人,若於閭里",當誤。紂王曾劫西伯長子以爲人羹,迫使西伯食之,足證西伯無自由。《史記·殷本紀》:"紂囚西伯(周文王)羑里。西伯之臣閎夭之徒,求美女奇物善馬以獻紂,紂乃赦西伯。"張守節正義:"牖,一作羑,音酉。羑城在相州湯陰縣北九里,紂囚西伯城也。"《廣雅·釋宮》:"牖,獄犴也。夏曰夏臺,殷曰羑里,周曰囹圄。"

【牖里】

同"羑里"。此體漢代已行用。見該文。

囹圄

亦作"囹圉",亦稱"圉囹""法室"。用以泛指監獄。西周由掌囚官監管的囚禁重刑犯的監獄。據《周禮·秋官·掌囚》可知,有等待行刑的已決犯,亦有等待審訊的未決犯。其中已決犯依罪行大小、性質,分爲上罪、中罪、下罪三等,分施不同獄具。上罪戴梏、拲、桎全套械器。械手曰梏,械足曰桎,兩手共械曰拲。中罪去拲,各械手足。下罪又去桎,祇械手而已。旨在使犯人"幽閉思衍",即羈押思過,令其從善。經審查確係無辜者,必予開釋。囹,《説文》作"圇",像罪人頸帶械而跪囚之狀;囹爲後起字,音義皆同"囹"。圄,甲骨文作"圉",像罪人手戴械而跪囚之狀。可知囹、圄皆爲犯人戴械而囚於"囗"内。囹、圄二字連綴成詞,今始見於《韓非子·三守》:"至於守司囹圄,禁制刑罰,人臣擅之,此謂刑劫。"《禮記·月令》:"〔仲春之月〕命有司,省囹圄,去桎梏。"《吕氏春秋·精諭》:"故至言去言,至爲無爲,淺智者之所争則末矣。此白公之所以死於法室。"又《仲春》:"命有司省囹圄。"高誘注:"囹圄,法室。"漢賈誼《過秦論》:"虚囹圄而免刑戮。"《魏書·刑罰志》:"夫人幽苦則思善,故囹圄與福堂同居,朕欲其改悔而加以輕恕耳。"《北齊書·循吏傳·房豹》:"豹階庭簡静,囹圄空虚。"

【囹圉】

同"囹圄"。此體先秦時期已行用。見該文。

【法室】

即囹圄。此稱先秦時期已行用。見該文。

【圉囹】

即囹圄。此稱南北朝時期已行用。見該文。

【幽囹】

即囹圄。此稱南北朝時期已行用。《宋

書·孝武帝紀》：“廷尉遠邇疑讞，平決攸歸，而一蹈幽圄，動逾時歲。”《文選·江淹〈詣建平王上書〉》：“迹墜昭憲，身陷幽圄。”劉良注：“幽圄，謂獄也。”明陶宗儀《輟耕録·幽圄》：“因傳左右，引之觀幽圄。”

圜土

省稱“圜”，亦作“圓土”，亦稱“圜墻”。西周由司圜官監管的施行強制教育的監獄。據《周禮·秋官·司圜》及《大司寇》載，其犯人主要是“罷民”，指無正當職業，不事勞作，爲百姓所苦，或過失傷人之類未入五刑者。依罪行大小、性質，分爲上罪、中罪、下罪三等，分判不同年限。一至三年間不受肉刑，不處罰金，但要“任之以事”，強制勞役，且要“明刑”受辱，即將犯人姓名、罪行書於版牘，背負以示衆，也不許戴冠或有其他飾物。收教之中，悔改者放歸本鄉，但要再受三年監督，方可取得普通百姓身份。不思悔改而逃離圜土者，則格殺勿論。圜，同“圓”。其獄多築土立墻，成環圍狀，故稱。《釋名·釋宮室》：“獄……又謂之圜土，言築土表墻，其形圜也。”《周禮·地官·比長》：“若無授無節，則唯圜土內之。”鄭玄注：“圜土者，獄城也。”又《秋官·司寇》：“司圜，中士六人。”鄭玄注引鄭司農曰：“圜，謂圜土也。圜土，謂獄城也。”後用作泛稱。《漢書·司馬遷傳》：“今交手足，受木索，暴肌膚，受榜箠，幽於圜墻之中。”顏師古注：“圜墻，獄也。《周禮》謂之圜土。”唐馬總《意林》卷四引漢應劭《風俗通》：“罪人置諸圜土，故囚字從口中人。”《太平御覽》卷六四三引《唐書》：“濫繫無辜則政道缺，久滯有罪則怨氣生。圜土之中，仰視青天，有同懸鏡，而鑲械虜體，

鬱結其中。”宋文天祥《五月十七夜大雨歌》：“矧居圜土中，得水猶得漿。”清尤侗《鐵夫人》詩：“選騎縛來坐咒詛，夫婦牽連入圜土。”按，今本《竹書紀年》“帝芬”篇載，夏第七王芬三十六年置圜土，當爲後世附會。

【圜】

“圜土”之省稱。此稱先秦時期已行用。見該文。

【圓土】

同“圜土”。此體漢代已行用。見該文。

【圜墻】

即圜土。此稱漢代已行用。見該文。

嘉石

西周由司救、朝士兩官監管的施行強化教育的有紋理之巨石。此石立於外朝門左。其犯人亦爲入圜土之罷民，但其罪又輕，衹是“侮慢長老”“語言無忌”之類“邪惡者”，尚不足以入圜土。其罰有兩種，一是僅坐嘉石而思過，無其他處罰；二是坐滿罰日即赴司空（掌管水利土木之機構）服勞役。依過錯大小、性質，分爲五等。重罪坐石十三日，勞役一年；其次坐石九日，勞役九月；其次坐石七日，勞役七月；其次坐石五日，勞役五月；下罪坐石三天，勞役三月。坐嘉石必須戴桎梏，去冠飾，以示恥辱。坐滿、役滿後，由地方長老保釋回里。司救之職責是對萬民中有犯邪惡過失罪者以禮治施行挽救，朝士之職責是管理外官及有關刑獄。《周禮·地官·司救》：“司救掌萬民之衺惡過失，而誅讓之。以禮防禁而救之。”鄭玄注：“衺惡，謂侮慢長老，語言無忌，而未麗於罪者；過失，亦由衺惡酗醟好訟，若抽拔兵器，誤以行傷害人，麗於罪者。誅，誅責也。古者

重刑且責怒之，未即罪也。"賈公彥疏："掌萬
民之衺惡過失而誅讓之者，此經與下文二經爲
揔目也。則云衺惡謂坐嘉石之罷民不入圜土者，
過失謂不坐嘉石入圜土者也。"同篇《司救》：
"凡民之有衺惡者，三讓而罰，三罰而士加明
刑，耻諸嘉石，役諸司空。其有過失者，三讓
而罰，三罰而歸於圜土。"罰，謂撻擊之也。加
明刑者，去其冠飾，而書其邪惡之狀，著之背
也。嘉石，朝士所掌，在外朝之門左，使坐焉，
以耻辱之。既而役諸司空，使事官之作也。坐
役之數，存於司寇。同書《秋官·大司寇》："以
嘉石平罷民。凡萬民之有罪過，而未麗於灋，
而害於州里者，桎梏而坐諸嘉石，役諸司空。
重罪，旬有三日坐，朞役；其次九日坐，九月
役；其次七日坐，七月役；其次五日坐，五月
役；其下罪三日坐，三月役。使州里任之，則
宥而舍之。"鄭玄注："嘉石，文石也。樹之外
朝門左。平，成也。成之使善……'有罪過'，
謂邪惡之人所罪過者也。麗，附也。未附於法，
未著於法也。"賈公彥疏："此嘉石、肺石，在
朝士職。朝士屬大司寇，故見之耳。云'嘉石，
文石也'者，以其言嘉。嘉，善也。有文乃稱
嘉，故知文石也。欲使罷民思其文理，以改悔
自脩。樹之'外朝門左'，《朝士》文也。'未麗
於法'，秖謂入圜土爲法。此坐嘉石之罷民未入
圜土，差輕故也。云'害於州里'者，謂'語
言無忌''侮慢長老'。"

稽留

周代監獄之泛稱。《初學記》卷三〇引晋
張華《博物志》："夏曰'念室'，殷曰'動止'，
周曰'稽留'，三代之異名也。"

因諸

春秋齊國的監獄。《公羊傳·昭公二十一
年》："宋南里者何？若曰因諸者然。"何休注：
"因諸者，齊故刑人之地。"徐彥疏："舊説云：
即《博物志》云'周曰圄圉，齊曰因諸'是
也。"按，上文今本《博物志》不載。一説因諸
爲齊國放逐犯人之地區。參閲陳立《公羊義疏》
卷四、俞樾《群經平議·公羊傳》。

南里

春秋宋國的監獄。此稱先秦時期已行用。
見"因諸"文。

司空

戰國時期魏國監獄。其時諸國勞役多以囚
徒承擔，司空爲管囚徒之官，亦設牢獄，故
稱。《禮記·月令》："〔仲春之月〕命有司省圄
圉。"唐孔穎達疏："崇精問曰：'……圄圉何代
之獄？'焦氏答曰：'《月令》秦書，則秦獄名
也。漢曰若盧，魏曰司空是也。'"圄圉説與漢
蔡邕《獨斷》卷上之説異，當以蔡説爲是。《漢
書·百官公卿表上》："宗正，秦官，屬官有都司
空令丞。"顏師古注："如淳曰：'律，司空主水
及罪人。'賈誼曰：'輸之司空，編之徒官。'"

大理獄

亦稱"廷尉""大理寺"。中央監獄。拘禁
犯罪官吏。大理爲官名，初稱"廷尉"，秦代
始設，爲九卿之一，掌刑獄。漢初因之，秩中
二千石。景帝中元六年（前144），更名大理，
光武帝建武四年（28），復稱廷尉。東漢以後，
或稱大理，或稱廷尉，或稱廷尉卿。北齊至明
清皆稱大理寺卿，宋初一度廢止，至元豐元
年（1078）始復。其獄多隨官名而定，或稱廷
尉，或稱大理，或稱大理寺。《漢書·刑法志》：

"高皇帝七年制詔……縣道官獄，疑者各讞所屬二千石官，二千石官以其罪名當報之，所不能決者皆移廷尉。"《新唐書·刑法志》："其諸司有罪，及金吾捕者，又有大理獄。"《宋史·刑法志三》："帝以國初廢大理獄非是，元豐元年詔曰：'大理有獄尚矣。今中都官有所劾治，皆寓繫開封諸獄，囚既猥多，難於隔訊，盛夏疾疫，傳致瘐死，或主者異見，歲時不決，朕其愍焉。其復大理獄，置卿一人，少卿二人，丞四人，專主鞫訊。"參閱《漢書·公卿百官表上》《續文獻通考·職官十三》《歷代職官表·大理寺》。

【廷尉】

即大理獄。此稱秦代已行用。按，本指主刑獄之官名。見該文。

【大理寺】 [2]

即大理獄。此稱南北朝時期已行用。按，本指主刑獄之官名。見該文。

御史臺獄

省稱"御史獄"，亦稱"蘭臺寺獄""南臺獄""臺獄""憲臺獄""肅政臺獄""都察院獄"。中央監獄。拘禁經皇帝過問的犯罪官吏。御史臺為官署名，職司彈劾。西漢原稱御史府，東漢初始改稱御史臺，亦名蘭臺寺。南朝梁、後魏、北齊或稱南臺，後周又稱司憲。隋至宋元皆稱御史臺，唐一度改稱憲臺或肅政臺，旋復舊稱。明洪武十五年（1382）改稱都察院，清沿襲，御史臺之名遂廢。其獄多隨官署之稱而定名。《漢書·刑法志》："高皇帝七年制詔，御史獄之疑者，吏或不敢決，有罪者久而不論，無罪久繫不決。自今以來，縣道官獄疑者，各讞所屬二千石官。二千石官以其罪名當報之，所不能決者，皆移廷尉。"《舊唐書·崔隱甫傳》：

"別置臺獄，有所鞫訊，輒繫之。"《宋史·蘇軾傳》："御史李定、舒亶、何正言摭其（蘇軾）表語，並媒蘗所為詩，以為訕謗，逮赴臺獄，欲寘之死。"又《陳師錫傳》："軾（蘇軾）得罪，捕詣臺獄，親朋多畏避不相見，師錫獨出餞之。"參閱《通典·職官六》《明會要·職官五》《清史稿·職官志二》。

【御史獄】

"御史臺獄"之省稱。此稱漢代已行用。見該文。

【蘭臺寺獄】

即御史臺獄。此稱漢代已行用。見該文。

【南臺獄】

即御史臺獄。此稱南北朝梁時期已行用。見該文。

【臺獄】

"御史臺獄"之省稱。此稱唐代已行用。見該文。

【憲臺獄】

即御史臺獄。此稱唐代已行用。見該文。

【肅政臺獄】

即御史臺獄。此稱唐代已行用。見該文。

【都察院獄】

即御史臺獄。此稱明代已行用。見該文。

詔獄

亦稱"制獄""制院"。奉詔拘禁犯罪官吏的監獄。始於西漢前期。由中央刑獄官署與京師官署共司其職。《史記·酷吏列傳·杜周》："至周（杜周）為廷尉，詔獄亦益多矣。二千石繫者新故相因……大抵盡詆以不道以上。廷尉及中都官詔獄逮至六七萬人，吏所增加十萬餘人。"《漢書·文帝紀》："絳侯周勃有罪，逮詣廷尉詔獄。"《新唐書·狄仁傑傳》："會爲來俊臣所構，捕送制獄。"《宋史·張方平傳》："軾（蘇軾）下制獄，又抗章爲請。"宋洪邁《夷堅甲志·猪精》："明年冬，寺中作制院鞠岳飛。"

【制獄】

即詔獄。此稱唐代已行用。見該文。

【制院】

即詔獄。此稱宋代已行用。見該文。

廷尉詔獄

亦稱"廷尉獄"。西漢時奉詔囚禁要犯的監獄，由廷尉掌管。廷尉，秦始置，爲九卿之一，專掌刑獄。漢初沿襲，秩中二千石。景帝時改稱大理，武帝時復稱廷尉。東漢之後，或稱廷尉，或稱大理，亦稱廷尉卿。北齊至明清皆稱大理寺卿。《史記·酷吏列傳·杜周》："至周（杜周）爲廷尉，詔獄亦益多矣。二千石繫者新故相因，不減百餘人。郡吏大府舉之廷尉，一歲至千餘章。章大者連逮證案數百，小者數十人；遠者數千，近者數百里……大抵盡詆以不道以上。廷尉及中都官詔獄逮至六七萬人，吏所增加十萬餘人。"《南齊書·王融傳》："鬱林深忿疾融，即位十餘日，收下廷尉獄。"參閲《漢書·百官公卿表上》《續文獻通考·職官十三》《歷代職官表·大理寺》

【廷尉獄】

即廷尉詔獄。此稱漢代已行用。見該文。

中都官詔獄

省稱"中都官獄"。西漢時奉詔囚禁四方犯罪官吏的監獄。中都官，漢代京師各官署的統稱。《史記·酷吏列傳·杜周》："郡吏大府舉之廷尉，一歲至千餘章。章大者連逮證案數百，小者數十人；遠者數千，近者數百里……大抵

盡詆以不道以上。廷尉及中都官詔獄逮至六七萬人，吏所增加十萬餘人。"《漢書·宣帝紀》："望氣者言，長安獄中有天子氣。上遣使者分條中都官獄，繫者輕重皆殺之。"顏師古注："中都官，凡京師諸官府也。"

【中都官獄】

"中都官詔獄"之省稱。此稱漢代已行用。見該文。

共工詔獄

省稱"工獄"。西漢時奉詔囚禁內官的監獄。共工爲少府屬官，係供百工之職，下設此獄。《漢書·劉輔傳》："上乃徙繫輔共工獄，減死一等，論爲鬼薪。終於家。"顏師古注："少府之屬官也，亦有詔獄。"

【共工獄】

"共工詔獄"之省稱。此稱漢代已行用。見該文。

北寺詔獄

省稱"北寺獄""北寺"。東漢時奉詔囚禁將相大臣之監獄。由黃門令署掌其事，因署在宮省之北，故名。黃門令，多由宦官充任。《後漢書·陳敬王劉羨傳》："靈帝不忍復加法，詔檻車傳送悝、遷，詣北寺詔獄。"又《千乘貞王劉伉傳》："嘉平元年，遂收颯，送北寺獄。"《南史·王融傳》："融被收，朋友部曲，參問北寺，相繼於道。"

【北寺獄】

"北寺詔獄"之省稱。此稱漢代已行用。見該文。

【北寺】

"北寺詔獄"之省稱。此稱南北朝時期已行用。見該文。

【黃門北寺獄】

省稱"黃門獄""黃門北寺"。即北寺詔獄。《後漢書·李雲傳》："帝得奏震怒，下有司逮雲……送黃門北寺獄，使中常侍管霸與御史、廷尉雜考之。"明陳子龍《寄獻石齋先生》詩："鉤黨幾入甘陵部，相將同入黃門獄。緋衣獄吏行生風，黃封小匣排當中。"清吳偉業《後東皋草堂歌》："白社青山舊居在，黃門北寺捕車來。"

【黃門獄】

"黃門北寺獄"之省稱。此稱漢代已行用。見該文。

【黃門北寺】

"黃門北寺獄"之省稱。此稱漢代已行用。見該文。

上林詔獄

亦稱"上林都官詔獄""水司空"。上林苑衡官水司空官署。西漢時奉詔囚禁犯罪官吏的監獄。主管官爲上林尉、上林丞，隸屬水衡都

漢上林尉印
（《封泥彙編》）

尉，其職多由中都官充任，故有上述諸稱。《漢書·伍被傳》："又僞爲左右都司空、上林都官詔獄書。"顏師古注引晉灼曰："百官表宗正有左右都司空，上林有水司空，皆主囚徒官也。"又《成帝紀》："建始元年正月乙丑，皇曾祖悼考廟災……有星孛於營室，罷上林詔獄。"顏師古注引漢衞宏《漢舊儀》："上林詔獄主治苑中禽

獸宮館事，屬水衡。"參閱《漢書·百官公卿表上》。

【上林中都官詔獄】

即上林詔獄。此稱漢代已行用。見該文。

【水司空】

即上林詔獄。此稱漢代已行用。見該文。

都船詔獄

省稱"都船獄"。治水官下屬的官署，西漢時奉詔拘禁犯罪官吏的監獄。主管官爲都船尉、都船丞，原爲秦官中尉屬官。中尉掌徼循京師。

漢都船丞印
（《封泥彙編》）

漢武帝太初元年（前104），更名"執金吾"。《漢書·百官公卿表上》："中尉，秦官，掌徼循京師……武帝太初元年更名'執金吾'。屬官有中壘、寺互、武庫、都船四令丞。"顏師古注引如淳曰："《漢儀注》有寺互、都船獄令，治水官也。"又《王嘉傳》："廷尉收嘉丞相新甫侯印綬，縛嘉，載致都船詔獄。"

【都船獄】

"都船詔獄"之省稱。此稱漢代已行用。見該文。

居室

省稱"保宮"。秦漢時爲少府屬官。少府掌山海池澤之稅，以給供養。屬官尚有甘泉居室等。漢武帝太初元年（前104），居室更名爲"保宮"，甘泉居室更名爲"昆臺"。下屬官署居室或保宮，爲西漢時奉詔拘禁犯罪官吏的監獄。

《史記·衛將軍驃騎列傳》：“青嘗從入至甘泉居室，有一鉗徒相青曰：‘貴人也，官至封侯。’”張守節正義：“居室，署名。武帝改曰保宮。灌夫繫居室是也。”漢司馬遷《報任少卿書》：“季布爲朱家鉗奴，灌夫受辱於居室。”《漢書·蘇武傳》：“陵始降時，忽忽如狂，自痛負漢，加以老母繫保宮，子卿不欲降，何以過陵？”又《百官公卿表上》：“武帝太初元年更名考工室爲考工……居室爲保宮，甘泉居室爲昆臺。”參閱《漢書·灌夫傳》。

【保宮】

即居室。此稱漢代已行用。見該文。

甘泉居室

漢代拘禁犯罪官吏及其親屬的監獄。隸屬於居室。此稱秦漢時期已行用。見“居室”文。

【昆臺】

即甘泉居室。此稱漢代已行用。見該文。

都司空獄

西漢時都司空官署所設詔獄。都司空隸屬宗正。宗正，秦官，掌親屬。漢平帝元始四年（4）更名“宗伯”。參見本卷《囚處法具說·牢獄拘所考》“上林詔獄”文。參閱《漢書·百官公卿表上》。

內官

西漢宗正之屬官，其官署內設有詔獄。宗正本秦官，掌親屬。平帝元始四年（4）更名“宗伯”。《漢書·東方朔傳》：“隆慮公主子昭平君尚帝女夷安公主……隆慮主卒，昭平君曰驕，醉殺主傅，獄繫內官。”顏師古注：“內官，署名。解在《律曆志》。”參閱《漢書·百官公卿表上》。

導官

西漢掌御用并祭祀所用米食乾糒之官。爲少府屬官。東漢時改稱“大司農”。其官署設詔獄，即稱“導官”。《史記·酷吏列傳·張湯》：“〔謁居〕事下廷尉，謁居病死，事連其弟，弟繫導官。湯亦治他囚導官，見謁居弟，欲陰爲之，而詳不省。”參閱《漢書·百官公卿正表上》《後漢書·百官志三》。

郡邸獄

西漢時專以囚禁上計官吏的監獄。上計，古諸侯之奏事，職司境內户籍、賦税、盗寇、獄訟諸事務，編製計簿，遣吏上報，奏呈朝廷，以資考績。設其官，則曰“上計”。西漢因之，各郡國設上計郎官，後漢稱“上計掾”，爲大鴻臚屬官。此官不甚高，但其權甚重。不規者常弄虛作假，或迎奉上司，或中飽私囊，故西漢時專設此獄。《漢書·宣帝紀》：“皇孫納王夫人，生宣帝，號曰‘皇曾孫’。生數月，遭巫蠱事。太子、良娣、皇孫、王夫人皆遇害。語在《太子傳》。曾孫雖在繈褓，猶坐收繫郡邸獄。”顏師古注：“據《漢舊儀》，郡邸獄治天下郡國上計者，屬大鴻臚。此蓋巫蠱獄繁，收繫者衆，故曾孫寄在郡邸獄。”同書同篇又載：“望氣者言，長安獄中有天子氣。上遣使者分條中都官獄……内謁者令郭穰夜至郡邸獄，吉（丙吉）拒閉，使者不得入。”參閱《北堂書鈔》七九引北魏闞駰《十三州志》。

推事使院

省稱“推事院”，亦稱“新開獄”。關押官宦要犯的監牢，唐武則天時置。《舊唐書·刑法志》：“推事使院，時人謂之新開獄。”《唐會要·酷吏》：“載初元年於都城麗景門内，別置推事院。"

【推事院】

"推事使院"之省稱。此稱唐代已行用。見該文。

【新開獄】

即推事使院。此稱唐代已行用。見該文。

三品院

唐代拘禁三品以上官員的獄所。係武后時臨時性措施。《新唐書·張錫傳》:"時蘇味道亦坐事,同被訊,繫鳳閣,俄徙司刑三品院。錫按轡專道,神氣不懾,日膳豐鮮,無損貶。"《資治通鑑·唐則天后長安元年》載此事,胡三省注:"先是制獄既繁,司刑寺別置三品院,以處三品以上官之下獄者。"

死囚牢

監禁死囚的牢室。《水滸傳》第二九回:"牢子將過長枷,把武松枷了,押下死囚牢裏監禁了。"

逍遥樓

明代囚室名。爲太祖所建,專用以囚禁嗜賭者。明太祖素惡游民嗜賭,於金陵淮清橋北建樓,備賭具於其中,犯者閉入,數月即餓斃,名之曰"逍遥樓"。參閱明周暉《金陵瑣事三·逍遥樓》及《江寧府志》卷九。

廠獄

明代專權機構東廠、西廠、內行廠所設之牢獄。明洪武十五年(1382),太祖設錦衣衛,由鎮撫司管轄,專司伺察緝捕盜賊奸宄。永樂十八年(1420),成祖於北京東安門外設立東廠,專司緝訪謀逆妖言大奸巨惡。成化十三年(1477),憲宗另設西廠,由太監汪直掌領。武宗正德初年,宦官劉瑾把持朝政,另設內行

廠。至此,特務網罟綿密,廠獄泛濫天下。《明史·刑法志三》:"東廠之設始於成祖,錦衣衛之獄,太祖嘗用之。後已禁止,其復用亦自永樂,時廠與衛相倚,故言者並稱廠衛。"又:"憲宗時,尚銘領東廠,又別設西廠刺事,以汪直督之,所領緹騎倍東廠,自京師及天下。"又:"〔劉〕瑾又改惜薪司外薪廠爲辦事廠,榮府舊倉地爲內辦事廠,自領之,京師謂之內行廠,雖東西廠皆在伺察中。"

錦衣衛獄

省稱"錦衣獄",亦稱鎮撫司獄。明錦衣衛所轄之監獄。太祖朱元璋時始置。凡重罪捕送京師者,皆收繫錦衣衛獄。按,此獄之主管官爲太監。因太監非朝廷命官,權重而職卑,故用木印,以區別於玉璽、金印等正式授受體系。參閱《明史·刑法志三》。

錦衣衛印

【錦衣獄】

"錦衣衛獄"之省稱。此稱明代已行用。見該文。

【鎮撫司獄】

即錦衣衛獄。因由鎮撫司管轄,故稱。此稱明代已行用。見該文。參閱《明史·刑法志三》。

內監

亦稱"內號"。清代囚禁死囚重犯之監

獄。因設於監獄深處，故名。《清會典·刑部四·尚書侍郎職掌四》："凡監獄，有内監，有外監，有女監，別其罪而繫之。"又《刑制》："凡監獄，死囚禁内監，軍流以下禁外監。"《儒林外史》第一九回："縣尊叫差人回來，吩咐寄内號，同大盜在一起。"參閲《清史稿·刑法志三》。

【内號】

即内監。此稱清代已行用。見該文。

外監

清代囚禁軍流以下囚犯之處。設於監獄稍淺處，相對於内監而名。清黄六鴻《福惠全書·刑名部·監禁》："第二層稍進者，爲外監。"參閲《大清會典》卷五六、《清史稿·刑法志三》。

南監

清代刑部直屬監獄，主要拘繫外省與京師死囚及現審重犯，分南、北兩監。南監監房四所二十間，分内監、外監、女監三部分，分別囚繫。《再生緣》第七二回："講那酈相爺適纔已進南監，早有龍圖父子看慰一番，俱自回府。"又"話説那校尉一路行來，此間已是刑部南監。"參閲《大清會典》卷五六。

北監

清代刑部直屬監獄。主要拘繫外省與京師死囚，規模似南監而略小。《荔鏡記》第四五齣："伊監在北監内，袂得見伊。"參見前文"南監"。

特獄

女牢

監禁女犯的牢房。《説文·土部》："圂，徒隸所居也，一曰女牢。"段玉裁注："其拘女者曰圂。"《三俠五義》第二六回："只得在女牢分監，不准褻瀆相戲。"

【女監】

即女牢。至遲漢代已有女監，因當時已設專司其職的官員，以女監稱之。今按，必先有女監其物，後有女監其職，或女監其物其職同時并建。漢劉向《續列女傳·霍夫人顯》："會宣帝許后當產疾，顯乃謂女監淳于衍曰：'婦人娩乳，大故十死一生，今皇后當娩，身可因投藥去之……'"《醒世恒言·陸五漢硬留合色鞋》："張藎押付死囚牢裏，潘壽自入女監收管。"清黄六鴻《福惠全書·刑名·監禁》："高其牆垣，榜曰女監。"《大清會典》卷五六："女監則婦人犯奸及實犯死罪者居之。"按，據《清史稿·刑法志三》載，自清代中後期始，女監羈押之女囚已不止是"犯奸及實犯死罪者"，所涉罪行益廣。民國至當代皆設女監。參見本考"近現代獄所"之"監獄"文。

【圂】[2]

即女牢。先秦兩漢已見。《説文·土部》："圂，徒隸所尻也。一曰女牢，一曰亭部。"尻，一作"居"。段玉裁注："徒隸，賤者偁……其拘女者曰圂；〔亭部〕蓋謂鄉亭之繫也。"參見本卷《囚處法具説·牢獄拘所考》"圂[1]"文。

永巷

原爲秦宮巷，後作官署名。掌後宮人事，以宦官爲令丞。秦昭王之前已用以囚禁宮人、女官，漢武帝太初元年（前104）改稱掖庭，後專以爲後宮女牢。《史記·范雎蔡澤列傳》："於是范雎乃得見於離宮，詳爲不知永巷而入其中。"張守節正義："永巷，宮中獄也。"又《呂太后本紀》："呂后最怨戚夫人及其子趙王，乃令永巷囚戚夫人，而召趙王。"

掖庭詔獄

省稱"掖庭獄"，亦稱"掖庭祕獄"。漢代奉詔囚禁宮中女官及其他婦女之監獄，偶或亦囚禁內臣。掖庭，原爲秦後宮，昭王時已用爲女牢，漢武帝時改稱"掖庭"，由少府屬官掖庭令丞掌其事，故名。武帝太初元年（前104）始置，光武帝時省。《漢書·劉輔傳》："上使侍御史收縛輔，繫掖庭祕獄。"顏師古注引《漢書舊儀》："掖庭詔獄，令丞宦者爲之，主理婦人女官也。"又：〔中朝左將軍辛慶忌等〕俱上書曰："……同姓近臣本以言顯，其於治親養忠之義，誠不宜幽囚於掖庭獄。"《資治通鑑·漢武帝後元元年》："後數日，帝譴責鉤弋夫人，夫人脫簪珥，叩頭。帝曰：'引持去，送掖庭獄！'"胡三省注："掖庭屬少府，有祕獄，凡宮人有罪者下之。"清唐孫華《夏重談金陵舊事》詩："詔付掖庭獄，見者爲垂淚。"

【掖庭祕獄】

即掖庭詔獄。此稱漢代已行用。見該文。

【掖庭獄】

"掖庭詔獄"之省稱。此稱漢代已行用。見該文。

【祕獄】

"掖庭祕獄"之省稱。《漢書·劉輔傳》："竊見諫大夫劉輔，前以縣令求見，擢爲諫大夫，此其言必有卓詭切至、當聖心者，故得拔至於此。旬日之間，收下祕獄。臣等愚，以爲輔幸得託公族之親，在諫臣之列，新從下土來，未知朝廷體，獨觸忌諱，不足深過。"

若盧詔獄

省稱"若盧""若盧獄"。西漢前期奉詔囚禁皇家親戚婦女之監獄。由少府屬官若盧令丞主管，故名。此獄略遲於廷尉及中都官詔獄，光武帝一度省之，和帝復置。《漢書·王商傳》："臣請詔謁者召商詣若盧詔獄。"顏師古注："孟康曰：若盧，獄名，屬少府。"《漢書·百官公卿表上》："〔少府，秦官。有六丞〕屬官有……樂府、若盧。"顏師古注："服虔曰：'若盧，詔獄也。'鄧展曰：'舊洛陽兩獄，一名若盧。主受親戚婦女。'如淳曰：'若盧，官名也。藏兵器。'"《後漢書·和帝紀》："〔永元九年十二月〕己丑，復置若盧獄官。"又《安帝紀》："〔永初二年〕五月旱。丙寅，皇太后幸洛陽寺及若盧獄，錄囚徒。"

【若盧】

"若盧詔獄"之省稱。此稱漢代已行用。見該文。按，"若盧"本爲主藏兵器之官。又說"主治庫兵、將相、大臣"。說見前引《漢書·百官公卿表上》"若盧"顏師古注。

【若盧獄】

"若盧詔獄"之省稱。此稱漢代已行用。見該文。

暴室

亦作"薄室"，亦稱"暴室獄"。本爲漢代掖庭中織作染練之所，宮中婦人有病者亦居此，兼爲囚禁后妃之宮內監獄。由宮中織布染練之官署——暴室掌之，故名。此制至晉代猶見沿襲。《漢書·宣帝紀》："〔宣帝劉詢〕既壯，爲取

暴室
（明王圻等《三才圖會》）

暴室嗇夫許廣漢女。"顏師古注："應劭曰：'暴室，宮人獄也。今曰薄室。許廣漢坐法腐爲宦者。作嗇夫也。'師古曰：'暴室者，掖庭主織作染練之署，故謂之暴室。取暴曬爲名耳。或云薄室者，薄亦暴也……蓋暴室職務既多，因爲置獄主治其罪人，故往往云'暴室獄'耳。然本非獄名，應説失之矣。'"又《孝成趙皇后傳》："婢六人，盡置暴室獄。"《後漢書·皇后紀下·桓帝鄧皇后》："八年，詔廢后，送暴室，以憂死。"李賢注：《漢官儀》：'暴室在掖庭内，丞一人，主宮中婦人疾病者。'其皇后、貴人有罪，亦就此室也。"《晉書·趙王倫傳》："收吳王妃、趙粲及韓壽妻賈午等，付暴室考竟。"《三才圖會·宮室》："周制，暴室即漿糗房也。主掖庭織作染練之署謂之暴室，取暴曬爲名耳。女子有罪亦下之。"

【薄室】

同"暴室"。此體漢代已行用。見該文。

【暴室獄】

即暴室。此稱漢代已行用。見該文。

洛陽寺

西漢洛陽城中囚禁犯罪婦女的監獄。《漢書·百官公卿表上》："少府，秦官，掌山海池澤之税，以給供養。有六丞屬官。有尚書、符節、太醫……導官、樂府、若盧。"顏師古注引鄧展曰："舊洛陽兩獄，一名若盧，主受親戚婦女。"《後漢書·安帝紀》："〔永初二年〕五月旱。丙寅，皇太后幸洛陽寺及若盧獄，録囚徒。賜河南尹、廷尉卿及屬官以下各有差，即日降雨。"按自先秦以來，每逢旱澇諸天災，帝王或皇后常省察、甄別獄囚，昭雪冤情，以求上蒼庇護。皇后則以省察女牢女囚爲主。

浣衣局

明代女囚服役洗衣之所。多設於皇宫内。清朝一度沿用。明沈德符《萬曆野獲編·佞倖·主上外變》："霸州人王智女名王滿堂，曾預選入内廷，不得留，罷歸……鋹（段鋹）聚衆反於山東之嶧縣，至僭大號，改元大順。平定，以滿堂爲后。後敗俘入京，同黨俱伏誅，惟滿堂以中旨貸命，入浣衣局，尋得幸於豹房。"《明史·徐珪傳》："千户吳能以女滿倉兒付媒者，鬻於樂婦張，紿曰：'周皇親家也。'後轉鬻樂工袁璘所。能歿，妻聶訪得之。女怨母鬻己，詭言非己母。聶與子劫女歸，璘訟於刑部……乃杖滿倉兒，送浣衣局。"清陳維崧《贈蔡孟昭序》："嶧山泰岱之巍峩，皇都帝闕之壯麗，以至乘醉而誤入王家之浣衣局也。"

蠶室

亦稱"蠶室獄"。漢代拘禁受宮刑者之獄室。受宮刑者畏風，須暖，作窨室蓄火如蠶室，故名。按，古代王室有飼蠶之宮館，稱蠶室。漢代已見記載。《文選·司馬遷〈報任少卿書〉》："李陵既生降，隤其家聲，而僕又佴之蠶室，重爲天下觀笑。"李善注："蘇林注《景紀》曰：'作密室，廣大如蠶室。'故言下蠶室。衛宏《漢儀》以爲置蠶宮，今承諸法云。"《後漢書・光武帝紀》："詔死罪繫囚，皆一切募下蠶室。"李賢注："蠶室，宮刑獄名。宮刑者畏風，須暖，作窨室蓄火如蠶室，因以名焉。"《世説新語・排調》："古人述而不作，何必在蠶室中。"南朝梁劉孝標注："舊平陰有蠶室獄。"

【蠶室獄】

即蠶室。此稱南北朝時期已行用。見該文。

軟監

初指受監視，失去行動自由。後指待遇高於普通囚犯的監獄。《水滸傳》第六二回："盧俊義道：'小人一時愚蠢，被梁山泊吳用，假做賣卦先生來家，出口訛言，煽惑良心，掇賺到梁山泊，軟監了兩個多月。'"《三國演義》第一一九回："主公軟監諸將在內，水食不便，可令一人往來傳遞。"清黃六鴻《福惠全書・刑名・監禁》："宜於犴狴門內分爲四層，第一層，近獄神祠者爲軟監。"

長安獄

亦稱"虎穴"。西漢都城長安處罰罪人的地坑。深廣數丈，納罪人於內，蓋以巨石，數日一啓，多窒息而死。《漢書・酷吏傳・尹賞》："賞至，修治長安獄，穿地方深各數丈，致令辟爲郭，以大石覆其口，名爲'虎穴'。"顏師古注："致，謂積累之也；令辟，甋甎也；郭，謂四周之內也。"又："得數百人（疑爲犯罪者），賞一朝會長安吏，車數百兩（輛），分行收捕……見十置（猶言釋放）一，其餘盡以次內虎穴中，百人爲輩，覆以大石。數日壹發視，皆相枕藉

死，便輿出，瘞寺門桓東。"

【虎穴】

"長安獄"之別名。此稱漢代已行用。見該文。

亂阱

非法濫押人之坑穴。其形狀猶同代之"長安獄"。《漢書・谷永傳》："以掖庭獄大爲亂阱，榜箠瘰於炮烙，絕滅人命。"顏師古注："穿地爲坑阱以拘繫人也。亂者，言其非正而又多也。"按"榜箠瘰於炮烙"，瘰，慘痛。"烙"，當作"格"（見本卷《囚處法具説・刑具警械考》"格"文）。

地牢

亦稱"土牢"。監獄的一種。因掘土爲室，構築於地下，故名。《魏書・楊津傳》："津苦戰不敵，遂見拘執，洛周脫津衣服，置地牢下，數日，欲將烹之。"《北齊書・崔暹傳》："乃流暹於馬城，晝則負土供役，夜則置地牢。"《續資治通鑑・宋理宗景定三年》："十一月，丁大全既安置貴州……壬辰，詔改竄大全於新州土牢拘管，日具存亡。"

【土牢】

即地牢。此稱宋代已行用。見該文。

穽房

猶地牢。穽，獵取野獸之陷坑，藉指建構於地下之牢房。元劉固《雜詩》："豚穽依危石，牛蹊帶小塘。"《醒世恒言・張廷秀逃生救父》："〔楊洪〕把中門閉上，走到後邊，將鑰匙開了阱房。那五個强盜見他進門，只道又來拷打，都慌張了，口中只是哀告。"

水獄

中國古代通常特指聚毒蛇於內的水牢。南

漢暴君劉龑已見使用。後晉石敬瑭復見使用。清褚人獲《堅瓠祕集》卷六："漢主龑（劉龑）亦聚毒蛇水中，以罪人投觀其齧唊，謂之水獄。"按漢主"龑"，褚氏誤作"龔"。《資治通鑑·後晉高祖天福七年》："高祖（石敬瑭）爲人辯察多權數……用刑慘酷，有灌鼻、割舌、支解、剁剔、炮炙、烹蒸之法；或聚毒蛇水中，以罪人投之，謂之水獄。"

水牢

設水池以囚禁罪人的牢房。南漢皇帝劉龑已有此設置，袛是池中又聚毒蛇而已。事見前文"水獄"。清褚人獲《堅瓠秘集·鹽場土豪》："鹽場土豪某室，有別業三楹，堦前掘一深池，中積水，外繚以垣，凡負債者縛置池中，名曰水牢。"

陰獄

暗獄，密獄。據載漢末董卓已有設置。《三國志·蜀書·劉焉》："時焉子範爲左中郎將。"裴松之注引漢王粲《英雄記》曰："範聞父焉爲益州牧，董卓所徵發皆不至。收範兄弟三人，鏁械於郿塢，爲陰獄以繫之。"

拘所

桐宮

商代桐地之宮室。曾幽禁帝太甲於此。三年後，太甲悔過自責，復迎回亳都就帝位。故址在今河北省臨漳縣境。後藉指幽禁帝王處。《孟子·萬章上》："太甲顛覆湯之典刑，伊尹放之於桐。三年，太甲悔過，自怨自艾，於桐處仁遷義。三年，以聽伊尹之訓己也，復歸於亳。"《史記·殷本紀》："帝太甲既立三年，不明，暴虐，不遵湯法，亂德，於是伊尹放之於桐宮。三年，伊尹攝行政當國，以朝諸侯。帝太甲居桐宮三年，悔過自責，反善，於是伊尹乃迎帝太甲而授之政。帝太甲修德，諸侯咸歸殷，百姓以寧。"唐李白《紀南陵題五松山》詩："桐宮放太甲，攝政無愧色。"康有爲《戊戌八月國變紀事》詩之一："莊嚴對宣室，哀痛起桐宮。"

質宮

亦稱"葆宮"。古代囚禁人質之處所。其所至少有三重牆，牆上塗瓦多重，以防逾越。諸門有忠信之吏、持重敦厚之戍卒保衛看守。出入門關，必持太守之符節方可通行。此一設施，先秦已見。《墨子·號令》："守樓臨質宮而善周。"孫詒讓閒詁："質宮，即下（指下文）葆宮。畢云：'質宮，言質人妻子之處。守樓臨之，所以見遠，必周防之也。古者貴賤皆謂之宮。'"《三國志·魏書·鮮卑傳》"鮮卑"裴松之注引晉王沈《魏書》："通胡市，築南北兩部質宮，受邑落質者〔百〕二十部。"謂戒備看守之建築物。《墨子·號令》："葆宮之牆必三重，牆之垣，守者皆累瓦釜牆上。門有吏，主者門里，筦閉。必須太守之節，葆衛，必取戍卒有重厚者，請擇吏之忠信者，無害可任事者，令將衛。"孫詒讓閒詁："茅本釜作'塗'。蘇云：'此防其逾越，使有聲聞於人。者，諸通。蘇云：'門里，當作里門。筦，關古通用，書中管叔亦作關叔。'葆衛謂葆宮之衛卒也。請，疑護之誤。以上文校之，者字當衍。"又《雜守》："父母昆弟妻子，有在葆宮中者，乃得爲侍史。諸吏必有質，乃得任事。"

【葆宮】

即質宮。葆，通"堡"。此稱先秦時期已行用。見該文。

深室

春秋時囚禁特別要人之處所。因其幽隘，故名。《左傳·僖公二十八年》："衛侯不勝……謂甯俞忠而免之。執衛侯，歸之于京師，寘諸深室，甯子職納橐饘焉。"杜預注："深室，別爲囚室……甯俞以君在幽隘，故親以衣食爲己職。橐，衣囊；饘，糜也。言其忠至，所慮者深。"按，"忠至"，一本作"忠主"。

請室

亦作"清室"。漢代囚禁官吏之處所。意爲請罪之室，故名。漢司馬遷《報任少卿書》："絳侯誅諸呂，權傾五伯。囚於請室。"漢賈誼《新書·階級》："聞遣訶則白冠氂纓，盤水加劍，造清室而請其罪爾。"《史記·袁盎晁錯列傳》："及絳侯免相之國，國人上書告以爲反，徵繫清室。"裴駰集解："《漢書》作'請室'。應劭曰：'請室，請罪之室，若今鍾下也。'如淳曰：'請室，獄也。'"

【清室】

即請室。此稱漢代已行用。見該文。

鍾室

懸鐘之室。鍾，通"鐘"。《史記·淮陰侯列傳》："呂后使武士縛信，斬之長樂鍾室。"張守節正義："長樂宮懸鍾之室。"後特指韓信被殺的長樂宮室。唐劉禹錫《韓信廟》詩："將略兵機命世雄，蒼黃鍾室嘆良弓。"

鍾下

猶鍾室。鍾，通"鐘"。漢代囚禁特別要人之處所。呂后曾使武士斬韓信於長樂鍾室，故以鍾下代指禁所。《史記·袁盎晁錯列傳》"徵繫清室"裴駰集解："《漢書》作'請室'。應劭曰：'請室，請罪之室，若今鍾下也。'如淳曰：'請室，獄也。'"《後漢書·孝順帝紀》："是夜，中黃門孫程等十九人，共斬江京、劉安、陳達等，迎濟陰王於德陽殿西鍾下。"王先謙集解引惠棟曰："太子既廢，囚於請室，程等就鍾下迎之也。"清代注家惠棟諸人直以清室釋"鍾下"，爲類比之法。

禁所

囚禁特別要犯之所在，與因一般刑事犯的處所不同。此稱南北朝時期已行用。《北史·李義深傳》："被禁止，卒於禁所。"《清史稿·世宗紀》："己亥，錫保奏阿其那卒於禁所。"

近現代獄所

監獄

猶牢獄。一種新式的關押已決犯人的場所。1840年鴉片戰争之後，清廷之腐敗無能，暴露無遺，内外交困，危如累卵，爲免遭覆巢之灾，不得不向西方先進國家學習。經朝内保守派、改良派持續鬥争，反復較量，直至清末，始進行了一些試探式變革。其時，刑部分内外兩監。額設司獄八員，提牢二員，掌管獄卒，稽查罪囚，輪流分值，每月派御史查監。有瘐斃者，亦報御史相驗，年終并由刑部彙奏一次。州縣監獄以吏目、典史爲管獄官，知州知縣爲有獄官，司監則設按司獄。各監有内監，以禁死囚；有外監，以禁徒、流及以下犯人；婦人別置一室曰女監。徒以上鎖收，杖以下散禁。囚犯日給倉米一升，寒給絮衣一件，鎖杻常洗滌，蓆薦常鋪置，夏備涼飲，冬設暖床，疾病給醫藥，惜未普及全國。自光緒三十二年（1906）始，頒行《大清監獄律草案》，將舊式監獄中之未決犯劃歸大理院審判司管轄，大理院設看守所，以羈押犯罪之待訊者。監獄則歸法部典獄司管轄，首都北京別設已決監於城，并令各省設置新監，其制大多采自日本。監房有定式，并設有工廠，以便囚犯服役。清魏源《聖武紀》卷一〇："其衰僻寥闊之區，非徒增營汛，且必增州縣，使有城池、廨署、學校、倉庫、監獄。"《清會典·刑部·捕亡》："各處監獄，俱分建内外兩處。"《清史稿·刑法志三》："從前監羈罪犯，並無已決未決之分，其囚禁在獄，大都未決犯爲多。既定罪則笞杖折責釋放，徒、流、軍、遣即日發配，久禁者斬、絞監候而已。"辛亥革命勝利，南京臨時政府成立後，雖制定了《中華民國臨時約法》，并進行了一系列開創性的法制改革，但因執政不過三月，其獄制未及鼎新，孫中山即將臨時大總統及臨時政府全部權力移交以袁世凱爲首的北洋軍閥。北京政府成立後，改清法部典獄司爲司法部監獄司，管理全部監獄。1913 年 12 月袁氏主持修訂《大清監律草案》，并予公布，定名爲《監獄規則》，成爲中國近代首部監獄法典。監獄明確地區別了關押類型與方式。依性別分男監、女監，依年齡分成年監、幼年監，依刑種分徒刑監、拘役監。《監獄規則》開明細區別成年監與幼年監之先河。監獄設典獄長一人，看守長三人，投出一人。另設男女看守、教誨師、醫生、藥劑師若干人，實行典獄長負責制。全國設監獄及各類分監八十餘處。1946 年 12 月，南京國民政府公布了《監獄組織條例》《監獄行刑法》《行刑累進處遇條例》《看守所組織條例》等，較之北京政府《監獄規則》益加明細完備。

習藝所

羈押已決罪犯并教習技藝的場所。中國古代監獄，主要羈押未決犯和死刑待執行者。清末之習藝所，開監獄收押已決犯，并教習技藝之先河。據《清史稿·刑法志二》載："自光緒變法，二十八年，山西巡撫趙爾巽奏請各省通設罪犯習藝所。經刑部議准，徒犯毋庸發配，按照年限，於本地收所習藝。軍、流爲常赦所不原者，照定例發配，到配一律收所習藝。流二千里限工作六年，二千五百里八年，三千里者十年。遣軍照滿流年限計算，限滿釋放，聽其自謀生計，並准在配所入籍爲民。若爲常赦所得原者，無論軍、流，俱無庸發配，即在本省收所習藝。工作年限，亦照前科算。"

看守所

羈押未決犯的場所。中國之看守所始於清朝光緒三十二年（1906）。《清史稿·刑法志三》載："從前監羈罪犯並無已決未決之分。其囚在獄大都未決犯爲多，既定罪笞杖折責釋放，徒、流、軍、遣即日發配，久禁者斬、絞候而已……自光緒三十二年，審判畫歸大理院，院設看守所，以羈押犯罪之待訊者，各級審檢廳亦然。"民國三十五年（1946）一月十九日公布三十六年六月十日施行之《羈押法》："刑事被告應羈押者，於看守所羈押之。刑事被告爲婦女者，應羈押於女所，女所附設於看守所時，應甖爲分界。受死刑或無期徒刑之宣告者，應與其他被告分別羈押。未滿十八歲之被告，應與其他被告分別羈押。"看守所置所長一人，首都、直轄市、省會所在地或容額在一千人以上之看守所，得設副所長一人，設秘書一人，戒護、衛生、總務各課，設課長一人，課員二至六人，醫師、護士各一至三人，藥師一人或二人。看守所設女所者，置主任一人，以婦女充之（據民國三十五年一月十九日公布三十六年六月十日施行之《看守所組織條例》）。

第二節　刑具警械考

中國古代刑具與近現代警械，皆爲執法所用，故統稱爲法具。但二者又有明顯區別，前者古老落後，後者先進文明，茲分別論述如下。

刑具在中國古代爲羈押、行刑所用器具之總稱。如鉗枷、桎梏、徽鎖、鞭杖、刀斧之類皆是。初稱"刑器"。如《儀禮·鄉射禮》"司射去扑"漢鄭玄注："去扑乃升，不敢佩刑器即尊者之側。"此謂教習鄉射禮者不敢佩持刑器扑走近尊長。扑，指笞撻違教者所用的戒尺或荊杖，爲教學所用，并非施加於罪犯。可見刑具或刑器涵義甚廣。刑具，亦稱"獄具"，并見於《宋史》。如《李穀傳》："契丹還攻安陽，陷其城。穀自郡候契丹，遂見獲。契丹主先設刑具，謂之曰：'爾何背我歸太原？'"此處之刑具，是指契丹主擬審訊李穀時所預設。又《刑法志二》："諸獄具，令當職官依式檢校。枷以乾木爲之，輕重長短刻識其上；笞杖不得留節目，亦不得釘飾及加筋膠之類。"這裏的"獄具"既有"枷"，又有"笞杖"，可證獄具包括了羈押具與行刑具，獄具、刑具并無區別。何以要"依式檢校"？因一切獄具皆可用以行刑。如唐代酷吏曾設大枷十種，著之者常求立死，稱之爲"定百脉""求即死"。元代設有酷刑，稱爲"滾肚索"，以拽緊腹部繩索，令人窒息難耐。

因古代刑具以金屬或木質製成，故先秦兩漢時或單稱之爲"金"與"木"。如《莊子·列御寇》："爲外刑者，金與木也。爲内刑者，動與過也。"郭象注："金謂刀、鋸、斧、鉞，木謂棰、楚、桎、梏。"以金屬製成之刀、鋸、斧、鉞，常連稱之爲"刀鋸""斧鉞"，或全連之爲"刀鋸斧鉞"等。如，《戰國策·秦策三》："今臣之胸不足以當椹質，要不足以待斧鉞，豈敢以疑事嘗試於王乎？"按，鉞似斧而大。《史記·范雎蔡澤列傳》："設刀鋸以禁奸邪，信賞罰以致治。"清蒲松齡《聊齋志異·小翠》："翁勿煩怒！有新婦在，刀鋸斧鉞，婦自受之，必不令貽害雙親。"凡金屬刑具連稱者，幾無一不藉指酷刑刑具，古詩文中常藉以陳身罹劫難或慷慨赴死之心志。以木質製成之箠、楚、桎、梏，亦常連稱爲"箠楚""桎梏"，或別稱爲"三木""五木"等。如《周易·蒙卦》："利用刑人，用說桎梏。"孔穎達疏："在足曰桎，在手曰梏。"漢司馬遷《報任少卿書》："其次關木索，被箠楚受辱。"按，箠楚指竹杖、木棍。《後漢書·馬援傳》："可有子抱三木，而跳梁妄作、自同分羹之事乎？"按，三木指桎、梏、拲三種木製刑具，分施於足、頸及雙手（《說文》成書後，歷代多釋"梏"爲手械）。《明史·楊爵傳》："關以五木，死一夕復甦。"此處"五木"指於桎、梏、拲三種之外，又加枷、杻兩種，即連綴使用。

　　中國古代刑具就其用途而言，可分爲兩大類，每類又依其行刑部位與形狀之別，分爲三種。茲逐一遞述如次：

　　第一類爲羈押具。主要用於鉗制犯人，以防其反抗或逃脫。羈押具實則亦具有行刑之效力，就其刻毒而言，有時與下述行刑具并無區別。法定常用羈押具不外以下三種：

　　一種曰鉗枷具。最早見於典籍記載的爲鉗，其物以鐵製成，爲兩半弧形，以鈕相連，緊箍於犯人之頸部。西漢時已見行用，《史記·季布欒布列傳》有"乃髡鉗季布，衣褐衣"之語，此謂將季布之髮剃光，以鉗鉗之，且穿囚服。《漢書·陳咸傳》："或私解脫鉗鈦，衣服不如法，輒加罪笞。"顏師古注曰："鉗在頸，鈦在足，皆以鐵爲之。"其物唐代之後漸爲木製之枷取代。兩者雖皆爲束頸之具，形制却有不同。前者略小有鈕翅橫出於兩肩，後者長大夾板縱出於胸前。《太平御覽》卷六四四引《晉律》："鉗重二斤，翅長一尺五寸。"沈家本《歷代刑法考·刑具考》"鉗鈦"條引此文按："竊謂'翅'乃'翅'之譌。鉗著於頸，其橫出被於背者，如鳥之翅也。"枷，亦作"柙"。其物多作長方形，兩爿合攏，中成圓孔，夾於囚犯頸部，以限制其活動。多爲木製，爲古代主要械具之一。晉代始見其稱，并已有"連枷"出現。據《晉書·石勒載記上》載，其時建威將軍閻粹說并州刺史東瀛公騰，執虜群胡"將詣冀州，兩胡一枷"，石勒亦在其中。"兩胡一枷"，謂一枷夾兩胡，此枷即連枷。可知枷之使用，常因需而用，多有隨意。至北魏時，對枷的使用已有限定，大枷長一丈三尺，喉下長一丈，通頰木各方五寸，非大逆外叛，不得使用，諸臺、寺、州、郡之大枷，盡予焚毀，"枷本掌囚，非拷訊所用"（《魏書·刑罰志》）。其後歷代均予藉鑒，對枷的使用亦多有明細規定，大同小异，不得濫用大枷。間有以枷爲"拷訊所用"，最著者當爲唐武后時酷吏周興、來俊臣所增十號大枷，所謂“定百脉”“喘不得”“突地吼”“失魂膽”“死猪愁”“求即死”等即是。（《舊唐書·刑法志》）枷除獄中所用外，又有“行枷”“立枷”之别。前者爲解送犯人所用，似獄中枷而略輕小，南北朝時已遍見之；後者亦稱“站籠”，製木爲籠，籠頂有圓孔如枷，加於囚犯頸上，使其直立籠中，常數日即死，多用於押解要犯，或逕用於懲罰示衆。此具始見於明代（明沈德符《萬曆野獲編·刑部·立枷》），實可視爲刑具。

　　二種曰桎梏具。爲拘繫罪犯手脚之木製刑具。械足曰桎，械手曰梏。先秦時已見記載。《周易·蒙卦》：“初六，發蒙，利刑人，用説桎梏，以往吝。”孔穎達疏：“在足曰桎，在手曰梏。”秦漢後已少見行用。先秦時又有“桁”，木質，爲施於犯人脚上之大型刑具。《莊子·在宥》已見記載，隋唐時猶見行用。同時又有“釱”，鐵製，形如厚底鞋，套於足，鉗於足趾，重漢制六斤（《管子·幼官》）。漢文帝廢肉刑後，曾以釱代臏刑。魏武帝又以釱代刖刑，其制定《甲子科》時，由於缺鐵，改爲木質，此後漸廢。至金元已有“脚鐐”之稱。其物當由釱演進而來，漢文帝廢除肉刑之後，犯徒罪者，帶鐐勞作。鐐之形制與今近似，亦爲鐵製，規定其重不得過三斤（金元之制）。常與桎并用的刑具稱“梏”，用以械罪犯之雙手，木製。見先秦典籍《周禮·秋官·掌囚》。其具直至清代中期猶見行用。與梏相似者，有“明梏”，較梏略寬大，兩手并械。因上書罪犯姓名、罪狀，以公諸於衆，故有此稱。明梏爲刑殺棄市時所用。前書《掌囚》篇亦有記載。晋代稱爲“摯手”。見載於《太平御覽》卷六四四所引《晋令》。其具元明時猶見行用。《説文·木部》載有“杼”字，至遲秦漢時已有其具，爲大型木製械手具，專用於死罪男犯。《廣雅·釋言》作“杻”，後歷代多作“杻”。元曲中多稱爲“手杻”。《明律·獄具圖》繪其圖并詳予説明。至清代猶見行用。明馮惟敏《僧尼共犯》第二折中已有“生銅的手梏”之語，作爲今語之“手銬”，首見於《老殘游記》第一七回：“你上他這手銬脚鐐，是甚麼意思？”

　　三種曰徽鎖具。爲拘繫罪犯之繩索與鎖鏈。徽，本謂大索。作爲拘繫犯人之繩索，先秦時稱爲“徽纆”，指黑色繩索。多用以縛罪犯之雙手，亦有連頸而縛者。語見《周易·坎卦》：“上六，係用徽纆，寘于叢棘，三歲不得，凶。”單稱“纆”，《論語·公冶長》有“雖在縲絏”之文，此“縲”即徽纆，“絏”爲拘繫（後世“縲絏”合稱，藉指監獄）。《莊子·駢拇》稱“附離不以膠漆，約束不以纆索”，此“纆索”即徽纆。以上諸詞，隋唐之後已少見行用，但纆索作爲拘繫之具，後世并未廢止，成爲常備之警繩，可參見“近現代警械”

諸文。元關漢卿《蝴蝶夢》第三折中有"滾肚索"，此非拘繫所用，乃行刑之具。鎖爲緊套罪犯頸部之刑具。其字原作"瑣"，謂雕玉作連環不絶之貌。因其物以鐵環鈎連相續，故亦稱爲"琅當""鋃鐺"，《漢書》《説文》等已見記載或詮釋。鎖的使用，南朝之陳律已有規定："其髡鞭五歲刑，降死一等，鎖二重；其五歲刑以下，並鎖一重。"唐律又限定了其長度："鎖長八尺以上，一丈二尺以下。"其後歷代多沿襲其制，至清代稱之爲"鐵索"，限定爲"長七尺，重五斤"。

第二類爲行刑具。其具用於拷訊或處決罪犯，用途甚明，而分類却頗難。其中常有法定行刑具之外的官府常用具，另則爲非法之酷刑具。前者大抵可歸爲三種，兹分述如次：

一種曰鞭杖具。最早見於記載的爲鞭，爲抽撻罪犯所用。《書·舜典》即有"鞭作官刑，扑作教刑"之語。所謂"官刑"，係指"以鞭作治官事之刑"（《書·舜典》"鞭作官刑"孔傳），至西周時已用以作輕刑以治黎民，1972年2月陝西岐山縣出土之西周青銅器僰匜已有記叙。至魏晋時始作爲法定常規行刑具，分爲制鞭、法鞭、常鞭三等，并規定各自質料、尺寸。如法鞭用生革，去四周之棱角；常鞭用柔軟之熟革，鞭主體長一尺一寸，鞘長二尺二寸，柄長二尺五寸，制鞭記載不詳。（見《太平御覽》卷六四九引《晋令》）據《隋書·刑法志》載，南朝梁猶沿其制，"其鞭有制鞭、法鞭、常鞭，凡三等之差"，其中制鞭明確規定爲"生革廉成"，即用帶棱之生革製成，可補《晋令》之佚文。除以上三鞭外，三國至南北朝尚有法外之"蒲鞭"，係施輕刑的蒲草製成之鞭。用蒲鞭抽打，爲薄罰示耻。蒲鞭亦稱"葦杖"，葦、蒲形近，皆輕柔之物，以其製鞭製杖亦無甚差异，故而混稱（參見本考"蒲鞭""葦杖"文）。中國用鞭之制，始於上古，隋代之後漸廢，唯遼另設"鞭烙"之刑，鞭復使用。與鞭相近者爲刑杖，簡稱爲"杖"，係擊打罪犯所用。先秦時以細木製作。如《周易·困卦》："初六，臀困於株木，入於幽谷，三歲不覿。"高亨注："株木，木棍也。指官吏所用之刑杖。幽，暗也。幽谷指牢獄。"株木，即用以泛指刑杖。據《北堂書鈔》卷四五引《晋令》可知，其時"杖皆用荆，長六尺"，其後歷代多沿其制。據《隋書·刑法志》載，《梁律》"杖皆用生荆，長六尺。有大杖、法杖、小杖三等之差。大杖頭圍一寸三分，小頭圍八分半；法杖圍一寸三分，小頭五分；小杖圍一寸一分，小頭極杪"。至唐代改上述三杖爲訊囚杖、常行杖、笞杖，較前者遞有所減，其後歷代多仿唐制。在中國古代，刑杖之用甚廣，帝王亦常於宮廷内設杖，稱爲"廷杖"或"天杖"，以捶撲大臣，其事始見於漢明帝，順帝時一度廢止，三國吳主孫權復見使用，其後屢廢屢設，至明太祖朱元璋時，廷杖遂成常刑，直至清末始廢（參見本考"廷杖""天杖""笞杖"文）。法定之刑杖之外，另有法外之輕刑刑具"夏""楚"，爲責罰生徒或晚輩之小杖。夏，以細葉楸製成。夏，通"檟"，即榎，今細葉楸。楚，以荊條製成。《禮記·學記》曰："夏楚二物，收其威也。"鄭玄注："夏，榎也；楚，荊也。二者所以撲撻犯禮者。"法外之重刑刑具則有"車輻""杖桄""掉柴""孟青棒""殺威棒"等。車輻，一種大棍，前寬後窄，形似夾車之車輻，魏晉間已見使用；杖桄，硬木杠棒，用以壓踝，南北朝已使用；掉柴，折薪而成，節目俱在，不加修整，宋代已見使用；孟青棒，一種大棒，因大將孟青曾以棒爲武器，故名，唐代已見使用；殺威棒，一種大棒，唐宋時即用以威懾收監前之新犯。這一期間尚有以榆木所製之"枯木"、以竹根節所製之"縮頭"，乃至有金屬之棍"鐵橊"等等。以上諸種法外刑具本考皆列有專文，可供參見。

　　二種曰板桭具。最早見於記載的爲"捘"，初稱"歷"，後世稱"桚指""捘指"。其爲一繩貫穿之一組小棍，行刑時套入手指間，用力收緊。《莊子·天地》："睊睊然在纆繳之中，而自以爲得，則是罪人交臂歷指，而虎豹在於囊檻，亦可以爲得矣！"鍾泰發微："歷，與'櫪'同。'櫪指'，謂以木桚其十指也。""櫪"，爲名詞之動化。無疑先秦已有其具。《正字通·手部》："捘……刑具。《莊子》'罪人交臂歷指'注：'即今背剪捘指也。'"元曲、明小說中常見"下捘指""使捘子"諸語，多用於刑訊婦人，爲法外酷刑，但官府卻慣用爲常。清黃六鴻《福惠全書·刑名·詞訟》中已明載"刑杖夾桭之具，皆竹木爲之"，而清末刑部左侍郎、法部右侍郎沈家本在其名著《歷代刑法考》"刑具考"中稱："桚指，刑部久無此具，外省亦罕見，不知廢於何時。"按，黃六鴻生活於清代中前期，桚指當廢於中後期。作爲撲打刑具之板，多以竹篦製成。在元明文藝作品中，每每出現於官衙皂隸之手。一方如凶神惡煞，一方皮開肉綻。板之形制，歷代刑典罕見記載，今可確知者爲《清通典·刑一》："定獄具之圖，一曰板，以竹篦爲之，大頭徑二寸，小頭徑一寸五分，長五尺五寸，重不得過二斤。"板，俗稱"大板""毛板"，多見於明清小說中。另有"戒方""戒飭"，係對學童施以體罰之木尺，明清之學制中已廣泛使用。

　　三種曰刀斧鼎鑊具。此皆死刑所用，且皆爲先秦時之法定行刑具。上古之時，征戰行刑統視之爲懲罰，兵器刑具本無差異。故《國語·魯語上》有"大刑用甲兵，其次用斧鉞"之語。征戰時刀斧并用，行刑時亦然。不過後者在量刑上有輕重之別。刀用以割頸或削鼻，斧鉞則用於腰斬。《周禮·秋官·掌囚》"掌斬殺賊諜而搏之"，鄭玄注："斬以斧鉞，若今要（腰）斬；殺以刀刃，若今棄市也。”漢代常用棄市之刑，即將罪犯押赴鬧市殺頭。刀之用漸廣，常稱之爲“歐刀”，因古歐冶子善作劍，故以之爲喻。至元明之後，使用益廣，稱之爲“法刀”。斧，常與“鑕”連稱，作“斧鑕”。鑕，殺人時墊於斧下之鐵砧。如《韓非子·初見秦》：“白刃在前，斧鑕在後，而却走不能死也……賞罰不信，故士民不死也。”亦作“斧質”。《漢書·項籍傳》：“孰與身伏斧質，妻子爲戮乎？”顏師古注：“質謂鍖也。古者斬人，加於鍖而斫之也。”鍖，同“砧”。故《史記·張丞相列傳》有“蒼（張蒼）坐法當斬，解衣伏質”之語。漢律規定，唯大逆無道者腰斬，即動用斧鑕。南朝已廢此刑，北朝祇北魏猶存。隋唐之後遂成定制，但難禁絶，如唐文宗時即腰斬王涯等大臣多人。宋、遼、明三代亦時有腰斬之記載，著名詩人高啓就因觸怒明太祖而被腰斬於南京。但北魏除存腰斬之刑外，汝南王拓拔悦又將斧演變爲鍘刀，鑕演變爲鍘床，稱之爲“大鍘碓”，因其起落如踏碓，故稱。（見《魏書·汝南王悦傳》）宋代的字書《類篇》中已有“鍘”字，謂切草。元代作品中常記叙宋代之刑具“銅鍘”，明清作品中復有所見，以歌頌宋開封知府包拯之剛正不阿，以龍頭、虎頭、狗頭三鍘分鍘皇親、高官、惡棍三類罪人。刀、斧、銅鍘之外，尤爲殘忍者尚有先秦商鞅變法時所增加的“鑊亨之刑”，即在大型食器釜中烹煮犯人。鑊，指釜；亨，古“烹”字。同時又有以鼎烹人者，未料遭此惡殘刑竟有“赴鼎非冤，誠知所處”之語（《史記·季布欒布列傳索隱述贊》），實爲可悲。此一酷刑，西漢文帝時已盡廢除，但至北齊文宣帝之時，復“爲大鑊、長鋸、鍘碓之屬……意有不快，〔文宣帝〕則手自屠裂”（《隋書·刑法志》）。

　　先秦至西漢時，又有刖刑之鋸、臏刑之鑽、黥刑之筨。刖刑，指以鋸截斷下肢；臏刑，指以鑽剔除膝蓋骨；黥刑，指以筨醮墨刺面成標記。筨，一作“鑿”。（見《國語·魯語上》及韋昭注）鋸、鑽、筨至西漢文帝之時，已盡行廢止。作爲輔助行刑具，兩漢至南北朝有專用於押解戴罪官員之“檻車”，其後則有“陷車”，已不限於戴罪官員，凡要犯皆可用之。不過對大臣之寬宥却別有所見，如遼太宗時，大臣犯重罪，欲寬宥則以木劍責打十五至三十下。其木劍面平背隆，較輕薄。自西漢始，又有“尚方斬馬劍”之制，此劍爲皇帝特授，可直斬佞臣之類，不必請示。因劍爲供御器之少府屬官尚方所藏，其利可斬馬，故稱。（見《漢書·朱雲傳》及顏師古注）元明作品中常見“勢劍銅鍘”“勢刀銅鍘”，制似“尚方斬馬劍”，爲皇帝特授，故常有“先斬後奏”之語。如，元岳伯川《鐵拐李》第一折：“聖人差的個帶牌走馬廉訪相公，有勢劍銅鑙，先斬後奏。”鑙，同“鍘”。明湯顯祖《紫釵記·延媒勸贅》："又賜俺勢刀銅鍘一副，凡都城內外著俺巡緝，有不如意的，都許先斬後奏。"

　　中國之古代法定刑具概述如上，而法外酷刑具時或摻雜其間，屢廢屢興，頗難禁絕。殷紂時已設"炮格"之具，即置人於青銅製之床架之上，布火其下，輒見燒爛墜火而死者。（見《呂氏春秋·過理》及高誘注）東漢時宦官專權，曾以之殘虐直言不諱之士大夫等（見《後漢書·黨錮傳·范滂》），其後廢止。未料直至宋代時猶有效尤者，所謂"置火床鐵刷之獄，民不聊生"（宋佚名《嶺南道行營擒劉鋹露布》）。"火床"，即炮格。五代後梁時燕王劉守光又曾製鐵囚籠，納人犯於中，外以火燒，或復以鐵刷刷人之皮膚而致死。後唐末年叛將董璋亦以此納唐兵，炙之而死。（見《資治通鑑·後梁太祖乾化元年》《新五代史·雜傳·董璋》）明代宦官專權，廣設特務機構廠衛，其刑具花樣翻新，如"呂公縧""紅繡鞋"之類，皆非人之舉。前者以鐵縧纏犯人腰際，兩端灼於爐火。因形似傳說中仙人呂洞賓之紅色絲縧，故名。後者以燒紅之鐵板鞋，將犯人雙足納入其中。因其形似，故名。"呂公縧""紅繡鞋"皆其時之隱語。（見清昭槤《嘯亭續錄·圖文襄公厚德》）除卻憑藉火威之刑具外，又有憑藉機械猛力之刑具。如南朝梁叛將侯景曾於石頭城（今南京）設立大春碓，有犯法者，皆將人擣碎，凶殘如獸。（見《梁書·侯景傳》）唐武后時，為鎮壓反叛，其酷吏曾設多種酷刑刑具，胡兒索元禮首發其難，酷吏來俊臣、周興紛予效法。其尤惡者為"腦箍"，以鐵籠緊箍囚首，復加楔入箍，至腦崩裂而死，稱"楔轂"。（見《舊唐書·酷吏傳上·索元禮》《新唐書·酷吏傳·索元禮》）至宋理宗朝，監司、郡守"又擅置獄具，非法殘民"，暗效唐之酷吏，以繩纏首，亦加楔其間，始稱為"腦箍"。（見《宋史·刑法志二》）宋又有"匣床"，至明而尤嚴密酷烈。明人呂坤所著《實政錄》有詳盡記載："匣床之制，極為嚴密。頭上有揪頭環，項間有夾項鎖，胸前有攔胸鐵索，腹上有壓腹木梁，兩手有雙鐶鐵杻，兩脛有短索、鐵鐐，兩足閘於桳欄，仍有號天板一葉，釘長三寸……蓋於囚身。"其匣罩身，百苦難耐，不死即瘋，稱為生見閻羅。此外又有聚蛇蝎於大盆、水池中者，前者稱之為"蠆盆"，將人裸置其中，一任毒蟲噬咬，相傳殷紂時已設此刑具，本考之後已列專文，此不贅述。相類似者有後晉天福七年（942）高祖石敬瑭所設"水獄"，聚毒蛇於水中，以罪人投之。本章第一節之"特獄"中已列專文，此亦不贅。

　　上述酷刑刑具，祇可藉觀該刑具所涉酷刑。而酷刑并非全憑刑具施之，一些習見之常用物，亦可演化為慘絕人寰之酷刑，如五馬所駕之車，可將人之頭與四肢扯裂為五處，此即所謂"車裂"，或稱爲"五馬分屍"。一把普通之刀，可處凌遲之刑，逐一分割人肢體。據傳清代凌遲有二十四刀、三十六刀、七十二刀、一百二十刀之等級。此非極端，明代武宗正德年間，對宦官劉瑾行刑時，因其罪大怨深，竟連割三天，共割四千七百刀，可稱之爲"千刀萬剮"。本書第五章第一節"刑名考"列有種種行刑方式，可與本考相參照。

　　警械爲員警在執行職務時使用器械的總稱，其設始於近現代。光緒三十年（1904），在民政部內設巡警部，京師設內外城巡警總廳，至此中國始有員警。(《清史稿·職官志六》)辛亥革命後，南京政府於民國二十年（1931）九月二十七日公布實行《警械使用條例》，其中規定的警械爲棍、刀、槍及其他經核定之器械。

刑具

泛稱合稱

刑具

　　亦稱"刑器""獄具"。羈押、行刑所用器具之總稱，如鉗枷、桎梏、徽鎖、鞭杖、板桚、刀斧之類皆是。《儀禮·鄉射禮》"司射去扑"鄭玄注："去扑乃升，不敢佩刑器即尊者之側。"按，"扑"指笞撻犯教者所用刑器，屬戒尺荆杖之類。《宋史·刑法志二》："諸獄具，令當職官依式檢校。枷以乾木爲之，輕重長短刻識其上；笞杖不得留節目，亦不得釘飾及加筋膠類。"又《李穀傳》："契丹還攻安陽，陷其城。穀自郡候契丹，遂見獲。契丹主先設刑具。謂之曰：'爾何背我歸太原？'"《元史·刑法志二》："諸獄具。枷長五尺以上、六尺以下，闊一尺四寸以上、一尺六寸以下。死罪重二十五斤，徒流二十斤，杖罪一十五斤。皆以乾木爲之，長闊輕重各刻誌其上……笞大頭徑二分七厘，小頭徑一分七厘，罪五十七以下用之；杖大頭徑三分二厘，小頭徑二分二厘，罪六十七以上用之。"太平天

国洪仁玕《資政新篇》："誠能上下凜遵，則刑具可免矣。"按古時刑具、獄具無嚴格區別。後世將拘押具如手銬、脚鐐之類稱獄具，如鞭杖、刀斧之類稱刑具。近現代始出現警械之稱。

【刑器】[1]

　　即刑具。此稱漢代已行用。見該文。

【獄具】

　　即刑具。此稱宋代已行用。見該文。

金屬類

金

　　刀鋸斧鉞之屬。泛指金屬刑具。《莊子·列御寇》："爲外刑者，金與木也；爲內刑者，動與過也。"郭象注："金謂刀鋸斧鉞。"

刀鋸

　　割削用刀，斷截用鋸。後用以割斷犯人肢體。泛指酷刑刑具。《國語·魯語上》："大刑用甲兵，其次用斧鉞，中刑用刀鋸，其次用鑽笮，

薄刑用鞭扑，以威民也。"韋昭注："割劇用刀，斷截用鋸。"《史記·范雎蔡澤列傳》："設刀鋸以禁奸邪，信賞罰以致治。"宋蘇軾《擬進士對御試策》："古者刀鋸在前，鼎鑊在後，而士猶犯之。"《警世通言·拗相公飲恨半山堂》："若見此奸賊，必手刃其頭，剜其心肝而食之。雖赴鼎鑊刀鋸，亦無恨矣。"

刀斧

刀與斧。後用以斬砍犯人，因而泛指酷刑刑具。晋孫綽《喻道論》："爰逮三國，刑網滋彰，刀斧雖嚴，而猶不懲。"唐陳陶《草木言》詩："常憂刀斧劫，竊慕仁壽鄉。"

斧鉞

亦作"鈇鉞""斧戉"。斧爲砍具，鉞似斧而大。後用以砍殺犯人，因而泛指酷刑刑具。《左傳·昭公四年》："王弗聽，負之斧鉞，以徇於諸侯。"《戰國策·秦策三》："今臣之胸不足以當椹質，要不足以待斧鉞，豈敢以疑事嘗試於王乎？"《漢書·武五子傳》："忠臣竭誠不顧鈇鉞之誅，以陳其愚，志在匡君安社稷也。"又《天文志》："梁王恐懼，布車入關，伏斧戉謝罪，然後得免。"

【鈇鉞】

同"斧鉞"。此體秦漢時期已行用。見該文。

【斧戉】

同"斧鉞"。此體漢代已行用。見該文。

斧鑿

斧以斫人，鑿以鑽人。因而泛指酷刑刑具。《三國志·魏書·鍾繇傳》："不待遠假斧鑿於彼肉刑，然後有罪次也。"

斧鑊

斧，斫人；鑊，煮人。泛指酷刑刑具。《宋書·殷琰傳》："何故苟困士民……身膏斧鑊，妻息并盡。"南朝陳徐陵《在北齊與楊僕射書》："若鄙言爲謬，來旨必通，分請灰釘，甘從斧鑊。"

鼎鑊 [1]

鼎爲古代有足之炊器，鑊亦爲炊器而無足。後用以烹煮犯人，因而泛指酷刑刑具。《漢書·酈食其傳贊》："酈生自匿監門，待主然後出，猶不免鼎鑊。"《宋書·謝晦傳》："〔臣〕將長驅電掃，直入石頭……然後分歸司寇，甘赴鼎鑊，雖死之日，猶生之年。"宋文天祥《正氣歌》："鼎鑊甘如飴，求之不可得。"

鼎轘

鼎以烹人，轘以裂人。泛指酷刑刑具。轘謂車裂。清李調元《擔炭行》："官禁抗不從，那復懼鼎轘。"

刀鋸鼎鑊

亦稱"鼎鑊刀鋸"。本謂四種刑具，後泛指酷刑刑具。宋蘇軾《留侯論》："當韓之亡，秦之方盛也，以刀鋸鼎鑊待天下之士。"韋君宜《似水流年·一段補白》："雖有刀鋸鼎鑊，甘之如飴。"宋羅大經《鶴林玉露》卷四："真知否進退得喪，死生禍福之不足以累吾心，則雖鼎鑊刀鋸，視之如寢飯之安矣。"清譚嗣同《仁學》："民之俯首貼耳，恬然坐受其鼎鑊刀鋸，不以爲怪，固已大可怪矣。"

【鼎鑊刀鋸】

即刀鋸鼎鑊。此稱宋代已行用。見該文。

刀鋸斧鉞

本謂四種刑具，後泛指酷刑刑具。宋蘇轍《欒城應詔集》卷七："爵禄慶賞，己得以議其可否，而不求以爲己之私惠；刀鋸斧鉞，己得以參其輕重，而不求以爲已之私勢。”清蒲松齡《聊齋志異・小翠》：“翁勿煩怒！有新婦在，刀鋸斧鉞，婦自受之，必不令貽害雙親。”

木質類

木

亦稱“木索”“木械”。箠楚、桎梏之屬。泛指木製刑具。《莊子・列御寇》：“爲外刑者，金與木也；爲内刑者，動與過也。”郭象注：“木謂棰楚桎梏。”《文選・司馬遷〈報任少卿書〉》：“其次關木索，被箠楚受辱……魏其大將也，衣赭衣，關三木。”李善注：“三木，在項及手足也。”《晉書・刑法志》：“犯鈌左右趾者，易以木械，是時乏鐵，故易以木焉。”唐杜牧《華清宮》詩：“北扉閑木索，南面富循良。”

【木索】

即木。此稱漢代已行用。見該文。

【木械】

即木。此稱晉代已行用。見該文。

械

本指桎梏之類木製刑具，後作刑具的總稱。《説文・木部》：“械，桎梏也。从木，戒聲。”《文選・司馬遷〈報任少卿書〉》：“淮陰王也，受械於陳。”李善注：“械，謂桎梏也。”《太平御覽》卷六四四引《風俗通》曰：“械，戒，所以警戒，使爲善也。”按，此械爲動詞性，但漢代已有此則無疑。《漢書・公孫賀傳》：“南山之竹不足受我辭，斜谷之木不足爲我械。”顏師古注：“械，謂桎梏也。”可證。《南史・戴僧静傳》：“僧静與獄吏飲酒及醉，以刀刻械，手自折鎖，發屋而出。”宋沈括《夢溪筆談・人事一》：“〔石曼

卿〕每與客痛飲，露髮跣足，著械而坐，謂之囚飲。”《續資治通鑑・宋太祖開寶二年》：“趙王喜袞久繫獄，聞之，自去其械而朝。”按，械亦可單指挾足刑具，即桎。

【校】

即械。本謂以木爲囚繫。《周易・噬嗑》：“屨校滅趾，無咎。”王弼注：“校者以木絞校也，即械也。校者取其通名也。”孔穎達疏：“校謂所施之械也。”《新唐書・李紳傳》：“湘（吳湘）素直，爲人誣蠛，大校重牢，五木被體。”清紀昀《閱微草堂筆記・如是我聞四》：“有疫死還魂者，在冥司遇其故人，襤褸荷校。”

扑

指戒尺、荊杖一類木製刑具。《書・舜典》：“鞭作官刑，扑作教刑。”孔傳：“扑，榎，楚也。”《儀禮・鄉射禮》：“司射去扑，倚於階西。”鄭玄注：“去扑乃升，不敢佩刑器即尊者之側。”《漢書・刑法志》：“薄刑用鞭扑。”顏師古注：“扑，杖也。”《新唐書・王遂傳》：“遂資褊刻，杖扑皆逾制。”

杻械 [1]

杻，木製羈手具；械，木製羈足具。泛指羈押刑具。唐杜甫《草堂》詩：“眼前列杻械，背後吹笙竽。”明宋濂《方愚庵墓版文》：“府庭之間，不列杻械。”

械榴

猶杻械。榴爲構件。泛指木製羈押刑具、構件。宋沈遼《德相所示論書聊復戲酬》詩：“或發於止諫，或得於訟諜。或奮奪床陛，或造成械榴。”

三木

稱桎、梏、拲三種木製刑具。因皆以木爲

之，故稱。桎施於足，梏施於頸，拲施於雙手。三木之制始於周代，歷代相沿，廢於清末民初。三木亦用以泛稱刑具。《周禮·秋官·掌囚》："凡囚者，上罪梏拲而桎，中罪桎梏，下罪梏。"宋王安石《周官新義》釋之曰："梏在脰（即頸項），桎在足，拲在手。"《文選·司馬遷〈報任少卿書〉》："魏其（竇嬰），大將也，衣赭衣，關三木。"李善注："三木，在項及手足也。"《後漢書·馬援傳》："可有子抱三木，而跳梁妄作，自同分羹之事乎？"李賢注："三木者，桎、梏及械也。"明張煌言《虜廷以余倡議即久波纍親朋搒掠備至聞之泫然》詩："所悲諸父行，斑白攖三木。"中國近代史資料叢刊《辛亥革命·大總統令內務司法兩都通飭所屬禁止刑訊文》："三木之下，何求不得！"按，自《說文·木部》釋"梏，手械也"之後，歷代多襲其說。據今人蔡樞衡考證，"手械"，當作"首械"。因已約定俗成，本文與"五木"之外，"梏"仍釋爲"手械"。

五木

桎、梏、拲、枷、杻五種木製刑具。《太平廣記》卷二七九引五代景煥《野人閑話》："見有數人引入劉公，則五木備體。"《明史·楊爵傳》："關以五木，死一夕復甦。"

桁楊

加在罪犯頸上或足上的木製刑具。爲大械，重刑所用。《莊子·在宥》："今世殊死者相枕也，桁楊者相推也，刑戮者相望也，而儒墨乃始離跂攘臂乎桎梏之間。"成玄英疏："桁楊者，械也，夾脚及頸，皆名桁楊。"鍾泰發微："桁楊，長械，施於人之頸與脛，如後世連枷大鐐之類。"《醒世姻緣傳》第九〇回："無奈下情不能

上達，正供難以捐除……以致不得不勒限嚴比，忍用桁楊。"

枷楔

木枷與楔子。楔，以枒子躓入枷中。泛指木製械頸之酷刑刑具。《新唐書·酷吏傳序》："推劾之吏，以嶮責痛詆爲功，鑿空投隙，相矜以殘，泥耳籠首，枷楔兼暴，拉脅籤爪，懸髮熏目，號曰'獄持'。"

枷杻

亦稱"杻械"。木枷與手械。泛指械頸手之木製刑具。唐杜甫《草堂》詩："眼前列杻械，背後吹笙竽。"明宋濂《方愚庵墓版文》："府庭之間，不陳杻械。"五代馬縞《中華古今注·枷棒》："六月盛暑，去囚火枷杻，決斷刑獄，放宥之也。"宋歐陽修《論燕度勘滕京諒事張惶大過劄子》："傳聞燕度勘鞫滕京諒事，枝蔓勾追，直得使盡邠州諸縣枷杻，所行拷掠，皆是無罪之人。"《醒世恒言·灌園叟晚逢仙女》："仙女笑道：'汝欲脫離苦厄麼？'上前把手一指，那枷杻紛紛自落。"清紀昀《閱微草堂筆記·灤陽消夏録六》："巧哉造化心，此罰勝枷杻。"

【杻械】[2]

即枷杻。此稱唐代已行用。見該文。

枷棒

木枷與棍棒。泛指木製刑具。五代馬縞《中華古今注·枷棒》："每拷訊囚人，先設枷棒，破平其家，不知其數。"

梃杻

梃，杖；杻，猶今手銬。泛指木製刑具。清姚燮《雙鳩篇》詩："天上所無陌路有，陌路何能避梃杻。"

夏楚

亦作"榎楚""檟楚"。兩種刑具之連稱。夏、楚本爲兩種木名。夏，通"榎""檟"，古指細葉楸；楚，荆條。用爲刑具，先秦時作輕刑，或以其教生徒。至漢代易之爲竹，南朝梁時復用荆，少見用夏，雖夏楚連稱，亦多指楚，即荆，直至明代，而清代又有易之爲竹者。自漢代始，或以夏楚連扑，亦作重罰。《禮記·學記》："入學鼓篋，孫其業也。夏楚二物，收其威也。"鄭玄注："夏，榎也；楚，荆也。二者所以撲撻犯禮者。收，謂收斂整齊之；威，威儀也。"孔穎達疏："《爾雅·釋木》云：'榎，山榎。'郭景純云：'今之山楸。'"元楊維楨《勸糶詞》："況乃指廩間，夏楚以勢。"《明史·職官志二》："有不率者，扑以夏楚；不悛，徙謫之。"《三國志·魏書·孫禮傳》："訟者據墟墓爲驗，聽者以先老爲正，而老者不可以加榎楚。"《晋書·虞預傳》："臣聞間者以來，刑獄轉繁，多力者則廣牽連逮，以稽年月；無援者則嚴其檟楚，期於入重。"南朝梁劉孝標《廣絕交論》："故王丹威子以檟楚，朱穆昌言而示絕。"宋孫光憲《北夢瑣言》卷一〇："又有蔣貽恭者，好嘲咏，頻以此痛遭檟楚，竟不能改。"清沈家本《歷代刑法考·刑具考》"笞杖"按："夏楚均是木，而其質重夏輕楚輕，其用之也，亦必有輕重之差矣。漢時易以竹，梁復用荆，荆即楚也。其後承之，是但用楚，而不用夏。《唐志》謂漢用竹，後世更以楚者，誤也，明用荆，不知何時復用竹。"

【榎楚】

同"夏楚"。此體三國時期已行用。見該文。

【檟楚】

同"夏楚"。此體晋代已行用。見該文。

箠楚

亦作"棰楚""捶楚"。箠，竹杖；楚，荆條。泛指竹木擊打類刑具。漢司馬遷《報任少卿書》："其次關木索，被箠楚受辱。"《漢書·路温舒傳》："夫人情安則樂生，痛則思死，棰楚之下，何求而不得？"《晋書·劉隗傳》："捶楚之下，無求不得，囚人畏痛，飾辭應之。"唐杜甫《送高三十五書記》詩："脱身簿尉中，始與捶楚辭。"

【棰楚】

同"箠楚"。此體漢代已行用。見該文。

【捶楚】

同"箠楚"。此體晋代已行用。見該文。

【杖箠】

即箠楚。亦作"杖棰"。本指杖、箠兩種刑具。宋沈括《夢溪筆談·藥議》："欒有二種……叢生，可爲杖棰者，謂之牡欒，又名黄荆。"清王韜《淞濱瑣話·白瓊仙》："願死於杖箠之下，不願捧樂器、執酒罇，靦然向人也。"

【杖棰】[1]

同"杖箠"。此體宋代已行用。見該文。

筹楚

韌竹與荆條。泛指抽打類竹木刑具。《後漢書·袁紹傳》："故太尉楊彪，歷典二司，元綱極位。操因眦眥，被以非罪，筹楚并加，五毒俱至，觸情放憝，不顧憲章。"

敲搒

亦作"敲榜"。原指捶打，後泛指木製杖類刑具。宋蘇軾《祈雪霧豬泉出城馬上作贈舒堯文》詩："一爲符竹累，坐老敲搒間。"宋蘇轍

《送李鉤郎中》詩："敲榜滿前但長嘯，簿書堆案常清談。"

【敲榜】

同"敲搒"。此體宋代已行用。見該文。

金木鎖索

枷鎖

亦作"枷鏁"。木枷與鐵鎖。泛指用於頸部的刑具。《隋書·東夷傳·流求國》："獄無枷鎖，唯用繩縛。"宋張世南《游宦紀聞》卷三："醉後高歌，無障無礙，當時若見閻王，任他枷鏁柤械。"

【枷鏁】

同"枷鎖"。此體宋代已行用。見該文。

鎖柤

亦稱"柤鎖"。鐵鎖與木柤。泛指用於頸手的刑具。《唐律·斷獄·諸囚應禁而不禁》："諸囚應禁而不禁，應加鎖柤而不加鎖柤及脫去者，杖罪笞三十。"《唐六典·尚書·刑部》："凡枷杖柤鎖之制，各有差等。"《清會典事例·刑部·刑律斷獄囚應禁而不禁》："康熙九年題准，官員將斬絞人犯在獄，不加柤鎖以致自盡者，降一級調用，上司不申報者，罰俸一年，如已上柤鎖，自盡或病死，免議。"清黃六鴻《福惠全書·刑名部·監禁》："若未經審結，須牢加柤鎖。"

【柤鎖】

即鎖柤。此稱唐代已行用。見該文。

械索

械，桎梏之類；索，繩索。泛指木製羈押刑具。宋葉適《著作正字三劉公墓志銘》："聽訟，使兩辭自詣，無追呼者。市食挂錢於門，民當其物，持錢而去。邑庭常空，失械索所在。"

械梏

泛指木製刑具。唐范攄《雲溪友議·舞娥異》："可與孫阮齊躅，去其械梏，蠲其罪戾，後鎮山南夜聞長笛之音。"《元史·刑法志二》："諸禁囚因械梏不嚴致反獄者，直日押獄杖九十七。"清蒲松齡《聊齋志異·神女》："檢得鮑莊體有重傷，生以謀殺論死，備歷械梏。"

鞭扑

亦作"鞭朴"。本指鞭與杖。後泛指木製行刑刑具。《書·舜典》："鞭作官刑，扑作教刑。"《鄧析子·轉辭》："寂然無鞭扑之罰，漠然無叱吒之聲，而家給人足，天下太平。"

【鞭朴】

同"鞭扑"。此體先秦時期已行用。見該文。

棰革

泛指棰鞭類刑具。《南齊書·竟陵文宣王子良傳》："泉鑄歲遠，類多翦鑿，江東大錢，十不一在。公家所受，必須輪郭〔完全〕，遂買本一千，加子七百，猶求請無地，棰革相繼。"

荊革

荊條、皮鞭。泛指鞭笞類刑具。《南齊書·武帝十七王傳·蕭子良》："先訶強寺，却攝群曹。開亭正榻，便振荊革。"清黃宗羲《山西右參政籲之丘公墓碑》："凶暴之輩，箠撻肆情……而使之荊革化爲飲食，流血化爲行潦，哀號化爲音樂。"又《密庵陸公墓碑》："未離仕籍，不得妄施荊革。"

鉗枷具

鉗

束頸之鐵製刑具。漢代始見，唐代以後，漸以木製之枷替代，間或亦有復用者，但無礙於用枷之大勢。鉗與枷形制有別，前者略小而橫出於肩，後者長大而縱出於胸。《史記·季布欒布列傳》："乃髡鉗季布，衣褐衣。"此"鉗"字雖爲動詞，但可確證已有其物。《漢書·陳咸傳》："或私解脫鉗釱，衣服不如法，輒加罪笞。"顔師古注："鉗在頸，釱在足，皆以鐵爲之。"《太平御覽》卷六四四引《晋律》："鉗重二斤，翅長一尺五寸。"清沈家本《歷代刑法考·刑具考》"鉗釱"引此文按："竊謂'翅'乃'翅'之譌。鉗著於頸，其橫出被於肩者，如鳥之翅也。"沈說當是。《新唐書·刑法志》："杻校鉗鎖皆有長短廣狹之制，量囚輕重用之。"參見本卷《牢獄拘所考·刑具警械考》"釱"文。

鉗

鉗杻

鐵鉗與木杻，頸手并用的兩種刑具。《後漢書·蔡邕傳論》："當伯喈抱鉗杻，徙幽裔，仰日月而不見照燭，臨風塵而不得經過，其意豈及語平日倖全人哉！"

鉗鎖

鐵鉗與鐵鎖。頸手并用的兩種刑具。《新唐書·刑法志》："杻校鉗鎖皆有長短廣狹之制，量囚輕重用之。"

枷

亦作"椵"。古代加於罪犯頸項之刑具。多作長方形，兩爿合攏，中成圓孔，夾於囚犯頸部，以限制其活動。通常均爲木質，是古代最主要的械具之一。晋代始見其稱，并已有"連枷"（兩枷相連）出現。北魏時對"枷"的使用已有限定，大枷長一丈三尺，喉下長一丈，通頰木各方五寸，非大逆外叛，不得使用，諸臺、寺、州、郡之大枷，全部焚燬（《魏書·刑罰志》）。用枷則量人強弱而定，祇爲掌囚，不爲拷訊。其後歷代均予藉鑒，對枷的使用亦多有明細規定，大同小异，不得濫用大枷。北齊時一般刑徒枷鎖互用，非枷即鎖。北周時死、流、徒諸刑一律帶枷。隋代刑罰先寬後苛，雖有"枷杖決罰訊囚之制，並輕於舊"之譽，終至有"罪及九族……轘裂梟首"或"磔而射之"的酷刑（《隋書·刑法志》）。唐代亦寬苛并見，貞觀至開元間號稱仁世，律令日逐完備，"從立春至秋分，不得奏決死刑""繫囚之具，有枷、杻、鉗、鏁，皆有長短廣狹之制，量罪輕重，節級用之"。至武后時，周興、來俊臣等爲爭一己權利，曾於法外另增大枷十號，名曰"定百脉""喘不得""突地吼""著即承""失魂膽""實同反""反是實""死猪愁""求即死""求破家"（《舊唐書·刑法志》），其刑罰之酷，可見一斑。"遼以用武立國，禁暴戢奸，莫先於刑。國初制法，有出於五服三就之外者，兵之勢方張，禮之用未遑也""太宗時治渤海人，一依漢法，餘無改焉"，至"景聖二宗爲優耳"，其後"投崖、砲擲、釘、割、爡殺之刑復興焉，或有分屍五馬，甚者至取其心，以獻祖廟"者。(《遼史·刑法志》)"金國舊俗，輕罪笞以柳葼（韌草），殺人及盜劫者擊其腦殺之"，入主中原之後，"以本朝舊制，兼采隋唐之制，參遼宋之法"(《金史·刑志》)。明代規定，枷"長五尺五寸，頭闊一尺五寸，以乾木爲之，死罪重二十五斤，徒流重二十斤，杖罪一十五斤"(《明律·獄具圖》)。清代初年，凡"盜竊""犯奸""賭博""逃軍""逃流"及其他犯罪行爲，均可酌量加枷。康熙八年（1669），改爲"囚禁人犯，止用細鏈，不用長枷"，枷祇作"枷號"之用，即旗人犯軍、流、徒罪，免於發遣服役，祇帶枷數十日，號令示衆，隨予釋放。重枷七十斤，輕枷六十斤。乾隆五年（1740）改定，應枷人犯，俱重二十五斤，然尚有用百斤重枷者。嘉慶以降，重枷斷用三十五斤。光緒二十九年（1903）刑部奏准，"其笞杖雖不入正刑，仍留竹板，以備刑訊之用，外此各刑具，盡行廢除，號枷亦一概芟削，刑制較爲徑省矣"(《清史稿·刑法志二》)。《玉篇·木部》："枷，枷鎖。"《集韻·平麻》："𣙁，囚械也。"《字彙·木部》："枷，項械。"《晋書·石勒載記上》："會建威將軍閻粹說并州刺史東瀛公騰，執諸胡於山東，賣充軍實，騰使將軍郭陽、張隆虜群胡，將詣冀州，兩胡

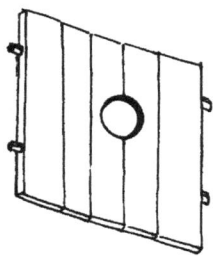

枷
（明王圻等《三才圖會》）

一枷。勒時年二十餘，亦在其中。"《魏書·宋翻傳》："〔宋翻爲河陰縣主〕縣舊有大枷，時人號曰'彌尾青'……未幾，有内監楊小駒詣縣請事，辭色不遜，命取尾青鎮之。"《隋書·刑法志》："罪刑年者鎖，無鎖以枷。"《水滸傳》第五一回："把雷橫捉拿到官，當廳責打，取了招狀，將具枷來枷了，押出去號令示衆。"《清史稿·刑法志三》："軍流鎖禁，俱照旗人折枷日期，滿日開釋。"

【𣙁】

同"枷"。此體宋代已行用。見該文。

枊板

特指枷之兩板。枊，同"枷"。清黄六鴻《福惠全書·刑名部·監禁》："有以手杻撞犯人胸額，枊板痛打脚底之惡。"

大枷

特製的重而大的枷具。始見於唐代。《舊唐書·刑法志》："〔來俊臣〕所作大枷，凡有十號：一曰定百脉，二曰喘不得，三曰突地吼，四曰著即承，五曰失魂膽，六曰實同反，七曰反是實，八曰死猪愁，九曰求即死，十曰求破家。"《古今小説·沈小官一鳥害七命》："喝令手下不要計數，先打一會，打得二人死而復醒者數次。討兩面大枷枷了，送入死囚牢裏，牢固監候。"參閱《新唐書·酷吏傳·來俊臣》。

盤枷

古代一種沉枷。其形方而巨大。《唐六典·刑部·徒流配居作》："諸流、徒罪居作者皆著鉗，若無鉗者著盤枷，病及有保者聽脱。"今人汪潛之《唐代司法制度》，注釋"盤枷"曰："枷是木製的刑具，盤於頸上，故稱盤枷。"可備一説。

沉枷

刑訊重犯之重枷。宋高承《事物紀原·枷重》："淳化二年九月，敕所司置枷：徒流罪重二十斤，死〔罪〕重二十五斤。蓋舊製有長短而無斤重，則枷之有等重，自此其始也。"元佚名《小孫屠》第一一齣："公吏人排列兩邊，不由我心驚膽戰。怎捱這鐵鎖沉枷，麻槌撒子，受盡熬煎。"元佚名《玉清庵錯送鴛鴦被》第四折："賊徒唬嚇結良緣，號令沉枷在市廛，欠錢索債雖常事，倚富欺貧豈有天！"

鐵枷

刑具名。宋代鐵製之枷。《太平廣記》卷一二四引唐佚名《報應録》："適見前任吉州牧鍾初，荷大鐵枷，着黃布衫，手足械繫。"《宋史·田錫傳》："案獄官令，枷杻有短長，鉗鎖有輕重，尺寸斤兩，並載刑書，未聞以鐵爲枷者也……於法所無，去之可矣。"

榆枷

硬木之枷。多以榆木製作。金董解元《西廂記諸宮調》卷八："有子有牢房地匣，有子有檻軍夾畫，有子有鐵裹榆枷；更年没罪人戴他，犯他。"凌景埏校注："鐵裹榆枷：封建時代的刑具；榆木做的枷，外用鐵葉包裹。"檻車，諸本多作"欄軍"，當誤。

彌尾青

特指北魏時的一種大枷。此枷通體青色，極重大，故稱。《魏書·宋翻傳》："初，翻爲河陰令……縣舊有大枷，時人號曰'彌尾青'。及翻爲縣主，吏請焚之，翻曰：'且置南牆下，以待豪家。'未幾，有内監楊小駒詣縣請事，辭色不遜，命取尾青以鎮之。既免，入訴於世宗，世宗大怒，敕河南尹推治其罪。翻具自陳狀，

詔曰：'卿故違朝法，豈不欲作威以買名？'翻對：'造者非臣，買名者亦宜非臣，所以留者，非敢施於百姓，欲待凶暴之徒如小駒者耳。'於是威振京師。"

勖尾榆

特指唐代一種大枷。此枷通體爲榆木製成，極重大，故稱。勖，重大也。以其尾重，板向後傾，緊夾咽喉，難以呼吸。《舊唐書·酷吏傳下·敬羽》："〔敬羽〕作大枷，有勖尾榆，著即悶絶。"又"羽召支黨，羅於廷，索勖尾榆枷之，布拷訊之。"

長板

古代夾於罪囚頸項之長大木板，上書其姓名及罪狀，多用於重罪犯。明王圻、王思義《三才圖會·器用》："長板，犯重罪者招成之後，以其罪與名刻誌板上，而帶之頸。"《貪歡報》第一四回："蘇院又問了然有何説話，了然低頭無語，畫了供招，上了長板。"

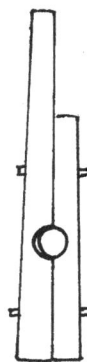

長板
（明王圻等《三才圖會》）

行枷

古代罪囚被押解時所戴之木枷。《水滸傳》第三六回："當廳帶上行枷，押了一道牒文，差兩個防送公人，無非是張千、李萬。"《説唐》第七回："吩咐牢中取出秦瓊，當堂上了行枷，點了兩名解差。"

立枷

亦稱"站籠"。古代枷立刑具。製木爲籠，籠頂有圓孔如枷，加於囚犯頸上，使其直立籠中，常數日即死。始見於明朝，清代稱"站

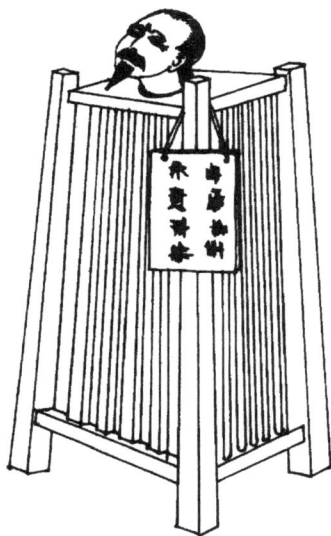

立枷
（據清刊《點石齋畫報》複製）

籠"，廢於辛亥革命時。明沈德符《萬曆野獲編·刑部·立枷》："近來廠衛多用重枷，而最毒則爲立枷。荷此者，不旬日必絶。"《老殘游記》第三回："未到一年，站籠站死兩千多人。"據載，立枷爲明太監劉瑾始造。參閱《明史·刑法志三》。

【站籠】

即立枷。此稱清代已行用。見該文。

枷號

本謂帶枷示衆，後亦謂書有罪犯姓名及罪行之枷。其枷有大小兩種，一種爲小枷枷號，偶或用之；一種爲大枷枷號，專作押赴刑場所用。明代《問刑條例》規定："凡枷號人犯，除律有正條及催徵稅糧用小枷號，朝枷夜放外，敢有將罪輕人犯用大枷枷號傷人者，奏請降級調用。"《明史·刑法志三》："宣德三年怒御史嚴皚、方鼎、何傑等沉湎酒色，久不朝參，命枷以徇。"按，"命枷以徇"即用枷號以示衆。徇，宣示罪狀。《清史稿·刑法志二》："康熙八年，部儀囚禁人犯止用細鏈，不用長枷，而枷號遂專爲行刑之用。"清代的枷號，一般有一個月、兩個月、三個月之差別，但有時也會枷號一年，甚至有永遠枷號者。

桎梏具

桎梏

亦稱"梏桎"。原指古代拘繫犯人手足之木製刑具。在足稱桎，在手稱梏。始見於商周，歷代因之。後亦以泛稱各種質地的此類刑具。《周易·蒙》："利用刑人，用說桎梏。"孔穎達疏："在足曰桎，在手曰梏。"《周禮·秋官·掌囚》："凡囚者，上罪梏拲而桎，中罪桎梏，下罪梏。"宋王安石《周官新義》釋之曰："梏在脰（頸項），桎在足，拲在手。"按，王說亦甚有理。《禮記·月令》："〔仲春之月〕命有司省囹圄，去桎梏，毋肆掠，止獄訟。"《漢書·刑法志》："凡囚，上罪梏拲而桎，中罪桎梏，下罪梏。"

【梏桎】

即桎梏。此稱漢代已行用。見該文。

【桎拲】

即桎梏。亦稱"杻鐐"。唐皮日休《移元徵君書》："得喪不可摇其心，榮辱不能動其志，桎拲冠冕，泥滓禄位。"清黃六鴻《福惠全書·刑名·詞訟》："而拘繫防閑，則鎖靠杻鐐而已。"清劉衡《讀律心得》卷三："遞解人犯，除原有杻鐐照舊外，其押解人役，若擅加杻鐐，非法亂打，除實犯死罪外，徒罪以上，俱枷號兩個月，發烟瘴充軍。"

【杻鐐】

即桎拳。此稱清代已行用。見該文。

害欽

猶桎梏。害，當作"轄"。"轄"與械音近；欽與桎音近。《管子·幼官》："旗物尚青，兵尚矛，刑則交寒害欽。"戴望校正："害，當從劉説讀爲'轄'……《説文》又曰：'欽，鐵鉗也。'段注曰：'《平准書》：欽左趾。'《三蒼》：'欽，踏腳鉗也。'張裴《漢晉律序説》：'狀如跟衣，箸足下，重六斤，以代刖。'蓋轄與械音近，欽與桎音近。《周禮·掌囚》注：'在手曰梏，在足曰桎。'梏亦械類。以是推之，則此亦當云'在手曰轄，在足曰欽'矣。"

梏拳

原指拘繫兩手之木製刑具。後泛稱各種質地的此類刑具。《周禮·秋官·掌囚》："凡囚者，上罪梏拳而桎，中罪桎梏，下罪梏。"鄭玄注："鄭司農云：'拳者兩手共一木也，桎梏者兩手各一木也。'玄謂在手曰梏，在足曰桎。"按，桎爲足械，玄説爲是。按，今洛陽周初墓葬之玉人兩手所共之刑具，其形象顯非"一木"，應爲金屬製成。《明史·徐申傳》："繼者益寬假之，

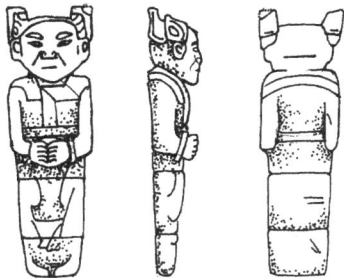

梏拳（戴梏拳玉人正、側、背面）

脱梏拳，通家人出入。"清錢謙益《獄中雜詩》："衣冠梏拳此相遭，狴犴中間小市朝。"

桎

原指拘繫罪犯兩腳的木製刑具。始見於周代。《説文·木部》："桎，足械也。"《周易·蒙》："初六，發蒙，利用刑人，用説桎梏，以往吝。"孔穎達疏："在足曰桎，在手曰梏。《小雅》云：'杻謂之梏，械謂之桎。'"《山海經·海内西經》："帝乃梏之疏屬之山，桎其右足，反縛兩手與髮，繫之山上木。"郭璞注："桎，械也。"《漢書·刑法志》："凡囚，上罪梏拳而桎，中罪梏桎，下罪梏，王之同族拳，有爵者桎以待弊。"顏師古注："械在手曰梏，兩手同械曰拳，在足曰桎。弊斷罪也。"《隋書·刑法志》："〔北周〕凡死罪枷而拳，流罪枷而梏，徒罪枷，鞭罪桎，杖罪散以待斷。"按，桎梏之名，秦漢以後少見行用。拳之名尚見南朝。北周復古，三者皆一仍古名，隋以後則鮮見。

桁

木製，施於犯人腳上之大型刑具。《集韵·平唐》："木在足曰械，大械曰桁。"《莊子·在宥》："桁楊者相推也，刑戮者相望也。"陸德明釋文："桁，司馬云'腳長械也。'"成玄英疏："桁楊者，械也，夾腳及頸，皆名桁楊。"《隋書·刑法志》："罪刑年者鎖，無鎖以枷。流罪已上杻械，死罪者桁之。"

欽

古代刑具名。鐵製，形如厚底鞋，套於足，鉗於足趾，漢制重六斤。漢文帝廢肉刑後，曾用欽代臏刑。曹操又以欽代刖刑。其制定《甲子科》時，由於缺鐵，改爲木械，此後漸廢。《管子·幼官》："旗物尚青，兵尚矛，刑則交寒

害欽。"郭沫若等集校:"《説文》又曰:'欽,鐵鉗也。'……蓋'轄'與械音近,'欽'與桎音近。《周禮·掌囚》注'在手曰梏,在足曰桎',梏亦械類。以是推之,則此亦當云'在手曰轄,在足曰欽'矣。"《史記·平準書》:"敢私鑄鐵器、煮鹽者,欽左趾。"裴駰集解引韋昭曰:"欽,以鐵爲之,著左趾,以代刖也。"司馬貞索隱:"《三蒼》云'欽,踏脚鉗也。《字林》'徒計反'。張斐《漢晉律序》云'狀如跟衣,著左足下,重六斤,以代臏,至魏武改以代刖也'。"按"跟衣",猶今之襪。《晉書·刑法志》:"〔魏武帝〕於是乃定甲子科,犯欽左右趾者,易以木械。是時乏鐵,故易以木焉。"《隋書·刑法志》:"魏武造易欽之科,明皇施减死之令。"

鐐

亦稱"脚鐐"。原指白金(《爾雅·釋器》《説文·金部》)。後特指繫於罪犯脚上之鐵製刑具。犯徒罪者,帶鐐勞作。鐐之兩端有鐵環,鎖於犯人左右踝骨上部,中間以鐵鏈相連接。《金史·梁肅傳》:"自漢文除肉刑,罪至徒者帶鐐居役,歲滿釋之,家無兼丁者,如杖准徒。"《明史·刑法志》:"鐐,鐵連環之,以繫足,徒者帶以輸作,重三斤。"元高文秀《黑旋風》第三折:"將軍柱上栓了頭髮,上了脚鐐手杻,擡上匣床。"

脚鐐
(明王圻等《三才圖會》)

【脚鐐】

即鐐。此稱元代已行用。見該文。

脚鐲

古代刑具名。指脚鐐上的鐵鐶。《元典章·刑部十七·縱囚》:"牢子宋僧住將配役賊徒陳福興等所帶鐐鎌、脚鐲取去,故縱在外。"

鐐鎌

古代刑具名。聯綴脚鐲的鐵鏈。見"脚鐲"文。按,"鎌"今多作"鐮"。參閲《元典章·刑部十七·縱囚》。

梏

拘繫罪犯兩手的木製刑具。《説文·木部》:"梏,手械也。"《周禮·秋官·掌囚》:"凡囚者,上罪梏拲而桎,中罪桎梏,下罪梏。"鄭玄注:"鄭司農云:'拲者兩手共一木也,桎梏者兩手各一木也。'玄謂在手曰梏,在足曰桎,中罪不拲,手足各一木耳。"唐柳宗元《童區寄傳》:"束縛鉗梏之。"徐珂《清稗類鈔·武略類·轉庵和尚説韓大任就撫》:"邑令與之素有隙,因誣其通海,置之獄,乃夜毀梏,逾垣出,亡走滇南。"

【手械】

即梏。亦稱"木治"。漢劉向《列女傳·魯臧孫母》:"臧孫母泣下襟,曰:'吾子拘有木治矣。'"梁端注:"《太平御覽》引注云:'木治,梏也。'"《隋書·刑法志》:"陳氏承梁季喪亂,刑典疏闊。及武帝即位,思革其弊……囚並著械,徒並著鎖,不計階品,死罪將决,乘露車,著三械,加壺手。至市,脱手械及壺手焉。"按,《通典》《通考》引上文,"壺"均作"拲",并注云:"拲音拱,兩手曰拲。"

【木治】

即手械。此稱漢代已行用。見該文。

明梏

亦稱"桊""㭟""桊手""壺手"。兩手并械之木製手銬。上寫犯人姓名、罪狀，以公之於衆，故名。此稱先秦時期已行用。《周禮·秋官·掌囚》："告刑於王，奉而適朝士，加明梏，以適市而刑殺之。"鄭玄注："鄉士加明梏者，謂書其姓名及其罪於梏而著之也。囚時雖有無梏者，至於刑殺，皆設之以適市就衆也。"《說文·木部》："桊，兩手同械也。《周禮》曰：'上罪梏桊而桎。'桊，或從木。"段玉裁注："猶桎梏梏字。"《太平御覽》卷六四四引《晉令》："死罪，二械加桊手。"《隋書·刑法志》："〔北周〕獄成將殺者，書其姓名及其罪於桊，而殺之市。"又"〔南朝陳〕死罪將決，乘露車，著三械加壺手，至市脫械及壺手焉。"按，《通典》《通志》引此文"壺"作"桊"，并注云，桊音拱，兩手曰桊。《元文類·雜著·招捕》："焚劫公私，脫囚桊枷。"清龔自珍《闡〈告子〉》："浸假而以杞柳爲桎、桊、梏。"

【桊】

即明梏。此稱先秦時期已行用。見該文。

【㭟】

即明梏。㭟同"桊"。此稱漢代已行用。見該文。

【桊手】

即明梏。此稱晉代已行用。見該文。

【壺手】

即明梏。此稱南北朝時期已行用。見該文。

杻

亦作"杼"，亦稱"手杻""木杻"。大型械手刑具。約長一尺八寸或一尺六寸，厚一寸，以乾木製作。專用於死罪男犯。據《隋書·刑法志》記載，南朝梁律對杻的規格已有明文規定，其後唐、宋、元、明、清多沿其制，各有新則，但大同小異。《說文·木部》："杻，械也。从木手，手亦聲。"段玉裁注："械，當作梏。字从木手，則爲手械無疑也。《廣雅》曰：'杻，謂之梏。杻、杻，古今字。'"按，段說不確。《舊唐書·刑法志》："繫囚之具，有枷、杻、鉗、鑠，皆有長短廣狹之制，量罪輕重，節級用之。"元高文秀《黑旋風》第三折："將軍柱上拴了頭髮，上了腳鐐手杻，擡上匣床，使上滾肚索，拽拽拽！"《水滸傳》第八回："府尹聽了林沖口詞，且叫與了回文，一面取刑具枷、杻來上了，推入牢裏監下。"又第三〇回："牢子獄卒，把武松押在大牢裏，將他一雙腳晝夜匣着，又把木杻釘住雙手。"《明律·獄具圖》："杻長一尺八寸，厚一寸，以乾木爲之。男人犯死罪者用杻，犯流罪以下及婦人犯死罪者不用。"明王圻、王思義《三才圖會·刑具說》："杻制長一尺六寸，厚一寸，以乾木爲之，男子犯死罪者用杻。"《古今小說·史弘肇君臣龍虎會》："只見一個漢，項戴長枷，臂連雙杻，推將來。"明王圻、王思義《三才圖會·器用》圖下字"杻"誤作"紐"。古時亦有視爲腳鐐者，如宋普濟《五燈會元》卷三九："頭上著枷，脚上著杻。"當誤。

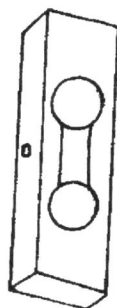

手杻
（明王圻等《三才圖會》）

【杽】

同 "杻"。此體漢代已行用。見該文。

【手杻】

即杻。此稱元代已行用。見該文。

【木杻】

即杻。此稱明代已行用。見該文。

手銬

亦稱 "手桍"。刑具名。用來束縛犯人雙手。多指以鐵、銅製者。明馮惟敏《僧尼共犯》第二折："生銅的手桍，熟鐵的腦箍，準備著官法如爐齊受苦!"《老殘游記》第一七回："你上他這手銬脚鐐，是甚麼意思？"

【手桍】

即手銬。此稱明代已行用。見該文。

鐐鐸

亦作 "鐐靠"。今作 "鐐銬"。并鎖犯人手脚之刑具。在足曰鐐，在手曰鐸。猶桎梏。《清會典事例・刑部・刑律捕亡》："理應嚴加監禁，鐐鐸牢固。"清黃六鴻《福惠全書・蒞任・親查閱》："簡視鐐靠及門户鍵鑰。"

【鐐靠】

同 "鐐鐸"。此體清代已行用。見該文。

徽鎖具

徽

粗大繩索，可用於拘繫犯人。《説文・系部》："徽，三糾繩也。"段玉裁注："三糾，謂三合而糾之也。"《丩部》曰："糾，三合繩。"《玉篇・系部》："徽，大索也。"北魏賈思勰《齊民要術・雜説》："乃弛角弓弩，解其徽絃。"

徽索

亦稱 "徽纏" "徽繩"。拘繫犯人的粗大繩索。《漢書・揚雄傳下》："范睢，魏之亡命也，折脅拉髂，免於徽索。"顏師古注："徽，繩也。"三國魏阮籍《獼猴賦》："嬰徽纏以拘制兮，顧西山而長吟。"南朝梁王僧孺《辭府箋》："既貽疵辱，方致徽繩。"唐韓愈《征蜀聯句》："逆頸盡徽索，仇頭恣髡劓。"

【徽纏】

即徽索。此稱三國時期已行用。見該文。

【徽繩】

即徽索。此稱南北朝時期已行用。見該文。

【索子】

即徽索。《古今小説・宋四公大鬧禁魂張》："張員外走出來分辯時，這些個衆軍校，那裏來管你三七二十一，一條索子扣頭。"

徽纆

亦作 "徽墨"，亦稱 "黑索"，單稱 "纆"。拘繫囚犯之繩索，色黑。《周易・坎》："上六，係用徽纆，寘於叢棘，三歲不得，凶。"李鼎祚集解引三國時期虞翻曰："徽纆，黑索也。"高亨今注："徽纆，黑索，繫囚人用之。寘，置也。叢棘，監獄。"《論語・公冶長》"雖在縲、絏之中"三國魏何晏集解："縲，黑索。"《藝文類聚》卷五四引南朝宋傅亮《爲劉毅軍敗自解表》："聖恩含宥，弛其徽墨。"宋葉廷珪《海録碎事・政事禮儀》："縲，黑索；絏，攣繫也。"

古人有罪，用黑索孿繫之。”一說三股繩曰徽，二股繩曰纆。參閱《周易·坎》“係用徽纆”陸德明釋文。

【纆】

即徽纆。此稱三國時期已行用。見該文。

【黑索】

即徽纆。此稱三國時期已行用。見該文。

【徽墨】

同“徽纆”。此體南北朝時期已行用。見該文。

【纆索】

黑色繩索，常以拘繫犯人，即徽纆。《莊子·駢拇》：“附離不以膠漆，約束不以纆索。”唐柳宗元《答周君巢餌藥久壽書》：“宗元以罪大擯廢，居小州，與囚徒爲朋，行則若帶纆索，處則若關桎梏。”

滾肚索

捆綁腹肚的繩索。元關漢卿《蝴蝶夢》第三折：“李萬，擡過押牀來！丟過這滾肚索去扯緊着！”元高文秀《黑旋風》第三折：“且入牢去，將軍柱上拴了頭髮，上了腳鐐手杻，擡上匣牀，使上滾肚索，拽拽拽！”

鎖

亦作“瑣”“鏁”，亦稱“金鐵”。指鎖鏈。以鐵環相鈎連之刑具。據《漢書·西域傳下》記載，西漢已用“瑣”，繫囚至長安。瑣，即鎖之本字。南朝陳律規定：“其髡鞭五歲刑，降死一等，鎖二重；其五歲刑以下，並鎖一重。”（見《隋書·刑法志》）唐代法律明確規定：“鎖長八尺以上，一丈二尺以下。”（見《唐律疏義》）《舊唐書·刑法志》：“又繫囚之具，有枷杻、鉗、鏁，皆有長短廣狹之制，量罪輕重，節級

用之。”元武漢臣《生金閣》第一折：“這廝好生無禮，小的每，拏大鐵鎖鎖在馬房裏。”《文選·司馬遷〈報任少卿書〉》：“其次剔毛髮，嬰金鐵受辱。”呂延濟注：“剔毛髮謂髡刑；繞金鐵謂鏁也。嬰，繞也。”元代將繫於頸部的鐵鏈稱“鎖”；繫於腿部的稱“鐐”，“鎖長八尺以上，一丈二尺以下；鐐鏈重三斤”（《新元史·刑法志》）。明清大抵沿襲其制。《漢書·王莽傳下》：“其男子檻車，兒女子步，以鐵鎖琅當其頸。”

【瑣】

同“鎖”。此體漢代已行用。見該文。

【金鐵】

即鎖。此稱漢代已行用。見該文。

【鏁】

同“鎖”。此體唐代已行用。見該文。

鋃鐺

即鎖。亦作“琅當”“琅璫”，亦稱“長鏁”。用以拘鎖囚犯。後多指拘繫牽曳之狀。《說文·金部》：“鋃，鋃鐺。瑣也。”段玉裁注：“瑣，俗作鎖，非。瑣爲玉，聲之小者。引申之，雕玉爲連環不絕，謂之瑣。漢以後罪人不用纍紲，以鐵爲連環不絕係之，謂之鋃鐺，遂製‘鎖’字。”《漢書·王莽傳下》：“以鐵鎖琅當其頸。”顏師古注：“琅當，長鏁也。”《後漢書·崔駰列傳》：“董卓以是收烈付郿獄，錮之，鋃鐺鐵鎖。”李賢注：“《說文》曰：‘鋃鐺，鎖也。’”宋洪邁《夷堅乙志·何村公案》：“白日見數人驅一囚，杻械琅璫至階下。”《文明小史》卷九：“把一班秀才一齊鐵索琅璫提了上來。”沈家本《歷代刑法考·刑具考》“鎖”字按：“鋃鐺本鎖名，而身負鋃鐺者，即有拘繫牽曳之狀，亦遂以爲形容之詞。”

【琅當】

同“銀鐺”。此體漢代已行用。見該文。

【琅璫】

同“銀鐺”。此體宋代已行用。見該文。

【長鎖】

即銀鐺。此稱唐代已行用。見該文。

【鍊條】

即鎖。清朱駿聲《説文通訓定聲・乾部》：“鍊……今鎖挐犯人之具曰鍊條。”

【鐵索】

即鎖。《大金國志・太宗文烈皇帝五》：“充（杜充）以鐵索付獄，鞭筆、炮烙備歷重刑，凡幾年而後脱。”《清通典・刑一》：“定獄具之圖……一曰鐵索，以鐵爲之，長七尺，重五斤。”《賽紅絲》：“衆人見他認了，便不回言，竟一齊上前，將一條鐵索‘嘩啦’一聲套在宋古玉頸上，扯着便走。”

鎖靠

亦作“鎖鞲”。頸手并拘之繫身具。清黄六鴻《福惠全書・刑名部・用刑》：“拘繫防閑，則鎖靠枉鐐而已。”《清會典事例・刑名部・刑律捕亡》：“命犯張謀等逞凶獰、斷鎖鞲。”

【鎖鞲】

同“鎖靠”。此體清代已行用。見該文。

鞭杖具

鞭

抽擊刑具。由皮革製成。先秦時多作官刑，間或用於民事。約魏晉時始作爲法定常規刑具，分爲制鞭、法鞭、常鞭三等，并規定了各自質料、尺寸等。北齊限定鞭梢皆用熟皮，去棱。隋代之後，鞭多不列爲正式刑具，僅遼代“鞭烙”刑仍用鞭。《書・舜典》：“鞭作官刑，扑作教刑。”孔傳：“以鞭作治官事之刑。”《國語・魯語上》：“薄刑用鞭扑，以威民也。”1975年2月，陝西岐山董家村出土西周青銅器㝬匜，其銘文有“我義（宜）便（鞭）女（汝）”等語，記㝬牧牛與㝬爭訟經過及判決結論。㝬勝訴，故有此語。可見周代民事已有鞭刑。《太平御覽》卷六四九引《晉令》：“鞭皆用牛皮革廉成。法鞭，生革去四廉；常鞭，用熟觕，不去廉。作鵠頭紉，長一尺一寸，鞘長二尺二寸，廣三分，厚一分，柄皆長二尺五寸。”按，“廉”指棱角；“觕”，柔革；“紉”乃“紐”字之訛。《晉令》中當有“制鞭”，而其文佚。《隋書・刑法志》：“梁武帝承齊昏虐之餘，刑政多僻。既即位，乃制權典，依周、漢舊事……其鞭有制鞭、法鞭、常鞭，凡三等之差。制鞭生革廉成，法鞭生革去廉，常鞭熟觕不去廉。皆作鶴頭紐，長一尺一寸，梢長二尺七寸，廣三寸，靶長二尺五寸。”按，“觕”，當作“觕”。又：“〔北齊〕鞭梢皆用熟皮，削去廉棱。鞭瘡長一尺。”《遼史・刑法志上》：“拷訊之具有龕、細杖及鞭、烙法。”參見本卷《罰物罪地説・儆象贖賂考》“㝬匜”文。

制鞭

有棱之皮鞭，以生革製成。重扑所用。見“鞭”文。

法鞭

去棱之皮鞭，以生革製成。其用介於制鞭

與常鞭之間。見"鞭"文。

常鞭

有棱之皮鞭，以柔革製成，輕扑所用。詳見"鞭"文。

蒲鞭

亦稱"葦杖"。施輕刑的蒲草鞭子。以蒲鞭抽打，薄罰示耻。三國魏曹植《對酒行》："含生蒙澤草木茂延，蒲鞭葦杖亦有刑。"《文選·沈約〈齊故安陸昭王碑文〉》："南陽葦杖未足比其仁。"吕延濟注："葦杖，即蒲鞭也。"

【葦杖】

即蒲鞭。此稱三國時期已行用。見該文。

杖 [1]

亦稱"株木""杖子"。行刑所用之木棒。後多以生荆製成，粗細及兩端圍有明確限定，分"大杖""法杖""小杖"三等。先秦時已行用，初用木株，泛稱"株木"。正式定爲刑具，當始於魏晋，後沿襲於明清，復改用竹木。《周易·困》："初六，臀困於株木，入於幽谷，三歲不覿。"高亨注："株木，木棍也。指官吏所用之刑杖。幽，暗也。幽谷指牢獄。"《魏書·刑罰志》："顯祖末年，尤重刑罰……理官鞠囚，杖限五十，而有司欲免之，則以細捶，欲陷之，則先大杖，民多不勝而誣引，或絶命於杖下。顯祖知其若此，乃爲之制：其捶用荆，平其節，訊囚者其本大三分，杖背者二分，撻脛者一分，拷悉依令。皆從於輕簡也。"《隋書·刑法志》："〔《梁律》〕杖皆用生荆，長六尺。有大杖、法杖、小杖三等之差。大杖，大頭圍一寸三分，小頭圍八分半；法杖，圍一寸三分，小頭五分；小杖，圍一寸一分，小頭極杪。"《北堂書鈔》卷四五引《晋令》："杖，皆用荆，長

六尺。"宋趙彦衛《雲麓漫鈔》卷三："〔唐宣宗〕於内中置杖，杖内官。今内中有杖，始於宣宗。"清袁枚《隨園詩話》卷四："友人陶夔典贈余一姬，載還家，方知已有娠，乃送還之。雨林所昵，以事到官，有困於株木之慘。"《清平山堂話本·簡貼和尚》："山前行回轉頭來，看著小娘子道：'你見静山大王吃不得幾杖子，殺人放火都認了。'"

【株木】 [1]

即杖 [1]。此稱晋代已行用。見該文。

【杖子】

即杖 [1]。此稱清代已行用。見該文。

【刑杖】

即杖 [1]。《醒世恒言·李汧公窮邸遇俠客》："新到囚犯，未經刑杖，莫教聚於一處，恐弄出些事來。"清黄六鴻《福惠全書·刑名·用刑》："刑杖夾棍之具，皆竹木爲之。"《天雨花》第七回："扯下如琴、若段身，按倒階前施刑杖，二爺無地可藏身。"

【株木】 [2]

即杖 [1]。此稱先秦時期已行用。見該文。

廷杖

指帝王設於朝廷内的刑杖。漢明帝時已用廷杖，三國吴主孫權亦用，北周大開其風，其後隋文帝、唐玄宗等皆設廷杖，至明太祖朱元璋之時，廷杖遂成常刑，直至清末始廢。史載，東漢明帝勤於政事，對官員大臣要求極爲嚴苛，常用鞭杖，有時竟於殿前鞭殺尚書郎。《後漢書·左雄傳》："是時大司農劉據以職事被譴，召詣尚書，傳呼促步，又加以捶撲。雄上言：'九卿位亞三事，班在大臣，行有佩玉之節，動有庠序之儀，孝明皇帝始有撲罰，皆非

古典。'帝從而改之。其後九卿無復捶撲者。"其事《東觀漢記·左雄傳》《資治通鑑·漢順帝陽嘉二年》亦載，前者"三事"作"三公"。可見東漢明帝至順帝時期一直設用廷杖，捶撲大臣。《三國志·吳書·孫和傳》記載："權欲廢和立亮，無難督陳正，五營督陳象上書，稱引晉獻公殺申生，立奚齊，晉國擾亂，又據（驃騎將軍朱據）、晃（尚書僕射朱晃）固諫不止。權大怒，族誅正、象，據、晃牽入殿，杖一百。"《周書·宣帝紀》："〔宣帝〕恐群臣規諫，不得行己之志，常遣左右密伺察之，動止所爲，莫不鈔錄，小有乖違，輒加其罪。自公卿已下，皆被楚撻，其間誅戮黜免者，不可勝言。每笞捶人，皆以百二十爲度，名曰天杖。宮人內職，亦如之，后妃嬪御雖被寵嬖，亦多被杖背，於是內外恐懼，人不自安。"隋文帝定新律，除慘刑，但他本人又多猜忌、殘忍，常廷杖大臣。《隋書·刑法志》載："〔隋文帝〕每於殿庭打人，一日之中，或至數四，嘗怒問事揮楚不甚，即命斬之。"又"〔開皇〕十年，尚書左僕射高熲、治書侍御史柳彧等諫，以爲朝堂非殺人之所，殿庭非決罰之地。帝不納，熲等乃盡詣朝堂請罪，曰：'陛下子育群生，務在去弊，而百姓無知，犯者不息，致陛下決罰過嚴。皆臣等不能有所裨益，請自退屏，以避賢路。'帝於是顧謂領左右都督田元曰：'吾杖重乎？'元曰：'重。'帝問其狀，元舉手曰：'陛下杖大如指，捶楚人三十者，比常杖數百，故多致死。'帝不懌，乃令殿內去杖，欲有決罰，各付所由。後楚州行參軍李君才上言帝寵高熲過甚，上大怒，命杖之，而殿內無杖，遂以馬鞭笞殺之，自是殿內復置杖。"《明史·刑法志三》云："刑法有

創之自明，不衷古制者，廷杖、東西廠、錦衣衛、鎮撫司獄是已。是數者，殺人至慘，而不麗於法。"又"廷杖之刑，亦自太祖始矣"。如明太祖時，永嘉侯朱亮祖父子、工部尚書薛祥均死於杖下。明宣宗、英宗、憲宗、武宗、世宗、神宗、熹宗時都多次廷杖大臣。有明一代，廷杖最爲酷烈。《續通考》卷一三六云："洪武六年正月，命廷臣坐笞罪得以俸贖。案太祖此令善矣，後卒杖永嘉侯朱亮祖、工部尚書薛祥，子孫踵而行之，廷杖幾爲故事。"又據明代朱國禎《湧幢小品·廷杖》載："正德（明武宗年號）初年，逆瑾用事，惡廷臣，始去衣，遂有杖死者。"《明史·刑法志三》載："正德十四年以諫止南巡，廷杖舒芬、黃鞏等百四十六人，死者十一人。嘉靖三年，群臣爭大禮，廷杖豐熙等百三十四人，死者十六人。"有明一代，廷杖行用不斷，大臣常被打死。行刑地點多在朝廷或午門之外。關於行刑方式，《古今圖書集成·祥刑典·笞杖部·紀事·刑法志》中有記載："故事：凡杖者，以繩縛兩腕，囚服，逮赴午門外。每入一門，門扉隨闔，至杖所，列校百人衣襞衣，執木棍林立。司禮監宣駕帖訖，坐午門西墀下左，錦衣衛使坐右，其下緋而趨走者數十人。須臾，縛囚定，左右厲聲喝，喝閣棍，則一人持棍出，閣於囚股上，喝打，則行杖，杖之三，則喝令著實打，或伺上意不測，曰用心打，則囚無生理矣。五杖而易一人，喝如前。每喝，環列者群和之，喊聲動地，聞者股慄。"其殘酷之狀可見一斑。又清錢謙益《湖廣提刑按察司僉事管公行狀》："臣以爲不除言官之廷杖，言路終不得而開也。"

天杖

指皇帝所設刑杖。行刑時連擊一百二十或二百四十杖。見用於北周宣帝時。《周書·宣帝紀》:"〔宣帝〕恐群臣規諫，不得行己之志，常遣左右密伺察之，動止所爲，莫不鈔録，小有乖違，輒加其罪。自公卿已下，皆被楚撻，其間誅戮黜免者，不可勝言。每笞捶人，皆以百二十爲度，名曰天杖。"《隋書·刑法志》:"〔北周宣帝〕又廣《刑書要制》，而更峻其法，謂之《刑經聖制》。宿衛之官一日不直，罪至削除，逃亡者皆死，而家口籍没。上書字誤者，科其罪，鞭杖皆百二十爲度，名曰天杖。其後又加至二百四十。"

大杖

大木棒。先秦時已用於擊人，以爲懲罰。《孔子家語·六本》:"曾子耘瓜，誤斬其根，曾晳怒，建大杖以擊其背。"按《家語》雖有人稱僞書，然以木棒擊人，先秦典籍時有所見。作爲刑具當始於魏晉，至南朝梁已分爲大杖、法杖、小杖三等。大杖爲杖刑中之重刑，即制杖。《隋書·刑法志》:"〔梁律〕杖皆用生荆，長六尺，有大杖、法杖、小杖三等之差。大杖，大頭圍一寸三分，小頭圍八分半。"亦泛指大棍棒。參見本考"杖[1]"文。

制杖

杖具之大者。用於杖刑中的重刑。即大杖。《北堂書鈔》卷四五引《晉令》:"杖皆用荆，長六尺，制杖大頭圍一寸，尾三分半。"《隋書·刑法志》:"其制鞭制杖，法鞭法杖，自非特詔，皆不得用。"

法杖

中等杖具。用於杖刑中之中刑。《隋書·刑法志》:"〔梁律〕杖皆用生荆，長六尺。有大杖、法杖、小杖三等之差……法杖，圍一寸三分，小頭五分。"亦指用法杖拷打。唐宣宗《折杖折笞敕》:"法司處罪，每脊杖一下，折法杖十下。"按法杖規定擊臀，不得擊脊背，故以一折十。

小杖

杖具之小者。用於杖刑中之輕刑。《通典·刑制中》:"〔梁律〕杖皆用生荆，長六尺，有大杖、法杖、小杖三等之差……小杖，圍寸一分，小頭極杪。"宋丁謂《丁晉公談録》:"上云:'自有百日限'，若百日内尋得〔金楪子〕，只小杖亦不可行也。"

笞杖[1]

省稱"笞"。笞刑所用之杖，擊兩腿。猶小杖。《舊唐書·刑法志》:"笞杖，大頭二分，小頭一分半。其決笞者，腿分受。"《明律·獄具圖》:"笞，大頭徑二分七釐，小頭徑一分七釐，長三尺五寸，以小荆條爲之。"

笞杖
（明王圻等《三才圖會》）

【笞】[1]

"笞杖"之省稱。此稱明代已行用。見該文。

訊囚杖

亦稱"訊杖""訊棍"。審訊用刑之杖。猶大杖。《舊唐書·刑法志》:"訊囚杖，大頭徑三分二釐，小頭二分二釐。常行杖，受頭二分七釐，小頭一分七釐。笞杖，大頭二分，小頭一分半。其決笞者，腿分受；決杖者，背、腿、臀分受。"《新唐書·刑法志》:"訊杖，大頭徑三分二釐，小頭二分二釐。"《水滸傳》第三八回："那人見衆人都散了，肚裏越怒，拿起訊棍，便奔來打宋江。"又六九回："自古兩國相戰，不斬來使。於禮不當，只將二人各打二十訊棍。"《明律・獄具圖》："訊杖，大頭徑四分五釐，小頭徑三分五釐，長三尺五寸，以荆杖爲之。其犯重罪，贓證明白，不服擅承，明立文案，依法拷訊，臀腿受。"

訊杖
（明王圻等《三才圖會》）

【訊杖】

即訊囚杖。此稱唐代已行用。見該文。

【訊棍】

即訊囚杖。此稱元代已行用。見該文。

【問事杖】

省稱"問事"。問事本指執杖刑者，後藉稱刑杖，即訊囚杖。《後漢書・文苑傳下・禰衡》："祖（黃祖）大怒，令五百將出，欲加箠。"唐李賢注："五百，猶今之問事也。"《資治通鑑・隋開皇十年》："〔文帝〕嘗怒問事揮楚不甚，即命斬之。"胡三省注："問事者，行杖之人也。"《三國志・魏書・賈逵傳》"充，咸熙中爲中護軍"宋裴松之注引《魏略・李孚傳》："〔李孚〕及到梁淇，使從者斫問事杖三十枚，繫著馬邊。"元無名氏《誶范叔》第四折："〔睢末云〕：'張千，將問事來！'〔張千云〕：'理會的。'"《雍熙樂府・新水令・陳琳抱妝盒》："打的荒把陳琳便指，你常好是無三思。我根前，下問事。"

【問事】

"問事杖"之省稱。此稱元代已行用。見

該文。

常行杖

古刑杖之制，除訊囚及笞刑所用外，杖刑所用爲常行杖，多以生荆製成，施於犯人背與臀部，猶法杖。詳見本卷《囚處法具説・刑具警械考》"訊囚杖"文。

束杖

捆扎使用的刑杖，爲非法刑具。《隋書・刑法志》："〔開皇元年詔頒〕自前代相承，有司訊考，皆以法外，或有用大棒、束杖、車輻、鞵底、壓踝杖桃之屬，楚毒備至，多所誣伏。雖文致於法，而每有枉濫，莫能自理。至是，盡除苛慘之法。訊囚不得過二百。"

麻杖

亦稱"麻槌"。以蔴絞扎成的粗而短的鞭槌。行刑前，先用冷水浸濕，再行抽打。多見於元代。元關漢卿《魔合羅》第三一回："請得來，一錢嘗賜；請不得來，二十麻杖，決打不饒。"又《蝴蝶夢》第二折："休說麻槌腦箍，六問三推，不住勘問。"

【麻槌】

即麻杖。此稱元代已行用。見該文。

笞[1]

亦稱"笞"。但"笞"又常作動詞，意爲撲打。先秦時多指竹條，用於撲打，至秦漢時已定爲刑具。以漢制論，長五尺，首徑一寸，末徑半寸，皆削其節。當刑者袛刑其臀，中間不得更人。至南北朝時易竹爲荆，尺寸大同小异，直至明清乃廢。其間明代曾規定每五撲而易人，清代則無明文規定。《管子・形勢》："弱子，慈母之所愛也，不以其理動者，下瓦則慈母笞之。"又："弱子下瓦，慈母操箠。"《漢書・刑法志》："景帝元年下詔曰……又曰：'笞者所以教之也，其定箠令。'承相劉舍、御史大夫衞綰請：'笞者，箠長五尺，其本大一寸，其竹也，末薄半寸，皆平其節。當笞者笞臀，毋得更人，畢一罪乃更人。'自是笞者得全。""當笞者笞臀"，顏師古注引三國魏如淳曰："然則先時笞背也。"清王棠《知新録》："按古之一寸，合今之六分六，末薄半寸，合今之三分餘。毋得易人，則無後世五板易人之例。今世箠法未有明文，若依此行，亦仁政之一也。"《北史·酷吏傳·燕榮》："〔燕榮〕嘗按部，道次見叢荆堪爲笞箠，命取之，輒以試人。人或自陳無咎，榮曰：'後有罪當免。'及後犯細過，將榷之，人曰：'前日被杖，許有罪宥之。'榮曰：'無過尚爾，況有過邪？'榜捶如舊。"清沈家本按："此北朝笞刑亦用荆之證。"（見《歷代刑法考·刑具考》）閲《管子》《漢書》《北史》諸書可知，笞者用"箠"，用"箠"則稱笞。有時亦以"笞"指"笞杖"。按"箠"古時亦指鞭或鞭打。參見本卷《囚處法具説·刑具警械考》"杖[1]"文。

【笞】[2]

即箠[1]。此稱先秦時期已行用。見該文。

【箠杖】

即箠[1]。竹製之刑杖，漢王充《論衡·言毒》："人行無所觸犯，體無故痛，痛處若箠杖之蹤。"

一尺捶

亦省作"尺箠"。本爲短杖，後亦用以作刑具。《莊子·天下》："一尺之捶，日取其半，萬世不竭。"成玄英疏："捶，杖也。"唐韓愈《送張道士》詩："恨無一只捶，爲國笞羌夷。"宋蘇軾《富鄭公神道碑》："篤生萊公，尺箠笞之。

既服既馴，則擾綏之。"明高攀龍《〈嵩臺集〉後序》："故民之於公，必有肅然而不敢犯之心。此肅然而不敢犯之心，豈得之尺箠間哉？"按，此處以"尺箠"藉指刑法。

【尺箠】

"一尺捶"之省稱。此稱宋代已行用。見該文。

杖架

度量刑杖長短之器具。北魏顯祖時對於杖的用材、尺寸等已有文規定，但尚無專用於度量之器具（《魏書·刑罰志》）。唐代始創框架式器具，稱爲"杖架"，至金代則做成與常行杖等長等寬的標準杖，稱爲"杖式"。因以銅製成，亦稱"銅杖式"。《新唐書·宇文融傳》："以夏楚大小無制，始創杖架，以高庫度杖長短。"《金史·刑志》："〔明昌四年〕五月，上以法不適平，常刑杖樣多不能用，遂定分寸，鑄銅爲杖式，頒之天下。且曰：'若以笞杖太輕，恐情理有難恕者，訊杖可再議之。'五年五月，刑部員外郎馬復言：'外官尚苛刻者，不遵銅杖式，輒用大杖，多致人死。'詔令按察司糾劾黜之。"又："泰和元年正月，尚書省奏：以見行銅杖式輕細，奸宄不畏。遂命右司量所犯用大杖，且禁不得過五分。"參見本卷《囚處法具説·刑具警械考》"杖[1]"文。

【杖式】

即杖架。此稱金代已行用。見該文。

【銅杖式】

即杖架。此稱金代已行用。見該文。

夏

亦作"檟"。刑具名。以細葉楸製成。或指責罰生徒之小杖。夏，通"檟"。"檟"，指

"楢"。《爾雅·釋木》:"楢,山櫙。"郭璞注:"今之山楸。"《禮記·學記》:"夏楚二物,收其威也。"鄭玄注:"夏,楢也;楚,荆也。二者所以撲撻犯禮者。"元楊維楨《勸糶詞》:"況乃指廩閒,夏楚劫以勢。"樓卜瀍注:"夏,音賈,同檟。"按,"同檟",當作"通檟"。《晋書·虞預傳》:"刑罰在於必信,慶賞貴於平均。臣聞間者以來,刑獄轉繁,多力者則廣牽連逮,以稽年月;無援者則嚴其檟楚,期於入重。"唐皮日休《原親》:"吾觀夫今之世,誨其子者,必檟肌笞骨,傷愛毁性以爲教。"此處"檟"字爲名詞動詞化。

【檟】

"夏"的本字。作爲刑具名,晋代已行用。見該文。

楚

亦稱"楚扑"。初爲輕刑所用之杖。亦用於督責生徒。其物先秦時以荆條製成,漢代易之以竹,梁代復用荆,直至清代,復見用竹者。自漢之後,用於連撲,亦爲重罰。《禮記·學記》:"入學鼓篋,孫其業也。夏楚二物,收其威也。"陳澔集說:"夏,榎也;楚,荆也。榎形圓,楚形方。以二物爲扑,以警其怠忽者,使之收斂威儀也。"《儀禮·鄉射禮》:"楚扑長如笴,刊本尺。"按,笴,箭杆。刊,削也;本尺,本體,標準。意謂刊削荆條之幹部,使之合乎責打之需。鄭玄注謂刊削把手處之棱角,誤。漢陳琳《爲袁紹檄豫州》:"故太尉楊彪,典歷二司,享國極位,操因緣眦睚,被以非罪,榜楚參并,五毒備至。"宋王禹偁《長州縣令廳記》:"或歲一不稔,則鞭楚盈庭,而不能集事矣。"清蒲松齡《聊齋志異·嬰寧》:"奴婢小過,

恐遭鞭楚,輒求詣母共話。"

【楚扑】

即楚。此稱先秦時期已行用。見該文。

【荆】

即楚。荆本灌木名,其枝條柔韌,古代常用爲刑杖。《吕氏春秋·直諫》:"王伏。葆申束細荆五十,跪而加之於背。"《史記·廉頗藺相如列傳》:"肉袒負荆。"司馬貞索隱:"荆,楚也。可以爲鞭。"

【荆條】

即楚。亦稱"荆子"。《南史·梁昭明太子統傳》:"太子性仁恕,見在宫禁防捉荆子者,問之,云以清道驅人,太子恐復致痛,使捉手板代之。"清黄六鴻《福惠全書·刑名·釋五刑》:"人有小愆,法宜懲戒,擊以恥之……以小荆條爲之。"

【荆子】

即荆條。此稱南北朝時期已行用。見該文。

蒿條兒

蒿草條子,指輕微責罰之具。《金瓶梅詞話》第一四回:"當官蒿條兒也没曾打在你這王八身上,好好兒放出來,教你在家裏恁說嘴。"

車輻

魏晋時多作儀仗,稍後以爲刑具,其形前寬後窄,如同車輻,故稱。屬法外刑具。晋崔豹《古今注·輿服》:"車輻,棒也……用以夾車,故謂之車輻;一曰形似輻,故謂之車輻也。"按,後說爲是。《宋史·儀衛志六》:"車輻,棒也,形如車輪輻。"《隋書·刑法志》:"自前代相承,有司訊考,皆以法外,或有用大棒、束杖、車輻、鞵底、壓踝杖桃之屬,楚毒備至,多所誣伏。雖文致於法,而每有枉濫,莫能自

理，至是，盡除苛慘之法。”

杖桄

亦稱“夾棒”“夾棍”。硬木槓棒，用以壓踝。初爲法外刑具。《隋書·刑法志》：“自前代相承，有司訊考，皆以法外，或有用大棒、束杖……壓踝杖桄之屬，楚毒備至，多所誣伏。”至宋代仍爲法外刑具。壓踝方式有兩種，一是硬木與繩索并施，將木棍正面夾緊，稱“夾幫”；另一是兩股交叉，反縛跪地，斜插短棍於大小腿之間，令獄卒跳躍棍上，稱“超棍”。《宋史·刑法志二》：“〔理宗時監司、郡守〕而又擅置獄具，非法殘民……或木索并施，夾兩胘（胘，即腳脛），名曰‘夾幫’；或纏繩於首，加以木楔，名曰‘腦箍’；或反縛跪地，短豎堅木，交辮兩股，令獄卒跳躍於上，謂之‘超棍’，痛深骨髓，幾於殞命。”至明代魏忠賢當權，一度定爲正式刑具，至清代遂爲定制。《明史·刑法志三》：“全刑者曰械，曰鐐，曰棍，曰桚，曰夾棍，五毒備具，呼籲聲沸，然血肉潰爛，宛轉求死不得。”明陶宗儀《輟耕錄·院本名目》中有《鬧夾棒六麽》《鬧夾棒法曲》。清李漁《憐香伴·搜挾》：“還不直招，取夾棒過來。”清沈家本《歷代刑法考·刑具考》：“王棠《知新錄》：‘夾棍之説，唐世未聞，其制起於宋理宗之世。以木索并施，夾兩股，名曰“夾幫”；又豎堅木，交辮兩股，令獄卒跳躍於上，謂之“超棍”。合二者思之，當即今之夾棍也。’按，邱氏濬謂酷虐之吏恣爲刑具，如夾棍、腦箍、烙鐵之類，是明代有夾棍名目，但未詳始於何年。據邱氏之言，固例載之刑具也，今則纂爲定例矣。南北朝時有壓踝杖桄之法，其形狀不知何如。是即夾棍之意也。”清代夾棍有實

夾棍拷訊
（據明刊《要例公案》摹繪）

物傳世，其制係將約長三尺的三根梃木并合，於兩端各近一尺處鑿六圓洞，施刑時，中一木置兩踝間，另兩木置外側，拉緊穿於洞中之繩。

【夾棒】

即杖桄。此稱明代已行用。見該文。

【夾棍】

即杖桄。此稱清代已行用。見該文。

夾幫

“杖桄”之屬。此稱宋代已行用。見“杖桄”文。

超棍

“杖桄”之屬。此稱宋代已行用。見“杖桄”文。

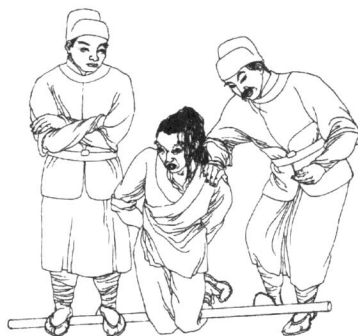

超棍
（據《宋史·刑法志二》繪製）

大關

"杖梳"之屬。唐段成式《酉陽雜俎續集・金剛經鳩異》:"有百姓趙安常念《金剛經》。因行野外,見衣一襆遺墓側,安以無主,遂持還……鄰人即告官:趙盜物。捕送縣,賊曹怒其不承認,以大關挾脛,折三段,後令杖脊,杖下輒折。"

腳棍

亦稱"檀木靴"。"杖梳"之屬。明王圻、王思義《三才圖會・器物》有圖,圖下注爲"腳棍",其解釋文字則稱:"夾棍之形,惟錦衣衛則有,亦設而不擅用。此惟可施之拷訊强賊。後來問理刑名亦用之,非法也。"可證腳棍即夾棍。後世亦謔稱"檀木靴"。《儒林外史》第四五回:"我們衙裏拿到了强盜賊,穿着檀木靴還不肯招哩!"

【檀木靴】

即腳棍。此稱清代已行用。見該文。

掉柴

笞杖。折木而成,非法定刑具。《宋史・刑法志二》:"監司、郡守擅作威福……擅置獄具,非法殘民,或斷薪爲杖,搭擊手足,名曰'掉柴'。"

五色棒

五種顏色之刑棒。《三國志・魏書・武帝紀》"〔曹操〕除洛陽北部尉"裴松之注引三國吳佚名《曹瞞傳》:"太祖初入尉廨,繕治四門,造五色棒,縣門左右各十餘杖,有犯禁者,不避豪彊,皆棒殺之。"後多用以喻稱嚴刑峻法。唐李商隱《有感二首》詩之一:"蒼黃五色棒,掩遏一陽生。"

赤棒

古代執法用的紅色棒。後來多用於鹵簿。鹵簿,猶今儀仗隊。清代總督儀仗中所用紅杠,即古代赤棒遺制。《北齊書・武成十二王傳・琅邪王儼》:"魏氏舊制,中丞出,清道,與皇太子分路行,王公皆遥住車,去牛,頓輈於地,以待中丞過,其或遲違,則赤棒棒之。"《北史・高道穆傳》:"帝姊壽陽公主行犯清路,執赤棒卒呵之不止,道穆令卒棒破其車。"唐段成式《酉陽雜俎續集・金剛經鳩異》:"王某年老,股戰不能自辯,劉叱令拉坐,杖三十。時新造赤棒,頭徑數寸,固以筋漆,拉之不仆,數五六當死矣。"按"拉之",當作"立之"。唐趙璘《因話錄・羽》記此事,作"立之"。

孟青棒

亦稱"孟青"。一種大刑棒。因大將孟青曾以爲武器,故名。《舊唐書・酷吏傳上・侯思止》:"思止既按制獄,苛酷日甚。嘗按中丞魏元忠,曰:'急認白司馬,不然,即喫孟青。'白司馬者,洛陽有阪號白司馬。孟青者,將軍姓孟名青者,即殺琅邪王沖者也。思止閭巷庸奴,常以此謂諸囚也。"唐張鷟《朝野僉載》卷二所記略同,可供參閱。

【孟青】

即孟青棒。此稱唐代已行用。見該文。

殺威棒

亦稱"殺威棍"。杖名。對新犯人收監前所用。約始於唐,達於元明之際。元關漢卿《蝴蝶夢》第三折:"別過枷梢,來打三下殺威棒。"《說唐》第七回:"凡有解到罪人,先打一百殺威棍,十人解進,九死一生。"《水滸傳》第二八回:"你那囚徒,省得太祖武德皇帝舊制:

但凡被到配軍，須打一百殺威棒。”

【殺威棍】

即殺威棒。此稱唐代已行用。見該文。

枯木

硬棍類杖具。枯，山榆。刑具。唐高彦休《唐闕史·秦中得先人書》：“富室少年列狀始末，訴於縣官，詰問伏罪。遂置枯木。”宋陶穀《清異録·肉雷》：“來紹，乃唐酷吏俊臣之裔，天稟鷙忍……每肆枯木之威，則百囚俱斷。轟響震動一邑，時呼爲肉雷。”

批頭棍

省稱“批頭”，亦稱“批頭竹片”。竹板所製之刑具。批頭，猶言迎面，直衝。元關漢卿《四春園》第三折：“批頭棍大腿上十分楞，不由他怎不招承！”元孫仲章《勘頭巾》第一折：“你先合該答四十批頭棍。”《水滸傳》第三○回：“那牢子獄卒，拿起批頭竹片，雨點地打下來。”又第三三回：“〔劉知寨〕喝叫‘取過批頭來打那厮’，一連打了兩料，打得宋江皮開肉綻，鮮血迸流。”

【批頭】

即批頭棍。此稱明代已行用。見該文。

【批頭竹片】

即批頭棍。此稱元代已行用。見該文。

水火棍

刑具名。衙門差役所持木棍。上圓，下略扁，上爲黑色，下爲紅色。黑色屬水，紅色屬火，故稱。《水滸傳》第八回：“取了行李包裹，拿了水火棍，便來使臣房裏取了林沖，監押上路。”又第九回：“那條鐵禪杖飛將來，把這水火棍一隔，丟去九霄雲外。”

短棍

以粗短之棍爲刑具。清黃六鴻《福惠全書·刑名部·詞訟》：“藏短棍鐵尺等類。”

縮頭

以竹根節爲尖端之刑具。清黃六鴻《福惠全書·刑名部·詞訟》：“打用縮頭聚擊一處。”

鐵檛

亦作“鐵撾”，亦稱“鐵查”。鐵製刑具，杖屬。《資治通鑑·後梁太祖開平元年》：“囚數渥（楊渥）親信十餘人之罪，以鐵檛擊殺之。”元佚名《張協狀元》第九齣：“汝生得貌如秀士，料想不是客家，我且饒你一下鐵撾，留金珠買路。”又第八齣：“懦弱底與他幾下刀背，頑猾底與他一頓鐵查。”

【鐵撾】

同“鐵檛”。此體元代已行用。見該文。

【鐵查】

即鐵檛。此稱元代已行用。見該文。

板椏具

板

亦稱“板子”。撲打刑具，多以竹篾製成。元關漢卿《金綫池》第四折：“〔石府尹云〕既然韓解元在此替你哀告，這四十板便饒了。”《清

通典·刑一》：“定獄具之圖，一曰板，以竹篾爲之，大頭徑二寸，小頭徑一寸五分，長五尺五寸，重不得過二斤。”清佚名《麟兒報》：“我不是板子就是夾棍，直打得他皮開肉綻，直夾得

他腿斷脚折。那時人人怕我，我雖不貪贓，而贓自至矣。"

【板子】

即板。此稱清代已行用。見該文。

【大板】

即板。亦稱"毛板"。《醒世恒言・陸五漢硬留合色鞋》："知縣相公一見了這錠樣，認定是造假銀的光棍，不容分訴，一上打了三十毛板。"《紅樓夢》第一四回："已拖出去挨了二十大板，還要進來叩謝。"《儒林外史》第四三回："兩邊如狼如虎的公人，把舵公拖翻，二十毛板，打的皮開肉綻。"

【毛板】

"大板"之俗稱。此稱明代已行用。見該文。

挍

亦作"桫"。亦稱"歷指""欐""欐櫼""枒指"。挍，《玉篇・手部》："逼挍也。"始見於先秦時期。爲一繩所穿之一組小棍。施刑時，套入手指間，用力收緊。此具清代已廢止，間或用爲法外刑具。《正字通・手部》："挍……刑具。"同書注按："指刑，俗呼'桫'，穿小木，以繩繫十指間束縛之。"《莊子・天地》："睆睆然在纆繳之中，而自以爲得，則是罪人交臂歷指，而虎豹在於囊檻，亦可以爲得矣。"鍾泰發微："'歷'，與欐同。'欐指'，謂以木枒其十指也。"

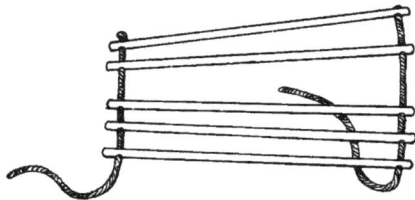

挍子
（明王圻等《三才圖會》）

按，此處之"欐"爲名詞動化用法，無疑先秦時已有其具。《説文・木部》："欐，欐櫼，枒指也。"段玉裁注："枒指，如今之挍指。故與械、杅、桎、梏爲類。《莊子》曰：'罪人交臂歷指。'歷指，謂以欐櫼枒其指也。《通俗文》曰：'考具謂之欐櫼。'考，俗作拷。《尉繚子》曰：'束人之指而訊囚之情。'"《二刻拍案驚奇》第一二回："就用嚴刑拷他，討挍來挍指。"按元明時多用於刑訊婦人。參閲《六部成語》。據清沈家本《歷代刑法考・刑具考》，此刑清代已廢止。

【桫】

同"挍"。此體明代已行用。見該文。

【歷指】

即挍。此稱先秦時期已行用。見該文。

【欐】

即挍。此稱漢代已行用。見該文。

【欐櫼】

即挍。此稱漢代已行用。見該文。

【枒指】

即挍。此稱漢代已行用。見該文。

【挍指】

即挍。亦稱"挍子""撒子""撒子角""夾挍"。《正字通・手部》："挍……刑具。《莊子》'罪人交臂歷指'注：'即今背剪挍指也。'"元孟漢卿《魔合羅》第四折："比及下挍指，先浸了麻槌，行杖的腕頭加氣力。"元關漢卿《蝴蝶夢》第一折："到公庭，貴口詞，下腦箍，使挍子，這期間痛怎支。"元佚名《小孫屠》第一一齣："公吏人排列兩邊，不由我心驚膽戰。怎捱這鐵鎖、沉枷、麻槌、撒子？"《水滸傳》第一二回："殺威棒，獄卒斷時腰痛；撒子角，囚人見了心驚。"清黃六鴻《福惠全書・刑名・詞訟》：

"刑杖夾梐之具，皆竹木爲之。"清平步青《霞外攟屑·論文下·口技》："忽究出鋪中奸情，遂施夾梐。"清沈家本《歷代刑法考·刑具考》："拶指，刑部久無此具，外省亦罕見，不知廢於何時。"推測此刑清代已廢止。

【拶子】

即拶指。此稱元代已行用。見該文。

【撒子】

即拶指。此稱元代已行用。見該文。

【撒子角】

即拶指。此稱元代已行用。見該文。

【夾梐】

即拶指。此稱明清時已行用。見該文。

附文

杖瘡

杖刑所致之傷痕。宋洪邁《夷堅甲志·人死爲牛》："兩疽相對，宛如杖瘡，其深數寸，隔膜洞見肺腑。"《水滸傳》第六二回："小人今日受刑，杖瘡疼痛，容在明日上路。"

板花

臀部遭板打所致之傷痕。《冷眼觀》第三回："不必同這初出茅盧的東西多講，權且把他褲子褪下，驗一驗，看可有板花？"

板瘡

用木板行刑所致之傷痕。《三俠五義》第五九回："郭槐在監牢之中，又是手疼，又是板瘡，呻吟不絕。"

背花

背部遭撲打所致之傷痕。《三國演義》第一九回："布曰：'故犯吾令，理合斬首。今看衆將之面，且打一百。'衆將又哀告，打了五十背花，然後放歸。"明湯顯祖《牡丹亭·閨塾》："則問你幾絲兒頭髮，幾條背花？敢也怕些些，夫人堂上，那些家法？"按，《京本通俗小説·碾玉觀音》："郡王焦躁，把郭立打了五十背花棒。"此處棒名"背花"，亦指可致傷痕也。

棒瘡

棒打所致之傷痕。《京本通俗小説·菩薩蠻》："長老令人山後搭一草舍，教可常將息，棒瘡好了，着他自回鄉去。"《水滸傳》第八回："林沖初吃棒時，倒也無事，次後三兩日間，天道盛熱，棒瘡却發。"《醒世恒言·錢秀才錯占鳳凰儔》："尤辰回家將息棒瘡不題，却説高贊邀錢青到舟中。"《紅樓夢》第三四回："姐姐也自重些兒，就是哭出兩缸眼淚來，也醫不好棒瘡。"

刀斧鼎鑊具

刀

斬、切、削、割之器。刀用途甚廣，自上古即爲行刑之具。先秦以來即有"兵刑同源"之説。古人認爲戰爭就是刑罰，刑罰之條理化即成法律。自夏至周，乃至秦漢時之法官，"士""師""司寇""廷尉"等，原即軍職。據《書》記載，夏啓之征討有扈氏，商湯之征討夏桀，周武王之征討殷紂，皆可稱之爲"恭行天罰"，即奉天命以懲罰不道。故《國語·魯語上》曰："大刑用甲兵，其次用斧鉞……大者陳之原野，小者致之市朝。"又《晋語六》曰："夫戰，刑也……刑外之不服者。"故《説文·井部》曰："荆刑，罰罪也。從刀，從井。""荆"即今"刑"字，其本義即懲罰有罪者。欲懲罰必用刀兵，必公正如井水之平。故"刀"字首見於典籍記載，即用於征討、罰罪。《書·顧命》："越玉五重，陳寶、赤刀、大訓、弘璧、琬琰在西序。"孔穎達疏引鄭玄注："赤刀者，武王伐紂時刀。"在上古，除却大刑討罰及殺刑之外，刀主要用於劓刑。如《國語·魯語上》："大刑用甲兵，其次用斧鉞，中刑用刀鋸，其次用鑽笮（一作'鑿'），薄刑用鞭扑。"韋昭注："割劓用刀，斷截用鋸。"上古之時，重刑腰斬主要用斧鉞。《周禮·秋官·掌戮》："掌斬殺賊諜而搏之"。鄭玄注："斬以鈇鉞，若今要（同'腰'）斬也；殺以刀刃，若今棄市也。"漢以後刀用漸廣，常稱之爲"歐刀"。如《後漢書·虞詡傳》："寧伏歐刀，以示遠近。"李賢注："歐刀，刑人之刀也。"因古歐冶子善治劍，故以其姓之首字命刀。元明間行刑之刀又稱爲"法刀""鬼頭刀"，其時之小説中每每見用。

法刀

亦作"歐刀""劓刀"。劊子手行刑所用之刀。因古歐冶子善作劍，故漢代稱之爲"歐刀"。《後漢書·虞詡傳》："寧伏歐刀，以示遠近。"李賢注："歐刀，刑人之刀也。"又《陳蕃傳》："如加刑謫，已爲過甚，況乃重罰，令伏歐刀乎？"《水滸傳》第四四回："當時楊雄在中間走着，背後一個小牢子擎着鬼頭靶法刀。"清阮葵生《茶餘客話》卷六："劓刀音歐，刑人之刀也。"參閲漢袁康《越絶書·越絶外傳記寶劍》。

【歐刀】

即法刀。此稱漢代已行用。見該文。

【劓刀】

即法刀。誤同"歐刀"。此稱清代已行用。見該文。

鬼頭刀

古時行刑所用之刀。刀把凸出扭曲如惡鬼，故名。《水滸傳》第四四回："當時楊雄在中間走着，背後一個小牢子擎着鬼頭靶法刀。"後省稱"鬼頭刀"。昆曲《十五貫》第四場："手拿鬼頭刀，專斬犯法人。"

斧鑕

亦作"斧質"，亦稱"質鈇""斧砧""斧碪"。刑具名。斧與質。鑕，殺人時墊於斧下的鐵砧。《晏子春秋·問下一一》："寡君之事畢矣，嬰無斧鑕之罪，請辭而行。"《戰國策·秦策一》："白刃在前，斧質在後，而皆去走，不能死。"《韓非子·初見秦》作"斧鑕"。《漢書·項籍傳》："孰與身伏斧質，妻子爲戮乎？"顏師古注："質謂鑕也。古者斬人，加於鑕上而斫之也。"又《揚雄傳下》："徽以糾墨，製以質鈇。"顏師古注："言有罪者則係於徽墨，尤惡者則斬以鈇質也……質，鑕也；鈇，莝刃也。"宋朱熹《感事書懷十六韵》："殘類隨煨燼，遺黎脱斧砧。"一作"斧碪"。清顧炎武《傳聞》詩之二："廿載吳橋賊，於今伏斧碪。"

【斧質】

同 "斧鑕"。此體先秦時期已行用。見該文。

【質鈇】

即斧鑕。此稱漢代已行用。見該文。

【斧砧】

即斧鑕。此稱宋代已行用。見該文。

【斧碪】

即斧鑕。同 "斧砧"。此稱宋代已行用。見該文。

【鈇鑕】

同 "斧鑕"。亦作 "鈇質"。《公羊傳·昭公二十五年》："子家駒曰：'臣不佞，陷君於大難，君不忍加之以鈇鑕，賜之以死。'" 何休注："鈇鑕，要斬之罪。"《史記·項羽本紀》："此孰與身伏鈇質，妻子爲僇乎？"

【鈇質】

同 "鈇鑕"。此體漢代已行用。見該文。

【砧斧】

即斧鑕。亦作 "碪斧""椹斧"。唐韓愈《元和聖德》詩："解脱攣索，夾以砧斧。"宋蘇洵《張益州畫像記》："重足屏息之民，而以碪斧令。"宋王禹偁《懷賢詩·王樞密》："馬前拜侯伯，堦下列椹斧。叱吒氣生風，將校汗如雨。"

【碪斧】

同 "砧斧"。此體宋代已行用。見該文。

【椹斧】

同 "砧斧"。此體宋代已行用。見該文。

【槁砧】

即斧鑕。"禾稈" 與 "砧鑕"，代指斧鑕。槁，同 "藁"，禾稈。古時處死刑，罪人 "席" 藁伏於砧上，以斧斬之，故稱槁砧而兼言斧。《玉臺新咏·古絶句》之一："槁砧今何在，山上

復有山。何當大刀頭，破鏡飛上天。"

砧鑕

亦作 "椹質"。古代刑具，指罪人墊伏其上以受斧斫的椹板。《戰國策·秦策三》："今臣之胸不足以當椹質，要不足以待斧鉞，豈敢以疑事嘗試於王乎？"宋歐陽修《蔡州再乞致仕第二表》："將再干於冕旒，宜先伏於砧鑕。"

【椹質】

同 "砧鑕"。此體先秦時期已行用。見該文。

【鑕】

即砧鑕。《漢書·項籍傳》："孰與身伏斧質。"唐顏師古注："質謂鑕也。古者斬人，加於鑕上而斫之也。"亦作 "砧""碪"。參見本卷《囚處法具説·刑具警械考》"砧斧" 文。

【砧】

同 "鑕"。此體宋代已行用。見該文。

【碪】

同 "鑕"。此體唐代已行用。見該文。

【鑕】

即砧鑕。亦作 "質""櫍"。《穀梁傳·昭公八年》："以葛覆質以爲槷。"范甯集解："質，椹也。"按：椹即砧板。《史記·張蒼列傳》："蒼坐法當斬，解衣伏質。"《廣韻·人質》："櫍，椹。行刑用斧櫍。"

【質】

同 "鑕"。此體先秦時期已行用。見該文。

【櫍】

同 "鑕"。此體宋代已行用。見該文。

大剉碓

省稱 "剉碓"。行刑之大鍘刀，其起落如踏碓，故稱。銼，此處謂鍘。《魏書·汝南王悦傳》："悦爲大剉碓置於州門，盜者便欲斬其手。

時人懼其無常，能行異事，奸偷畏之而蹔息。"《資治通鑑·梁元帝承聖元年》："劉神茂至建康，丙戌，景（侯景）命爲大剉碓，先進其足，寸寸斬之，以至於頭。"胡三省注："大剉碓者，爲大剉刀，發機如碓，使之踏之。"《隋書·刑法志》："帝（北齊文宣帝高洋）遂以功業自矜，恣行酷暴，昏狂酗醟，任情喜怒。爲大鑊、長鋸、剉碓之屬，并陳於庭，意有不快，則手自屠裂。"宋洪邁《夷堅乙志·張女對冥事》："廡下各列門户，或榜云'鑊湯地獄'，或榜云'剉碓地獄。'"

【剉碓】

"大剉碓"之省稱。此稱隋代已行用。見該文。

銅鍘

亦作"銅鍘"。作刑具之銅製鍘刀，多用於宋元時。元李直夫《虎頭牌》第二折："將銅鍘來，切了你那驢頭。"《曲海總目提要·未央天》："聞明季時有兄弟二人，其一作《未央天》，其一作《瑞霓羅》。《瑞霓羅》用包拯以銅鍘誅豪惡事。"《瑞霓羅》，朱佐朝撰，已佚。《包公案》中宋開封知府包拯所用之銅鍘，又分龍頭鍘、虎頭鍘、狗頭鍘三種，依次鍘皇親國戚、高官權貴及惡棍三種罪人。

【銅鍘】

同"銅鍘"。此體明代已行用。見該文。

鑊

指釜。本爲烹煮食器，後亦用爲烹煮犯人。《吕氏春秋·上德》："被瞻據鑊而呼曰：'三軍之士皆聽瞻也。自今以來，無有忠於其君，忠於其君者將烹。'"《史記·廉頗藺相如列傳》："臣知欺大王之罪當誅，臣請就湯鑊。"《漢書·刑法志》："〔商鞅〕增加肉刑、大辟，有鑿顛、抽脅、鑊亨之刑。"顏師古注："鼎大而無足曰鑊，以鬻（煮）人也。"《南史·賊臣傳·侯景》："魏相高澄悉命先剥景妻子面皮，以大鐵鑊盛油煎殺之……後齊文宣夢獼猴坐御床，乃並煮景子於鑊。"

鼎

本爲燒煮食器、禮器，後亦用爲烹人刑具。爲三足兩耳容器。《史記·季布欒布列傳贊》："赴鼎非冤，誠知所處。"唐白居易《咏史》詩："秦磨利劍斬李斯，齊燒沸鼎烹酈其。"宋蘇軾《留侯論》："當韓之亡，秦之方盛也，以刀鋸鼎鑊，待天下之士。"

法内諸雜具

鋸

用以執行刖刑之刑具。金屬製成的齒狀銳利刑具。《國語·魯語上》："中刑用刀鋸，其次用鑽笮。"韋昭注："割劓用刀，斷截用鋸。"《漢書·刑法志》："中刑用刀鋸。"顏師古注引韋昭曰："刀，割刑；鋸，刖刑也。"又《司馬遷傳》："奈何令刀鋸之餘薦天下豪儁哉！"

鑽

金屬製成之錐狀銳利刑具。用以臏刑。《國語·魯語上》："中刑用刀鋸。其次用鑽笮。"韋昭注："鑽，臏刑。"《漢書·刑法志》："中刑用刀鋸，其次用鑽鑿。"顏師古注："鑽，鑽去其臏骨也。”

鑿

亦作“笮”。金屬所製之桿狀銳利刑具。用於黥刑。《國語·魯語上》：“中刑用刀鋸，其次用鑽笮。”韋昭注：“笮，黥刑。”《漢書·刑法志》：“中刑用刀鋸，其次用鑽鑿。”顔師古注引韋昭曰：“鑿，黥刑。”《文選·馬融〈長笛賦〉》：“丸挺雕琢，刻鏤鑽笮。”李善注：“《國語》：‘臧文仲曰：中刑用刀鋸，其次用鑽笮。’韋昭注爲笮，而賈逵注爲鑿。然笮與鑿音義同也。”唐皮日休《陵母頌》：“鼎鑊在前而不懼，鑽笮被體而無怨，乃男子常事也。”宋王鍵《刑書釋名》：“鑿，黥刑也，以墨涅其面。”

【笮】

同“鑿”。此體漢代已行用。見該文。

測

爲罰站的土垛，高約一尺，上圓，僅容兩足。南朝梁任昉《奏彈劉整》：“輒受付近獄測治。”《南史·循吏傳·何遠》：“當時士大夫坐法皆不受測，遠度已無臟，就測立三七日不款，猶以私藏禁仗除名。”《隋書·刑法志》：“其有臟驗顯然而不款，則上測立。立測者以土爲垛，高一尺，上圓劣，容囚兩足立。鞭二十，笞三十訖，著兩械及杻上垛。”

木丸

亦作“木嚼”。一種木製球形刑具。爲防犯人叫駡，以木丸塞入其口，使難出聲。始行用於唐代，達於明清。《新唐書·郝象賢傳》：“臨刑，極駡乃死。后（武則天）怒……自是訖後世，將刑人，必先以木丸窒口云。”《三俠五義》第一五回：“四名衙役過來，與他口内唧了木嚼，剥去衣服，將蘆席鋪放，立刻捲起，用草

繩束了三道。”

【木嚼】

即木丸。此稱明清時期已行用。見該文。

木驢

亦稱“驢床”“利子”。古代行刑時配置的裝有輪軸的木架。凡處決凌遲犯時，必先將犯人四肢緊綁於木架上，推至街市示衆，然後行刑。宋陸游《南唐書·胡則傳》：“即舁置木驢上，將磔之，俄死，腰斬其屍以狥。”宋洪邁《夷堅丙志·九聖奇鼃》：“罪皆有狀，使徇於廟。相次以驢床釘二男四女及六魁。”元王實甫《西廂記》第五本第四折：“那一個賊畜生行嫉妬，走將來老夫人行廝間阻……説來的無徒，遅和疾上木驢。”吳曉玲注：“木驢——元代的凌遲刑：先將受刑的人綁上木椿，推到街市間游行示衆，叫作‘上木驢’。”按，“上木驢”非僅僅限於元代。《水滸傳》第二七回：“畫了伏狀，便把這婆子推上木驢，四道長釘，三條綁索，東平府尹判了一個‘剮’字，擁出長街。”又第四〇回：“各與了一碗長休飯、永別酒。吃罷，辭了神案，漏轉身來，搭上利子。”

【驢床】

即木驢。此稱宋代已行用。見該文。

【利子】

即木驢。此稱明代已行用。見該文。

木劍

漢代朝服佩劍，晋代改用木劍，後世用爲儀仗，以賜功臣。遼太宗時製爲刑具，其形面平背隆，大臣犯重罪，欲寬宥則擊之。《遼史·刑法志上》：“又有木劍、大棒、鐵骨腳之法。木劍、大棒之數三自十五，至三十。”又：“木劍、大棒者太宗時制，木劍面平背隆，大臣

犯重罪，欲寬宥則擊之。"

檻車

省稱"檻"，亦稱"囚車"。押解囚犯之車。車上設有柵欄或木籠。其物漢代已行用。初多用於押運猛獸或戴罪官員，南朝梁時僅用於押送食禄二千石以上官吏，直至隋代。其制後世未見典籍詳載，宋元時多用於押運要犯，不論身份。《釋名·釋車》："檻車，上施闌檻，以格猛獸，亦囚禁罪人之車也。"《史記·陳丞相世家》："以節召樊噲，噲受詔，即反接載檻車，傳詣長安。"《隋書·刑法志》："梁武帝承齊昏虐之餘，刑政多僻，既即位，乃制權典，依周漢舊事……二千石以上非檻徵者，並頌繫之。"唐劉禹錫《三閣辭》詩之四："三人出眢井，一身登檻車。"宋蘇軾《和淵明始作鎮軍參軍經曲阿》："北郊有大賚，南冠解囚車。"金董解元《西廂記諸宮調》卷八："有子有牢房地匣，有子有檻車夾畫，有子有鐵裏榆枷；更年没罪人戴他、犯他。"《水滸傳》第三三回："無移時，一輛囚車，一個紙旗兒，一條紅抹額，從外面推將入來。花榮看了，見是宋江陷着，目睜口呆，面面相覷。"又："花榮便對黃信説道：'都監賺我來，雖然捉了我……可看我和都監一般武職官面，休去我衣服，容我坐在囚車裏。'"

囚　車
（明王圻等《三才圖會》）

明王圻、王思義《三才圖會·器用》："囚車，即古之檻車。不知其所自始，疑即檻車之法，亦今之極刑也。"清沈家本《歷代刑法考·刑具考》"檻車"按："車上施闌檻，以防罪人之逸，《釋名》説是……漢代官吏之有罪者，以檻車傳送。《梁律》二千石已上非檻徵者，並頌繫之，見《隋志》。是六朝時猶沿此制。"

【檻】[2]

"檻車"之省稱。此稱南北朝時期已行用。見該文。

【囚車】

即檻車。此稱宋代已行用。見該文。

陷車

亦稱"囚籠"。檻車之屬，多用於押解要犯，已非戴罪官員專用。宋蘇轍《明堂賀表一首》："聞震雷而惕，若深囚籠檻，得清風而自疑。"《水滸傳》第三九回："若要活的，便着一輛陷車解上京。"又第一一二回："宋江叫把范疇、沈抃、趙毅三個，陷車盛了，寫道申狀，就叫金節親自解赴潤州張招討中軍帳前。"《説唐》第三〇回："衆人拿了，齊囚入囚籠。"《二十年目睹之怪現狀》第五一回："他老子叫了一乘囚籠似的小轎子，叫女兒坐了。"

【囚籠】

即陷車。此稱宋代已行用。見該文。

桯榍

亦稱"械節""械楔"。刑具銜接的木楔，用以爲開關。《集韻·入葉》："桯榍，梁也。"《莊子·在宥》："吾未知聖知之不爲桁楊桯榍也，仁義之不爲桎梏鑿枘也。"陸德明釋文："桯榍，桎梏梁也。"張默生新釋："司馬（司馬彪）云：'桯榍，械楔。'按即刑具之楔子也。"宋王安石

《游士山示蔡天啓秘校》詩："予雖天戮民，有械無桎梏。"按，今本《淮南子·主術訓》"桎梏"作"楫楔"。《後漢書·度尚傳》："張磐下廷尉，辭狀未正，會赦見原。磐不肯出獄，方更牢持械節，獄吏謂磐曰：'天恩曠然，君不出，何也？'"

【械節】

即桎梏。此稱漢代已行用。見該文。

【械楔】

即桎梏。此稱晋代已行用。見該文。

尚方斬馬劍

省稱"尚方劍""尚方"。皇帝特賜之劍，可直斬佞臣之類權貴，不必請示。因其劍爲供御器之少府屬官尚方所藏，其利可斬馬，故稱。《漢書·朱雲傳》："今朝廷大臣上不能匡主，下亡以益民，皆屍位素餐……臣願賜尚方斬馬劍，斷佞臣一人，以厲其餘。"顔師古注："尚方，少府之屬官也。作供御器物，故有斬馬劍。劍利，可以斬馬也。"宋劉克莊《祭唐伯玉常卿文》："先朝道老多出華宗，熙寧諫院，慶曆殿中，請尚方劍，嬰權門鋒，誰其侶之？"明劉基《贈周宗道》詩："先封上方劍，按法誅奸贓。"《明史·詹爾選傳》："今天下疑皇上者不少矣，將驕兵惰，尚方不靈。"清方文《書事》詩："相國臨戎賜尚方，九重親翰灑天章。"今俗稱"尚方寶劍"。

【尚方劍】

"尚方斬馬劍"之省稱。此稱宋代已行用。見該文。

【尚方】

"尚方斬馬劍"之省稱。此稱明代已行用。見該文。

勢劍金牌

天子所授可先斬後奏的執法信物與刑具。元關漢卿《竇娥冤》第四折："枉自有勢劍金牌，把俺這屈死三年的腐骨骸，怎脱離無邊苦海。"元曾瑞《留鞋記》第三折："聖人敕勢劍金牌，著老夫先斬後奏。"

勢劍銅鍘

天子所授可先斬後奏的刑具。鍘，同"鍘"。元岳伯川《鐵拐李》第一折："聖人差的個帶牌走馬廉訪相公，有勢劍銅鍘，先斬後奏。"

勢刀銅鍘

天子所授可先斬後奏的刑具。猶勢劍銅鍘。明湯顯祖《紫釵記·延媒勸贅》："又賜俺勢刀銅鍘一副，凡都城内外著俺巡緝，有不如意的，都允先斬後奏。"

法外酷刑具

炮格[1]

單稱"格"，亦稱"火床"。初爲銅製之床架，人置其上，布火其下，使燒爛墮火而死。史載殷紂王時已設此刑具，秦漢時或爲鐵製，直至宋代仍未絶使用。《吕氏春秋·過理》："亡國之主一貫……樂不適則不可以存。糟丘酒池，肉圃爲格，雕柱而桔諸侯，不適也。"高誘注："格，以銅爲之，布火其下，以人置上，人爛墮火而死，笑之以爲樂。"《過理》及高注皆指殷紂王設炮格事。按《淮南子·覽冥訓》："人羸車弊，泥塗至膝，相携於道，奮首於路，身枕格而死。”高誘注：“格，搒床也。言收民役賦不畢者，搒之於格上，不得下，枕格而死。”高誘注爲“搒床”。搒床，拖載之床類物。可知高氏前注“以銅爲之”之“格”必爲床架。《史記·周本紀》：“西伯乃獻洛西之地，以請紂去炮格之刑。”《後漢書·黨錮傳·范滂》：“獄吏將加掠考，滂以同囚多嬰病，乃請先就格，遂與同郡袁忠争受楚毒。”《法苑珠林》卷一一一引《佛藏經》：“入僧房，已復見諸比丘坐於火床，互相扴捶，肉盡筋出，五藏骨髓，亦如燋炷。”宋佚名《嶺南道行營擒劉鋹露布》：“置火床鐵刷之獄，人不聊生。”

【格】

即炮格。其物先秦時期已行用。見該文。

【火床】

即炮格。此稱唐代已行用。見該文。

烙鐵

用以烙人之鐵板。亦稱“燒鐵”。《漢書·景十三王傳·廣川惠王越》：“去（廣川王劉去）即與昭信（王后陽成昭信）從諸姬至望卿（陶望卿）所，贏其身，更擊之，令諸姬各持燒鐵，共灼望卿，望卿走，自投井死。”《明律·刑律·斷獄》“官司出入人罪”注：“法外用刑，如用火燒烙鐵烙人，或冬月用冷水澆淋身體之類。”

【燒鐵】

即烙鐵。此稱漢代已行用。見該文。

鐵籠

鐵製囚籠。外以火燒，或以鐵刷刷人之皮膚而致死。《宋書·索虜傳》：“晃（拓跋晃）懼，謀殺燾，燾乃詐死，使其近習召晃迎喪，於道

執之。及國，罩以鐵籠，尋殺之。”《資治通鑑·後梁太祖乾化元年》：“燕王守光既克滄州，自謂得天助，淫虐滋甚，每刑人，必置諸鐵籠，以火逼之。”《新五代史·雜傳·董璋》：“獲其逃者，覆以鐵籠，火炙之。”

過山龍

一種酷刑刑具。以節節活動的銅鐵管纏繞人身，將沸水自上口灌入，於尾中流出。如此三次，其人必周身肉爛，慘痛難忍。此具明清時已見使用。《天雨花》第二一回：“一樣叫作過山龍，是用銅鐵打成通管，節節活動，若用此刑，將人渾身洗剥，用此物周身盤繞，却將百滚熱湯，自口中灌下，於尾中流出。如此者三度，其人必周身肉爛，痛不可言。”

吕公縧

刑具之隱語。以鐵條纏犯人腰際，兩端灼於爐火，因其形似吕洞賓的紅色絲帶，故名。按傳説中仙人吕洞賓好繫紅縧。縧，絲帶。多見於明代。清昭槤《嘯亭續録·圖文襄公厚德》：“又燬明代鎮撫司酷刑，如吕公縧、紅綉鞋諸虐具。”

紅綉鞋

刑具之隱語。將犯人雙足納入燒紅之鞋形鐵板鞋内，故名。多見於明代。見“吕公縧”文。

蠆盆

亦稱“浴斛”。相傳爲殷紂時之酷刑刑具。放蛇、蠍等毒蟲於盆、大斛一類容器内，復將人裸置其中，一任毒蟲噬咬。《武王伐紂平話》卷中：“臣啓陛下，臣聞大王亦信妲己讒言，置酒池、肉林、蠆盆、炮烙之刑，苦害他人。”清褚人獲《堅瓠秘集》卷六：“史稱晉靈公從臺上彈人，觀其避丸。巢王元吉當衢而射，觀人避

箭。妲己置蠆盆，令宮女裸浴，觀其楚毒以爲樂。齊后主（高緯）亦置蠍浴斛，令人裸浴，觀其叫號則大喜。”

【浴斛】

即蠆盆。此稱南北朝時期已行用。見該文。

木手

帶爪刑具。木製，以其似手，故稱。《魏書·李彪傳》：“始彪爲中尉，號爲嚴酷，以奸款難得，乃爲木手擊其脅腋，氣絶而復屬者時有焉。”宋佚名《五國故事·僞閩王氏》：“廷翰妻博陵崔氏之女，性悍妒而殘忍……置木手摑人。”

大舂碓

擣殺犯人之刑具。《梁書·侯景傳》：“〔侯景〕曾於石頭立大舂碓，有犯法者，皆擣殺之，其慘虐如此。”

霹靂車

專用於威懾婦人之刑車。始見於北周宣帝時。其刑制今不詳。《隋書·刑法志》：“〔北周宣帝〕又廣《刑書要制》，而更峻其法，謂之《刑經聖制》。宿衛之官一日不直，罪至削除，逃亡者皆死，而家口籍没……又作霹靂車，以威婦人。”

腦箍

亦稱“楔轂”。箍頭刑具。爲法外所用酷刑。唐代已施用，其時以鐵籠緊束囚首，復加楔，至腦裂而死，稱“楔轂”，至宋代又以繩纏首，亦加楔，始稱“腦箍”。《舊唐書·酷吏傳上·索元禮》：“吏皆以深刻爲功，鑿空争能，相矜以虐，泥耳籠頭，枷研楔轂，摺肩籤爪，懸髮薰耳，臥鄰穢溺，曾不聊生，號爲獄持。”“獄持”，謂獄吏遍施種種酷刑以虐囚犯。《新唐

書·酷吏傳上·索元禮》：“元禮揣旨……即洛州牧院爲制獄，作鐵籠罄囚首，加以楔，至腦裂死；又橫木關手足轉之，號‘曬翅’。”《宋史·刑法志二》：“理宗起自民間，具知刑獄之弊，初即位，即詔天下恤刑……〔監司、郡守〕而又擅置獄具，非法殘民。或斷薪爲杖，掊擊手足，名曰‘掉柴’；或木索并施，夾兩脛，名曰‘夾幫’；或纏繩於首，加以木楔，名曰‘腦箍’。”元關漢卿《蝴蝶夢》第一折：“現如今拿住爾到公庭，責口詞，下腦箍，使拶子，這其間，痛怎支？”明湯顯祖《牡丹亭·僕貞》：“那鳥官喝道：‘馬不韋不肥，人不拶不直，把這廝上起腦箍來！’”《警世通言·金令史美婢酬秀童》：“秀童上了腦箍，死而復蘇者數次，昏瞆中承認了，醒來依舊説没有。”《紅樓夢》第八一回：“躺在炕上，覺着腦袋上加了幾個腦箍似的。”

【楔轂】[1]

即腦箍。此稱唐代已行用。見該文。

鐵刷

用以刷剔皮膚的刑具。同鐵籠配合使用，籠燎以大火。始見於五代，達於宋。《新五代史·劉守光傳》：“守光素庸愚，由此益驕，爲鐵籠、鐵刷，人有過者，坐之籠中，外燎以火，或刷剔其皮膚以死。”宋佚名《嶺南道行營擒劉鋹露布》：“置火床鐵刷之獄，人不聊生。”

匣床

亦作“押床”“柙床”，亦稱“囚床”。古代刑具名。宋元已見行用。其形若床，下有框架，上有蓋，需與腳鐐、手杻配套使用，至明代逐漸複雜嚴密。明人呂坤所著《實政録》有詳備記載：“匣床之制，極爲嚴密。頭上有揪頭環，項間有夾項鎖，胸前有攔胸鐵索，腹上有

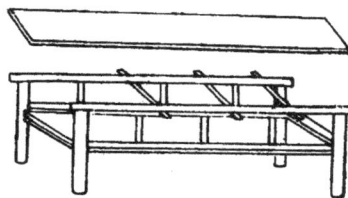

匣床
（明王圻等《三才圖會》）

壓腹木梁，兩手有雙環鐵杻，兩脛有短索、鐵
鐐，兩足鬮於匣欄，仍有號天板一葉，釘長三
寸……蓋於囚身。"同代王圻、王思義父子所
編《三才圖會·器用》繪有其圖，與呂氏所著
略似。元李致遠《還牢米》第三折："他把我死
羊般拖迤入牢房，依舊硬邦邦匣定在囚床。"元
高文秀《黑旋風》第三折："罷罷罷，且入牢
去，將軍柱上拴了頭髮，上了腳鐐手杻，擡上
匣床，使上滾肚索，拽拽拽！"清昭槤《嘯亭雜
錄·圖文襄公厚德》："公掌刑曹時，與姚瑞恪公
同定律例，將明代酷法盡皆刪除。奏釋死囚長
枷匣床，以免獄卒凌虐。"元關漢卿《蝴蝶夢》
第三折："李萬，擡過押床來，丟過這滾肚索去
扯緊着。"清孔尚任《桃花扇·會獄》："阿彌陀
佛！免了上栫床，就算好的狠哩！"《天雨花》第
六回："鎖條悉索身不絕，匣床叫苦歎呻咽。"

【押床】

同"匣床"。此體元代已行用。見該文。

【栫床】

同"匣床"。此體明清時期已行用。見該文。

【囚床】

即匣床。此稱元代已行用。見該文。

【地匣】

省稱"匣"。即匣床。金董解元《西廂記諸
宮調》卷八："有子有牢房地匣，有子有檻軍夾
畫。"《新編五代史上·梁史平話》卷上："溫（朱

溫）打開匣，脫了枷，同那劉文政躍身從氣樓
走出。"按"地匣"一說爲地牢，不確。

【匣】[2]

"地匣"之省稱。此稱宋代已行用。見該文。

沙袋

一種笞擊刑具。以熟牛皮縫製而成，遼
制長六寸，寬二寸，內裝沙石，柄長約一尺。
用於重罪。始於遼穆宗時，金熙宗時廢。《遼
史·刑法志上》："有重罪者，將決以沙袋，先於
脽骨之上及四周擊之。"又："沙袋者，穆宗時
制。其制用熟皮合縫之，長六寸，廣二寸，柄
長一尺許。"金宇文懋昭《金志·科條》："當其
有國之初，刑法並依遼制，常刑之外，又有一
物曰'沙袋'，以革爲囊，實以沙石，繫於杖
頭。人有罪者。持以決其背……自熙宗立，始
加損益，首除'沙袋'之制。"參閱宋王易《重
編燕北錄》及《說郛》卷三八、八六。

鐵骨朵

本爲一種兵器，宋代始作爲儀仗，歷代因
襲。遼代曾作刑具。以鐵製成蒜頭或蒺藜狀，
貫於棍棒首端，刑數或五或七。古關中謂大腹
爲胍肫，後訛爲骨朵。據後世儀仗推知，其物
以熟鐵八片虛合，以三尺柳木作柄。又據《遼
史》志傳可知，"鐵骨朵"多用於懲罰盜竊罪。
明王圻、王思義《三才圖會·儀制》："按宋祁
《筆記》曰：'國朝有骨朵子，直衛士親近者。
予嘗脩日曆，曾究其義。關中人謂腹之大者爲
胍肫，俗因謂仗頭大者亦爲胍肫，後訛爲骨朵。
胍肫，音孤突。'《武經》曰：'骨朵二色，曰蒺
藜，曰蒜頭，以鐵若木爲大首。'"《遼史·刑法
志上》："又有木劍、大棒、鐵骨朵之法……鐵
骨朵之數或五或七。"

第四章 罰物罪地説

第一節 儆象贖賂考

所謂 "罰物"，係指對罪犯施行懲罰之物，是同行刑相區別而言。罰物包括象刑、刑象、罰金、贖物、賂物及雜物，即本考指稱的儆象贖賂。賂，雖非正途，但乃變相自贖，爲闡釋之便，故亦歸罰物中。

何謂象刑？相傳上古不輕用肉刑，一度僅令罪犯穿着特异之服飾，以示耻辱儆懲，而使其免於實刑，即免於罰金、贖物，乃至墨、劓、刖、宫、大辟之苦。如犯死刑者穿着赭衣，所謂赭衣，其色赤褐，無衣領，象殺；犯墨刑者蒙墨幪，所謂墨幪，係黑色頭巾，象黥，等等。"象刑"，作爲刑名，首見於《書》之《舜典》《益稷》兩篇，但其具體行刑方式，却語焉不詳。《太平御覽》卷六四五引《慎子》曰："有虞之誅，以幪巾當墨，以草纓當劓，以菲履當刖，以艾韠當宫，布衣無領（即前述之 "赭衣"）當大辟。"這可視爲先秦時期最早的解釋。至兩漢時期，尤其是西漢與東漢前期，多遵從《慎子》之説，如《尚書大傳》卷一曰："唐虞象刑而民不敢犯，苗民用刑而民興相漸。唐虞之象刑：上刑赭衣不純，中刑雜履，下刑墨幪，以居州里而民耻之。"《漢書·刑法志》載，漢文帝詔曰："蓋聞有虞氏之時，畫衣冠、異章服以爲戮，而民弗犯，何治之至也！今法有肉刑三，而奸不止，其咎安在？”同書《武帝紀》又載武帝詔賢良曰：“朕聞昔在唐虞，畫象而民不犯。”顏師古注引東漢應劭曰：“二帝但畫衣冠、異章服而民不犯也。”略舉以上典籍，即可見漢代帝王及經學家們對上古象刑之推崇及嚮往。然戰國末期的另一大家荀况却力詆其非，《荀子·正論》曰：“世俗之爲説者曰，治古無肉刑而有象刑……是不然，以爲治邪，則人固莫觸罪，非獨不用肉刑，亦不用象刑矣！以爲人或觸罪矣，而直輕其刑，然則是殺人者不死，傷人者不刑也，罪至重而刑至輕，庸人不知惡矣，亂莫大焉。凡刑人之本，禁暴惡惡，且徵（徵，通‘懲’）其未也，殺人者不死而傷人者不刑，是謂惠暴而寬賊也，非惡惡也！故象刑殆非生於治古，並起於亂今也。”這一論斷影響深遠，《漢書·刑法志》大段稱引，以爲至理。宋代學者程大昌在其名著《考古編·象刑一》中直贊之曰：“此數語（指前引《荀子·正論》語）者，雖堯舜復出，無以易也。”那麽，《書》中的“象刑”除却异服説外，當作何解？前賢約有三説，一爲《書》作傳疏的孔安國、孔穎達，二孔釋“象刑”之“象”爲“法”，所謂：“象，法也。法用常刑，用不越法。”二爲《漢書》著者、史學家班固，其《刑法志》釋曰：“所謂‘象刑惟明’者，言象天道而作刑，安有菲履赭衣者哉？”三是東漢應劭所謂“二帝但畫衣冠、異章服”説。對此三説，宋人程大昌於《考古編·象刑二》中辯之曰：“孔安國之傳‘象刑’曰：‘象，法也，法以用刑也。’（按，此爲孔穎達之疏文，非孔安國傳文，程引與今本略异）以象爲法，於義既迂，而法以用刑，似非六經語度，故世以爲疑……‘象刑’，《虞書》嘗兩出，又親紀舜語，若舍之不據，則堯舜不足祖，《典》《謨》不作經矣！然則何以曰古無全制，則當參其類以求之，類既相比，則當推其理以究之，待其彼此交質相説以解，則古制見矣。夫既謂‘象’，則必有形可繪、有狀可示也，既其可繪可示，則凡謂爲‘象’者，其必於形象焉求之，豈容泛言也？”又“曆象日月星辰，雖書其軌度於曆，然璿璣玉衡，正是模寫天形星晷，以致之於書，故夏誅羲和，謂其昏迷於天象也。觀象作服，則誠以日、月、山、龍加彩色而繪之於衣，後世宗本其制而差降之，其最下者，亦以象服爲名，則象刑云者，是必用模寫用刑物象，以明示民，使知愧畏，而可他求泛説哉？第世言象刑者，不究其本，而直謂畫象可以代刑，則人不信耳。”閲程氏此論可知，所謂“象，法也”等三家言皆非是，“象刑”之“象”，必有形可繪，有狀可示，此論深得要義，毋庸置疑，程氏力主“象刑”爲模寫曆象日月星辰而作刑（這不同於班氏之“象天道而作刑”，何謂“天道”？“天道”亦屬程氏直斥之“泛説”），亦爲一家言。

既稱"有狀可示"，則以特異之服飾"使知愧畏"，當更爲顯明。堯舜之治，史稱盛世，大舜尤仁，民風淳厚，其時一度廢止肉刑，偶有犯罪者，則代之以异服，怎可詆之爲"惠暴寬賊""亂莫大焉"？

何謂"刑象"？刑象指繪有行刑場面的圖畫。此制實乃"象刑"之延續。周之闕名象魏，魏者，謂其狀巍巍然也，象者，畫刑爲象也。西周於正月初一，將刑圖懸於首都、邊邑乃至天子之宮門，用以儆誡示衆。《周禮·秋官·大司寇》："正月之吉，始和，布刑於邦國都鄙，乃縣（通'懸'）刑象之灋於象魏，使萬民觀刑象，挾日而斂之。"宋程大昌《考古編·象刑三》："司寇之職，正月垂刑象之法於象魏，使萬民觀刑象，挾日（挾，通'浹'，謂十日）而斂之。此其爲制，正本有虞也。既名爲象，且又可垂可斂，則不止巍然徒闕而已，其觀之上必有具焉，則畫刑爲象者其是矣。"又《象刑四》："夫子之言曰'不教而殺，謂之虐'……以此言之，則藉藻色（指所繪行刑圖畫）以暴昭其可愧可畏者，正聖人忠厚之意也。"

唐代之儆物尚有"記惡碑"，雖遇惡徒，亦必刻其罪惡於碑上，立碑於其門首，以示儆誡，再犯刑則嚴懲不貸，此亦象刑之遺制，承夫子之善教也。

所謂贖賂，指"罰金""贖物""賂物"及"雜物"。"罰金"指强制犯人繳納一定數量貨幣的刑罰。"罰金"起源甚早，西周即有罰金之刑，其時稱"罰鍰"。《書·呂刑》："墨辟疑赦，其罰百鍰，閱實其罪。""鍰"指黄鐵，即銅，是貨物，亦即錢幣。罰金祇適於輕罰，如官吏之輕微失職，百姓之輕微犯法及疑罪之處理。"罰金"之數額又因罪性罰行之大小而定。所罰之物有貨物、錢幣、甲、盾、緤、絹等等，因時代而變化。所謂"贖物"，是同"罰金"相對而言，"罰金"指執法機構强制收繳，"贖物"指罪犯被動付出，係同一行刑之兩方面。不過，"贖物"有時并非皆用以贖罪，有時亦可以其抵徭役賦税。"賂物"係指法外授受之賄賂物。此物亦有久遠歷史，有刑獄，即有"賂物"，至遲當與罰金并生，先秦稱之爲"獄貨"。《書·呂刑》載："獄貨非寶，惟府辜功，報以庶尤。"孔穎達疏曰："治獄受貨，非家寶也。"後世則有"燒埋銀""杖錢"諸稱，或有賄賂行爲，或爲徑行索取之贓物。"雜物"則指先秦傳世之孑遺、經傳中習見而今世見奇之名物，如"㑷匜""踊"。前者指 1975 年 2 月陝西岐山董家村出土之西周青銅器，匜體載有周人牧牛與其上司㑷争訟敗訴之經過及判決結論，反映了西周之獄訟制度。此物係以牧牛被罰銅所製，勝訴者㑷以爲紀念。"踊"指受刖刑者用以充足之鞋。《左傳·昭公三年》載曰："國之諸市，屨賤踊貴。"普通的鞋（即屨）賣賤價，而受刖刑者專用以充足之鞋却供不應求，實爲奇特之歷史，豈不可悲！"雜物"還包括南北朝時始見、用以載死囚行刑之"露車"。其車簡陋，無中蓋。此外尚有明清時之"斬旗"，決斷時插於刑場。另有西周時之"明竁"，即王公大臣受劓刑（在室内行刑）後加於屍身上之木板，其上明書死者姓名、罪行，壙葬於屋内。

徽物

象刑

相傳上古不輕用肉刑，肉刑之前，令罪犯穿着特異服飾，以示恥辱徽懲，而使其免於實刑。象，象徵。特異之服飾又分五種，以象徵五刑。《書・益稷》："皋陶方祗厥叙，方施象刑，惟明。"孔傳："方，四方。禹五服既成，故皋陶敬行其九德考績之次序於四方，又施其法刑皆明白。"孔傳釋"象刑"語義模糊，未涉何以爲"象"。孔傳前後之其他典籍則十分明確。如前文《太平御覽》卷六四五所引《慎子》已有詳釋。《荀子・正論》亦載其事："治古無肉刑而有象刑：墨黥，慅嬰；共（通'宫'），艾畢；菲，對屨；殺，赭衣而不純。"楊倞注："治古，古之治世也；肉刑墨、劓、刖、宫也；象刑，異章服恥辱其形象，故謂之象刑也。"又注："菲，草屨也。對，當爲'緆'，傳寫誤耳。"《舊唐書・李百藥傳》："是以結繩之化行虞夏之朝，用象刑之典始劉曹之末，紀綱既紊，斷可

象刑
（《太平御覽》卷六四五引《慎子》）

知也。"宋程大昌《考古編・象刑一》："《舜典》曰'象以典刑'，《皋陶謨》曰'方施象刑惟明'，是唐虞固有象刑矣。"

赭衣

傳說上古罪犯之服裝，以象死刑。其色赤褐，無衣領，以象殺刑。爲堯舜時象刑中之上刑。《荀子・正論》："治古無肉刑，而有象刑……殺，赭衣而不純。"楊倞注："以赤土染衣，故曰赭衣；純，緣也，殺之（無邊飾），所以異於常人之服也。"《尚書大傳》卷一："唐虞之象刑，上刑（即死刑）赭衣不純，中刑雜屨，下刑墨幪。"王先謙集解引郝懿行曰："'殺，赭衣而不純'，純，緣也；殺，殺罪也。今《慎子》作'布衣無領當大辟'，布衣即赭衣無領，即不緣也，去其衣領，以代死刑。"按，後世"赭衣"指囚服。説本漢司馬遷《報任少卿書》"衣赭衣，關三木"并張銑注。

艾韠

亦作"艾畢"，亦稱"艾服"。傳說古代罪犯之服裝，以示象徵性懲罰。即割去犯人衣服上的蔽膝，以代替宫刑的處罰。爲堯舜時象刑中之中刑。艾，通刈。又説，艾爲蒼白色。《太平御覽》卷六四五引《慎子》："有虞之誅，以幪巾當墨，以草纓當劓，以菲履當刖，以艾韠當宫，布衣無領當大辟。"《荀子・正論》："治古

無肉刑，而有象刑：墨黥，慅嬰；共，艾畢。”楊倞注：“畢，與韠同，紱也，所以蔽前。”王先謙集解引劉台拱曰：“共當作宮，菲當作剕……宮罪以艾畢代之。”南朝梁任昉《爲王金紫謝齊武帝示皇太子律序啓》：“化澄上業，草纓垂典，教清中世，艾服懲刑。”參見本卷《罰物罪地説·徹象贖略考》“象刑”文。

【艾畢】

同“艾韠”。此體先秦時期已行用。見該文。

【艾服】

即艾畢。此稱南北朝時期已行用。見該文。

草纓

傳説中上古加於罪犯冠上之草帶，以代劓刑。爲虞舜時象刑中之中刑。見“艾韠”文。

菲履

傳説上古罰罪犯穿草鞋或麻鞋，代替剕刑。堯舜時象刑中之中刑。《晏子春秋·問下二十》：“治唐園，考菲履。”《漢書·刑法志》：“世俗之爲説者，以爲治古者無肉刑，有象刑墨黥之屬，菲履赭衣而不純，是不然矣。”顏師古注：“菲，草履也。”《荀子》楊倞注引《慎子》曰：“有虞氏之誅，以畫跪當黥，以草纓當劓，以履緆當剕，以艾畢當宮。”緆，枲麻。按，楊注引《慎子》同《太平御覽》六四五引略异。

墨幪

亦作“墨帾”。刑罰名。傳説上古在犯人頭上蒙以黑巾，以代墨刑。象刑中之下刑。《尚書大傳》卷一：“唐虞之象刑：上刑赭衣不純，中刑雜屨，下刑墨幪，以居州里而民恥之。”《荀子·正論》：“治古無肉刑，而有象刑：墨黥。”楊倞注：“或曰，墨黥當爲墨帾，但以墨巾帾其頭而已。”

【墨帾】

同“墨幪”。此體先秦時期已行用。見該文。

【幪巾】

即墨幪。《太平御覽》卷六四五引《慎子》曰：“有虞之誅，以幪巾當墨，以草纓當劓，以菲履當剕，以艾韠當宮，布衣無領當大辟，此有虞之誅也。”唐虞世南《賦得慎罰》詩：“幪巾示廉恥，嘉石務詳平。”

明刑

其初類似象刑之法，後發展爲書罪狀於板，置犯人背以上示羞辱。《周禮·秋官·司圜》：“司圜掌收教罷民，凡害人者弗使冠飾，而加明刑焉。”鄭玄注：“弗使冠飾者，著墨幪若古之象刑與？”賈公彥疏：“‘著墨幪若古之象刑與’者，案《孝經緯》云：‘三皇無文，五帝畫象，三王肉刑。’畫象者，上罪墨象赭衣雜屨，中罪赭衣雜屨，下罪雜屨而已。畫象刑者，則《尚書》象刑，直墨象略言之，其實亦有赭衣，雜屨無文，故云‘與’，以疑之也。”又《地官·司救》：“三罰而士加明刑。”鄭玄注：‘加明刑’者，去其冠飾，而書其衰惡之狀，著之背也。”《荀子·議兵》：“雕雕焉縣貴爵重賞於其前，縣明刑大辱於其後，雖欲無化，能乎哉？”按周代之明刑常配以勞役，詳可參閱《周禮·秋官·司圜》文及注文。

刑象

刑象

繪有行刑場面的圖畫。周代於正月初一，將刑圖懸於首都、邊邑乃至天子之宮門，用以儆誡示衆。《周禮·秋官·大司寇》:"正月之吉，始和，布刑於邦國都鄙，乃縣（通'懸'）刑象之灋於象魏，使萬民觀刑象，挾日而斂之。"鄭玄注:"正月朔日布五刑於天下，正歲又縣其書重之。"賈公彥疏:"云'布刑於邦國都鄙'者，正月和，即以此月布於天下;'乃縣刑象之法於象魏'者，謂建寅正歲邦國及都鄙并王家雉門皆一時縣之。"宋程大昌《考古編·象刑三》:"周之闕名象魏。魏者，取其巍巍然也;象者，實有六典事物之象畫著其上也。司寇之職，正月則垂刑象之法於象魏，使萬民觀刑象，挾日而斂之。此其爲制，正本有虞也。既名爲象，且又可垂可斂，則不止巍然徒闕而已，其觀之上必有具焉，則畫刑爲象者其是矣。周言刑象命其形也，虞也象刑著其成也。其實一也。"

又"聖人之設刑也，蓋期人之不犯，而肯以不犯者，非有畏焉則有耻也。道之以德，齊之以禮，世之知義者固遂有耻，且格不待致警矣。上之不入於德禮，而下之未至於無籍，則墨、劓、荆、宫、大辟之用刀、鋸、斧、鉞、錐、鑿之具，先事繪象以昭示之，使其觀具生警，以不及犯，則唐虞之象刑，象魏之刑象，是皆以其昭昭，使人昭昭也。不愚其民，忠厚之至者也。"

記惡碑

唐開元間，盧奐虁任大郡，皆顯治聲。所至之處，畏如神明。或有惡徒，必行嚴斷，仍以所犯之罪刻石，立本人門首，再犯必處極刑。民間畏懼，絶無犯法者。明皇知其能，官賜中金五十兩，璽詔褒諭，民間呼其石爲"記惡碑"。參閱五代王仁裕《開元天寶遺事·記惡碑》。

罰金

罰金

亦稱"金罰""罰款"。刑罰名。是司法機關處理刑事案件，强制犯罪人繳納一定數量貨幣的刑罰。罰金刑起源甚早，西周法律就有罰金的規定。《周禮·秋官·職金》:"掌受士之金罰。貨罰，入於司兵。"賈公彥疏:"掌受士之金罰者，謂斷獄訟者有疑即使出贖。既言金罰，又曰貨罰者，出罰之家，時或無金，即出貨以當金直，故兩言之。"此處金罰即是罰金。

《史記·張釋之馮唐列傳》:"廷尉奏當，一人犯蹕，當罰金。"裴駰集解引如淳曰:"乙令'蹕先至而犯者罰金四兩'。蹕，止行人。"秦代竹簡中記載的貲刑，即爲罰金。如"貲一甲""貲一盾"等即爲罰金的數額。（參見湖北雲夢睡虎地十一號秦墓出土竹簡《秦律十八種》）《漢書·文帝紀》"酺五日"顏師古注引文穎曰:"漢律，三人以上無故群飲酒，罰金四兩。"又據《晋書·刑法志》載:"改漢舊律不行魏者皆除之。更依古議制爲五刑，其死刑有三，髡刑有四，完刑、作刑各三，贖刑十一，罰金六。"古代的罰金刑既適用於官吏的輕微失職行爲，也適用於百姓的輕微違法犯罪行爲，還適用於對疑罪的處理。清末沈家本等修成的《清現行刑律》（1910 年 5 月 15 日清廷頒行）規定，罰金刑十等，一等罰銀五錢，至十等罰錢十五兩止。1910 年 12 月清廷公布的《大清新刑律》，將罰金列爲主刑之一。該法雖未及施行，但爲民國制定刑法提供了藍本。如 1935 年《中華民國刑法》中規定："罰金：一元以上。"第二百六十二條："吸食鴉片或施行打嗎啡或使用高根、海洛因或其他質料者，處六月以下有期徒刑、拘役或五百元以下罰金。"近現代亦稱"罰款"。《二十年目睹之怪現狀》第二五回："請大老爺下來，也叫他拉一拉辮子，我代他出了罰款。"

【金罰】

即罰金。此稱漢代已行用。見該文。

【罰款】

即罰金。此稱行用於近現代。見該文。

【罰鍰】

亦稱"贖鍰"。即罰金。鍰，黃鐵，即銅。古代贖罪，以鍰計量。鍰重十銖二十五分之十三，一說爲六兩，另說爲六兩大半兩。《書·呂刑》："墨辟疑赦，其罰百鍰。"孔傳："六兩曰鍰。鍰，黃鐵。"孫星衍疏："古《尚書》說：'百鍰，鍰者率也；一率，十一銖二十五分銖之十三也。百鍰爲三斤。'馬融曰：'鍰，鋝也，鋝十一銖二十五分銖之十三也。'賈逵說：'俗儒以鍰重六兩。《周官》劍重九鋝，俗儒近是。'"按，清戴震《辨〈尚書·考工記〉鍰鋝二字》："鍰鋝

篆體易訛，說者合爲一，恐未然也。鍰讀如丸，十一銖二十五分銖之十三，垸其假借字也。鋝讀如刷，六兩大半兩，率、選、饌其假借字也。"唐柳宗元《酬韶州裴曹長使君》詩："聖理高懸象，爰書降罰鍰。"《文獻通考·刑十上》："《虞書》言金作贖刑而已。九峰蔡氏則以爲，贖特爲鞭撲輕刑，設五刑，本無贖法。而以穆王贖鍰之事爲非……〔馬氏按〕五刑而許之論贖者，蓋矜其過誤之失。"明沈德符《萬曆野獲編·列朝二·朝覲官進獻》："近以國用匱乏，議加田賦，加關稅，以至搜索贖鍰。"清吳偉業《鹿樵紀聞·福王上》："道臣夏尚絅進贖鍰助餉。"

【贖鍰】

即罰鍰。此稱宋代已行用。見該文。

【罰銅】

亦稱"贖銅"。即罰金。謂以銅錢贖罪。宋司馬光《留韓呂劄子》："其人身爲臺官，坐言事罰銅。"《續資治通鑑·宋神宗熙寧九年》："帝以詳定官陳繹等取第一甲不精，並罰銅。"宋范仲淹《答竊議》："既下法寺，則宗諒合贖銅，而不當去官。"《元典章·刑部六·諸毆》："毆打職官，似難贖銅。"

【贖銅】

即罰銅。此稱宋代已行用。見該文。

罰布

猶今之罰款。多指違犯集市法令所罰繳的錢幣。布，古錢幣名。《周禮·地官·廛人》："廛人掌斂市絘布、總布、質布、罰布、廛布而入於泉（即錢）府。"鄭玄注："罰布者，犯市令者之泉也。"賈公彥疏："謂司市有教令，其人犯之，使出泉。"唐柳宗元《井銘》："凡用罰布六千三百。"

贖錢

贖錢

亦稱"贖金""贖銀"。用以贖罪之錢幣。《漢書·武帝紀》："〔天漢四年〕秋九月令，死罪人贖錢五十萬，減死一等。"宋李覯《安民策第八》："己之贖金無窮，而人之肌肉有盡，孰能以敲撲之苦，易銖兩之罰哉！"《明史·刑法志一》："律，凡文武官以公事犯笞罪者，官照等收贖錢。"《明史·郭實傳》："郭實……比去任，侵贓贖銀巨萬，爲衡州同知沈銕所發，下吏戍邊。"《醒世姻緣傳》第一三回："海會、郭氏各杖贖銀一錢五分，俟詳允，追封貯庫，作正支銷。"

【贖金】

即贖錢。此稱宋代已行用。見該文。

【贖銀】

即贖錢。此稱明代已行用。見該文。

贖縑

古代贖罪用的雙絲細絹。縑之數量，依罪之輕重而定。《後漢紀·和帝紀》："郡國中都官繫囚，死罪贖縑，至司寇及亡命，各有差。"

贖絹

古代贖罪用的生絲織物。絹之數量，依罪之輕重而定，女子一律減半。《隋書·刑法志》："有髡鉗五歲刑，笞二百，收贖絹，男子六十疋；又有四歲刑，男子四十八疋……又有二歲刑，男子二十四疋，罰金一兩。以上爲贖罪……女子各半之。"

贖命物

指藉以贖回人命的財物。《北齊書·和士開傳》："士開見人將加刑戮，多所營救。既得免罪，即命諷喻，責其珍寶，謂之贖命物。雖有全濟，皆非直道。"

貲甲

古代用以贖罪或抵役的盔甲。湖北雲夢睡虎地秦墓竹簡《秦律十八種·徭律》："斗不正半升以上，貲一甲；不盈半升到少半升，貲一盾。"又《法律答問》："當貲二甲一盾。"又"或盜采人桑葉，臧（贓）不盈一錢，可（何）論？貲繇（徭）三旬"。

貲盾

古代用以贖罪或抵役的盾牌。先秦時期已行用。見"貲甲"文。

賂物

獄貨

指獄吏受賄所得財物。《書·呂刑》："獄貨非寶，惟府辜功，報以庶尤。"孔穎達疏："治獄受貨，非家寶也。"

燒埋銀

亦稱"燒埋錢"。殺人犯家屬所繳銀錢，用以辦理受害者之喪事。雖稱安撫，其實亦有法外賄賂之意。元完顏納丹等《大元通制·殺傷》："諸殺人者死，仍於家屬徵燒埋銀五十兩，給苦主。無銀者徵中統鈔一十錠。"又："蒙古人因爭及乘醉毆死漢人者，斷罰出徵並全徵燒埋銀。"明朱有燉《香囊怨》第四折："我不問你要燒埋錢還好哩，你又來討我女兒骨殖。"《紅樓夢》第七八回："誰知他哥嫂見他一咽氣便回了進去，希圖早些得幾兩發送例銀。王夫人聞知，便命賞了十兩燒埋銀子。"按，一本無"燒埋"二字。

【燒埋錢】

既燒埋銀。此稱明代已行用。見該文。

杖錢

古代爲求得從輕杖打，賄賂行杖公人的錢幣。《初刻拍案驚奇》卷一○："當下各各受責，祇爲心裏不打點得，未曾用得杖錢，一個個打得皮開肉綻。"清陳康祺《郎潛紀聞》卷四："我與爾非怨讐，何苦日行杖責？況一杖責，私與皂役杖錢，若雇人代比，又當與雇錢。二者皆虛費而有欠糧受責之名，何不省此以湊正數？"

第二節　流地刑所考

流地，指流放之地域。流放謂强制罪人由一地至另一地生活，或服役，或爲奴，法律中稱之爲流刑。在西漢文帝廢除肉刑之前，流刑爲輕刑，作爲寬宥之法而使用，即所謂"以流宥之法寬五刑"，是君王對臣下的體恤。一些本當處以五刑而情有可矜者，免罪過輕，又不忍用刑，遂采用流刑，完其肢體，逐之遠方，以示懲罰。廢除肉刑之後，流刑已不再是輕刑，其性質較之笞杖、徒刑皆重。笞杖、徒刑有定數定期，雖受刑而不離家背井，而流刑則要奔赴邊遠荒僻之地，其解除常無明確規定，五代之後又漸附之以刺面、決杖，集二刑或三刑於一身。隨同奴隸制五刑體系的瓦解與封建五刑體系的建立，流刑已成定制，融入笞、杖、徒、死序列中，成爲死刑的減等之刑，即生刑中最重的刑罰。因而，流地已成爲赴死之外令人生畏的絶地苦域。

流刑起源甚早，據《書·舜典》記載，四千餘年前舜帝即以流刑爲寬宥五刑之法，"流共工于幽洲（按，後世多作'幽州'），放驩兜于崇山，竄三苗于三危，殛鯀于羽山"，此處流、放、竄、殛，皆爲流放。幽州在今北京密雲東北隅，崇山在今廣東西南部，三危在今甘肅敦煌東南四十里外，羽山在今江蘇東海西北九十里處，共工、驩兜、三苗、鯀四凶被分別屏之於遠離中原的北、南、西、東邊遠荒僻之地。其後歷代的流放莫不如是，且隨疆域之拓展，愈加偏遠。據《孟子·萬章》《史記·殷本紀》載，湯帝歿，其子太甲即位，暴虐亂德，不遵湯法，當國老相伊尹將其流之於桐，令其思過。桐，在今河北臨漳一帶。西周時多稱之爲"放"。如文王三子管叔、五子蔡叔於武王崩後，挾紂子武庚以作亂，周公旦奉成王命東征，誅武庚，殺管叔，放蔡叔於郭鄰，與車十乘，徒七十人。郭鄰指中土之外的地域，已越西陲。雖更偏遠，却有車騎僕隸，顯見寬宥之情狀。郭鄰，《逸周書》作"虢鄰"。時至戰國，七雄爭霸，戰事不斷，流刑呈現兩種類型：一曰"逐"，即驅逐。通常是將客籍別國的罪人逐出國境。秦王嬴政時爲穩固政權，曾下達《逐客令》，將異國游說之士視爲罪犯，一律逐出秦境。吕不韋死後，其賓客將其私葬於洛陽北邙山，嬴政又下令：將參與私葬的三晋籍人逐出。二曰"謫"，即將罪人遣往邊地守衛或生活。此舉旨在加強邊防，以應急需；或充實邊地，發展經濟。前者稱爲"謫戍"。如《史記·秦始皇本紀》載，秦二世爲擊陳涉，赦驪山之徒，充當軍士。又如《陳涉世家》："二世元年七月，發閭左謫戍漁陽……會天大雨，道不通。"按，被謫者初爲應受謫刑之犯人，後因軍力擴大，被判别刑的罪人及一些貧苦民衆亦謫戍。閭左，即指貧苦民衆。通説秦時貧苦民衆居閭巷左側，故稱。後者稱"謫徙"。如《史記·南越列傳》："秦時已併天下，略定楊越，置桂林、南海、象郡，以謫徙民，與越雜處十三歲。"秦之謫徙，常附有耐刑，即謫徙時剃去鬢鬚，且家屬亦被罰隨行。

漢代之流刑可分兩類，一爲王侯貴人，稱爲"徙""遷"，二爲普通民衆，稱爲"徙邊"。前者如文帝時淮南王劉長謀反，廢，徙蜀嚴道。嚴道，今四川滎經内。宣帝時廣川王劉去因烹殺其姬，廢，徙上庸，與邑百户。上庸，故城在今湖北竹山東南。宣帝時河間王劉元，因殺人，廢，遷房陵。房陵，今湖北房縣一帶。以上皆爲同姓王，亦罕見寬宥。後者亦屢見史籍記載，如《漢書·陳湯傳》："湯（陳湯）前有討郅支單于功，其免湯爲庶人，徙邊。"《後漢書·安帝紀》："乙亥，詔自建初以來，諸妖言它過坐徙邊者，各歸本郡，其没入官爲奴婢者，免爲庶人。"漢之徙遷，常附有髡刑，即徙遷時剃光頭髮鬢鬚，家屬亦被罰隨行。前已述及，自文帝廢除肉刑之後，已不再是寬宥之刑，已成新五刑中死刑的減等之刑，即生刑中最重的刑罰。

秦漢時作爲刑罰之"徙"，與朝廷移民之"徙"有别。移民之"徙"非刑罰，乃出於朝廷政治、經濟之需要。如始皇二十八年（前219），始皇南登琅邪，一往三月，留連忘返，歸徙百姓三萬户於琅邪臺下，并准其十二年不服徭役。漢高祖九年（前198），徙齊楚大族昭氏、屈氏、景氏、懷氏、田氏五姓於關中，與以沃田善宅。此舉乃强化京師周邊民力并發展經濟之所需。

　　三國之時成鼎立之勢，各守疆土，戰爭頻仍，流刑少有施行。魏晉雖遞成一統，却上襲漢制，無所變革。至北魏時，流刑始進入法典，史稱之爲新五刑，今稱之爲封建五刑，即死、流、徒、鞭、杖。北齊曰死、流、耐、鞭、杖。北周與北齊之五刑相似，祇改北齊之"耐"爲"徒"。隋文帝改五刑爲死、流、徒、杖、笞。唐律因之，僅改其順序爲笞、杖、徒、流、死。自此，五刑之名及其順序業已定型。其後歷代多因襲之，唯遼變順序爲死、流、徒、杖，且無笞刑。流刑依道里遠近分輕重幾等。如，北周自二千里至四千五百里，每五百里爲一等，共分五等。隋朝分三等，自一千里至二千里，每五百里爲一等。唐承隋制，亦分三等，但每等皆增一千里。秦漢時流刑通常不定期限，祇有遇赦方可免除。北魏孝文帝詔准年滿七十而孤單愁苦、雖有妻妾却無子孫者，可免流罪，還歸本土。至此，流刑始有解除之規定，其後歷代沿襲。自唐代始犯人至流地多帶鉗枷服役，初爲一年，後增至三年，服役結束，即落籍流地，成無罪百姓，但不得回歸本郡。若流刑罪人已歿，准予放還家屬。其後改爲凡居流地滿六年者，皆准放還。若在流地欲應試科舉或求入仕者，通常亦必服滿六年。

　　後晉天福年間，又取秦漢之前的黥刑，成刺配之法，即以墨刺面，再將犯人流放，是合二刑於一身，猶秦漢時的"黥爲城旦"。《宋刑統》尚無刺面流放之法，太祖開寶八年（975）頒行《嶺南民犯竊盜贓滿五貫到十貫者決杖、黥面、配役》之詔令。自此，始有決杖、刺面、配役三刑集於一身的刺配之稱。仁宗之後，屢屢頒詔，刺配之風大盛，漸成定制。神宗熙寧三年（1070），即有刺配之法兩百餘條，孝宗淳熙年間，增至五百七十餘條，非常頻繁嚴苛，早已失去寬恕死刑之意義。宋代刺配主要適用於死罪減贖及强盜、竊盜及慣犯。依罪行性質與輕重，決定其配役之遠近、刺墨之符號及其深淺、配役種類及時限。主要表現於以下四方面：

　　其一，宋初沿襲五代舊制，配役多送西北邊疆服軍役，因稱"配軍"，後因犯人常逃亡塞外，勾結外族入侵，因依罪行輕重改派通州（今南通）、廣南（今兩廣南部地區）與登州（今蓬萊）沙門島。南宋時又重做調配，依罪行輕重分發本州州城、本州牢城、鄰州、廣南，遠惡州軍（萬安、昌化、朱崖、瓊州）、海島（主要爲沙門島）、一千里外、一千五百里、二千里、二千五百里、三千里。

　　其二，配役有獨立一刑與附加刑之區别。神宗熙寧二年（1069）之後，凡命官犯罪祇配役，無附加刑。一般犯人則需附加刺墨或杖責，或二并加。刺墨依罪行輕重有耳後、背、額、面之分；所刺符號有文字（多爲所犯罪名）和圖形（如環形、方形等）；所刺深度有四分、五分、七分之別。所杖又有數量與部位之不同。罪行稍輕者，可杖而不刺，或刺而不杖。

其三，配役有勞役、軍役兩種。前者配往官營工礦就役（如煮鹽、釀酒、開礦、冶鐵等），爲稍輕之罪；後者編入軍籍，配往邊地，爲較重之罪。

其四，配役有定期與無期之別。定期有一年至三年三種，期滿或遇赦，可以放還。無期則注明"永不放還"，雖遇赦，亦不免。南宋時放寬爲遇赦三次者，方准近移，但仍不得放歸原籍。發配之刑，兩宋爲最，南宋竟達十萬之眾。此舉實乃法制之倒退。

遼聖宗統和二十九年（1011）發布詔令，凡犯竊盜罪三次者黥額，徒三年；犯四次，黥面，徒五年。稍後復將黥流并用，制仿黥徒。因囿於有限疆域，又加戰事頻仍，尋停。

金繼遼之後又復黥流，更有"刺字充下軍"之刑。時至元代，又同兩宋，決杖、刺面、配役之刑交互使用，亦常見三刑集於一人一罪者。如"諸因爭移怒戮，傷其兄者，於市曹杖一百七，遠流"，"諸守庫藏軍人輒爲首誘引外人偷盜官物，但經二次三次入庫爲盜，及提鈴把門軍人受贓縱賊者，皆處死，爲從者杖一百七，刺字流遠。"（《元史·刑法志三》）

明清時尤盛充軍之刑，制如宋之配軍而更細密嚴苛。明初爲鞏固北疆，駐軍屯耕，大開此刑。後推而廣之，制分五等，即極邊（四千里外）、烟瘴（四千里內）、邊遠（三千里）、邊衛（二千五百里）、沿海地區（一千里）。清改明律中之邊衛爲近衛，將沿海地區一千里改爲附近二千里，仍爲五等。明代充軍有終身與永遠之別，終身指一人至死不得返回，永遠指子孫相承，世代不得更改。清代"軍遣止及其身"，無"永遠"之制，情節較輕者尚可"更赦放還"。（《大清律例·刑律》《清史稿·刑法志一》）清代另有一種流刑，與充軍、遷徙類似，稱爲"發遣"。發遣可視爲最重之流刑，通常是將罪人發往邊疆，使其充當駐防官兵的奴隸。發遣地多在尚陽堡（今遼寧開原），稍遠處爲寧古塔（在今黑龍江境內）、烏拉城（在今吉林境內），更遠處爲齊齊哈爾、瑷琿（皆在今黑龍江境內）、伊犂、烏魯木齊（皆在今新疆境內）等。

唐、宋、元、明、清諸代又有近似流刑之遷徙刑。唐代稱"移鄉"。《唐律》規定："諸殺人應死，會赦免者，移鄉千里外。"唐人長孫無忌等疏議曰："殺人應死，會赦免罪，而死家有期以上親者（指有近親者），移鄉千里外落爲户。"何以移鄉？《周禮·地官·調人》

曰："凡和難：父之讎，辟諸海外；兄弟之讎，辟諸千里之外；從父兄弟之讎，不同國。"可見唐之移鄉乃效法《周禮》避仇之意，以免被殺者之家伺機復仇。故殺人者雖赦罪，亦需移鄉，嚴防世代爲仇，相殘不絕，進而維護社會安定。其後歷代多沿此制。元代稱之爲"遷徙"，被遷者十年無新罪，可准近移，家眷得歸故里。清代已有變化，遷徙非爲避仇，成爲低於三等流刑之輕刑等級。凡處此刑者皆須遷徙千里之外落户，永世不得返籍。

刑所，指行刑之處所。行刑謂執行刑罰。《國語·周語上》曰："〔魯侯〕肅恭明神而敬事耈老；賦事行刑，必問於遺訓而咨於故實。"此處之"行刑"，即指執行刑罰。後世多指執行死刑。本考之刑所，亦多指執行死刑之所在。

中國上古之時已規定了行刑之方式與行刑之處所，有所謂"五刑三次"之制。據《國語·魯語上》載，魯釐公二十八年（前632），晋、齊、魯、宋、蔡諸國在晋國之温地盟會，晋文公執衛成公，歸囚於成周，使醫藥殺而未成。魯大夫臧文仲勸説魯釐公救助衛成公，其根據即所謂"五刑三次，是無隱也。今晋人鴆衛侯不死……諱而惡殺之也"。三國吴人韋昭注此文曰："五刑：甲兵、斧鉞、刀鋸、鑽鑿、鞭扑也；次，處也。三次，謂朝、野、市也。"這是説自上古以來有五種處死之方式，三種行刑處所，而没有暗中將人毒死的行徑。既未藥死衛侯，晋人即企圖隱瞞這一行徑。可見上古時視"五刑三次"爲定制，不守"五刑三次"即爲不道之舉。"三次"中之"朝"，指朝廷内部不暴露於外，以區别於普通罪人。西周時有"刑屋"之設，有罪之貴族或大臣由朝廷命官甸師行刑於郊野之屋内。通常之肉刑，不使外人知；死刑則屍不外露，以别於棄市。既不外露，則於夜間埋葬。事見《周禮·天官·甸師》。"三次"之市，後世亦稱"市曹"。指藉以行刑之鬧市。以鬧市行刑，旨在懲一儆百。《周禮·地官·司市》："國君過市，則刑人赦；夫人過市罰一幕。"鄭玄注："市者，人所交利而行刑之處。"按，國君、夫人過市，皆施惠於受刑者。國君權重，可免其刑；夫人權輕，可罰而後免。幕，布製之遮掩物。赦與罰，旨在令罪人愧而改悔。"三次"中之野，指人迹稀少之原野。上古時兵刑無别，興兵征討，稱爲"罰罪"，或曰"恭行天罰"。殺戮，則稱爲"大刑"，而"大刑用甲兵"。"用甲兵"，則衆屍"陳之原野"。（見《國語·魯語上》）

除上古時所謂"三次"之制外，中國歷史上尚有幾處特定之死刑執行地。如秦漢時之"雲陽"，其地在今陝西淳化西北。原爲山谷荒瘠之所在，秦韓非子等曾流死於此，後世詩文常以此藉指赴死之地。如元楊顯之《酷寒亭》第四折："非我不憐他，他罪原非小。姑免赴雲陽，且配沙門島。"再即明太祖朱元璋所設之"皮場廟"，其時各州府縣衙之左，特立一廟，以祀土地神，在此處對貪官實施剝皮實草之刑，以儆百官，可謂觸目驚心。其事，明人葉子奇所著《草木子》所記甚詳。另即明清兩代之"西市"，其地即今北京之菜市口，大案要案，權奸忠臣，或轂觫乞命，或慷慨赴死，若明之嚴世蕃，清之譚嗣同，無一不於此處執行。

　　處死之外，即爲罰役之地。在中國古代，這種役所大抵可分兩類。一類爲帝王急需調遣罰作之地，無甚固定處所。如先秦至兩漢之苦役築塚、築墓、築陵、築城。若《史記·秦始皇本紀》所載，始皇初即位，即穿治驪山，築其陵墓，送詣刑徒竟達七十萬之衆，至始皇崩，其陵尚未成，又盡赦驪山之徒以擊陳涉大軍。徒刑之苦長，可見一斑。至於先秦兩漢至於明代，築長城之役，世世相承，遥無絕期，其服役之苦，一如先秦兩漢之城旦刑，暴死瘐死者，史不絕書。再一類即官府之作坊，處所固定，歷代無大變化。自西周以來已有應朝廷所需之各種手工製造之機構與場所。衣、食、住、行，乃至音樂、舞蹈，各設屬官，下率衆多刑徒，罰其日夜服役，以供所需，年復一年，舊徒新徒，往復不絕。女犯或女奴則以舂米、釀酒爲主，其勞作之所稱爲"舂市"，設舂人以司其職。

　　中國之流地刑所，綿延數千載，雖時地不盡相同，而其制式則一脉相承。歷代統治者，或爲明主，或爲暴君，或施仁政，或圖私欲，却多慎刑殺，重遷流，尤重罰役。於是，有意無意地形成了以下史實，諸多遭遷流者，置苦地而再生，猶鳳凰之涅槃，成爲通代民族精英，永世傳頌。而被罰役者，則以生命、血汗及智慧築成民族特有之物態文化，氣勢磅礴，萬載不朽。

流地

流地

　　指被流放之地域或場所。流，流刑。古代五刑之一。上古時指將罪人遣送至邊遠之地，絕其故舊，苦其身神，以示懲罰。秦漢之後，多與服役并行。流，亦稱爲"配"，即發配。《後漢書·杜茂傳》："遣謁者段忠將衆郡弛刑配茂，鎮守北邊。"故流地亦稱"配所"。《北齊書·元坦傳》："坦（元坦）坐子世寶與通直散騎侍郎彭貴平因酒醉誹謗，妄說圖讖，有司奏當死，詔並宥之。坦配北營州，死配所。"《唐律疏議·名例二·犯流應配》："役滿一年及三年，或未滿會赦，即於配所從戶口例，課役同百姓。"宋丁謂《丁晉公談錄》："既已決了，便送配所。"《紅樓夢》第一一九回："且說賈璉先前知道賈赦病重，趕到配所，父子相見，痛哭一場，漸漸的好起來。賈璉接着家書……走到中途，所得大赦，又趕了兩天，今日到家。"

【配所】

即流地。此稱南北朝時期已行用。見該文。

幽洲

相傳五帝時譴放流刑犯人之地。在今北京密雲東北。洲，當作州。其時幽洲地處北裔，極荒僻，絕少人迹。夏臣共工貌象恭敬，實則傲狠，犯上作亂，舜將其流放此地。《書·舜典》："象以典刑，流宥五刑……流共工于幽洲，放驩兜于崇山。"孔傳："象恭滔天，足以惑世，故流放之幽洲。"孔穎達疏："《堯典》言共工之行云：'静言庸違，象恭滔天。'言貌象恭敬，傲狠漫天，足以疑惑世人，故流放也。《左傳》說此事，言'投諸四裔'，《釋地》云'燕曰幽州'，知北裔也。"阮元校勘記："按《說文》無'洲'字，水中之地，本只作州，後人加水，相沿已久。惟此句不可作'洲'。觀孔疏直以十二州之幽州釋之，則孔氏所據之經作'州'，與《孟子》同，若作'洲'，則似別有一地名'幽洲'矣。"參見本卷《罰物罪地説·流地刑所考》"羽山"文。

崇山

相傳五帝時譴放流刑犯人之地。在今廣東西南部。其時崇山地處南裔，極荒蠻，絕少人迹。夏臣驩兜與共工同謀，罪同，舜將其流放此地。《書·舜典》："流共工于幽洲，放驩兜于崇山。"孔傳："〔驩兜〕黨於共工，罪惡同。崇山，南裔。"孔穎達疏："共工象恭滔天，而驩兜薦之，是黨於共工，罪惡同，故放之也。《左傳》說此事云：'流四凶族，投諸四裔。'則四

方各有一人。幽州在北裔，雍州、三危在西裔，徐州、羽山在東裔，三方既明，知崇山在南裔也。《禹貢》無崇山，不知其處，蓋在衡嶺之南也。"唐人沈佺期有《從崇山向越裳》詩，又據《清一統志》，可知崇山當在今廣東省西南部。按，另《通典》載其地在今湖北黃陂南，《清一統志》予以否定。參見本卷《罰物罪地説·流地刑所考》"羽山"文。

三危

相傳五帝時譴放流刑犯人之地。在今甘肅敦煌東南四十里外，其地有山名三危。因山有三峰，甚險峻，故名。其時三危地處西裔，極蒼涼，人迹罕至。夏諸侯國三苗首領貪貨賄，崇侈無度，不恤窮匱，舜將其流放此地。《書·舜典》："放驩兜于崇山，竄（謂流放）三苗于三危。"孔傳："三苗，國名。縉雲氏之後，爲諸侯，號饕餮。三危，西裔。"孔穎達疏："《禹貢》'雍州'言：'三危既宅，三苗丕叙。'知三危是西裔也。"參閱《淮南子·墜形訓》"三危在樂民西"高誘注、北魏酈道元《水經注·禹貢山水澤地所在》。另說在今雲南境。據唐樊綽《蠻書》、清蔣廷錫《尚書地理今釋》。參見本卷《罰物罪地説·流地刑所考》"羽山"文。

羽山

相傳五帝時譴放流刑犯人之地。在今江蘇東海西北九十里，接贛榆縣及山東郯城縣界。其時羽山地處東裔，極蒼悽，人迹罕至。因鯀（禹之父）放異教令，毀其族類，功用未成，勞民傷財，故舜將其流放此地。《書·舜典》："竄三苗于三危，殛（謂流放）鯀于羽山。四罪（指前述之'流共工''放驩兜''竄三苗'及

本文之‘殛鯀’）而天下咸服。”孔傳：“方命圮族，績用不成。殛、竄、放、流，皆誅（謂懲罰）也，異其文，述作之體。羽山，東裔，在海中。”孔穎達疏：“‘方命圮族’，是其本性；‘績用不成’，試而無功。二者俱是其罪，故並言之……《禹貢》‘徐州’云‘蒙羽其藝’，是羽山爲東裔也。”《漢書・地理志》：“羽山在東海郡祝其縣西南。海水漸及，故言在海中也。”另說“羽山”在今山東蓬萊市東南三十里，說本宋樂史《太平寰宇記》、清胡渭《禹貢錐指》。

桐

商代流放太甲之地。在今河北臨漳一帶。其時湯帝已歿，嫡孫太甲即位，暴虐亂德，三年而“不尊湯法”，當國之老相伊尹將其流之於桐，令其思過，又三年，太甲自責歸善，伊尹乃迎其返回亳都，授之政，復其帝位。參見本卷《囚處法具說・牢獄拘所考》“桐宮”文。參閱《孟子・萬章上》《史記・殷本紀》。

羅縣

戰國時楚國譴放流刑犯人之地。在今湖南湘陰東北六十里。其時羅縣爲楚國荒僻之地。屈原因才幹超群，正道直行，深得楚懷王倚重，後遭奸佞讒言，被流放於此地。《史記・屈原賈生列傳》：“屈平（屈原名平）正道直行，竭忠盡智以事其君，讒人閒之，可謂窮矣。信而見疑，忠而被謗，能無怨乎？屈平之作《離騷》，蓋自怨生也。”又：“〔屈原〕於是懷石遂自沈汨羅以死。”裴駰集解引漢應劭曰：“汨水在羅，故曰汨羅也。”司馬貞索隱：“《地理志》：長沙有羅縣，羅子之所徙。《荊州記》：羅縣北帶汨水。”張守節正義：“故羅縣城在岳州湘陰縣東北六十里。春秋時羅子國，秦置長沙郡而爲縣也。按，縣北有汨水及屈原廟。”《漢書・地理志下》“長沙國”下“羅”，顏師古注：“應劭曰：‘楚文王徙羅子自枝江居此。’師古曰：盛弘之《荊州記》云：‘縣北帶汨水……北去縣三十里名爲屈潭，屈原自沈處。’”

陰密

戰國時秦國譴放流刑犯人之地。古陰密國之西，故城在今甘肅靈臺西五十里，爲秦國荒僻之地。其時秦武安君白起認定攻趙邯鄲必敗，不從昭王命，王強攻而大敗。武安君曰：“秦不聽臣計，今如何矣！”昭王聞之而怒，“免武安君爲士伍，遷之陰密”。武安君病，昭王“乃使人遣白起，不得留咸陽中。武安君既行，出咸陽西門十里，至杜郵”，昭王又以“白起之遷，其意尚怏怏不服”，“乃使使者賜之劍，自裁”。參閱《史記・白起王翦列傳》。

長沙

西漢謫徙犯罪官吏處，在今湖南長沙域內。其時長沙爲荒偏野城，地勢低濕，不宜生存。後世亦有謫徙此地者。漢文帝時，賈誼年少才高，輔國有方，功勛昭著，橫遭嫉妒，爲讒以“專欲擅權，紛亂諸事”之罪，被貶此地。《史記・屈原賈生列傳》：“孝文帝初即位，謙讓未遑也。諸律令所更定，及列侯悉就國，其說皆自賈生（名誼）發之。於是天子議以爲賈生任公卿之位。絳、灌、東陽侯、馮敬之屬盡害之，乃短賈生曰：‘雒陽之人，年少初學，專欲擅權，紛亂諸事。’於是天子後亦疏之，不用其議，乃以賈生爲長沙王太傅。賈生既辭往行，聞長沙卑溼，自以壽不得長，又以適去，意不自得。及渡湘水，爲賦以弔屈原。”裴駰集解引韋昭曰：“謫，譴也。”

故鄣

三國吳時譴放流刑犯人之地，在今浙江安吉西北十五里。其時故鄣甚荒凉。後世亦有譴放此地者。吳主孫權之三子孫和賢而好學，立爲太子，因遭讒而被譴放此地。《三國志·吳書·吳主五子傳·孫和》："孫和字子孝，慮弟也。少以母王有寵見愛，年十四爲置宮衛，使中書令闞澤教以書藝，好學下士，甚見稱述。赤烏五年（242）立爲太子，時年十九。"又："是後王夫人與全公主隙。權嘗寢疾，知祠祭於廟，和妃叔父張休居近廟，邀和過所居，全公主使人覘視。因言太子不在廟中，專就妃家計議；又言王夫人見上寢疾有喜色。權由是發怒，夫人憂死，而和寵稍損，懼於廢黜……竟徙和於故鄣，群司坐諫誅放者十數，衆咸冤之。"

交州

三國吳譴放流刑犯人之地，在今越南河内域界中。其時交州甚荒凉。後世亦有譴放此地者。吳主孫權欲廢嫡太子孫和，以庶子孫亮代之，大臣吾粲、顧譚力諫不可，魯王孫霸等久與顧譚有隙，日讒於孫權，遂誅吾粲，將顧譚譴放此地。《三國志·吳書·吳主五子傳·孫和》："〔孫〕和寵稍損，懼於廢黜。魯王霸覬覦滋甚。陸遜、吾粲、顧譚等數陳適（通'嫡'）庶之義理不可奪。全奇、楊竺爲魯王霸支黨，譖愬日興。粲遂下獄誅，譚徙交州。"其事與顧譚本傳略同。

始興

南朝宋時譴放犯罪官吏之地，屬今廣東曲江域界。其時始興爲荒遠小城，後世亦有譴放此地者。世祖大明初，功臣沈演之之子沈睦，官至黃門郎通直散騎常侍，因邀引帝侍俞欣之

刺探宮廷與臺省機密，妄加評論，且與其弟沈勃忿鬩不睦，被譴放此地。《宋書·沈演之傳》："演之子睦，至黃門郎通直散騎常侍，世祖大明初，坐要引上左右俞欣之訪評殿省内事，又與弟西陽王文學勃忿鬩不睦，坐徙始興郡。"

梁州

南朝宋譴放流刑犯人之地，在今陝西南鄭東二里。其時屬西陲，甚荒僻，後世亦有譴放此地者。太宗泰始中，功臣沈演之之子沈勃因假公濟私，廣受貨賄，被譴放此地。《宋書·沈勃傳》："太宗泰始中，〔沈演之〕爲太子右衛率加給事中，時欲北討，使勃還鄉里募人，多受貨賄，上怒，下詔曰：'沈勃琴書藝業，口有美稱，而輕躁耽酒，幼多罪愆……故光禄大夫演之昔受深遇，忠績在朝，尋遠矜懷，能無弘律，可徙勃西垂（垂，通'陲'），令思愆悔'，於是徙付梁州。"

越州

南朝齊譴放流刑罪人之地，在今廣西合浦東北八十里。其時爲蠻荒之地，後世亦有譴放此地者。齊高帝蕭道成時，謝靈運之孫謝超宗以門望才氣擢爲黃門郎，後因醉酒失儀，"出爲南郡王中軍司馬"，又因怨言復禁錮十年。"世祖即位，使掌國史。除竟陵王征北諮議參軍、領記室，愈不得志。超宗婆張敬兒女爲子婦，上甚疑之"。張敬兒爲高帝虎將，功高而魯莽自負，永明元年（483）終因武帝疑心，張與四個兒子同時被殺。此時，"超宗謂丹陽尹李安民曰：'往年殺韓信，今年殺彭越，尹欲何計？'"李安民啓奏武帝，帝即命御史中丞袁彖奉彈謝超宗。於是"超宗下廷尉，一宿髮白皓首，詔徙越州。行至豫章，上敕豫章内史虞悰曰：'謝超

宗令於彼賜自盡，勿傷其形骸’”。參閱《南齊書·謝超宗傳》。

夜郎

唐代譴放流刑犯人之地，在今貴州遵義附近。其時夜郎乃蠻荒之域，遠隔中土，罕見内民。後世亦有譴放此地者。據兩《唐書》載，唐永王李璘“謀亂兵敗”，李白因係永王幕僚而獲罪，被“長流夜郎”。《舊唐書·文苑傳下·李白》：“永王謀亂兵敗，坐長流夜郎，後遇赦得還。”按，李白遭長流事，明清以來史家或以爲乃肅宗（李亨）與永王兄弟間權力争奪所致，李白因報國而罹罪，亦爲千古奇冤。今人郭沫若所著《李白與杜甫》力主此説。

郎州

唐代謫徙犯罪官吏之地，屬今湖南常德界劃。其時爲蠻荒之域，人烟稀少。後世亦有謫徙此地者。順宗（李誦）時，劉禹錫與王叔文、王伾、柳宗元諸人力革舊弊，限權懲貪，任賢用能，整頓税收，削減鹽價，放還宫女，禁絶宫市，觸犯宦官及藩鎮權貴利益，他們藉口順宗久病，迫其内禪，憲宗（李純）即位，以宦官權貴所誣“傾太宗盛業”之罪名，將劉禹錫貶至郎州。其他革新派諸人或處死或謫遷，皆予懲處。據《舊唐書·劉禹錫傳》載：“京師人士不敢指名，道路以目，時號‘二王劉柳’。叔文敗，坐貶連州刺史，在道貶郎州司馬。地居西南夷，土風僻陋，舉目殊俗，無可與言者。禹錫在郎州十年，唯以文章吟咏，陶冶性情。蠻俗好巫，每淫祠鼓舞，必歌俚辭，禹錫或從事於其間，乃依騷人之作爲新辭，以教巫祝。”按“二王劉柳”，指“永貞革新”派四首領王叔文、王伾、劉禹錫、柳宗元。

永州

唐代謫徙犯罪官吏之地，在今湖南永州域内。其時地蠻氣瘴，罕見人烟。後世亦有謫徙此地者。憲宗元和十年（815），柳宗元以所謂參與亂政之罪名，被貶此地。《舊唐書·柳宗元傳》：“叔文（王叔文）欲大用之。會居位不久，叔文敗，與同輩七人俱貶。宗元爲邵州刺史，在道，再貶永州司馬。既罹竄逐，涉履蠻瘴，崎嶇堙厄，蘊騷人之鬱悼，寫情叙事，動必以文爲騷，文十數篇，覽之者爲之悽惻。元和十年，例移爲柳州刺史。時郎州司馬劉禹錫得播州刺史，制書下，宗元謂所親曰：‘禹錫有母年高，今爲郡蠻方，西南絶域，往復萬里，如何與母偕行？如母子異方，便爲永訣！吾與禹錫爲執友，胡忍見其若是！’即草章奏請，以柳州授禹錫，自往播州。會裴度亦奏其事，禹錫終易連州。”文中所叙“叔文敗，與同輩七人俱貶”，此即以王叔文、王伾爲首的“永貞革新”派的遭遇，王叔文賜死，王伾謫遷開州後旋即病逝，除柳宗元外，其他尚有七人，劉禹錫謫徙郎州，韓泰虔州，韓曄饒州，陳諫台州，凌準連州，程异郴州，韋執誼崖州，均貶爲司馬，史稱“八司馬事件”。

虔州

唐代謫徙犯罪官吏之地，在今江西贛州境。其時爲荒僻之地。後世亦有謫徙此地者。“八司馬事件”罹難者之一韓泰曾謫徙此地。參見本卷《罰物罪地説·流地刑所考》“永州”文。

饒州

唐代謫徙犯罪官吏之地，即今江西鄱陽。其時爲荒僻之地。後世亦有徙此地者。“八司馬事件”罹難者之一韓曄曾謫徙此地。參見本卷

《罰物罪地説·流地刑所考》"永州"文。

台州

唐代謫徙犯罪官吏之地，即今浙江臨海。其時爲荒僻之地。後世亦有謫徙此地者。"八司馬事件"罹難者之一陳諫曾謫徙此地。參見本卷《罰物罪地説·流地刑所考》"永州"文。

連州

唐代謫徙犯罪官吏之地，即今廣東連州。其時爲荒僻之地。後世亦有謫徙此者。"八司馬事件"罹難者之一凌準曾謫徙此地。元和十年（815），另一罹難者劉禹錫由郎州亦改徙於此，授司馬之職。參見本卷《罰物罪地説·流地刑所考》"永州"文。

郴州

唐代謫徙犯罪官吏之地，即今湖南郴州。其時爲荒僻之地。後世亦有謫徙此地者。"八司馬事件"罹難者之一程异曾謫徙此地。參見本卷《罰物罪地説·流地刑所考》"永州"文。

崖州

唐代謫徙犯罪官吏之地，在今海南瓊山。其時爲蠻荒之野，橫渡瓊州海峽，又增凶險。"八司馬事件"罹難者之一韋執誼曾謫徙此地。宣宗大中二年（848），當國重臣李德裕再度被誣，亦謫徙此地。後世亦有謫此者。參見本卷《罰物罪地説·流地刑所考》"永州"文。參閱《新唐書·李德裕傳》。

柳州

唐代謫徙犯罪官吏之地，即今廣西柳州。其時稱之爲"窮山惡水，不毛之地"。元和十年（815），"八司馬事件"罹難者之一柳宗元再徙於此，依唐吏制，授刺史之職。

黄州

宋代謫徙犯罪官吏之地，在今湖北黄州，時爲荒僻鄉鎮。後世亦有謫徙此地者。神宗時蘇軾曾因以詩訕謗朝廷罪，下御史臺獄，貶爲黄州團練副使至此。《宋史·蘇軾傳》："御史李定、舒亶、何正言摭其表語，並媒糵所爲詩，以爲訕謗，逮赴臺獄，欲實之死，鍛鍊久之不決。神宗獨憐之，以黄州團練副使安置。軾與田父野老相從溪山間，築室於東坡，自號'東坡居士'。"

惠州

宋代謫徙犯罪官吏之地，在今廣東惠州。其時爲荒遠州城。後世亦有謫徙此地者。哲宗時蘇軾所作詞翰策命，被誣以譏斥先朝，貶爲寧遠軍節度副使，赴惠州。《宋史·蘇軾傳》："紹聖初，御史論軾掌内外制日，所作詞命，以爲譏斥先朝。遂以本官知英州，尋降一官，未至，貶寧遠軍節度副使，惠州安置。居三年，泊然無所帶芥，人無賢愚，皆得其歡心。"

昌化

宋代謫徙犯罪官吏之地，在今海南儋州西北。其地蠻荒，稀有人烟。後世亦有謫徙此地者。哲宗時蘇軾因所謂以詞翰策命譏斥先朝，貶惠州後，又貶此地。《宋史·蘇軾傳》："貶寧遠軍節度副使，惠州安置，居三年……又貶瓊州別駕，居昌化。昌化，故儋耳地，非人所居，藥餌皆無有。初僦官屋以居，有司猶謂不可。軾遂買地築室，儋人運甓畚土以助之。獨與幼子過處，著書以爲樂，時時從其父老游，若將終身。徽宗立，移廉州，改舒州團練副使，徙永州。"

吉陽軍

宋代謫徙犯罪官吏之地，在今海南崖城一帶。其時爲蠻荒之野，橫渡瓊州海，又增凶險。後世亦有謫徙此地者。崇寧間，趙鼎舉進士，殿試對策，力斥權相章惇國，深得徽宗器重。靖康之難，隨高宗南渡，纍官殿中侍御史，陳治國四十事，高宗大悦。遷御史中丞，進尚書右僕射、同中書門下平章事，兼樞密史。後薦張浚，并當國爲相，戮力同心，以圖興復舊山河。因斥權相秦檜和議之論，罷謫嶺南，秦檜仍以爲患，再移吉陽軍。越三年，絶食而死。臨死前爲自己事先書寫了出喪銘旌："身騎箕尾歸天上，氣作山河壯本朝。"

沙門島

宋代囚縶流刑犯人的荒島，其地在山東蓬萊西北海中。後世亦有縶流此地者。《宋史・馬默傳》："沙門島囚衆，官給糧者纔三百人，每益數則投諸海……爲奏請更定配島法。"又《刑法志三》："犯死罪獲貸者，多配隸登州沙門島及通州海島，皆有屯兵使者領獲。"元楊顯之《酷寒亭》第四折："非我不憐他，他罪原非小，姑免赴雲陽，且配沙門島。"《水滸傳》第六三回："你家主管李固，教我們路上結果你。便到沙門島也是死，不如及早打發了。"

牢城

亦稱"牢城營"。宋代囚縶流配罪犯之處。無定所，各州郡時見設置。《宋史・刑法志一》："迺詔：諸犯徒流罪並配所在牢城，勿復轉送闕下。"元李文蔚《燕青博魚・楔子》："某姓宋名江……因帶酒殺了閻婆惜，脚踢翻蠟燭臺，延燒了官房，官軍拏某到官，脊杖了六十，迭配江州牢城營。"《水滸傳》第二八回："不是

小人心歹，比及牢城都頭去牢城營裏受苦，不若就這裏把兩個公人做翻，且只在小人家裏過幾時。"

【牢城營】

即牢城。此稱元代已行用。見該文。

交阯

明代遣放流刑犯人之地，在今越南北部。其時稱蠻荒之地。清代亦有遣放此地者。明成祖永樂二年（1404）翰林學士兼右春坊大學士解縉，因擁立太子朱高熾而得罪漢王朱高煦。永樂四年（1406），"賜黃淮等五人二品紗羅衣，而不及縉。久之福等議悄悄傳達外廷"，藉此機會，"高煦遂譖縉泄禁中語。明年，縉坐廷試讀卷不公，謫廣西布政司參議。既行，禮部郎中李至剛言縉怨望，改交阯，命督餉化州。"參閱《明史・解縉等傳》。

遼東

明代遣放流刑犯人之地，原泛指遼河以東之地域，明代特指遼陽一帶。屬其時之九邊之一，甚荒僻。明永樂五年（1407）翰林學士、右春坊大學士解縉，因擁立太子朱高熾而得罪漢王高煦，被謫往交阯。永樂八年，"縉奏事入京，值帝北征，縉謁皇太子而還。漢王言縉伺上出，私覲太子徑歸，無人臣禮。帝震怒……逮縉下詔獄，拷掠備至"。永樂十三年，"錦衣衛帥紀綱上囚籍，帝見縉姓名，曰：'縉猶在耶！'綱遂醉縉酒，埋積雪中，立死……籍其家，妻子宗族徙遼東"。

尚陽堡

一作"上陽堡"，舊稱"靖安堡"，滿語稱"臺尼堪"，意譯爲漢人。清初囚縶流刑犯人之地。在今遼寧開原東四十里外。其時爲一片荒

原。康熙年間平定雲南，歸從吳三桂之滇人，盡皆配戍於此。《清史稿·刑法志二》："又有發遣名目，初第發尚陽堡、寧古塔或烏喇地方安插，後并發齊齊哈爾、黑龍江三姓喀爾、喀科、布多，或各省駐防爲奴。"清彭孫貽《出塞曲》："烏喇原頭大合圍，上陽堡外兔狐肥。"參閱謝國楨《清初東北流人考》、李興盛《東北流人史》。

【上陽堡】

同"尚陽堡"。此體清代已行用。見該文。

【靖安堡】

即尚陽堡。此稱清代已行用。見該文。

【臺尼堪】

"尚陽堡"之滿語。此稱清代已行用。見該文。

寧古塔

清初囚羈流刑犯人之地。爲滿語音譯，"寧古"意爲六，"塔"意爲個，據傳曾有兄弟六個闖過此處。其地在今黑龍江寧安一帶。其時一片蠻荒，流刑犯時或被虎狼碎噬，亦有被土著飢民分食者。清初的文字獄、科場案多舉家乃至九族被囚羈於此地。參閱清代方拱乾《寧古塔志》、吳振辰《寧古塔紀略》《清世祖實錄》卷一二一、清王家禎《研堂見聞雜記》。

烏拉

清初囚羈流刑犯人之地。爲滿語音譯，意爲細柔之草。其地在今吉林省吉林市北百里之外，其時爲蒼莽草野，多有野獸出没。清初文字獄、科場案多舉家乃至九族被囚羈於此地。

刑所

刑所

謂執行刑罰之場所。《公羊傳·昭公二十一年》"若曰因諸者然"何休注："因諸者，齊故刑人之地。"因諸爲齊國之監獄，可知囚禁亦可稱爲刑。本處所指刑所指監獄與流地之外的一切行刑地，包括死刑與其他罰作。明清時刑所常指執行死刑處，猶今之刑場。清蒲松齡《聊齋志異·續黃粱》："刺史嚴鞫，竟以酷刑誣服，律擬凌遲處死，繫赴刑所。"

役所

徒刑犯服役之場所。先秦至兩漢，最重之苦役多爲築塚、築墓、築陵、築城。據《周禮·春官》載："塚人設下大夫二人，率刑徒百有二十人，墓大夫設下大夫二人，率刑徒百人。"此爲升平之時，西周之定制，似無足道。但日日無休，朝廷、諸侯各有所設，至暴秦之時尤甚。始皇初即位，即穿治驪山，築其陵墓，送詣刑徒竟有七十萬之衆。始皇崩，陳涉反，驪山之役迄無休止，乃盡赦驪山之徒以擊敵，徒刑之苦長，可見一斑。（見《史記·秦始皇本紀》）自先秦兩漢至於明代，築長城之役，綿延數千載，其服役之苦，一如先秦兩漢之城旦刑，暴死病死者，史不絕書。此外館娃宮、阿房宮之修建，亦多發刑徒以充其事。如此之類，人無定數，地無定所，任從帝王之欲。

作坊

指從事手工製造之場所。西周時已設"酒正""酒人"之職，以司釀酒；設"縫人""染人"之職,以司縫衣染色等,常配之以奴婢、刑徒。《周禮·天官》及《考工記》中皆有詳載,後世亦然。如《舊唐書·齊復傳》:"先時西原叛亂,前後經略使征討反者,獲其人皆沒爲官奴婢,配作坊重役。"清代大興文字獄後,所謂"主犯"之外,其親朋故舊或受徒刑,或被罰爲奴婢,一時間監獄填塞,作坊大張,其冤甚慘,前史罕見。

舂市

先秦至兩漢時舂人所役女犯進行勞作的處所。西周時已設舂人,爲負責供米之官員。《周禮·地官·舂人》已載其事。另《墨子·天志下》又載有任舂米及釀酒事物的女奴。唐陳子昂《感遇》詩:"昔稱夭桃子,今爲舂市徒。"唐李白《中山孺子妾歌》:"戚姬髡翦入舂市,萬古共悲辛!"

法場

今稱"刑場"。處決死囚的場所。《五代史平話·梁史》卷上:"到日中時分,有監斬官楊巡檢名慶的,管押劉文政赴法場處斬。"宋陸游《入蜀記》卷二:"後至他郡,見通衢有石幢,問此何爲,從者曰:'法場也',亦大駭叫呼,幾墜車。自此所至皆迂道,以避刑人之地。"《水滸傳》第四一回:"無爲軍已知江州被梁山泊好漢劫了法場,殺死無數的人,如何敢出來追趕,只得回避了。"魯迅《華蓋集續編·〈阿Q正傳〉的成因》:"犯人未到刑場,刑吏就從後腦一槍,結果了性命。"

【刑場】

即法場。此稱多行於近現代。見該文。

市

亦稱"市曹"。藉以指行刑之鬧市。《周禮·地官·司市》:"國君過市,則刑人赦,夫人過市罰一幕。"鄭玄注:"市也者,人之所交利而行刑之處。"《漢書·曹參傳》:"參(曹參)曰:'不然,夫獄市者,所以并容也。'今君擾之,奸人安所容乎?"《京本通俗小說·錯斬崔寧》:"押赴市曹,行刑示衆。"《水滸傳》第四〇回:"劊子叫起'惡殺都來',將宋江和戴宗前推後擁,押到市曹十字路口……只等午時三刻,監斬官到來開刀。"

【市曹】

即市。此稱宋代已行用。見該文。

【死市】

即市。指處死犯人之鬧市,《淮南子·説山訓》:"拘囹圄者,以日爲脩;當死市者,以日爲短。"

刑屋

西周至春秋時的一種特殊刑所。謂有罪的貴族或大臣行刑於郊野之屋内。通常之肉刑,不使外人知;死刑則屍不外露,以別於棄市。既不外露,則於夜間埋葬,并將其姓名、罪狀書之於短木之上。《周易·鼎》:"鼎折足,覆公餗,其刑劇,凶。"鄭玄注:"若三公傾覆王之美道,屋中刑之。"按,"刑劇"一作"刑屋","屋"爲本字。"劇",非《説文》所有,係後世經師之增益。又作"形渥",非是。《周禮·天官·甸師》:"掌帥其屬而耕耨王藉,以時入之……喪事代王受眚灾。王之同姓有辠,則死刑焉。"鄭玄注:"《文王世子》曰,公族有死罪,則磬於甸人。又曰,公族無宮刑,獄成,致刑於甸人。"賈公彦疏:"周姓姬,言同姓者,絕服之外同姓姬者。有辠者,謂凡五刑則刑殺不於市朝,於此死刑焉。謂死刑及肉刑在甸師氏，必在甸師氏者，甸師氏在疆場（場，一作'場'，誤）多有屋舍，以爲隱處，故就而刑焉。案《掌囚》云，凡有爵者與王之同族奉而適甸師氏，以待刑殺。此中不云其'凡有爵者'，文不具。"按，"公族有死罪則磬於甸人"，"磬"，縊殺之。又"刑殺"，謂授刑與處死，非單指死刑。另有"屋誅"，則專指死刑，有別於"刑劇"。《周禮·秋官·司烜氏》："邦若屋誅，則爲明竁焉。"鄭玄注："屋，讀如'其刑劇'之'劇'。劇誅謂所殺不於市，而以適甸師氏者也。明竁，若今揭頭，明書其罪法也，司烜掌明竁，則罪人夜葬與？"賈疏引《易》此文作"其刑屋"。"屋誅"另有二說，一說爲誅三族之罪，二說爲下竁室。前說見《周禮·秋官·司烜氏》"邦若屋誅"鄭玄注引鄭司農云及《漢書·叙傳下》"底劇鼎臣"顏師古注。後説見明楊慎《升庵經説·周禮儀禮·屋誅》。

雲陽

秦漢時判死刑處。其地在今陝西淳化西北。原爲山谷荒瘠之所在，秦韓非子等曾流死於此，後世詩文常以此藉指刑地。唐曹鄴《讀李斯傳》詩："不見三尺墳，雲陽草空緑。"元楊顯之《酷寒亭》第四折："非我不憐他，他罪原非小。姑免赴雲陽，且配沙門島。"

坑儒谷

秦始皇活埋儒生之地。故址在今陝西臨潼洪慶村。唐玄宗曾於此立旌儒磚。今存有唐刻儒生石像。參閲宋樂史《太平寰宇記·關西道三·昭應縣》。

皮場廟

明太祖朱元璋對貪官實施剝皮實草刑罰之所。各府州縣衙之左，特立一廟，以祀土地神，在此行剝皮之刑。明葉子奇《草木子》："明祖嚴於吏治，凡守令貪酷者，許民赴京陳述。贓至六十兩以上者，梟首示衆，仍剝皮實草。府州縣衙之左，特立一廟，以祀土地，爲剝皮之場，名曰皮場廟。官府公座旁各懸一剝皮實草之袋，使之觸目驚心。"

西市

明清時北京處決死囚的刑場。在今北京菜市口。《明史紀事本末·嚴嵩用事》："上從之，命斬世蕃、龍文於市……都人聞之大快，各相約持酒，至西市看行刑。"清錢謙益《獄中雜詩三十首》之二十七："東閣免歸西市死，夕陽亭下總悠悠。"

附文

㑴匜

西周青銅器名。1975 年 2 月陝西岐山董家村出土。周人牧牛與上司繫爭訟敗訴，繫匜爲其被罰賠銅所製之器，因稱。其平蓋，前端虎首形，四足羊蹄形。高 20.5 厘米，長 31.5 厘米。器、蓋銘文相屬，凡一百五十七字，記載

㑴匜

牧牛與俅爭訟經過及判決，反映西周之獄訟制度。

踊

古代受刖足刑者用以充足之鞋。《廣韵・上腫》："踊，刖者以之接足。"《左傳・昭公三年》："國之諸市，屦賤踊貴。"杜預注："踊，刖足者屦。"《晏子春秋・雜下二一》："公（齊景公）曰：'何貴何賤？'是時也，公繁於刑，有鬻踊者。故對曰：'踊貴而屦賤。'"

囚服

囚犯所穿之服裝。囚服自上古以來，多爲赭色，即所謂"服易色，食减量"。《新唐書・太宗諸子・嗣曹王皋》："初，御史覆訊，皋懼憂其母，出則囚服，入乃衣冠，貌言如平常。"參見本卷《器物罪地説・徵象贖略考》"赭衣"文。

囚糧

囚犯所食之糧。囚糧自上古以來，多不足食用。《遼史・道宗紀二》："九月戊戌，詔給諸路囚糧。"明陶宗儀《輟耕録・狗站》："征東行省，每歲委官至尼嚕罕，給散囚糧，須用站車。"

長休飯

賜予臨刑死囚所吃之飯。《水滸傳》第四〇回："就大牢把宋江、戴宗兩個匟扎起……驅至青面聖者神案前，各與了一碗長休飯、永別酒。吃罷，辭了神案，漏轉身來，搭上利子。六七十個獄卒，早把宋江在前、戴宗在後，推擁出牢門前來。"

永別酒

賜予臨刑死囚所飲之酒。見"長休飯"文。

露車

一種簡陋的貨車。其上無巾蓋，四旁無帷幕。死囚將決時載以行刑。始見於南朝陳時。《隋書・刑法志》："陳氏承梁季喪亂，刑典疏闊，及武帝即位，思革其弊……死罪將決，乘露車，著三械，加壺手，至市，脱手械及壺手焉。"《新唐書・李綱傳》："及憲（北周齊王宇文憲）誅，露車載屍，故吏犇匿，綱撫棺號慟，爲瘞訖，乃去。"按，此車常見用於民家。參閲《後漢書・靈帝紀》"得民家露車"并李賢注。

行刑牌

執行死刑等重刑的令牌。《古今小説・沈小官一鳥害七命》："其時張婆聽得老兒要剐，來到市曹上，指望見一面。誰想仵作見了行刑牌，各人動手碎剐，其實凶險，驚得婆兒魂不附體。"《封神演義》第七三回："話説丘引發出行刑牌出府，將鄧九公首級號令于關上。"

斬旗

斬決罪犯時插在刑場上的旗幟。清王有關《吳下諺聯》卷二："斬旗高插，兵吏誰呵。"

明竁

亦稱"揭頭"。兩周時王公大臣當誅，交由甸師行刑，將其姓名、罪行明書短木之上，加於屍身，舉火以壞葬屋内，以此區別於普通民衆棄市之法。至漢代猶存遺制，稱"揭頭"。《周禮・秋官・司烜氏》："邦若屋誅，則爲明竁焉。"鄭玄注："屋，讀如'其刑劇'之'劇'。劇誅謂所殺不於市，而以適甸師氏者也。明竁，若今揭頭，明書其罪法也。司烜掌明竁，則罪人夜葬與？"賈公彦疏："鄭知罪人，亦有明刑書於木者。見昭二年鄭公孫黑作亂，子產數其罪云，不速死，大刑將至。七月壬寅，縊，屍諸周氏之衢，加木焉。注云：'書其罪於木，以加屍上。'而罪之非禮，故書殺以惡黑，知明刑者，書可知。知夜葬者，以其司烜主明火，掌夜事，既令掌之，則罪人夜葬可知。故《曾子問》云‘見星而行者，惟罪人’，是夜葬之事也。”按，縊死孫黑，“屍諸周氏之衢”，即棄市，黑乃大臣，故稱“罪之非禮”。

【揭頭】

即明竁。此稱漢代已行用。揭，一作“楬”。見該文。

刑徒磚

與囚徒屍體一同埋葬之磚。爲囚徒服刑期間死亡之隨葬標物。上刻死者所屬官署、籍貫、刑名、姓名及死亡時間等。今於河南洛陽東漢墓出土之刑徒磚，其一上刻“右部無住少府客盧完鉗尹孝，永初元年五月四日物故，死在此下”，另一上刻“左部無住東郡濮陽完城旦夏侯

刑徒磚

當，延光四年九月一日物故，在此下”字樣。按，刑徒夏侯當爲東郡濮陽人，被完（保留鬢髮）爲城旦刑（築城四年之勞役），徙往洛陽城郊築城。東漢安帝延光四年（125）九月一日死亡，在此地下葬。可證徒流城旦之刑至東漢尚未廢止。

第五章　刑名刑典説

第一節　刑名考

本考所謂"刑名"，即刑罰之名實。名實包括其緣起、异名、内容及演變。

我國古代之所謂"刑名"，涵義甚廣，初指"刑名法術之學"，簡稱"刑名之學"。刑名之學本爲戰國時期法家的一派，以申不害爲代表，主張循名責實，慎賞明罰，賞罰範圍包含了法令、名份、言論、行爲等。後多以刑名之學指法家的學説。《韓非子·二柄》："人主將欲禁奸，則審合刑名者，言與事也。爲人臣者陳而言，君以其言授之事，專以其事責其功，功當其事，事當其言，則賞；功不當其事，事不當其言，則罰。"《史記·老子韓非列傳》："申子之學本於黄老而主刑名。"又："韓非者，韓之諸公子也。喜刑名法術之學，而其歸本於黄老。"

秦漢之後，刑名亦專指法律。《史記·秦始皇本紀》："秦聖臨國，始定刑名，顯陳舊章。"三國時期，曹魏制定新律，把戰國、秦漢時代的《具律》改爲《刑名》，列於篇首，以統諸篇，晋代又從《刑名》中分出《法例》，至北齊，合二爲一，稱爲《名例》，後歷代相沿不改。

《晋書·刑法志》載："罪條例既不在始，又不在終，非篇章之義。故集罪例以爲《刑名》，冠於律首。"又："改漢舊〔具〕律不行於魏者皆除之，更依古義制爲五刑。其死刑有三，髡刑有四，完刑、作刑各三，贖刑十一，罰金六，雜抵罪七，凡三十七名，以爲律首。"至此，"刑名"亦指刑罰名稱。本考所指稱的刑名，即此之謂。

我國古代的刑罰名稱十分複雜，且歷史悠久。傳說唐虞時便已有了象刑、五刑、鞭刑、扑刑、贖刑等。《書·舜典》："象以典刑，流宥五刑。鞭作官刑，扑作教刑，金作贖刑。"但其制不詳。夏朝建立後，作肉刑、贖刑，有孥戮之法，有了最初的刑制"五刑"，逐步確立了奴隸制國家的刑罰體系。《漢書·刑法志》："禹承堯舜之後，自以德衰而制肉刑。"《隋書·經籍志》："夏后氏正刑有五，科條三千。"此五刑即大辟、臏辟、宮辟、劓、墨。商周因之，又造炮格、烹醢、脯等酷刑。這一時期，主要的刑名即是墨刑、劓刑、剕（刖）刑、宮刑、大辟刑，被稱爲奴隸制的"五刑"，突出反映了奴隸制立法的殘酷性。春秋戰國時期，伴隨着社會的大動蕩，奴隸制法律體系逐漸崩潰，出現了許多新的刑名。《漢書·刑法志》："陵夷至於戰國，韓任申子，秦用商鞅，連相坐之法，造參夷之誅；增加肉刑、大辟，有鑿顛、抽脅、鑊亨之刑。"秦朝建立後，其刑罰名稱已大大超過夏商周時期，主要有下列幾種：死刑、肉刑、作刑、笞刑、髡耐完刑、遷刑、贖刑。其中僅死刑就有十三種，即戮、棄市、磔、定殺、具五刑、腰斬、車裂、梟首、鑿顛、囊扑、活埋、絞、族刑。肉刑有四種：黥、劓、斬左右趾、宮刑。作刑有城旦舂、鬼薪白粲、隸臣妾、司寇、候等。漢初仍用秦法。漢文帝十三年（前 167），頒令廢除肉刑，當刑者，以徒刑和笞刑代之。其後，漢景帝又頒布《箠令》，使被笞者多得以保全。文景時期的改革，是一大進步。至曹魏，刑罰的種類已大大減少，取消了肉刑。兩晋南北朝時期，各個王朝又對秦漢刑名加以損益，逐步完成了由奴隸制"五刑"向封建制"五刑"的轉變。隋文帝開國後，更定新律，其刑名有五：死刑、流刑、徒刑、杖刑、笞刑。新律又規定，死刑僅斬、絞二等。新的五刑體系確立後，後世除對其順序有所改動外，歷代相沿，直至清朝末年。從秦漢到隋唐時期，我國的刑罰體系基本上呈現出一種由重刑到輕刑并逐步廢止肉刑的發展趨勢。

唐末五代以後，重刑主義又重新擡頭，宋朝有所謂的"盜賊重法"，明朝則"刑用重典"。明朝的開國皇帝朱元璋，還特意頒布了《明大誥》，公開肯定法外用刑的必要性、合理性。明朝的刑罰有笞刑、杖刑、徒刑、流刑、死刑。這是傳統上的五刑。但明朝的死刑除絞、斬二等外，又有凌遲、族誅、梟首、剝皮、抽腸、油烹等酷刑。明成祖鎮壓异己時，一度用滅三族、滅九族、滅十族之刑，又恢復各種肉刑，如墨面文身、挑筋去指、剁指、斷手、刖足、閹割爲奴、常枷號令、枷項游歷，等等。清朝雖廢除了明代的一些酷刑，但仍保留着凌遲重法。直至光緒三十一年（1905），清廷纔宣布：“凌遲、梟首、戮屍三項永遠删除。”（《清史稿·刑法志二》）

需要指出的是，中國古代的刑名雖有正刑與非刑之分，但并不是絶對的。在專制王權或專制皇權的統治下，非刑或法外之刑隨時隨地都可以成爲正刑，或當作正刑公然使用。比如凌遲本爲法外酷刑，可宋代以後直至明清成爲法律規定的死刑之一。誠如漢代酷吏杜周所説：“三尺安出哉？前主所是著爲律，後主所是疏爲令，當時爲是，何古之法乎？”（《史記·酷吏列傳·杜周》）由於缺乏有效制約王權或皇權的機制，古代的刑罰隨意性很大，加上酷吏任意妄爲，亂設刑具，刑名多如牛毛，數不勝數。我們祇得選取官方規定的正刑和一些比較有代表性的法外之刑加以考釋，不可能面面俱到，這是需要説明的。

另外，凡刑具名，本考一般不收，以免與前所設“刑具警械考”重複。按照刑名的施行方式，大體上將其分成十一類，即笞杖、徒流、髡官、墨劓、刵宫、斬絞、肢解、烹戮、雜刑、連坐、貲贖。有些刑名，并不是某一種刑罰，而是幾種刑罰的泛稱或合稱，故本考單列一類“泛稱合稱”，冠於十一類之前。在考釋過程中，對所有刑名都盡量指出其意指、起迄朝代和例證，但由於史籍繁雜，有些刑名，或史家衆説紛紜，或史書語焉不詳，便選擇權威性的解釋和例證。三代以前，多係傳説，一般不取。

泛稱合稱

死刑

亦稱“極刑”。泛指剥奪犯人生命的一切刑罰。戰國以前死刑稱“大辟”，戰國以後“大辟”之名及含義一直沿用，各代不一。唐虞之時的五刑之一就是大辟。《周禮·秋官·司刑》載夏有“大辟二百”，周有“殺罪五百”。《書·吕刑》言“大辟其屬二百”，孔穎達疏：“辟，罪也。死是罪之大者，故謂死刑爲大辟。”

三代死刑另有殛、戮、炮烙、醢脯、斬、殺、脾、辜、焚之名，秦之死刑又增有夷三族、梟首、車裂、棄市、具五刑、腰斬、磔、鑿顛、抽脅、鑊烹和肢解。漢高祖入關，蠲削煩苛，漢文帝務在寬厚，刑罰大省，而至漢武帝時刑網又密。《漢書·刑法志》載，成帝河平中“大辟之刑，千有餘條”，此較之孝武之時已大簡。其死刑之名目亦有夷三族、梟首、腰斬、棄市之屬。死刑又有"極刑"之代稱，《漢書·鄒陽傳》云："昔玉人獻寶，楚人誅之，李斯極忠，胡亥極刑。"極刑在此即指死刑。五代以後以死刑中的凌遲爲極刑。如明代鄒玉卿傳奇《青虹嘯·宴勘》："可備鐮鈎煎盤，一應極刑伺候。"另明《大誥》言之極刑，當爲凌遲。漢司馬遷《報任安書》所言"就極刑而無慍色"之極刑乃指宮刑。三國時曹魏"其死刑者有三"（《晉書·刑法志》），蜀保留了夷三族、車裂之名目，吳則有夷三族、族誅、車裂之刑。至晉代，《唐六典》云："晉刑名之制，大辟之制有三，一曰梟，二曰斬，三曰棄市。"南朝宋及南齊律之篇目及刑名之制略同晉代，死罪有梟首與棄市。古代死罪與死刑往往混用，死罪有時即指死刑。北魏時期，"分大辟爲二科：死、斬。"（《魏書·刑罰志》）而《唐六典·刑部》又云："崔浩定大辟，有轘、腰斬、殊死、棄市四等。"北周保定三年（563）之《大律》："五曰死刑五：一曰罄，二曰絞，三曰斬，四曰梟，五曰裂。"（《隋書·刑法志》）而北齊河清三年（564）之《齊律》則把死刑分爲四等，即"重者轘之；其次梟首，並陳屍三日，無市者，列於鄉亭顯處；其次斬刑，殊身首；其次絞刑，死而不殊。凡四等。"（《隋書·刑法志》）可見，自先秦至魏晉南北朝時期，死刑名目很多，有法內之刑，如棄市、梟首、絞等；亦有法外酷刑，如炮烙、鑊烹等。隋文帝開皇元年（581），更定新律，把死刑分爲絞、斬二等。從此，絞、斬成爲執行死刑的主要方式。唐、宋、元、明、清因襲之。唐初又對隋之苛法進行刪除，"自是比古死刑，殆除其半。"（《舊唐書·刑法志》）不過，唐宋以後的歷代王朝，仍不時施行或保留着某

些野蠻殘酷的刑罰，如凌遲等。清代《大清律例》列有死刑二：絞、斬，另附有凌遲、斬立決、斬決梟示等。

光緒三十一年（1905），經修律大臣沈家本奏准，廢除凌遲、梟首、戮屍、緣坐等酷刑。宣統二年十二月（1911年1月）編成之《大清新刑律》最終將死刑之目中的凌遲等酷刑廢除。清代是歐美法律體系傳入中國時期。辛亥革命後，我國法律體系已基本仿效西方，死刑多以絞及槍斃的形式執行。民國時期北洋政府之《暫行新刑律》規定："死刑用絞，於獄內執行之。"又在《懲治盜匪法》中規定死刑得用槍斃。（參閱楊鴻烈《中國法律發達史》下）

【極刑】

即死刑。此稱秦漢時期已行用。見該文。

【大辟】

即死刑。辟本義爲罪，因死刑爲罪之大者，故稱爲大辟。《書·呂刑》："大辟疑赦，其罰千鍰。"孔傳："死刑也。"孔穎達疏："《釋詁》云：辟，罪也。死是罪之大者，故謂死刑爲大辟。"《書·舜典》："五刑有服。"孔傳："五刑：墨、劓、剕、宮、大辟。"隋朝以前，凡死刑通稱爲大辟，如《唐六典》載晉代刑名："大辟之制有三：一曰梟，二曰斬，三曰棄市。"《魏書·刑罰志》載崔浩定律："分大辟爲二科死，斬死，入絞。"隋唐以後，大辟之名已不見於官方律書。

生刑

古代泛指死刑以外的一切刑罰，即保全犯人生命的刑罰，常指鞭笞之類，與死刑相對。《漢書·刑法志》云："死刑即重，而生刑又輕，民易犯之。"《晉書·刑法志》云："令死刑重，

故非命者衆；生刑輕，故罪不禁奸。所以然者，肉刑不用之所致也。"

肉刑

刑罰名。殘害犯人肉體的刑罰。包括墨、劓、刖、宮等刑罰。始見於夏朝。《漢書·刑法志》："禹堯舜之後，自以德衰而制肉刑。"傳説夏朝已有五刑，即墨、劓、宮、臏、大辟。商周因之。至戰國，諸侯混戰，競用酷刑，又造鑿顛、抽脅、鑊烹等刑罰。漢文帝廢除肉刑，一改前世之陋法。漢景帝後，又復用宮刑。其後，不斷有人提議恢復其他肉刑。南朝宋明帝時，一度恢復黥、刖之刑，不久廢止。唐初也一度行斷趾法，後廢。大體上説來，隋文帝更定新律，以笞、杖、徒、流、死爲新五刑之後，肉刑作爲官方規定的刑罰已基本上退出歷史舞臺。

楚毒

刑罰名。泛指各種摧殘折磨人的苦刑。《後漢書·蔡邕傳》："臣一入牢獄，當爲楚毒所迫，趣以飲章，辭情何緣復聞？"《初刻拍案驚奇》卷三六："惱了縣令性子，百般拷掠，楚毒備施。"

五刑

五種刑罰之合稱。"五刑"之名起源甚早，貫穿整個中國古代社會，歷代不一，但均構成該時代刑罰之主體。五刑之名，始見於《虞書》，但作爲社會客觀存在的刑罰，起源更早。《初學記》卷二〇引漢班固《白虎通》云："五帝畫象者，其衣服象五刑也，犯墨者蒙巾，犯劓者赭其衣，犯髕者以墨幪其髕處而畫之，犯宮者履雜罪，犯大辟者布衣無領。"五刑業已存在。《書·舜典》云："五刑有服。"孔傳："五刑：墨、劓、剕、宮、大辟。"可見三代以上必已有五刑，但究竟源於何時，典籍所限，難以詳考。清代沈家本認爲"舜時五刑、象刑蓋並行。其命皋陶也，曰：'蠻夷猾夏，寇賊奸宄。汝作士，五刑有服。'是五刑者所以待蠻夷者也。《史記·五帝紀》'怙終賊刑'裴駰集解：'鄭玄曰，怙其奸邪，終身以爲殘賊，則用刑之'，則五刑者，又所以待怙惡者也。若象刑，所以待平民者也。"（清沈家本《歷代刑法考·刑制總考一》）夏、商、周三代以墨、劓、剕、宮、大辟爲五刑。《隋書·經籍志》："夏后氏正刑有五，科條三千。"《周禮·秋官·司刑》鄭玄注云："夏刑大辟、臏辟、宮辟、劓、墨。"商代雖未有五刑之名文，但經傳文獻中對五種刑罰均有涉及。至周，《周禮·秋官·司刑》將墨、劓、宮、刖、殺列爲五刑，又云"掌五刑之灋，以麗萬民之罪。墨罪五百，劓罪五百，宮罪五百，刖罪五百，殺罪五百"。此二千五百罪乃周初所定，至穆王時，"五刑之屬三千"（《書·呂刑》），其制有變。《國語·魯語上》云："五刑三次，是無隱也。"又"大刑用甲兵，其次用斧鉞，中刑用刀鋸，其次用鑽笮，薄刑用鞭扑"。所説五刑均依五種刑具而定，又不同於《呂刑》所言。秦漢時，以黥、劓、斬左右趾、梟首、菹骨肉爲五刑，但説法并不一致。《史記·李斯列傳》云："二世二年七月，具斯五刑論，腰斬咸陽市。"《漢書·刑法志》："令曰：'當三族者，皆先黥、劓，斬左右趾，笞殺之，梟其首，菹其骨肉於市。其誹謗詈詛者，又先斷舌。'故謂之具五刑。"《後漢書·崔寔傳》引崔寔《政論》："昔高祖令蕭何作《九章律》，有夷三族之令，黥、劓、斬趾、斷舌、梟首，斯謂之'具五刑'。"另外，前五刑中的宫刑等仍然保留。漢文帝十三年（前167），除肉刑，以徒、笞代肉刑，五刑之名遂不著。曹魏雖承漢制，但言五刑。《晋書·刑法志》云："〔曹魏〕改漢律不行於魏者皆除之，更依古義制爲五刑。其死刑有三，髡刑有四，完刑、作刑各三，贖刑十一，罰金六，雜抵罪七。"但其五刑指的是這七種刑罰中的哪五種，《晋志》并未説明。《唐六典》曾云晋代"五刑不簡"，此五刑亦不知所指。南朝宋齊無"五刑"之説，梁之刑十五等，陳朝因襲之。北魏立死、流、徒、鞭、杖爲五刑。至北齊，五刑定爲死、流、耐、鞭、杖。《隋書·刑法志》云：北齊有刑名五，一曰死，二曰流刑，三曰刑罪（即耐罪），四曰鞭，五曰杖。北周與北齊之五刑相似，祇改北齊"刑罪"爲"徒刑"。隋文帝即位後，改五刑爲死、流、徒、杖、笞。唐律因之，但改其順序爲笞、杖、徒、流、死。《舊唐書·刑法志》云："有笞、杖、徒、流、死五刑。"自唐以後，五刑之名，業已界定，相傳已久，宋、金、元、明、清多因之。《宋刑統》將五刑定爲笞刑五、杖刑五、徒刑五、流刑三、死刑二（元王元亮《唐律表五刑圖説》）。遼無五刑之名，《遼史·刑法志》云："制刑之凡有四：曰死，曰流，曰徒，曰杖。"金之五刑與宋相同（元王元亮《唐律表五刑圖説》）。另宋承五代，有凌遲之刑，但不爲常制。元代五刑因襲宋代，《元史·刑法志》云："古者以墨、劓、剕、宫、大辟爲五刑，後世除肉刑，乃以笞、杖、徒、流、死備五刑之數，元因之，更用輕典，蓋亦仁矣。"但元代死刑中用斬不用絞，亦有凌遲之刑。另外，元初亦有"具五刑"。《元史·世祖紀》至元十二年（1275）

十一月詔："奴婢殺主者，具五刑論。"明律承唐，有徒刑五、笞刑五、杖刑五、流刑三、死刑二。（參見《大明律·名例》）這五刑之外，又有凌遲、梟首、充軍之刑。《清史稿·刑法志二》："明律淵源唐代，以笞、杖、徒、流、死爲五刑……清太祖太宗之治遼東，刑制尚簡，重則斬，輕則鞭扑而已。迨世祖入關，沿襲明制。"即清代仍然沿襲明代五刑之制。《大清律》卷四《名例律》上"五刑"門，列出徒刑五；身體刑，包括笞刑五；杖刑五；流刑三；死刑二。五刑之名至清廷頒行《大清新刑律》時始廢止。

五虐

古代五種酷刑之合稱。分別是：斷耳、截鼻、宫、黥、大辟。《書·吕刑》："惟作五虐之刑曰法，殺戮無辜，爰始淫爲劓、刵、椓、黥。"孔傳："三苗之主頑凶……敢行虐刑，以殺戮無罪，於是始大爲截人耳、鼻，椓陰，黥面，以加無辜，故曰五虐。"

五毒

酷刑名。使四肢及身體備受楚毒。一説鞭、箠、灼、徽、纆五刑爲五毒。《資治通鑑·漢明帝永平十四年》："惟門下掾陸續、主簿梁宏、功曹史駟勛，備受五毒，肌肉消爛，終無異辭。"胡三省注："五毒，四肢及身備受楚毒也；或云鞭、箠及灼及徽、纆爲五毒。"又一説，械、鐐、棍、拶、夾棍爲五毒。《明史·刑法志三》："全刑者曰械，曰鐐，曰棍，曰拶，曰夾棍。五毒備具，呼簪聲沸然，血肉潰爛，宛轉求死不得。"

八刑

刑罰名。相傳爲周代統治者所初定，是對

八種罪行之處罰。八罪即不孝、不睦、不姻、不弟（悌）、不任、不恤、造言、亂民。《周禮·地官·大司徒》云："以鄉八刑糾萬民。一曰不孝之刑，二曰不睦之刑，三曰不嬬（姻）之刑，四曰不弟之刑，五曰不任之刑，六曰不恤之刑，七曰造言之刑，八曰亂民之刑。"不孝，即子不似父，亦即不孝敬父母。《孟子·萬章上》："丹朱之不肖，舜之子亦不肖。"《說文·肉部》："肖，骨肉相追侶也。从肉，小聲。不倡其先，故曰不孝也。"後來"肖"與"孝"混用。在血緣關係十分濃厚的周代，不孝被定爲罪，不孝之刑即對不孝者所處的刑罰。不睦，即親族之間不相親睦，在主張"親親"的周代，不睦亦爲罪行之一，而不睦之刑即對不睦者所處的刑罰。不姻之刑，即對不能親近异姓親族者所處的刑罰。姻即外親。不悌之刑是對不尊敬師長者所處的刑罰。不任之刑是對不被朋友信任者所處的刑罰。不恤，即不體恤別人的灾難，不恤之刑是對不能周濟貧苦者所處的刑罰。造言，即造謠惑衆，多爲"好事者爲之"。朱熹《四書集注》解釋曰："好事，謂喜造言生事之人也。"造言亦謂"造謗"。《史記·李斯列傳》曾云："入則心非，出則巷議，非主以爲名，异趣以爲高，率群下以造謗。"造言之刑就是對造謠誹謗者所處的刑罰，是安定人心所必需。亂民，即以歪門邪道擾亂朝政，淆亂百姓。《韓非子·詭使》"下漸行如此，入則亂民，出則不變也"即此意。歷代統治者把反抗他們的人都誣爲亂民，亂民之刑即對這類人所處的刑罰。八刑的制定，是親親、尊尊、任悌等觀念的體現。《周禮·地官·大司徒》："以鄉八刑糾萬民……"賈公彥疏："民有不從教者，則設刑以刑之，故

言以鄉八刑，糾萬民也。云'一曰不孝之刑'者，有不孝於父母者，則刑之。《孝經》：不孝不在三千者，深塞逆源。此乃禮之通教；'二曰不睦之刑'者，不相親睦，亦刑之；'三曰不嬬之刑'者，不親兼戒凡品，故不孝有刑也，於外親，亦刑之；'四曰不弟之刑'者，謂不敬師長，亦刑之；'五曰不任之刑'者，謂不信任於朋友，亦刑之；'六曰不恤之刑'者，謂見灾危而不憂恤，亦刑之；'七曰造言之刑'者，有造浮僞之言者，亦刑之；'八曰亂民之刑'者，謂執左道亂政，則刑之。"後代曾將八刑代指刑法，如《文選》中南朝蕭齊王儉的《褚淵碑文》"執五禮以正民，簡八刑而罕用"，唐代楊炯的《少室山少姨廟碑》云"糾萬人者，施之以八刑"，均爲刑法之代稱。

【不孝之刑】

"八刑"之一。相傳爲周代初定。見該文。

【不睦之刑】

"八刑"之一。相傳爲周代初定。見該文。

【不嬬之刑】

"八刑"之一。相傳爲周代初定。見該文。

【不弟之刑】

"八刑"之一。相傳爲周代初定。見該文。

【不任之刑】

"八刑"之一。相傳爲周代初定。見該文。

【不恤之刑】

"八刑"之一。相傳爲周代初定。見該文。

【造言之刑】

"八刑"之一。相傳爲周代初定。見該文。

【亂民之刑】

"八刑"之一。相傳爲周代初定。見該文。

九刑[1]

九種刑罰之總稱，乃周代刑名。《左傳·昭公六年》："周有亂政而作《九刑》。"韋昭注："謂正刑五及流、贖、鞭、扑也。"亦即墨、劓、剕、宮、大辟、流、贖、鞭、扑九刑。《漢書·刑法志》亦云："夏有亂政而作《禹刑》，商有亂政而作《湯刑》，周有亂政而作《九刑》。"顏師古注引韋昭曰："謂正刑五及流、贖、鞭、扑也。"周代這九種刑罰一直沿用至清。按，"九刑"古有异説。其實，九刑作爲九種刑罰之總稱，亦無礙於作爲刑典名稱。

笞杖[2]

通指笞刑與杖刑兩種刑法。始見於先秦。兩漢時笞、杖不分，都稱爲箠。魏晋南北朝時笞刑與杖刑混名。隋文帝更定新律，將笞刑與杖刑分開，同列爲五刑之一，以後歷代因之。笞刑爲五刑中之最輕刑，杖刑次之。《新唐書·刑法志》："其用刑有五：一曰笞。笞之爲言耻也；凡過之小者，捶撻以耻之。漢用竹，後世更以楚。《書》曰'扑作教刑'是也。二曰杖。杖者，持也；可持以擊也。《書》曰'鞭作官刑'是也。"笞杖并用，其義有時也爲"拷打"。明田藝衡《留青日劄·大誥減等》："元世祖笞杖之刑既定，曰：天饒他一下，地饒他一下，我饒他一下，自是合笞五十，止笞四十七；合杖一百，止杖九十七。"

劓刖

刑罰名。割鼻并斷足。《資治通鑑·唐宣宗大中四年》："〔吐蕃〕遂大掠河西郡、廓等八州，殺其丁壯，劓刖其贏老及婦人，以槊貫嬰兒爲戲，焚其室廬，五千里間，赤地殆盡。"

上服與下服

施於犯人的兩種刑罰名稱。因施於犯人上體與下體而區別，周代始行用。凡施於犯人上體之刑罰，如劓、墨一類的刑罰，謂之上服。與上服相對，下服乃施於犯人下體之刑罰，即宮、刖。《周禮·秋官·小司寇》："聽民之所刺宥，以施上服下服之刑。"鄭玄注："上服，劓、墨也。"賈公彦疏："釋曰：墨、劓施於面，故爲上服。"又鄭玄注："下服，宮、刖也。"賈公彦疏："宮、刖施於下體，故爲下服。凡行刺必先以物規之，如衣服，乃施刑，故言服也。"另外，下服亦有對犯人從輕處罰減輕刑罰之意。《書·吕刑》云："上刑適輕，下服。下刑適重，上服。"

笞杖

笞刑

省稱"笞"，亦稱"笞掠""箠"。刑罰名。古代五刑之一中的最輕刑，即以荆條或竹板擊打犯人的背部、臀部及腿部。有時笞、杖并用。《書·舜典》云："扑作教刑。"扑即小杖或荆條，可見扑原供學校及負責禮教者對受教育者之懲誡，後漸成一種刑具。漢代以前，官方規定的五刑是墨、劓、宮、刖、殺，没有笞刑。《墨子·魯問》："譬有人於此，其子强梁不材，故其父笞之"，與《史記·曹相國世家》中的"參怒，而笞窋（曹參子）二百"之"笞"，均非正式刑罰。另外，笞亦稱"笞掠"，意爲拷打。《淮南子·時則訓》:"命有司省囹圄,去桎梏,毋笞掠,止獄訟。"《史記·五宗世家》:"吏求捕,勃(常山王劉勃)大急,使人致擊笞掠,擅出漢所疑囚者。"漢文帝時,以笞刑代替肉刑,笞刑纔成爲正式刑罰。據《漢書·刑法志》載,漢文帝十三年(前167)規定:"當死斬左止者,笞五百;當劓者,笞三百。"後由於笞刑太重,受刑者常被打死,漢景帝便下詔減少笞數,又於漢景帝中六年(前144)頒布《箠令》。漢代笞、杖不分,都稱爲"箠"。魏晋南北朝時笞刑與杖刑混名。北魏獻文帝拓跋弘規定:"其捶用荆,平其節,訊囚者其本大三分,杖背者二分,撻脛者一分,拷悉依令。"(《魏書·刑罰志》)《隋書·刑法志》云:"〔梁朝〕杖皆用生荆,長六尺。有大杖、法杖、小杖三等之差……當笞二百以上者,笞半,餘半後決,中分鞭杖。"隋代以後,笞刑與杖刑分開。隋文帝開皇元年(581)更定新律,"其刑名有五:……四曰杖刑五,自五十至於百。五曰笞刑五,自十至於五十。"(《隋書·刑法志》)唐宋笞刑皆爲五等,不同之處在於宋代除死刑以外,諸刑皆實行"折杖法",將原有笞杖刑一律折爲臀杖。遼代無笞刑之目,祇有杖刑與鞭刑。金代笞刑亦有五等,與唐代相同,祇不過贖銅分別比唐代增加一倍。元代笞刑分六等,據《元史·刑法志》載:"笞刑:七下,十七,二十七,三十七,四十七,五十七。"不過,元代的笞刑與杖刑之別僅在數目之多少。"凡七下至五十七,謂之笞刑;凡六十七至一百七,謂之杖刑。"(《元史·刑法志》)明代笞刑亦分五等,與唐宋數目相同,僅贖銅之數不同。清代笞刑分五等,都用小竹板行刑,杖刑則用大

竹板。笞刑爲五刑中最輕之刑,但往往與杖、鞭等刑并用,也有笞打致死之現象。清末廢除笞刑,不再行用。

笞刑拷訊
(據明容與堂刻本《水滸傳》繪)

【笞】[3]

即笞刑。此稱漢代已行用。見該文。

【笞掠】

即笞刑。此稱漢代已行用。見該文。

【箠】[2]

即笞刑。此稱漢代已行用。見該文。

【撲罰】

即笞刑。亦稱"撲罪"。《後漢書·左雄傳》:"雄(左雄)上言:'……孝明皇帝始有撲罰,皆非古典。'帝從而改之,其後九卿無復捶撲者。"《東觀漢記·左雄傳》:"〔左雄〕諫帝曰:'九卿位亞三公,行則鳴玉。孝明永平始加撲罪,非古制也。'帝從之。卿於是始免撲箠。"按《周禮·地官·司市》:"市刑:小刑憲罰,中刑徇罰,大刑扑罰。"鄭玄注:"扑,撻也。"此處"扑罰"指市刑之重者,與"撲罰"有別。

【撲罪】

即撲罰。此稱漢代已行用。見該文。

扑撻

亦稱"撲箠"。泛指笞打。先秦時期已行

用，作爲笞刑當始於漢代。《儀禮·鄉射禮》"射者有過則撻之"漢鄭玄注："射者中人，本意在侯，去傷害之心遠，是以輕之，以扑撻於中庭而已。"《東觀漢記·左雄傳》：〔左雄〕諫帝曰："九卿位亞三公，行則鳴玉。孝明永平始加撲罪，非古制也。'帝從之。卿於是始免撲箠。"

【撲箠】

即扑撻。此稱漢代已行用。見該文。

笞殺

刑罰名。把犯人笞打致死。《隋書·刑法志》："上大怒，命杖之。而殿內無杖，遂以馬鞭笞殺之。"

杖刑

省稱"杖"，亦稱"杖罰""杖棰"。刑罰名。用大荆條、棍棒或大竹板打犯人臀、腿、背之刑罰。鞭扑笞杖古已有之，皆爲捶打之意。五刑之中，杖刑重於笞而輕於徒。先秦至兩漢，笞杖往往不分，鞭扑常常混用。魏晉南北朝時期，鞭杖制度漸漸過渡爲杖刑。隋初定爲五刑之一，沿用至清。杖即以大荆條、大竹板或棍棒擊打犯人臀、腿、脊背等部位，始於舜禹之時。《書·舜典》云："扑作教刑。"《書·益稷》云："庶頑讒説，若不在時，侯以明之，撻以記之。""扑""撻"二字傳疏多有解釋，其基本含義即擊打。擊打之以使記其過，改其錯，三代時沿用，實乃一種教訓之刑，且唯學校典禮諸事用之。後此刑漸用於其他犯禁者。在《周禮·地官·閭胥》中有云："凡事，掌其比觵撻罰之事。"鄭玄注云："觵撻者，失禮之罰也。"《儀禮·鄉射禮》云："〔司射〕遂適階西，取扑摺之以反位。"鄭玄注云："扑所以撻犯教者。"《左傳·文公十八年》："歜以扑抶職。"杜預注

曰："扑，箠也。抶，擊也。"《左傳·襄公十七年》："子罕聞之，親執扑以行築者，而抶其不勉者。"杜預注云："扑，杖。"《説文·木部》釋杖爲："杖，持也。"凡可持之物皆曰杖，當時并非特指某一種刑具。諸經之稱杖者，齒杖、喪杖，無稱刑杖者。《孔子家語》則云："舜之事父，小杖則受，大杖則走。"《左傳·定公二年》云："閽乞肉焉，〔邾莊公〕奪之杖以敲之。"其中之"杖"，亦非刑杖。杖亦非正式刑罰。漢文帝改刑法，除肉刑，以笞代之，景帝定箠令，仍無杖刑之名。至東漢方有杖刑。《後漢紀·明帝紀》云："明帝時，九卿皆鞭杖。"《後漢書·劉平傳序》云："〔薛〕包日夜號泣，不能去，至被毆杖。"三國時期，蜀國"諸葛武侯杖二十以上親決。"（《太平御覽》卷六五〇引《晉陽秋》）可見當時不僅有杖刑，且有杖擊之定數。曹魏有鞭督之刑，未有刑杖之文。孫吳必有杖刑，《三國志·吳書·孫和傳》云："權大怒，族誅正、象，據、晃牽入殿，杖一百。"晉用鞭刑，未聞有杖。劉宋時，使用杖刑，《宋書·武帝紀》有"聽統府奪行四十杖"之記載；梁有鞭杖、杖督之制。北魏多用鞭刑，杖爲輔助刑。《魏書·常山王遵傳》云："世宗詔令檢趙脩獄，以脩佞幸，因此遂加杖罰，令其致死。"杖罰即杖刑。又《刑罰志》："民多不勝而誣引，或絶命於杖下。"《隋書·刑法志》載北齊除鞭刑外，又有杖刑三等，分爲三十、二十、十。北周除鞭刑外，有杖刑五等，自十至五十。至隋初，杖笞分開，去除鞭刑，杖重笞輕。《隋書·刑法志》云："〔開皇元年更定新律〕其刑名有五……四曰杖刑五，自六十至於百。"唐代因之，仍分六十至一百五等，可以銅贖。《唐

律疏義·名例·杖刑五》："杖刑五：杖六十、杖七十、杖八十、杖九十、杖一百。"凡贖罪以銅，杖刑五等，分別爲銅六斤、七斤、八斤、九斤、十斤。《新唐書·刑法志》亦云："及肉刑既廢，今以笞、杖、徒、流、死爲五刑。"杖刑在唐代又有"杖棰"之別名。《新唐書·裴漼傳》："漼議曰：'杖棰者，官得施所部，非所部雖有罪，必請有司明，不可擅也。'"杖刑雖不是死刑，但唐代被杖殺者時有所見。唐韓愈《順宗實錄》卷一云："奏輔端誹謗朝政，杖殺之。"《新唐書·刑法志》云："〔劇賊高玉聚徒南山〕後擒獲……公卿議請爲菹醢，帝不從，卒杖殺之。"宋王讜《唐語林·方正》載："柳元公初拜京兆尹，將赴上，有神策軍小將乘馬不避，公於市中杖殺之。"杖刑在唐代不僅是正式刑罰，亦施及於家庭及私人。唐李匡乂《資暇集》卷下："貞元初，穆寧爲和州刺史，其子故宛陵尚書及給事以下，尚未分官，列侍寧前。時穆氏家法切峻，寧命諸子直饌，稍不如意則杖之。"杖刑成爲教子體罰的一種形式。唐宣宗年間又有折杖之法。"宣宗大中七年敕法，司斷罪每脊杖一下折法杖十下，臀杖一下折笞杖五下。則吏無逾判，法守常規。"（《文獻通考·刑一》）五代後漢酷吏劉銖，巧立刑名，依犯人年齡不同，杖之以不同數目，且雙杖齊下，擊打犯人，故有"隨年杖"及"合歡杖"之刑名。《新五代史·漢臣傳·劉銖》中記載："民有過者，問其年幾何，對曰若干，即隨其數杖之，謂之隨年杖；每杖一人，必兩杖俱下，謂之合歡杖。"後周時又出現"責情杖"之名。《五代會要》載："周顯德五年七月敕，州縣自官以下，因公事行責情杖，量情狀輕重用，

不可過臀十五杖，因責情杖致死者，具事由聞奏。"至宋代，杖刑略異於隋唐。《宋刑統》載："杖刑五：六十（贖銅六斤，決臀杖十三下放）、七十（贖銅七斤，決臀杖十五下放）、八十（贖銅八斤，決臀杖十七下放）、九十（贖銅九斤，決臀杖十八下放）、一百（贖銅十斤，決臀杖二十）。"《宋史·刑法志》又云："太祖受禪，始定折杖之制。"宋初折杖法折爲臀杖、脊杖。杖脊亦定於宋太祖之時。杖脊亦稱杖背，爲宋杖刑中最重者。宋徐度《却掃編》卷下："王保和革爲開封尹，專尚威猛，凡盜一錢，皆杖脊配流。"《宋史·刑法志》云："真宗時，蔡州民二百一十八人有罪，皆當死。知州張榮、推官江嗣宗議取爲首者杖脊，餘悉論杖罪。"杖脊常將人打死，故至南宋理宗時廢之。《宋史·理宗紀》云："〔淳祐二年三月〕詔：今後州縣官有罪，諸帥司毋輒加杖責……十年十月詔，諸主兵官，今後行罰，毋杖脊以傷人命。"宋之杖刑，又有"杖楚""殺威棒"等別名。"杖楚"即以棍棒拷打。宋范正敏《遯齋閒覽·諸據》："柳冕秀才性多忌諱，應舉而同輩與之語有犯'落'字者，則忿然見於詞色。僕夫誤犯，輒加杖楚。""殺威棒"又名"入門杖子"，是宋代對重刑犯所施的一種酷刑，也是監獄對新到犯人使用的刑罰。因是用來殺新犯人"威風"的，故名。《水滸傳》第三七回："先皇太祖武德皇帝聖旨事例，但凡新入流配的人須先吃一百殺威棒。"宋陳襄《州縣提綱三·捕到人勿訊》云："大辟劫盜捕至之初，例於兩腿及兩足底，輒訊杖數百，名曰入門杖子，然後付獄。"《古今雜劇》中有元代高文秀《黑旋風》一齣，第三折云："孔目帶枷上。牢子云：入牢先吃三十

殺威棍。”《元曲選》中關漢卿之《蝴蝶夢》三：“別過枷梢來，打三下殺威棒。”遼有杖無笞，與宋之法异。《遼史·刑法志》云：“杖刑自五十至三百，凡杖五十以上者，以沙袋決之；又有木劍、大棒、鐵骨朵之法。”金遵唐律，笞杖與唐無异，各有五。“杖刑五，六十，贖銅十二斤；七十，贖銅十四斤；八十，贖銅十六斤；九十，贖銅十八斤；一百，贖銅二十斤。”（元王元亮《唐律表五刑圖説》）但以杖折徒，則是宋制。徒刑有七，分别決杖，加杖若干。《金史·刑志》云：“至皇統間，詔諸臣，以本朝舊制，兼采隋唐之制，參遼宋之法，類以成書，名曰《皇統制》，頒行中外。時制，杖罪至百，則臀、背分決。”後因脊背近心，故杖背時用時廢。《金史·宣宗紀》及《賈鉉傳》均有“置刃於杖以決罪人”之記載，足見杖刑之酷，但在金代亦是時禁時用。元代杖刑之數不同於前代，雖分五等，但杖數有别。《元史·刑法志》載：“杖刑：六十七、七十七、八十七、九十七、一百七。”明代杖刑參考了唐、宋、元之制，杖刑亦爲五，但徒流之刑又加杖。另廷杖之酷，遠遠勝於隋唐。據《大明律》：“杖刑五：六十（贖銅錢三貫六百文）、七十（贖銅錢四貫二百文）、八十（贖銅錢四貫八百文）、九十（贖銅錢五貫四百文）、一百（贖銅錢六貫）。”又徒刑、流刑之下又有杖若干。《明史·刑法志》：“杖刑五，自六十至一百，每十爲一等加減。”唐代首開杖流并用之風（見“徒刑”文），宋代之“殺威棒”亦屬此類，直至清代。清尹有禧《漱華隨筆·詆毀程朱》載：“成祖（明成祖）大怒，遣行人押還，令有司聲罪杖遣。”以上即先施杖刑，而後發配。清代杖刑與明代基本相同，亦

分爲五等，六十至一百，用大竹板擊打，而且徒流加杖。（參閲《大清律·名例律上·五刑》）清陸以湉《令盧雜識·典獄》云：“康王氏以賄私和，石父平以威逼人致死，皆問杖流。”即先杖刑後流放。杖至一百爲最重一等，又稱滿杖。《清會典·刑部一·尚書侍郎職掌一》：“凡徒流之等八，其差各差二十，逾滿杖則減杖而加徒焉。”《六部成語·刑部·滿杖》：“杖至百數爲止，曰滿杖。”因杖數不同，又有“重杖”之稱。唐、宋、明、清杖數由六十至一百，行杖自十連擊至八十爲重杖。《六部成語·刑部·重杖》注解：“杖刑自十數起至八十，曰重杖。”清黃六鴻《福惠全書·蒞任部·戒躁怒》云：“愈激鴻怒，遂重杖三十。”杖刑之記載在文集及小説中多有反映，如清紀昀《閲微草堂筆記·如是我聞一》：“自思出而被執，罪不過杖。”蒲松齡《聊齋志異·促織》：“宰嚴限追比，旬餘，杖至百，兩股間膿血流離。”足見其殘酷。杖刑直至清末光緒年間始廢止，在中國沿用了幾千年，名目也多有變化，又因施刑者多妄爲，杖殺杖殘者往往有之。杖刑有時又與鞭、笞、流、徒等刑并用，更加重了這種刑罰的殘酷性。

【杖】[2]

即杖刑。此稱先秦時期已行用。見該文。

【杖罰】

即杖刑。此稱南北朝時清已行用。見該文。

【杖棰】[2]

即杖刑。此稱唐代已行用。見該文。

隨年杖

刑罰名。“杖刑”的一種。按照犯人年齡定杖擊之數。此稱五代時期已行用。見“杖刑”文。

合歡杖

刑罰名。"杖刑"的一種。行刑時，用兩杖同時擊打犯人。此稱五代已行用。見"杖刑"文。

杖楚

刑罰名。以棍棒拷打。此稱宋代已行用。見"杖刑"文。

杖脊

亦稱"杖背"。刑罰名。以杖擊打脊背的刑罰。爲杖刑中最重者。此稱宋代已行用。見"杖刑"文。

杖背

即杖脊。此稱宋代已行用。見該文。

入門杖子

刑罰名。即殺威棒。此稱宋代已行用。見"杖刑"文。

滿杖

清代刑罰名。杖刑滿一百下。見"杖刑"文。

重杖

刑罰名。此稱唐代已行用。杖數歷代不同，多爲十至八十下。見"杖刑"文。

杖流

刑罰名。對犯人施以杖刑後流放。此稱宋代已行用。見"杖刑"文。

杖遣

刑罰名。對犯人施以杖刑後發配。此稱宋代已行用。見"杖刑"文。

杖督

刑罰名。南朝齊梁時期對杖刑處罰的一種別稱。多施於官員。漢代有笞督，曹魏有鞭督，齊梁有杖督。督之本意爲視察，杖督即視察而

杖之。《南史·蕭琛傳》："時齊明帝用法嚴峻，尚書郎坐杖罰者皆即科行，琛乃密啓曰：'……自奉敕之後，已行倉部郎江重欣杖督五十，皆無不人懷慚懼。'"《隋書·刑法志》載，梁武帝即位後，"依周、漢舊事，有罪者贖。其科，凡在官身犯，罰金。鞭杖、杖督之罪，悉入贖停罰"。又"又有八等之差：一曰免官，加杖督一百；二曰免官；三曰奪勞百日，杖督一百；四曰杖督一百；五曰杖督五十；六曰杖督三十；七曰杖督二十；八曰杖督一十。"

掠

亦稱"考""榜掠""搒掠""掠考""掠治""掠理""考掠""楚掠"。刑罰名。即拷打。《禮記·月令》云："〔仲春之月〕省圄圉，去桎梏，毋肆掠，止獄訟。"鄭玄注曰："掠，謂捶治人。"考掠囚犯之事蓋始於周代。秦考囚之酷特甚，《史記·李斯列傳》載："趙高治斯，榜掠千餘，不勝痛，自誣服。"榜，擊也，而榜、搒、箠三字又通，均爲捶打之意。《史記·樊酈滕灌列傳》："高祖戲而傷嬰，人有告高祖。高祖時爲亭長，重坐傷人，告故不傷嬰，嬰證之。後獄覆，嬰坐高祖繫歲餘，掠笞數百，終以是脫高祖。"漢承秦弊，考囚之法蓋亦甚酷。《漢書·宣帝紀》："〔地節四年〕又曰：'令甲，死者不可生，刑者不可息。此先帝之所重，而吏未稱。今繫者或以掠辜若飢寒瘐死獄中，何用心逆人道也！朕甚痛之。其令郡國歲上繫囚以掠笞若瘐死者所坐名、縣、爵、里，丞相御史課殿最以聞。'""掠"在漢代又稱"掠治"，如《漢書·陳咸傳》："於是石顯微伺知之，白奏咸漏泄省中語，下獄掠治。"西漢又有"榜掠"之名，如《漢書·孫寶傳》云："尚書令昌奏僕射崇下獄覆治，榜掠

將死，卒無一辭，道路稱冤。"顏師古注："榜掠，謂笞擊而考問之也。"《釋名·釋疾病》曰："搥而死者曰掠。掠，狼也，用威大暴如豺狼也。"但掠衹爲重打，不一定俱爲打死。後漢時期，考囚之刑亦多有掠考之屬，并非盡被打死者。如《後漢書·周紆傳》載："紆遷司隸校尉。六年夏旱，車駕自幸洛陽録囚徒，二人被掠生蟲，坐左轉騎都尉。"又《後漢書·章帝紀》載元和元年（84）詔："自往者大獄以來，掠考多酷，鑽鑽之屬，慘若無極。念其痛毒，怵然動心！"又《楊終傳》："自永平以來，仍連大獄，有司窮考，轉相牽引，掠考冤濫，家屬徙邊。"又《梁冀傳》："閉獄掠考，使出錢自贖，貲物少者，至於死徙。"又《范滂傳》："獄吏將加掠考，滂以同囚多嬰病，乃請先就格。"此四處均有"掠考"之名。考者，亦考掠或掠考也，後改考爲"拷"。又《戴就傳》云："幽囚考掠，五毒備至。"考掠亦掠考也。另外，後漢又稱之爲"掠理"，亦見《後漢書·戴就傳》："就據地答（薛安）言：'太守剖符大臣，當以死報國，卿雖銜命，固宜申斷冤毒，奈何誣枉忠良，强相掠理，令臣謗其君，子證其父？'"後漢別有"搒掠"之名，又《朱穆傳》："各言官無見財，皆當出民，搒掠割剥，彊令充足。"到了魏晋時期，考囚之法或稱"考掠"，或稱"楚掠"。《三國志·魏書·滿寵傳》云："初，或、融聞考掠彪，皆怒，及因此得了，更善寵。"裴松之注："臣松之以爲楊公積德之門，身爲名臣，縱有愆負，猶宜保祐，況淫刑所濫，而可加其楚掠乎？"《北史·魏獻文六王傳·趙郡王幹》："數日間，謐召近州人夫，閉四門，內外嚴固，搜掩城人，楚掠備至。"唐代考囚之刑或稱"掠

考""掠理"或"楚掠"。《新唐書·竇群傳》云："陳登者，善術，夜過吉甫家，群即捕登掠考，上言吉甫陰事。"又《徐有功傳》："於是周興、來俊臣、丘神勣、王弘義等揣識后指，置總監牧院諸獄，捕將相，俾相鈎逮，掩搦護送，楚掠凝慘。"又《李燁傳》云："吳汝納之獄，朝廷公卿無爲辨者，惟淮南府佐魏鉶就逮，吏使誣引德裕，雖痛楚掠，終不從，竟貶死嶺外。"宋代考囚有"超棍"等酷刑，但一般情況下也有許多限制，如宋太祖時，"令諸州獲盜，非狀驗明白，未得掠治。其當訊者，先具白長吏，得判乃訊之。凡有司擅掠囚者，論爲私罪。"（《宋史·刑法志》）遼代刑法嚴酷，考囚也慘烈，金代亦如此。《金史·刑志》云："〔大定〕七年，左藏庫夜有盜殺都監郭良臣盜金珠，求盜不得。命點檢司治之，執其可疑者八人鞫之，掠三人死，五人誣伏。"元代蒙古人不拷掠，《元史·刑法志二》云："諸正蒙古人，除犯死罪，監禁依常法，有司毋得拷掠。"明律對老幼犯人及八議之人，"並不合拷訊，皆據衆證定罪，違者，以故失入人罪論。"（《大明律》）拷打囚犯之刑幾乎歷代都有，直至清光緒末年，始廢逼供訊囚之法。

【考】

即指掠。此稱漢代已行用。見該文。

【榜掠】

即指掠。此稱漢代已行用。見該文。

【搒掠】

即指掠。此稱漢代已行用。見該文。

【掠考】

即指掠。此稱漢代已行用。見該文。

【掠治】

　　即指掠。此稱漢代已行用。見該文。

【掠理】

　　即指掠。此稱漢代已行用。見該文。

【考掠】

　　即指掠。此稱三國時期已行用。見該文。

【楚掠】

　　即指掠。此稱三國時期已行用。見該文。

鞭刑

　　刑罰名。用鞭子抽打犯人的刑罰。源於人類放牧以鞭抽打牲畜，後移於人身。傳說堯舜時即已使用，屬輕刑、薄刑。《書・舜典》："鞭作官刑，扑作教刑。"孔傳曰："以鞭爲治官事之刑。"孔穎達疏云："此有鞭刑，則用鞭久矣。《周禮・條狼氏》：'誓大夫曰敢不關，鞭五百。'《左傳》有鞭徒人費、圉人犖是也。子玉使鞭七人，衛侯鞭師曹三百，日來亦皆施用。大隋造律，方使廢之。治官事之刑者，言若於官事不治則鞭之，蓋量狀加之，未必有定數也。""扑"本意是責打人用的荊條，後來"扑"也指鞭。夏代肉刑三千，鞭刑是否爲其一，已無明文。商亦無明文記載。至周代，據《周禮・秋官・條狼氏》云："掌執鞭以趨辟。"《地官・司市》則記載，西周地方官行使政權時，手裏要"執鞭度"。春秋時，臧文仲對魯僖公說："大刑用甲兵，其次用斧鉞；中刑用刀鋸，其次用鑽鑿；薄刑用鞭扑。"（《國語・魯語》）《國語・魯語》又云："薄刑用鞭扑，以威民也。"春秋時，鞭刑成爲常用之刑罰，《左傳》裏屢有記載。如《左傳・莊公八年》："誅屨於徒人費，弗得，鞭之，見血。走出，遇賊於門，劫而束之。費曰：'我奚御哉！'袒而示之背，信之。"觀徒人費之

事，再參以《說文》之言"撻其背"，可見鞭扑皆施於背，故後有鞭背之刑。鞭刑在先秦諸子之書中亦有反映，如《鄧析子・轉辭》："寂然無鞭扑之罰，漠然無叱吒之聲，而家給人足天下太平。"秦時法刑嚴酷，鞭刑當不可少，惜無明文可證。漢代皇帝常以鞭扑處罰大臣。《後漢書・明帝紀》載："〔永平三年〕時詔賜降胡千縑，尚書素事，誤以千爲百。上大怒，詔即欲鞭之。意（鍾離意）曰：'過誤者人所有也，若以懈慢爲罪，臣居大官，皆在臣，臣請先受坐，解衣就撻。'上意解，皆原之。"《太平御覽》卷六四九引《漢晉春秋》曰："明帝勤於吏事，苛察逾甚，或於殿前鞭殺尚書郎亦可。"但漢代大臣用鞭刑，亦有仁慈者。《後漢書・劉寬傳》載："〔寬〕嘗以爲'齊之以刑，民免而無恥'。吏人有過但用蒲鞭罰之，示辱而已，終不加苦。"漢代以後，鞭刑時廢時興，綿延不絕。三國時鞭刑屢見使用。《古今圖書集成・祥刑典・鞭刑部》云："魏明帝太和年間，定鞭督之令。"《三國志・魏書・明帝紀》載："〔青龍二年春二月癸酉〕詔曰：'鞭作官刑'，所以糾慢怠也，而頃多以無辜死。其減鞭杖之制，著于令。"《三國演義》中寫張飛性情粗暴，常鞭打部下。《三國志・吳書・孫亮傳》裴松之注引《江表傳》曰："即於目前加髡。鞭，斥付外署。"《太平御覽》卷六四九引《晉律》："諸有所督罰，五十以下，鞭如令。平心無私而以辜死者，二歲刑。"又云：《晉令》四十篇，十五曰鞭杖。"而"宋及南齊律之篇目及刑名之制略同晉氏。"（《唐六典》）至蕭梁之時，將鞭杖分爲六等。《隋書・刑法志》云："〔梁武帝〕天監元年，《梁律》成，鞭杖凡六等。"分別爲鞭杖二百、一百、五十、

三十、二十、一十。北魏時，亦有鞭刑。《魏書·刑罰志》云："神麚中，崔浩定律令，當刑者贖，貧則加鞭二百。"至北齊時，鞭刑正式列爲五刑之一。據《隋書·刑法志》記載，北齊鞭刑分爲一百、八十、六十、五十、四十凡五等。北齊刑罪五等，各加鞭一百，流刑鞭笞各一百。"決流刑鞭笞者，鞭其背。五十，一易執鞭人。"（《隋書·刑法志》）北周亦將鞭刑列爲五刑之一，亦分五等，由六十至一百，逐十增加。另外，徒流各加鞭。至隋朝，廢除鞭刑，轉爲杖刑，確定了笞、杖、徒、流、死之"五刑"制度，但鞭刑仍以法外刑或附加刑存至明清時期。《隋書·刑法志》云："〔隋文帝〕蠲除前代鞭刑及梟首轘裂之法。"但隋文帝有時仍以馬鞭鞭殺、笞殺官員。至唐初，鞭刑又見行用。唐太宗貞觀年間，又"除鞭背刑"（《舊唐書·太宗記》）。鞭背刑是鞭刑的一種具體化，鞭刑自古亦多鞭於背，前已述之，而作爲一種刑名，則始於曹魏。當時凡婦人應笞者，改以羊皮鞭（鞭本以生牛皮製成）鞭其背，以免婦人去衣受刑。兩晉南北朝沿用，已不限於婦人，并用作爲流刑的附加刑。唐太宗之所以禁鞭背之刑，是因"太宗嘗臨見《明堂針灸圖》，見人之五藏皆近背，針灸失所，則其害致死，嘆曰：'夫箠

者，五刑之輕，死者，人之所重。安得犯至輕之刑而或致死？'遂詔罪人無得鞭背。"（《新唐書·刑法志》）故《新唐書·權德輿傳》云："太宗皇帝見《明堂圖》，始禁鞭背，列聖所循，皆尚德教。"但後代仍不時使用鞭刑。金代元好問有詩反映當時的社會狀況："不見只今汾水上，田翁鞭背出租錢。"（《遺山集》卷五《題劉紫微堯民野醉圖》）遼代的鞭刑很殘酷，《遼史·刑法志》記載："拷訊之具，有粗、細杖及鞭、烙法……鞭烙之數，凡烙三十者鞭三百，烙五十者鞭五百。"鞭烙之法乃用於訊囚，鞭、烙可同時使用，也可折算。元代初年鞭刑又被廣泛應用，因此，元世祖忽必烈於至元二十九年（1292）二月，"申禁鞭背"。《元史·刑法志》亦云："職制：諸鞫獄輒以私怨暴怒，去衣鞭背者，禁之。"元英宗至治三年（1323），《大元通制》頒行，再次申明廢鞭背之刑，但後世仍有用私刑者。明清時許多酷暴官吏還常使用鞭刑，《大清會典》上明文寫着："國初旗下人有犯，俱用鞭責。"明清以後鞭刑在民間也有延用。

鞭背

鞭刑方式之一。此稱先秦時期已行用。見"鞭刑"文。

徒流

徒刑

刑罰名。剝奪犯人自由，强制其從事一定期限的勞役的一種刑罰。其制始見於周代典籍，北周正式用徒刑之名。秦漢至北周前的城旦舂、鬼薪、白粲、隸臣妾、罰作之刑，實乃不同等

級之徒刑。隋初確定笞、杖、徒、流、死爲五刑，自此歷代因之。徒刑輕於流刑，重於笞杖。《周禮·秋官·大司寇》云："凡萬民之有罪過而未麗於灋，而害於州里者，桎梏而坐諸嘉石，役諸司空。重罪，旬有三日坐嘉役；其次九日

坐九月役；其次七日坐七月役；其次五日坐五月役；其下罪三日坐三月役。使州里任之，則宥而舍之。"可見此制是坐而役之，但祇是用於有罪過而不够徒刑者，祇是監督犯人服勞役，類似後世拘役，其犯不帶刑具，不穿罪衣，祇在官府服役。又《秋官・司圜》："司圜掌收教罷民。凡害人者弗使冠飾，而加明刑焉，任之以事而收教之。能改者，上罪三年而舍，中罪二年而舍，下罪一年而舍，其不能改而出圜土者殺。"圜爲圜土之省稱，即後來的監獄。此處已將徒罪分爲三年、二年、一年。關於徒之含義，有"使也""給徭役者也""塵賤之事也"等解釋，但這些解釋祇是指被役使幹賤事，并未有徒刑之名。三代以上，罪無徒名。戰國時期的"刑徒""黥徒"亦非徒罪，僅指受刑之人。《史記・秦始皇本紀》有"隱宮徒刑者七十餘萬人"之說，此"徒刑"亦非刑名，但秦有鬼薪、城旦，實乃徒刑。漢代有罰作、司寇、鬼薪、白粲、城旦舂等徒刑，但漢律也不以"徒"爲罪名，仍取其供役使之意。不過犯有此罪的人也稱爲徒，因此有時不易區分。《漢書》之《文帝紀》中的"謫作"，實乃徒刑，《武帝紀》中的"赦所過徒"，《成帝紀》中的"赦天下徒"，"徒"當是犯徒刑之人。《後漢書・光武紀》云："〔建武五年〕五月，詔見徒免爲庶人。"此"徒"當爲受徒刑之人。《太平御覽》卷六二四引孔融《肉刑論》："今之洛陽道橋，作徒困於斯役，十死一生。"可見受徒刑之人情狀很慘。據《晉書・刑法志》載，三國時期的曹魏有"完刑、作刑各三"；南朝蕭梁有五歲刑、四歲刑、三歲刑、二歲刑之耐罪四等，即後來的徒罪；北魏時有流徒之罪。徒罪亦稱"年刑"，《唐六典》："崔浩定刑名，於漢魏以來，除髡鉗五歲四歲，增一歲刑，是必有二年、三年之年刑。"北齊有刑罪五等，由五歲至一歲，乃後來之徒罪。徒刑至北周始正式定名。它取歷代"被役使"之原意定"徒刑"之刑名，列爲"五刑"之一。《隋書・刑法志》云："〔北周制刑五等〕三曰徒刑五，徒一年者鞭六十，笞十；徒二年者，鞭七十，笞二十；徒三年者，鞭八十，笞三十；徒四年者，鞭九十，笞四十；徒五年者，鞭一百，笞五十。"至隋改爲徒一年、一年半、二年、二年半、三年，亦五等。唐以後歷代相沿。又載："〔開皇元年〕更定新律……其刑名有五……三曰徒刑五，有一年、一年半、二年、二年半、三年。"唐沿隋制。據《唐律疏議・名例》載："徒刑五：一年，贖銅二十斤；一年半，贖銅三十斤；二年，贖銅四十斤；二年半，贖銅五十斤；三年，贖銅六十斤。"長孫無忌等疏議："徒者，奴也，蓋奴辱之。《周禮》云：'其奴男子入於罪隸'，又'任之以事，實以寰土而收教之。上罪三年而捨，中罪二年而捨，下罪一年而捨。'此並徒刑也。蓋始於周。"又據《新唐書・刑法志》："〔流徒之刑〕至隋始定爲：笞刑五，自十至於五十；杖刑五，自六十至於百；徒刑五，自一年至於三年。"另外，從《新唐書・刑法志》中又可推斷出杖徒充軍始於唐玄宗時期："〔玄宗〕詔曰：'徒非重刑，而役者寒暑不釋械繫。杖，古以代肉刑也，或犯非巨蠹而捶以至死，其皆免，以配諸軍自效。'"到了宋代，徒刑仍有五，但加折杖之法。據《宋刑統・名列律》載："徒刑五：一年，贖銅二十斤，決脊杖十三放；一年半，贖銅三十斤，決脊杖十五放；二年，贖銅四十斤，決脊杖十七放；二年半，贖銅五十斤，決脊杖十八放；三年，贖銅六十斤，決脊杖二十放。以上不刺面，役滿自放。"遼、金均有"終身徒刑"，即將犯人終身監禁勞作，似後世之無期徒刑。《遼史·刑法志》："徒刑一曰終身，二曰五年，三曰一年半；終身者決五百，其次遞減百；又有黥刺之法。"金代徒刑有七："一年，贖銅四十斤，決杖六十，加杖一百二十；一年半，贖銅六十斤，決杖六十，加杖一百四十；二年，贖銅八十斤，決杖七十，加杖一百八十；二年半，贖銅一百斤，決杖七十，加杖一百八十；三年，贖銅一百二十斤，決杖八十，加杖二百；四年，贖銅一百六十斤，決杖九十，加杖二百；五年，贖銅一百八十斤，決杖一百，加杖二百。"（元王元亮《唐律表五刑圖説》）另外規定："〔凡盜竊〕三十貫以上徒終身。"（《金史·刑志》）到了元代，徒刑分爲五等，又另外加杖。據《元史·刑法志》："徒刑：一年，杖六十七；一年半，杖七十七；二年，杖八十七；二年半，杖九十七；三年，杖一百七。"明代徒刑仍分五等，《明史·刑法志》云："徒刑五：徒一年杖六十，一年半杖七十，二年杖八十，二年半杖九十，三年杖一百；每杖十及徒半年爲一等加減。"到了清代，沿用明制，無任何變化。至宣統二年十二月（1911年1月），清公布的《大清新刑律》，始將徒刑分爲無期徒刑和有期徒刑。民國時期，北洋政府1912年3月頒行之《暫行新刑律》，將有期徒刑分爲五等：一等有期徒刑，十五年以下十年以上；二等有期徒刑，十年未滿五年以上；三等有期徒刑，五年未滿三年以上；四等有期徒刑，三年未滿一年以上；五等有期徒刑，一年未滿二月以上。（《暫行新刑律》第三十七條第二款第三項）

役

"徒刑"之一種。指犯人在監督下服勞役，類似近世之拘役。此稱先秦時期已行用。見"徒刑"文。

終身徒刑

"徒刑"之一種。指犯人在監督下終身服勞役，類似近世之無期徒刑。遼金時期已行用。見"徒刑"文。

鬼薪

刑罰名。戰國秦漢時，令有罪者爲宗廟祭祀采供柴薪的一種勞役刑，刑期三年。漢衛宏《漢舊儀》云："秦制：鬼薪三歲。鬼薪，男當爲祠祀鬼神，伐山之新蒸也。"《史記·秦始皇本紀》："及其舍人，輕者爲鬼薪。"裴駰集解引應劭曰："取薪給宗廟爲鬼薪也。"如淳曰："《律説》鬼薪作三歲。"漢因秦制。《漢書·惠帝紀》并《劉輔傳》《功臣表》及《王子侯表》均有"耐爲鬼薪""爲鬼薪"的記載。顏師古注《惠帝紀》中"耐爲鬼薪"云："取薪給宗廟爲鬼薪……皆三歲刑也。"另據考古出土的秦代銅戈上有"工鬼薪"的銘文，説明服鬼薪之刑者，亦可充當鑄造兵器的工匠。

候

刑罰名。秦代徒刑中最輕的一種，即令犯人伺望敵情。後世無此刑名。《睡虎地秦墓竹簡·秦律雜抄》："當除弟子籍不得，置任不審，皆耐爲候。"又《法律答問》："以當耐爲候罪誣人，何論？當耐爲司寇。"

司寇

刑罰名。强制男犯人到邊遠地區守邊，服勞役。始於秦，多見於漢，屬於徒流之刑。秦有城旦司寇、舂司寇、城旦舂司寇。秦制，司寇輕於隸臣，刑期二年。《睡虎地秦墓竹簡·法律答問》：“當耐司寇而以耐隸臣誣人，可（何）論？當耐爲隸臣。”又“當耐爲隸臣，以司寇誣人，可（何）論？當耐爲隸臣，有（又）毄（繫）城旦，六歲。”《漢書·刑法志》：“隸臣妾滿二歲，爲司寇。司寇一歲，及作如司寇二歲，皆免爲庶人。”司寇，即伺寇，罰往邊地戍守防敵。顔師古注引如淳曰：“罪降爲司寇，故一歲，正司寇，故二歲也。”漢衛宏《漢舊儀》云：“罪有司寇，男備守，女爲作如司寇，皆二歲刑。”“作如司寇”即强制女犯人服相當於司寇的勞役，刑期二年。男犯服邊并防寇，女犯有別，故祇服相當於司寇的勞役。

作如司寇

“司寇”之一種。强制女犯人服相當於司寇的勞役。此稱漢代已行用。見“司寇”文。

白粲

刑罰名。秦漢時期的一種徒刑，即令女罪人擇取白米，以供祭祀之用，刑期爲三年。漢衛宏《漢舊儀》云：“秦制，鬼薪三歲，女爲白粲者，以爲祠祀擇米也，皆作三歲。”粲是上等白米。秦簡《倉律》中規定，服白粲刑者有的還要從事土工和其他勞動。《漢書·惠帝紀》云：“上造以上及内外公孫耳孫有罪當刑及當爲城旦舂者，皆耐爲鬼薪、白粲。”顔師古注引應劭曰：“取薪給宗廟爲鬼薪，坐擇米使正白爲白粲，皆三歲刑也。”後世未見有此刑名。

城旦[1]

刑罰名。徒刑之一種。令男犯晝日伺寇虜，夜暮築長城。四歲刑。此刑始於春秋戰國，盛於秦漢，後世漸廢，僅藉指流放或徒刑。《墨子·號令》：“以令爲除死罪二人，城旦四人。”《史記·秦始皇本紀》：“臣請史官非秦紀皆燒之……令下三十日不燒，黥爲城旦。”裴駰集解引如淳曰：“《律説》：‘論決爲髡鉗，輸邊築長城。’晝日伺寇虜，夜暮築長城。城旦，四歲刑。”《漢書·惠帝紀》：“當爲城旦舂者。”顔師古注引應劭曰：“城旦者，旦起行治城。”清余懷《板橋雜記·葉衍蘭秦淮八艷圖咏》：“初阮大鋮以閹黨論曰城旦，屏居金陵。”據今人考釋，“城旦”即城築。“旦”與“築”古音均讀舌頭音（古無舌上音），韵部相近，可以通假。“旦”字筆簡易書，便於流布，逐代沿襲，東漢史家應劭等遂將此一借字視作本字，誤釋“旦”爲早晨。西漢揚雄《方言》卷八釋“鶛鴟”鳥稱，“或謂之‘獨舂’，自關而東謂之‘城旦’”，鶛鴟俗稱“磕頭鳥”，其狀似舂米，又似築城，故以“獨舂”或“城旦”爲喻，是證“城旦”即城築。參閲張述錚《“城旦”“城旦舂”“城旦書”考釋》（載《河北師院學報》1994年第二期）。

城旦舂

刑罰名。徒刑的一種，秦漢時强制男犯築城，女犯爲之舂米的勞役刑。漢衛宏《漢舊儀》云：“秦制：凡有罪，男髡鉗爲城旦，城旦者，治城也。女爲舂，舂者，治米也。”《史記·秦始皇本紀》載李斯言：“臣請史官非秦紀皆燒之……令下三十日不燒，黥爲城旦。”裴駰集解引如淳曰：“《律説》：‘論決爲髡鉗，輸邊築長城。’晝日伺寇虜，夜暮築長城。城旦，四歲刑。”漢沿秦制，《漢書·惠帝紀》云：“上造以上及内外公孫耳孫有罪當刑及當爲城旦舂者，皆耐爲鬼薪、白粲。”顔師古注引應劭曰：“城旦者，旦起行治城；舂者，婦人不豫外徭，但舂作米，皆四歲刑也。"但城旦舂不僅僅是徒刑，往往又以肉刑附加之，出現了諸如髡鉗城旦舂、黥劓城旦舂、黥城旦舂、完城旦舂等等，刑期也較長。至漢文帝除肉刑，城旦舂遂分爲二等，以髡鉗城旦舂當黥，以完城旦舂當舊日之髡鉗城旦舂。另據對秦簡漢簡研究成果得知，城旦舂者還要從事其他勞動。此外，舂刑起源也較早，蓋本於周制。《周禮·秋官·司厲》載："其奴男子入于罪隸，女子入于舂槁。"《後漢書·明帝紀》注："《前書音義》曰：舂者，婦人犯罪不任軍役之事，但令舂以食徒者。"魏晉以後，僅北齊有舂刑。《隋書·刑法志》載《齊律》："二曰流刑……其不合遠配者，男子長徒，女子配舂，並六年。三曰刑罪……婦人配舂及掖庭織。"自北齊以後，舂刑不見行用。

罰作

刑罰名。徒刑的一種。秦漢時令男犯服戍邊的刑罰。用於較輕的犯罪，刑期三個月至一年。《周禮·秋官·司圜》："任之以事而收教之。"漢鄭玄注："凡害人者，不使冠飾，任之以事，若今時罰作矣。"漢衛宏《漢舊儀》："〔秦制〕男爲戍罰作，女爲復作，皆一歲到三月。"《漢書·文帝紀》云："刑者及有罪耐以上，不用此令。"顏師古注引三國魏蘇林曰："一歲爲罰作，二歲刑已上爲耐。"另《史記·淮南衡山列傳》云："徙郡國豪傑任俠及有耐罪以上。"裴駰集解引蘇林言同。

復作

刑罰名。秦漢時令女犯人在官府中服勞役的一種徒刑。用於輕罪。犯人不帶刑具，不穿罪衣，刑期三個月至一年。漢衛宏《漢舊儀》云："〔秦制〕男爲戍罰作，女爲復作，皆一歲

到三月。"《史記·孝武本紀》："其赦天下，如乙卯赦令。行所過毋有復作。"《漢書·宣帝紀》："使女徒復作淮陽趙徵卿、渭城胡組更乳養。"顏師古注引李奇曰："復作者，女徒也。謂輕罪，男子守邊一歲，女子輒弱不任守，復令作於官，亦一歲，故謂之復作徒也。"又引孟康曰："復音服，謂弛刑徒也，有赦令詔書去其鉗鈦赭衣。更犯事，不從徒加，與民爲例，故當復爲官作，滿其本罪年月日，律名爲復作也。"又《王子侯表》："〔平侯〕坐知人盜官母馬爲臧，會赦，復作。"顏師古注曰："有人盜馬，爲臧匿之，雖會赦，猶復作。復作者，徒役也。"

隸臣妾

刑罰名。秦漢時，將犯人及其家屬罰爲官奴婢，並罰作勞役，男犯稱隸臣，女犯稱隸妾。秦漢以前，對役人賤者，男稱臣，女稱妾，但祇是賤者泛稱，非刑名。秦代爲終身刑，漢文帝時，始有刑期。《漢書·刑法志》云："鬼薪白粲一歲，爲隸臣妾。隸臣妾一歲，免爲庶人。隸臣妾滿二歲，爲司寇。司寇一歲，及作如司寇二歲，皆免爲庶人。"顏師古注曰："男子爲隸臣，女子爲隸妾。鬼薪白粲滿一歲爲隸臣，隸臣一歲免爲庶人。隸妾亦然也。"《漢書·功臣年表》載，武陽侯蕭勝"坐不齋，耐爲隸臣"；"南宮侯張生有罪，爲隸臣"等。

偶

刑罰名。罰作賤役、雜役。多見於秦漢時。《漢書·賈誼傳》："今自王侯三公之貴……而今與衆庶同黥、劓、髡、刖、笞、偶、棄世之法。"顏師古注引蘇林曰："偶，音罵。"一説指責罵。參閱漢賈誼《新書·階級》盧文弨校注。

配爲樂户

刑罰名。將重罪犯人之妻子發配爲樂户。中國古代供統治者取樂的人户稱"樂户"。其職在專門從事吹拉彈唱，被視爲賤業。《魏書·刑罰志》："諸强盜殺人者，首從皆斬，妻子同籍，配爲樂户；其不殺人及贓不滿五匹，魁首斬，從者死，妻子亦爲樂户。"元關漢卿《金綫池》第三折："賢弟不知，樂户們一經責罰過了，便是受罪之人，做不得士人妻妾。"按，樂户亦可爲編籍在册的所謂下等民人，并非一律爲抵罪者。

居作

刑罰名。罰令囚犯或其親屬奴婢服勞役。《隋書·刑法志》："五歲四歲刑，若有官，准當二年，餘并居作。"《新唐書·刑法志》："斷居作者著鉗。若校京師隸將作，女子隸少府縫作。旬給假一日，臘寒食二日，毋出役院。病者釋鉗校，給假，疾差陪役。謀反者男女奴婢没爲官奴婢，隸司農，七十者免之。凡役，男子入於蔬圃，女子入於厨饎。"按，將作指營建宫室、宗廟、陵寝及其他土木工程的機構；少府指供養天子日常所需的機構。《元典章·兵部二·隱藏》："自結按起解申部月日爲始，傳令本處帶鐐居作。"

官當

刑罰名。唐宋時官吏判徒刑，可視徒刑年限降低品級以抵當。參閱《唐律疏議·名例·以官當徒》、宋沈括《夢溪筆談·官政一》。

配役

亦稱"配徒"。刑罰名。發配罪人及其妻子從事苦役。《宋史·刑法志三》："凡應配役者傅軍籍，用重典者，黥其面。會赦，則有司上其罪狀，情輕者縱之，重者終身不釋。初，徒罪非有官當贖銅者，在京師則隸將作監役。"又，"初，京師裁造院募女工，而軍士妻有罪皆配隸南北作坊。天聖初，特詔釋之，聽自便……又詔曰：'聞配徒者，其妻子流離道路，罕能生還，朕甚憐之。自今應配者，録具獄刑名及所配地里，上尚書刑部詳覆。'"《元典章·刑部士·凡奸》："今後奸夫奸婦初犯，依在先體例斷放，若是再犯，刺面配役。"

【配徒】

即配役。此稱宋代已行用。見該文。

煎鹽炒鐵

刑罰名。明代一種徒刑。對重罪犯罰以備水聚土煎煮食鹽、炒礦砂煉鐵的苦役。《明史·刑法志一》："〔自嘉靖二十九年定例〕不分笞、杖、徒、流、雜犯、死罪，俱令運灰、運炭、運磚、納米、納料等項贖罪……情重者煎鹽炒鐵。死罪五年，流罪四年，徒按年限。"

拘役

刑罰名。是短期剥奪犯罪分子人身自由，并强制進行勞動的刑罰。該刑始見於清朝末年。宣統二年十二月（1911 年 1 月）清廷公布的《大清新刑律》，確立了全新的刑罰體系：主刑爲死刑、無期徒刑、有期徒刑、拘役、罰金；從刑爲褫奪公權和没收。民國時期，北洋政府於 1912 年 3 月 30 日頒布的《暫行新刑律》中規定，拘役二月未滿、一日以上。拘役之囚於監獄内監禁之，令服勞役，但因其情節得免勞役。其執行若實有窒礙，得以一日折算一圓，易以罰金。又於 1914 年頒布《易笞條例》，將犯奸非、和誘、竊盜和詐欺取財罪，應處拘役等刑的，易爲笞刑，按刑期一日折笞一計算。

1935年1月1日公布、同年7月1日施行之《中華民國刑法》規定：拘役，一日以上、二月未滿，但遇有加重時，得加至四個月；數罪并罰時，拘役不得逾四個月。

流刑

亦稱"流放""流徙""流徒""流配""配流"。刑罰名。將犯人放逐到邊遠的地方并使之服役的一種刑罰。始於秦漢而達於明清。隋開皇元年（581）定律，流作爲五刑之一，自此歷代相沿不改。流，本放逐遠方之意，《書·舜典》云："流宥五刑……流共工於幽州，放驩兜於崇山，竄三苗於三危，殛鯀於羽山……五流有宅，五宅三居。"按，"竄""殛"亦指流放。《漢書·元后傳》載王鳳上書云："陛下以皇太后故不忍誅廢，臣猶自知當遠流放，又重自念。"《後漢書·桓帝紀》建和三年（149）詔曰："流徙者使還故郡，没入者免爲庶民。"三國之後，流刑久不見行用。舊史家認爲，至梁天監三年（504），因任提女之子景慈證成母罪，"詔流於交州。至是復有流徒之罪。"（《隋書·刑法志》）流與戌相結合，乃流戌之刑，即遣送罪犯到邊荒地區守衛。南朝梁江淹《恨賦》："或有孤臣危涕，孽子墜心，遷客海上，流戌隴陰。"實則北魏孝文帝時，已復流刑。《魏書·孝文紀》云："〔太和十二年正月〕詔曰：鎮戌流徙之人，年滿七十，孤單窮獨，雖有妻妾而無子孫，諸如此等，聽解名還本。"太和十二年爲公元488年，早於梁天監三年（504）。又《刑罰志》載《獄官令》云："諸犯□年刑已上枷鎖，流徙已上，增以柷械。迭用不俱。"當時流刑又有"流徒"之名。又《孝文紀》有"詔群臣於皇信堂更定律條，流徒限"

制，帝親臨决之"之記載。北齊有流刑，"謂論犯可死，原情可降，鞭笞各一百，髡之，投於邊裔，以爲兵卒。未有道里之差。"（《隋書·刑法志》）北周亦有流刑五等：流衛服、流要服、流荒服、流鎮服、流蕃服（《隋書·刑法志》）。隋開皇元年更定新律，定後世五刑之名。"二曰流刑三，有一千里、千五百里、二千里。應配者，一千里居作二年，一千五百里居作二年半，二千里居作三年。應住居作者，三流俱役三年。近流加杖一百，一等加三十。"（《隋書·刑法志》）流刑與他刑并用，這也是封建社會刑罰的一個重要特點。流刑又有"流配"之名。《隋書·煬帝紀》載，大業五年（609）大赦天下，"開皇以來流配，悉放還鄉。"唐代流刑按流放距離遠近分爲三等，故有"三流"之説，有二千里、二千五百里、三千里，三流皆役一年，然後編所在爲户。而常流之外更有加役流。本當死刑者，貞觀六年（632）改爲加役流，即常流役一年，此流役三年。《唐律·名例·流刑三》："流刑有三：二千里、二千五百里、三千里。"長孫無忌疏議曰：《書》云：'五流有宅，五宅三居。'大罪投之四裔，或流之於海外，次九州之外，次中國之外，蓋始於唐虞，今之三流，即其義也。"但在唐初，雖有流刑，似并未定之以三。《舊唐書·刑法志》云："〔貞觀〕十四年，又制流罪三等，不限以里數，量配邊惡之州。"五代之時，流刑沿用唐之舊法。《五代會要·流徒人》載有後唐清泰三年（936）尚書刑部郎中李元龜之奏，意爲"徒流"之人，"候年月滿日申奏"，即應"放還本貫"，此即唐法也。亦稱"配流"。《北史·齊紀·世祖本紀》："庚寅，詔天保七年已來，諸家緣坐配流者，所在令還。"《五代會要·定贓》曰："晋天福五年十月敕，今後竊盜贓滿五匹者處死，三匹已上，決杖配流。"同時，流又加刺，"流配舊制，止於遠徙，不刺。而晋天福中始創刺面之法，遂爲戢奸重典。宋因其法。"（《文獻通考·刑一》）宋代的流刑，據《宋刑統·名例律》載，流刑三：二千里贖銅八十斤，決脊杖十七，配役一年；二千五百里贖銅九十斤，決脊杖十八，配役一年；三千里贖銅一百斤，決脊杖二十，配役一年；加役流（決脊杖二十，配役三）。《續文獻通考·刑一》云："流刑始於太宗。"宋之流刑又沿五代刺黥之法，同時，自宋始，軍流開始分開，刺配充軍與流的記載并行有之。流刑常與他刑混用，北齊、北周之流刑兼用鞭笞，可以説是一罪三刑，隋除鞭笞而加居作，爲一罪二刑。宋代又加杖或刺黥犯人之面，因此又是一罪三刑。元王元亮在《唐律表五刑圖説》中載有金《泰和律》中關於流刑的内容："流刑三：二千里，贖銅一百六十斤，配役一年；二千五百里，贖銅一百八十斤，配役一年；三千里，贖銅二百斤，配役一年。"遼之流刑，"量罪輕重，置之邊城部族之地，遠則投諸境外，又遠則罰使絶域。"（《遼史·刑法志》）元代之流刑，據《元典章》言，流二千里，比徒四年；二千五百里，比徒四年半；三千里，比徒五年。而《元史·刑法志一》載流刑"南人遷於遼陽迤北之地，北人遷於南方湖廣之鄉"。但《元史·王結傳》載："先時，有罪者，北人則徙廣海，南人則徙遼東，去家萬里，往往道死。結請更其法，移鄉者止千里外，改過聽還其鄉，著爲令。"大概流刑之距及地有所變化。明代流刑亦有三等：二千里，杖一百，贖銅錢三十貫；二千五百里，

杖一百，贖銅錢三十三貫；三千里，杖一百，贖銅錢三十六貫。清代流刑亦分三等，"流刑三：二千里，杖一百；二千五百里，杖一百；三千里，杖一百。"（《大清律·名例律·五刑門》）又有"附近充軍""邊遠充軍""極邊充軍""烟瘴充軍"的規定。清代的流刑安置遠方，終身不還（《清文獻通考·刑一》）。至清末頒行《現行刑律》，除十惡奸盜等重罪依舊流配外，其餘流刑均改在本地工作，二千里者六年，二千五百里者八年，三千里者十年。至《大清新刑律》頒布，遂除流刑之名。至此，沿用了兩千餘年的流刑被廢除。

【流放】

　　即流刑。此稱漢代已行用。見該文。

【流徙】

　　即流刑。此稱漢代已行用。見該文。

【流徒】

　　即流刑。此稱南北朝時期已行用。見該文。

【流配】

　　即流刑。此稱隋代已行用。見該文。

三流

　　"流刑"之三等。唐代流刑依犯人罪行輕重，其流放地分遠近三等，謂之三流。見"流刑"文。

【配流】

　　即流刑。此稱南北朝時期已行用。見該文。

流戍

　　"流刑"之一種。將罪人流放并充戍守。此稱南北朝時期已行用。見"流刑"文。

加役流

　　流刑之一種。把罪犯流放三千里外并服役三年，乃唐代三流中之最重者，爲死刑的減等

刑或替代刑，异於常流。《舊唐書·刑法志》："及太宗即位……議絞刑之屬五十條，免死罪，斷其右趾。應死者多蒙全活。太宗尋又愍其受刑之苦……於是又除斷趾法，改爲加役流三千里，居作二年。"《唐六典》卷六注："常流之外，更有加役流者，本死刑，武德中改爲斷趾。貞觀六年（632）改爲加役流，謂常流役一年，此流役三年，故以加役名焉。"儘管《舊唐書》與《唐六典》在記載改死刑爲斷趾刑的時間上有所不同，但對加役流的解釋基本是一致的。宋代也有加役流刑。

遷

亦稱"遷徙""徙""徙邊"。刑罰名。"流刑"的一種。將犯人及其受株連的親屬流放於邊遠地區。遷之本意是貶謫、放逐。《書·皋陶謨》云："何憂乎驩兜，何遷乎有苗。"秦漢時期，遷與徙有別，遷往往是對有罪者而爲，徙并非盡皆有罪者。如《史記·秦始皇本紀》："〔嫪毐舍人〕奪爵遷蜀四千餘家。"又："〔二十八年〕南登琅邪，大樂之，留三月。乃徙黔首三萬户琅邪臺下，復十二歲。"又《陳涉世家》："陳涉甕牖繩樞之子、甿隸之人而遷徙之徒也。"此遷徙即有罪而遷。漢代，如《漢書·文帝紀》云："淮南王長謀反，廢遷蜀嚴道，死雍。"又《武帝紀》云："濟川王明坐殺太傅、中傅，廢遷房陵。"後漢時，如《後漢書·顯宗紀》載："楚王英謀反，廢，國除，遷於涇縣，所連及死徙者數千人。"可見凡言遷者均爲有罪。徙則不同。但若言"徙邊"，則往往指有罪而遷者，如《漢書·陳湯傳》載："湯前有討郅支單于功，其免湯爲庶人，徙邊。"《後漢書·孝安帝紀》永元四年二月："乙亥，詔自建初以來，諸妖言它

過坐徙邊者，各歸本郡。"又《陽球傳》："遂收球送洛陽獄誅死，妻、子徙邊。"秦漢以後，"遷""徙"同義，多指有罪之人。《三國志·魏書·杜畿傳》載杜畿之子恕"當死，以父畿勤事水死，免爲庶人，徙章武郡。"《三國志·吳書·虞翻傳》載孫權怒徙虞翻於交州，足見魏、吳均用漢法。《晉書·殷浩傳》載："桓温上疏罪浩，坐廢爲庶人，徙於東陽之信安縣。"可證晉仍有徙法。北魏亦如此，如《魏書·孝文紀》："〔延興二年三月〕連川敕勒謀叛，徙配青、徐、齊、兗四州爲營户。"至隋，《隋書·郎茂傳》也有"除名爲民，徙且末郡"之記載。唐代的"移鄉"與"遷徙"同，且規定了遷徙之法，此後始有定規。但唐籍中仍有用"徙"者，如《舊唐書·羅道琮傳》："〔貞觀末〕上書忤旨，徙嶺表。"至宋，《宋史·太宗紀》記載："〔太平興國八年四月〕流樞密副使弭德超於瓊州，并徙其家。"遼仍之。元代亦如此。明陶宗儀《輟耕録·叛黨告遷地》載："至元二十四年，宗王乃顏叛，後伏誅，徙其餘黨於慶元之定海縣。"乃顏，一作"納延"。元文宗時，更定遷徙之法："凡應徙者，驗所居遠近，移之千里，在道遇赦，皆得放還；如不悛再犯，徙之本省不毛之地，十年無過，則量移之；所遷人死，妻子聽歸土著。著爲令。"（《元史·文宗紀》）《明律》載："遷徙，謂遷離鄉土一千里之外。"《明史·刑法志》云："流有安置，有遷徙（去鄉一千里，杖一百，准徒二）。"至《大清現行刑律》仍有徙遷之刑，但改名爲遣刑："遣刑二：極邊足四千里及烟瘴地方安置（俱工作十二），新疆當差（工作十二）。"可見遷徙之法，雖代有變化，但終至清末始廢。

【遷徙】

即遷。此稱秦代已行用。見該文。

【徙】

即遷。此稱秦代已行用。見該文。

【徙邊】

即遷。此稱漢代已行用。見該文。

充軍

亦稱"發配""充發"。刑罰名。屬"流刑"的一種。强迫罪犯從軍或將罪犯解至邊遠之地當兵、服勞役的刑罰。充軍始於秦世,《史記·秦始皇本紀》載,秦二世爲擊陳涉,赦驪山之徒而充當軍士。漢代因之,《漢書·高祖紀》載,漢高祖十一年(前196)秋七月,淮南王英布反,"上赦天下死罪以下,皆令從軍"。當時均有充軍之實,而無此刑名。東漢時期,充軍之記載較多,如《後漢書·桓帝紀》:"〔建和元年〕減天下死罪一等,戍邊。"充軍實同於徙戍。南朝劉宋之制:"爲劫者身斬,家人棄市,同籍周親謫補兵。"(《文獻通考》卷一〇八)梁陳與之類似。《梁律》:"劫身皆斬,妻子補兵。"北齊之將罪人投於邊裔,以爲兵卒,實乃充軍。實際上自魏晋以來,凡犯死罪,其重者,妻子多以補兵。至隋沿用之,不過名曰"配防"。如《隋書·刑法志》載,"〔開皇〕十三年改徒及流並爲配防",蓋至此,流與充軍、徙邊纔漸漸分開。唐代,《新唐書·刑法志》載有唐玄宗詔,内有"其皆免,以配諸軍自效",説明充軍與流、徙蓋亦不同。五代亦有充軍之法。"充軍"之名至宋代纔出現。統計而論之,多指把罪犯發配於軍内或官辦作坊、鹽場服勞役,其外延又寬。如《宋史·刑法志三》:"刺配之法二百餘條,其間情理輕者,亦可復古徒流移鄉之法,

俟其再犯,然後決刺充軍……凡應配役者傅軍籍,用重典者黥其面。""配"與"充軍"似乎同義。金代亦有充軍之名,《金史·刑法志》云:"〔天會七年〕詔凡竊盜,但得物徒三年,十貫以上徒五年,刺字充下軍。"元代,《元史·世祖紀》云:"〔至元二年十月〕詔隨路私商曾入南界者,首實免罪充軍。"明代"五刑之外,其重者曰充軍"(《明史·刑法志》)。明代之充軍,一般衹指發配到邊遠駐軍服勞役。《明史·刑法志一》載:"流有安置、有遷徙、有口外爲民,其重者曰充軍。充軍者,明初唯邊方屯種。後定制,分極邊、烟瘴、邊遠、邊衛、沿海、附近。軍有終身,有永遠。""充軍"之名在文人筆下往往稍有變化,有"充發""發配"等説法。《靖康要録》卷一〇:"敢隱匿窨埋,諸色人許陳告,三分支一充賞,犯人重行發配,知情藏寄之家依此。"如明代李開先《林冲寶劍記》卷一九:"媳婦,今日孩兒發配出城,早來到十里長亭,咱每到這裏等候孩兒,相見一面。"此"發配"即是充軍。一般説來,流放所至之地稱配所,解到時稱配,起解時稱發配。清亦如此,如清方苞《獄中雜記》:"功令:大盜未殺人,及他犯同謀多人者,止主謀一二人立決;餘經秋審,皆減等發配。"《紅樓夢》第四回:"後來到底尋了他個不是,遠遠的充發了。"

【發配】

即充軍。此稱宋代已行用。見該文。

【充發】

即充軍。此稱多見於明清文學作品中。見該文。

刺配

刑罰名。流刑之一種。即在犯人面部或腕

上肘下刺刻標記，押送邊地服役或充軍。重者終身不得釋放。所刺標記，歷代不同，多刺犯事及所配地名。刺字之法先秦稱墨刑，漢稱黥。漢文帝雖廢黥刑，魏晋間又沿用，唐律十三篇未提及刺字，但五代後晋不但恢復，而且與"配"相結合，創"刺配"之刑名。《文獻通考·刑一》："流配舊制，止於遠徙，不刺。而晋天福中始創刺面之法，遂爲戢奸重典。"宋代刺面流放之法大盛，史稱"刺配"。所刺位置有面、額角、耳後之别；所刺紋絡亦有不同，或刺字，或刺圖，如搶劫者刺"强盜"二字，如南朝宋之刺"劫"字。一般竊賊於耳後刺環形，應受徒流者刺成方狀；所刺深度又有規定，配本城者刺四分，配牢城者刺五分，配沙門島及遠惡州軍者刺七分，等等。《宋史·刑法志》云："刺配之法二百餘條。"《水滸傳》第七回："林教頭刺配滄州道。"刺配之法，一直沿用至清。

謫

亦作"適"，亦稱"謫戍""適戍"。屬"流刑"的一種。均指將罪犯或被貶官降級之人遣往邊地。凡令之戍守者一般稱"謫戍"或"適戍"。此刑名始於秦漢，直達於明清。"謫"之本意是官吏降級、調往邊地。《文選》載漢賈誼《吊屈原文序》："誼爲長沙太傅，既已謫去，意不自得。"《世説新語·言語》云："禰衡被魏武謫爲鼓史。"均是貶低、外徙之意。"適"通"謫"，意爲譴責、懲罰。《詩·商頌·殷武》："歲事來辟，勿予禍適，稼穡匪解。"《孟子·離婁上》云："人不足與適也，政不足間也；惟大人爲能格君心之非。""謫戍"是以罪發至邊地，擔任守衛。《文選》載賈誼《過秦論》云："謫戍之衆，非抗於九國之師也。"這可與《史記·秦始皇本紀》相印證："三十三年，發諸嘗逋亡人、贅婿、賈人略取陸梁地，爲桂林、象郡、南海，以謫譴戍。"《睡虎地秦墓竹簡·司空律》云："百姓有母及同生爲隸妾，非謫罪也而欲爲冗邊五歲，毋償興日，以免一人爲庶人，許之。"《史記·陳涉世家》云："二世元年七月，發閭左適戍漁陽九百人。""適戍"亦"謫戍"也。"謫"法雖在秦以前已存在，但作爲一種正式刑罰，實始於秦，且常與"戍"相連。至於爲何名爲"謫戍"，《漢書·晁錯傳》釋曰："秦之戍卒，不能其水土，戍者死於邊，輸者償於道。秦民見行，如往棄市，因以謫發之，名曰'謫戍'。先發吏有謫及贅婿、賈人，後以嘗有市籍者，又後以大父母、父母嘗有市籍者，後入閭，取其左。"漢代沿用之，《漢書·武帝紀》云："發謫戍屯五原。"《魏書·刑罰志》載冀州刺史源賀上書："自非大逆手殺人者，請原其命，謫守邊戍。"謫戍又與宋代以後的充軍有相似之處，後代或有其實而無謫戍之名。即使同一朝代，亦有不同説法。如《魏書·孝文紀》云："〔延興二年九月〕詔流迸之民，皆令還本，違者配徙邊鎮。"又與"徙邊"相類。唐、明、清亦有此法。據《續文獻通考》卷一三七載："〔明〕洪武十五年正月，命將校士卒雜犯死罪者免死，杖發戍邊。"又："十六年正月，令雜犯死罪者罰戍邊。"

【適】

即謫。此稱先秦時期已行用。見該文。

【謫戍】

即謫。此稱漢代已行用。見該文。

【適戍】

即謫。此稱漢代已行用。見該文。

移鄉

刑罰名。殺人犯遇赦後不准在本鄉繼續居住，而要遷移到千里之外。見於唐，後世無此制。此刑的目的在於不使殺人犯同被殺者的親屬見面以免引起復仇相殺。《唐律·賊盜律》："諸殺人應死會赦免者，移鄉千里外……若死家無期以上親，或先相去千里外……並不在移限，部曲、奴婢自相殺者，亦同。違者徒二年。"《唐律疏議》："殺人應死，會赦免罪，而死家有期以上親者，移鄉千里外爲户。其有特敕免死者，亦依會赦例移鄉。"

逐

刑罰名。把犯法的外籍人和外來游士趕出本土。《史記·李斯列傳》："秦宗室大臣皆言秦王曰：'諸侯人來事秦者，大抵爲其主游間於秦耳，請一切逐客。'李斯議亦在逐中。"《秦始皇本紀》："大索，逐客。李斯上書説，乃止逐客令。"又："十二年，文信侯不韋死，竊葬。其舍人臨者，晋人也，逐出之。"

髡官

髡

刑罰名。即將犯人剃髮示辱。《説文·髟部》："髡，剃髮也。從髟兀聲。髡或从元。"段玉裁注："《楚辭·涉江》：'接輿髡首。'王注：髡，剔髮也。剔者，俗'鬀'字。"《周禮·秋官·掌戮》："髡者使守積。"可見髡之起源較早。秦之髡刑，已見《睡虎地秦墓竹簡·法律答問》中："擅殺、刑、髡其後子，讞之。"漢應劭《風俗通》佚文有："秦始皇遣蒙恬築長城，徒士犯罪亡依鮮卑山，後遂繁息，令皆髡頭衣赭，亡徒之明效也。"（參見《太平御覽》卷六四九）據此可知，秦之徒皆髡也。漢因秦法，但將髡與鉗并用，名之曰"髡鉗"，即將犯人剃髮并以鐵圈束頸。如《史記·季布欒布列傳》："乃髡鉗季布，衣褐衣，置廣柳車中。"《漢書·刑法志》亦云："當黥者髡鉗爲城旦舂。"《漢書·高帝紀》云："郎中田叔、孟舒等十人，自髡鉗爲〔趙〕王家奴。"顏師古注曰："鉗，以鐵束頸也。"漢代以後，髡刑爲後代承用，《晋書·刑法志》載，三國曹魏"依古義制爲五刑……髡刑有四"。東吳亦有髡刑。《三國志·吳書·孫亮傳》注引《江表傳》曰："即於目前加髡、鞭，斥付外署。"《唐六典》載："晋刑名之制，髡刑有四。"又另有"髡鉗，五歲刑"。《晋書·刑法志》載："諸重犯亡者，髡過三寸輒重髡之。"《隋書·刑法志》載北齊仍有髡刑：凡犯流刑者，"鞭笞各一百，髡之，投於邊裔，以爲兵卒"；凡犯耐罪者，"並鎖輸左校而不髡。無保者鉗之"。又載梁律，其制刑爲十五等之差，"有髡鉗五歲刑"等，足見蕭梁亦有髡刑。自此以後，未見髡之名，蓋已廢之。

髡鉗

刑罰名。將犯人剃髮并以鐵圈束頸。始於漢代，魏晋南北朝因之，隋唐後廢。見"髡"文。

鉗赭

刑罰名。以鐵圈束頸，着以赤衣。《南史·袁湛傳》："幸因約法之弘，承解網之宥，猶當降等薪粲，遂乃頓釋鉗赭。"

完

刑罰名。古時一種較輕的刑罰。説法不一，或謂剃去鬚鬢毛，不剃頭髮，輕於髡刑；或謂免受髡刑而服一定勞役；或謂完者爲"免"，即免刑；或謂"完"即"耏"，或作"耐"。《説文・而部》"耏"段玉裁注云："按耐之罪輕於髡，髡者，鬄髮也。不鬄其髮，僅去鬚鬢，是曰耐，亦曰完。謂之完者，完其體也。"《周禮・秋官・掌戮》："髡者使守積。"鄭玄注引鄭司農曰："髡當爲完，謂但居作三年不虧其體者也。"《漢書・刑法志》云："完者使守積。"顔師古注："完，謂不虧其體，但居作也；積，積聚之物也。"《漢書・高帝紀》云："令郎中有罪耐以上，請之。"顔師古注引應劭曰："輕罪不至於髡，完其耏鬢，故曰耏。古耐字，從彡，髮膚之意也。"漢衛宏《漢舊儀》云："作五歳，完四歳也。"《漢書・功臣表》："孝景四年，坐出界，耐爲司寇。"到東漢時期，完、耐仍常常混用，或并用，各處解釋也不一致，説法不同。或稱耐爲二歳刑。《後漢書・光武紀上》："耐罪亡命，吏以文除之。"李賢注："耐，輕罪之名。《前書音義》曰：一歳刑爲罰作，二歳刑以上爲耐。"又《明帝紀》有"完城旦春"，注曰："完者，謂不加髡鉗。"至三國時仍有完耐之刑。《晉書・刑法志》載曹魏"髡刑有四，完刑、作刑各三"。《唐六典》載晉刑名之制，"二歳刑以上爲耐罪"。《晉書・刑法志》將完刑分爲四年、三年、二年三等。《隋書・刑法志》云："〔梁律〕刑二歳已上爲耐罪，言各隨伎能而任使之也。"且耐罪分爲五歳刑、四歳刑、三歳刑、二歳刑四等。北齊之刑罪，即耐罪，有五歳、四歳、三歳、二歳、一歳之差，凡五等。北齊之後，耐之名已不見記載，蓋亦廢之。至於"完"，晉代以後已無明文。

【耐】

即完。或謂"完"之一種。此稱漢代已行用。見該文。

官刑

刑罰名。古代懲誡官吏之刑罰。《書・舜典》云："鞭作官刑，扑作教刑。"孔傳釋爲："以作爲治官事之刑。"孔穎達疏曰："若於官事，不治則鞭之。"《書・伊訓》云："制官刑，儆於有位。"《周禮・天官・大宰》："以八法治官府……七曰官刑，以糾邦治。"賈公彦疏曰："七曰官刑，以糾邦治者，言官刑非尋常五刑，謂官中之刑，以糾察邦治。"又《秋官・大司寇》中所稱"官刑"與之同義。歷代懲誡官吏之刑名不同，且名目較多。概言之，有削籍、奪爵、免官、除名、圈禁、殺於甸師、劓、禁錮、奪勞、廢、輸作等等。自三代至清，均有明文治官之刑。

除名

亦稱"削籍""除籍""奪爵"。刑罰名。"官刑"的一種，將犯罪之人從吏籍中除去姓名、官職或爵位。《書・蔡仲之命》曰："降霍叔於庶人，三年不齒。"孔傳："罪輕故退爲眾人，三年之後乃齒録，封爲霍侯。"孔穎達疏："降黜霍叔於庶人，若今除名爲民，三年之内不得與兄弟年齒相次。"此已具除名之實。至秦代，有削籍、除籍之法。《睡虎地秦墓竹簡・秦律雜抄》："游士在，亡符，居縣貲一甲；卒歳，責之。有爲故秦人出，削籍。"《史記・蒙恬列傳》云："高（趙高）有大罪，秦王令蒙毅法治之。毅不敢阿法，當高罪死，除其宦籍。"《陳書・沈洙傳》有關於漢代除名之記載:"《漢律》死罪及除名,罪證明白,考掠已至,而抵隱不服,處當列上。""除名"之稱始於漢代。但漢代亦稱"奪爵""除籍"。《漢書・景帝紀》:"奪爵爲士伍,免之。"顏師古注:"謂奪其爵,令爲士伍,又免其官職,即今律所謂除名也。"又云:"楚元王子蓺等與濞等爲逆,朕不忍加法,除其籍,毋令污宗室。"到三國時期,仍有除名之法,但有時并不因爲犯罪所致。《三國志・魏書・華佗傳》云:"軍吏梅平,得病除名還家。"此即因病而除名。晋沿漢制。據《太平御覽》卷六五一載:"晋律曰:'除名當三歲刑。吏犯不孝、謀殺其國王侯伯子男官長、誣偷受財枉法及掠人和賣誘藏亡奴婢,雖遇赦,皆除名爲民。其當除名而所取飲食所用之物非以爲財利者,應罰金四兩以下,勿除名。'"對除名之法規定得較爲詳細。南朝劉宋時的何法盛在《晋中興書》卷七《晋録補遺》中載:"胡毋崇爲永康令,多受貨賂,政治苛暴,詔都街頓鞭一百,除名爲民。"隋代規定凡犯十惡及故意殺人罪者,雖遇赦,猶除名。《唐律》規定:"除名者須六年後聽再録用。"(《唐律疏議》卷三《名例・除名者》)可見除名後有時還可起用。又《唐律》卷三:"諸除名者,官爵悉除,課役從本色,六載之後,聽叙,依出身法。若本犯不至免官而特除名者,叙法同免官例。"唐代除了用除名之稱外,還用除籍。如《新唐書・高力士傳》:"〔高力士〕爲李輔國所誣,除籍長流巫州。"《舊唐書・李國貞傳》:"若幽(李若幽)有死王事之功,如令錡兄弟從坐,若幽即宜削籍,亦所未安。"宋代又有"削籍"之稱。如宋朱熹《五朝名臣言行録》卷一〇之一:"祥符二年,梁固牓登進士第,調海州理掾,以忤通判,遂爲捃拾,由是削籍隸池州。"明律有"除名當差"之條文,亦有"削籍"之稱。《明史・宦者傳・魏忠賢》:"許顯純具爰書,詞連趙南星、楊漣等二十餘人,削籍遣戍有差。"

【削籍】

即除名。此稱秦代已行用。見該文。

【除籍】

即除名。此稱漢代已行用。見該文。

【奪爵】

即除名。此稱漢代已行用。見該文。

【廢】

即除名。革除犯人的官職,《漢書・陳萬年傳》:"於是石顯微伺知之,白奏咸(陳咸)漏泄省中語,下獄掠治,減死,髡爲城旦,因廢。"

免

亦稱"免官"。免去犯罪官吏之官職。往往與他刑連帶施行。"免"之本義爲"止退"。"免"刑出現於漢代。《漢書・景帝紀》:"奪爵爲士伍,免之。"顏師古注:"謂奪其爵,令爲士伍,又免其官職,即今律所謂除名也。"除名與免官是兩種很近似的刑罰。漢之免官有以罪名,有以病免;有免爲庶人者,有免歸田里者。《漢書・武帝紀》:"〔建元二年冬十月〕丞相嬰、太尉蚡免。"晋承漢制。《太平御覽》卷六五一:"〔晋律〕免官比三歲刑,其無真官而應免者,正刑召還也。有罪應免官而有文武加官者,皆免所居職官。其犯免官之罪,不得減也。其當免官者,先上。"蕭梁之免官罪分爲二等,一曰免官加杖督一百,二曰免官。《唐律疏議》中免官之刑分得更爲詳細:"免官者,三載之後,降先品二等叙。免所居官及官當者，期年之後，降先品一等叙。若本犯不至免所居官及官當而特免官者，叙法同免所居官。其免官者，若有二官，各聽依所降品叙。"明代免官規定亦較詳。《明律》對"職官有犯、軍官有犯、文武官犯公罪、文武官犯私罪"者都有具體規定。

【免官】

即免。此稱晋代已行用。見該文。

禁錮

亦稱"褫奪公權"。刑罰名。官刑的一種。禁止犯罪官吏甚至其親族做官，禁止參與政治活動。有終身禁錮和有期限禁錮兩種。此刑始於春秋之時。《左傳·成公二年》："〔屈巫〕奔晋……子反請以重幣錮之。"杜預注云："禁錮，勿令仕。"又《襄公二十一年》："會於商任，錮欒氏也。"杜注："禁錮欒盈，使諸侯不得受。"漢初即有禁錮之名。《漢書·武帝紀》："〔元朔六年六月〕詔諸禁錮及有過者，咸蒙厚賞，得免减罪。"又《息夫躬傳》："躬同族親屬素所厚者，皆免廢錮。"顔師古注："終身不得仕。"可見西漢已有終身禁錮和錮及親屬之規定。東漢承西漢之法。《後漢書·章帝紀》："〔元和元年〕詔曰：……往者妖言大獄，所及廣遠，一人犯罪，禁至三屬，莫得垂纓仕宦王朝。如有賢才而没齒無用，朕甚憐之，非所謂與之更始也。諸以前妖惡禁錮者，一皆蠲除之，以明棄咎之路，但不得在宿衛而已。"又《黨錮傳》云："明年，尚書霍諝、城門校尉竇武並表爲請，帝意稍解，乃皆赦歸田里，禁錮終身。"即一生不得再爲官。"禁錮"有時亦作"禁固"，《文選》中載漢蔡邕《陳太丘碑文序》："會遭黨事，禁錮二十年。"此亦有期限禁錮之明證。三國

兩晋南北朝時期仍有禁錮之制。《宋書·何承天傳》："上大怒，遣〔謝〕元長歸田里，禁錮終身。"《南齊書·王晏傳》："〔王〕詡與射聲校尉陰玄智坐畜妓免官，禁錮十年。敕特原詡禁錮。"《隋書·刑法志》："〔梁律〕士人有禁錮之科，亦有輕重爲差。其犯清議，則終身不齒。"唐、宋、元、明沿用舊制。《宋史·太宗紀》："〔淳化三年〕詔江南、兩浙、荆湖吏民之配嶺南者還本郡禁錮。"

近現代稱"褫奪公權"。"褫奪公權"始見於《大清新刑律》（1911 年 1 月頒布），爲該法所規定的從刑之一。民國時期諸刑法相沿未改。1935 年頒行的《中華民國刑法》規定："褫奪公權者，褫奪左列資格：一、爲公務員之資格；二、公職候選人之資格；三、行使選舉、罷免、創制、復決四權之資格。"又："宣告死刑或無期徒刑者，宣告褫奪公權終身。宣告六月以上有期徒刑，依犯罪性質認爲有褫奪公權之必要者，宣告褫奪公權一年以上十年以下。褫奪公權於裁判時并宣告之。依第一項宣告褫奪公權者，自裁判確定時發生效力。依第二項宣告褫奪公權者，自主刑執行完畢或赦免之日起算。"

【褫奪公權】

即禁錮。此稱清代已行用。見該文。

奪勞

刑罰名。剥奪犯罪官吏的勞績。《隋書·刑法志》載《梁律》："又有八等之差：一曰免官，加杖督一百；二曰免官；三曰奪勞百日，杖督一百……"可見，奪勞是僅次於免官的一種懲罰。凡判奪勞者，必予有限禁錮，故奪勞常與禁錮連稱爲"禁錮奪勞"。《梁書·元帝紀》："長徙鑅士，特加原宥；禁錮奪勞，一皆曠蕩。"南

朝陳·徐陵《陳武帝即位詔》："亡官失爵，禁錮奪勞，一依舊典。"

奪俸

刑罰名。官刑的一種，對官吏犯罪者罰扣薪俸。《金史·世宗紀中》："又以臺臣徇勢偷安，畏忌不敢言，奪俸一月。"清昭槤《嘯亭雜錄·義僕》："大吏協以三木，李執辭如初，因論李大辟，罪某（其主人）奪俸而已。"

輸作

刑罰名。即罰犯罪官吏做苦工。多見於東漢。分輸作左校、輸作右校、輸作若盧等類。輸作左校、輸作右校即令犯人在將作大匠所屬左校令、右校令監管下爲宮室、宗廟、陵園作役；輸作若盧即送入掌管皇室山海池澤之少府所屬官署服役。漢蔡邕《上漢書十志疏》："顧念元初中尚書郎張俊坐漏泄事，當伏重刑，已出轂門，復聽讀鞫，詔書馳救，一等輸作左校。"《後漢書·朱穆傳》："〔桓帝永興元年〕有宦者趙忠喪父，歸葬安平，僭爲璵璠、玉匣、偶人。穆聞之，下郡案驗，吏畏其嚴明，遂發墓剖棺，陳尸出之，而收其家屬。帝聞大怒，征穆詣廷尉，輸作左校。"李賢注："左校，署名。屬將作，掌左工徒。"又《龐參傳》："拜左校令，坐法輸作若盧。"《三國志·魏書·劉楨傳》："楨以不敬被刑。"裴松之注引《典略》："太子（曹丕）命夫人甄氏出拜，坐中衆人咸伏，而楨獨平視，太祖（曹操）聞之，乃收楨，減死輸作。"輸作與一般犯罪之人所受的罰作、復作類似。

議處

把有過失的官員交議處罰。《晋書·刑法志》："刑書之文有限，而舛違之故無方，故有臨時議處之制，誠不能皆得循常也。"

圈禁

清代刑罰名。禁閉空室。清代皇帝爲顯示"親親"之道，特規定凡宗室愛新覺羅氏犯罪，應枷及徒以至軍流者，皆折以板責，圈禁於空房。枷罪徒罪者拘禁，軍流罪者加鎖禁。《清會典·宗人府·議罪》："覺羅因罪應發遣寧古塔黑龍江者，永遠圈禁。"《清史稿·聖祖紀二》："五月己亥，宗人府奏平郡王納爾都打死無罪屬人，折傷手足，請革爵，圈禁。"

剭誅

單稱"剭"。專指古代貴族在户内受刑，和一般人在市上受刑不同。始於周，後世因之。《周禮·秋官·司烜氏》："邦若屋誅，則爲明竁焉。"《漢書·叙傳下》："雕落洪支，底剭鼎臣。"顏師古注引服虔曰："底，致也。《周禮》有屋誅，誅大臣於屋下，不露也。"《陳書·始興王伯茂傳》："允宜馨彼司甸，刑其剭人。"

【剭】

即剭誅。此稱漢代已行用。見該文。

殺於甸師

官刑名。周代凡王族及有爵位者犯死罪，皆送甸師以待刑殺，以示貴賤有別。甸師，掌田事職貢之官。通常皆密殺於郊外。《周禮·秋官·掌戮》："凡殺人者踣諸市，肆之三日……唯王之同族與有爵者殺之於甸師氏。"至遼代始將此刑改爲"投崖"。如《遼史·刑法志上》："親王從逆，不磬諸甸人，或投高崖殺之。"又《太祖記》："以夷離菫涅里衮諸弟爲叛，不忍顯戮，命自投崖而死。"遼代之後又多古制。

墨劓

墨刑

亦稱"黥""黥首""灼黥"。刑罰名。古五刑之一，適用於較輕的犯罪之人。即在犯人額頰等處，以刀刺刻標記，然後塗以墨，以示侮辱之意。因刺塗於不同部位或因各朝代稱謂不同，其名各异，《周易·睽》："六三，見輿曳……其人天且劓。"陸德明釋文："天，黥也。馬云：黥，鑿其額曰天。"孫星衍集解引虞翻曰："黥額爲天。"《説文·黑部》："黥，墨刑在面也。"故黥爲施於面部的墨刑；而施於額頭的稱涿鹿。據傳黄帝戰敗蚩尤，得其俘盡黥而留其地。但當時是針對戰俘而非犯人。唐段成式《酉陽雜俎·黥》云："《尚書刑德考》：'涿鹿者，鑿人額也。黥人者，馬羈笮人面也。'鄭云：'涿鹿、黥，世謂之刀墨之民。'"（亦可參閲《太平御覽》卷六四八引《尚書刑德考》）墨刑其源甚早，《書·舜典》中有所謂流有五刑，五刑之一乃墨刑。而夏代則"有墨辟千"，《周禮·秋官·司刑》："司刑掌五刑之灋……墨罪五百，劓罪五百，宫罪五百，刖罪五百，殺罪五百。"鄭玄注："夏刑大辟二百，臏辟三百，宫辟五百，劓墨各千。周則變焉。所謂刑罰世輕世重者也。"《書·伊訓》云："臣不下匡，其刑墨。"孔傳："臣不正君，服墨刑，鑿其額，涅以墨。"可見商朝亦有墨刑。《書·吕刑》："爰始淫爲劓、刵、椓、黥。"《周禮·秋官·司刑》："墨罪五百。"注云："墨，黥也。先刻其面，以墨窒之。"可見周代亦有墨刑，并有黥、涿鹿、墨之分。至春秋戰國，墨刑更時時用之。《史記·孫子吴起列傳》："龐涓恐其（孫臏）賢於

己，疾之，則以法刑斷其兩足而黥之。"《戰國策·秦策》："商君治秦，治令至行，公平無私，罰不諱强大，賞不私親近，法及太子，黥劓其傅。"而《荀子·王制》一篇中亦有灼黥之法："反顧其上則若灼黥，若仇鼪。"秦代因之。《史記·秦始皇本紀》有："令下三十日不燒，黥爲城旦。"漢初尚有墨刑。至漢文帝十三年（前167）除肉刑，"當黥者，髡鉗爲城旦舂。"（《漢書·刑法志》）東漢後期偶或用之。《後漢書·朱穆傳》："臣願黥首繫趾，代穆校作。"李賢注："黥首，謂鑿額涅墨也。"南朝劉宋時再定黥刖之刑。梁武帝制定新律，規定："劫身皆斬，妻子補兵。遇赦降死者，黥面爲'劫'字。髡鉗，補冶鎖士終身。"（《隋書·刑法志二》）黥乃大污之意，即塗而不刺也。北朝亦時有黥刑。《北史·魏文紀》云："自今亡奴婢應黥者，止科亡罪。"隋唐之時，黥刑無記載。宋代有黥刑，且名稱有"刺面""刺環"等。《宋史·刑法志三》有詳細記載，如："凡應配役者傅軍籍，用重典者黥其面。"又"凡犯盜，刺環於耳後：徒、流，方；杖，圓；三犯杖，移於面。徑不過五分。"又"刺面之法，專處情犯凶蠹，而其他偶麗於罪，皆得全其面目。"另外，宋沿後晋之制，刺、配合一，宋代典籍中多有刺配字樣。遼代亦有黥刺之法，且有刺左右臂及頸項的記載（《遼史·刑法志上》）。金代規定："凡竊盜，但得物徒三年，十貫以上徒五年，刺字充下軍，三十貫以上徒終身，仍以臟滿盡命刺字於面，五十貫以上死。"（《金史·刑志》）元代黥刑主要表現爲刺配、刺字徒遠、刺左右臂及頸、刺

手背等等，且量罪而刺，又有免刺規定，均詳於《元史・刑法志》。明代仍用黥刑，但其應用範圍較宋元而窄。至清代，黥刺之刑，常與鞭刑并用，稱爲鞭刺，主要施用於奴婢逃跑，《大清會典》中多有記載。如順治十一年、十三年，康熙四年、十二年都有關於奴婢逃跑而予以鞭刺的規定或詔令。直至清末始廢止。

【黥】

即墨刑。此稱先秦已行用。見該文。

【黥首】

即墨刑。此稱漢代已行用。見該文。

【灼黥】

即墨刑。此稱先秦已行用。見該文。

【刀墨】

"墨刑"之一種。《國語・周語上》："有斧鉞、刀墨之民。"韋昭注："刀墨，謂以刀刻其額而墨涅之。"見"墨刑"文。

【涿鹿】

"墨刑"之一種。墨刑在面稱黥，在額稱涿鹿。據傳黃帝與蚩尤戰於涿鹿，得其俘盡黥而留其地，是爲刀墨之民。涿鹿之名即由此而來。見"墨刑"文。

【刺字】

"墨刑"之一種。分刺臂與刺面兩種。刺臂多在腕上肘下，刺面多在鬢下頰上。一般刺明所犯事由及發遣地名。《清史稿・刑法志二》："刺字乃古墨刑，漢之黥也。"見"墨刑"文。

【刺臂】

"墨刑"之一種。在犯人的臂部刺字。《元典章新集・刑部・騙奪》："楊貴七所招，先犯偷牛刺臂，次犯騙要潘益隆等財物斷罪。"見"墨刑"文。

【刺面】

"墨刑"之一種。在犯人面部刺字。《新五代史・四夷附錄一》："德光每獲晉人，刺其面，文曰：'奉敕不殺，縱以南歸。'"見"墨刑"文。

【刺環】

墨刑之一種。刺環形物於犯人耳後。此稱宋代已行用。見"墨刑"文。

劓

刑罰名。古五刑之一。即將犯人的鼻子割掉。《周易・睽》："六三見輿曳……其人天且劓。"孔穎達疏："截鼻爲劓。"陸德明釋文："劓，魚器反，截鼻也。"裴駰集解引虞翻亦曰："黥額爲天，割鼻爲劓。"《周禮・秋官・司刑》："司刑掌五刑之灋……劓罪五百。"鄭玄注曰："夏刑大辟二百……劓墨各千。"《通典・刑一》載："據《左氏》載叔向所言，夏有亂政而作《禹刑》……言九刑，以墨一，劓二，刖三，宮四，大辟五，又流六，贖七，鞭八，扑九。"至商周，皆有劓刑。《書・盤庚》云："乃有不吉不迪，顛越不恭，暫遇奸宄，我乃劓殄滅之。"孔傳云："劓，割。"《周禮・秋官・司刑》載周有五刑："墨、劓、宮、刖、殺。"秦與漢初沿用之。《史記・商君列傳》："行之四年，公子虔復犯約，劓之。"漢文帝除肉刑，"當劓者，笞三百。"（《漢書・刑法志》）自此以後，劓刑作爲官方規定的刑罰被取消。但是，後世仍不時有人使用劓刑。南朝蕭梁王朝曾一度使用劓刑，不久廢之。唐朝時，吐蕃政權還有劓刑。金代、元代亦有劓刑。《金史・刑志》："或重罪亦聽自贖，然恐無辨於齊民，則劓、刵以爲別。"其他朝代，如唐、宋、明、清王朝，官方規定的刑罰中無劓刑。

刵

刑罰名。即割去犯人的耳朵。屬輕刑。見於先秦。《書·康誥》云："又曰劓刵人，無或劓刵人。"孔傳曰："刵，截耳，刑之輕者。"《書·呂刑》云："殺戮無辜，爰始淫爲劓、刵、椓、黥。"孔傳曰："三苗之主頑凶，若民敢行虐，刑以殺戮無罪，於是始大爲截人耳鼻，椓陰，黥面，以加無辜，故曰五虐。""刵"不在古五刑之中。《説文·刀部》釋："刵，斷耳也。"據《左傳》記載，戰爭中抓獲了俘虜，常斷其耳而辱之，但非常刑。春秋以後，衹個別朝代或政權如金朝有刵刑。《金史·刑志》："或重罪亦聽自贖，然恐無辨於齊民，則劓、刵以爲別。"其他王朝如漢、曹魏、晋、隋、唐、宋、元、明、清，官方規定的刑罰中無刵刑。

剕宫

剕

亦作"跰"。刑罰名。古五刑之一，將犯人的足砍掉。《爾雅·釋言》："跰，剕也。"郭璞注："斷足。"《書·呂刑》："剕辟疑赦，其罰倍差。"孔傳："刖足曰剕。"按《玉篇·足部》"跰"字下引《書·呂刑》"剕"作"跰"。參見本卷《刑名刑典説·刑名考》"跀"文。

【跰】[1]

同"剕"。此體先秦時期已行用。見該文。

刖

亦稱"跰""剕辟""跀"。酷刑名。即砍去犯人的足或斬去腳趾。"斬左趾""斬左、右趾"，屬刖刑的一種。此刑起源很早。《管子·侈靡》云："倍堯之時，其獄一蹄腓，一蹄履，而當死。"《説文·足部》："蹄，一足也。"段玉裁注云："《管子》'倍堯之時，一蹄腓，一蹄履，而當死'，謂一足剕、一足履，當死罪也。"認爲腓通剕。《書·舜典》"流宥五刑"，裴駰《史記》集解引馬融釋五刑爲"墨、劓、剕、宫、大辟"。《通典·刑一》云："前古五帝之代，據《左氏》載叔向所言，夏有亂政而作《禹刑》……言九刑，以墨一、劓二、剕三。"可見其源甚早。《書·呂刑》云："剕罰之屬五百。"又云："剕辟疑赦，其罰倍差。"剕辟亦是斷足之刑。《爾雅·釋言》："跰，剕也。"不過，先秦之時，跀、刖、剕又有細微差別。《説文·足部》："跀，斷足也。"徐鍇繫傳："足見斷爲跀，其刑名則刖也。"段玉裁注："此與《刀部》刖異義。刖，絶也。經傳多以刖爲跀……按唐虞夏刑用髕，去其骸頭骨也。周用跀，斷足也。凡於周言髕者，舉本名也。《莊子》：'魯有兀者叔山無趾，

西周刖足奴隸鬲局部

踵見仲尼。'崔譔云：'無趾，故踵行。'然則刖刑即漢之斬趾，無足趾，故以足跟行也。"可見跀及刖至周始名斷足之刑，有時又具體指斬趾，而周以前剕即斷足，而臏則是去掉膝蓋骨。剕、臏在唐虞夏時又常混用，如《白虎通·五刑篇》："腓辟之屬五百。腓者，脱其臏也。"《韓非子·外儲説左下》："孔子相衛，弟子子皋爲獄吏，刖人足，所跀者守門。"《玉篇·足部》云："跀，司寇掌跀罪五百。跀，斷足也。亦作刖。"春秋時期，跀仍爲斷足之刑。《左傳·莊公十六年》："殺公子閼，刖强鉏。"杜預注："斷足爲刖。"漢劉向《説苑·雜言篇》："衛國之法，竊駕君車罪刖。"至秦漢，跀刑有所變化。秦有"鋈足"之法，類似於漢代以後的"釱足"。《睡虎地秦墓竹簡·法律答問》："臣邦真戎君長，爵當上造以上，有罪當贖者，其爲群盜，令贖鬼薪鋈足。"又："其皋當刑城旦，耐以爲鬼薪而鋈足。"秦還有"斬左趾"之刑，《睡虎地秦墓竹簡·法律答問》："群盜赦爲庶人，將盜械囚刑罪以上，亡，以故罪論，斬左趾爲城旦。"又"五人盜，臧一錢以上，斬左趾又黥以爲城旦。"可見秦代鋈足與斬左趾并行，一輕一重而已。至漢代，在漢文帝除肉刑以前，有刖刑，即斬左右趾。《漢書·刑法志》："當三族者，皆先黥、劓，斬左右趾，笞殺之，梟其首，菹其骨肉於市。其誹謗詈詛者，又先斷舌。"漢文帝除肉刑，"當斬左止者，笞五百；當斬右止……已論命復有笞罪者，皆棄市。"另本節有注引臣瓚曰："文帝除肉刑，皆有以易之，故……以釱左右止代刖。"這也可以在《史記·平準書》中得到證明："敢私鑄鐵器煮鹽者，釱左趾，没入其器物。"裴駰集解引韋昭曰："釱，以鐵爲之，

著左趾以代刖也。"曹魏時期仍行以釱代刖之法。至南朝宋明帝時，又恢復刖刑，并沿用至唐初。《宋書·明帝紀》載泰始四年（468）九月，宋明帝下詔凡竊執官仗，拒戰邏司，或攻剝亭寺及害吏民者，皆依舊制治罪："五人以下相逼奪者，特賜黥刖，投畀四遠。"唐太宗除斷趾之法，刖刑遂不再行用。《舊唐書·刑法志》："於是又除斷趾法，改爲加役流三千里，居作二年。"

【跀】

同"刖"。此體先秦時期已行用。見該文。

【跰】[2]

即刖。此稱先秦時已行用。見該文。

【剕辟】

即刖。此稱先秦時已行用。見該文。

鋈足

刖刑之一種。此稱秦代已行用。見"刖"文。

斬左趾

刖刑之一種。此稱秦代已行用。見"刖"文。

斬左右趾

刖刑之一種。見"刖"文。

臏

酷刑名。剔去犯人的膝蓋骨。《玉篇·肉部》："臏，去膝蓋，刑名。"《漢書·刑法志》："臏罰之屬五百。"此刑多見於先秦。參見本卷《刑名刑典説·刑名考》"刖"文。

斮脛

亦稱"析脛"。商紂王時的酷刑名。即斬斷人的脛骨或砍去人的小腿，并非祇施於犯人。《書·泰誓下》云："〔紂王〕斮朝涉者之脛。"孔傳："冬月見朝涉水者，謂其脛耐寒，斬而視之。"北魏酈道元《水經注·淇水》："紂於此斮

脛而視髓也。"《淮南子·俶真訓》:"逮至夏桀殷紂……剖賢人之心,析才士之脛。"

【析脛】

即斷脛。此稱漢代已行用。見該文。

鈦足

亦稱"繫趾"。刑罰名。以鐵圈束鉗犯人之足趾。始於西漢文帝之時。《漢書·刑法志》載漢文帝除肉刑:"諸當完者,完爲城旦舂。"顏師古注引臣瓚曰:"文帝除肉刑,皆有以易之,故……以鈦左右止代刖。"《史記·平準書》:"敢私鑄鐵器煮鹽者,鈦左趾,没入其器物。"裴駰集解引韋昭曰:"鈦,以鐵爲之,著左趾以代刖也。"司馬貞索隱:"按:《三蒼》云'鈦,踏脚鉗也'。《字林》徒計反。張斐《漢晉律序》云'狀如跟衣,著〔左〕足下,重六斤,以代臏,至魏武改以代刖也。'"《漢書·陳萬年傳》"或私解脱鉗鈦"顏師古注:"鉗在頸,鈦在足,以鐵爲之。"《後漢書·朱穆傳》:"臣願黥首繫趾,代穆校作。"李賢注:"繫趾謂鈦其足也,以鐵著足曰鈦也。"至曹魏時期,仍行以鈦代刖之法。是時乏鐵,乃易刑具爲木械,其後,鈦足之刑不見明文,蓋已廢之。

【繫趾】

即鈦足。此稱漢代已行用。見該文。

斷脚筋

酷刑名。斬斷犯人的脚筋。僅見於南朝宋明帝時。《南史·宋明帝紀》:"五人以下止相逼奪者,亦依黥作'劫'字,斷去兩脚筋,徙付遠州。"

斷手

亦稱"斷腕"。古代酷刑名。歷代間或使用。即將犯人之手砍掉。始於殷商。《韓非子·内儲説上·七術》云:"殷之法,棄灰於公道者斷其手,子貢曰:'棄灰之罪輕,斷手之罰重,古人何太毅也?'"此刑至宋,未有專志記載。但確有此刑,稱爲"斷腕"。《宋史·太宗紀》載:"〔雍熙二年十月〕汴河主糧胥吏坐奪漕軍口糧,斷腕徇於河畔三日,斬之。"《元史·世祖紀》載:"〔二十七年七月〕江淮省平章沙不丁,以倉庫官盗欺錢糧,請依宋法黥而斷其腕。"又證宋有斷腕之法。元世祖雖未允,但元代常行斷手之法。據《元史·耶律楚材傳》云:"凡奧都刺合蠻所建白,令史不爲書者,斷其手。"明代亦有剁指、斷手之刑。

【斷腕】

即斷手。此稱宋代已行用。見該文。

宫刑

亦稱椓陰、椓、腐刑、刑奄、淫刑、隱宫、熏腐等等。酷刑名。古代破壞犯人生殖機能的一種酷刑。即割掉男子生殖器,破壞女子生殖能力。一説女子幽閉宫中。本用於處罰犯奸淫罪的犯人,後用之漸廣。傳説源於虞舜之時,西周已定爲五刑之一,直至南北朝,史不乏書。其間雖有廢存之事,但直到遼代以後,律書纔無宫刑之明文。歷代名稱也不一致。漢人揚雄在《廷尉箴》中云,"昔在蚩尤,爰作淫刑",但無有他事證明,未必爲實。《書·舜典》有"五刑有服",孔傳:"五刑,墨、劓、剕、宫、大辟。"《慎子》有云:"有虞氏誅……以艾韠畢當宫。"傳説夏代有宫刑。《周禮·秋官·司刑》:"宫罪五百。"鄭玄注:"〔夏刑〕大辟二百,臏辟三百,宫辟五百,劓、墨各千,故言夏肉刑三千。"《書·吕刑》:"殺戮無辜,爰始淫爲劓、刵、椓、黥。"孔傳:"截人耳鼻、椓陰黥面，以加無辜，故曰五虐。"孔穎達疏："椓陰，即宮刑也。"關於椓陰或椓竅的具體解釋，清人褚人獲《堅瓠集·婦人幽閉》引明王兆雲《碣石剩譚》曰："婦人椓竅，椓字出《呂刑》，似與《舜典》宮刑相同，男子去勢，婦人幽閉是也……椓竅之法，以木槌擊婦人胸腹，即有一物墜而掩閉其牝户，止能溺便而人道永廢矣，是幽閉之說也。"宮刑爲周代常刑，且僅次於死刑。《書·呂刑》有云："宮罰之屬三百。"孔穎達疏："宮，淫刑也。男子割勢，婦人幽閉。"又："宮辟疑赦，其罰六百鍰，閱實其罪。"孔傳云："宮，淫刑也。男子割勢，婦人幽閉，次死之刑。"孔穎達疏云："男子之陰名爲勢，割去其勢與椓去其陰事亦同也。"故有割勢之名。《太平御覽》卷六四八引《尚書緯·刑德放》："割者，丈夫淫，割其勢也已。"宮刑在周代詩歌裏也有反映，《詩·大雅·召旻》："昏椓靡共，潰潰回通，實靖夷我邦。"漢鄭玄箋曰："王遠賢者而近任刑奄之人，無肯共其職事者，皆潰潰然維邪是行，皆謀夷滅王之國。"刑奄當指後代受閹割之人，奄同閹。《禮記·文王世子》云："公族無宮刑。"鄭玄注："宮，割淫刑。"另外，自西周迄戰國，史籍中常有寺人、奄人的記載，這部分人當是後世宦官的前身，與宮刑有別。秦代宮刑，史書多有記載。《史記·秦始皇本紀》："作宮阿房，故天下謂之阿房宮。隱宮徒刑者七十餘萬人。"張守節正義云："宮刑，一百日隱於蔭室養之乃可，故曰隱宮。"漢文帝廢除肉刑，但并未廢宮刑。賈公彥疏《周禮·司刑》有關之文曰："文帝赦肉刑，所赦者惟墨、劓與刖三者，其宮刑至隋乃赦也。"可在《漢書》中有漢文帝廢宮刑事。如《漢書·景帝紀》載元年詔曰："孝文皇帝臨天下，通關梁，不異遠方……除宮刑，出美人，重絕人之世也。"《漢書·晁錯傳》中也載有漢文帝除宮刑之文。也許文帝時廢之，景帝時又復之，史家失檢。《漢書·景帝紀》云："秋，赦徒作陽陵者，死罪欲腐者，許之。"顏師古注引蘇林曰："宮刑，其創腐臭，故曰腐也。"又引如淳曰："腐，宮刑也。丈夫割勢不能復生子，如腐木不生實。"此處指出了宮刑何以叫作腐刑的原因。漢司馬遷在《報任安書》中叙述自己遭受腐刑的經過，并云："最下腐刑，極矣。"説明當時宮刑也是僅次於死刑的酷刑。東漢以後，宮刑或存或廢，其中以北朝宮刑使用最多。《魏書·刑罰志》載："大逆不道腰斬，誅其同籍，年十四以下腐刑。"隋文帝定律，無宮刑名目，隋代也無使用宮刑的記載，正式廢除了宮刑。隋唐以後，偶而也有用宮刑者，但都爲泄一時之憤。如《舊五代史·晋書·李頃傳》："頃走歸梁朝，武皇怒，下蠶室，加熏腐之刑。"此處稱之爲"熏腐"。作爲刑名，除遼代外，已不見諸律書。

【椓】

即宮刑。此稱先秦時期已行用。見該文。

【隱宮】

即宮刑。受宮刑者養傷之處。因常養於蔭室，故稱。此稱秦漢時期已行用。見該文。

【椓陰】

即宮刑。此稱漢代已行用。見該文。

【腐刑】

即宮刑。此稱漢代已行用。見該文。

【刑奄】

即宮刑。此稱漢代已行用。見該文。

【淫刑】

即宫刑。此稱漢代已行用。見該文。

【熏腐】

即宫刑。此稱五代時期已行用。見該文。

【下蠶室】

即宫刑。犯人被閹割後，必須在暗室中静養。室内不能通風，不透光，并要生火取暖，像養蠶於温室中一樣，百天以後傷口完全癒合，纔能到外面自由行動，故稱宫刑爲下蠶室。《漢書·張湯傳》："得下蠶室。"顏師古注："謂腐刑也。凡養蠶者，欲其温而早成，故爲密室蓄火以置之。而新腐刑亦有中風之患，須入密室乃得以全，因呼爲蠶室耳。"《後漢書·光武紀》："〔建武二十八年〕詔死罪繫囚皆一切募下蠶室，其女子宫。"

割勢

"宫刑"之一種。此稱漢代已行用。割掉男子生殖器。見"宫刑"文。

椓竅

"宫刑"之一種。幽閉女子陰户之刑罰。此稱明代已行用。見"宫刑"文。

斬絞

斬刑

刑罰名。死刑之一種。有斬首與腰斬之分。先秦時期斬刑一般指腰斬，斬首則被稱爲"殺"。秦漢時期，斬首與腰斬并見於律書，斬首有時亦稱"殊死"。漢代以後，腰斬不再作爲正刑使用，斬刑即是斬首之刑。隋文帝定律，廢除梟、轘諸重法，死刑唯存斬、絞二項，唐律承之，其後歷代相沿，直至清末。

斬刑
（據明崇禎刻本《酹江集》繪）

棄市

"斬刑"之一種。將罪犯於鬧市中殺死示衆。此刑起於西周，盛行於秦漢。《禮記·王制》："刑人於市，與衆棄之。"《史記·秦始皇本紀》："有敢偶語《詩》《書》者棄市。"在漢代，棄市之刑專指斬首。《周禮·秋官·掌戮》："掌戮，掌斬殺賊諜。"鄭玄注："斬以鈇鉞，若今要斬也。殺以刀刃，若今棄市也。"可見，漢代的棄市即是把犯人押赴鬧市斬首示衆。漢代常用棄市之刑。史書中記載官民因犯罪而被棄市的事例很多。魏晉以後，棄市之刑改用絞刑。

斬首

"斬刑"之一種。指刀砍人頭。古代此刑多在鬧市中執行，故常稱"棄市"，但兩漢之後腰斬、絞刑亦稱"棄市"。兩漢時期，斬首專指"殺"。《戰國策·秦策三》有"大破二國之軍……斬首二十四萬”之語，但此“斬首”非本考所指刑名。《周禮・秋官・掌戮》：“掌戮，掌斬殺賊諜。”鄭玄注：“斬以鈇鉞，若今要斬也。殺以刀刃，若今棄市也。”秦漢以後，斬首成爲處死罪犯的主要手段之一。隋唐以後直至明清，都把斬首列爲五刑中的死刑之一。《唐律・賊盜律》：“諸謀反及大逆者，皆斬；父、子年十六以上皆絞。”

【殊死】

即斬首。《莊子・在宥》：“今世殊死者相枕也。”《漢書・高帝紀》：“今天下事畢，其赦天下殊死以下。”顏師古注引韋昭曰：“殊死，斬刑也。”又注：“殊，絶也，異也，言其身首離絶而異處也。”

腰斬

酷刑名。把罪犯從腰部斬斷處死。始於西周，延及秦漢。《周禮・秋官・掌戮》：“掌戮，掌斬殺賊諜。”鄭玄注：“斬以鈇鉞，若今要斬也。殺以刀刃，若今棄市也。”先秦史籍中的“斬”刑，指的就是腰斬。最初，腰斬使用的刑具稱爲鈇質。鈇即大斧，質是行刑時下面墊的木砧。行刑時，犯人伏在砧板上，劊子手舉斧砍斷其腰。後來鈇演變爲鍘刀，質演變爲鍘床。《史記・張丞相列傳》：“蒼坐法當斬，解衣伏質。”又《李斯列傳》：“二世二年七月，具斯（李斯）五刑論，腰斬咸陽市。”漢代法律規定，凡犯大逆無道罪者腰斬，樂通侯欒大、司直田仁、丞相劉屈氂、夏陽人成方遂等都是被腰斬處死的。魏晉以後，南朝已無此刑，北朝也祇有北魏未廢。《魏書・刑罰志》載崔浩定律：“大逆不道腰斬，誅其同籍。”隋唐之後，歷代的法律條文雖不再規定有腰斬，但在實際上偶爾也

會使用，如唐文宗時即腰斬了王涯等大臣多人。宋代、遼代、明代也時有腰斬的記載，著名詩人高啓就是因觸犯了明太祖朱元璋而被腰斬於南京。

斬立決

亦稱“斬決不待時”。即立即對犯人執行斬刑。明清時斬刑分兩種：一是斬刑立即執行，一是暫時把犯人監禁起來，以待秋審和朝審處理。對於前者，明朝稱爲“斬決不待時”，清朝則多稱爲“斬立決”。明王守仁《王文成公別錄》卷九：“合依謀反知情故縱者律，斬決不待時。”《欽定平定金川方略》卷一九：“應將張廣泗擬斬立決，以正典刑。”

【斬決不待時】

即斬立決。此稱明代已行用。見該文。

斬監候

亦稱“斬候決”。刑罰名。“斬立決”的對稱。將判處斬刑的犯人暫時監禁以待秋審、朝審時處置。判處斬監候者，除罪重屬實者仍需執行死刑外，其餘的可酌情減爲流、徒等刑。《清史稿・刑法志三》：“死罪會核，自科鈔到部之日，立決限七十日，監候限八十日。”又：“死罪非立決，發回本州縣監禁，逮秋審，徑行解司審勘。”《清律・刑律・鬥毆》：“嫡孫、衆孫毆庶祖母者，照毆傷庶母例減一等科斷，至死者擬絞監候；謀故殺者，擬斬監候，秋審時酌量情節辦理。”

【斬候決】

即斬監候。此稱清代已行用。見該文。

絞刑

刑罰名。把犯人用繩索繫頸勒死。《左傳・哀公二年》：“若其有罪，絞縊以戮。”杜預

絞刑
（據清刊《金山保甲章程》摹繪）

注："所以縊人物。"這是把縊死作爲懲治人的刑罰的最早記載。但是，從春秋戰國時期一直到秦漢，尚未將絞刑列入正式法律條文中。魏晋南北朝有"棄市"之刑，執行方式即絞，但不用絞刑之名。把絞刑列入法典始於北魏。北魏太武帝神麚四年（431），崔浩改定律令，"分大辟爲二科死，斬死，入絞。"北齊北周承襲北魏刑律，都把絞刑列爲死刑之一。北齊規定死分轘、梟首、斬、絞，共四等。北周則規定死刑分五種："一曰磬，二曰絞，三曰斬，四曰梟，五曰裂。"（《隋書·刑法志》）隋文帝更定新律，廢除前代梟首轘裂之法，規定死刑祇有兩種：絞、斬。絞刑比斬首輕一等，因爲絞刑不但能使犯人保留完整的屍體，在行刑時還能使犯人儘快死亡，從而減輕痛苦。唐、宋、遼、金承隋制，都把絞刑列爲死刑之一。元朝無絞刑，死刑分斬與凌遲處死兩種。《元史·刑法志》謂："死刑，則有斬而無絞，惡逆之極者，又有陵遲處死之法焉。"明清兩代律書承襲唐制，死刑仍分斬、絞二等。《清史稿·刑法志二》："《明律》淵源唐代，以笞、杖、徒、流、死爲五刑……死刑二：曰斬，曰絞，此正刑也。"

絞立決

亦稱"絞決不待時"。刑罰名。絞刑立即執行。明朝稱"絞決不待時"，清朝稱"絞立決"。使用於謀大逆、大盜以上的重囚犯。《清史稿·刑法志三》："順治元年，刑部左侍郎黨崇雅奏言：'舊制（指明朝制度）凡刑獄重犯，自大逆、大盜決不待時外，餘俱監候處決。'"清郭琇《華野疏稿》卷二："爲此，將楊鳳起擬絞立決……定擬正法。"

【絞決不待時】

即絞立決。此稱明朝已行用。見該文。

絞監候

刑罰名。"絞立決"的對稱。將判處絞刑的死刑犯暫時監禁起來以待秋審、朝審處置。見於明清。凡處絞監候者，除罪重情實者仍需執行死刑外，其餘可酌情減爲流、徒等刑。《清史稿·刑法志二》："凡律不注監候者，皆立決也；凡例不言立決者，皆監候也。自此京外死罪多決於秋，朝審遂爲一代之大典。"又："絞決各條，俱改爲絞監候，入於秋審情實。"

磬

刑罰名。"絞刑"的一種。把犯人用絞索套住脖子懸掛起來處死。見於西周和北周。因行刑時犯人像古時的樂器磬那樣懸掛着，故名。《禮記·文王世子》："公族其有死罪，則磬於甸人。"鄭玄注："懸縊殺之曰磬。"可見，這種刑罰當時祇用於貴族，以求全尸。至北朝北周定律，磬是僅次於絞刑的死刑中的最輕刑。《隋書·刑法志》載北周刑律："〔死刑五種〕一曰磬，二曰絞，三曰斬，四曰梟，五曰裂。"後世不見有此刑名。

先斬後奏

謂執法官吏可先處決罪犯，然後向上奏報。《新五代史·梁臣傳·朱珍》有"軍中有犯令者，請先斬而後白"之語。此舉後世朝廷或有沿襲，但法典中未見稱引，而詩文中却每每引用。如元曾瑞《留鞋記》第三折："因爲老夫廉能清正，奉公守法，聖人敕賜勢劍金牌，著老夫先斬後奏。"清林則徐《批澳門同知拏獲哋咖咇咕訊非吔咕准其保釋稟》："本大臣定即帶兵來澳，痛加剿洗，立將聚衆打奪哄堂塞署之人，先斬後奏，豈能寬貸一名？"至清朝後期，法律條文中已有"就地正法"之稱，事類"先斬後奏"，但起於地方大吏遇急"剿匪"之權宜處置，後難收斂，清廷禁而未止，量加限制，不得濫用。

就地正法

清代對某些罪犯"先斬後奏"的刑罰制度。該制始於咸豐三年。當時各省軍興，地方大吏，遇土匪竊發，往往先行正法，然後奏聞。嗣軍務平定，疆吏樂其便己，相沿不改。光緒七年、八年間，御史胡隆洵、陳啓泰等屢以爲言，刑部聲請飭下各省，體察情形，仍照舊例解勘，分別題奏。嗣各督撫俱復稱地方不靖，確難規復舊制。刑部不得已，乃酌量加以限制，如實係土匪、馬賊、游勇、會匪，方准先行正法，尋常强盜，不得濫引。自此章程行，沿及清亡，而就地正法之制，迄未能革除（據《清史稿·刑法志二》）。

肢解

支解

亦作"肢解""枝解"，亦稱"體解""支磔"。分割人肢體的酷刑。始於先秦。與"磔""凌遲"相類似。不同之處，蓋支解是在把犯人處死後再分割其屍。《戰國策·秦策三》："〔吳起〕功已成矣，卒支解。"鮑彪注："斷其四支。"《史記》記此事"支解"作"枝解"。《韓詩外傳》卷八："齊有得罪於景公者，景公大怒，縛置之殿下，召左右肢解之。"《史記·秦始皇本紀》："〔荊軻刺秦王〕秦王覺之，體解軻以徇，而使王翦、辛勝攻燕。"但先秦時期，支解僅作爲法外之刑使用，并未入於律書。秦漢以後直至明清，除遼代以外，雖各代皆有支解之事，皆非正刑。將支解列入律書者，僅有遼代。《遼史·刑法志上》："死刑有絞、斬、凌遲之屬……又爲梟磔、生瘞、射鬼箭、砲擲、支解之刑，歸於重

法。"又："帝怒，斬壽哥等，支解之。"明王世貞《將軍行》："支磔將軍骸，分梟十二邊。"參閱清沈家本《歷代刑法考》。

【肢解】

同"支解"。此體漢代已行用。見該文。

【枝解】

同"支解"。此體漢代已行用。見該文。

【體解】

即支解。此稱漢代已行用。見該文。

【支磔】

即支解。此稱明代已行用。見該文。

刳

酷刑名。把犯人的胸腹剖開。始見於夏商兩代，後世亦時見之，皆非正刑。《淮南子·俶真訓》："逮至夏桀殷紂，燔生人，辜諫者，爲炮烙，鑄金柱。"《資治通鑑·宋順帝昇明元年》：

"帝登帥衞士，自掩三家，悉誅之，剐解臠割，嬰孩不免。"

剖心

酷刑名。剖腹取心。始見於夏、商，後世亦時見之，皆非正刑。《莊子·盜跖》："子胥沈江，比干剖心。"《史記·殷本紀》："紂愈淫亂不止……剖比干，觀其心。"《元史·順帝紀》："取田豐、王士誠之心以祭察罕帖木兒。"

剮

酷刑名。分解犯人的骨肉。始見於夏商時代。《書·泰誓上》："焚炙忠良，刳剔孕婦。"孔穎達疏："今人去肉至骨謂之剔去，是則亦剮之義也。"

菹醢

亦作"葅醢"，亦稱"菹""葅""醢"。酷刑名。將犯人剁成肉醬的酷刑。始見於夏商時代。《史記·殷本紀》："九侯有好女，入之紂。九侯女不憙淫，紂怒，殺之，而醢九侯。"《楚辭·離騷》："后辛之菹醢兮，殷宗用之不長。"《左傳·莊公十二年》："〔宋國捕得猛獲、南宮萬二人〕宋人皆醢之。"《吕氏春秋·行論》："昔者紂爲無道，殺梅伯而醢之，殺鬼侯而脯之，以禮諸侯於廟。"高誘注："肉醬爲醢，肉熟曰脯。"至春秋戰國之時，各國君主在懲治重犯時仍用此刑。如《莊子·盜跖》："子路欲殺衞君，而事不成，身菹於衞東門之上。"菹，一作"葅"。西漢初年，約法省刑，但對於謀反大罪，仍用夷三族之法，而凡被夷三族者，必具五刑，五刑之一即"菹其骨肉於市"。彭越、韓信等人皆受此刑。《史記·黥布列傳》："夏，漢誅梁王彭越，醢之，盛其醢遍賜諸侯。"漢惠帝以後，一度廢除醢刑，不久又恢復。曹魏雖偶有菹醢

之實，但已不明著於律令，比較兩漢已是寬厚。《晋書·刑法志》載曹魏律令："至於謀反大逆，臨時捕之，或污潴，或梟菹，夷其三族，不在律令，所以嚴絶惡迹也。"隋唐之後，除宋代、元代各有一例外，菹醢之刑已不見於史册。參閱清沈家本《歷代刑法考》。

【葅醢】

同"菹醢"。此體先秦時期已行用。見該文。

【菹】

即菹醢。此稱先秦時期已行用。見該文。

【葅】

即菹醢。此稱先秦時期已行用。見該文。

【醢】

即菹醢。此稱先秦時期已行用。見該文。

車裂

亦稱"轘""車轘""裂""轘磔""五裂"，亦稱"五馬分屍"或"五牛分屍"。酷刑名。即把犯人的頭及四肢分別綁在五輛車上，以五馬分拽，把人的身體撕裂成五塊。有時，也直接用五匹馬或五頭牛來拉。始於西周。《周禮·秋官·條狼氏》："凡誓，執鞭以趨於前，且命之，誓僕右曰殺，誓馭曰車轘。"鄭玄注："車轘謂車裂也。"春秋戰國時期，各國君主在對臣下加重處罰時，常采用車裂之刑。《左傳·桓公十八年》："齊人殺子亹而轘高渠彌。"杜預注："車裂曰轘。"《史記·商君列傳》："秦惠王車裂商君以徇，曰：'莫如商鞅反者！'遂滅商君之家。"而在文學作品或一般人的口語中，車裂又被稱爲"五馬分屍"或"五牛分屍"。如《東周列國志》説秦惠王將商鞅"押出市曹，五牛分屍"。明清小説中又有稱"五馬分屍"者。在一般情況下，車裂都是先把犯人殺死再分裂其屍，以

徇於衆，商鞅、蘇秦、嫪毐、趙高皆如是。秦漢魏晋南北朝時期，車裂之刑已不多見，祇用來處治所謂的謀反、謀大逆或大不敬、不孝之重犯。北齊、北周都把車裂作爲死刑中的最重一等。北齊死刑四等，"重者轘之"；北周死刑五等："一曰磬，二曰絞，三曰斬，四曰梟，五曰裂。"（《隋書·刑法志》）車裂有時也被稱爲"轘磔"，《陳書·始興王叔陵傳論》："叔陵險躁奔競，遂行悖逆，轘磔形骸，未臻其罪。"隋文帝即位後，更定新律，廢除車裂等酷刑。可到了隋末，隋煬帝再行酷法，仍用車裂之刑。《隋書·刑法志》載："及楊玄感反，帝誅之，罪及九族。其尤重者，行轘裂梟首之刑。"唐代本無車裂之刑，至唐末，朱全忠專權，急於篡唐，乃用酷刑鎮壓异己，一度使用車裂。《資治通鑑·唐昭宣帝天祐二年》："甲寅，斬璨於上東門外，車裂廷範於都市。"另外，當時割據晋陽的藩帥李克用也用車裂處死過叛將李存孝。《資治通鑑·唐昭宗乾寧元年》："因之，歸於晋陽，車裂於牙門。"元關漢卿曾有《哭存孝》第二折："二賊子用計鋪謀，將存孝五裂身卒。"宋代無車裂。遼代刑法以殘酷著稱，其中車裂之刑自不會少。《遼史·刑法志》："淫亂不軌者，五車轘殺之；逆父母者視此。"遼代以後，車裂之刑乃廢。

【轘】

即車裂。此稱先秦時期已行用。見該文。

【車轘】

即車裂。此稱先秦時期已行用。見該文。

【裂】

即車裂。此稱南北朝時期已行用。見該文。

【轘磔】

即車裂，此稱南北朝時期已行用。見該文。

【五裂】

即車裂。此稱元代已行用。見該文。

【五馬分屍】

即車裂。此稱多行用於明清小説中。見該文。

【五牛分屍】

即車裂。此稱多行用於明清小説中。見該文。

【轘裂】

即車裂。《後漢書·呂强傳》："〔曹節、王甫、張讓等〕有趙高之禍，未被轘裂之誅。"李賢注："轘裂，以車裂也。"《隋書·刑法志》："及楊玄感反，帝誅之，罪及九族。其尤重者，行轘裂梟首之刑。"

磔

亦作"矺"，亦稱"辜""膊""枯磔""辜磔""辜射""矺死"。酷刑名。將罪犯分裂肢體，并常懸首暴屍示衆。與他刑并用，又有"寸磔""剮磔"之名稱。對"磔"之解釋，文獻多有不同。有張屍、車裂之説，又有與凌遲、肢解相類之説。磔刑最早行用於西周，直到明清仍作爲法外刑使用。《周禮·秋官·掌戮》云："掌斬殺賊諜而搏之。"鄭玄注："'搏'當爲'膊諸城上'之'膊'字之誤也。膊，謂去衣磔之。"陸德明釋文云："膊，普博反，磔也。"又《掌戮》云："殺王之親者辜之。"鄭玄注："辜之，言枯也。謂磔之。"《左傳·成公二年》："〔齊〕頃公之嬖人盧蒲就魁門焉，龍人囚之……殺而膊諸城上。"杜預注曰："膊，磔也。"孔穎達疏云："膊謂去衣而磔之。"《説文·石部》釋曰："磔，辜也。"段玉裁注曰："《掌戮》'辜之'言枯也，謂磔之，鄭與許合。

凡言磔者，開者、張也。刳其胸腰而張之，令其幹枯不收。"《廣雅·石部》釋"磔"爲"張也，開也"。《荀子·正論》云："晉倛捽搏，捶笞臏脚，斬斷枯磔，藉靡舌纆，是辱之由外至者也。"楊倞注："枯，棄市暴屍也；磔，車裂也。"但行刑之序，當先磔後枯，此解恐不當，枯磔二字此處當爲同義。《韓非子·内儲説上·七術》："荆南之地，麗水之中生金，人多竊采金。采金之禁，得而輒辜磔於市。"《韓非子·難言》："司馬子期死而浮於江，田明辜射。"清俞樾《諸子平議》卷二一將"辜射"釋爲"辜磔"，"磔，從石，聲與射相近，故得通用。"《史記·李斯列傳》："十公主矺死於杜。"司馬貞索隱云："矺，音宅，與'磔'同，古今字異耳。磔謂裂其支體而殺之。"此處又與車裂之解有異，但與後世凌遲相類。《漢書·景帝紀》："改磔曰棄市，勿復磔。"顏師古注曰："磔，謂張其屍也。"自漢景帝後，磔刑已非常法。衹《漢書·云敞傳》有"磔屍東市門"之語，當爲非常法。《後漢書·王吉傳》曰："凡殺人者皆磔屍車上"，并有相應解釋："隨其罪目，宣示屬縣。夏日腐爛，則以繩連其骨，周遍一郡。"可見并未肢解犯人。而《後漢書·董卓傳》："恨不得磔裂奸賊於都市。"李賢注"磔，車裂之也。"由以上可見，周至後漢，磔之釋有張屍示衆或車裂兩種。此兩解，皆有張開之意。一指死屍示衆，一指活人分開。自三國以後，磔之釋多本支解軀體或車裂之意，或以磔爲凌遲，張屍之意漸無。行刑方式亦如之。《舊五代史·唐書·莊宗紀六》："李嗣源遣使部送潞州叛將楊立等到闕，並磔於市。"宋、遼、元多有磔事。《宋史·太宗紀》載淳化五年（994）

五月，磔李順黨八人於鳳翔市；八月，磔趙成雍於市；仁宗慶曆八年（1048）閏正月，貝州平，磔王則於都市。《續資治通鑑·宋高宗建炎二年》："〔吕頤浩、韓世忠〕聯騎造其壘，曉以逆順禍福，執其謀主劉彦，磔於楊子橋。"另外，宋代還有刳磔之酷刑，即剖腹後分解肢體。《宋史·龐籍傳》云："籍曉律令，長於吏事。持法深峭，軍中有犯，或斷斬刳磔，或纍笞至死，以故士卒畏服。"遼代以刑酷著稱，磔刑自不可少。遼太祖年間，以轄賴縣人掃古非法殘民，磔之。元代亦時用磔刑，元文宗至順二年（1331）三月，豫王阿刺忒納失里等擒雲南諸賊，悉斬之，磔屍以徇。宋、遼、元之磔，似爲凌遲之別名。明代又有碎解肢體的"寸磔"之刑，明代沈德符《萬曆野獲編·督撫·經略大臣設罷》："至戊午年，鎬（楊鎬）又以邊警事再起經略遼東，遂至三路喪師。此其罪又寸磔不足贖矣。"清孔尚任《桃花扇·草檄》："人人共憤，皆思寸磔馬、阮以謝先帝。"清《大清律例》有凌遲一項，至光緒時廢止，磔刑也相應不再行用。

【矺】

同"磔"。此體漢代已行用。見該文。

【辜】

即磔。此稱先秦時期已行用。見該文。

【膊】

即磔。此稱先秦時期已行用。見該文。

【枯磔】

即磔。此稱先秦時期已行用。見該文。

【辜磔】

同"枯磔"。此體先秦時期已行用。見該文。

【辜射】

　　同"枯磔"。此體先秦時期已行用。見該文。

【矺死】

　　即磔。此稱漢代已行用。見該文。

【剮磔】

　　"磔"之一種。此稱宋代已行用。見"磔"文。

【寸磔】

　　"磔"之一種。此稱明代已行用。見"磔"文。

抽腸

　　酷刑名。將犯人的腸子抽出處死。唯有春秋時期和明代朱元璋、張獻忠使用過此刑，不見諸律書。《莊子・胠篋》："昔者龍逢斬，比干剖，萇弘胣，子胥靡。"胣，即是剐腸。萇弘是周景王、周敬王時的大夫，時當春秋時期。北齊顏之推《顏氏家訓・教子》："梁元帝時有一學士，聰敏有才，爲父所寵……年登婚宦，暴慢日滋，竟以言語不擇，爲周逖抽腸釁鼓云。"《資治通鑑・梁孝元帝承聖元年》："陸納及士卒并哭不肯受命。執〔黃〕羅漢及〔張〕載，王遣宦者陳旻往諭之，納對旻剐載腹，抽腸以繫馬足，使繞而走，腸盡氣絕。"朱元璋和張獻忠都以殘酷著稱，都曾多次使用抽腸之刑。此刑在小說中也有反映，清蒲松齡《聊齋志異》中即有《抽腸》一篇。

抽脅

　　酷刑名。把犯人的肋骨抽剔出來處死，乃法外之刑。始見用於先秦商鞅變法之時。《漢書・刑法志》："陵夷至於戰國，韓任申子，秦用商鞅，連相坐之法，造參夷之誅；增加肉刑、大辟，有鑿顛、抽脅、鑊亨之刑。"

軋

　　酷刑名。把犯人的骨節輾碎。見於匈奴之律法。《史記・匈奴列傳》："其法，拔刃尺者死，坐盜者沒入其家；有罪，小者軋，大者死。"張守節正義引顏師古云："軋者謂輾轢其骨節，若今之壓踝者也。"

剝皮

　　酷刑名。剝去犯人的面皮或全身之皮。始見於西漢，後世沿用，直至明朝。據史載，西漢時，廣川王劉去就曾經"生割剝人"（《漢書・景十三王傳》），但如何剝法已難查考。三國時期吳國末帝孫皓曾剝人面皮，并作爲刑罰常用。吳國滅亡後，孫皓對此刑供認不諱。《資治通鑑・晉武帝太康元年》："賈充謂皓曰：'聞君在南方鑿人目，剝人面皮，此何等刑也？'皓曰：'人臣有弒其君及奸回不忠者，則加此刑耳。'"十六國時期的前秦、北朝的北齊都曾有剝皮之刑。但隋唐之前的剝皮之刑，多是剝人面皮，其後纔有剝犯人全身之皮的刑罰。元世祖曾下令把阿合馬的餘黨剝皮示衆。明代剝皮之刑用得最多、最狠。明太祖朱元璋嚴懲貪官，規定凡貪贓鈔六十兩以上者，剝皮并梟首示衆。其後，剝皮之刑常被使用，直至明末。故魯迅先生評論道："大明一朝，以剝皮始，以剝皮終，可謂始終不變；至今在紹興戲文裏和鄉下人的嘴上，還偶然可以聽到'剝皮揎草'的話，那皇澤之長也就可想而知了。"（《且介亭雜文・病後雜談》）

剝面

　　酷刑名。謂將犯人面皮剝下。作爲刑罰始見於三國吳末帝孫皓使用。參見本考"剝皮"文。

斷舌

　　酷刑名。把犯人的舌頭割掉。見於漢代。

《漢書·刑法志》："當三族者，皆先黥、劓，斬左右趾，笞殺之，梟其首，菹其骨肉於市。其誹謗詈詛者，又先斷舌。"漢代以後，斷舌除作爲一些死刑的附加刑之外，官方律書已無此刑名。在大多數情況下，僅成爲暴君、酷吏泄憤的手段。

鑿目

酷刑名。謂將犯人的眼珠挖出。作爲刑罰，始見於三國時期。吳末帝孫皓曾使用，吳國滅亡後，孫皓亦供認不諱。《資治通鑑·晉武帝太康元年》已記其事，甚詳。其後，歷代都有酷吏、暴君使用此刑，但皆未列入官方正刑之中。參見本考"剝皮"文。

凌遲

亦作"陵遲"，亦稱"剮"。中國古代最殘酷之刑罰，即把犯人零割致死。凌，凌亂，塊狀物；凌，實當爲"陵"。陵遲之本義是緩延的斜坡。《荀子·宥坐》："三尺之岸，而虛車不能登也。百仞之山，任負車登焉。何則？陵遲故也。"後世用陵遲作爲刑罰的名稱，即取其緩慢之義，意爲用很慢的速度把人處死，以使其長時間遭受痛苦折磨。將陵遲作爲正式的刑罰，始於五代，此前雖有零割犯人之實，但無其名。宋代陸游曰："五季多故，以常法爲不足，於是始於法外特置陵遲一條。肌肉已盡，而氣息未

凌遲
（據清刊《金山縣保甲章程》摹繪）

絕，肝心聯絡，而視聽猶存。"（《渭南文集·條對狀》）宋初無陵遲之刑，至宋神宗熙寧、元豐年間纔正式列入死刑之一。陵遲多作"凌遲"。《文獻通考·刑六》云："按凌遲之法，昭陵（代指宋仁宗）以前，雖凶强殺人之盜，亦未嘗輕用，自詔獄既興，而以口語狂悖者皆麗此刑矣。詔獄盛於熙豐之間，蓋柄國之權臣藉此以威縉紳。"遼代亦有凌遲之刑，其死刑分三等，即絞、斬、凌遲。此後，元、明、清各代皆設凌遲之刑來重懲罪犯。《元史·刑法志一》："死刑，則有斬而無絞，惡逆之極者，又有陵遲處死之法焉。"《大明律·刑律》："謀反大逆：凡謀反，謂謀危社稷；大逆，謂謀毀宗廟、山陵及宮闕。但共謀者，不分首從，皆凌遲處死。"由於宋、元、明、清各代動輒使用凌遲之刑，故在當時的戲曲、小説中也多有反映。該刑亦稱之爲"剮"。南北朝時已見"剮"字。《玉篇·刀部》："剮，剔肉值（置）骨也。"作爲酷刑名，宋代典籍已見行用。宋佚名《朝野遺記·忠勇》："粘罕怒遣重兵合攻之，遂擒〔石〕赬，釘於車上，將剮之。"宋朱熹《三朝名臣言行録》卷三之一："夏竦奏言，所獲賊魁恐非真，遂檻車送京師，剮於馬市。"其後屢見不鮮，如元關漢卿《竇娥冤》第四折："合擬凌遲，押赴市曹中，釘上木驢，剮一百二十刀處死。"《水滸傳》第二七回："武松帶上行枷，看剮了王婆。"又《古今小説·沈小官一鳥害七命》："張公謀財故殺，屈害平人，依律處斬，加罪凌遲，剮割二百四十刀，分屍五段。"凌遲之刑一直延續到清末纔被廢止。光緒三十一年（1905），清廷宣布："凌遲、梟首、戮屍三項永遠刪除。"（《清史稿·刑法志二》）

【陵遲】

　　同"凌遲"。爲其本字。此體宋代已行用。見該文。

【剮】

　　即凌遲。此稱宋代已行用。見該文。

烹戮

烹

　　亦作"亨"，亦稱"鑊亨"。酷刑名。用鼎鑊把犯人活活煮死。始見於夏朝。《左傳·襄公四年》記有晋國君臣關於夏代歷史的對話，云："羿猶不悛，將歸自田，家衆殺而亨之，以食其子。其子不忍食諸，死於窮門。"亨，通"烹"。此殺而後烹，與後代稍异。商周之時，亦有烹刑。商紂王曾烹殺周文王之子伯邑考，周夷王曾烹殺齊哀公。《史記·殷本紀》："紂囚西伯羑里。"張守節正義引《帝王世紀》云："囚文王，文王之長子曰伯邑考質於殷，爲紂御，紂烹爲羹。"《史記·周本紀》："孝王崩，諸侯復立懿王太子燮，是爲夷王。"張守節正義引《紀年》云："三年，致諸侯，烹齊哀公於鼎。"春秋戰國之時，諸侯混戰，各自爲政，統治者常用烹刑鎮壓异己，故《漢書·刑法志》云："陵夷至於戰國……增加肉刑、大辟，有鑿顛、抽脅、鑊亨之刑。"顔師古注："鼎大而無足曰鑊，以鬻人也。"齊威王痛恨阿大夫弄虛作假，竟一次烹殺阿大夫等數人。《史記·田敬仲完世家》："是日，烹阿大夫，及左右嘗譽者皆并烹之。"秦漢之際，仍時常使用烹刑。魏晋南北朝時，除少數民族政權和北朝仍偶爾使用此刑外，已基本廢止。隋唐之後，烹刑僅作爲法外酷刑見於史書中。

【亨】

　　通"烹"。此體先秦時期已行用。見該文。

【鑊亨】

　　即烹。此稱漢代已行用。見該文。

【湯鑊】

　　即烹。湯，沸水；鑊，無足大鼎。《史記·廉頗藺相如列傳》："臣知欺大王之罪當誅，臣請就湯鑊，唯大王與群臣孰計議之。"

【鼎鑊】[2]

　　即烹。《漢書·酈食其傳》贊："酈生自匿監門，待主然後出，猶不免鼎鑊。"《舊唐書·魏元忠傳》："既誅賊謝天下，雖死鼎鑊所甘心。"

烹醢

　　酷刑名。把犯人剁碎再烹煮。《戰國策·趙策三》："魯仲連曰：'然則吾將使秦王烹醢梁王。'"

割烹

　　酷刑名。割犯人身上之肉并烹殺之。《孟子·萬章上》："萬章問曰：'人有言伊尹以割烹要湯，有諸？'"唐韓愈《通解》："故龍逢哀天下之不仁，睹君父百姓入水火而不救，於是進盡其言，退割烹。"《資治通鑑·後唐明宗長興元年》："璋（董璋）怒，然鑊於前，令壯士十人剉其肉自啖之，洪（姚洪）至死罵不絕聲。"

油烹

　　酷刑名。把犯人放到盛滿油的鼎鑊中炸死。

南北朝時，東魏曾油烹叛將侯景的妻子。明初，燕王朱棣在處死兵部尚書鐵鉉後，又油烹其屍。

戮

酷刑名。把犯人殺死前或殺死後侮辱示衆。始見於夏商，後代因之，至清朝末年廢止。戮有生戮、死戮之別。生戮是先把犯人示衆侮辱，然後殺之；死戮是把犯人戮屍示衆。《書·甘誓》："弗用命，戮於社。"《國語·魯語下》："昔禹致群神於會稽之山，防風氏後至，禹殺而戮之。"韋昭注："陳屍爲戮也。"清末，沈家本奏請廢止酷刑。"奏上，諭令凌遲、梟首、戮屍三項永遠删除。"（《清史稿·刑法志二》）

戮屍

酷刑名。斬戮死去的犯人的屍體，泄忿并示侮辱。始見於先秦時期。《史記·秦始皇本紀》："八年，王弟長安君成蟜將軍擊趙，反，死屯留，軍吏皆斬死，遷其民於臨洮。將軍壁死，卒屯留，蒲鶮反，戮其屍。"秦漢以後，歷代間或用之，以懲治謀反、謀大逆、不孝、大不敬等所謂重犯。東漢末年張角領導黄巾起義，失敗後，朝廷得知張角已死，仍開棺戮其屍。《後漢書·靈帝紀》："〔中平元年十月〕角（張角）先死，乃戮其屍。"李賢注："發棺斷頭，傳送馬市。"《元史·世祖紀》："追治阿合馬罪，剖棺，戮其屍於通玄門外。"至清朝末年，戮屍之刑始廢。

剉屍

酷刑名。剉割已死犯人的屍體。猶戮屍。此稱始見於遼代，明清因之。《遼史·穆宗紀》："殺鶻人胡特魯、近侍化葛，及監囚海里，仍剉海里之屍。"《清史稿·理密親王允礽傳》："又以鎮公景熙首告貪婪不法諸事，未決，死於獄，命剉屍焚之。"

肆

刑罰名。把犯人處死後陳屍示衆。《周禮·秋官·掌戮》："凡殺人者踣諸市，肆之三日。"鄭玄注："肆，猶申也，陳也。"《論語·憲問》："公伯寮愬子路於季孫。子服景伯以告，曰：'夫子固有惑志於公伯寮，吾力猶能肆諸市朝。'"

梟首

省稱"梟"。酷刑名。把犯人斬首後，高懸其首於木上以示衆。《字彙·木部》："梟，以頭掛木上，今謂挂首爲梟。"梟首之刑始於西周初年。周武王滅商後，曾斬商紂并梟之。《史記·殷本紀》："周武王遂斬紂頭，懸之〔大〕白旗。殺妲己。"至遲春秋戰國時已有此刑。如《墨子·號令》："犯令者父母妻子皆斷，身梟城上。"岑仲勉注："梟，梟首示衆也。"近人沈家本却認爲，梟首之刑始於秦，武王梟紂之説乃戰國策士所假造（參閱沈家本《歷代刑法考·刑名考》），并説："梟首在秦、漢時惟用諸夷族之誅，六朝梁、陳、齊、周諸律，始於斬之外別立梟名。"秦漢時期，凡被梟首者往往都犯有反叛重罪。《史記·秦始皇本紀》："〔嫪毐謀反失敗〕衛尉竭、内史肆、佐弋竭、中大夫令齊等二十人皆梟首。"裴駰集解："懸首於木上曰梟。"《漢書·刑法志》："〔漢初〕當三族者，皆先黥，劓，斬左右趾，笞殺之，梟其首，菹其骨肉於市。"曹魏以降，梟首亦用作處治重罪，重於斬刑，兩晋南北朝因之。梁朝法律："棄市已上爲死罪，大罪梟其首，其次棄市。"陳朝"一用梁法"。北齊死刑四等："重者轘之，其次梟首，並陳屍三日；無市者，列於鄉亭顯處。其次斬刑，殊身首。其次絞刑，死而不殊。"北周死刑五等：裂、梟、斬、絞、磬。(以上并見《隋書·刑法志》)隋文帝定律，廢除梟首之刑。其後，煬帝又復行之。唐、宋二代無梟首之律，雖偶爾用之，非常法。如宋曾敏行《獨醒雜志》卷九曾載，奸臣童貫被斬後，曾"函首京師，梟於東市"。其後，遼、明、清各代又間或用之，至清末光緒年間，乃明令徹底廢除。

【梟】

"梟首"之省稱。此稱先秦時期已行用。見該文。

雜酷

脯

酷刑名。把犯人殺死并曬成肉乾。殷紂王曾用此刑。《史記·殷本紀》："鄂侯爭之彊，辨之疾，并脯鄂侯。"《呂氏春秋·行論》："昔者紂爲無道，殺梅伯而醢之，殺鬼侯而脯之。以禮諸侯於廟。"高誘注："肉醬爲醢，肉熟曰脯。"

炮格 [2]

亦稱"炮格"。酷刑名。相傳爲殷紂王所設。置銅格於炭火上，令犯人赤足踏行，犯人不支，輒墮入火中燒死。另說以銅柱置火中燒烤，令犯人爬行其上，輒墮而燒死。《史記·殷本紀》："百姓怨望而諸侯有畔者，於是紂乃重刑辟，有炮格之法。"裴駰集解引《列女傳》曰："膏銅柱，下加之炭，令有罪者行焉，輒墮炭中，妲己笑，名曰炮格之刑。"司馬貞索隱引鄒誕生云："格，一音閣。"又云："見蟻布銅斗，足廢而死，於是爲銅格，炊炭其下，使罪人步其上。"《史記·周本紀》："西伯乃獻洛西之地，以請紂去炮格之刑。紂許之。"炮格，後世亦稱"炮烙"。《荀子·議兵》："紂刳比干，囚箕子，爲炮烙刑。"商代之後，惟遼代有炮烙之刑并列入律書，但其法似與商紂王不盡相同。《遼史·刑法志》："拷訊之具，有粗、細杖及鞭、烙法……鞭、烙之數，凡烙三十者鞭三百，烙五十者鞭五百。"又"〔遼穆宗〕嗜酒及獵，不恤政事……〔凡臣下有過〕輒加炮烙鐵梳之刑。"

【炮烙】

即炮格 [2]。此稱先秦時期已行用。見該文。

焚

亦稱"焚如"。酷刑名。把犯人活活燒死。《周禮·秋官·掌戮》："凡殺其親者焚之。"鄭玄注："親，緦服以內也。焚，燒也。《易》曰：'焚如，死如，棄如。'"孫詒讓正義："焚本爲燒田，後爲刑名。"焚刑始於周代，延續至秦漢，兩晋以後不見於史書。《左傳·昭公二十二年》："鄩肸伐皇，大敗，獲鄩肸。壬辰，焚諸王城之市。"杜預注"焚鄩肸"，楚漢戰爭中，漢將紀信爲項羽所俘，"項王燒殺紀信"(《史記·項羽本紀》)。王莽亦曾用焚刑。《漢書·匈奴傳下》："莽作焚如之刑，燒殺陳良等。"顏師古注引如淳曰："焚如、死如、棄如者，謂不孝子也。不畜於父母，不容於朋友，故燒殺棄之，莽依此作刑名也。"

【焚如】

即焚。此稱先秦時期已行用。見該文。

定殺

亦稱"沉河""沉淵""沉竹籠""沉塘"。酷刑名。將犯人投到水中淹死。始於先秦時期。《呂氏春秋·驕恣》："趙簡子沉鸞徼於河。曰：'吾嘗好聲色矣，而鸞徼致之；吾嘗好宫室臺榭矣，而鸞徼爲之……今吾好士六年矣，而鸞徼未嘗進一人也。是長吾過而絀善也。'"此處"沉河"即定殺。秦代之定殺多用於懲治患麻風的犯人。《睡虎地秦墓竹簡·法律問答》："癘者有罪，定殺。'定殺'何如？生定殺病水中之謂也。"又："甲有完城旦罪，未斷，今甲癘，問甲何以論？當遷病所處之；或曰當遷遷所定殺。"北魏的定殺稱"沉淵"。《魏書·刑罰志》："巫蠱者，負羖羊抱犬沉諸淵。"唐朝末年，鎮守南梁州的李福又發明了一種"沉竹籠"的定殺之法。將犯人裝進籠中，沉入漢江。這種方法在南方延續下來，成爲私刑。一些大家族的族長即用此刑懲治族人。有時，也會直接在人的身體上綁上石頭，沉入江中或水塘中。將人沉入水塘中淹死，即叫"沉塘"。沉塘之法在某些地區一直延用到近現代。

【沉河】

即定殺。此稱先秦時期已行用。見該文。

【沉淵】

即定殺。此稱南北朝時期已行用。見該文。

【沉竹籠】

即定殺。此稱唐代已行用。見該文。

【沉塘】

即定殺。此稱唐代已行用。見該文。

阬殺

單稱"阬""坑"，亦作"坑殺"，亦稱"生瘞""活埋"。酷刑名。把犯人活埋的刑罰。始於戰國時期。秦國在長平之戰後，一夜之間阬殺趙卒四十萬人。其後，秦始皇曾用坑殺的辦法報復自己的仇人，鎮壓儒生。《史記·白起王翦列傳》："括（趙括）軍敗，卒四十萬人降武安君。武安君……乃挾詐而盡阬殺之。"又《秦始皇本紀》："秦王之邯鄲，諸嘗與王生趙時母家有仇怨，皆阬之。"又："〔儒生〕犯禁者四百六十餘人，皆阬之咸陽，使天下知之，以懲後。"舊題漢孔安國《尚書序》："及秦始皇，滅先代典籍，焚書坑儒，天下學士難逃解散。"漢王充《論衡·語增》："坑儒士，起自諸生爲妖言，見坑者四百六十七人。"秦漢以後，各代時或用之。隋煬帝時，曾阬殺叛將楊玄感部下多人。《隋書·食貨志》："及玄感平……〔隋煬帝〕乃令裴蘊窮其黨與，詔郡縣坑殺之，死者不可勝數。"遼代有生瘞之刑，亦即阬殺。《遼史·刑法志》："又爲梟磔、生瘞、射鬼箭、砲擲、支解之刑。"《金瓶梅詞話》第七五回："他活埋慣了人，今日還要活埋我哩。"

【阬】

"阬殺"之單稱。此稱秦漢時期已行用。見該文。

【坑】

"阬殺"之單稱。同"阬"。此稱漢代已行用。見該文。

【坑殺】

同"阬殺"。此體隋代已行用。見該文。

【生瘞】

即阬殺。此稱遼代已行用。見該文。

【活埋】

即阬殺。此稱明代已行用。見該文。

刺剟

亦作"刺爇"。酷刑名。用刀等利器刺犯人的身體。《史記·張耳陳餘列傳》："貫高至,對獄,曰:'獨吾屬爲之,王實不知。'吏治榜笞數千,刺剟,身無可擊者,終不復言。"司馬貞索隱:"掇亦刺也。《漢書》作'刺爇',張晏云'爇,灼也'。《說文》云'燒也'。應劭云'以鐵刺之'。"按"刺爇"當指"以鐵刺之",其痛如灼,應說爲是。清蒲松齡《聊齋志異·崔猛》:"某怒,拉繫樹上,榜笞刺剟,逼立'無悔狀'。"

【刺爇】

即刺剟。此稱漢代已行用。見該文。

鑿顚

酷刑名。用鐵器鑿犯人的頭頂。始見於先秦時期。《漢書·刑法志》:"陵夷至於戰國,韓任申子,秦用商鞅,連相坐之法,造參夷之誅;增加肉刑、大辟,有鑿顚、抽脅、鑊亨之刑。"十六國時期,前秦苻生生性暴躁,常施酷刑。時值天災人禍,民心慌惑,左光禄大夫張平諫其修君德,行善政,敬宗廟,愛禮公卿,竟遭鑿顚之刑。《晋書·苻生載記》:"左光禄大夫張平諫……生怒,以爲妖言,鑿其頂而殺之。"其後,各代律書無此刑名。

囊撲

刑罰名。把犯人裝入囊中撲打致死。《史記·秦始皇本紀》:"車裂以徇,滅其宗。"張守節正義引《說苑》云:"焦(茅焦)曰:'陛下車裂假父,有嫉妒之心;囊撲兩弟,有不慈之名。'"漢劉向《說苑·正諫》:"始皇乃取毒四肢車裂之,取其兩弟囊撲殺之。"

具五刑

酷刑名。指黥、劓、斬左右趾、梟首、菹醢五刑并具。盛行於秦漢,以懲治謀反大罪。秦丞相李斯,漢名將韓信、彭越皆受此刑。《史記·李斯列傳》:"二世二年七月,具斯五刑論,腰斬咸陽市。"《漢書·刑法志》:"令曰:'當三族者,皆先黥、劓,斬左右趾,笞殺之,梟其首,菹其骨肉於市。其誹謗詈詛者,又先斷舌。'故謂之具五刑。彭越、韓信之屬皆受此誅。"

射殺

刑罰名。把犯人用箭射死。《漢書·王尊傳》:"尊(王尊)於是出坐廷上,取不孝子懸磔著樹,使騎吏五人張弓射殺之,吏民驚駭。"《遼史·穆宗紀》:"至是,覺其妄。辛巳,射殺之。"

三木囊頭

亦稱"囊頭三木"。酷刑名。以桎、梏、拲三種木械將犯人的頸及手足夾緊,并以物蒙住頭部。始見於東漢,後世或用之。《後漢書·黨錮傳·范滂》:"桓帝使中常侍王甫以次辯詰,滂(范滂)等皆三木囊頭,暴於階下。"李賢注:"三木,項及手足皆有械,更以物蒙覆其頭也。"《初刻拍案驚奇》卷二〇:"還喜未及會審,不受那三木囊頭之苦。"明王世貞《鳴鳳記·夫婦死節》:"囊頭三木刑何慘,你足疲指折猶難免。"

【囊頭三木】

即三木囊頭。此稱明代已行用。見該文。

測罰

刑罰名。一種特殊的罰站。犯人立於測上,測爲高一尺之土垛,上圓,僅容兩足。見於南朝梁陳兩代。《隋書·刑法志》載《梁律》:"凡繫獄者，不即答款，應加測罰，不得以人士爲隔。"又載《陳律》："其有贓驗顯然而不款，則上測立。立測者，以土爲垛，高一尺，上圓，劣容囚兩足立。鞭二十，笞三十訖，著兩械及杻，上垛。一上測七刻，日再上。三七日上測，七日一行鞭。凡經杖，合一百五十，得度不承者，免死。"

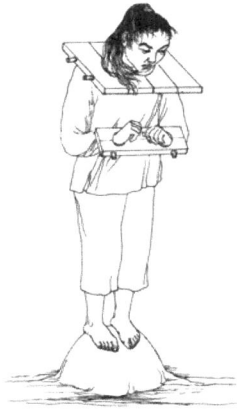

測罰
（據《隋書·刑法志》繪）

獄持

酷刑名。唐代酷吏所設。乃一系列酷刑之合稱。包括以泥封耳、以籠罩首、重枷研頸、鐵圈轂首、摺胸簽指、懸髮熏耳等。《舊唐書·酷吏傳上·索元禮》："推劾之吏，皆以深刻爲功，鑿空爭能，相矜以虐，泥耳籠頭，枷研楔轂，摺脅簽爪，懸髮熏耳，臥鄰穢溺，曾不聊生，號'獄持'。"

泥耳

酷刑名。以泥堵塞犯人之耳穴，令其昏瞶。唐酷吏索元禮已用此刑。《資治通鑑·唐則天后長壽元年》："推劾之吏，皆相矜以虐，泥耳籠頭，枷研楔轂。"參閱唐周矩《爲索元禮首按制獄疏》。

籠頭

酷刑名。以麻布之類緊裹犯人之頭部，令其眩窒。唐酷吏索元禮已用此刑。見"泥耳"文。

枷研

酷刑名。以重枷研碾犯人之頸項，令其悶痛。《資治通鑑·唐則天后長壽元年》："推劾之吏，皆相矜以虐，泥耳籠頭，枷研楔轂。"胡三省注："枷研，以重枷研其頸。"參閱唐周矩《爲索元禮首按制獄疏》。

楔轂 [2]

酷刑名。用鐵箍套住犯人的頭，并在鐵箍和頭皮之間加進木楔。唐代酷吏索元禮已用此刑。《資治通鑑·唐則天後長壽元年》："推劾之吏，皆相矜以虐，泥耳籠頭，枷研楔轂，摺膺簽爪，懸髮熏耳，號曰'獄持'。"胡三省注："楔轂，以鐵圈轂其首而加楔。"按，"摺膺"當作"摺脅"；"熏耳"，當作"熏鼻"，參見本卷《刑名刑典説·刑名考》"獄持"文。

摺脅

酷刑名。拉扯犯人之肋骨，痛如刀刺。摺，古"拉"字。唐代酷吏索元禮已用此刑。唐周矩《爲索元禮首按制獄疏》："推劾之吏，皆在深文爲功……摺脅簽爪，懸髮熏鼻。"按，《資治通鑑·唐則天后長壽元年》引此文作"摺膺"，當誤。

簽爪

酷刑名。用竹簽刺犯人的手指或足趾。唐代酷吏索元禮曾用此刑。《資治通鑑·唐則天后長壽元年》："推劾之吏，皆相矜以虐，泥耳籠頭，枷研楔轂，摺膺簽爪，懸髮熏耳，號曰'獄持'。胡三省注曰：簽爪，以竹簽其爪甲，今鞠獄者十指下籤，即其遺虐。"參閱唐周矩《爲索元禮首按制獄疏》。

懸髮

酷刑名。扯住犯人頭髮懸於空中，痛如裂頂。唐酷吏索元禮曾用此刑。見"籤爪"文。

薰鼻

酷刑名。以烟熏犯人鼻腔，令人嗆咳。唐酷吏索元禮曾用此刑。唐周矩《爲索元禮首按制獄疏》："推劾之吏，皆以深文爲功……摺脅籤爪，懸髮熏鼻。"按，《資治通鑑·唐則天后長壽元年》引此文作"薰耳"，當誤。

宿囚

酷刑名。禁止犯人吃喝并使其晝夜難眠，是一種既折磨肉體又折磨精神的刑罰。唐代酷吏索元禮曾用此刑。《舊唐書·酷吏傳上·索元禮》："或累日節食，連宵緩問，晝夜搖撼，使不得眠，號曰'宿囚'。"

仙人獻果

亦稱"猿猴獻果"。酷刑名。唐酷吏李全交所設。其法是命犯人兩手捧枷，并加磚於枷上。唐張鷟《朝野僉載》卷二："監察御史李全交素以羅織酷虐爲業，臺中號爲'人頭羅刹'……兩手捧枷，累磚於上，號爲'仙人獻果'；立高木之上，枷柄向後拗之，名'玉女登梯'。"明沈德符《萬曆野獲編·刑部·立枷》："三木囊頭，自古有之，蓋如桎梏示辱耳。至唐酷吏，始有'鳳凰曬翅''猿猴獻果'諸名，亦用以一時拷訊耳。"

【猿猴獻果】

即仙人獻果。此稱明代已行用。見該文。

鳳凰曬翅

省稱"鳳曬翅"。酷刑名。唐酷吏索元禮、李嵩、李全交、王旭所設。以長木橫捆人之手足，使之張開，又加轉動，故以鳳凰曬翅嘲謔。唐張鷟《朝野僉載》卷二："監察御史李嵩、李全交、殿中王旭，京師號爲'三豹'……皆狼戾不軌，鴆毒無儀，體性狂疏，精神慘刻。每訊囚，必鋪棘臥體，削竹籤指……遣仙人獻果、玉女登梯、犢子懸駒、驢兒拔橛、鳳凰曬翅、獼猴鑽火、上麥索、下闌單，人不聊生，囚皆乞死。"又："周推事使索元禮，時人號爲'索使'，訊囚作鐵籠頭……又爲'鳳曬翅''獼猴鑽火'等，以橡關手足而轉之，并斫骨至碎，又懸囚於梁下，以石綴頭，其酷法如此。"

【鳳曬翅】

"鳳凰曬翅"之省稱。此稱唐代已行用。見該文。

玉女登梯

酷刑名。唐酷吏李嵩、李全交、王旭所設，命犯人站在高處的橫木上，將其項上之枷掉轉方向，使長的一端朝後，犯人身體必然向前傾，而脖即勒得更緊，號爲"玉女登梯"。參見本卷《刑名刑典説·刑名考》"仙人獻果""鳳凰曬翅"文。

犢子懸鈎

酷刑名。唐酷吏李嵩、李全交等所設。謂將人倒懸梁下，并以石綴頭，比之以懸鈎牛犢，故稱。"鈎"，今作"鈎"。參見"鳳凰曬翅"文。

犢子懸車

酷刑名。唐酷吏李交全、王旭等所設。謂將人枷頭倒懸樹下，比之於懸車牛犢，故稱。唐張鷟《朝野僉載》卷二："監察御史李全交素以羅織酷虐爲業，臺中號爲'人頭羅刹'。殿中王旭號爲'鬼面夜叉'。訊囚引枷柄向前，名爲

'驢駒拔橛';縛枷頭著樹,名曰'犢子懸車'。"

驢兒拔橛

亦稱"驢駒拔橛"。酷刑名。唐酷吏索元禮、李嵩、李全交、王旭所設。以木棍按人足間,撇其枷柄伺前,挽俯其身,腰彎欲斷,眼鼻出血,故以拴橛欲脱之驢嘲謔。唐張鷟《朝野僉載》卷二:"監察御史李嵩、李全交、殿中王旭,京師號爲'三豹'……每訊囚,必鋪棘卧體,削竹籤指,方梁壓髁,碎瓦搘膝,遣仙人獻果、玉女登梯、犢子懸駒、驢兒拔橛、鳳凰曬翅、獼猴鑽火、上麥索、下闌單,人不聊生,囚皆乞死。"《舊唐書·楊慎矜傳》:"令盧鉉收太府少卿張瑄於會昌驛,繫而推之,瑄不肯答辯,鉉百般拷訊不得。乃令不良枷瑄,以手力絆其足,以木按其足間,撇其枷柄向前挽其身,長校數尺,腰細欲絕,眼鼻皆血出,謂之'驢駒拔橛',瑄竟不肯答。"

【驢駒拔橛】

即驢兒拔橛。此稱唐代已行用。見該文。

獼猴鑽火

酷刑名。唐酷吏索元禮、李嵩等所設。以燃燒之火圈,自人頭部套下,人必慌而鑽出,故以猴嘲謔。參見本卷《刑名刑典説·刑名考》"鳳凰曬翅""驢兒拔橛"文。

上麥索

酷刑名。唐酷吏李嵩、李全交等所設。使人站立於成捆的帶火的梗棍之上。麥索,帶麥芒的麥捆,因以爲喻。參見本卷《刑名刑典説·刑名考》"鳳凰曬翅"文。

下闌單

酷刑名。唐酷吏李嵩、李全交等所設。以亂石碎瓦疊成窄井形,將人搋入其中,如千刀萬剮,遍體血流。參見本卷《刑名刑典説·刑名考》"鳳凰曬翅"文。

披麻拷

酷刑名。實爲活揭犯人的皮肉。《説唐》第五八回:"〔元吉〕叫左右將牛皮膠化油,用麻皮和鈎,搭在他的身上,名爲'披麻拷'。若扯一下,就連皮帶肉去了塊。"《説岳全傳》第六〇回中的酷刑"披麻問,剥皮拷"亦與此相似。

投崖

刑罰名。把犯人從山崖上投下摔死。僅見於遼代。《遼史·刑法志上》:"親王從逆,不磔諸甸人,或投高崖殺之。"又《太祖紀》:"以夷離堇涅里袞諸弟爲叛,不忍顯戮,命自投崖而死。"

射鬼箭

遼代酷刑名。把犯人綁在柱上,以亂箭射死。本爲出師之軍儀,亦作刑罰。《遼史·禮志三》:"出師以死囚,還師以一諜者,植柱縛其上,於所向之方亂射之,矢集如蝟,謂之'射鬼箭'。"又《刑法志上》:"又爲梟磔、生瘞、射鬼箭、砲擲、支解之刑,歸於重法。"遼史中有多處記載遼軍抓獲叛軍或敵兵,處以"射鬼箭"之刑。

盆吊

酷刑名。將犯人緊緊捲裹,堵塞七竅,倒置而死,乃古代獄吏私殺囚犯之刑。元佚名《小孫屠》戲文第一九:"哥哥,兄弟不是鬼。在牢中遭盆吊死,把我撇在郊外,謝天降幾點兒甘雨,把我救醒。"《水滸傳》第二八回:"衆囚徒道:他到晚,把兩碗乾黃倉米飯,和些臭鯗魚來與你喫了。趁飽帶你去土牢裏去,把索子捆翻，着一床乾槁薦，把你捲了，塞住了你七竅，顛倒豎在壁邊，不消半個更次，便結果了你性命，這個喚作'盆吊'。"

上高樓

刑罰名。把犯人倒懸并拉到一定高度。因其形如上樓，故名。清黃六鴻《福惠全書·刑部名·監禁》："將犯人足吊起，頭下向臥，名曰上高樓。"

連坐

亦稱"隨坐""緣坐"。刑罰名。一人犯法，其親族、鄰居等連帶一同受罰。始於戰國，後歷代沿用，唯輕重程度不同。《史記·商君列傳》："令民爲什伍，而相牧司連坐。"司馬貞索隱："牧司謂相糾發也。一家有罪而九家連舉發，若不糾舉，則十家連坐。恐變令不行，故設重禁。"《史記·廉頗藺相如列傳》："括（趙括）母因曰：'王終遣之，即有如不稱，妾得無隨坐乎？'"漢文帝時曾廢除連坐法，後又復行之。南朝梁律："其謀反、降叛、大逆已上皆斬。父子同產男，無少長，皆棄市。母妻姊妹及應從坐棄市者，妻子女妾同補奚官爲奴婢。"（《隋書·刑法志》）《北史·齊紀下·後主》："諸家緣坐配流者，所在令還。"隋唐之後，各代均有損益。唐李復言《續玄怪錄·李衛公靖》："妾已受譴，杖八十矣。祖視其背，血痕滿焉。兒子並連坐，如何？"

【隨坐】

即連坐。此稱漢代已行用。見該文。

【緣坐】

即連坐。此稱南北朝時期已行用。見該文。

孥戮

刑罰名。一人犯法連及子孫，或沒爲奴婢，或加以刑殺。始見於夏代，後歷代相沿，直至明清。《書·甘誓》："用命賞於祖，弗用命戮於社，予則孥戮汝。"孔傳："孥，子也。非但止其身，辱及汝子，言恥累也。"唐顏師古《匡謬正俗》卷二："按'孥戮'者，或以爲奴，或加刑戮，無有所赦耳，此非孥子之孥。"隋文帝曾一度廢除孥戮相坐之法，後世復行之。

收孥

亦作"收帑"。刑罰名。收錄犯人的妻子、兒女爲奴婢。始於先秦時期，後世各有增損。《史記·商君列傳》："事末利及怠而貧者，舉以爲收孥。"司馬貞索隱："收錄其妻子，沒爲官奴婢。"又《孝文本紀》："〔漢文帝曰〕今犯法已論，而使毋罪之父母妻子同產坐之，及爲收帑，朕甚不取。"裴駰集解引應劭曰："帑，子也。秦法一人有罪，并坐其家室。"《唐律·賊盜律》："諸謀反及大逆者，皆斬；父、子年十六以上皆絞，十五以下及母女妻妾、祖孫、兄弟、姊妹若部曲、資財、田宅並沒官。"

【收帑】

同"收孥"。此體漢代已行用。見該文。

族刑

亦稱"滅族"。酷刑名。一人犯罪而誅滅其親族。此刑始於春秋初期，後世或存或廢，一直延續到明清。《史記·秦本紀》："〔文公〕二十年，法初有三族之罪。"又"〔武公〕三年，誅三父等而夷三族，以其殺出子也。"此兩事皆在東周初年。至戰國商鞅變法，夷三族被定爲常刑。秦漢時期，凡犯謀反罪者一般處以夷三族之刑，并要以殘酷的方法處死。《漢書·刑法志》載："當三族者，皆先黥、劓，斬左右趾，笞殺之，梟其首，菹其骨肉於市。其誹謗詈詛者，又先斷舌。"李斯、趙高、韓信、彭越、江充、董卓等并受夷三族之刑。秦漢時期之族刑，或爲夷三族，或爲誅一家，常是史無明書。如，《史記·平津侯主父列傳》："乃遂族主父偃。主父方貴幸時，賓客以千數，及其族死，無一人收者，唯獨洨孔車收葬之。"此一族死，竟無一親人收葬，當爲夷三族之罪。又《李將軍列傳》："漢聞，族陵母妻子。"此處當是族滅李陵一家而并非夷其三族。其後族刑或爲夷一家，或爲夷三族，或爲夷七族，其情不定。《後漢書·靈帝紀》："建寧元年，中常侍曹節矯詔誅太尉陳蕃、大將軍竇武……皆夷其族。"《東觀漢記·邳彤傳》："信都王捕繫彤父弟及妻子，使爲手書呼彤曰：'降者封爵，不降者滅族。'"秦代還有夷七族之事。《史記·魯仲連鄒陽列傳》："然則荊軻之湛七族，要離之燒妻子，豈足道哉！"裴駰集解引應劭曰："荊軻爲燕刺秦始皇，不成而死，其族坐之湛没。"又引張晏曰："七族，上至曾祖，下至曾孫。"隋煬帝殘暴，曾用滅九族之刑。《隋書·刑法志》："及楊玄感反，帝誅之，罪及九族。"明初，燕王朱棣奪取帝位後，大殺建文帝舊臣，滅景清九族，滅方孝孺十族。十族即方之九族加其學生，死者達八百七十三人。足見族刑之殘酷。

【滅族】

即族刑。此稱漢代已行用。見該文。

門房之誅

省稱"門誅"。酷刑名。刑罰名。誅殺犯罪人的全家。見於北魏。據《魏書·刑罰志》記載，昭成建國二年（339）即規定："犯大逆者，親族男女無少長皆斬。"正平元年（451），改定律制，内有"門誅四，大辟一百四十五"。

太安四年（458），"又增律七十九章，門房之誅十有三"。至孝文帝延興四年（474），乃下詔罷門房之誅，規定："自非大逆干紀者，皆止其身，罷門房之誅。"但終魏之世，此刑并未盡除。太和五年（481），魏孝文帝又接受大臣的建議，下詔："應誅五族者，降爲三族；三族者，門誅；門誅，止其身。"（《資治通鑑·齊高帝建元三年》）

【門誅】

"門房之誅"之省稱。此稱南北朝時期已行用。見該文。

夷三族

亦稱"參夷"。酷刑名。誅滅犯人三族親屬。三族有兩説：一説指父母、兄弟、妻子，一説指父族、母族、妻族。此刑始見於春秋秦文公時，至戰國商鞅變法後定爲常制。西漢初沿秦制，至吕后當政時除之。其後，時存時廢，直至清末。《史記·秦本紀》："〔文公〕二十年，法初有三族之罪。"裴駰集解引張晏曰："父母、兄弟、妻子也。"又引如淳曰："父族、母族、妻族也。"《漢書·刑法志》："陵夷至於戰國，韓任申子，秦用商鞅，連相坐之法，造參夷之誅。"顏師古注："參夷，夷三族。"又："漢興之初……尚有夷三族之令……至高后元年，乃除三族罪，祅言令。"《資治通鑑·齊高帝建元三年》："〔魏孝文帝〕乃詔：'應誅五族者，降爲三族；三族者，門誅；門誅，止其身。'"

【參夷】

即夷三族。此稱先秦時期已行用。見該文。

夷七族

酷刑名。誅滅犯人七族親屬。七族，上至曾祖，下至曾孫。戰國秦時已有此刑。參見本卷《刑名刑典説·刑名考》"族刑"文。

夷九族

酷刑名。誅滅犯人九族親屬。九族，以罪人爲本位，上推至四世之高族，下推至四世之玄孫。又説九族爲父族四代、母族三代、妻族二代。隋煬帝曾用此刑。參見本卷《刑名刑典説·刑名考》"族刑"文。

籍没

亦稱"籍門"，省稱"没"。刑罰名。籍録犯人的妻子兒女爲奴婢并没收其全部家産。《史記·秦始皇本紀》載："自今以來，操國事不道者如嫪毐、不韋者，籍其門，視此。"自秦至清光緒三十三年（1907）各代均有此刑。《三國志·魏書·王脩傳》："太祖破鄴，籍没審配等家財物貨，以萬數。"《唐律疏議·賊盜》中規定："諸謀反及大逆者，皆斬。父、子年十六以上，皆絞。十五以下，及母女、妻妾、祖孫、兄弟姊妹，若部曲、資財、田宅，並没官。"清《刑律·賊盜》："凡謀反及大逆，但共謀者，不分首從，皆凌遲處死。祖父、父、子、孫、兄弟及同居之人，不分異姓及伯叔父兄弟之子，不限籍之同異，年十六以上，不論篤疾、廢疾，皆斬，其十五歲以下，及母女、妻妾、姐妹，若子之妻妾，給付功臣之家爲奴。財産入官。"光緒三十三年編定、宣統二年十二月（1911 年 1 月）頒布的《大清新刑律》，免去對親屬之懲罰，祇將財産充公，仍稱"籍没"，歸入從刑之列。

【籍門】

即籍没。此稱秦漢時期已行用。見該文。

【没】

"籍没"之省稱。此稱唐代已行用。見該文。

貲

刑罰名。罰犯人交一定的錢財或以服役抵罪。據《秦簡》，貲刑分貲金和貲作兩類。貲金有貲甲（鎧甲）、貲盾（盾牌）和貲布幾種，貲作又有貲戍、貲徭、貲役等。湖北雲夢睡虎地秦墓竹簡《秦律十八種·徭律》："斗不正半升以上，貲一甲，不盈半升到少半升，貲一盾。"又《法律答問》："當貲二甲一盾。"又"或盗采人桑葉，臧（贓）不盈一錢，可（何）論？貲繇（徭）三旬。"另，在中國古代，人出生之後必須服役，無須犯罪。若不能服役，則需以財自贖。服役年齡分成年與未成年兩種，具體年齡各朝不盡相同。《説文·貝部》："貲，小罰以財自贖也。从貝，此聲。《漢律》：民不繇，貲錢二十三。"段玉裁注："《漢儀注》曰：'人年十五至五十六，出賦錢，人百二十爲一筭。又七歲至十四，出口錢，人二十，以供天子。至武帝時又口加三錢，以補車騎馬。'見《昭帝紀》《光武紀》二注及今《四庫全書》内《漢舊儀》。按《論衡·謝短篇》曰：'七歲頭錢二十三。'亦謂此也。然則民不繇者，謂七歲至十四歲。貲錢二十三者，口錢二十併武帝所加三錢也。"

贖

亦稱"贖刑"。讓犯人出錢財以減罪或銷罪。此刑始於夏、商，歷代相沿，直至明清。贖罪之物，歷代規定不盡相同，有金、銀、銅、錢，也有米、粟、穀物、絹帛以至牛、馬等。《尚書·舜典》："鞭作官刑，扑作教刑，金作贖刑。"《左傳·宣公二年》："宋人以兵車百乘、文馬百駟以贖華元於鄭。"漢代至武帝以後，贖刑的範圍很廣，連死刑、宫刑皆可贖出，李廣、蘇建、張騫、公孫敖等人都曾因犯軍法當斬，

"贖爲庶人"。司馬遷被判宮刑後，若能出錢尚可贖出，但因家貧，衹好聽憑朝廷處罪。漢代以前，贖罪一般用銅，西漢改用黃金，東漢自明帝以後，贖罪用縑，死罪及其以下各罪，分別贖縑若干。魏晉至南朝宋、齊、梁，贖罪可兼用絹和金。北魏初年，贖死罪可用金、馬，至崔浩定律，纔規定衹年刑許贖，死罪不得贖，且不許再用金、馬。北齊之後，犯"十惡"大罪者亦不許贖。北齊、北周贖刑用絹，隋文帝定律，"應贖者，皆以銅代絹"。(《隋書·刑法志》)。此後，隋、唐、宋各代皆用銅贖，元代用鈔，明代用銅錢，亦可用馬、鈔、銀、米等等。清沿明制，亦用贖刑。

【贖刑】

即贖。此稱先秦時期已行用。見該文。

金分

亦稱"金選"。多指以金贖罪。《國語·齊語》："小罪讁以金分。"韋昭注："小罪不入於五刑者，以金贖，有分兩之差，今之罰金是也。"

《漢書·蕭望之傳》：《甫刑》之罰，小過赦，薄罪贖，有金選之品，所從來久矣。"顏師古注："應劭曰：'選音刷，金銖兩名也。'音刷是也。字本作銖，銖即鍰也，其重十一銖二十五分銖之十三，一曰重六兩。"

【金選】

即金分。此稱漢代已行用。見該文。

顧山

亦作"雇山"。刑罰名。犯人出貲雇人伐薪以贖罪。適用於女犯。見於漢代。《漢書·平帝紀》："天下女徒已論，歸家，顧山錢月三百。"顏師古注引如淳曰："已論者，罪已定也。令甲，女子犯罪，作如徒六月，顧山遣歸。説以爲當於山伐木，聽使入錢顧功直，故謂之顧山。"應劭曰："舊刑鬼薪，取薪於山以給宗廟，今使女徒出錢顧薪，故曰顧山。"《後漢書·光武紀》："女徒雇山歸家。"

【雇山】

同"顧山"。此體漢代已行用。見該文。

第二節　刑典考

所謂刑典，即法典，是統治階級爲了維護自己的統治而制定的法律規範。中國古代的刑法今人極易誤解，以爲"刑法"即刑事法。古代"刑"之本義，與"罰"字相近，有時又與"法"字相通，故古代之刑法實則包括了民法，并非專指今世之"刑事法"。中國之正史有關法律之專志，除却《魏書》名之爲"刑罰志"外，其他諸史多名之爲"刑法志"，或徑名之爲"刑志"。《魏書》之"刑罰"，係將"刑"與"罰"區别而言，"刑"字即今刑事之"刑"，"罰"則指民事之"罰"。"刑典"一詞，首見於《周禮·天官·大宰》："五曰刑典，以詰邦國，以刑百官，以糾萬民。"此處"刑典"之"刑"，意即爲"法"。故可斷言之，法典包括了刑法與民法之全部内容。

中國的刑典源遠流長，早在夏朝時期，伴隨着原始社會的解體和奴隸制國家的形成，便出現了我國古代第一部刑典——《禹刑》。當然，由於年代久遠，此典早佚，僅能從後世史書中窺見其一鱗半爪。《左傳·昭公六年》："夏有亂政而作《禹刑》。"《隋書·經籍志》："夏后氏正刑有五，科條三千。"商周時期，《湯刑》《吕刑》《九刑》相繼問世，表明了奴隸制法律制度的成熟。這一時期刑典的一大特色是"禮刑結合"，"禮"成爲國家法律的重要組成部分。違"禮"即是違"法"。《吕氏春秋·孝行覽》載："《商書》曰：刑三百，罪莫重於不孝。"高誘注："商湯所制法也。"可見商朝時期即已把"不孝"作爲大罪加以懲處。但商和西周時期的法律，仍然以習慣法爲主要形式，保持着法的秘密狀態，不向平民公布。

春秋時期，隨着社會的大動蕩、大變革，奴隸制法制體系逐漸崩潰。其中，成文法的公布是法制史上的一大改革。周景王九年（前536）鄭國子産先作《刑書》三篇，并鑄之於鼎加以公布，成爲中國歷史上正式公布的第一部成文法。隨後，晋國鑄刑鼎，鄭國鄧析作《竹刑》。各國競相頒布成文法，完成了從習慣法向成文法的轉化。到戰國時期，封建制法律體系終於確立。其時，趙國有《國律》，齊國有《七法》，楚國有《憲令》，韓國有《刑符》，魏國有《法經》，秦國有《秦律》。《法經》乃魏文侯時李悝所纂，它首創"盜、賊、囚、捕、雜、具"六篇體例，以刑爲主，諸法合體，不僅集以前各國法律之大成，而且是秦漢法律的張本。秦國商鞅變法，改"法"爲"律"，把《法經》中的六法改爲六律，即盜律、賊律、囚律、捕律、雜律、具律，制定出《秦律》。從此中國封建社會的法典便基本上稱爲"律"了。

自秦漢始，皆效法《法經》。《秦律》《九章律》皆爲《法經》之翻版或發展。《晋書·刑法志》曰："是時（三國魏明帝時）承用秦漢舊律，其文起自魏文侯師李悝。悝撰次諸國法，著《法經》……商君受之以相秦。漢承秦制，蕭何定律，除參夷連坐之罪，增部主見知之條，益事律《興》《厩》《户》三篇，合爲九篇。"漢代的法典除《九章律》外，還有叔孫通的《傍章律》十八篇、張湯《衛宫律》二十七篇、趙禹《朝律》六篇。其後，三國時魏國有《魏律》，蜀國有《蜀科》等。晋朝的法典是《晋律》。南北朝時期，南朝宋、齊、梁、陳都有自己的法典，北朝則分别制定了《北魏律》《齊律》《大律》。秦漢魏晋南北朝時期是中國封建法制的奠基時期。這一時期的法典大體上有兩大特點，即條文上由繁到簡，刑罰由重到輕，逐步廢除肉刑。兩漢法律不僅有《漢律》六十篇，還有大量的令、科條以及決事比，十分繁瑣。魏晋以後，法典刪繁就簡，幾經變動，到《北齊律》確定十二篇體例，逐漸定型。戰國和秦朝時期，法家主張“以殺去殺”“以刑去刑”，崇尚重刑主義，法律十分殘酷。西漢文景二帝廢除肉刑，魏晋以後，封建制的“五刑”（笞、杖、徒、流、死）逐漸替代了奴隸制的“五刑”（墨、劓、刖、宫、大辟）。另外值得一提的是，《齊律》中首列“重罪十條”，即“反逆、大逆、叛、降、惡逆、不道、不敬、不孝、不義、内亂”。若犯此十罪，不在“八議”論贖之内。隋代因之，改爲“十惡”。從此，“十惡”之名爲歷代法典沿用。

至隋唐時期，中國步入了封建社會的鼎盛時期，法典也達到相當可觀的高度。隋文帝時頒布了《開皇律》，沿《齊律》之制，定十二篇之體例，後爲唐宋沿用。隋煬帝時，又頒行《大業律》。唐朝則先後制定了《武德律》《貞觀律》《永徽律》《開元律》。特別是《永徽律》及其《律疏》（即《唐律疏議》），集歷代律典之精華，乃中國封建時代一部成熟的法典。唐朝還頒布了我國現存的一部最古老的行政法典——《唐六典》，標誌着我國的行政法從刑典中分離出來而自成一個體系。從此中國古代便有了兩大類型法典：一爲刑法典，一爲行政法典。行政法典除《唐六典》外，明清時代還有《明會典》《清會典》。五代時期，編訂過一些刑典，如《同光刑律統類》《清泰編敕》《天福編敕》《周廣順類敕》等，但值得一提的祇有《大周刑統》。

宋、遼、夏、金、元、明、清時期，先後編定的法典有《宋刑統》《慶元條法事類》《天盛律令》《泰和律義》《元典章》《大元通制》《大明律》《明大誥》《問刑條例》《大清律例》等。其中《大明律》在體例上一改隋唐宋元八百年舊制，不再按十二篇目分類，而以《名例律》冠於篇首，下依“吏、户、禮、兵、刑、工”六部分成六律。此法爲清代沿用。另外，“例”的作用凌駕於“律”之上。律、例并存，把例提升爲律來使用，這是明代以後的習慣，清代尤爲突出。乾隆四十六年（1781）明確規定：“既有定例，則用例不用律”（《大清律例》卷四，《總類》《比引律條》），把例完全放到先於律的重要地位。《大清律例》是中國歷史上最後一部封建法典。

鴉片戰争以後，中國進入了半殖民地半封建社會。在内外交困的形勢下，清廷爲了挽救其搖搖欲墜的封建統治，玩弄立憲騙局，先後制定頒布了《欽定憲法大綱》《憲法重大信條十九條》，又制定了《大清現行刑律》《大清新刑律》《大清訴訟法》《大清民律草案》。其中《大清新刑律》是我國歷史上第一部采用西方刑法原則及概念的刑法典，也是我國第一部單純的刑法典。《大清訴訟法》是我國第一部獨立的訴訟法，標志着刑事訴訟法與刑法的分離。辛亥革命以後，中華民國南京臨時政府頒布了一系列憲法性文件。北洋政府、廣州武漢國民政府、國民黨南京政府也先後頒布過各種憲法、刑法、刑事訴訟法。

　　中國歷史悠久，法典繁多。在古代，憲法、刑法、刑事訴訟法、行政法、民法等往往彙於一書，不但有衆多的"律""令"，更有大量的"科""格""編敕""判例"（包括秦朝"廷行事"，漢朝"決事比"，唐宋"斷例"，明朝"大誥"，明清時代的"例"等等）。因此，在選擇條目上一般衹收入各朝各代的重要法典，及個別有代表性的"令"（如《筮令》）、"格"（如《麟趾格》）、"典"（如《唐六典》）等。清末以來，憲法、刑法、刑事訴訟法紛紛獨立出來。因"憲法"乃國家之根本大法，刑法之依據，故將"憲法""刑法""刑事訴訟法"一并收入本卷。《中華民國臨時政府組織大綱》和《中華民國國會組織法》乃帶有"臨時憲法"性質的政府組織法，故亦收入。至於《勞動法》《土地法》《婚姻法》等專門性的法律，劃入"刑典"之類，似不適宜，故略而不取。

泛稱

刑典

　　權威性的法律經籍。《周禮·天官·大宰》："大宰之職，掌建邦之六典，以佐王治邦國：一曰治典，以經邦國，以治官府，以紀萬民……五曰刑典，以詰邦國，以刑百官，以糾萬民。"鄭玄注："典，常也，經也。"《隋書·經籍志二》："齊武帝時，於麟趾殿删正刑典，謂之《麟趾格》。"清孔尚任《桃花扇·會獄》："片紙飛來無人見，三更縛去加刑典，教俺心驚膽顫。"

刑書

　　先秦時多指可供開啓檢閱的法律典册。後世泛指法律書籍，義近"刑典"。《書·吕刑》："哀敬折獄，明啓刑書胥占，咸庶中正。"孔傳："當憐下人之犯法，敬斷獄官之害人，明開刑書，相與占之，使刑當其罪，皆庶幾必得中正

之道。"《逸周書·嘗麥》："維（周成王）四年孟夏，王命大正正刑書。"《左傳·昭公六年》："三月，鄭人鑄刑書。"杜預注曰："鑄刑書於鼎，以爲國之常法。"又《昭公六年》："今吾子相鄭國……制三辟，鑄刑書。"孔穎達疏："'制三辟，鑄刑書'是一事也。爲其文是制三辟，勒於鼎是鑄刑書也。"《左傳·昭公二十九年》："冬，晋趙鞅、荀寅帥師城汝濱，遂賦晋國一鼓鐵，以鑄刑鼎，著范宣子所爲刑書焉。"春秋之前刑法藏於官府，平時不予公開，今鑄之於鼎，使民周知而畏法，以防範於未然。戰國時期，楚國的《憲令》、趙國的《國律》、齊國的《七法》、韓國的《刑符》、魏國的《法經》都是這一時期的刑書。自此始，歷代均有日益詳細的刑書。刑書之名與刑典之意也漸合而爲一。清

惲敬《上座主戴蓮士先生書》："嘉慶五年前之計議，如軍籍之賞罰，計簿之衰益，刑書之輕重，吏職之進退，均有可意得其符驗者。"

憲方

亦稱"金書"。指載有法律條文的册籍。漢蔡邕《陳留太守行小黄縣頌》："濟濟群吏，攝齊升堂；乃訓乃厲，示之憲方。"《隋書·刑法志》："將恐玉科輕重，全關墨綬，金書去取，更由丹筆。"

【金書】

即憲方。此稱隋代已行用。見該文。

法律

亦稱"三尺法""三尺""三尺律令""三尺律""三尺令"。古代多指刑法或各種律令。《管子·七臣七主》："夫法者，所以興功懼暴也；律者，所以定分止争也；令者，所以令人知事也；法律政令者，吏民規矩繩墨也。"《莊子·徐無鬼》："法律之士廣治。"成玄英疏："刑法之士，留情格條，懲惡勸善，其治大也。"古代多以三尺竹簡書法律，故亦稱"三尺法"，省稱"三尺"，又有"三尺律令""三尺律""三尺令"諸稱。《史記·酷吏列傳》："客有讓周曰：'君爲天子決平，不循三尺法，專以人主意指爲獄。獄者固如是乎？'周曰：'三尺安出哉？前主所是著爲律，後主所是疏爲令，當時爲是，何古之法乎？'"裴駰集解引《漢書音義》："以三尺竹簡書法律也。"《漢書·朱博傳》："如太守漢吏，奉三尺律令以從事耳，亡奈生所言聖人道何也！"唐李頎《送馬録事赴永嘉》詩："手持三尺令，決遣如流泉。"前蜀韋莊《和鄭拾遺秋日感事》詩："儉德遵三尺，清朝俟一匡。"宋王應麟《困學紀聞·左氏傳》："《漢杜周傳》'不循三尺法'注謂：'以三尺竹簡書法律！'朱博亦云：'奉三尺律令以從事。'《鹽鐵論》乃云'二尺四寸之律'，古今一也。蓋律書以二尺四寸簡，舉其大數，謂之三尺。"《明史·翟鑾傳》："不合三尺法，何以信天下？"清錢謙益《浙江嘉興府推官姚鈿授文林郎制》："夫三尺律，人主所與治天下也。"

【三尺法】

即法律。此稱漢代已行用。見該文。

【三尺】

即法律。此稱漢代已行用。見該文。

【三尺律令】

即法律。此稱漢代已行用。見該文。

【三尺律】

即法律。此稱唐代已行用。見該文。

【三尺令】

即法律。此稱唐代已行用。見該文。

法

刑法，法律。《爾雅·釋詁》："法，常也。"《書·吕刑》："惟作五虐之刑曰法。"《韓非子·定法》："法者，憲令著於官府，刑罰必於民心，賞存乎慎法，而罰加乎奸令者也。"

律

法律、法則。《爾雅·釋詁》："律，常也，法也。"《周易·師》："師出以律。"《漢書·刑法志》："於是相國蕭何捃摭秦法，取其宜於時者，作律九章。"

令

法令。《爾雅·釋詁》："令，告也。"在古代，律與令不同。律是一個王朝基本的比較穩定的法律形式，它的制定比較慎重，須經一定的程式。而令是皇帝發布的命令，通稱爲詔或詔令，具有最高的法律效力，可以變更或廢止律文，比較靈活。《太平御覽》卷六三八引杜預《律序》："律以正罪名，令以存事制。"《史記·酷吏列傳》："客有讓周（杜周）曰：'君爲天子決平，不循三尺法，專以人主意指爲獄。獄者固如是乎？'周曰：'三尺安出哉？前主所是著爲律，後主所是疏爲令，當時爲是，何古之法乎？'"

憲法

單稱"憲"。指綱領性之國法，全國奉行之根本大法。憲，法令。《周禮·秋官·布憲》："布憲掌憲邦之刑禁。正月之吉，執旌節以宣布于四方，而憲邦之刑禁，以詰四方邦國，及其都鄙，達于四海。"鄭玄注："憲，表也，謂縣之也。刑禁者，國之五禁，所左右刑罰者。"《書·説命下》："監于先王成憲，其永無愆。"孔傳："愆，過也，視先王成法，其長無過，其惟學乎。"《管子·立政》："憲既布，有不行憲者，謂之不從令，罪死不赦。"又："布憲於國。"另《管子·七法》："有一體之治，故能出號令，明憲法矣。"《管子》一書中的"憲"與"憲法"并用，均指國法。《國語·晋語九》亦云："賞善罰奸，國之憲法也。"自春秋始，"憲"或"憲法"即爲國之法令的代名詞，後世沿用不改，如《續資治通鑑·宋哲宗元祐六年》："自初輔政至爲相，修嚴憲法，辨白邪正，孤立一意，不受請謁。"

【憲】

"憲法"之單稱。此稱先秦時期已行用。見該文。

城旦書

省稱"城旦"。指有關刑法的專書。如西周時之《九刑》《吕刑》，漢代的《九章律》，曹魏的"新律"，唐代的《貞觀律》。自五代始，除却正律之外，又有判定是非曲直、剖析疑獄之專書出現，如五代和凝、和㠓父子的《疑獄集》、宋代宋慈的《洗冤錄》、元代王與的《無冤錄》、明代王槼的《王恭毅駁稿》、清代陳士鑛的《折獄卮言》等等。城旦，爲先秦兩漢時盛行的一種築城四年的罰役。"城旦書"一稱，始見於《史記·儒林列傳》："竇太后好《老子》書，召轅固生問《老子》書。固曰：'此是家人言耳。'太后怒曰：'安得司空城旦書乎？'"裴駰集解："徐廣曰：'司空，主刑徒之官也。'《漢書音義》曰：'道家以儒法爲急，比之於律令。'"可見"城旦書"本爲喜好黃老的竇太后對儒生轅固生回話之反脣相譏，後人以"城旦書"代稱刑書。歷代執法官員皆十分重視"城旦書"之習讀，而崇信黃老者照例不以爲然。如宋李旦《蓋公堂》詩："吾家柱下史，不讀城旦書。"按"柱下史"藉指老子，故而下句曰"不讀城旦書"。宋蘇軾《喬大博見和復次韵答之》："逝將游無何，豈暇讀城旦。"又《送江公著知吉州》詩："初冠惠文讀城旦，晚入奉常陪劍履。"按"惠文"指"惠文冠"，此處特指治獄法官所冠，故以藉指。清趙翼《題嶺南物産圖六十二韵》："我昔官其地，吏事困案牘。但翻城旦書，奚暇《爾雅》讀。"

【城旦】[2]

"城旦書"之省稱。此稱宋代已行用。見該文。

刑統

中國古代刑法、刑律之統類的省稱，猶刑法、刑律的彙編與訓釋。此"刑"字亦包括了刑事與民事兩類。刑統之制，始於唐宣宗大中

年間之《大中刑法統類》。以《唐律疏議》爲體
例，結合當時施行的格、敕、法令分類統編而
成，頗便使用，惜已亡佚。自是而後，歷代沿
襲。據《資治通鑑·後周顯德四年》載："律令
文古難知，格敕煩雜不壹，命侍御史知雜事張
湜等訓釋，詳定爲《刑統》。"胡三省注："《刑
統》一書，終宋之世行之。"按，《舊五代史·周
書九·世宗紀五》："〔顯德五年〕秋七月……丙
戌，中書門下新進册定《大周刑統》，奉敕班行
天下。"又同書《刑法志》："〔顯德〕五年七月，
中書門下奏：'侍御史知雜事張湜等九人，奉詔
編集刑書，悉有條貫，兵部尚書張昭等一十人，
參詳旨要，更加損益。臣〔范〕質、臣〔王〕
溥據文評議，備見精審……凡二十一卷，刑名
之要，盡統於茲，目之爲《大周刑統》。'"宋
趙彥衛《雲麓漫鈔》卷四："《刑統》皆漢唐舊
文，法家之五經也。國初嘗修之，頗存南北朝
之法，及五代一時旨揮，如奴婢不得與齊民伍，
有'奴婢賤人類同畜產'之語，及五代私酒犯
者處死之類。不可爲訓，皆當删去。"今存《宋
刑統》爲宋初據後周《刑統》之删定本。

辟書

天子徵召或蠲免的詔書。《文選·阮籍〈奏
記·詣蔣公〉》："開府之日，人人自以爲掾屬；
辟書始下，而下走爲首。"李善注："辟，猶召
也。"南朝齊蕭子良《密啓武帝文》："若罰典惟
加賤下，辟書必蠲世族，懼非先王立禮之本。"

罰典

據以懲罰之法典。專門用於治罪，與《辟
書》相對。南朝齊蕭子良《密啓武帝文》："若
罰典惟加賤下，辟書必蠲世族，懼非先王立禮
之本。"

刑法

懲罰罪犯的法律，包括了民法，并非專指
今世之刑事法。《國語·晋語八》："端刑法，緝
訓典，國無奸民。"我國上古刑法已無成文可
考，戰國李悝集諸國刑典，著《法經》六篇，
今佚。商鞅相秦，改法爲律。漢代蕭何作律九
章。三國魏删約漢法，制新律十八篇。自晋到
南北朝，有增有减。至唐貞觀，撰成唐律十二
篇，條例加密，獨立成一系統。宋朝的刑統，
元朝的典章，明清的大明、大清律，大體都不
出此範圍。

刑

刑法之"刑"本作"荆"。《説文·井部》：
"荆，罰辠（即今"罪"字）也。从刀井。《易》
曰：'井，法也。'"張舜徽注："'荆'字从井，
蓋與'灋'（即今'法"字）字从水同意。本
書《廌部》：'灋，荆也。平之如水，从水。'《水
部》：'瀳，議辠也。从水，與灋同意。'可知
古人言法，皆取象於水之平。"今"荆"多作
"刑"。一指處罰的總稱。《書·大禹謨》："刑期
於無刑。"二指法度、典範。《詩·大雅·蕩》：
"雖無老成人，尚有典刑。"《左傳·隱公十一
年》："許無刑而伐之，服而舍之。"

刑罰

本指依照法律采取的强制措施。刑，指肉
刑、死刑；罰指以金錢或勞役贖罪。後亦泛指
刑法。《魏書》有《刑罰志》，同他史之《刑法
志》。《書·吕刑》："刑罰世輕世重，惟齊非齊，
有倫有要。"《舊唐書·韋凑傳》："善善者，懸爵
賞以勸之也；惡惡者，設刑罰以懲之也。"

刑辟

猶刑法、刑律。《左傳·昭公六年》："首先

王議事以制，不爲刑辟，懼民之有争心也。”杜預注：“臨事制刑，不豫設法也。法豫設，則民知争端。”《明史·沈鯉傳》：“鯉（沈鯉）劾國祥（張國祥），詆誣導諛，請正刑辟。”

刑章

猶刑法、法律。唐韓愈《賀册尊號表》：“微臣幸生聖代，觸犯刑章，假息海隅，死亡無日。”《中國近代史資料·辛亥革命·軍政府〈討滿洲檄〉》：“好惡因於郡縣，生殺成於墨吏，刑部不知，按察不問，遂令刑章枉橈，呼天無所，其罪十也。”

獄法

亦稱“法科”。關於訴訟的法律、條例及其載體。自先秦始，歷代執法人員皆須熟習，常備案頭。爲求進用，民間亦常有專習者。時見師徒相授受，祖、父、子、孫相傳承，自西漢已蔚成風氣。《商君書·境内》：“其獄法，高爵訾下爵級。高爵能，無給有爵人隸僕。爵自二級以上，有刑罪則貶；爵自一級以下，有刑罪則已。”能，通“罷”，謂罷免。已，謂取消爵位。《史記·蒙恬列傳》：“秦王聞高（趙高）彊力，通於獄法，舉以爲中車府令。”《後漢書·郭躬傳》：“郭躬字仲孫，潁川陽翟人也。家世衣冠。父弘習小杜律……躬奏讞法科，多所生全。永元六年，卒官中。子晊，亦明法律，至南陽太守，政有名迹。弟子鎮。鎮字桓鍾，少修家業，辟太尉。”李賢注：“《前書》：杜周，武帝時爲廷尉、御史大夫，斷獄深刻。少子延年亦明法律，宣帝時又爲御史大夫。對父故言小。”《郭躬傳》又載：“躬少傳父業，講授徒衆常數百人……郭氏自弘後，數世皆傳法律，子孫至公者一人，廷尉七人，侯者三人，刺史二千石，侍中中郎將者二十餘人，訴御史、正監平者甚衆。”同傳又載：“順帝時，廷尉河南吳雄季高，以明法律，斷獄平，起自孤宦，致位司徒……及子訴、孫恭，三世廷尉，爲法名家。”《宋書·明帝紀》：“夫愆有小大，憲隨寬猛，故五刑殊用，三典異施。而降辟次網，便暨鉗撻，求之法科，差品滋遠。”

【法科】

即獄法。此稱漢代已行用。見該文。

上古法典

禹刑

相傳爲夏朝的刑法。《禹刑》書起於晚世，因將禹之法著於書，故仍以禹名。《左傳·昭公六年》：“夏有亂政而作《禹刑》。”《尚書大傳》：“夏刑三千條。”《隋書·經籍志》：“夏后氏正刑有五，科條三千。”漢揚雄《法言·先知》：“夏后肉辟三千。”《周禮·秋官·司刑》：“司刑掌五刑之法。”鄭玄注：“夏刑大辟二百，臏辟三百，宫辟五百，劓墨各千。”此三千之數。《禹刑》早佚，祇可從後世法律條文中窺知一二。《左傳·昭公十四年》載有《禹刑》之法律條文曰：“昏、墨、賊、殺。”此一條文，晉國之叔向答復韓宣子有關邢侯與雍子争都田時引以爲經典。叔向認爲《禹刑》爲舜臣皋陶所制，并釋此條文曰：“己惡而掠美爲昏。”即昏爲自作惡而掠他人美名。“貪以敗官爲墨。”墨即貪婪無度，敗壞官紀。"殺人不忌爲賊。"賊即肆無忌憚地殺人。故晋人杜預據《逸書》注《左傳》此文曰："三者皆死刑。"《孝經·五刑章》載："五刑之屬三千，而罪莫大於不孝。"近人章太炎《〈孝經〉本夏法説》認爲夏代已有不孝罪，且爲最重之罪。

湯刑

相傳爲商代刑法，乃商代法律之總稱，以"湯"爲名表示對商朝開國之君湯的懷念與崇敬。《左傳·昭公六年》："商有亂政而作《湯刑》。"《竹書紀年·祖甲二十四年》："重作湯刑。"《書·伊訓》："制官刑，儆於有位。"孔傳："湯制治官之刑，以儆戒百官。"商朝刑法以嚴酷著稱，以至百姓棄灰於道者，也要處以砍手之刑。《韓非子·内儲説上》："殷之法，棄灰於公道者，斷其手。"《吕氏春秋·孝行覽》："《商書》曰：刑三百，罪莫重於不孝。"高誘注："商湯所制法也。"《漢書·董仲舒傳》："殷人執五刑以督奸，傷肌膚以懲惡。"《書·康誥》："罰蔽殷彝，用其義刑義殺。"甲骨文中還出現了"兹人井不"的"刑"（即"井"）字和"作辟""惟辟"的"辟"字。辟指刑辟，《説文·辟部》："辟，法也。"足見商代法律之酷并已有一定規模。故《荀子·正名》曰："刑名從商。"至商紂王時，更是"重刑辟"（《史記·殷本紀》），且法外用刑。商代刑法對後世産生了重要影響。

吕刑

亦稱"甫刑"。西周穆王時之刑律。因司寇吕侯受命制作，稱爲《吕刑》，後人又以其子孫封國爲甫，故又稱《甫刑》。它明確規定了刑罰種類、立法司法原則和刑罰制度，十分完備。《書·吕刑》："吕命，穆王訓夏贖刑，作《吕刑》。"孔傳："吕侯以穆王命作書，訓暢夏禹贖刑之法，更從輕以布告天下。"贖刑是吕刑的核心内容。《書·吕刑》云："墨辟疑赦，其罰百鍰，閱實其罪；劓辟疑赦，其罰惟倍，閱實其罪；剕辟疑赦，其罰倍差，閱實其罪；宫辟疑赦，其罰六百鍰，閱實其罪；大辟疑赦，其罰千鍰，閱實其罪。"可見，當時的五刑均可按罰金等差贖罪。贖罪制度的建立，是我國古代刑法的重要發展。《吕刑》對後世影響很大，《後漢書·陳寵傳》："及爲理官，數議疑獄，常親自爲奏，每附經典，務從寬恕……寵又鉤校律令條法，溢於《甫刑》者除之。"説明東漢時期的法律條文，還以《甫刑》爲依據。

【甫刑】

即《吕刑》。此稱漢代已行用。見該文。

九刑[2]

相傳爲周代刑律。《逸周書·嘗麥》："維（周成王）四年孟夏，王命大正正刑書，太史筴刑書九篇以升，授大正。"清沈家本《歷代刑法考·律令》："竊謂《逸周書》言刑書九篇，是周初舊有九篇之名，後世本此爲書，故謂之九刑，非謂刑有九也。"《左傳·文公十八年》："先君周公……作誓命曰：'毁則爲賊，掩賊爲藏，竊賄爲盜，盜器爲奸。主藏之名，賴奸之用，爲大凶德，有常無赦。在《九刑》不忘。'"另《左傳·昭公六年》："周有亂政而作《九刑》。"亦指此而言。

茆門法

亦作"茅門法"。春秋時期楚國關於宫廷保衛的律法。《韓非子·外儲説右上》："荆莊王有茆門法曰：'群臣、大夫、諸公子入朝，馬蹄踐霤者，廷理斬其輈，戮其御。'……楚國之法，車不得至於茆門。"《説苑·至公》作"茅門"，"茆"通"茅"。茆門，宫門之一，即雉門。

【茅門法】

即茆門法。此體漢代已行用。見該文。

僕區法

春秋時楚國的刑法，專用於處罰窩藏罪。僕區意爲隱匿。《左傳·昭公七年》："吾先君文王作《僕區》之法曰：'盜所隱器，與盜同罪。'"杜預注："僕區，刑書名。"陸德明釋文："服（服虔）云：僕，隱也；區，匿也。爲隱匿亡人之法也。"

法經

我國古代第一部比較完整的成文法典，爲戰國初年李悝所纂。戰國時期，各國各有刑法，李悝集而成《法經》。《晋書·刑法志》曰："秦漢舊律，其文起自魏文侯師李悝。悝撰次諸國法，著《法經》。以爲王者之政莫急於盜賊，故其律始於盜賊。盜賊須劾捕，故著綱、捕二篇，其輕狡、越城、博戲、借假不廉、淫侈、踰制以爲雜律一篇，又以具律具其加減。是故所著六篇而已，然皆罪名之制也。商君受之以相秦。"唐杜佑《通典·刑一》亦曰："〔法經〕皆罪名之制也。"唐長孫無忌《唐律疏議》云：李悝集諸國刑典造《法經》六篇，一盜法（即後世之"賊盜律"），二賊法（即後世之"詐僞律"），三囚法（即後世之"斷獄律"），四捕法（即後世之"捕亡律"），五雜法（即後世之"雜律"），六具法（即後世之"名例律"）。《法經》所規定的刑罰中，死刑有：誅、夷族、夷鄉；肉刑有：臏、刖、馘、宫、笞；另外還有籍没和罰金兩種。《法經》爲秦法之本源，爲秦漢刑法的發展奠定了基礎，對後世刑法影響很大。

《法經》早已失傳，西漢末年桓譚《新論》中有片斷記載。《新論》在南宋亦佚，明末董説《七國考》又曾引《新論》中《法經》的部分内容。《漢書·藝文志》法家有《李子》三十二篇，《法經》當在其中。《晋書·刑法志》和《唐律疏議》祇存其篇目，《隋書·經籍志》已不著其名。清黄奭《漢學堂叢書》中所輯《法經》係僞作。

刑器 [2]

多指春秋戰國時記有刑法條文的器物，包括鼎、版號、竹簡等金屬竹木載體。《左傳·襄公九年》："火所未至，徹小屋，塗大屋，陳畚挶，具綆缶，備水器……使樂遄庀刑器，亦如之。"杜預注："樂遄，司寇。"孔穎達疏："此人掌具刑器，知其爲司寇也。恐其爲火所焚，當是國之所重……哀三年，魯人救火云：出禮書、御書，書不名器，此言刑器必載於器物。鄭鑄刑書而叔向責之，晋鑄刑鼎而仲尼譏之，彼鑄之於鼎，以示下民，故譏其使民知之。此言刑器必不在鼎，當書於器物，官府自掌。不知其在何器也。或書之於版號，此版爲刑器耳。"此處之"版號"當爲竹木製品，因"恐其爲火所焚"，定非金屬之鼎。又《昭公六年》："火見，鄭其火乎。火未出而作火，以鑄刑器，藏爭辟焉。"杜預注："火，心星也。周五月昏見。刑器，鼎也。象，類也。同氣相求，火未出而用火，相感而致災。"孔穎達疏："作刑書以示民，教民使爭罪，故謂之爭辟……《周禮·司爟》云：季春出火，民咸從之。秋季内火，民亦如之。鄭玄云：火所以用陶冶，民隨國而爲之。是火星未出，不得用火。今鄭火未出，而用火以鑄鼎，及火星出則相感以致災。服虔云：鑄鼎藏爭辟，故今出火與五行之火爭明，故爲灾在器，故稱藏也。"此處之刑器又指鼎。春秋戰國時，多以寬大的三尺竹簡書寫法律，史稱"三尺法"。這三尺竹簡更是常見的刑器。

刑鼎

鑄有法律條文之鼎。春秋時期，各諸侯國紛紛制定自己的法律，并公布於衆，開始了中國法制史上從刑法秘藏於官府向公布於下民、從習慣法向成文法的轉化。如鄭國鑄刑書、作《竹刑》，晋國鑄刑鼎，皆爲此類。《左傳·昭公六年》："鄭人鑄刑書。"杜預注："鑄刑書於鼎，以爲國之常法。"又《昭公二十九年》："冬，晋趙鞅、荀寅帥師城汝濱，遂賦晋國一鼓鐵，以鑄刑鼎，著范宣子所爲刑書焉。"刑鼎原文今已失傳。《漢書·五行志上》："鄭人鑄刑書。"杜預注："鑄刑書於鼎，以爲國之常法。"

竹刑

刻在竹簡上的刑法條文。春秋末年鄭國的刑法。子產鑄刑書後三十餘年，大夫鄧析又編成一部成文法，并把它刻在竹簡上，即爲《竹刑》。《左傳·定公九年》載："鄭駟歂殺鄧析，而用其竹刑。"杜預注："鄧析，鄭大夫，欲改鄭所鑄舊制，不受君命而私造刑法，書之於竹簡，故言竹刑。"《列子·力命》則云："當子產執政，作竹刑，鄭國用之。"此說當非，《竹刑》作於鄧析，非子產。今已失傳。

中古法典

秦律

秦國及秦朝法律之總稱。秦國有法由來已久。《史記·秦本紀》云："〔文公〕二十年，法初有三族之罪。"秦孝公時，商鞅改法爲律，把李悝之六法改爲盜律、賊律、囚律、捕律、雜律、具律六律，形成以《法經》爲基礎的《秦律》。秦朝建立後，"事皆決於法""海内爲郡縣，法令由一統"（《史記·秦始皇本紀》），在全國範圍内進行統一立法。《史記·李斯列傳》云"明法度，定律令"，又《史記·蕭相國世家》云："〔蕭〕何獨先入收秦丞相御史律令圖書藏之"，均爲秦有統一法律及律書之明證。秦始皇時，"專任刑罰"，致使"赭衣塞路，囹圄成市"（《漢書·刑法志》）。秦二世時，趙高當權，實行嚴刑峻法，法酷於秦始皇時。《秦律》今佚，但據《睡虎地秦簡》及其他資料，可知《秦律》主要内容有律、令及對律、令的解釋等等。《秦律》法密罪多，刑重且繁，體罰物懲，廣爲株連。漢桓寬《鹽鐵論·刑德》云："秦法繁於秋荼，而網密於凝脂。"僅死刑就有夷三族、車裂、肢解、剖腹、抽筋、定殺等，并廣泛使用肉刑和徒刑。《秦律》對後世封建王朝刑事立法有重大影響。

睡虎地秦簡

亦稱"睡虎地秦墓竹簡""雲夢竹簡"。1975 年 12 月在湖北省雲夢縣睡虎地十一號秦墓出土，上有秦法律有關内容，共一千一百五十五枚，簡長 23 至 27.5 厘米，均墨書秦隸字體。因其出土地點而得名。這些竹簡上所載文字内容有《語書》《秦律十八種》《秦律雜抄》《法律答問》《封診式》《爲吏之道》《廷行事》等。《語書》是秦王政二十年（前 227），南郡守騰頒發給本郡各縣的一篇教戒文告，共有十四枚竹簡，其中指出聖王制定法度，是"以矯端民心，去其邪避，除其惡俗"。還提到官吏應"明法律令""廉潔""有公心""好佐上"，不可獨行，并以此爲標準，分爲"良吏""惡吏"；《秦律十八種》是秦簡中的十八種法律條文，共二百○一枚竹簡，内容有《田律》《厩苑律》《倉律》《金布律》《關市》《工律》《工人程》《均工》《徭律》《司空》《軍爵律》《置吏律》《效》《傳食律》《行書》《内史雜》《尉雜》《屬邦》等；《秦律雜抄》共四十二枚竹簡，内容有《除吏律》《游士律》《除弟子律》《中勞律》《藏律》《公車司馬獵律》《牛羊課》《博律》《敦表律》《捕盜律》《戍律》等十一種。其中除《除吏律》與《秦律十八種》中的《置吏律》名稱相似外，餘皆無重複；《法律答問》是以問答的形式對秦律條文作出的解釋，共二百一十枚竹簡，内容有一百八十七條，其中大部分内容是刑法，解釋的範圍與《盜》《賊》《囚》《捕》《雜》《具》六篇大體一致。内有作爲判案依據的成例"廷行事"，還有部分關於訴訟程式的説明，如"州告""公室告""非公室告"等等；《封診式》是秦對案件進行調查、檢驗、審訊等的文書程式，共有九十八枚竹簡，多爲盜牛、馬及衣物和逃亡、避徭役、殺傷等方面的内容。各類案例由有關官吏學習，并參照處理案例；《爲吏之道》本是秦供吏使用的識字讀本，共五十一枚竹簡，其有關法律的乃是附有魏安釐王二十五年（前252）頒布的《魏户律》和《魏奔命律》，與秦法相近；《廷行事》是指司法機構已作出的判決成例。今見者僅有七枚竹簡。廷，指廷尉；行事，指進行審判與審判的結果，即成例。《法律

答問》中多次提到《廷行事》，這些判決成例在司法實踐中可作爲原律文之外可兹援引的依據，具有法律效能，類似漢代之"決事比"。睡虎地秦簡中另有《日書》等與法律無甚關係之簡數百枚，此略。《睡虎地秦簡》内容廣泛而豐富，其有關法律内容，條理清晰準確，已形成系統，尤其是刑法部分，更是完備。後人由此得以窺見秦律之内容。

【睡虎地秦墓竹簡】

即睡虎地秦簡。今考古定名。見該文。

【雲夢竹簡】

即睡虎地秦簡。今考古定名。見該文。

居延木簡

漢代木簡。1972年至1976年間於甘肅額濟納河流域（古居延所在地）出土。上載漢律及案卷等。其東漢《建武三年侯粟君所責寇恩事》案卷記載僞證有罪内容。木簡今藏甘肅省博物館。

漢律

兩漢法律之總稱。主要形式有律、令、科、比等。《漢書・刑法志》載，漢高祖初入關，即與民約法三章："殺人者死，傷人及盜抵罪。蠲削煩苛，兆民大説。"後因三章之法不足以禦奸，相國蕭何乃"捃摭秦法，取其宜於時者，作律九章"，謂之《九章律》。其後，叔孫通又作增益。《晋書・刑法志》云："叔孫通益律所不及，傍章十八篇。"文景時期，簡法輕刑，完成了廢除肉刑的改革，禁網疏闊，刑罰用稀。至漢武帝時，又嚴密法網，任用酷吏張湯、趙禹，分別制定了《越宫律》二十七篇，《朝律》六篇，使漢律達到六十篇。另外，這一時期還制定了《沈命法》，專治亡命盜賊。漢宣帝時，于

定國爲廷尉，"集諸法律，凡九百六十卷"（《魏書·刑罰志》）。至此，漢律已基本定型。"後漢二百年間，律章無大增減。"（《魏書·刑罰志》）元帝、成帝時，刑法又漸疏。東漢刑律基本上援用《九章律》，光武帝時，多次發布减刑令，省簡律令條文，"務用安静，解王莽之繁密，還漢世之輕法"（《後漢書·循吏傳》）。但"自建武以來，雖屢有省刑薄罰之詔，然上下相胥以苛酷爲能，而拷囚之際，尤極殘忍。《獨行傳》載，楚王英坐反，誅其所疏天下名士"（《文獻通考·刑二》）。漢章帝時廷尉陳寵奏稱，"宜隆先王之道，蕩滌煩苛之法"（《後漢書·陳寵傳》），并進行了較大的修律工作。總觀兩漢，律除《九章》《朝律》《越宫》之外，尚有《酎金》《左官》《上計》《尚方》等律；令有《獄令》《箠令》《宮衛令》等；另有科條無數，還有從秦"廷行事"發展而來、作爲判决標準的典型案例、成例的"比"。其刑罰制度於漢初多沿秦制，并隨時而有損益，計有死刑、肉刑、徒刑、贖刑、名譽刑及一些非正刑。漢律已漸成封建法律之系統，對我國後世法律有極爲深刻的影響。今已失傳，僅存其篇目、篇名。

讞疑獄令

漢高祖七年（前200）頒行的詔令。讞，議罪。《禮記·文王世子》："獄成，有司讞于公。"鄭玄注曰："成，平也，讞之言白也。"漢初，官吏對疑難案件多拖延不决，漢高祖遂頒布詔令，規定：縣難以斷决之案件，要報請郡審理；郡難以斷决之案件，報請廷尉審理；廷尉仍難以决斷，就奏請皇帝，比附相應之律令判决。另《漢書·景帝紀》中五年詔："諸獄疑，若雖文致於法而於人心不厭者，輒讞之。"顏師

古注："讞，平議也。"

九章律

西漢最重要的一部刑法典。漢初，丞相蕭何奉高祖之命，以李悝之《法經》和秦律爲基礎，作律九篇，故名《九章律》。《漢書·刑法志》："相國蕭何捃摭秦法，取其宜於時者，作律九章。"顏師古注："捃摭，謂收拾也。"《晋書·刑法志》："漢承秦制，蕭何定律，除參夷連坐之罪，增部主見知之條，益事律興、厩、户三篇，合爲九篇。"《唐律疏議》卷一："漢相蕭何，更加悝所造户、興、厩三篇，謂九章之律。"《法經》六篇，即盜法、賊法、囚法、捕法、雜法、具法。秦商鞅改法爲律，蕭何取秦法六律，又增户律、興律、厩律，合爲九篇。户律，即後世之户婚律；興律，即後世之擅興律（有關徵發徭役、城防守備諸律）；厩律，即後世之厩庫律。此所增三律，在雲夢秦簡中實已具有關內容，蕭何將之進一步定型。九律之中，前六律內容以刑罰爲主，蕭何所增，是有關徭役、户籍、畜牧、庫厩等法規，故漢志稱"事律"。《九章律》今已失傳。

傍章律

漢高祖劉邦爲確保其江山社稷，繼制定《九章律》之後，復全面施行法制建設。命韓信定軍法，張蒼作章程（曆數與度量衡的推算法式），叔孫通制定《傍章律》。據《漢書·禮樂志》記載："叔孫通所撰禮儀，與律令同錄，藏於理官。""與律令同錄"，即與律令并行，故曰"傍章"。該律計十八篇，是一部有關朝儀的專門法律。如，規定不得"闌入宫門"，闌入，指無憑證擅自闖入；不得"僭越"，兩漢諸侯百官之器用、服飾、乘輿各有等差，如有"逾

制"，即成僭越；不得非議詔書，毀先帝，即不得妄加議論皇帝命令，不得詆毀先朝皇帝；更規定有不敬、大不敬罪，即對皇帝皇室及近臣親信，甚至皇帝使用的器物、牲畜，皆須畢恭畢敬，等等。以上規定甚為細密，常防不勝防。

沈命法

西漢武帝為督責地方官吏鎮壓農民暴動、緝捕盜賊而頒行的一項連坐特別法規。沈（沉）命，即沉沒隱匿盜賊者之命，使之與盜賊相連俱死。《史記・酷吏列傳》："散卒失亡，復聚黨阻山川者，往往而群居，無可奈何。於是作'沈命法'，曰群盜起不發覺、發覺而捕弗滿品者，二千石以下至小吏主者皆死。"沈，即沉，沒也，言敢於隱匿亡命者皆處死。但此法并未起到預料的效果，"其後小吏畏誅，雖有盜不敢發，恐不能得，坐課累府，府亦使其不言。故盜賊浸多，上下相為匿，以文辭避法焉"（《史記・酷吏列傳》）。說明了沈命法的反作用。

箠令

西漢關於笞刑刑具及執行方法的法令。箠，即刑杖。文景時期，約法輕刑。漢文帝十三年（前167），因太倉令淳于公有罪當刑，其少女緹縈直訴於上，要求免刑，文帝命丞相張蒼、御史大夫馮敬更定律令，後頒令廢除黥、劓、斬趾等肉刑；改當髡者為城旦舂；當黥髡者鉗為城旦舂；當劓者笞三百；當斬左趾者笞五百；當斬右趾及公然殺人等重罪，皆以棄市代之。但被笞者往往受刑不過而死。景帝中元六年（前144）又減箠三百為二百，二百為一百；并頒行《箠令》，規定：箠用竹製，長五尺，大頭厚一寸，小頭半寸，皆削平行節。當笞者笞打

臀部，不再笞背，行刑者行刑中間不得更易。被笞者至此纔得以保全性命。《漢書・刑法志》景帝中元六年（前144）詔："笞者，所以教之也，其定箠令。"顏師古注："箠，策也，所以擊者也。"

魏律

三國時期魏國法律。由司空陳群等人在漢《九章律》的基礎上增刪而成。《晉書・刑法志》載，魏明帝太和三年（229）下詔改定刑制，命司空陳群等"刪約舊科，傍采漢律，定為魏法，制新律十八篇。"《唐六典》卷六："魏命陳群等采漢律為魏律十八篇，增漢蕭何律劫掠、詐偽、毀亡、告劾、繫訊、斷獄、請賕、驚事、償贓等九篇也。"即陳群等人以漢《九章律》為基礎，又增九篇，共為十八篇。其改具律為"刑名"，冠於篇首，統率諸篇，并規定了五種刑罰，使之規範化。《晉書・刑法志》云，《魏律》"依古義制為五刑。其死刑有三，髡刑有四，完刑、作刑各三，贖刑十一，罰金六，雜抵罪七，凡三十七名，以為律首。"還限制了連坐範圍及私人報仇等。如祖父母、孫不在連坐之列；另，殺繼母與殺親母同罪，毆兄姊加至五歲刑，誣告者反坐其罪，并令"漢舊律不行於魏者皆除之"（《晉書・刑法志》）。自魏始，要求改進秦漢舊制、統一法律體系、精簡律文，為封建立法之總趨勢。《魏律》不但在內容上有以上變革，在形式上也對漢代律、令、科、比進行改革。它集所有刑事條款於"律"，作為正典；"令"為專門規定國家制度的法律形式，律令分開。正如晉杜預在《注律序》中云："律以正罪名，令以存事制。"《魏律》篇目雖比《九章律》多，但與漢傍章科令相比則大為減少，更為系統簡

明。此書今已失傳,《晋書·刑法志》及《唐六典》中有記載。

蜀科

三國時期蜀國法律。由伊籍、諸葛亮、法正等人制定。《三國志·蜀書·伊籍傳》載,伊籍與"諸葛亮、法正、劉巴、李嚴共造《蜀科》;《蜀科》之制,由此五人焉。"此書今已失傳。另《三國志·蜀書·諸葛亮傳》載《諸葛氏集》目錄,有法檢上、法檢下、科令上、科令下,軍令上、軍令中、軍令下。"法檢""科令""軍令"等篇名,當爲蜀之法規,惜已無考。

晋律

亦稱"泰始律""張杜律"。由賈充、杜預等十四人參酌漢魏律制定,計二十篇六百二十條。據《唐六典》卷六載:"晋氏受命,命賈充等十四人增損漢魏律爲二十篇,一刑名,二法例,三盜律,四賊律,五詐僞,六請賕,七告劾,八捕律,九繫訊,十斷獄,十一雜律,十二户律,十三擅興律,十四毀亡,十五衛宫,十六水火,十七厩律,十八關市,十九違制,二十諸侯。"因此律成於晋武帝泰始三年(267),故又稱《泰始律》。次年,頒行天下。《晋律》較漢魏舊制有所進步。據《晋書·刑法志》云,《晋律》對漢魏舊律"蠲其苛穢,存其清約,事從中典,歸於益時。其餘未宜除者,若軍事、田農、酤酒,未得皆從人心,權設其法,太平當除,故不入律,悉以爲令"。因《晋律》由時人明擄張斐及河南尹杜預爲律作注,并與律一起頒行,此注上承秦朝《法律答問》,下啓唐長孫無忌之《唐律疏議》,對晋律之立法精神及執法要求詳加闡述,意義重大,乃爲創舉,故此律又稱《張杜律》。《晋律》自頒行後,

至南朝猶行,歷時二百餘年。

【泰始律】

即《晋律》。因此律成於晋武帝泰始三年而得名。見該文。

【張杜律】

即《晋律》。因同朝張斐、杜預爲律作注,與律并行,故名。見該文。

南朝宋律

南北朝時期南朝劉宋王朝之法典。宋初用晋律,僅略作修改。後稍作增删。《宋書·孝武紀》大明五年(461)詔曰:"近籍改新制,在所承用,殊謬實多,可普更符下,聽以今爲始。"《隋書·刑法志》云,晋氏刑憲,稱爲簡易,"是以宋、齊方駕,輒其餘軌"。《唐六典》卷六李林甫注云:"宋律篇目及刑名之制,略同晋氏。"此律今已失傳。

永明律

南北朝時期南朝蕭齊王朝之法典。因編定於齊武帝永明年間,故名。由尚書删定郎王植等於永明七年(489)奉敕編撰,共二十卷,一千五百三十二條。《南齊書·孔稚珪傳》云:"〔永明〕七年,尚書删定郎王植撰定律章,表奏之曰:'……〔陛下〕爰發德音,删正刑律,敕臣集定張杜二注,謹礪愚蒙,盡思詳撰,削其煩害,録其允衷,取張注七百三十一條,杜注七百九十一條,或二家兩釋,於義乃備者,又取一百七條,其注相同者,取一百三條,集爲一書,凡一千五百三十二條,爲二十卷。'"其律早佚。《隋書·刑法志》載:"齊武時,删定郎王植之集注張杜舊律,合爲一書,凡一千五百三十條,事未施行,其文殆滅。"實際上,在法律施行的過程中,"宋及南齊,律之

篇目及刑名之制，略同晉氏"（《唐六典》卷六李林甫注）。

南朝梁律

南北朝時期南朝蕭梁王朝之法典。天監元年（502）梁武帝命尚書刪定郎蔡法度等增損《晉律》，并參照齊武帝時王植集注的張杜舊律而成。天監二年（503）頒行。共二十卷，即《刑名》《法例》《盜劫》《賊叛》《詐偽》《受賕》《告劾》《討捕》《繫訊》《斷獄》《雜》《產》《擅興》《毀亡》《衞宮》《水火》《倉庫》《廐》《關市》《違制》。其制刑有死罪二等，耐罪四等，贖罪九等，共十五等，此外，還有鞭杖等刑。"大凡定罪二千五百二十九條。"（《隋書·刑法志》）又有《令》三十卷，《科》四十卷。《梁書·武帝紀》云："天監元年八月丁未，詔中書監王瑩等八人參定律令。二年夏四月癸卯，尚書刪定郎蔡法度上《梁律》二十卷，《令》三十卷，《科》四十卷。"其律已佚。

南朝陳律

南北朝時期南朝陳王朝的法典。陳武帝永定元年（557）由尚書刪定郎范泉及尚書僕射沈欽、吏部尚書徐陵據梁朝法典刪定而成。《陳書·武帝紀》："永定元年冬十月癸未，詔立刪定郎，治定律令。"《隋書·刑法志》云，陳氏承梁季喪亂，刑典疏闊，陳武帝乃令尚書刪定郎范泉參定律令，又敕尚書僕射沈欽、吏部尚書徐陵等參知其事，制律三十卷，令律四十卷。關於此律之特點，《隋書·刑法志》又云："采酌前代，條流冗雜。綱目雖多，博而非要。其制唯重清議禁錮之科。若縉紳之族，犯虧名教，不孝及內亂者，發詔棄之，終身不齒……又存贖罪之律，復父母緣坐之刑。自餘篇目條

綱，輕重簡繁，一用梁法。"它還首創"官當"制度，以官職贖刑。《陳律》在唐初尚存九卷，今佚。

北魏律

亦稱"後魏律"。南北朝時期北魏王朝法典，共二十卷，早佚。今僅知有《刑名》《法制》《宮衞》《戶律》《違制》《廐牧》《擅興》《賊律》《盜律》《鬬律》《繫訊》《詐偽》《雜律》《捕亡》《斷獄》等十五篇。其律有八議、官當、老小殘廢、減罪或免罪、公罪與私罪、再犯加重等則。刑名有死、流、徒、鞭、杖。死刑又有轘、梟首、斬、沉淵、門房之誅等；徒刑有一至五歲之別；鞭刑有四十五到一百二十，共五等；杖刑分十、三十、五十、一百，共四等。罪名有大不敬、不道、不孝、誣罔、殺人、盜竊、隱匿戶口及官吏貪贓枉法等。此律形成有一個長期的過程。伴隨着北魏鮮卑族的漢化，編纂此律前後竟有九次。《魏書·道武帝紀》："〔天興元年〕冬十一月，命三公郎王德定律令，申科禁。"《北史·魏紀二》："〔神䴥四年〕冬十月戊寅，詔司徒崔浩改定律令。"《魏書·刑罰志》："正平元年詔曰：'刑網太密，犯者更衆，朕甚愍之。其詳案律令，務求厥中，有不便於民者，增損之。'於是游雅與中書侍郎胡方回等改定律制。盜律復舊，加故縱、通情、止舍之法及他罪，凡三百九十一條。"此後，文成帝、孝文帝、宣武帝等都對律文有所增删，其中孝文帝太和十九年（495）的修律最重要，基本定下了《魏律》的主幹。唐釋道宣《高僧傳二集》卷一："常景，河內人……太和十九年高祖擢爲修律博士，有詔令刊定律格，永成通式，景乃商榷今古，條貫科猷，即魏律二十篇是也。"《北

魏律》基本依據漢律，吸收了晋律和南朝法律
的有關內容，并具有鮮卑族的民族特色，對後
世法律有較大影響。

【後魏律】

即《北魏律》。因北魏又稱後魏，故名。此
稱多行用於唐代之後。見該文。

麟趾格

亦稱"麟趾新制"。南北朝時期北朝東魏、
北齊之法典。因於麟趾殿制定，故名。格即科，
源出皇帝之制詔。東魏孝静帝興和三年（541）
制定并頒行。《魏書·孝静帝紀》："詔文襄王與
群臣於麟趾閣議定新制。甲寅，頒行天下。"《隋
書·刑法志》："齊神武、文襄，並由魏相，尚用
舊法。及文宣天保元年（550），始命群官刊定
魏朝《麟趾格》。"《唐六典》卷六亦云："後魏
以格代科，於麟趾殿删定，名爲《麟趾格》。北
齊因魏，以格代科，格與律令并行。"《北史·竇
瑗傳》稱之爲《麟趾新制》。本法典後世無傳。

【麟趾新制】

即《麟趾格》。此稱行用於唐代之後。見
該文。

齊律

亦稱"北齊律"。南北朝時期北朝北齊之法
典。北齊初年，沿用東魏法典《麟趾格》，至武
成帝時，纔由尚書令高叡制定出自己的法典。
《隋書·刑法志》云："河清三年（564），尚書
令、趙郡王叡等，奏上《齊律》十二篇：一曰
名例，二曰禁衛，三曰婚户，四曰擅興，五曰
違制，六曰詐僞，七曰鬥訟，八曰賊盜，九曰
捕斷，十曰毁損，十一曰厩牧，十二曰雜。其
定罪九百四十九條。"同時，別制《新令》《權
令》與之并行。《齊律》以漢、魏諸律爲准，并

加以改造，"校正古今，所增損十有七八。"它
首創反逆、大逆、叛、降惡逆、不道、不敬、
不孝、不義及内亂十條重罪之名。若犯此十罪，
不在"八議"論贖之内。隋代因之，改爲"十
惡"。從此，"十惡"之名爲歷代法典沿用。由
於《齊律》"法令明審、科條簡要"，隋代修律
便多沿齊制。《齊律》今已不存，由《唐律疏議》
可窺其一斑。

【北齊律】

即《齊律》。此稱行用於唐代之後。見該文。

大律

亦稱"北周律""北周大律""後周律"，是
南北朝時期北周之法典。由趙肅、拓跋迪奉敕
編定。成於周武帝保定三年（563）。凡二十五
篇，即《刑名》《法例》《祀享》《朝會》《婚姻》
《户禁》《水火》《興繕》《衛宫》《市廛》《鬥競》
《劫盜》《賊叛》《毁亡》《違制》《關津》《諸侯》
《厩牧》《雜犯》《詐僞》《請求》《告言》《逃亡》
《繫訊》《斷獄》。共定罪一千五百三十七條，其
制罪有杖、鞭、徒、流、死，凡二十五等。未
列"十惡"之名，而重惡逆、不道、大不敬、
不孝、不義、内亂之罪；又規定再犯徒罰、三
犯鞭罰者，一生永配下役等。《大律》條目繁雜，
"比於齊法，煩而不要。"（《隋書·刑法志》）"篇
目科條，皆倍於《齊律》，而祀享、朝會、市廛
三篇，爲晋魏以來所未見。意皆刺取天官、地
官、春官諸文，資其文飾，其餘則多又沿《晋
律》，今古雜糅，禮律凌亂。"（程樹德《九朝律
考·後周律考序》）《大律》今已無存。

【北周律】

即《大律》。此稱行用於唐代之後。見
該文。

【北周大律】

即《大律》。此稱行用於唐代之後。見該文。

【後周律】

即《大律》。此稱行用於唐代之後。見該文。

開皇律

隋朝法典，因頒行於隋文帝開皇年間，故名。由高熲、鄭譯、楊素、裴政等在魏、晉、齊、梁法規的基礎上修訂而成。開皇元年（581）頒行。開皇三年，蘇威、牛弘等重加修訂，删除死罪八十一條，流罪一百五十四條，徒杖等罪千餘條，定留唯五百條。共十二卷，即《名例》《衛禁》《職制》《户婚》《厩庫》《擅興》《賊盗》《鬥訟》《詐偽》《雜律》《捕亡》《斷獄》（參閲《隋書·刑法志》）。刑罰爲死、流、徒、杖、笞五種，共分二十等。廢除鞭刑、梟首、轘裂等酷刑。另外采用北齊"重罪十條"，立爲"十惡"，又沿魏以來的"八議"制度，及北魏、南陳之"官當"制度，改進司法，廢除"酷訊""孥戮連坐"之法，采晉"登聞鼓"之制。《開皇律》多沿《齊律》，其特點是"刑網簡要，疏而不失"（《隋書·刑法志》）。成爲唐律之藍本。今已佚。

大業律

隋朝法典。因頒行於隋煬帝大業年間，故名。牛弘等編訂。大業三年（607）頒行。《隋書·刑法志》："煬帝即位，以高祖禁網深刻，又敕修律令，除十惡之條……三年，新律成。"此律凡五百條，計十八篇，一名例，二衛宮，三違制，四請求，五户，六婚，七擅興，八告劾，九賊，十盗，十一鬥，十二捕亡，十三倉庫，十四厩牧，十五關市，十六雜，十七詐偽，十八斷獄。"其五刑之内，降從輕典者，二百餘條。其枷杖決罰訊囚之制，並輕於舊。"（《隋書·刑法志》）較之《開皇律》，它不但删掉了"十惡"名目，量刑也輕。

唐律疏議

原名"律疏"，亦稱"唐律疏義"。唐朝法典，唐高宗永徽四年（653）頒行。共十二篇，三十卷，五百〇二條，由太尉長孫無忌、司空李勣、尚書左僕射于志寧等奉敕撰定。唐朝法律形式有律、令、格、式之分。《新唐書·刑法志》云："唐之刑書有四：曰律、令、格、式。令者，尊卑貴賤之等數，國家之制度也。格者，百官有司之所常行之事也。式者，其所常守之法也。凡邦國之政，必從事於此三者。其有所違及人之爲惡而入於罪戾者，一斷以律。"《唐六典》卷六亦云："凡律以正刑定罪，令以設範立志，格以禁違止邪，式以軌物程事。"唐律先後有《武德律》《貞觀律》《永徽律》等。關於《武德律》，《唐六典》云："武德中，裴寂、殷

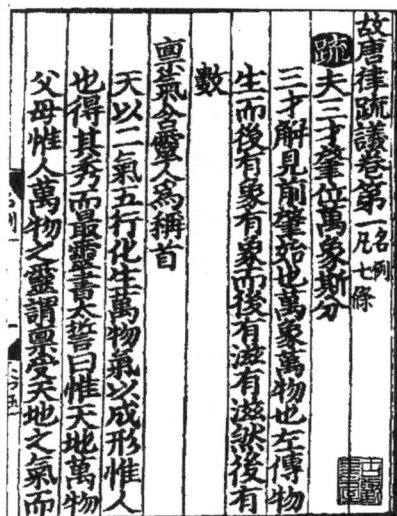

宋刻本《唐律疏議》卷第一書影

開山等，定律令，其篇目一准隋開皇之律，除苛細五十三條。"至唐太宗貞觀年間，又重加删定，此即《貞觀律》。唐高宗永徽初年，又敕太尉長孫無忌等共撰定律令格式。"舊制不便者，皆隨删改。"（《舊唐書·刑法志》）可見，《永徽律》以《貞觀律》爲本，而《貞觀律》又本於《武德律》，《武德律》又本於《開皇律》，雖有删定損益，但其基本内容大體一致。"律之爲書，因隋之舊，爲十有二篇：一曰名例，二曰衛禁，三曰職制，四曰户婚，五曰厩庫，六曰擅興，七曰賊盗，八曰鬥訟，九曰詐僞，十曰雜律，十一曰捕亡，十二曰斷獄。"（《新唐書·刑法志》）唐高宗又下詔對律文進行訓釋疏解，乃成《律疏》，即今之《唐律疏議》。《新唐書·刑法志》云："高宗初即位，詔律學之士撰《律疏》。"《舊唐書·刑法志》亦云："〔永徽〕三年，詔曰：'律學未有定疏，每年所舉明法，遂無憑准。宜廣召解律人，條義疏奏聞，仍使中書、門下監定。'於是太尉趙國公無忌（長孫無忌）……參撰《律疏》，成三十卷。四年十月奏之，頒於天下。自是斷獄者皆引疏分析之。"《律疏》實分律文與疏議兩類，兩類具有同等效力。疏議剖析文義，闡明法理，解釋疑難。《玉海》及《崇文總目》所引《館閣書目》皆稱之爲《律疏》，説明宋代衹作如此稱謂。明代焦竑《國史經籍志》列"《律疏》三十卷"，仍用前名。至清代錢謙益《絳雲樓書目》纔稱爲"《唐律疏議》六册"，錢曾《述古堂宋板書目》則稱爲"《唐律疏議》三十卷"。《唐律疏議》是至今我國保存最完整的封建法典及律學著作，它集唐代以前律學之大成，也爲後世所取法。

【律疏】

《唐律疏議》之本名。此稱唐代已行用。見該文。

【唐律疏義】

同《唐律疏議》。此體宋代已行用。見該文。

唐六典

亦稱"大唐六典""六典"。唐朝行政法典。它是我國現存最早的較完整的封建行政法典，規定了封建國家行政管理的基本原則及章法，舊題唐玄宗御撰，實唐代張説、張九齡、李林甫遞相監修。始於開元十年（722），終於開元二十六年（738）。後又經李林甫修訂、補注後上奏。其編纂情況在《新唐書》卷五八《藝文志》中《六典》原注有載："開元十年起居舍人陸堅被詔集賢院修《六典》，玄宗手寫六條曰理典（即'治典'）、教典、禮典、政典、刑典、事典。張説知院，委徐堅，經歲無規制，乃命毋煚、余欽、咸廣業、孫季良、韋述參撰，始以令、式象《周禮》六官爲制。蕭嵩知院，加劉鄭蘭、蕭晟、盧若虚。張九齡知院，加陸善經。李林甫代九齡，加苑咸。二十六年書成。"《直齋書録解題》輯本卷六《唐六典》條引韋述《集賢記注》："上手寫白麻紙凡六條，曰理、教、禮、政、刑、事典，令以類相從，撰録以進。張説以其事委徐堅，思之歷年，未知所適。又委毋煚、余欽、韋述，始以令、式分入六司，象《周禮》六官之制，其沿革並入注，然用功艱難。其後張九齡又以委苑咸，二十六年奏草上。"可見，其纂輯形式遵奉理、教、禮、政、刑、事"六典"綱目，實則比附於《周官》，即以"摹周六官，領其屬，事歸於職"（《新唐書·藝文志》)。此典卷一爲三師、三公、尚書省，卷二至卷七爲六部尚書，卷八至卷一二爲諸省，卷一三爲御史臺，卷一四至卷二〇爲諸寺，卷二一至卷二三爲諸監，卷二四至卷二五爲諸衛、諸衛府，卷二六至卷二九爲太子王府諸官；卷三〇爲地方官府。因張説發凡起例、李林甫書成進上，故傳本題"臣李林甫等奉敕注上"。全書約二十五萬字，注文佔三分之一。此典爲《明會典》《清會典》之權輿。其版本有九種之多，國家圖書館今藏《唐六典》明正德年間刻本。

【大唐六典】

即《唐六典》。此稱唐代已行用。見該文。

【六典】

即《唐六典》。此稱唐代已行用。見該文。

大周刑統

五代時後周法典。周世宗顯德四年（957）由侍御史知雜事張湜等在唐律的基礎上編集而成，次年頒行。共二十一卷。《大周刑統》在內容、條目、體例上吸收了中晚唐及五代立法之成果，與《唐律疏議》一起共同構成《宋刑統》的兩個律法源頭。此律久佚，僅從《宋刑統》中可見其大略。

近古法典

宋刑統

宋代刑典。工部尚書判大理寺竇儀等奉敕制定。宋太祖建隆四年（963）頒行。共三十卷，十二篇，二百一十五門，五百〇二條。它以《唐律疏議》及《大周顯德刑統》爲藍本，但在刑制上有些變動。《玉海》卷六六記載了《宋刑統》的產生情況："國初用唐律、令、格、式外，有後唐《同光刑律統類》《清泰編敕》《天福編敕》《周廣順類敕》《顯德刑統》，皆參用爲。建隆四年二月五日，工部尚書、判大理寺竇儀言：'《周刑統》科條繁浩，或有未明，請別加詳定。'乃命儀與權大理寺少卿蘇曉等同撰集，凡削出令式宣敕一百九條，增入制敕十五條，又錄律內'餘條准此'者凡四十四條，附於名例之次，並目錄成三十卷。取舊削去格令宣敕及後來續降要用者一百六十條，爲《編敕》四卷。"《宋刑統》計十二篇二百一十五門，分別爲：一，名例律，二十四門；二，衛禁律，十四門；三，職制律，二十四門；四，户婚律，二十五門；五，厩庫律，十一門；六，擅

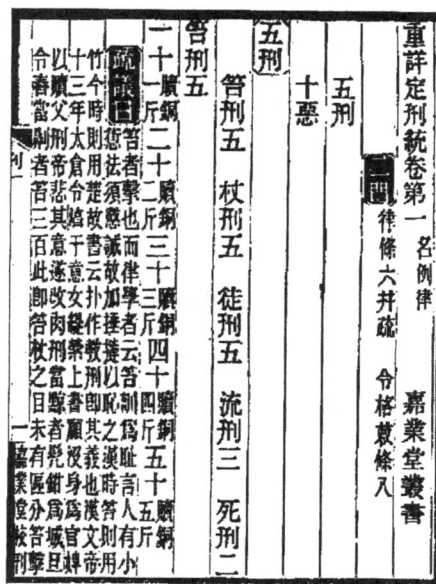

民國刻嘉業堂叢書本重詳定《刑統》卷第一書影

興律，九門；七，賊盜律，二十四門；八，鬥訟律，二十六門；九，詐僞律，十門；十，雜律，二十六門；十一，捕亡律，五門；十二，斷獄律，十七門。每門包括律文若干條，敕、令、格、式若干條，起請若干條。《宋刑統》在死刑之外，諸刑皆實行"折杖法"：徒一年改爲決脊杖十三，徒一年半改爲決脊杖十五，徒二年改爲決脊杖十八，徒三年改爲決脊杖十八，流三千里改爲決脊杖二十，杖後即行釋放；流二千里改爲決脊杖十七，流二千五百里改爲決脊杖二十，皆就地配役一年，加役流改爲決脊杖二十，就地配役三年。爲補死刑與折杖後之配役刑之刑差過大、輕重失衡之弊，宋朝廷遂增加配役刑之種類及若干附加刑。《宋刑統》還將原有笞、杖刑一律折爲臀杖：笞十、二十改爲決臀杖七，笞三十、四十改爲決臀杖八，笞五十改爲決臀杖十；杖六十、七十、八十、九十、一百分別改爲決臀杖十三、十五、十七、十八、二十。《宋刑統》自頒行後改動極少，終有宋之世，一直具有法律效力。然歷朝皇帝往往隨時頒布敕令，與《刑統》并行，作爲斷罪處刑之依據，故形成律敕共存之局面。《宋刑統》原刊本早佚，目前常見之版本，一爲1918年中華民國北京政府國務院法制局據天一閣所藏鈔本《重詳定刑統》刊行本，二爲1922年劉承幹亦據天一閣鈔本所校訂刊行本，三爲1984年中華書局鉛印本，即今吳翊如點校本。

慶元條法事類

亦稱"嘉泰條法事類"。南宋時有關國家行政、財經、刑獄等敕、令、格、式之彙編。宋寧宗時由謝深甫等編纂。因奉詔編纂之時宋寧宗年號爲慶元，奏上、頒行之日已改元嘉泰，故既稱《慶元條法事類》，又稱《嘉泰條法事類》。全書八十卷，今存三十六卷，分職制、選舉、文書、榷禁、財用、庫務、賦役、農桑、道釋、公吏、刑獄、當贖、服制、蠻夷、畜產、雜門等十六門。其中七十三卷至七十五卷爲"刑獄門"，門下分若干類，每類又包括若干敕、令、格、式及申明。《慶元條法事類》對研究宋代刑制有重要價值。

【嘉泰條法事類】

即《慶元條法事類》。此稱南宋之後始行用。見該文。

天盛律令

全稱"天盛年新定律令"。西夏法典。因頒行於仁宗李仁孝天盛年間，故名。共二十卷，約二十餘萬字。它集刑法、訴訟法、行政法、民法、經濟法、軍事法等於一體，是中國歷史上繼宋王朝公開印行王朝法典《宋刑統》之後又一次公開印行的王朝法典，也是第一部用少數民族文字刻印頒行的法典。其繼承和藉鑒中原王朝的法律體系，吸收了唐宋法典中"十惡""八議"和"五刑"等基本内容，同時，又與地區特點和民族特點相結合，并從實際應用出發，在體例上取消唐律中的"名例"，直接進入具體條款，區分三級條款，從而使整個法典有總有分，綱目清晰。法典條款規定詳盡具體，涉及了西夏社會生活的各個方面，爲西夏學和中國法律史學界提供了極有價值的研究資料。《天盛律令》原書現藏於俄羅斯聖彼得堡東方學研究所，爲1909年俄國人科茲洛夫率領的探險隊在西夏故地黑水城遺址（今屬内蒙古額濟納旗）所得。蘇聯西夏學學者對其進行了整理和研究，到1989年刊布了全部影印件。從

1989年起，我國西夏學專家開始對該法典進行漢譯注釋工作，至1994年完成，收入《中國珍稀法律典籍集成》甲編第五冊出版。參閱白鋼《佚匿异域的西夏法典——〈天盛律令〉》一文（1995年3月6日《光明日報》）。

【天盛年新定律令】

即《天盛律令》。此稱西夏已行用。見該文。

泰和律義

金朝法典。金章宗泰和元年（1201）修成，次年公布實施。共十二篇，即《名例》《衛禁》《職制》《戶婚》《厩庫》《擅興》《賊盜》《鬥訟》《詐僞》《雜律》《捕亡》《斷獄》。由此可見，它與《唐律》《宋刑統》名例是一樣的，僅内容上略加增删。"但加贖銅皆倍之（指《唐律》），增徒至四年、五年爲七，削不宜於時者四十七條，增時用之制百四十九條，因而略有所損益者二百八十有二條，餘百二十六條皆從其舊；又加以分其一爲二，分其一爲四者六條，凡五百六十三條，爲三十卷，附注以明其事，疏義以釋其疑，名曰《泰和律義》。"（《金史·刑志》）它集金代法律之大成，是金朝最完備的一部法規。

元典章

亦稱"大元聖政國朝典章"。元代法典。元代未制定正式法典，祇是將"敕旨條令雜采類編"而成（《歷代名臣奏議》卷六○七鄭介夫奏）。《元典章》分前、新兩集。前集六十卷，新集不分卷。前集是元英宗時纂集的，收錄了自元世祖即位至元英宗即位止的各項聖旨條畫、敕旨條令、律令格例及司法部門的判例等。"其綱凡十，曰詔令，曰聖政，曰朝綱，曰臺綱，曰吏部，曰戶部，曰禮部，曰兵部，曰刑部，曰工部。"有三百七十三目，每目又分若干條格。新集"皆續載英宗至治二年事，不分卷數"（《四庫全書總目提要》卷八三《史部三十九·政書類存目·元典章前集六十卷附新集》）。體例與前集不盡相同，分國典、朝綱、吏部、戶部、禮部、兵部、刑部、工部八門，門下分目，目下又分條格。後世律例依六部分類，自此典始。其刑部門有刑制、刑獄、諸惡、諸殺、毆罵、諸奸、諸臟、諸盜、詐僞、訴訟、雜犯、闌遺、諸禁等目。沿襲唐宋之笞、杖、徒、流、死五刑。其中，笞刑五等改六等，杖刑五等每等加七，徒刑分一年、一年半、二年、二年半、三年、四年、五年、七年共八等，流刑分二千里、二千五百里、三千里共三等，死刑分絞、斬兩等。《元典章》史料價值很高，但清修《四庫全書》時，譏其"所載皆案牘之文，兼雜方言俗語，浮詞妨要者十之七八"，"吏胥鈔記之條格，不足以資考證"（《四

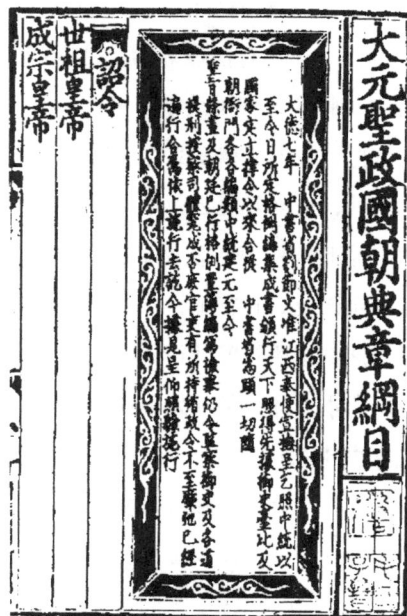

元至治間刻本《元典章》書影

庫全書總目提要》卷八三《史部三十九、政書類書目、元典章前集六十卷附新集》），因此列於"存目"。實際上，正因其爲原始檔案，未加增删潤飾，史料價值更高。該典較流行的版本是清光緒三十四年（1908）刻本。《元典章》在元代雖有刻本，但後世僅有鈔本流傳。清錢大昕得吳氏家藏鈔本，後歸德清許氏，又轉歸武林丁氏，至光緒三十四年沈家本據丁氏本校訂刊行。1925年故宮發現元刻本，陳垣據之，并參以其他鈔本，校正沈刻，成《元典章校補》一書，内有校勘劄記六卷，補正闕文三卷，改訂表格一卷。另又寫成《元典章校補釋例》六卷，多資參考。

【大元聖政國朝典章】

即《元典章》。此稱元代已行用。見該文。

大元通制

元朝法典。元英宗至治三年（1323）頒行。元初百司判案裁決皆依金《泰和律》，後以格例取代金律。元英宗時，御史李端上言："世祖以來所定制度，宜著爲令，使吏不得爲奸，治獄者有所遵守。"（《元史·英宗紀》）元英宗從之。至治三年二月格例成，計二千五百三十九條，其中斷例七百一十七條，條格一千一百五十一條，詔敕九十四條，令類五百七十七條，此即《大元通制》。共分二十一類，即《名例》《衛禁》《職制》《祭令》《學規》《軍律》《户婚》《食貨》《十惡》《奸非》《盜賊》《詐僞》《訴訟》《鬥毆》《殺傷》《禁令》《雜犯》《捕亡》《恤刑》《平反》《贖刑》。《名例》爲法典之本，最能體現法典之本質與特點，《大元通制》之《名例》主要有四個方面的内容。一爲笞、杖、徒、流、死五刑，二爲五服，三爲十惡，四爲八議。獄具

有枷、杻、鎖、鐐、杖五種，另定有蒙古人及僧道訊斷法。《大元通制》是元代較爲完備的具有代表性的法典。參閱《元史·刑法志》。

大明律

明朝法典。草創於明太祖朱元璋吳元年（1367），終定於洪武三十年（1397），并正式頒行天下。計七篇三十卷四百六十條。朱元璋攻克武昌後，即議律令。吳元年，乃命左丞相李善長爲律令總裁官，修訂律書。年底，律成，計令一百四十五條，律二百八十五條。至洪武六年（1373）冬，明太祖又下詔令刑部尚書劉惟謙詳定《大明律》，以唐律爲藍本，逐條議論，計六百〇六條，分三十卷。其篇目一準於唐，爲《衛禁》《職制》《户婚》《厩庫》《擅興》《賊盜》《鬥訟》《詐僞》《雜律》《捕亡》《斷獄》《名例》。其後，明太祖屢次加以增删。洪武二十二年（1389），對《大明律》重加改定，一改隋、唐、宋、元八百年舊制，以《名例律》冠於篇首，下依六部官制，分吏、户、禮、兵、刑、工六律，共三十卷，四百六十條。其

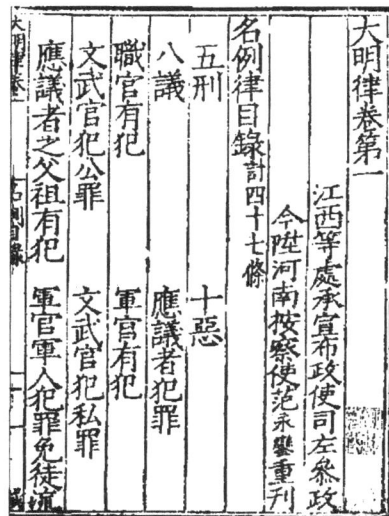

明正德十六年刻本《大明律》卷第一書影

中《名例》一卷四十七條;《吏律》兩卷,包括《職制》十五條,《公式》十八條;《户律》七卷,包括《户役》十五條,《田宅》十一條,《婚姻》十八條,《倉庫》二十四條,《課程》十九條,《錢債》三條,《市廛》五條;《禮律》兩卷,包括《祭祀》六條,《儀制》二十條;《兵律》五卷,包括《宮衛》十九條,《軍政》二十條,《關律》七條,《廐牧》十一條,《郵驛》十八條;《刑律》十一卷,包括《賊盜》《人命》《鬥毆》《罵詈》《訴訟》《受臟》《詐偽》《犯奸》《雜犯》《捕亡》《斷獄》,共計一百七十一條;《工律》兩卷,包括《營造》九條,《河防》四條。又有五刑罰圖二:首圖爲笞、杖、徒、流、死五刑;次圖爲笞、杖、訊杖、枷、杻、索、鐐七刑。另有喪服之圖八。在六律中,《刑律》部分篇目最大,内容最多,約占全部内容的三分之一,足見統治者對刑的重視。洪武三十年(1397),《大明律》改定,并正式頒行天下。由於此律經多次增删,認真審改,故優點甚多。《明史·刑法志》云:“蓋太祖之於律令也,草創於吴元年,更定於洪武六年,整齊於二十二年,至三十年始頒示天下。日久而慮精,一代法始定。中外決獄,一凖三十年所頒。”《大明律》律文爲明太祖所定,歷代相承,無敢妄改,直至明末。其條目較唐律爲簡,但精神嚴整。清代薛允升在《唐明律合編》中云:“大抵事關典禮及風俗教化等事,唐律均較明律爲重,賊盜及有關帑項錢糧等事,則明律又較唐律爲重。”足見其君主專制制度的加强。清代法律深受其影響。

明大誥

明太祖洪武年間詔令集。自洪武十八年(1385)至洪武二十年(1387),先後四次分別頒行。“大誥”本爲《書》中的一篇,爲周公東征發布的命令,用以“訓誠”臣民。朱元璋爲仿古而制,指導編纂此詔令,用以“警省奸頑”,重典治吏。《明史·刑法志》云:“《大誥》者,太祖患民狃元習,徇私滅公,戾日滋。十八年采輯官民過犯,條爲《大誥》。其目十條:曰攬納户,曰安保過付,曰詭寄田糧,曰民人經該不解物,曰灑派抛荒田土,曰倚法爲奸,曰空引偷軍,曰黥刺在逃,曰官吏長解賣囚,曰寰中士夫不爲君用。其罪至抄劄。次年,復爲《續編》《三編》,皆頒學宮以課士,里置塾師教之。因有《大誥》者,罪減等。於時,天下有講讀《大誥》師生來朝者十九萬餘人,并賜鈔遣還。”《明大誥》合案例、峻令、訓導三類,共四編二百三十六條,其中成於洪武十八年十月之《大誥》有七十四條,成於十九年三月的《大誥續編》八十七條,成於十九年十二月之《大誥三編》四十三條。至洪武二十年(1387)十二月,又頒《大誥武臣》三十二條。明太祖之所以頒行《大誥》,乃因元代法紀廢弛,人多徇私滅公,故以嚴刑懲之。《大誥·自序》云:“棄市之屍未移,新犯大辟者即至,然則風俗之未能移易,重刑云乎哉!”因此《大誥》較之《大明律》,苛刑峻罰,更爲嚴酷,其刑設有族誅、凌遲、梟首、斬、死罪、墨面文身、挑筋去趾、挑筋去膝蓋、刖趾、斷手、刖足、枷令、常號枷令、枷項游歷、重刑遷、充軍、閹割爲奴等數十種酷刑;列有族誅、凌遲、梟首案例數千件,斬首、棄市以下案例萬餘種;創有“禁游食”“市民不許爲吏卒”“嚴禁官吏下鄉”“民拿害民吏”諸罪名與禁令。洪武三十年,《大明律》正式頒行,《大誥》中的峻令便漸不行用。"其後罪人率援《大誥》以減等，亦不復論其有無矣。"（《明史·刑法志》）可見，《大誥》乃一定時期應急之法也。《大誥》四書，北京圖書館藏有明抄本和明刻本。明代熊鳴岐所輯《昭代王章》一書中收有《大誥》和《大誥續編》。《大誥》較唐律有兩個明顯變化，一是加重了對直接危害封建統治的處罰，二是增多了加強中央集權的內容，同時，對犯罪大臣的懲處更是酷烈無比。

問刑條例

　　明代重要刑事法規。憲宗成化年間，朝臣就有修訂問刑條例之議，至孝宗弘治五年（1492），由鴻臚寺少卿李鐩奏請刪定，凡二百九十七條，十三年刊行；世宗嘉靖二十七年（1548）九月，刑部尚書喻茂堅建議重修，二十九年，刑部尚書顧應祥改定，共三百七十六條；三十四年，刑部尚書何鰲又奏請"增入九事"，爲三百八十五條，下詔刊行；神宗萬曆十三年（1585），刑部尚書舒化等再行編纂，成爲三百八十二條。幾經刪訂，《問刑條例》至此終於定型。它極大豐富了《大明律》。

大清律例

　　清代法典。創始於順治年間，終定於乾隆年間，歷時近百年。清太祖、太宗時，刑制尚簡，重則斬，輕則鞭扑。順治帝入關後，改變舊制，依《大明律》治罪。順治元年（1644），從刑部給事中孫襄之請制定刑書。順治三年，在《大明律》的基礎上，并參酌滿族制度，編纂成清代最早的一部法典，名《大清律集解附例》。《清史稿·刑法志》載："〔順治〕三年五月，《大清律》成，世祖御製序文曰：'朕惟太祖、太宗創業東方，民淳法簡，大辟之外，惟

有鞭笞。朕仰荷天休，撫臨中夏，人民既衆，情僞多端，每遇奏讞，輕重出入，頗煩擬議。律例未定，有司無所稟承。爰敕法司官廣集廷議，詳譯《明律》，參以國制，增損劑量，期於平允。書成奏進，朕再三覆閱，仍命內院諸臣校訂妥確，乃允刊布，名曰《大清律集解附例》。'"計分爲《名例律》《吏律》《户律》《禮律》《兵律》《刑律》《工律》，七律，共三十門四百五十八條。順治十二年（1655），復頒滿文《大清律》。康熙九年（1670），因漢文律内有的注解參差，字句訛誤，多有遺落，滿文律由漢文律譯出，更需明加校正，康熙帝遂下詔校正《大清律》。十八年（1679），又命刑部於定律之外，就所有條例甄別取捨，名《現行則例》，二十八年（1689），將其納入《大清律》。雍正元年（1723），雍正帝以大學士朱軾、尚書查朗阿等爲總裁，對《大清律例》詳加輯訂，五年（1727）書成頒行。乾隆帝即位初年，又逐條考正，重加編輯，詳校定例。乾隆

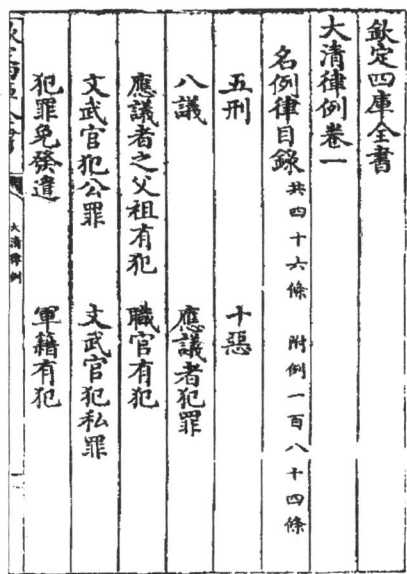

文淵閣四庫全書本《大清律例》卷一書影

五年（1740），重修《大清律例》成，分《名例律》《吏律》《户律》《禮律》《兵律》《刑律》《工律》等七篇四百三十六條，又律例并行，附例一千四百〇九條。律之正文多因明律。具體如下：《名例律》一門四十六條，《吏律》分《職制》《公式》兩門二十八條，《户律》分《户役》《田宅》《婚姻》《倉庫》《課程》《錢債》《市廛》七門八十二條，《禮律》分《祭祀》《儀制》兩門二十六條，《兵律》分《宫衛》《軍政》《關津》《厩牧》《郵驛》五門七十一條，《刑律》分《賊盗》《人命》《鬥毆》《罵詈》《訴訟》《受贓》《詐偽》《犯奸》《雜犯》《捕亡》《斷獄》十一門一百七十條，《工律》分《營造》《河防》兩門十三條。律、例并存，把例提升爲律來使用，這是明代以來的習慣，清代則尤爲突出。乾隆四十六年（1781）明確規定，"既有定例，則用例不用律"（《大清律例》卷四《總類》，《比引律條》），把例完全放到優先於律的重要地位。乾隆定本，律例所載嚴密周詳；律文後附小注及總注，使律義更加清晰完備。其於反叛大逆之罪，處刑重於明律。凡謀反、謀大逆，不分首從，皆凌遲處死，并株及祖孫、父子、兄弟及同居之人。謀叛者皆斬，妻子爲奴，財產入官。今國家圖書館藏《大清律》清雍正五年（1727）刻本。

近現代法典

太平刑律

太平天国頒布的刑法典。它是在《十款天條》《太平條規》及天王有關詔令的基礎上於太平天国癸好三年（1853）制定的。其目的在於鎮壓"妖""怪"（指清王朝及封建地主、豪紳及與太平天国爲敵的反動勢力）和起義隊伍内部的叛變投降分子，以鞏固農民政權。據稱有一百七十七條，現存僅有六十二條。刑罰主要有三種：死刑、枷、杖。

欽定憲法大綱

省稱"憲法大綱"。光緒三十四年（1908）由清憲政編查館制訂頒布，是清末預備立憲過程中誕生的憲法性文件。分"正文"和"附錄"兩部分，共二十三條，其中正文爲"君上大權"，計十四條；附錄爲"臣民權利義務"，計九條。其中第一條規定："大清皇帝統治大清帝國，萬世一系，永永尊戴。"第二條規定："君上神聖尊嚴，不可侵犯。"皇帝有頒行法律及發交議案、召集及解散議會、設官制禄及黜陟百司、統率陸海軍、編定軍制、宣戰議和及訂立條約等權力，并總攬司法權，而臣民實際衹有納税、當兵、遵守國家法律之義務。《大綱》規定臣民"所有言論、著作、出版及集會、結社等"自由權利，均須在"法律範圍内"，皇帝有權隨時頒布詔令予以限制。這暴露了清廷名爲立憲，實則維護封建專制統治的反動面目。

【憲法大綱】

《欽定憲法大綱》之省稱。此稱清代已行用。見該文。

大清訴訟法

清末法典，我國第一部獨立的訴訟法。光緒三十三年（1907）秋，清廷制定了一部刑事、民事共用的《大清訴訟法》，其章節體例爲：第一章：總綱。第一節：刑事、民事之別，第二節：訴訟時限，第三節：公堂，第四節：各類懲罰。第二章：刑事規則。第一節：捕逮，第二節：拘票搜查票及傳票，第三節：關提，第四節：拘留與取保，第五節：審訊，第六節：裁判，第七節：執行各刑及開釋。第三章：民事規則。第四章：刑事民事通用規則。第一節：律師，第二節：陪審員，第三節：證人，第四節：上控。第五章，中外交涉案件。其中取法西方的有律師制度與陪審員制度。其證據制度的突出特點是形式證據和自由心證相結合。我國傳統刑法，自古以來訴訟斷獄附見於刑律。"法律一道，因時制宜。大致以刑法爲體，以訴訟法爲用。體不全無以標立法之宗旨，用不備無以收行法之實功。二者相因，不容偏廢。"然"民事、刑事性質各異，雖同一法庭，而辦法要宜有區別"，但"歐美之規制，款目繁多，於中國之情形未能盡合。謹就中國現時之程度，共同商定簡明訴訟法，分別刑事、民事。"（沈家本等《奏進呈訴訟法擬請先行試辦折》）從《大清訴訟法》始，中國刑法與刑事訴訟法開始分離。雖此法中刑事訴訟法與民事訴訟法没有分開，但比前代，畢竟大有進步。但因各省保守派大臣"均擬請暫緩施行"，這部訴訟法遂未頒布。宣統元年（1909）二月，清廷頒布了《法院編制法》，規定了審級制度和訴訟程式。審判衙門共分四級，實行四級三審制，從此行政與司法分開。宣統二年十二月（1911 年 1 月），司法大臣沈家本又完成了《刑事訴訟律草案》與《民事訴訟律草案》，自此刑、民各有獨立的訴訟法。擬成不久，清廷覆亡，故而這兩部訴訟法草案均未及審議頒行。

大清現行刑律

宣統二年（1910）清廷頒布的新刑律施行前的過渡性法典。共三十篇三百八十九條，是在《大清律例》的基礎上删改而成的。它取消了傳統的吏、户、禮、兵、刑、工六律總目，對刑事、民事作了些區別；廢除了凌遲、戮屍、梟首等酷刑，以罰金取代了笞杖刑；在删除一些過時條文的同時又增加了一些新的罪名。它是一部采用了資産階級刑法形式的封建法典。

大清新刑律

清末刑法典。光緒三十四年（1908）編定，宣統二年十二月二十五日（1911 年 1 月 25 日）頒布，未及施行，清朝滅亡。其律原由沈家本、伍廷芳等奉敕修撰。沈家本延聘日本法學家岡田朝太郎等協同修訂。江庸《五十年來中國之法制》云："〔光緒〕三十二年延聘日本法學者岡田朝太郎、松岡義正等始從事起草民商法及刑法，岡田氏實擔任刑事法，刑法於光緒三十四年告成。"由於守舊派的反對，故而延遲至宣統二年（1911）底纔得以頒布。《大清新刑律》仍以明律和清律爲藍本，以新的形式維護專制統治。但它畢竟在形式上和部分内容上學習、吸收了西方的有益成果。在體例上，它分總則和分則兩篇，總則十七章，分則三十六章，共計四百一十一條，并附有《暫行章程》五條。刑名分主刑與從刑兩種，主刑包括死刑、無期徒刑、有期徒刑、拘役、罰金；從刑包括褫奪公權、没收。在刑法原則上，采用了"罪刑法定"原則。在内容上除繼續維護封建君主專制和封建倫常關係外，專門增訂了維護帝國主義在華利益的條款。《大清新刑律》是我國歷史上

第一部采用西方刑法原則及概念的刑法典，從立法上完全摒棄了沿襲幾千年的各種肉刑或體刑，也是中國頒布的第一部純粹的刑法典，是刑法從其他法律中分離出來的一個標志。

大清民律草案

清朝末年制定的民法典。光緒三十三年（1907）起草，宣統三年（1911）完成。有總則、債權、物權、親屬、繼承等五編三十六章一千五百六十九條。前三編以德、日、瑞士等資本主義國家的民法典爲藍本，後兩編則襲中國舊律之傳統。該民法典是中國第一部民法草案，是中國社會經濟變化和西方資本主義影響的產物。由於清朝的覆滅而未頒行。

憲法重大信條十九條

省稱"十九信條"。宣統三年九月十三日（1911 年 11 月 3 日）由清廷公布。它是在辛亥革命已經爆發的情況下起草的，是清廷試圖以之代替《欽定憲法大綱》而解燃眉之急的一個憲法性文件。它極力仿效英國憲法，采取虛位元首和分權之制，實行責任內閣制，縮小和限定了君權，擴大了國會和總理的權力；并規定皇族不得爲總理大臣，皇帝許可權和皇帝大典由憲法規定。其在內容上較《憲法大綱》有所進步，但它又規定國號稱爲"大清帝國""皇統萬世不易""皇帝神聖不可侵犯"，而對人民的權利却隻字不提，帶有明顯的欺騙性和反動性。它玩弄立憲騙局，并未達到消弭革命、挽救封建王朝統治的目的，却爲袁世凱出任全權內閣總理大臣提供了法律依據。

【十九信條】

《憲法重大信條十九條》之省稱。此稱清代已行用。見該文。

中華民國鄂州約法

省稱"鄂州約法"。辛亥革命勝利後，資產階級革命派草擬的第一部憲法性文件。宋教仁起草，1911 年 11 月 9 日湖北軍政府公布。共六十條，分"總綱""人民""都軍""政務委員""議會""法司""補則"，共七章。《約法》規定：凡鄂州政府取得的土地（包括他省地方）均由鄂州政府統治，并受本約法約束；鄂州政府由都督及其任命之政務委員與議會法司構成；都督由人民公舉，任期三年，續舉時可連任，連任以一次爲限。都督對於權力的行使，要受到議會同意權的限制。議會由人民於人民中選舉議員組成之。《約法》還規定人民一律平等，享有言論、集會、結社、信教、居住、保有財產、自由營業等權利。由於形勢的變化，這部約法未得全面實施，但它第一次將人民的權利與自由以法律形式確定下來，第一次將西方政權理論以法律形式確立爲中國的政治制度，有利於喚起人民的政治覺悟，成爲《中華民國臨時約法》的藍本。

【鄂州約法】

《中華民國鄂州約法》之省稱。此稱辛亥革命初始行用。見該文。

中華民國臨時政府組織大綱

辛亥革命時期資產階級革命黨人頒布的具有臨時憲法作用的政府組織法。1911 年武昌起義，各省相繼獨立後召開的"各省都督府代表會"上產生并通過。雷奮、馬君武、王正廷起草。1912 年 1 月 2 日又重新修正。共四章二十一條。它仿效美國憲法，采取總統共和政體，按照三權分立的原則，規定臨時大總統既是國家元首，又是政府首腦；由各省都督府所派參議員組成的參議院是立法機關；臨時中央審判所是司法機關。它在中國歷史上第一次以法律形式宣告了封建君主專制制度的滅亡，確認了新的共和政體的誕生。

中華民國臨時約法

省稱"臨時約法"。1912年3月由南京臨時政府制定和公布的一部重要的憲法性文件。它包括"總綱""人民""參議院""總統""國務員""法院"和"附則"，共七章。其主要內容和特點體現於以下四方面：一、以孫中山的民權主義學説爲指導思想和理論基礎，確立了中華民國的民主共和國性質，明確宣布中國是一個領土完整、主權獨立、統一的多民族的國家。"總綱"規定，"中華民國之主權屬於國民全體""中華民國以參政院、臨時大總統、國務員、法院行使其統治權"。二、根據西方"三權分立"的組織原則，確立了共和國的政權體制。它規定參議院爲立法機構，臨時大總統領導下的內閣爲最高行政機構，法院爲司法機構。三、根據有關民主自由的原則，規定了人民的權利和義務。"人民"一章中規定，"中華民國國民一律平等，無種族、階級、宗教之區別"，人民享有人身、財產、居住、言論、出版、集會、結社、通信、信仰等自由及選舉、被選舉、考試、請願、陳訴、訴訟等權利。人民有納税、服兵役等義務。四、確認了保護私有財產的原則。該《約法》是中國近代憲政運動史上唯一一部權威的、帶有西方共和國憲法色彩的文獻，從根本上否定了兩千多年來的君主專制制度。在相當長的一段時期內，民主革命派把《約法》看成是"民國"的象徵。《約法》於1914年被袁世凱廢除。

【臨時約法】

《中華民國臨時約法》之省稱。此稱辛亥革命初始行用。見該文。

暫行新刑律

袁世凱北洋政府頒布的刑法典。1912年4月施行，乃《大清新刑律》的翻版。該律除删掉《大清新刑律》中"侵犯皇室罪"一章和有關維護皇室特權的條款外，其餘的不過是些字面上的改動，如將"帝國"改爲"中華民國"，將"臣民"改爲"人民"等，而其主要內容和實質都沒有改變。該律充分暴露了北洋政府的封建性。

中華民國國會組織法

1912年8月由臨時參議院制定，共23條。規定國會由參議院和衆議院組成。兩院權力基本平等，共同執掌《中華民國臨時約法》所賦予從前參議院的職權。參衆兩院的議員由各地選出。參議院議員任期六年，衆議院議員任期三年。還規定了憲法起草和議定程式。該組織法是民主革命派力圖建立西方代議制國會以確立和保護其理想中的民主權利而作出的努力。

索 引

索引凡例

一、本索引爲詞條索引，凡正文詞條欄目出現的主詞條均用"*"標示，副詞條則無特殊標識。

二、本索引諸詞條收錄順序以漢語拼音音序爲基礎，兼顧古音、方言等差异，然爲方便檢索，又與音序排列法則有异，原則如下：

首先，以詞條首字所對應的拼音字母爲序排列，詞條首字相同（讀音亦同）者爲同一單元；詞條首字不同但讀音相同的各個單元，一般按照各單元詞條首字的筆畫，由簡至繁依次排列。例如以huáng爲首字的詞條，則按首字筆畫依次分作"皇""黄"等不同單元；又如以diāo爲首字的詞條，則按首字筆畫依次分作"虭""蛁""貂"等不同單元。此外，爲方便查閱和比較，在對幾個同音且各衹有一個詞條的單元排序時，一般將兩個或幾個含義相同或相近的單元鄰近排列。如"埋頭蛇""貍蟲""蕹頭蛇"都屬於mái爲首字的單元，且"埋頭蛇"與"蕹頭蛇"含義相同，因此這三個單元的排列順序是"貍蟲""埋頭蛇""蕹頭蛇"。

其次，同一單元内按各詞條第二字讀音之音序排列，第二字讀音相同者則按第三字讀音之音序排列，以此類推。例如以"皇"爲首字的單元各詞條的排列依次爲"皇成、皇帝鹵簿金節……皇貴妃儀仗金節……皇史宬……皇太后儀駕卧瓜……皇庭"。

三、本索引中詞條右側的數字爲該詞條在正文位置的起始頁碼。

四、本索引所收詞條僅限於正文、附錄中明確按主、副詞條格式撰寫的詞條，而在其他行文中涉及的詞條不收錄。

五、多音字、古音字或方言字詞條按其讀音分屬相應的序列或單元，如"大常"古音爲tàicháng，因此歸入音序T序列；又如"葛上亭長"，"葛"是多音字，此處讀gé，因此歸入音序G序列之ge的二聲單元；互爲通假的詞條，字雖异然而讀音同者，如"解食""解倉"皆爲芍藥别稱，因"食"與"倉"通，故"解食"讀音與"解倉"同；等等。

六、某些詞條多次出現，在正文中以詞條右上標記數字爲標志，如"朝[1]""朝[2]""百足[1]""百足[2]"等，索引中亦按照其右上標記數字的順序排列。詞條相同但讀音不同的則按照其讀音分屬相應的音序序列和單元。如"蟒[1]"（měng）、"蟒[2]"（mǎng），"蟒[1]"歸入音序M序列之meng的三聲單元，"蟒[2]"則歸入音序M序列之mang的三聲單元。

七、某些特殊詞條，如數字詞條、外文字母詞條等，則收入《索引附錄》。

A

B

C

J

L

M

N

Y

Z